48.-

Christina von Braun   NICHT ICH

Christina von Braun
NICHT ICH

Mein besonderer Dank gilt Dr. Sabina Kienlechner, deren Ermutigung und Kritik für die Arbeit an diesem Buch von unschätzbarem Wert waren.

CIP-Kurztitelaufnahme der Deutschen Bibliothek

Braun, Christina von:
Nicht ich: Logik, Lüge, Libido / Christina von Braun. — Frankfurt (Main) : Verlag Neue Kritik, 1985.
ISBN 3-8015-0200-7

c by Verlag Neue Kritik KG Frankfurt 1985
Umschlag Hanno Rink
Lithos Zypresse Frankfurt
Druck Fuldaer Verlagsanstalt GmbH Fulda

Inhalt

Das Ich und das Buch 7
Einleitung 9

Erster Teil: DIE HYSTERIE UND DER HEILIGE GEIST

Kapitel I: Die Hysteriker und ihre Therapeuten 21
Krankheit und Normalität / Die hysterische Symptombildung / Ahasver: Die Theorie von der wandernden Gebärmutter / Die Theorie von der Besessenheit des weiblichen Körpers / Hysterie macht Flügel / Die Verlagerung der Hysterie-Ursache in den Kopf / Hysterie und Phantasie: die "Lüge" / Hysterie und Suggestibilität / Freud und Breuer / Hysterie: die Krankheit der Ich-losigkeit / Die Anti-Logik / Anmerkungen

Kapitel II: Der Logos und die Lüge 83
Die Schöpfung aus dem Nichts / Das Patriarchat als Verzicht auf Vaterschaft / Zwei Gesellschaftsordnungen / Die Schrift und das "projektive" Denken / Die Geburt des Logos: eine gewaltsame Entbindung / Die gewaltsame Bindung der Materie an den Geist / Der Logos als Vater – der Vater als Logos / Und das Wort ist Fleisch geworden / Der Logos und die Lüge / Der Logos und die Hysterie / Gesprächsprotokoll Walther H. / Anmerkungen

Zweiter Teil: DIE KATHEDRALE: KONSTRUKTIONEN, DESTRUKTIONEN, DEFEKTE

Kapitel III: Sexualität und Sprache 151
Sexualität und Sprache als Unterscheidung / Sexualität und Sprache als Vereinigung / Muttersprache – Vatersprache / "Synthetische" Sexualität und Sprache / Die falsche oder: die phallsche Frau / Die gebärende Sprache / Hysterie und Sprachphallosophie / Gesprächsprotokoll Laura S. / Anmerkungen

Kapitel IV: Bessere Mütter 210
Fremdbestimmte Mutterschaft / Geist- und *ich*-lose Mütter / Das imaginäre Kind / Kinderwunsch / Der Logos als bessere Mutter / Madonna und Maschine / Bessere Mütter / Eine Mutter nach seinem Ebenbild / Die hysterische Mutter / Gesprächsprotokoll Fabienne W. / Anmerkungen

Kapitel V: Das ICH und das Nichts 273
Die Fabrikation des synthetischen ICHs / Der Einzelne und seine Große Mutter / Sexualität und "Aggressivität" / Sexualität und Gewalt / Das Patriarchat als Bewußtseinsauslöschung / Die Fabrikation des Nichts / Das Nichts und die Hysterie / Gesprächsprotokoll Robert L. / Anmerkungen

Kapitel VI: Die männliche Hysterie — oder le petit mal du Grand Mâle 324
Die Mutter im Kopf / Die Erscheinungsformen der männlichen Hysterie / Die männliche Hysterie und die Therapeuten / Ödipus und die männliche Hysterie / Die Bisexualität der Hysterie und die Zweigeschlechtlichkeit des Phallus / Männliche Hysterie und Sprache / Gesprächsprotokoll Heinrich W. / Anmerkungen

Zwischenbilanz: Ahasver kommt zur Ruh 367

Dritter Teil: PARADISE NOW

Kapitel VII: Die Wiedergeburt der Geschlechtlichkeit 379
Die Verwirklichung der Utopie / Das Frau-Essen / Der künstliche Dualismus / Die Frau ex machina / Eros und Thanatos — ex machina / Die künstliche Bisexualität / Die Geburt der Triebe aus dem Geist der Musik / Das künstliche Sexualwesen und sein Anderer / Die Simulation der Simulantin / Anmerkungen

Kapitel VIII: Inkarnation und Desinkarnation 428
Der Kunst-Körper / Der Kunst-Geist / Schrift und Bild / Die Krankheit im Zeitalter ihrer technischen Reproduzierbarkeit / Desinkarnation: von der Hysterie zur Anorexie / Der Mensch ist, wenn er nicht ißt / Anorexie und Schrift: der Kunst-Körper im Giftschrank / Utopie als Erinnerung / Anmerkungen

ICH nicht 483
Das Buch und das ich 489
Personenregister 491

Das Ich und das Buch

Das, was ich beinahe neun Monate lang insgeheim befürchtet hatte, war eingetreten: ich hatte einen Sohn bekommen. Irgendwie hatte ich wohl doch gehofft, daß mir diese Erfahrung erspart bliebe. Aber nun war es geschehen. Von nun an mußte ich mich in sehr viel konkreterer Weise mit diesem Problem des "anderen" auseinandersetzen, über das ich bis dahin nur abstrakt nachgedacht hatte. Daß ich den anderen in meinem Bauch gehabt haben sollte, und trotzdem nie wissen würde, wie es ist, in der Haut des "anderen" zu stecken! Was empfindet man als Mann? Beim Liebemachen, beim Wütendwerden, beim Traurigsein . . .? Es schien mir unglaublich, daß kein Sterblicher (nicht einmal ich!) diese Erfahrung je machen sollte. Eine der wenigen Erfahrungen, die dem menschlichen Wissen und der menschlichen Vernunft für immer verschlossen bleiben sollen.
Ob ich das so präzise in den wenigen Minuten nach der Geburt gedacht habe, weiß ich nicht mehr, aber so etwa würde ich meine Gefühle von damals umschreiben: diese Erfahrung, daß ich nicht zugleich der andere sein kann und daß der andere dennoch existiert. Bei der Geburt meiner Tochter hatte ich das nicht so deutlich gespürt. Ich hatte Anna wie eine Verlängerung meiner selbst empfunden. Nicht so bei Valentin. Bis zur Geburt meines Sohnes hatte ich die Allmachtsphantasien mit mir herumtragen können, gewissermaßen alles in mir zu vereinen — auch den "anderen". Jetzt aber war ich nur ein Mensch — und normal sterblich dazu. Unglaublich! Aber soviel wußte ich auch damals schon: ich bin nicht die einzige, die das unglaublich findet.

Einleitung

Dieses Buch hat sich gewissermaßen selbst geschrieben. Als ich anfing, wußte ich nicht, wohin es mich führen würde, und hätte ich es gewußt — ich weiß nicht, ob ich je damit begonnen hätte. Ein Buch über Hysterie schreiben, heißt ein Buch über die Unvernunft verfassen — und das ist ein Widerspruch in sich. Denn die Schrift ist Logik, ist Voraussetzung für logisches Denken, die Hysterie aber ist Anti-Logik. Wenn logisches Denken sich als ein Denken nach konventionell festgelegten, das heißt allgemein "berechenbaren" Maßstäben definieren läßt — und genau das erscheint mir die einzig mögliche Definition von Logik —, so wäre unlogisches Denken ein Denken, in dem es keine eindeutigen, berechenbaren, festgelegten Maßstäbe — und damit überhaupt keine — gibt. Im Umgang mit der Hysterie geschieht genau das: Worte, Begriffe, Ausdrücke verlieren jegliche Klarheit, jede fest umrissene Bedeutung, die sie bisher besessen haben mögen. Sie vermitteln Inhalte und Sinne, die zugleich das eine und sein Gegenteil sein können. Die Hysterie ist die große Lehrmeisterin der Widersprüchlichkeit — und des Widerspruchs. Sie spielt mit unserer Sprache, unserem Denken, als gebe es keine Logik und als seien gerade sie, die mehr als alles andere von den Gesetzen der Logik regiert werden, unberührt geblieben vom logischen Denken. Dies war meine größte Schwierigkeit bei dem vorliegenden Buch: Wie kann ich mit einem Instrumentarium — der Sprache, dem Denken —, das nach den Gesetzen der Logik funktioniert, über Unlogik nachdenken und schreiben? Es schien mir oft, als fehlten schlicht und einfach in unserer Sprache die "richtigen" Worte, in unserem Denken die geeigneten Muster, um die Logik der Hysterie zu verstehen und zu beschreiben. Aber eben diese Hilflosigkeit meiner Sprache und meines Denkens *ist* wiederum die Logik der Hysterie: diese undefinierbare "Krankheit" setzt Logik und Berechenbarkeit schachmatt. Sie erkennt die Spielregeln nicht an, nach denen im abendländischen Denken zwei Gegner Zug um Zug gegeneinander, aber letztlich miteinander, spielen. Die Hysterie zieht mit ihren Figuren kreuz und quer, ohne Rücksicht auf Konventionen, über die Felder des Brettes. Sie ist sozusagen Spielverderberin.

Wer sich auf die Hysterie einläßt, begibt sich auf ein Narrenschiff. Ich wußte nicht, wohin es mich führen und ob ich überhaupt je ein Ziel erreichen würde. Ich gestehe es: mir ist bei dieser Reise so manches Mal schwindlig geworden, und oft hätte ich gerne die Arbeit sein lassen. Ich sehne mich zurück nach dem festen Boden unserer Logik und unserer Eindeutigkeiten. Aber nachdem ich mich einmal eingeschifft hatte, konnte ich nicht mehr zurück. Ich mußte die Reise bis zum Ende durchstehen. Und ich bin bereichert zurückgekommen.

Was ich von dieser Reise mitgebracht habe, ist *keine* klare Definition der Hysterie – eher das Zugeständnis, daß es eine solche Definition nicht gibt und nicht geben kann. Aber was die Hysterie mir dennoch vermittelt hat, ist eine andere Betrachtungsweise. Sie hat mir dazu verholfen, einen Denkansatz zu finden, unter dem sich die Geschichte des Abendlandes anders analysieren und verstehen läßt. Die Thesen, die sich aus dieser Betrachtungsweise ergeben haben, will ich im folgenden kurz skizzieren.

Ich begann, mich für die Hysterie zu interessieren, weil ich bei der Beschäftigung mit den verschiedensten Themen — ob es sich um "Frauenfragen" handelte oder um Psychoanalyse, Religionswissenschaft, Philosophie oder auch die Auseinandersetzung mit dem Begriff des "Fortschritts" (die eine Auseinandersetzung mit der Funktion der Naturwissenschaft ist) — immer wieder auf einen "blinden Fleck" stieß, an dem sich die überzeugendsten theoretischen Gebäude gegenseitig zu widerlegen schienen, die Begriffe undeutlich wurden und die Logik sich in heillose Widersprüche verwickelte: an solchen Stellen tauchte oft das Wort "Hysterie" auf. Ich bemerkte allmählich, daß die Hysterie einen Knotenpunkt zu bilden scheint, in dem sich alle Bereiche der abendländischen Kultur treffen. Tatsächlich, so stellte ich später fest, hat es sich auch kaum ein Spezialgebiet dieser Kultur nehmen lassen, über sie ein Urteil abzugeben. Und so war nichts naheliegender als die Frage: Wenn es einen solchen Knotenpunkt gibt, gibt es dann auch eine zentrale Dynamik, die allen Bereichen der abendländischen Kultur gemeinsam ist — eine Dynamik, deren Ausdruck oder deren Gegenkraft, je nachdem, die Hysterie darstellen könnte? Und wenn ja, wie sieht diese Dynamik aus? Anders ausgedrückt: Erlaubt es die Hysterie, die immer Interpretationsmuster gewesen ist, ein Interpretationsmodell zu entwickeln, mit dessen Hilfe die Interpreten ihrerseits interpretiert werden können; ermöglicht sie es, die unsichtbaren Fäden des "Systems" zu offenbaren, durch die Philosophie und Medizin, Naturwissenschaften und Theologie miteinander verknüpft sind?

So präzise habe ich die Frage nicht von Anfang an gestellt. Erst allmählich, als ein Faden nach dem anderen sichtbar zu werden begann, wurde mir klar, daß dies die Fragestellung sein muß. Gleichzeitig wurde mir zunehmend bewußt, daß die abendländische Kultur den perfektesten Kunstwerken, die sie hervorgebracht hat, gleicht — nämlich den gotischen Kathedralen. Sie wird getragen von einer Unzahl von Pfeilern und Stützen, die aus Elementen der Philosophie, Wissenschaft oder Religion bestehen und die sich gegenseitig legitimieren, ergänzen und stützen. Es gibt kein Gebiet, das aus der Gesamtkonstruktion herauszubrechen und in sich zu widerlegen wäre. Die tragende Säule, die es darstellt, wäre mit Hilfe der Vorlage, die die anderen Säulen bieten, schnellstens wieder rekonstruierbar. Es nützt also nichts, sich zum Beispiel nur für den Bereich der Psychologie oder den der Philosophie, der Biologie, der Religion oder der Literatur zu interessieren. Jedes Gebiet kann seine "Erkenntnisse" immer mit Hilfe der Erkenntnisse aus den anderen Gebieten rechtfertigen und tut es auch. Das heißt es handelt sich um eine Logik, die perfekt ist — so perfekt, wie es eben nur Kunstwerke sind. Damit war aber auch die Frage nach der Gemeinsamkeit aller Bereiche der abendländischen Kultur beantwortet. Es gibt sie, und einen wichtigen Schlüssel zum Verständnis, worin die Gemeinsamkeit besteht, bietet offensichtlich die Hysterie.

Wenn es aber ausgerechnet die Hysterie, "Frauenkrankheit" par excellence, ist, an der sich die Einheitlichkeit der Konstruktion begreifen läßt, heißt das nicht, daß die Gemeinsamkeit der einzelnen Stützen in der "Frauenfrage" zu suchen ist? Heißt das nicht, daß — ebensowenig wie es eine unpolitische Philosophie oder Wissenschaft gibt — auch die Geschlechtsneutralität dieser Kultur ein Mythos ist? Heißt es nicht schließlich, daß der Kern, um den diese Kathedrale gebaut wurde, das Verhältnis zur Frau ist? "Die heutige Gesellschaft", schreibt der Historiker Jean Markale, "beruht auf einem enormen Betrug, den man zaghaft aufzudecken beginnt. Dieser Betrug versteckt sich hinter allen politischen, religiösen, sozialen, wirtschaftlichen und kulturellen Fragen, die ihm als Alibi dienen: nämlich die Tatsache, daß es sich einzig und allein um das Verhältnis zwischen Mann und Frau handelt..." (1). Je mehr ich mich mit der Hysterie beschäftigte, desto mehr fand ich diese Thesis bestätigt. Ich kam sogar zu dem Schluß, daß die Bedeutung eines Denkers im Abendland danach bemessen wird, wie gut es ihm gelungen ist, das Unaussprechliche, das Wort "Frau" hinter einem Abstraktum verschwinden zu lassen. An der Wertskala der phallosophischen Abstraktion gemessen, sind Begriffe wie das "weibliche Prinzip" völlig untauglich; Vorstellungen, in denen von "Körperfeindlichkeit" oder "Naturbeherrschung" die Rede ist, gehen haarscharf an der Grenze des Brauchbaren vorbei; die "Antithese" hingegen rangiert ganz oben in der Wertskala. Sie erreicht beinahe ein Optimum an Abstraktion. So war ich also gezwungen, auch "mediokre" Denker zu lesen — wie etwa Otto Weininger —, die die Ideen der großen Denker wieder in die unaussprechlichen Worte wie "Natur" oder "Frau" zurückverwandeln. Und andererseits mußte ich beginnen, die "großen" Denker mit meinem Körper zu lesen. Das heißt

ich bediente mich meines *physischen* Unbehagens als Leitfaden, um herauszufinden, ob und welche Aggression gegen die Frau — oder den "anderen" — sich hinter einem abstrakten Gedanken verbarg. Ich bediente mich also in gewisser Weise der "Methode" der Hysterie, die die Sprache in Körper verwandelt — und umgekehrt. Keine sehr "wissenschaftliche" Methode, wird man einwenden — eben darum ging es ja: diesem Begriff der "Wissenschaftlichkeit" auf die Spur zu kommen und sich außerhalb von ihm zu stellen, um Kritik an ihm üben zu können. Der Körper, so schreibt Camus in seinen Tagebüchern, ist der wahre Weg zur Bildung: er zeigt uns unsere Grenzen (2). Damit zeigt er uns aber auch die Grenzen der Logik und Wissenschaftlichkeit. Das physische Unbehagen, das mich bei vielen Texten befiel, die "Aggression" gegen meinen Körper, die ich verspürte, wurden ausgelöst durch die Abstraktion, die dieses Denken von der sinnlich wahrnehmbaren Realität, damit auch von meinem Körper gewaltsam trennt. Dieses mein Unbehagen, und das Unbehagen meiner Gesprächspartner, das ich in Protokollen am Ende jedes Kapitels wiedergebe, waren wichtige Hilfsmittel bei der Suche nach einem anderen analytischen Ansatz. Die Männer und Frauen, mit denen ich sprach, sind keineswegs "krank" — jedenfalls nicht kränker als jeder andere, der in der Kathedrale der abendländischen Logik lebt. Ich möchte sogar behaupten, sie sind etwas gesünder, weil sie — und das waren meine Kriterien bei ihrer Auswahl — ihr Unbehagen verspüren und beschreiben können. Wer leidet, kann nicht klagen, sagt Brecht. Umgekehrt könnte man auch sagen, wer über sein Leiden klagen kann, hat schon einen Teil davon abgetragen. Meine Gesprächspartner, die ihr Unbehagen in Worte umsetzen können, bilden sozusagen das sichtbare Stück vom Eisberg, der bekanntlich seine "Masse" unter der Wasseroberfläche verbirgt. Es mag ungewöhnlich erscheinen, in einer Abhandlung, die kollektive Entwicklungen über einen Zeitraum von mehreren tausend Jahren beschreibt, Gesprächsprotokolle — das heißt Darstellungen individueller Schicksale — aufzunehmen. Aber eben diese Zusammenführung von Ungleichem verdeutlicht für mich eine entscheidende Entwicklung der abendländischen Kultur im 20. Jahrhundert: nämlich die Aufhebung der Grenze zwischen individueller und kollektiver Geschichte. Gerade der Wert, den das 20. Jahrhundert auf diese Unterscheidung legt, beweist es. Man kann die Entstehung der Psychoanalyse als den verzweifelten Versuch verstehen, dem einzelnen, der keine Geschichte mehr besitzt, dennoch "seine Geschichte" zu verschaffen. Die vorliegenden Gespräche ohne Couch verdeutlichen das Gegenteil. Eben weil sie trotz — oder wegen — individueller Story durch eine andere individuelle Geschichte ersetzt werden könnten, sind sie symptomatisch dafür, daß die Unterscheidung zwischen dem Ich und der Kollektivität nicht mehr vollzogen werden kann.
Wenn ich nun aber die abendländische Kultur hinterfragen will — und

zwar indem ich mein Denken "hysterisiere" —, wie komme ich dann dazu, ausgerechnet ein *Buch* darüber zu schreiben? Wie soll ich mich gerade mit einem Buch außerhalb des abendländischen Denkens stellen? Denn die Schrift hat die Religionen gestiftet und die philosophischen Denksysteme geschaffen, die für das Abendland bezeichnend sind: die "Religionen des Buches", in denen ein unsichtbarer Gott sich einzig durch die Schrift offenbart; und die von der Realität abstrahierenden Gedankengebäude eines Platon oder Descartes. Die Frage, warum ich ausgerechnet das Bedürfnis hatte, über die Hysterie zu *schreiben* (statt mich eines anderen Mediums wie etwa des Films zu bedienen, was meiner bisherigen Ausdrucksform entsprochen hätte), diese Frage hat mir viel zu schaffen gemacht. Ich fand erst nach langem Nachdenken die eigentlich evidente Antwort darauf: die Schrift *war* das prägende Medium der abendländischen Kultur, aber sie ist es nicht mehr. Das Werk, das sie begonnen hat, ist heute gewissermaßen vollendet, und damit hat sie ihre raison d'être und ihre Macht verloren. Indem sie ihre Macht eingebüßt hat, ja sogar, wie ich am Ende zeigen werde, zum Feind der neuzeitlichen "Reinkarnation" geworden ist, wurde sie auch wieder zu einem brauchbaren Mittel der Kritik an der abendländischen Kathedrale: brauchbar, weil sie nunmehr außerhalb ihres "Kunstwerks" steht, und brauchbar, weil sie weiß, wie die Kathedrale zustande kam.

Meine erste These lautet also: Die Hysterie ist eine Erscheinung, die mit der Schrift geboren wurde. Sie verweigert die Abwendung vom sinnlich Wahrnehmbaren, die jene ermöglicht und eingeleitet hat. Sie lehnt die Trennung von Geist und Materie ab und versucht, die Abstrakta, in die die Frau, der Körper, die Natur verwandelt wurden, aufzuheben. Sie kämpft um die Wahrung der Einheit von Kopf und Körper. Aber mit dieser Erkenntnis entstand das nächste Problem: Mir wurde zunehmend bewußt, daß viele Begriffe inzwischen eine Doppelbedeutung haben, zumindest wenn man sie unter dem Blickwinkel der Hysterie betrachtet. Das gilt für den Begriff der "Mutter", des "Ichs", der "Sexualität", des "Bewußtseins" — eigentlich für alle Begriffe, die von Bedeutung für die Statik der abendländischen Kathedrale sind. Es gibt zum Beispiel die "Mutter", die das Kind gebiert; aber daneben gibt es auch eine abstrakte "Mutter", ein *Bild* der Mutter, das der realen Mutter widerspricht, ihr aber als "Ideal" gegenübersteht. Man kann sie als "fremdbestimmte" oder als "abstrakte" Mutter bezeichnen. Sie wurde zum Instrument der Vernichtung der realen Mutter. Dieselbe Doppelbedeutung hat auch der Begriff des "Bewußtseins". Im Japanischen heißt "erkennen" zugleich auch "geteilt sein". Das ist für mich eine treffende Definition des Begriffs "Bewußtsein": das Wissen um die eigene "Unvollständigkeit", wie sie sich in Geschlechtszugehörigkeit und Sterblichkeit ausdrückt. Eine Definition, die auch in der abendländischen Sprache im Begriff der "Unterscheidung" als Erkennen enthalten ist. Im Abendland ist aus dem Begriff des "Bewußtseins" aber zunehmend genau das Gegenteil geworden: es setzte sich eine Bedeutung durch, mit der nicht "Unvollständigkeit", sondern eine Form von Allmacht gemeint ist. Das wird besonders deutlich in der französischen Sprache, die keinen Unterschied zwischen "Bewußtsein" und "Gewissen" macht. Beides wird mit "conscience" bezeichnet. Das "Gewissen" ist aber ein fremdbestimmtes Wissen. Es gibt kein "ursprüngliches" Gewissen; es gibt nur ein Gewissen, das von der Kultur, von Gesetzen und konventionellen Moralbegriffen geprägt wird. Es ist also gerade nicht ein Ausdruck vom Wissen des einzelnen, sondern eines Verlustes an eigenem Wissen und eigenem Bewußtsein. Das "Gewissen" ist das Gegenteil von "Bewußtsein" (nach der obigen Definition), denn es ist ausverlagertes Wissen und kann deshalb keine Erkenntnis von der eigenen "Unvollständigkeit" vermitteln.

Was nun das "Ich" betrifft, wurde die Begriffsverwirrung besonders spürbar. Ich wußte mir schließlich nur noch dadurch zu helfen, daß ich die Ausdrücke das große ICH und das kleine *ich* einführte. Mit dem kleinen *ich* ist das Ich gemeint, das dem Bewußtsein der eigenen "Unvollständigkeit", also meiner Definition von Bewußtsein entspricht: ein Ich, das um seine Sterblichkeit und Geschlechtszugehörigkeit weiß. Dahingegen ist das große ICH ein Abstraktum, das der Phantasie der "Vollständigkeit" entspricht. Dieses große ICH ist omnipotent, verfügt über unbegrenzte Möglichkeiten, ist zugleich Mann und Frau — und eben deshalb ungeschlechtlich. Es ist, im Gegensatz zum kleinen *ich*, eine Schöpfung des Geistes und fordert zu seiner Materialisierung den Untergang des kleinen *ichs*. So abstrakt seine Ursprünge sind, nimmt das große ICH doch reale Formen an, etwa in der Armee, dem Staat oder der "Masse", denen das kleine *ich* sich unterzuordnen, ja in denen es aufzugehen hat. Aber das große ICH materialisiert sich nicht nur in den großen sozialen Gebilden, sondern auch im einzelnen, in dem es die Stelle des kleinen *ichs* eingenommen hat. Das große ICH ist eine Idee, die sich zunehmend sinnlich wahrnehmbare Formen angeeignet und bei diesem Prozeß das kleine *ich* verschlungen und ersetzt hat. Neben diesen beiden Begriffen werde ich vom "Ich" in seiner geläufigen Form nur dann sprechen, wenn es um die Ich-Theorien anderer Autoren geht oder aber darum, einen allumfassenden Begriff für die verschiedenen Ichs zu finden.

Ich könnte die Liste dieser Doppelbedeutungen lange fortsetzen. Es käme einer Enzyklopädie der abendländischen Kultur gleich — wobei es kein Zufall ist, daß der Begriff des "Enzyklopädischen" oft benutzt wird, wenn die Vielfalt der hysterischen Symptome ausgedrückt werden soll. Allmählich wurde mir klar, daß genau hierin das Verdienst der Hysterie

besteht: die Doppelbedeutung der Begriffe zu verdeutlichen. Die oft beschriebene "Verlogenheit" oder "Ambiguität" der Hysterie vermag nicht, die Verdrängung der Realität durch die Abstraktion rückgängig zu machen — aber sie ermöglicht die Erkenntnis, daß mit genau demselben Wort Dinge bezeichnet werden, die in vollkommenem Gegensatz zueinander stehen; das heißt die Hysterie, die als die große Krankheit der Irrationalität bezeichnet wird, vermittelt Bewußtsein — eine Form von "Bewußtsein", die wir heute vielleicht nur noch ahnen, nicht mehr nachvollziehen können. Aber die Betrachtungsweise, die die Hysterie vermittelt, erlaubt mir doch eine These zu formulieren, nämlich die, daß sich die Geschichte der abendländischen Kultur als eine Geschichte der Vernichtung des Menschen als Sexualwesen verstehen läßt. Das bedeutet aber auch, daß diese abendländische Kultur nicht, wie gemeinhin behauptet wird, die "Geburt des Bewußtseins" darstellt, sondern vielmehr dessen Untergang. In diesem Sinne ist das vorliegende Buch, auch wenn es die "Frauenkrankheit" zum Leitfaden hat, kein "Frauenbuch". Es geht mir nicht um die Unterdrückung des Weiblichen, um die Opferrolle der Frau. Es geht mir nicht einmal um das *bestehende* Verhältnis der Geschlechter zueinander, sondern vielmehr um die Frage: Wie *kam* es zu diesem Verhältnis? Durch welche Mechanismen sind beide Geschlechtswesen vernichtet worden, und was hat diesen Mechanismus ausgelöst? Ich muß gestehen, daß mich bei der Lektüre vieler "Frauenbücher" über die Unterdrückung der Frau immer wieder ein Unbehagen überkommt — nicht unähnlich dem Unbehagen, das die Beschäftigung mit den Philosophen des Abendlandes auslöst. Dieses Unbehagen erklärt sich nicht zuletzt durch einen grundsätzlichen Denkfehler in vielen Frauenbüchern, der einen Gutteil der Feministinnen zu den unfreiwilligen Komplizen jenes "Patriarchats" macht, das sie angreifen. Der Denkfehler läßt sich verkürzt etwa folgendermaßen umschreiben: Im Patriarchat, so heißt es, habe "der Mann die Macht an sich gerissen" und "die Frau unterworfen". Eine solche Argumentation setzt voraus, daß der Mann a priori, das heißt aus eigener Kraft überhaupt die Möglichkeit besaß, "die Herrschaft an sich zu reißen". Das würde aber bedeuten, daß er auch a priori der Überlegene war. Denn wenn einer nur zu entscheiden braucht, daß er die Macht an sich reißen will, um den anderen zu unterwerfen, dann besitzt er sie auch schon faktisch. Damit würde aber aus dem "Patriarchat" genau das, was ihm gleichzeitig streitig gemacht wird: nämlich das Spiegelbild einer ungleichen Machtverteilung zu sein, die "von Natur aus" gegeben sei.
Die Frage, die mich interessiert, ist folgende: Gab es einen Auslöser und eine Dynamik, die außerhalb der Entscheidungsfreiheit des Mannes (und natürlich der Frau) standen und die ihm dazu verhalfen, vielleicht sogar trieben, "die Herrschaft zu übernehmen"? Die Antwort auf diese Frage

lautet für mich heute: ja. Der Mann, nicht weniger als die Frau, ist Marionette einer Entwicklung, der beide gleichermaßen unterworfen waren — einer Entwicklung, bei der es um die Vernichtung des Sexualwesens ging. Und der Mann war sogar mehr als die Frau passive Marionette dieser Entwicklung. Denn da ihm die "Herrschaft" zugesichert schien — und er erst spät den Preis erkannte, den er dafür zu zahlen hatte: den Preis seiner Existenz als Sexualwesen — hat er sich der Macht, die ihn regiert, nur wenig widersetzt. Die Frau hingegen, die bei der Verteilung die weniger befriedigende Rolle zugewiesen bekam, entwickelte Verweigerungsmechanismen wie die der Hysterie, die die Marionettenglieder gelegentlich etwas anders tanzen ließen, als der große Puppenmeister sie lenkte. Mit diesem "großen Puppenmeister" ist *keine* übersinnliche höhere Gewalt gemeint, sondern vielmehr eine historische Dynamik oder Eigengesetzlichkeit, die zwar ihren Ursprung in einer Erfindung des Menschen hat, nämlich der Schrift, die aber ihrerseits den Menschen den von ihr geschaffenen Bedingungen und Gesetzen unterworfen hat. Der Ort ihrer Niederlassung ist nicht das Jenseits, nicht der Himmel, sondern der menschliche Geist.
Der erste Teil des Buches — Kapitel I und II — ist den beiden großen Kontrahenten bei dem jahrhundertelangen Machtkampf, um den es hier geht, gewidmet. Das erste Kapitel dient einer Beschreibung der Hysterie oder vielmehr der Geschichte ihres Begriffs. Im zweiten Kapitel werden die beiden Kontrahenten — der Logos und die Hysterie, die "große Lügnerin" — einander gegenübergestellt.
Im zweiten Teil des Buches stelle ich diese Konfrontation und den Prozeß, den die Macht des Logos ausgelöst hat, noch einmal dar, aber bezogen auf bestimmte Gebiete: Zeugungs- und Gebärfähigkeit, Sexualität, Sprache (im weitesten Sinne von "Kulturfähigkeit"). Jedes dieser Gebiete ist eigentlich eng mit dem anderen verknüpft, und in Wirklichkeit verlaufen viele der hier chronologisch beschriebenen Entwicklungen parallel zueinander. Dennoch schien es mir wichtig, den Prozeß der Neutralisierung der Geschlechtswesen, die Konstruktion der Kathedrale an den Bausteinen, an Begriffen wie denen der "Mutterschaft", "Mütterlichkeit", "Eros", der Sprachfähigkeit konkret darzustellen. Während die beiden Kapitel "Bessere Mütter" und "Sexualität und Sprache" vornehmlich der Vernichtung der Frau — als Sexualwesen und als Mutter — gewidmet sind, gehe ich im folgenden Kapitel "Das ICH und das Nichts" auf die Vernichtung des Mannes ein. Im Kapitel über "Die männliche Hysterie oder le petit mal du Grand Mâle" ist vom späten — verspäteten — Erwachen des untergehenden männlichen Sexualwesens die Rede und vom Umbruch, den die "Mode" des männlichen Hysterikers im 19. Jahrhundert einleitet.
Im dritten Teil, "Paradise now", geht es um die Zeit nach diesem Umbruch, den ich mit etwa 1900 ansetze. Denn die Beschäftigung mit dem Thema

Hysterie deckte allmählich auf, daß sich hinter jedem Begriff nicht nur eine sinnlich wahrnehmbare Realität und eine Abstraktion verbarg (die in Gegensatz zueinander stehen), sondern daß es inzwischen auch zwei sinnlich wahrnehmbare *Realitäten* gibt: daß also zum Beispiel mit den Begriffen "Körper", "Materie" oder "Natur" jeweils zwei vollkommen verschiedene Dinge bezeichnet werden, die einander ebenso konträr sind wie Abstraktum und Realität. Die sinnlich wahrnehmbare Realität war nämlich nicht nur durch die Abstraktion verdrängt worden, sondern in einem zum Teil parallel verlaufenden Prozeß hatte das abstrakte Denken wiederum sinnlich wahrnehmbare Realität produziert, die ihrerseits die Abstraktion verdrängt. Es war eine "Kunstnatur", ein "Kunstkörper", eine "Kunstrealität" entstanden — und nicht zuletzt auch eine "Kunstfrau" und das "Kunst-Ich", ein Körper gewordenes "ICH". Jeder Begriff, soweit er sinnlich wahrnehmbare Realität bezeichnet, enthält also nicht nur zwei Vorstellungen, sondern sogar zwei Realitäten. Es gibt also die "Frau" als "unvollständiges" Geschlechtswesen, es gibt das Bild der "Frau" als Abstraktion, und es gibt die "Kunstfrau", die dem abstrakten Bild angepaßt wurde und leibliche Realität geworden ist. Die Magersucht, so zeige ich im letzten Teil, ist die Form von hysterischer Verweigerung, die der Entstehung dieses neuen "Kunstkörpers" oder dieser "Kunstfrau" entspricht.

Diesen drei Bedeutungsebenen eines jeden Begriffs entsprechend, hat auch die Hysterie im 20. Jahrhundert drei völlig verschiedene Gesichter angenommen: zunächst jene frühe (allmählich aussterbende), die den Gegensatz von Abstraktion und sinnlich wahrnehmbarer Realität verdeutlicht. Dann die neuere, die "anorektische Hysterie", die die Existenz von zwei Realitäten offenbart, die einander zum Verwechseln ähnlich sehen und dennoch als unvereinbare Gegensätze betrachtet werden müssen. Und schließlich ist noch eine dritte Form von Hysterie entstanden, eine Art von "Kunst-Hysterie", bei der an die Stelle des *ichs*, für dessen Erhaltung die beiden anderen Hysterien kämpften, das ICH getreten ist. Massenhysterie als Begleiterscheinung, ja Symptom der Kunst-Realität.

Ob die Hysterie nun als "Krankheit" oder, wie Slater sagt, als "Symptom von Gesundheit" zu betrachten ist (3), das muß jeder für sich selbst entscheiden. Es ist letztlich eine Entscheidung für das *ich* oder das ICH.

(1) Markale, Jean, La Femme celte, Paris 1979, S. 9 (deutsch: Die keltische Frau, München 1984. Für die deutsche Ausgabe hat der Autor ein anderes Vorwort verfaßt.)

(2) Camus, Albert, Carnets I, Paris 1962, S. 90
(3) Slater, E., Diagnosis of Hysteria, in: Brit. Med. Journal, 1965, I,2, S. 1396

Erster Teil
Die Hysterie und der heilige Geist

Kapitel I
Die Hysteriker und ihre Therapeuten

Bei meiner Beschäftigung mit der Hysterie mußte ich manchmal an einen Spruch denken, den ich in einer New Yorker Snackbar gelesen habe: "If God didn't want you to eat my hot pastrami sandwich he wouldn't have invented Alka Seltzer." Die Hysterie als Beweis dafür, daß wir die Gesetze der Logik schlucken müssen, obgleich sie nicht genießbar sind. Aber auch: die Hysterie als Remedium gegen diese ungenießbare Logik.
In diesem Kapitel will ich eine Geschichte der Hysterie skizzieren. Aber es wird keine neutrale Abhandlung sein, in der ich die Vielfalt der Meinungen wiedergebe, die sich über die Jahrhunderte zu dem Thema akkumuliert haben. Solche Abhandlungen gibt es bereits, und ich lege insbesondere die von Ilza Veith dem interessierten Leser nahe (1). In meiner Geschichte der Hysterie geht es mir um etwas anderes: ein Beziehungsmuster darzustellen zwischen Hysterie . . . und Hysterie.
Die Hysterie läßt sich nur als Beziehungsgeflecht definieren. Je nach Standpunkt, bietet sich dem Betrachter ein bestimmtes Bild; und dieses Bild sieht anders aus als das eines anderen Betrachters. Das heißt die Hysterie entzieht sich einer objektiven Definition. Mehr noch: sie stellt die Möglichkeit objektiver Darstellung in den Naturwissenschaften überhaupt in Frage, weil ihre Symptome sich ständig verändern. Das Schema der "Körpermaschine", auf das das abendländische Denken den Menschen immer wieder zu reduzieren suchte, wird durch die Hysterie widerlegt. Die hysterische "Körpermaschine" ist keine, weil sie ihre Funktionsweise immer wieder verändert. "Die Hysterie verhält sich bei ihren Paralysen und anderen Symptomen als ob es die Anatomie nicht gäbe oder als ob sie kein Wissen darüber besäße", schreibt Freud in einer seiner frühen Schriften (2). Die schönen und ordentlichen Gesetze und Funktionen, die das abendländische Denken dem Körper auferlegt hat — sie werden von der Hysterie nicht beachtet. Damit widerlegt die Hysterie aber die Existenz der "Körpermaschine" überhaupt. Ein Automat ist nur dann reproduzierbar, in Serie herstellbar, wenn er immer nach den glei-

chen Gesetzen funktioniert. Tut er es nicht, ist er kein Automat, ist der Körper also keine Maschine.

Es gibt sie also, die Hysterie. Sie ist ein Beziehungsgeflecht. Das bedeutet aber, daß es sie nicht nur gibt, sondern daß es sie gleich zweimal gibt: Es gibt die Hysterie des Betrachters, eine Art von Denkmuster, das der Realität, dem Körper, der Frau, der Natur übergestülpt wird — und es gibt eine hysterische "Realität", die dem Betrachter gegenübertritt. Die eine Hysterie entspricht dem Krankheitsbild, das von Epoche zu Epoche anders verstanden und beschrieben wird; die andere Hysterie entspricht der hysterischen Symptombildung. Dabei richtet sich die hysterische "Realität" — die Symptombildung — nach dem Standpunkt des Betrachters. Sie paßt sich der Präfiguration an, die der Betrachter von ihr, der Krankheit, entwickelt hat. Gleichzeitig widerlegt sie aber auch diese Präfiguration, wie ich noch ausführen werde. Die Hysterie der Symptombildung ist Meisterin im Spiel, das der kretische Philosoph Epimenides mit der eben erfundenen Logik der griechischen Klassik betrieb: 1. Epimenides sagt: Alle Kreter lügen immer. 2. Epimenides ist ein Kreter. Was aber ist dann noch Wahrheit und was Lüge?

Krankheit und Normalität

Es gäbe schon eine denkbare Definition für den Begriff der Hysterie — nur, aus unerfindlichen Gründen gibt es, zumindest laut dem Sprachlexikon, das Wort nicht, das dieser Definition entspräche: "Anormalität". Warum ist dieses Wort in unserer Sprache nicht vorgesehen — noch irgendein anderes, das ihm gleichkommt —, obgleich Bände und Bände von wissenschaftlichen Werken darauf verwendet wurden, die Wirklichkeit zu umschreiben, die dahinter steht? Die Geschichte der abendländischen Medizin und Wissenschaft ist eine Geschichte der Abgrenzung gegen jede Form von Unordnung, eine Geschichte der Konstitution von Normen und Normalität — Normalität des Körpers, der Natur, der Geschlechter. Aber die "Anormalität", die Unordnung als solche, hat sie namenlos belassen. Sie kennt nur (wiederum laut Lexikon) "Abnormes" und "Anomalien", einzelne Abweichungen, die "Pannen" der Maschine gleichsam, die es schleunigst einzukreisen, zu reparieren, notfalls auszugrenzen gilt. Die "Anormalität" hingegen als solche darf es nicht geben (3). Denn gäbe es sie, so gäbe es keine Normalität, es würde ihr die Allgemeingültigkeit — eben die "Norm" — streitig gemacht. Aber da es die "Anormalität" nicht gibt — kann es da überhaupt eine allgemeingültige Normalität geben?
So hat das abendländische Denken einen Begriff erfunden, um den unaussprechlichen Zustand, der nicht sein darf, dennoch zu umschreiben: die Hysterie. Als "hysterisch" wird alles bezeichnet, was nicht der Normalität zuzuordnen ist — je nachdem, wo man die Normalität ansiedelt. Hysterie kann alles sein, und alles kann Hysterie sein, vorausgesetzt es wird als Ausnahmezustand betrachtet. In der Alltagssprache werden als "hysterisch" Wutanfälle, Überängstlichkeit, Unberechenbarkeit, Verlogenheit, Unbeständigkeit, Oberflächlichkeit, Flatterhaftigkeit etc. bezeichnet — Begriffe, die alle in gewisser Form eine Absage an die konventionelle Übereinkunft des Verhaltens, an Berechenbarkeit und "automatische" Funktionalität erteilen.
Hysterie — "Anormalität" — wäre demnach Unberechenbarkeit. Hier stellt sich aber das Problem, daß das, was als "berechenbar" erscheint, als "normale Funktionsweise", vom einen Betrachter zum anderen differieren kann. Um nur einige Beispiele zu nennen: die Verheirateten sehen die Hysteriker mit Vorliebe unter den Unverheirateten. Die Unverheirateten sehen wiederum in der Ehe die Ursache jeder hysterischen Erkrankung. Für die ältere Frau sind die pubertierenden Mädchen potentielle Hysterikerinnen, für jugendliche Frauen wiederum sind es die Frauen "in den Wechseljahren". Für die Kinderlose ist es die Mutter; für die Mutter die Kinderlose. Die Intellektuelle findet die Frau, die sich immer nach der letzten Mode kleidet, hysterisch und wird ihrerseits als hysterischer Blau-

strumpf bezeichnet. *Hysterisch ist immer der andere* — und hysterisch ist vor allem das "andere Geschlecht", die Frau als Andersartigkeit schlechthin. Denn darüber herrscht Einigkeit: das "normale" Geschlecht ist männlich.

Damit wäre zunächst die Existenz der "Anormalität" — dieses Zustands ohne Namen und mithin ohne Seinsberechtigung — etabliert: Die Hysterie bezeichnet die Beziehung zu einem anderen, der nicht sein darf, dessen Existenz aber durch die Namenlosigkeit selbst bewiesen wird.

Als das "andere" wurde die Hysterie, versteht sich, alsbald in den Zangengriff der Therapie genommen. Bei der Hysterie-Therapie sind zwei Formen zu unterscheiden: die "frauenfreundliche" und die "frauenfeindliche". Die Therapeuten der ersten Richtung verschrieben zum Beispiel die Beräucherung der Vagina mit guten Düften; oder sie verordneten der Patientin Sexualverkehr und Mutterschaft; während sich die Methoden der anderen "Schule" durch strengste Körper- und Sexualfeindlichkeit auszeichneten. Letztere bilden die weit überwiegende Mehrheit der überlieferten Therapiemethoden und scheinen zum Teil in den Schulen der Folterlehrmeister erworben zu sein. Da wurden schwere Steine auf den Bauch der Patientin gelegt, ihr Unterleib mithilfe eines Feuerbocks oder Stampfers gepreßt; man riß ihr Nägel und Schamhaare aus oder wickelte um Hals und Brüste erstickende Kompressen; in die Vagina wurden Hirschgeweihe, Ziegenfüße oder die Warzen von Pferdefüßen eingeführt; mit Schlagstöcken und Feuer vertrieb man "böse Geister" oder "weibliche Spermatozoide" aus dem Uterus. Die angebliche "Übersinnlichkeit" der Hysterika wurde durch die Entfernung der Klitoris behandelt, während Elektroschocktherapien für die Behandlung von Hautunempfindlichkeit oder Lähmungen empfohlen wurde. Die Therapeuten ließen sich kaum ein Mittel, das der "Fortschritt" brachte, entgehen, um dem Körper und insbesondere seinen Geschlechtsteilen Schmerzen zuzufügen. Sogar die Garotte empfahl ein Arzt des 19. Jahrhunderts als Behandlungsmethode gegen den "globus hystericus". Es "ist eine Art Strangulation", so kommentierte ein Kollege diese neue Erfindung der Hysterie-Therapie. Allerdings müsse "man damit noch Erfahrungen sammeln, da die Wirksamkeit noch nicht für alle Fälle nachgewiesen ist" (4).

So unterschiedlich auch die "frauenfreundlichen" und "frauenfeindlichen" Methoden sein mögen, allen Hysterie-Therapien ist doch eines gemeinsam: die Unterwerfung des weiblichen Körpers unter eine fremde Verfügungsgewalt. Ob es sich nun um die Verordnung von Sexualverkehr oder um die Folterung der Geschlechtsteile handelt, *immer* wird dem Körper eine Vorstellung aufgezwungen, die von außen kommt. Körper, Sexualität und Identität der Frau werden enteignet — und zwar sehr oft durch Mittel, die ihrerseits den hysterischen Symptomen nachgebildet sind. So

Planche XVIII: CATALEPSIE, Suggestion

Planche XV: CATALEPSIE

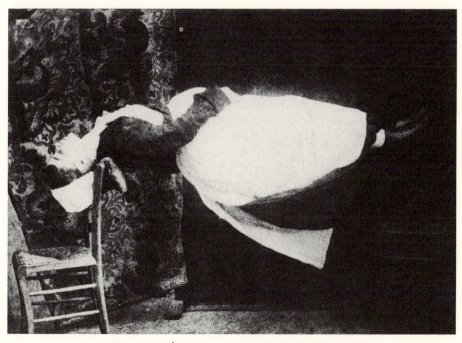
Planche XIV: LÉTHARGIE, Hyperexcitabilité musculaire

etwa im Fall der oben erwähnten Garotte, die der Heilung des "globus hystericus" dienen sollte. Beim "globus hystericus" handelt es sich um eine Art von Erstickungsanfall, für den — wie bei allen hysterischen Symptomen — keine organische Ursache auszumachen ist. Die Erdrosselung wurde also als Therapeutikum gegen Erstickung verschrieben. Die "Therapie" bestand gewissermaßen darin, die Ursache für die Symptombildung vom Patienten auf den Therapeuten zu übertragen: nicht der Patient produziert die Erstickung, sondern sie wird ihm von fremder Hand, der des Therapeuten, auferlegt.

Dieser Vorgang beleuchtet ein Paradoxon, das für die Hysterie bezeichnend ist: das Bild der weiblichen Krankhaftigkeit ist zugleich das Ziel der Behandlung. Die Therapie selbst ist das Mittel, durch das der weibliche Körper zum präfigurierten Bild umgewandelt werden soll. Das Bild weiblicher "Anormalität", das am Anfang steht, ist auch das Resultat der "normalisierenden" Behandlung.

Ich möchte das an zwei Beispielen darstellen: Im 19. Jahrhundert wurde, in der Nachfolge Rousseaus, die "Mütterlichkeit" zum Ideal weiblicher Normalität erhoben. Jede Frau, die nicht das Muster der selbstlosen, aufopfernden Mutter verkörperte, galt als "krankhaft", "abnorm", "hysterisch" (5). Nun würde man denken, daß die Therapie, die man zur Behandlung einer solchen "Anormalität" ersann, darin bestanden hätte, den "abnormen" Frauen — und sei es mit Gewalt — die "Unmütterlichkeit" abzugewöhnen. Tatsächlich geschah aber genau das Gegenteil: Im 19. Jahrhundert wurde es geradezu hysterie-therapeutisches Dogma, daß Hysterikerinnen von ihren Kindern bzw. den Eltern zu trennen seien — einerseits als Mittel der Heilung und andererseits als Präventivmaßnahme gegen eine hysterische Erkrankung des Nachwuchses (6). Einige Psychiater forderten sogar, daß die Hysterika davon abzuhalten sei, ihre Kinder zu stillen (7), während gleichzeitig das Stillen als höchster Ausdruck weiblicher Normalität und Gesundheit betrachtet wurde. Die Hysterie-Therapie bestand gewissermaßen darin, die Entfaltung weiblicher Normalität *zu verhindern*, also die "Anormalität" zu erstellen.

Eine andere Überlegung beleuchtet ebenfalls die Widersprüchlichkeit zwischen hysterischem Krankheitsbild und hysterischer Therapie. Die "Hysterie-Therapie", am deutlichsten die christliche Teufelsaustreibung, verfolgte zwar das Ziel, den weiblichen Körper mit seinen Trieben zu unterwerfen, ihm gleichsam seine Existenz streitig zu machen. Aber um diesen Beweis zu erbringen, mußten die "Therapeuten" — und gerade die Folterer — den Körper *anfassen*; sie mußten seine Entleibung mit eigenen Händen vornehmen. Damit lieferten sie aber auch selber den Beweis dafür, daß dieser Leib alles andere als inexistent ist: es gibt keinen offenkundigen Beweis für die Existenz eines Körpers als seine Sterblichkeit.

Ich möchte mit diesen Beispielen nur einen kleinen Einblick in die Widersprüchlichkeit vermitteln, zu denen die Beschäftigung mit der Hysterie führt. Je tiefer der Forschungsreisende in den Irrgarten der Hysterie vordringt, desto größer werden die Widersprüche, desto schwieriger die Begriffsbildungen. Krankhaftigkeit ist zugleich Gesundheit, gesetzmäßige Konstitution. Die Grenze zwischen Normalität und "Anormalität" verschwimmt — und eben hierin ist der Grund dafür zu suchen, daß das Wörterbuch die "Anormalität" nicht kennt. Die Normalität selbst ist anormal.

Das medizinische Krankheitsbild der Hysterie ähnelt in vielen Beziehungen dem frauenfeindlichen Witz. Während sich männerfeindliche Witze im allgemeinen darauf beschränken, das anzuprangern und lächerlich zu machen, was als "unmännlich" gilt — es wird der Mann karikiert, der sich läppisch, feige, wehleidig oder unsicher verhält —, richtet sich der frauenfeindliche Witz gegen das, was gleichzeitig als weibliche *Normalität* verkündet wird: Naivität, Eitelkeit, Abhängigkeit, Unzuverlässigkeit usw. — Eigenschaften, die der normalen Frau und in gesteigertem Maße der

Planche XXIX.

HYSTÉRO-EPILEPSIE

CONTRACTURE

Salon de Paris ._C. J. WATELET._ MÉDITATION
MEDITATION._ MEDITACIÓN
MEDITAZIONE _ NACHDENKEN

Hysterika nachgesagt werden. "Ohne es hier an Höflichkeit fehlen lassen zu wollen", so schreibt ein Wissenschaftler des 19. Jahrhunderts, "will ich darauf hinweisen, daß die meisten Charakterzüge der Hysterikerinnen nur Übertreibungen des Charakters der Frau sind" (8). Weibliche "Anormalität" ist nur eine besonders deutliche Form von weiblicher Normalität. Was heißt das anderes als dies: daß die "Krankheit", die es zu behandeln gilt, die Frau selber ist?

Die hysterische Symptombildung

Obwohl die Hysterie ältester Krankheitsbegriff der abendländischen Medizingeschichte ist — er wurde vor zweieinhalbtausend Jahren von Hippokrates geprägt —, konnten nicht einmal die Symptome der Hysterie (geschweige denn ihre Ursache) je umfassend beschrieben werden. Die Erscheinungsformen der Hysterie sind so vielfältig, daß Autoren sie als "enzyklopädisch"* bezeichnet haben (9). Sie treten in allen Bereichen physischer und psychischer Existenz auf: von der Nahrungsaufnahme über die Sexualität bis zur intellektuellen Tätigkeit. Das erklärt sich einerseits damit, daß alle Bereiche abendländischer Kultur und Wissenschaft ihre Vorstellung von "Anormalität" entwickelten, und andererseits damit, daß die "Anormalität" auch für jeden Bereich eine spezifische Ausdrucksform fand. Dem "Enzyklopädischen" der Hysterie entspricht die Vielfalt der Bilder, die die Medizin, die Theologie, die Justiz oder die Philosophie von der "Krankheit" des Frau-Seins entwarfen, aber auch die Vielfalt der Reaktionsformen, die der hysterische Körper auf diese Bilder entfaltete.

Bei ihrer Vielfalt sind *allen* hysterischen Symptomen jedoch folgende Faktoren gemeinsam: sie sind organisch nicht erklärbar, sind (potentiell) immer rückgängig zu machen und verschwinden auch oft schlagartig und auf ebenso unerklärliche Weise, wie sie entstanden sind. Im großen und ganzen lassen sich die Symptome der Hysterie in zwei Kategorien einteilen: jene, die ein Mehr an Körper und jene, die ein Weniger an Körper produzieren. Zu den ersten der beiden Kategorien gehören etwa Epilepsieähnliche Anfälle, Krämpfe, Erstickungsanfälle, Kopfschmerzen, Übelkeit, Schwindelanfälle, Scheinschwangerschaften. Zu der zweiten Kategorie der Symptome, die ein Weniger an Körper einführen, gehört der Verlust der Empfindungsfähigkeit, wie bei der Frigidität oder der Anäs-

---

* Der Psychiater Charles Ernest Lasègue drückte Ende des 19. Jahrhunderts den gleichen Gedanken aus — nur in der Umkehrung. Er sagt, die Hysterie sei ein "Papierkorb, in den alles geworfen wird, was sich nicht einordnen läßt." Zit. n. Porot, Antoine, Manuel Alphabétique de Psychiatrie, Paris 1965, S, 279. — Die Hysterie verdeutlicht, wie gering die Entfernung zwischen Enzyklopädie und Papierkorb ist.

thesie der Haut, der volle oder partielle Verlust des Sehvermögens, des Gehör- oder Geruchssinns; es gehören dazu Lähmungserscheinungen, die den gesamten Körper oder nur Teile von ihm betreffen; die Astasie-Abasie, Unsicherheit beim Gehen und Stehen, und die Angst umzufallen, Unregelmäßigkeit der Menstruation, Magersucht wie ihr Gegenstück, die Bulimie.

Während die erste Kategorie seit etwa der Jahrhundertwende abzunehmen scheint, nimmt die Kategorie des "Weniger an Körper" in der hysterischen Symptomatik zu. Nur, bei näherer Betrachtung erweisen sich die beiden Symptom-Gruppen als keineswegs so verschieden, wie sie auf den ersten Blick erscheinen mögen. Denn die Symptome der Körperverweigerung sind letztlich nur eine besonders intensive Form, den Körper ins *Bewußtsein* zu rufen — durch die Betonung seiner *Abwesenheit*. Die körperverneinenden Symptome spielen dieselbe Rolle wie der hysterische Erinnerungsverlust und der hysterische Verlust von Sprache, die ebenfalls zu den typischen Symptomen der Krankheit gehören. Beide, Sprach- und Erinnerungsverlust, zeichnen sich durch ihre *Selektivität* aus. Anna O. zum Beispiel, Erfinderin der "talking cure" und somit die erste Patientin, die psychotherapeutisch behandelt wurde (10), verlor nicht ihre Sprachfähigkeit, sondern nur die Beherrschung der Muttersprache. Eben dadurch bewies sie aber, daß die verlorene Erinnerung nicht vergessen, sondern vielmehr verdrängt war. "Die Amnesie der Verdrängung", so sagt Jacques Lacan, "ist eine der lebendigsten Formen des Gedächtnisses" (11). Es ist die Form der Erinnerung, die der Hysterie eigen ist.

Wenn aber, wie der Verdrängungsvorgang besagt, der Hysteriker seine Symptome *aussucht*, dann läßt sich schwerlich behaupten, daß er von seiner Krankheit "befallen" wird. Vielmehr ist er als Träger und Interpret der Erinnerung auch der Agent der Selektion. Das bedeutet, daß die Hysterie als eine Form von Verweigerung zu verstehen ist. Was verweigert wird, so paradox es klingen mag, ist die Unterwerfung unter die Präfiguration, die aber gleichzeitig perfekt imitiert wird.

Der Eindruck, daß es sich bei der Hysterie um einen Verweigerungsmechanismus handelt, verstärkt sich noch, wenn man die Merkmale des sogenannten "hysterischen Charakters" betrachtet. Die Eigenschaften dieses Charakters lassen sich allgemein unter dem Begriff der "Schauspielerei" oder "Simulation" subsumieren:

> Der Terminus hysterische Persönlichkeit kann auf Personen angewandt werden, die eitel und egozentrisch sind, die eine labile und reizbare, aber oberflächliche Affektivität zeigen, deren dramatisches, aufmerksamkeitsheischendes und theatralisches Verhalten bis zu den Extremen des Lügens oder der Pseudologie gehen kann, die von sexuellen Dingen sehr eingenommen sind, sich sexuell provokativ verhalten, jedoch selbst frigide sind und die in zwischenmenschlichen Beziehungen abhängig und fordernd sind. (12)

Planche XXX

HYSTÉRO-ÉPILEPSIE

CONTRACTURE

So schreiben zwei Wissenschaftler des 20. Jahrhunderts, in Übereinstimmung mit der großen Mehrheit ihrer Kollegen. Die Hysteriker sind Lügner — "krankhafte Lügner", wie der Begriff der Pseudologie genau besagt. Aber dieser Begriff bildet in sich schon eine im vorliegenden Zusammenhang bemerkenswerte Wortschöpfung: "logie" als Ableitung von Logik würde eigentlich eine geregelte, berechenbare Aktivität oder Denkweise bezeichnen. Die Pseudologie wäre dann eine scheinbare oder simulierte Form der Regelmäßigkeit und Berechenbarkeit. Dies scheint mir, in der Tat, eine treffende Charakterisierung dessen zu sein, wie Hysterie mit der Logik und der Berechenbarkeit umgeht; der Hysteriker verhält sich, als *sei* er berechenbar. Er täuscht Logik vor — das ist seine "Lüge".

Die Hysteriker stiften Verwirrung. Sie verhalten sich nach scheinbar berechenbaren Gesetzen — nämlich meistens nach den Vorstellungen ihrer "Therapeuten" von "Weiblichkeit" —, aber sie tun es auf übertriebene, ausgefallene, "krankhafte" Weise. Und nicht nur das: Der Ausdruck selbst, den sie für ihre Darstellung finden, ist völlig unberechenbar, stellt die Anatomie auf den Kopf, wie Freud bemerkt, oder macht Sprache zum Wortsalat (13). So sehr sie Opfer fremder Vorstellungen sein mögen, so sind die Hysteriker, was die Entwicklung ihrer Symptome betrifft, weniger das Objekt als vielmehr das Subjekt ihrer Krankheit. Sie machen die Fremdbestimmung des Körpers rückgängig, indem sie sich "pseudologisch" verhalten.

Daß sie Subjekt ihrer "Krankheit", ihrer "Anormalität" sind, wird besonders deutlich, wenn man sich ansieht, was die Hysterie von den zwei Krankheiten unterscheidet, mit denen sie am häufigsten verglichen wird, der Epilepsie einerseits und der Schizophrenie andererseits: Die konvulsivischen Anfälle der Hysteriker zum Beispiel sind denen der Epileptiker *äußerlich*, für den Betrachter oft sehr ähnlich — gelegentlich ist auch von "Hystero-Epilepsie" die Rede —, aber die Hysteriker unterscheiden sich von den Epileptikern dennoch dadurch,

> daß der Patient nicht vollkommen bewußtlos ist, daß die Anfälle nur in Gegenwart anderer stattfinden; daß der Patient nie in einer gefährlichen Situation hinfällt, die Reflexe der Hornhaut, der Augenlider und andere tiefe Reflexe vorhanden sind, und daß er gegen den Versuch, seine Augen zu öffnen, Widerstand leistet. (14)

Das heißt im Gegensatz zum Epileptiker, der tatsächlich Opfer seines Anfalls ist, "inszeniert" der Hysteriker seinen Anfall — was nicht heißt, daß er *bewußt* handelt, sondern nur, daß er *handelt*. Die Hysteriker produzieren so etwas Paradoxes wie ein "kontrolliertes Unbewußtes", das Joseph Breuer (dem Freud seine Begegnung mit dem Unbewußten der Hysteriker verdankte) treffend beschrieben hat:

> In seinem Beginne [sc. des hysterischen Anfalls, d.V.] ist das bewußte Denken oft ganz erloschen, aber dann erwacht es allmählich. Man hört von vielen intelligenten Kranken das Zugeständnis, ihr bewußtes Ich sei während des Anfalles ganz klar gewesen und habe mit Neugier und Verwunderung all das tolle Zeug beobachtet, das sie vornahmen und sprachen. [. . .] Da steht nun das Denken und Vorstellen des bewußten wachen Ichs neben den Vorstellungen, die, sonst im Dunkel des Unbewußten, nun die Herrschaft über Muskulatur und Sprache, ja auch über einen großen Teil der vorstellenden Tätigkeit selbst gewonnen haben, und die Spaltung der Psyche ist manifest. (15)

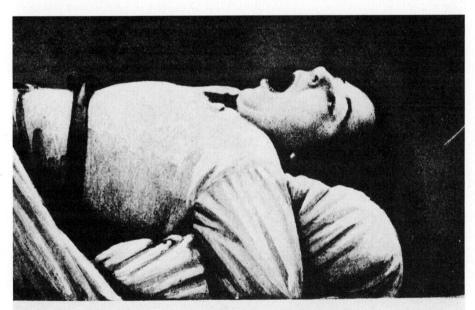

Planche XV.

DÉBUT DE L'ATTAQUE

Da stehen nun gewissermaßen zwei Ichs nebeneinander: das eine beobachtet, das andere handelt. Das zweite, so meint Breuer, das agierende Ich, handelt auf Befehl des Unbewußten. Es gehorcht den Trieben. Breuer vergleicht den Vorgang mit den "Titanen, die in den Schlund des Ätna gebannt sind" und gelegentlich den Versuch unternehmen auszubrechen (16). Hier möchte ich Bedenken äußern: daß das zweite Ich den Trieben, den "Titanen" gehorcht, scheint mir schwerlich vereinbar mit der klaren und "neugierigen" Betrachtungsweise, die das Subjekt gleichzeitig bewahrt. Vielmehr agiert das zweite Ich *im Auftrag* des ersten. Es spielt die Rolle, die ihm das beobachtende Ich zugewiesen hat, nämlich die des "tollen Zeugs". Keine Triebe sind hier am Werk, sondern es geht um die *Darstellung von Trieben*. Das heißt, es handelt sich überhaupt nicht um zwei echte ICHs, eine gespaltene Persönlichkeit, sondern vielmehr um ein Ich und ein gespieltes Ich. Das eine Ich ist der Regisseur, das andere seine Inszenierung. Für das Verhältnis von *ich* und ICH (vgl. S. 14) bedeutet das: Das hysterische *ich* weist den Leib an, der Welt das vorzuspielen, was diese vom Leib erwartet, nämlich "tolles Zeug". Es verhält sich den Vorstellungen des ICHs entsprechend und tut dies, um sich das ICH mit seinen Vorstellungen vom Leib zu halten.

Das hysterische *ich* spielt ICH. Eben deshalb verschmelzen die beiden Ichs des Hysterikers nie miteinander. Immer bleibt die Grenze zwischen dem *ich* und dem ICH, den fremden Vorstellungen, gewahrt. Das unterscheidet die Hysterie von der Schizophrenie.* Bei beiden Krankheiten ist oft von einer Spaltung der Persönlichkeit die Rede. Tatsächlich aber spielt der Hysteriker nur "gespaltenes" Ich. Er läßt den Körper agieren, als handle er nach den Gesetzen eines zweiten Ichs. Deshalb kann er ihn auch mit "Verwunderung und Neugier" beobachten. Der Schizophrene kann sein zweites Ich nicht agieren sehen. Für ihn gibt es weder Schauspieler noch Bühne.

Der amerikanische Psychiater Morton Prince hat Anfang dieses Jahrhunderts den berühmt gewordenen Fall von "Miss Beauchamp" beschrieben, an dem sich der Unterschied von Hysterie und Schizophrenie anschaulich illustrieren läßt. Er wurde zu einem klassischen Borderline-Beispiel. Seine Patientin hatte zwei Ichs: das eine war eine streng moralische und masochistische Person, während das andere Ich einen ehrgeizigen, aggressiven und eigenwilligen Charakter zeigte. Das Alternieren zwischen ihren beiden Ichs — oder Rollen — bereitete der Patientin verständlicherweise große Schwierigkeiten im Alltagsleben. Während ihrer Behandlung (unter

---

* Es würde den Rahmen dieser Untersuchung sprengen, ausführlicher auf die Unterschiede zwischen Schizophrenie und Hysterie einzugehen — schon deshalb, weil diese, wie übrigens auch die Krankheiten selbst, nie klar definiert werden konnten. Ich beschränke mich hier auf eine Sichtweise, die einen unterschiedlichen Umgang mit dem ICH — oder dem ich — zu erfassen sucht.

Hypnose) kam ein drittes Ich zum Vorschein, eine Art von verschmitztem Kobold, den die Patientin "Sally" nannte. Sally beobachtete die beiden anderen Figuren bei ihren "Auftritten" — aber jene wußten nichts von Sally (17). Sally wies, so möchte ich unterstellen, den beiden anderen Ichs Rollen zu — Rollen, die, nebenbei gesagt, karikaturale Wiedergaben der männlichen und weiblichen Rollenzuteilungen darstellten. Hätte es sich bei Miss Beauchamp um eine schizophrene Person gehandelt, so wäre kein Beobachter zum Vorschein gekommen, keine "Sally". Das Spiel, das das *ich* mit dem ICH treibt, wäre dem Bewußtsein nicht zugänglich gewesen. Daß ein Patient, schreibt Maleval,

> die latenten Bedeutungen, die sich hinter seinem Wahnsinn verbergen, aufdecken kann, konstituiert ein Charakteristikum der hysterischen Verrücktheit. Beim Psychotiker hingegen ist der Sinn seines Wahnsinns dem Bewußtsein nicht zugänglich. (18)

Maleval erklärt mit der hysterischen Schauspielkunst sogar die Tatsache, daß die hysterischen Anfälle in demselben Zeitraum *abgenommen* haben, in dem die Diagnose der Schizophrenie *zunahm*. Ab 1900 beginnen die typischen spektakulären Anfälle der Hysterikerinnen des 19. Jahrhunderts nach und nach zu verschwinden. Psychiater werden heute ganz nostalgisch, wenn sie einmal einen "arc de cercle" zu sehen bekommen. In den Anstalten des 19. Jahrhunderts waren diese Anfälle Routine-Erscheinungen. Die Nosographie der Schizophrenie hingegen wurde seit 1900, insbesondere durch die Arbeiten von Bleuler (19), erheblich erweitert. Die Hysterikerinnen, so Maleval, passen sich den Diagnosen à la mode an. Schizophrenie ist gefragt? Bitte sehr, entwickeln wir schizophrene Symptome. Die Hysteriker "spielen" Psychose, wobei ihre Therapeuten dabei oft (unfreiwillig) Regieassistenz leisten, indem sie die Hysteriker als "echte Schizophrene" einordnen und behandeln (20). In einem ähnlichen Sinne schreibt auch ein Kollektiv französischer Therapeuten:

> Gegen Ende dieses Jahrhunderts scheint die psychotische Welt den Hysteriker anzuziehen und ihn dazu zu verleiten, durch seine Pathomimie immer häufiger pseudopsychotische Bilder nach schizophrenem Muster darzustellen. (21)

Wie auch immer die Symptome der Hysterie aussehen mögen — sie haben sich auf jeden Fall im Laufe der Jahrhunderte, und insbesondere in den letzten hundert Jahren erheblich verändert. Aber dies ist allen Symptombildungen gemeinsam: der Patient hat einen aktiven Teil an ihrer Auswahl und Gestaltung, und seine Symptome lassen sich nicht in die Kategorie des automatischen "Reflexes" einordnen. In gewissem Sinne vollbringt der hysterische Patient genau das, was der Therapeut mit seiner "Hysterie-Behandlung" an ihm zu erreichen sucht, aber er kehrt den Spieß um. Während der Therapeut mit Hilfe der Logik die Macht über den Körper des Hysterikers zu erringen sucht, diesen Körper der Funktionsweise

der Maschine anzupassen bemüht ist, eignet sich der Hysteriker die Gesetze der Logik, die Ordnung der Maschine an und macht sie scheinbar zu den seinen. Aber indem der Hysteriker sich die Gesetze, denen sein Körper unterworfen werden soll, zu *eigen* macht, hebt er die Fremdbestimmung wieder auf – und mit ihr die Ordnung das Gesetz selbst. Durch seine Symptombildung offenbart der Hysteriker den Widerspruch, daß weibliche Normalität zugleich weibliche Krankhaftigkeit darstellt. Er überführt die Logik ihrer Verlogenheit.
Der Hysteriker funktioniert seine Opferrolle um zu der des Agenten einer antagonistischen Kraft. Die eine der beiden Kräfte, die an dieser Auseinandersetzung beteiligt sind, versucht das Sexualwesen, das *ich* zu vernichten; die andere aber, die hysterische Symptombildung, lehnt sich gegen diese Vernichtung auf.

Ahasver: Die Theorie von der wandernden Gebärmutter

"Hystera" ist das griechische Wort für Gebärmutter. "Hysteria" heißt soviel wie die Wanderung der Gebärmutter. Über viele Jahrhunderte galt die Wanderung der Gebärmutter als Erklärung für bestimmte Symptombildungen, die einzig bei Frauen auftraten – und für die sich keine organischen Ursachen feststellen ließen. Man betrachtete die Gebärmutter als eine Art von Tier, das im Leib der Frau wohnt und dann, wenn es "unbefriedigt" ist, rastlos zu wandern beginnt. Gleichsam ein Ahasver des weiblichen Körpers.
Diese Erklärung für die hysterischen Erscheinungen scheint schon in der alten ägyptischen Medizin bestanden zu haben, denn bereits in frühen Schriftzeugnissen, dem sogenannten Kahun-Papyrus von 1900 vor Christus und dem Ebers-Papyrus (um 1600 vor Christus), ist von "Frauenkrankheiten" die Rede, die sich etwa in Lähmungen ausdrücken, für die die Ärzte keine organische Erklärung finden (22). Man diagnostizierte die Symptome als "Verhungern" der Gebärmutter. (So als handle es sich dabei um ein Tier, das keine Nahrung bekommt oder jene verweigert.) Die Erstickungsanfälle erklärte man damit, daß "das Tier" auf seiner Wanderung am Engpaß zwischen Kopf und Körper angelangt sei und nun dort Atembeschwerden verursache. Dementsprechend bestand die Therapie der Ärzte darin, die Gebärmutter durch gute Düfte, mit denen die Scheide beräuchert wurde, "nach unten" zu locken, und durch schlechte Gerüche, die durch die Mundöffnung eingeführt wurden, "von oben" zu verscheuchen.
In der griechischen Klassik fand die Theorie von der Wanderung der Gebärmutter weite Verbreitung. Sie taucht in den Schriften Platons auf, der sich bekanntlich sonst wenig für die Naturwissenschaften interessierte

und nur einen einzigen naturphilosophischen Text schrieb, den "Timaios", in dem er sich weniger mit der Natur beschäftigte als seine Skepsis gegenüber der Realität des sinnlich Wahrnehmbaren äußerte. In diesem Text ist von einem "auf Kinderzeugung begierigen Lebewesen" die Rede, das sich in den Frauen befinde und das "unwillig" werde, wenn es lange "ohne Frucht bleibt". Erst dann komme es wieder zur Ruhe, wenn "die Begierde und der Trieb die beiden Geschlechter zusammenbringen" (23). Die Gebärmutter wurde gleichsam als ein Lebewesen definiert, das sich *in* der Frau befindet, aber nicht wirklich einen Teil ihres Körpers bildet. Vielmehr erschien sie wie eine Art von Fremdkörper, der sein gutes oder böses Spiel mit dem Leib und der Seele der Frau betrieb. Diese Vorstellung einer Gebärmutter, die einen Fremdkörper bildet und zu wandern vermag, ist, wie ich später noch ausführen werde, von entscheidender Bedeutung für die Interpretation des "Sinns", der sich hinter dem hysterischen Krankheitsbild verbirgt.

Der große Neuerer der griechischen Medizin und eigentliche Begründer des Konzepts der "Naturwissenschaften", Hippokrates, der mit jeglicher Tradition eines göttlichen oder teuflischen Ursprungs aller Krankheiten brach

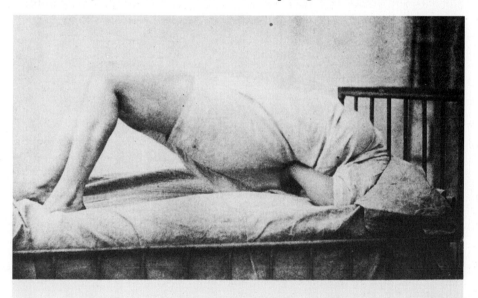

Planche III.

ATTAQUE HYSTÉRO-ÉPILEPTIQUE
ARC DE CERCLE

und das Prinzip einer "natürlichen" Ursache für jede Erkrankung einführte, begründete auch die Vorstellung einer sexuellen Ätiologie der Hysterie. Im "Corpus Hippocraticum" wird die Hysterie als eine "durch die Gebärmutter hervorgerufene Erstickung" bezeichnet, die vor allem Jungfrauen, Witwen und unfruchtbare Frauen befalle und die ganz generell die häufigste Frauenkrankheit darstelle (24). Während Hippokrates sogar die "heilige Krankheit" der Epilepsie auf einen Hirnschaden zurückführte — also ihrer religiösen Aura enthob —, wandte er auf die Hysterie, so organisch bedingt er sie auch begriff, dennoch ein Erklärungsmuster an, das als religiös oder metaphysisch zu bezeichnen ist. Im Durchbruch zur Empirie und Naturwissenschaftlichkeit, den der Corpus Hippocraticum im Vergleich zur spät-ägyptischen Medizin darstellt, bildet die Hysterie die große Ausnahme. Es ist, als bliebe in ihr die "Magie" der Medizinheilkunst (25) erhalten; als gelte es, die neue Religion, die sich in dieser Zeit allmählich durchsetzt — der Monotheismus, der Glaube an den unsichtbaren Gott —, im Unterleib der Frau anzusiedeln. Der enge Zusammenhang zwischen der Entstehung des abstrakten Denkens und der Hysterie wird später noch sehr viel deutlicher werden.

Fünfhundert Jahre nach Hippokrates griff Galen von Pergamon, der einen vergleichbar großen Einfluß auf die römische Medizin ausübte wie Hippokrates auf die griechische, das Konzept der kranken Gebärmutter wieder auf. Er lehnte zwar die Vorstellung ab, daß die Gebärmutter im Körper der Frau "wandere", aber er blieb beim Konzept einer organischen — im Unterleib der Frau angesiedelten — Ursache für die hysterischen Symptome. Dabei entwickelte er allerdings eine neue Erklärung, die zum ersten Mal auch die Vorstellung nahelegte, daß die "Frauenkrankheit" auch den Mann befallen könne. Galen äußerte die Vermutung, daß die Gebärmutter eine Flüssigkeit absondere, die dem männlichen Samen ähnlich sei. Die Zurückhaltung dieses Sekrets bewirke, daß sich giftige Stoffe im Körper ansammelten, die ihrerseits zur hysterischen Symptombildung führten. Als Therapeutikum empfahl er den Beischlaf — womit jener freilich, das sei hier angemerkt, aus dem Bereich der "Lust" in den der "Gesundheit" verlagert wurde: Dieser Vorgang muß als Antizipation der christlichen Sexualfeindlichkeit verstanden werden, die den Geschlechtsverkehr durch die Einengung auf seine Reproduktionsfunktion neutralisieren wird (26).

Der Theorie von der Wanderung der Gebärmutter entsprachen zwei Formen von Therapie, die sich nicht durch nosologische Vorstellung, sondern nur durch die Methode unterschieden. Die eine Form von Therapie — die "sanfte" — bestand darin, das "Tier" oder die Gebärmutter zu befriedigen: durch Geschlechtsverkehr oder Mutterschaft. Die andere Methode schrieb vor, das "Tier" wie einen Feind zu verfolgen: Die Therapeuten ersannen mehr oder minder grausame Methoden, mit denen sie diesem Feind zu Leibe rücken konnten. In diese letztere Tradition reiht sich die christliche Therapie ein.

Die Theorie von der Besessenheit des weiblichen Körpers

In der christlichen Vorstellungswelt, die das Ideal der Keuschheit verkündete, schien es undenkbar, der Abstinenz eine schädliche und der Sexualität eine therapeutische Wirkung zuzuschreiben (27). Da darüber hinaus, besonders unter dem Einfluß von Augustinus, die Krankheit und jedes menschliche Leiden auf den Sündenfall zurückgeführt wurden, und dieser wiederum durch die schuldhafte Verführbarkeit der Frau eingetreten war, schien es naheliegend, daß die unerklärliche Krankheit, die ausschließlich Frauen befiel, auf das Böse zurückzuführen sei. Die hysterischen Lähmungen, Erblindungen, der Verlust der Sinne galten als Beweis dafür, daß der Teufel sich des Körpers dieser Frau bemächtigt hatte. Es war nicht mehr das "Tier", sondern der Teufel selbst, der "vertrieben" werden mußte. Die Gebärmutter und das Böse verschmolzen in dieser Vorstellung zunehmend, und je "unbefriedigter" sich die Gebärmutter zeigte, desto brutaler galt es, den Teufel auszutreiben.

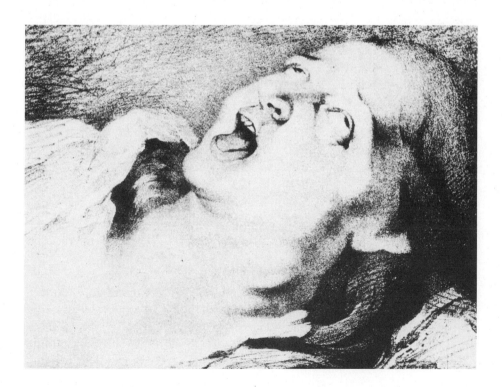

Bei den Hexenverfolgungen kann schwerlich von "Therapie" die Rede sein. Vielmehr handelt es sich um eine Austreibung des Bösen, die in der völligen Auslöschung der Triebe besteht. Dabei geht es nicht nur um die Auslöschung der Frau, sondern des Sexualwesens überhaupt. Die Frau wird verfolgt, weil sie als die *Verkörperung* des Sexualwesens gilt: in ihr und durch ihre Zerstörung soll die Geschlechtlichkeit selbst untergehen — diese Geschlechtlichkeit, die den Menschen an die Erde bindet und ihm das Bewußtsein vermittelt, sterblich, "unvollständig" (und eben deshalb lebendig) zu sein. Dem irdischen Körper wird das Ideal des "verklärten Leibes" gegenübergestellt, der durch Enthaltsamkeit und Vergeistigung seine Erdgebundenheit — und damit auch seine Sterblichkeit und "Unvollständigkeit" besiegt hat. Der abendländische Mensch will eine "ewige" Form von Lebendigkeit, und um dieses Ziel zu erreichen, muß er auf seine Geschlechtlichkeit verzichten.

Im Umgang mit der Hysterie verwickelt sich dieses Streben nach Geistigkeit aber in auffallende Widersprüche, die ich an einem Beispiel illustrieren möchte. Augustinus, dessen Lehren das christliche Denken bis ins Spätmittelalter bestimmen sollten, beschrieb im "Gottesstaat" den Zustand paradiesischer Vollkommenheit des Menschen. Dieser Zustand, so sagt er, bestand unter anderem darin, daß die Zeugungsfähigkeit des Menschen von den Trieben befreit und einzig dem Willen unterworfen sei.

> Es würde also der Mann Nachkommenschaft erzeugt und das Weib sie empfangen und sich dazu der Zeugungsglieder bedient haben, die, wann und soweit nötig, durch den Willen bewegt, nicht durch die Lust erregt worden wären. (28)

Wie dieser Zustand aussah, so führte Augustinus weiter aus, sei dem Menschen seit seiner Vertreibung aus dem Paradies nur schwer vorstellbar."Aber

es sollte uns nicht unglaublich vorkommen, daß auch jenes eine Glied ohne Wollust dem Willen hätte dienen können, dem jetzt noch so viele Glieder dienen." Nicht nur Hände und Füße bewege der Mensch nach seinem Willen, einige könnten sogar "die Ohren bewegen" und die Kopfhaut "soweit die Haare reichen zur Stirn vorschieben und wieder zurückziehen, so oft sie wollen." Schließlich führte er noch das Beispiel eines Presbyters an, dem es gelang, sich willentlich in den "Zustand einer Sinnesentrückung" zu versetzen und "wie ein Toter" dazuliegen.

Wenn man ihn nun zauste oder stach, fühlte er nicht das mindeste, ja selbst Brandwunden verursachten ihm zunächst gar keine, sondern erst nachträglich Schmerzen. (29)

Für Erscheinungen eben dieser Art — Unempfindlichkeit der Haut, Sinnesentrückung, Lähmungen, die ihre Glieder "wie tot" erscheinen ließen — wurden Frauen aber später als "Besessene" verfolgt und hingerichtet. Gerade die Unempfindlichkeit der Haut, die Augustinus an dem Presbyter für vorbildlich erklärt, galt als unwiderlegbarer Hexenbeweis: als stigma diaboli. Mit großen Nadeln untersuchten "Stecher" (und dies ist, im Deutschen wie im Englischen — "the prick" — zugleich eine der vielen schönen Bezeichnungen, die man für das männliche Geschlecht ersann) die Sinneswahrnehmung und Empfindsamkeit der Angeklagten. Bei Empfindungslosigkeit war alle Hoffnung verloren. "Die Besessenen" — und gerade dann, wenn sie die Symptombildungen der Hysteriker aufwiesen — entsprachen also paradoxerweise genau dem Ideal des "verklärten Leibes", das die Kirche gleichzeitig verkündete, dem Ideal einer Beherrschung des Körpers durch den Geist.

Freuds Entdeckung der engen Beziehung zwischen Sprache und Symptom, zwischen Denken und physischem Ausdruck beim Hysteriker sollte später

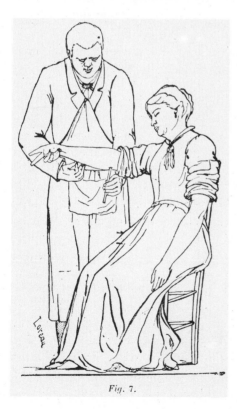

Fig. 7.

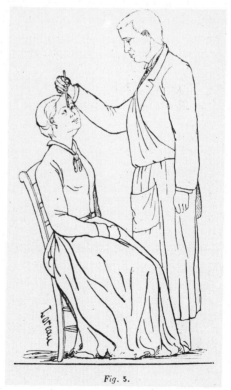

Fig. 5.

den Beweis dafür erbringen, daß diese Übereinstimmung von hysterischem und "verklärtem" Leib nicht als zufällig abgetan werden kann. Es handelte sich vielmehr um eine Form von "Dialog" zwischen zwei antagonistischen Kräften. Die "Besessene" war auch Subjekt ihres Symptoms. Durch ihre Symptombildung verleitete die Hysterikerin den Hexenrichter dazu, sein Ideal, die "Normalität" auf dem Scheiterhaufen zu verbrennen. Daß diese Symptombildung, und vor allem die "Behandlung", mit großem Leiden verbunden war, darüber gibt es keine Zweifel — aber in diesem Leiden selbst, in seiner Absurdität, war etwas von dem Widerspruch enthalten, durch den die Hysterie die Logik, die Geistigkeit immer wieder schachmatt gesetzt hat. Es ist ein Widerspruch, der das ganze Verhältnis von Hysterie des Krankheitsbildes und Hysterie der Symptombildung kennzeichnet. Die hysterischen Symptome haben die Gewalt, die dem Körper oder der Frau angetan wurde, nicht verhindern können, aber sie konnten dieser Gewalt ihren Sinn, ihre Logik nehmen. So erklärt es sich auch, daß die beiden Hysterien — ob Krankheitsbild oder Symptombildung — in allen historischen Epochen immer ähnliche Muster entwickelten. Es galt, den Gegner mit seinen eigenen Waffen zu schlagen.

Hysterie macht Flügel

Die "Therapie" auf dem Scheiterhaufen, die "Austreibung", hatte nicht nur den Sinn, das Sexualwesen, das *ich* zu vernichten. Sie sollte auch dabei behilflich sein, einen Ersatz dafür zu schaffen. Das erklärt die Tatsache, daß die Hexenverfolgungen mit dem Beginn der Neuzeit und dem Bekenntnis zu rationalem, wissenschaftlichem Denken nicht zurückgingen, sondern sogar noch zunahmen. Auch der Reformator Luther, der Wissenschaftler Kepler glaubten an Hexen. Der "Hexenhammer" — malleus maleficarum —, durch den die Hexenverfolgung erst Methode erhielt, erschien 1486/87, also mit dem Anbruch der Wissenschafts-Renaissance (die etwa ein Jahrhundert nach der Renaissance der Kunst liegt). Er erschien mit dem Beginn der Reformation, dem Aufbruch der conquistadores zur Eroberung neuer Kontinente. Kurz, er erschien, als der abendländische Mensch sich aus seiner "Unmündigkeit" befreite, um die Welt nach seinen Gesetzen zu ordnen. In dieser Hinsicht ist die Wissenschaftsutopie des englischen Staatsmannes und Philosophen Francis Bacon besonders aufschlußreich: die Weisen seines Insel-Staates "Nova Atlantis" kennen nicht nur alle Gesetze der Natur, sie vermögen auch diese Gesetze nach ihrem Belieben zu verändern und die Natur "besser" zu gestalten (30).
Bacon war Generalstaatsanwalt des englischen Königs James I. (dem Sohn Maria Stuarts). Er lebte in einer Zeit, in der Hexenverfolgungen an der

Fig. 4.

Tagesordnung waren und verwaltete sein Amt unter einem König, der selbst eine Abhandlung über Hexerei verfaßt hatte (31). Aber im Gegensatz zum König ging es Bacon nicht darum, das "Böse", die "Sünde" zu verfolgen. Er wollte vielmehr vom Teufel erfahren, wie er der göttlichen Schöpfung auf die Schliche kommen konnte; er hoffte, daß die Hexen ihm die Geheimnisse der Natur preisgeben würden. Und zwar preisgeben im doppelten Sinne: auf der Folter sollte die Natur einerseits ihre Wahrheit offenbaren, andererseits aber auch aufgeben. Er, der Mensch der Neuzeit, wollte die Gesetze der Natur erfahren, um sie neu gestalten zu können.

> Der Gebrauch und die Anwendung dieser Künste [der Hexerei, d.V.] ist zu verurteilen, aber durch ihre Erforschung und Betrachtung [...] können doch wichtige Erkenntnisse gewonnen werden. Nicht nur um zu einem klaren Urteil über die Vergehen der Angeklagten zu kommen, die solcher Praktiken beschuldigt werden, sondern auch für die weitere Enthüllung der Geheimnisse der Natur. Der Mensch sollte keine Skrupel haben, in diese Ecken einzudringen und in diese Löcher zu penetrieren, wenn die Inquisition der Wahrheit sein ganzes Ziel ist. (32)

Der Mensch könne nur dann "seine Rechte über die Natur wiedererobern", wenn er "die Natur selbst und die Künste nach der Art eines Verhörs untersucht", sagte Bacon (33). Er müsse sie "verfolgen, gleichsam mit Jagdhunden hetzen", damit sie nach seinem Belieben funktioniert (34). Weiter schrieb Bacon:

> Denn so wie die Haltung eines Mannes niemals genau erkannt oder bewiesen sein kann, bis er ins Kreuzverhör genommen wird, und Proteus erst seine Form veränderte, als er gestreckt und fest gebunden war, so offenbart sich auch die Natur deutlicher vor Gericht und unter den Zwängen der Kunst (mechanischen Geräten), als wenn sie sich selbst überlassen bleibt. (35)

Niemand gesteht die Wahrheit auf der Folter. Oder vielmehr: man gesteht alles auf der Folter. Das heißt die Folter ist das ideale Mittel, dem anderen, dem Opfer die eigenen Wunschvorstellungen in den Mund zu legen. Und genau das geschah durch die "Hysterie-Therapie". Die "Hexen" wurden als Projektionsfläche benutzt, um das Utopische — die Unterwerfung und Veränderung der Naturgesetze, die Neuschöpfung der Welt — in den Bereich des Denkbaren zu rücken. Die Männer und Frauen, die auf den Scheiterhaufen verbrannt wurden, besaßen oft große Natur- und Heilkenntnisse; und tatsächlich waren diese Kenntnisse der eigentliche Grund, weshalb gerade sie zu den Opfern der Verfolgung wurden. Dem Wortlaut nach angeklagt und hingerichtet wurden sie aber vornehmlich wegen Kenntnissen und Fähigkeiten, über die sie gerade *nicht* verfügten: etwa die zu zaubern, durch magische Beschwörungsformeln zu töten und vor allem die zu fliegen. Die realen Kenntnisse, die sie besaßen, wurden mit ihnen auf den Scheiterhaufen verbrannt, gleichsam als Mittel, die ursprüngliche, die natürliche Schöpfung auszulöschen. Hingegen rückten

die utopischen Fähigkeiten, über die sie nicht verfügten, die ihnen aber unterstellt wurden, durch die Hexen in den Bereich des Realisierbaren – und später, mit der industriellen Revolution, in den Bereich des Realisierten. Zweihundert Jahre nach dem Generalstaatsanwalt Bacon schrieb der Historiker Jules Michelet in seiner großen Schrift zur Rehabilitierung der "Hexe":

> Die Wahrsagerin sagt das Schicksal voraus, und die Hexe schafft es. [...] Sie ist nicht die Kassandra des Altertums, die so genau die Zukunft voraussah, sie beweinte, sie erwartete, nein, sie schafft diese Zukunft. Mehr als Circe, mehr als Medea hält sie den Zauberstab in der Hand, ist ihr die Natur Gehilfin und Schwester; sie hat schon Züge des modernen Prometheus; mit ihr fängt die Industrie an, vor allem die unumschränkte Industrie, die den Menschen heilt und wiederherstellt. (36)

Der Zweck der "Hysterie-Therapie" – oder der Hexenverfolgung – diente der "Beflügelung" (im wörtlichen Sinne) der Phantasie – und das läßt sich gerade am Beispiel dieses uralten Menschentraumes, des Fliegens, verdeutlichen.

In der griechischen Klassik wurde nicht nur die erste Utopie des Abendlandes verfaßt – Platons "Staat" –, es entstand auch zum ersten Mal der Mythos von einem Menschen, der über die Fähigkeit des Fliegens verfügt. Zwar wird Dädalus dafür mit dem Tod seines Sohnes bestraft;

es handelt sich also um die Geschichte eines gescheiterten Versuchs, übermenschliche Kräfte zu entwickeln, sich der conditio humana zu entziehen — aber immerhin ist in diesem Mythos auch die prometheische Herausforderung an die Götter und an die Natur enthalten, die den Menschen an die Erde bindet. Mit der Hexenverfolgung verließ die Fähigkeit zu fliegen den Bereich des Mythischen: sie wurde zwar als das Produkt eines blasphemischen Handels betrachtet, aber gleichzeitig normal Sterblichen unterstellt. Man bezichtigte die Hexe, ein Bündnis mit dem Teufel eingegangen zu sein, aber dahinter stand auch die Vorstellung, daß es genügte, ein solches Bündnis zu schließen, um fliegen zu lernen.

Während noch Tausende für ihre nächtlichen Ausschweifungen auf dem Besenstiel hingerichtet wurden, begann Leonardo da Vinci unbehelligt, seine ersten Flugmaschinen zu konstruieren. Seine Flugversuche mißlangen, aber mit ihm beginnt der Künstler — der Schöpfer — die bisher nur in Mythos und Aberglauben angesiedelte Fähigkeit des Fliegens in eine Frage der Technik zu verwandeln. Keine dreihundert Jahre später wurde aus der "realisierbaren" Angelegenheit Realität: 1783 starteten die Montgolfier-Brüder den ersten Warmluftballon. Mit ihrer Tat hatte sich der Mensch tatsächlich über die Erde erhoben, waren die magischen Kräfte der Hexen von der Kunstfertigkeit des Ingenieurs eingeholt worden.

Zu eben dieser Zeit begann die Hysterie-Therapie "sanfter" zu werden, und die letzten Scheiterhaufen erloschen. Aus welchem Grund? Die Hexe als Mittel der "Beflügelung" erübrigte sich. Sie brauchte nicht mehr auf die Folter gespannt zu werden. Die Natur hatte ihre Geheimnisse preisgegeben; die Neuschöpfung der Erde nahm sichtbare Formen an. Als um 1900 die ersten Motorflugzeuge starteten, als das Fliegen sozusagen Routine zu werden begann, wurde die Hysterie von jedem Stigma befreit, das ihr bis hierher noch anhaftete. Sie wurde zu einer Krankheit, die zwar der Behandlung bedurfte, bei der aber keine "bösen Kräfte" im Spiele waren. Es begann sogar eine Aura von Luxus und Ästhetik die Hysterie zu umgeben — von schöner Überflüssigkeit. Bald darauf verschwand der hysterische Spuk; die großen hysterischen Anfälle gingen zurück, ohne daß sich eine befriedigende Erklärung für dieses Verschwinden fand (37).

Während das Fliegen der Hexen einem Bündnis mit dem Teufel zugeschrieben wurde, galt die Beherrschung der Flugmechanik als männliches Verdienst. Man könnte sagen, daß eine Macht, die zuvor dem Gegenspieler Gottes zugeschrieben wurde, nunmehr auf den Mann überging. Die Kräfte, die die Hexen einst aus dem Geschlechtsverkehr mit dem Teufel bezogen hatten, wurden nunmehr zum Beweis für die Potenz des Mannes. Das männliche Geschlecht, das über Jahrhunderte die Kräfte des Bösen der Frau zugewiesen hatte, beansprucht jene nun sogar rückblickend für sich. In einem Brief an Fließ schreibt Freud:

> Die Idee der Hexeneinbeziehung gewinnt Leben. Ich halte sie auch für zutreffend. Details fangen an zu wimmeln. Das "Fliegen" ist erklärt, der Besen, auf dem sie reiten, ist wahrscheinlich der große Herr Penis. [. . .] Ich bin einer Idee nahe, als hätte man in den Perversionen, deren Negativ die Hysterie ist, einen Rest eines uralten Sexualkultes vor sich, der einmal vielleicht noch im semitischen Orient (Moloch, Astarte) Religion war . . . [. . .] Ich träume also von einer urältesten Teufelsreligion, deren Ritus sich im geheimen fortsetzt und begreife die strenge Therapie der Hexenrichter. (38)

Freud löst das Rätsel der Hysterie — die Natur gibt ihr Geheimnis preis, so wie Bacon es einst erhofft hatte. Aber das bedeutet eigentlich nichts anderes, als daß die Wunschvorstellungen, die einst auf die Hysterie projiziert wurden, Wirklichkeit geworden sind. Und diese Wunschvorstellungen werden nun ihrerseits zu den "urältesten" Religionen und psychischen Wahrheiten deklariert.

Die Verlagerung der Hysterie-Ursache in den Kopf

Neben der christlichen "Hysterie-Therapie", die in der Teufelsaustreibung bestand und damit in die Domäne der Kirche gehörte, neben der "wissenschaftlichen" Hexenverfolgung, die von der Natur die "Preisgabe ihrer Geheimnisse" zu erzwingen suchte, setzte sich mit der Renaissance auch die Ansicht wieder durch, daß es sich bei der Hysterie um eine organische Krankheit handelt, die es medizinisch zu behandeln gilt.
In Salerno, im Süden Italiens, hatte sich über das Mittelalter eine weltliche Medizinschule halten können, von der die neuen Anstöße ausgingen.

Allerdings begann die Wissenschaft mit den Lehren von Salerno wieder da, wo sie in der Antike aufgehört hatte: bei der "unbefriedigten", "erstickten" oder "verhungerten" Gebärmutter (39).

Daneben tauchte auch das Bild des "Tieres" wieder auf. So vertrat der französische Arzt und Schriftsteller François Rabelais die Ansicht, daß sich tief im weiblichen Körper verborgen ein Lebewesen befinde, das sein Eigenleben führe. Die Tatsache, daß sich etwas im Körper der Frau bewege, galt ihm als Beweis dafür, daß es sich nicht um ein Organ der Frau handeln könne: "Denn wenn die eigene Bewegung ein sicherer Beweis dafür ist, daß eine Sache lebt, wie Aristoteles schreibt, und alles, was sich aus eigener Kraft bewegt, Tier genannt wird, so hat Platon recht, wenn er es als Tier bezeichnet." Dieses "Tier" erschüttere den weiblichen Körper, beraube die Frauen ihrer Sinne und verwirre ihr Denken (40). So erkläre es sich auch, daß die Frauen ein "wandelbar und unvollkommenes Geschlecht" seien, das der Tierwelt mindestens ebenso wie der menschlichen zugerechnet werden müsse (41). Rabelais lieferte also eine ärztliche Untermauerung der alten These der Kirchenväter und Hexenrichter, die, wie auch schon Platon, die Frau in die Nähe des Tieres gerückt hatten.

Obwohl er eine völlig andere Theorie über die Hysterie entwickelte, kam sein Zeitgenosse Paracelsus zu einer ähnlichen Schlußfolgerung. Paracelsus widersprach der Auffassung, daß die Frau ein "Tier" in ihrem Bauch habe; er lehnte sogar die Theorie von der Gebärmutter als Ursache hysterischer Erkrankung ab. Vielmehr rechnete er die Hysterie den Geisteskrankheiten zu und erklärte ihre Symptome und die Tatsache, daß sie vor allem bei Frauen auftrat, mit der Wesensart der Frau. Diese Wesensart zeichne sich durch besondere Schwäche und Beeinflußbarkeit aus. Paracelsus ging aber noch weiter: Die hysterische Erkrankung, so sagte er, trete vor allem bei Frauen auf, die mit Männern in Beziehung stehen, ob geschlechtlicher oder anderer Art. Er erklärte die Krankheit zu einem Produkt männlicher Einflußnahme auf den Körper der Frau: "suffocatio matricis, das ist, was man sonst das Aufsteigen der Mutter nennt. Was ist die selbige anders, als allein aus dem Himmel des Mannes stammend, der den Leib der Frau constelliert hat?" (42)

Paracelsus' Erklärung für die hysterische Erkrankung ist untrennbar von seinen Theorien über die Entstehung von Leben: Der männliche Samen, so verkündete er, enthält ein fertiges kleines Menschenkind, das beim Zeugungsakt in den Leib der Frau versenkt und von ihr — dem "Acker" — nurmehr ausgetragen wird (43). Dementsprechend betrachtete er auch den weiblichen Körper — mit all seinen Symptomen und seinem Agieren — als männlich erschaffen (44).

> Und wisset auch: der Mann ist gleicherweise, wie oben steht, der Frauen astrum, Firmament und Himmel. Und wie der Himmel (aus einem) einen anderen Menschen

macht, so auch der Mann eine andere Frau, das ist, eine andere Natur, Art, Wesen, Eigenschaft in den Dingen, was die microcosmische Natur anbetrifft. Aus der Influenz, Impression durch den Mann wird die Frau constelliert. (45)

Während also Rabelais die Frau zum "Tier", zur Natur erklärte — dieser Natur, die der Mensch nach seinen Vorstellungen neu zu erschaffen begann —, sah Paracelsus in der Frau — symbolisiert durch ihre Symptome — das Produkt männlicher Fähigkeit, "Natur zu fabrizieren". Die beiden Hysterie-Theorien ergänzten sich gewissermaßen gegenseitig zum Bild der Beherrschbarkeit und Reproduzierbarkeit des weiblichen Körpers, der Natur überhaupt. Diese Vorstellung von der Formbarkeit und Fabrizierbarkeit des weiblichen Körpers durch den "schöpferischen Mann" wird im Verlauf der folgenden Jahrhunderte und insbesondere im 19. Jahrhundert im Zusammenhang mit der Hysterie noch eine entscheidende Rolle spielen. Ohne sie ist auch das Deutungsmuster des 20. Jahrhunderts, das sich mit dem Begriff der Hysterie als Erkrankung der Ichlosigkeit umschreiben läßt, nicht denkbar.

Die Neuschöpfung der Frau durch den Mann wurde begleitet von einer zunehmenden Verlagerung der Hysterie-Ursache in den Kopf. Nach dem 16. Jahrhundert vertraten die Nosologen zunehmend den Standpunkt, daß die Ursache für die Frauenkrankheit nicht in der Gebärmutter, sondern im Geiste zu suchen sei. Das heißt, die Hysterie wanderte "nach oben". Aber dieses Bild ihrer Wanderung in den Kopf läßt sich auch als Fortentwicklung der Theorie vom unruhigen Tier oder der wandernden Gebärmutter verstehen: das Tier, die Gebärmutter, verläßt den Unterleib der Frau und steigt in ihren Kopf. Man kann darin auch eine Metapher für die Wunschvorstellung sehen, daß sich die Gebärmutter "oben" im Kopf befindet, der seinerseits das "Reich" des Mannes darstellt. Dort, nicht im Unterleib der Frau, soll Leben entstehen.

Die Verlagerung der Hysterie-Ursache nach oben symbolisiert, wie ich später noch ausführen werde, die Enteignung weiblicher Zeugungs- und Gebärfähigkeit und deren Aneignung durch den Mann. Sie ist eine Metapher für die Erneuerung und "Verbesserung" der Schöpfungsgeschichte, zu der sich der Mensch der Neuzeit berufen fühlt.

Im 17. Jahrhundert versuchte der englische Arzt Edward Jorden, eine Frau, die der Hexerei beschuldigt worden war, vor der Hinrichtung zu retten, indem er bei dem "verhexten" Mädchen Hysterie diagnostizierte. Die Rettung gelang nicht. Aber er entwickelte dennoch seine Theorie über die hysterische Erkrankung weiter. "Vapours", von der Gebärmutter aufsteigende Dämpfe, so Jorden, verursachten die Schädigung verschiedener Organe und vor allem die Benebelung des Geistes. Diese Benebelung sei wiederum der Grund für die hysterische Symptombildung. Mit Jorden kündigte sich schon die Rückkehr zur "sanften" Hysterie-Therapie an, die mit der Entstehung der Psychoanalyse Ende des 19. Jahrhunderts ihre Vollendung finden wird. Er verkündete, hierin für sein Zeitalter ein Neuerer,

> daß die Verwirrungen des Geistes oft für diese und viele andere Erkrankungen die Ursache sind. Denn, da wir nicht die Herren unserer eigenen Gefühle sind, gleichen wir belagerten Städten ohne Mauern oder vom Meer hin- und hergeworfenen Schiffen, allen möglichen Gefahren und Anstürmen ausgesetzt, die bis zur Vernichtung unseres eigenen Körpers gehen können. (46)

Der französische Philosoph Michel Foucault hat anschaulich den Prozeß der allmählichen Verlagerung der Hysterie-Ursache "nach oben" beschrieben: ein Prozeß, der sich zwischen dem Anfang des 17. Jahrhunderts und der Aufklärung vollzieht und mit der Einordnung der Hysterie in die psychischen Krankheiten endet. Bei diesem Prozeß spielten Wissenschaftler wie Lepois, Willis und Sydenham eine entscheidende Rolle: sie vertraten als erste die Ansicht, daß die Ursachen für die hysterische Erkrankung nicht im Unterleib, sondern im Gehirn (Willis) oder in den Emotionen und der Psyche (Sydenham) zu suchen sind (47). Die Einordnung der Hysterie in die geistigen oder seelischen Krankeiten schuf die Voraussetzungen dafür, daß sie später zur "Krankeit der Willenlosigkeit" werden konnte.

Planche XXXI

LÉTHARGIE
CONTRACTION DU FRONTAL.

Die Hysterie, die einst als Vorwand gedient hatte, den Willen des Sexualwesens zu brechen, ihm seine Existenz-Berechtigung "auszutreiben", verwandelt sich im Laufe der Zeit zum *Beweis* dafür, daß der Hysteriker (oder das Sexualwesen) keinen Willen besitzt, keine Existenz-Berechtigung hat. Der Hysteriker wehre sich nicht gegen die Ströme und Gefühle, die seinen Körper beherrschen, heißt es. Im Grunde genommen also handelt es sich dabei um eine neue Version der alten Theorie von "Besessenheit" durch den Teufel, nur, daß diese "Besessenheit" jetzt als konstitutionelle Schwäche ausgelegt wird. Im Verlauf der Zeit werden die Hysteriker nicht nur zunehmend als "willenlos" betrachtet, sie werden auch, eben wegen dieser angeblichen Willenlosigkeit, moralisch verurteilt.

Der Körper sei "durchdringbar" für die Geister, hieß es. Besonders durchdringbar aber sei der Körper der Frau, weil er "weniger Festigkeit von der Natur erhalten hat" (48). Die "mangelnde Festigkeit" des weiblichen Körpers — in der man die Ursache für die hysterische Erkrankung sah — wurde ihrerseits darauf zurückgeführt, daß Frauen im Gegensatz zu Männern "ein weiches, müßiges, luxuriöses und schlaffes Leben führen" (49). Wenn man sich nun vergegenwärtigt, daß die Frau seit der Renaissance zunehmend aus allen Instanzen des öffentlichen Lebens verdrängt und um ihre berufliche Selbständigkeit, die sie zum Teil im Mittelalter noch besessen hatte, gebracht worden ist, dann wird deutlich, daß die Hysterie die Funktion erhält, zugleich diese Entmachtung zu *rechtfertigen*, wie auch die Frau für ihr "inaktives" Leben zu *verurteilen*. Gewiß, ich brauche nicht zu betonen, daß es sich hierbei nicht um einen bewußten und beabsichtigen Vorgang handelt. Er spiegelt vielmehr eine breite kulturelle Entwicklung wider, in deren Verlauf die Frau — mit Hilfe des hysterischen Deutungsmusters — zur manipulierbaren Schöpfung des Mannes erklärt wird.

Die Verlagerung der Hysterie-Ursache "nach oben", die den großen Säkularisierungsprozeß begleitet, hat zwei eng miteinander verbundene Folgen. Erstens wird der Körper der Frau "suggestibel": Als Charcot im 19. Jahrhundert die Bühne des hysterischen Theaters betritt, ist er endgültig zum

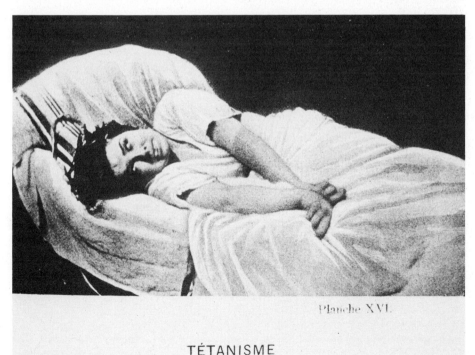

Planche XVI.

TÉTANISME

Spielzeug der Therapeuten geworden. Und zweitens hat die Verlagerung der Hysterie-Ursache in den Kopf zur Folge, daß nicht nur die Geschlechtsorgane der Frau, sondern das ganze Wesen Frau als "Tier" bezeichnet werden können.

Gerade die Aufklärung — von Rousseau über die Enzyklopädisten bis zu Michelet — vertrat die Ansicht, daß die Frau "halb Mensch — halb Natur" sei, wie Michelet es ausdrückte (um übrigens damit konterrevolutionäre Strömungen in der Französischen Revolution, dem "großen Aufstand der Vernunft", zu erklären (50)). Diese Vorstellung von der Tierähnlichkeit der Frau war nicht neu. Sie durchzog das abendländische Denken von Platon über die christlichen Kirchenväter bis zum "Hexenhammer" der Renaissance. Neu war aber die "wissenschaftliche" Rechtfertigung für diese Behauptung; und diese Rechtfertigung lieferte — auch hier — die Hysterie. So verkündete Diderot:

> Die Frau besitzt einen Sinn, der bis zu den fürchterlichsten Krämpfen reizbar ist, sie beherrscht und in ihrer Phantasie Phantome jeder Art erweckt. Im hysterischen Delirium kehrt sie in die Vergangenheit zurück, schwingt sich in die Zukunft, alle Zeiten sind ihr Gegenwart. All diese ausgefallenen Ideen entspringen ihrem Geschlecht. [...] Es gibt nichts Verwandteres als Ekstase, Vision, Prophetentum, Offenbarung, trunkene Poesie und Hysterie. [...] Eine von Hysterie beherrschte Frau empfindet irgendwie Höllenqualen oder Himmelsfreuden. Manchmal hat mich das erschauern lassen. Ich habe sie in der Wut des wilden Tieres, das immer ein Teil ihrer selbst ist, gesehen und gehört. (51)

War die "Natur" einst gewaltsam an die Frau delegiert worden, so konstatierte man nunmehr wissenschaftlich, nüchtern und empirisch die Tatsache, daß die Frau die Natur verkörpere und der Mann den Geist.* Die "Wissenschaftlichkeit", das Bekenntnis zum Sichtbaren und zur Vernunft in diesem Zeitalter bedeutete letztlich nichts anderes, als daß man die neuen Gesetze und Ordnungen, die die Vorzeit geschaffen hatte, zur Normalität, zum "Naturgesetz", zur Realität erklärte.

Die Verlagerung der Hysterie-Ursache in den Kopf hatte noch eine weitere Folge: die Entstehung oder Anerkennung der männlichen Hysterie. Solange die Gebärmutter für die hysterische Erkrankung verantwortlich gemacht worden war, konnte der Mann schwerlich von ihr befallen werden. Nun aber, da die Hysterie-Ursache "nach oben" in den Kopf verlagert worden war, schien es nicht nur denkbar, sondern sogar notwendig, auch dem Mann die hysterische Erkrankung zuzugestehen. Schon im 17. Jahrhundert hatte Charles Lepois die Möglichkeit einer männlichen Hysterie erwähnt. Aber über lange Zeit zog man es vor, beim Mann von "Hypochondrie" zu sprechen. Während die Hysterie auf einen geschlechtlichen Ursprung zurückgeführt wurde, hielt man eine Erkrankung des Intellekts

---

* Auf dieser vermeintlichen Empirie beruht auch heute noch ein Gutteil der "progressiven" oder "alternativen" Theorie, laut der die Frau im Abendland der Natur "nähergeblieben" sei als der Mann.

für die Ursache der Hypochondrie (52). Mit der allmählichen Wanderung der Hysterie-Ursache "nach oben" verringerte sich jedoch der Unterschied zwischen den beiden Krankheitsbildern. Mit dem 19. Jahrhundert hatte sich endgültig die Ansicht durchgesetzt, daß die Hysterie-Ursache nicht mit einer "Erstickung" oder "Wanderung" der Gebärmutter zu erklären sei. Gleichzeitig wurde auch die Existenz der männlichen Hysterie allgemein anerkannt. Ende des 19. Jahrhunderts wurde sogar die Frauenklinik Salpêtriere für männliche Hysteriker geöffnet.

Die männliche Hysterie (auf die ich später noch einmal ausführlicher eingehe) galt, nicht anders als die weibliche Hysterie, als eine Erkrankung der "Willenlosigkeit". Hysteriker waren schwache Männer, die sich durch Passivität auszeichneten und ähnliche Symptome wie die Frauen entwickelten — Symptome der Ichlosigkeit, Beeinflußbarkeit. Das heißt die Verlagerung der Hysterie-Ursache "nach oben" wird begleitet vom Zugeständnis, daß auch Männer "weiblich" werden können. Die Phantasie, die dahinter steht, wäre etwa folgende: nicht nur befindet sich der "Uterus" im Kopf, wo er eigentlich dem Manne zusteht, sondern darüber hinaus vermag der Körper des Mannes auch alle Merkmale weiblicher "Normalität" anzunehmen. Die Anerkennung der männlichen Hysterie wird zur Metapher für die "Vervollständigung" des Mannes: der Uterus im Kopf des Mannes findet seine Bestätigung in der Verweiblichung des männlichen Körpers.

Die Verlagerung der Hysterie-Ursache in den Kopf rief die Geisteswissenschaften auf den Plan. Ganz generell hatten sich im Verlauf der Aufklärung die Philosophen zunehmend für den Wahnsinn zu interessieren begonnen. Das galt etwa für Kant wie auch für Diderot (53). Da für den Wahnsinn nur noch bedingt ein somatischer Ursprung angenommen wurde, schien es naheliegend, daß auch die Philosophie zu einem Urteil berufen sei. Die Psychiatrie begann ihrerseits zunehmend geisteswissenschaftlicher zu denken. Der Franzose Philippe Pinel, Zeitgenosse der Französischen Revolution, verfaßte eine "Nosographie Philosophique" (1798) und ein "Traité médico-philosophique sur la manie" (1801). "Wenige Berichte der Medizin", so schrieb er, "sind so eng mit der Geschichte und Philosophie des menschlichen Geistes verbunden wie der Wahnsinn" (54). Pinel gehörte zu den ersten, die die Unheilbarkeit der Geisteskrankheit bezweifelten. Dementsprechend befreite er auch die Kranken der Pariser Anstalt Bicêtre von ihren Ketten: ein Wärter hatte ihm gesagt, daß das eine beruhigende Wirkung auf die Anstaltsinsassen habe. Diese Geste ist der deutlichste Ausdruck dafür, daß die große Etappe der gewalttätigen Therapie gegen Ende des 18. Jahrhunderts ihr Ende hatte; sie läßt sich aber auch als Ausdruck dafür verstehen, daß die Bezähmung des Körpers sich zu erübrigen begann und es nunmehr darum ging, den Geist zu dressieren.

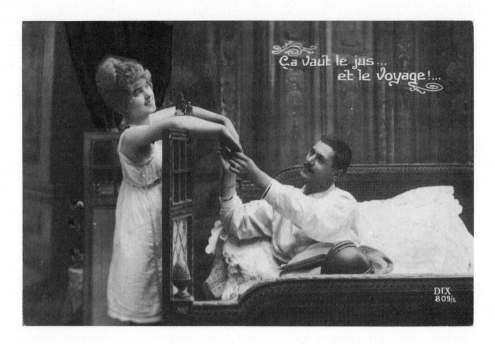

Mit der Aufklärung setzte sich zunehmend die Ansicht durch, daß die Geisteskrankheit durch Zivilisationsschäden verursacht werde. So galt es, die Zivilisation zu bekämpfen, um wieder zum "gesunden" Geist zurückzukehren. Tatsächlich stellte diese Abkehr von der Zivilisation aber nichts anderes als ein Bekenntnis zur Realität dar, die diese Zivilisation geschaffen hatte. In der Vorstellung von der Zivilisation als "Krankheitserreger" drückt sich eine für die Aufklärung bezeichnende Haltung aus: die Abwendung vom "reinen Geist" und dem Ideal des "verklärten Leibes". Die Natur, zu der man sich nunmehr bekennen wollte, war jedoch ihrerseits ein Produkt der reinen Geistigkeit, eine Folge des Glaubens an die Zivilisation; es war eine "Natur", die nach den menschenerschaffenen Gesetzen funktionierte.

Die Abkehr vom "reinen Geist" zeigt sich besonders deutlich am nosologischen Bild der Hysterie und der Hysterie-Therapie. War es vorher die unbändige Natur, das Tier, das die hysterische Erkrankung der Frau verursachte, so wurde nun die intellektuelle Tätigkeit dafür verantwortlich gemacht. Es galt, unter allen Umständen, die Hysterika — und damit auch die "normale" Frau — von der Geistesarbeit fernzuhalten, und zwar nicht nur aus therapeutischen Gründen, sondern auch aus Gründen der *Prophylaxe*. So empfahl etwa das "Enzyklopädische Lexikon der medizinischen Wissenschaft" als prophylaktische Maßnahme zur Verhinderung einer späteren hysterischen Erkrankung von Mädchen, "eine vorzeitige intellektuelle, vor allem aber das Gefühlsleben betreffende Entwicklung ist zu vermeiden". Während "Leben auf dem Lande", kalte Bäder und Spaziergänge als heilsam betrachtet wurden, warnten die Autoren vor "zuviel Zuwendung, vor allem aber zuviel Sentimentalität in den Beziehungen zu den Eltern". Abgeraten wurde auch von der Bemühung um schulische Leistungen. Hingegen sei es nicht nötig, das Klavierspiel zu verbieten, "da es vor aller Anregung der Phantasietätigkeit eine mühevolle, mechanische und gymnastische Betätigung ist" (55).

Die Vorstellungen, die hier im Gewand der Hysterie-Therapie auftreten, hat Rousseau schon im "Emile" als Ideal der Mädchenerziehung verkündet: viel Pflicht, wenig Phantasie. Und so kann man sagen, daß sowohl das neue Weiblichkeitsideal des 19. Jahrhunderts wie auch die Hysterie-Therapie sich gegen das richten, was sich in der "Frau oben" abspielt. Hatten die Hysterie-Therapeuten sich über viele Jahrhunderte den Körper der Frau als Zielscheibe ihrer "Heilungsversuche" ausgesucht, so nehmen sie sich nunmehr des weiblichen Geistes an. Auch so läßt sich die Tatsache erklären, daß die "harten Methoden" der Hysterie-Therapie verschwinden (außer in Deutschland, wo noch bis Ende des 19. Jahrhunderts Neurologen wie Friedreich und Gynäkologen wie Hegar die Entfernung der Eierstöcke oder das Ausbrennen der Klitoris als Hysterie-Therapie praktizierten (56)): die Kontrolle des geistigen Sexualwesens verlangte nach Methoden, die nicht körperlicher Art waren.

Hysterie und Phantasie: die "Lüge"

Bis hierher ging es vornehmlich um das Deutungsmuster Hysterie. Wie aber sah es mit der "anderen Hysterie" — der Hysterie der Symptome, den Kranken selber aus? Wie reagierten diese auf die Verlagerung der Ursache ihrer Erkrankung "nach oben", auf den Entzug von "Geist", aus dem ihre "Therapie" nun zunehmend bestand? Kurz gesagt: sie reagierten mit der Produktion von Phantasien. Sie erfanden Geschichten, erfanden Ereignisse, die sie erlebt zu haben vorgaben. Je weiter die Gebärmutter "nach oben" wanderte, desto tolldreister wurden ihre Geschichten, wurden die Gebärden, mit denen sie ihren erfundenen Erlebnissen Nachdruck, den Anschein von Realität verliehen. Während die männliche Hysterie einerseits die Frau-Werdung des Mannes symbolisierte (eine Frau-Werdung, durch die der Mann zum omnipotenten Schöpfer wurde), während also einerseits der Mann den Roman, *die* Literaturgattung des 19. Jahrhunderts, produzierte, in dem ein mächtiger, allwissender Autor über das von ihm vorbestimmte Schicksal vieler Figuren verfügte, begannen andererseits die Hysteriker zu lügen — zu lügen wie gedruckt. Das bedeutet aber, daß die hysterischen Symptome sich genau auf den Bereich verlegen, aus dem die "Therapie" die Frau fernzuhalten suchte: den des Geistes, der Phantasie, der Erfindung. Gewiß, die Phantasien der Hysteriker hatten nicht die literarische

Qualität der Romane, denen sie nachgebildet waren — aber dann bildeten sie auch zugleich deren Plagiat wie deren Parodie. Die hysterischen Symptome bemächtigten sich des "schöpferischen Prinzips" — aber auf eine Weise, die dieses Prinzip der Lächerlichkeit preisgab.
So verstärkte sich auch der Ruf der Hysterika als "Lügnerin", der ihr ja in gewisser Weise immer schon angehaftet hatte. Es war ein Ruf, der mit der Vorstellung ihrer "Besessenheit" durch den Teufel einherging. Nun aber, da man weder an die Besessenheit noch an die Wanderung der Gebärmutter mehr glaubte, und dennoch keine organischen Ursachen für die Symptome feststellen konnte, schien die Simulation eine naheliegende Erklärung für diese Krankheit zu sein. Die Hysteriker galten als Lügner, weil sie Krankheit vortäuschten und weil das phantasiereiche Krankheitsbild selbst als enormer Betrug empfunden wurde, der geradezu die öffentliche Sicherheit und Ordnung gefährde. So schrieb ein französischer Arzt des 19. Jahrhunderts:

> Diese Patientinnen sind wahre Schauspielerinnen; sie kennen keine größere Freude als die, alle zu täuschen, mit denen sie in Berührung kommen. [...] Das Leben der Hysteriker ist nichts anderes als eine andauernde Lüge; sie legen die Maske der Frömmigkeit und Unterwerfung auf und lassen sich wie Heilige behandeln, während sie sich gleichzeitig den verwerflichsten Handlungen hingeben. Zu Hause spielen sie ihren Kindern und Ehemännern Szenen vor, in denen sie eine grobe und oft sogar unzüchtige Sprache benutzen. Sie fallen dabei völlig aus der Rolle. (57)

Die Psychiater des 19. Jahrhunderts — und auch die öffentliche Meinung — waren von den Hysterikern zugleich fasziniert wie auch abgestoßen. Ihre Gefühle waren mit der Haß-Liebe der Hexenrichter für ihre

Opfer vergleichbar. Man erwartete etwas von den Hysterikern — was, werde ich gleich noch ausführen —, und gleichzeitig haßte man sie dafür, daß sie die "Naturgesetze" nicht anerkannten: die "Normalität", die besagte, daß die Frau geistlos sei. Eben durch die Lüge verneinten sie die "Normalität". Denn wer der Lüge bezichtigt wird, kann zwar als charakterlos, aber nicht als geistlos gelten.

So konzentrierte sich ein Gutteil des ärztlichen und therapeutischen Interesses darauf, der Hysterie die "Lüge" streitig zu machen. Man versuchte zu beweisen, daß die Hysterika weder Simulantin noch phantasiebegabt sei. Daß es sich bei ihrer "Krankheit" vielmehr um echte Symptome handelt, um wahres — und heilbares — Leiden. Nur so konnte die Verwirrung, die sie mit ihren Phantasien stiftete — eine Verwirrung, die zu erheblichen Differenzen zwischen Juristen und Ärzten darüber führte, wie das hysterische Verhalten der "Verlogenheit" zu bewerten sei (58) —, wieder beseitigt, die "natürliche" Ordnung wiederhergestellt werden. Einen entscheidenden Anteil an diesen Bemühungen hatten französische Psychiater des 19. Jahrhunderts, von Briquet bis Charcot, die den "Beweis" erbrachten, daß die Hysterie nicht die Krankheit der Verlogenheit sein *kann*, weil die Hysterika an Willenlosigkeit, an geistiger Schwäche und sogar an mangelndem Geschlechtstrieb leide.

Hysterie und Suggestibilität

Während Rousseau Ende des 19. Jahrhunderts noch von der "Maßlosigkeit" des weiblichen Geschlechtstriebs gesprochen hatte, den es zu zügeln

gelte, damit die Frau — und mit ihr der Mann — nicht ins Verderben treibe (59), setzt sich im Laufe des 19. Jahrhunderts zunehmend die Ansicht durch, daß es den weiblichen Geschlechtstrieb gar nicht gebe und daß die weibliche Frigidität sogar eine "normale" Erscheinung sei. Dieser Wandel spiegelt sich auch in den Theorien über die Hysterie wider. Als Briquet 1859 seine Monumentalstudie über die Hysterie veröffentlicht (60), streitet er jegliche Verbindung zwischen Hysterie und Sexualität ab. Ähnlich verneinte auch Charcot eine sexuelle Ätiologie der Hysterie — führte aber die "Eierstock-Kompression" als Heilmethode ein (61). In Pierre Janets Untersuchung über den "geistigen Zustand der Hysterie", die Ende des 19. Jahrhunderts erschien, war der Geschlechtstrieb der Hysterika sogar schon unter den Normalpegel gefallen: Hysterikerinnen, so Janet, sind frigider als "normale" Frauen (62). Da aber die "normale Frau" ohnehin als frigide galt, sagte er damit letztlich nur, daß die Hysterikerin nichts anderes als eine besonders normale Frau war, ein ungewöhnlich durchschnittliches Exemplar ihres Geschlechts.
Mit dem 19. Jahrhundert scheint eine Vorstellung, die sich seit der Antike gehalten hatte — die Vorstellung eines unbändigen weiblichen Geschlechtstriebs und die Rückführung der hysterischen Erkrankung auf die mangelnde Befriedigung dieses Geschlechtstriebs —, endgültig aus dem Repertoire der Hysterie-Diagnose verschwunden zu sein. Nachdem zunächst die Gebärmutter als Ursache der hysterischen Erkrankung ausgeschaltet worden war, wird nun auch der weibliche Geschlechtstrieb als potentieller Erreger der Symptome ausgeschlossen. Die Vorstellung von der Existenz — geschweige denn der Unmäßigkeit — eines weiblichen Geschlechtstriebes erscheint wie der größte Irrtum abendländischer Wissenschaft.
Aber hier handelt es sich freilich nur um Wunschprojektionen, die — mit Hilfe der "Anormalität" — der weiblichen Normalität aufgezwungen werden. Worum es letztlich bei diesen Untersuchungen ging, war, "wissenschaftlich" zu beweisen, daß der weibliche Geschlechtstrieb untergegangen sei, und mit ihm das Sexualwesen überhaupt.
Bei dem Wandel, der sich im 19. Jahrhundert vollzieht, zeigt sich sehr deutlich, wie eng sich die hysterische Symptombildung dem medizinischen Krankheitsbild der Hysterie anpaßt. In dieser Zeit wird die Frigidität tatsächlich zum ersten Mal zu einem geläufigen Muster hysterischer Symptombildung. Die Patientinnen verhielten sich genauso, wie das Krankheitsbild beziehungsweise das Bild der weiblichen "Normalität" es ihnen vorschrieb — und eben deshalb wurde ihnen subversives Verhalten vorgeworfen. Wilhelm Stekel, ein Schüler Freuds, erklärte Anfang des 20. Jahrhunderts die Frigidität für ein Zeichen weiblichen Selbstbehauptungswillens, für den er die geistige Betätigung der modernen Frau — das "Kulturweib" — verantwortlich machte:

> Hysterische Frauen benützen den bipolaren Charakter der Lust, um sich gegen die Empfindung beim Geschlechtsverkehr zu schützen. Ich habe ja ausgeführt, daß bei der Dyspareunie, dem "Willen zur Lust", ein trotziges "Ich will nicht!" entgegengestemmt wird. Nun würde die Lustprämie des Orgasmus das Weib in diesem Kampf zwischen "Willen zur Lust" und "Willen zur Lustlosigkeit" unterliegen lassen, wenn sie nicht den Kunstgriff anwenden würde, die Lustprämie wegzueskamotieren und sie im Gegenteil zur Unlust umzuwandeln. [...] Es handelt sich um einen Sieg der Psyche über die Physis, um einen Triumpf des Gehirnes über das Rückenmark. (63)

Indem die Hysterika sich dem vorherrschenden Denkmuster von weiblicher "Normalität" anpaßt, führt sie jene ad absurdum; sie macht daraus Krankhaftigkeit. Aus dem Bild, das entworfen wurde, um den weiblichen Geschlechtstrieb zu verleugnen — und mit ihm das Sexualwesen selbst —, wird durch ihre Symptombildung ein Instrument der Selbstbehauptung: der weibliche "Sieg der Psyche über die Physis". Aus der Verleugnung weiblicher Geistigkeit wird der "Triumpf des Gehirns über das Rückenmark". Diese Anpassungsfähigkeit der hysterischen Symptombildung, die zugleich Ablehnung ist, erklärt auch, weshalb insbesondere um 1900 das Krankheitsbild der "erotomanen" Hysterikerin mit dem der "frigiden" konkurriert. In beiden Bildern spiegeln sich die in dieser Zeit miteinander wettstreitenden Vorstellungen von weiblicher "Normalität" wider (64). Die Wechselbeziehung von Hysterie und Hysterie — die Angleichung der hysterischen Symptome an die herrschende Ideologie über Normalität und "Anormalität" — läßt sich am besten vergleichen mit dem "Dienst nach Vorschrift", der bekanntlich eine besonders wirksame Form von Streik darstellt.

Ein anschauliches Beispiel hierfür bietet die Art und Weise, wie die Hysterikerinnen mit Charcots Inszenierungen der Hysterie umgingen. Der Sinn dieser Inszenierungen, die die Salpêtrière in eine der beliebtesten Schaubühnen ihrer Zeit verwandelten, bestand darin, die Suggestibilität oder Willenlosigkeit der Hysteriker unter Beweis zu stellen. Charcot wird das Verdienst nachgesagt, die Hysterie von ihrem Ruf der "Lüge" befreit zu haben (65). Er erklärte, es gebe zwar keine sichtbare Ursache für die hysterische Erkrankung, dennoch handle es sich um ein reales Leiden, das sich nicht mit Simulation abtun lasse. In der Pariser Frauenanstalt Salpêtrière, deren Leitung er 1862 übernahm, trennte er die Hysterikerinnen von den Geisteskranken. Aber er hielt an der Vorstellung einer somatisch bedingten — durch Gehirnschäden erzeugten — Ätiologie der Hysterie fest. Charcot war sogar von der Erblichkeit der hysterischen Erkrankung überzeugt, weshalb er empfahl, hysterische Mütter von ihren Kindern, vor allem von ihren Töchtern, zu trennen und hysterische Töchter von ihren Müttern (66).

In seinen Vorlesungen, die von Wissenschaftlern aus der ganzen Welt besucht wurden, versuchte Charcot den Beweis dafür zu erbringen, daß die

Ein Seminar von Charcot in der Salpêtrière

hysterische Symptombildung einer Art von automatischem Reflex des Nervensystems entspräche, der auf ein Trauma zurückzuführen sei. Dieser Reflex lasse sich durch Suggestion oder unter Hypnose beliebig auslösen und verlaufe immer nach einem bestimmten Muster: dem Drei-Phasen-Modell. Bei der ersten Phase, die er als "eptiloid" bezeichnete, handelte es sich um Muskelkrämpfe, die in große Gliederbewegungen übergingen. In der zweiten Phase fanden Verrenkungen, die "grands mouvements" statt, die Charcot mit "Clownismus" bezeichnete. Zu den Verrenkungen gehörte auch der sexuell provokative "arc de cercle" (eine Erstarrung des auf Schultern und Füßen aufliegenden Körpers im Brückenbogen). In dieser Phase schrien, schimpften die Patienten und schlugen um sich. Die dritte Phase brachte schließlich die "attitudes passionelles": die Hysterika geriet in Zustände der Verzückung und halluzinierte. Während dieser Phase des "großen Anfalls" äußerte sie Wollust, Wut, Abneigung, sie stieß Drohungen aus und beschimpfte ihre Umwelt. Gleichzeitig wurde ihr Körper unempfindlich gegen jegliche Sinneswahrnehmung: sie hörte nicht, sah nichts. Ihre Haut war wie anästesiert.

Die Vorführungen in der Salpêtrière müssen beeindruckend gewesen sein. Die Patienten verhielten sich haargenau so, wie der Meister es von ihnen erwartete, bzw. wie sein Deutungsmuster der Hysterie es vorschrieb. Nur, seltsam: obwohl auch Ärzte in anderen Anstalten versuchten, das Drei-Phasen-Modell nachzuweisen, es gelang nicht oder nur bruchstück-

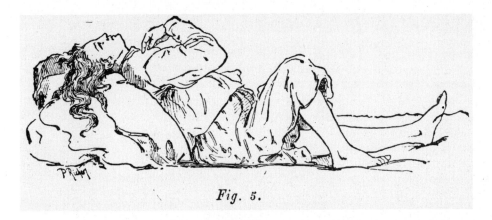

Fig. 5.

Fig. 6.

haft. Und noch seltsamer: Das Muster, das Charcot zum "kapitalen Phänomen" der Hysterie erklärt hatte, wurde schon wenige Jahre nach dem Ausscheiden des Meisters zu einer Rarität der hysterischen Symptombildung. Bernheim äußerte bereits sehr früh die Vermutung, daß die Vorführungen, die die Patienten gaben, keineswegs so unbewußt – automatenhaft – seien, wie Charcot sie darzustellen versuchte (67). Auch Freud, so beeindruckt er war von der Persönlichkeit und den Lehren Charcots, kamen Zweifel, ob sich die Hysterie nach dem Muster einer somatisch bedingten "Suggestibilität" – die Charcot als Ich-Schwäche interpretierte – erklären lasse (68). Charcot selber überkam sehr spät in seinem Leben eine Ahnung, daß seine Patienten ihm das Drei-Phasen-Modell (auf dem sein gesamtes theoretisches

Gebäude ruhte) nur *vorgespielt* hatten. Daß die Patienten in gewissem Sinne genau das waren, was er durch seine Theorie zu widerlegen versucht hatte: Simulanten. Georges Guinon, der letzte Privatsekretär von Charcot, schreibt, daß der Meister kurz vor seinem Tode beschlossen habe, seine Gesamtarbeit über die Pathologie des Nervenleidens zu revidieren:

> Ich habe noch eine sehr lebhafte Erinnerung an eine Unterhaltung, die ich kurz vor seinem Tode mit ihm führte [...]. Er sagte, unsere Auffassung der Hysterie sei überholt und es sei nötig, sein ganzes Konzept der Nervenpathologie umzuwerfen. Auf einen Stoß Papiere weisend, die auf seinem Schreibtisch lagen, fügte er noch hinzu, daß er begonnen habe, die erforderlichen Elemente zur Durchführung dieser Richtigstellung zusammenzutragen. So hatte Charcot schon Jahre, bevor sein Schüler Babinski dies in die Tat umsetzte, die Notwendigkeit einer Zertrümmerung der Hysterie-Theorie wahrgenommen, und er bereitete sich vor, mit eigener Hand dieses Gebäude zu zerschlagen, zu dessen Errichtung er soviel beigetragen hatte. (69)

Die Theorie von der "Ich-Schwäche", mit der Charcot den Automatismus der Hysteriker erklärte (eine Erklärung, die die Lehren seines Schülers Janet präfigurieren, für den die "Spaltung des Ichs" bei den Hysterikerinnen auf einer organisch bedingten geistigen Schwäche — insuffisance psychologique — beruhte), diese Theorie einer angeblichen Ich-Schwäche wurde für eine ganze Generation von Wissenschaftlern zum Dogma. Und aus der "Echtheit" der Symptome, die Charcot beweisen wollte, resultierte unversehens genau das Gegenteil: Simulation. Aus der "Ich-Schwäche", die den Beweis für die organisch bedingte — oder naturgegebene — Inexistenz des Sexualwesens der Frau erbringen sollte, wurde Mimesis, und somit widerlegte die Beweisführung sich selbst. Kann man noch von "Suggestibilität" sprechen, wenn sich herausstellt, daß die Patienten ihre Rolle *spielen*? Kann noch von Passivität, Beeinflußbarkeit oder gar Inexistenz die Rede sein, wenn sich herausstellt, daß der Betreffende simuliert? Simulieren ist per se eine Handlung, die mit dem Willen zusammenhängt. Ein "Simulant" kann nicht inaktiv, manipulierbar sein — und schon gar nicht dann, wenn er den anderen dazu verleitet, sich selbst zu widerlegen.

Zeitgenössische Charcot-Karikatur in der satirischen Zeitschrift "Les Hommes du Jour"

Eine nicht unähnliche Erfahrung wie Charcot mußte auch Freud im Umgang mit der Hysterie machen. Auch er hatte eine Erklärung für die hysterische Erkrankung gefunden, die ihm unumstößlich erschien. Sie bestand darin, daß der Patient in seiner Kindheit durch eine erwachsene Person, die er für die Mehrheit der Fälle im Vater vermutete, verführt worden sei:

> Es ist mir beinahe sicher, daß ich mit den Formeln vom infantilen Sexualschreck und Sexuallust die Lösung des Rätsels der Hysterie und der Zwangsneurose gefunden habe und ich bin ebenso sicher, daß beide Neurosen nun ganz allgemein heilbar sind, nicht bloß die einzelnen Symptome, sondern die neurotische Disposition überhaupt. (70).

Freud meinte mit dieser Erklärung sogar das Charcotsche Modell zum Teil retten zu können: Die Phase des "Clownismus" erklärte er durch eine Nachahmung der "Bocksprünge und Purzelbäume", die der "Wüstling" bei seinem "Attentat" (71) in der Kinderstube vollbrachte, um sein Opfer zu verführen (72). Aber später kam Freud doch allmählich die Erkenntnis, daß diese Verführung nie stattgefunden hatte, daß es sich vielmehr um fabrizierte Erinnerungen handelte, die er dann mit den Wunschphantasien der Patienten erklärte (73). Er revidierte seine früheren Ansichten — aber revidierte er sie genügend? Ist es nicht naheliegend, daß auch die Patienten Freuds, wie die von Charcot, in seiner Praxis "Dienst nach Vorschrift" machten (was Freud bei den Patienten von *Charcot* vermutete), daß sie die Phantasien des *Theoretikers* widergaben, nicht ihre eigenen? Freud hat diese Möglichkeit selber erwogen — nur um sie wieder zu verwerfen* mit Argumenten, die wenig überzeugend sind: etwa dem, daß die Phantasien der Patienten immer die gleichen seien und daß sie mit einer gewissen Gleichgültigkeit der Wiedergabe dieser Erinnerungen gegenüberstünden (74). Aber spricht nicht beides, die Einheitlichkeit der Erinnerungen wie auch die Gleichgültigkeit ihnen gegenüber, dafür, daß es sich *nicht* um Phantasien der einzelnen Patienten handelte, sondern vielmehr um Wunschphantasien, die vom Theoretiker ausgingen — diesem Theoretiker, der, wie viele andere, so gerne endlich den Schlüssel zum Geheimnis

---

* Es ist in letzter Zeit wiederholt die Ansicht geäußert worden, daß Freud einen Irrtum beging, als er von der These einer realen sexuellen Verführung im Kindesalter wieder abrückte. Vgl. z.B. Miller, Alice, Du sollst nicht merken, Variationen über das Paradies-Thema, Frankfurt 1983; u. Masson, Jeffrey Moussaieff, Was hat man dir, du armes Kind, getan? Sigmund Freuds Unterdrückung der Verführungstheorie. Deutsch v. Barbara Brumm, Reinbek b. Hamburg 1984.
Mir scheint, daß Freud — zumindest was die Hysteriker betrifft — und über sie stieß er ja auf seine Vorstellung einer frühkindlichen Verführung — sich nicht getäuscht hat. Wer vom Vater oder einer anderen Person, in deren Abhängigkeit er steht, verführt oder vergewaltigt worden ist, wird depressiv oder sogar psychotisch, aber er wird nicht hysterisch. Ich möchte sogar soweit gehen zu sagen, daß die Hysterie ein sicheres Indiz dafür ist, daß kein "Attentat", wie Freud die frühkindliche Verführung durch den Vater oder Verwandte nannte, stattgefunden hat. (Wobei mit dieser Behauptung weder die Realität noch die Verbreitung des "Attentats" in Frage gestellt werden soll.)
Hinter der Hysterie verbirgt sich, wie ich noch darstellen werde, eine Form von Überlebenswillen und Widerstandskraft, die mit der frühkindlichen Erniedrigung und der Erfahrung des Ausgeliefertseins schwer vereinbar ist. — Das bedeutet freilich nicht, daß ich die Ansicht Freuds teile, der in den Berichten seiner Patienten ödipale Wunschphantasien sah.

der Hysterie gefunden hätten? Jedenfalls führten ihn diese Wunschphantasien, so sagt Freud selber, später zum "Kernkomplex der Neurose" und damit zum Kern seines theoretischen Gebäudes, dem Ödipus-Komplex (75). Könnte es nicht sein, daß auch er sich der Hysteriker als Projektionsfläche bediente, um seine eigenen oder kollektive Wunschphantasien der Zeit "Wahrheit" werden zu lassen? Wäre es nicht denkbar, daß Freud — so wie Hexenrichter, die das Fliegen lernen wollten, die magischen Kräfte der Hexen erdichteten —, daß also auch Freud sein "Geheimnis" der Hysterie unterstellte: dieses "Geheimnis", mit dessen Hilfe sich eine künstliche Theorie des Unbewußten fabrizieren ließ, vergleichbar dem mechanischen Flug, den der Mensch erfand, um sich über die Naturgesetze, seine Erdgebundenheit zu erheben. Unbestreitbar ist auf jeden Fall, daß vor allem Freuds Thesen über die weibliche Sexualität, die er aus dem "Kernkomplex der Neurose" ableitete, eine besondere Künstlichkeit anhaftet.

Beispiele wie die von Charcot und Freud verdeutlichen die bemerkenswerte Wechselbeziehung zwischen hysterischen Symptomen und der Hysterie-Theorie: die Symptome scheinen einerseits die Theorie zu bestätigen, und andererseits stellt sich nachträglich oft heraus, daß in der Bestätigung, die sie liefern, eigentlich schon die Widerlegung der Theorie enthalten war. Die Hysterie verwandelt so manche Kathedrale in ein Kartenhaus.

Freud und Breuer

Die Hysterie hat immer das Interesse der Ärzte, Naturwissenschaftler, Theologen und Philosophen erregt — aber doch selten so wie im 19. Jahrhundert, wo sie geradezu zum zentralen Thema der noch jungen Psychiatrie (76), der sich verändernden Neurologie und der sich ankündigenden Psychoanalyse und Psychologie wird. Nicht nur die Spezialisten dieser Gebiete, überhaupt jeder, der etwas begreifen will von den Veränderungen, die sich anbahnen, richtet sein Interesse auf die Hysterie. An den berühmten Dienstags-Vorlesungen von Charcot nehmen Maler, Bildhauer, Architekten, Literaten, Kardinäle . . . und Polizeipräfekten teil (77).

Man war in ein Zeitalter eingetreten, in dem die Erfassung des "Gesamtwissens" möglich, ja schon vor der Tür zu stehen schien. Man kannte nicht alle Gesetze der Natur, aber man konnte — zumindest in Form von Projekten — etwas Besseres: die Natur manipulieren, sie zwingen, nach anderen Gesetzen als den natürlichen zu funktionieren. Die Anatomie des Menschen barg keine großen Geheimnisse mehr, sogar das lange unerkannt gebliebene Rätsel der Zeugung war gelöst. Und nun stieß man in den geheimnisvollen Bereich der Seele vor. Es galt, das Unbewußte, die Psyche zu "erobern". Auf wissenschaftlichem Wege das Geheimnis von den "letzten Dingen" zu lüften.

Die Hysterie hatte ein "Geheimnis" zu enthüllen, das schien gewiß. Aber das Geheimnis, das sie in sich barg, wollte eigentlich niemand kennen. Es war das Geheimnis von der Existenz der Frau oder, ganz allgemein, der Behauptung des Sexualwesens. Breuer kam der Entdeckung dieses Geheimnisses näher als Freud — so widersprüchlich es klingen mag, denn Breuer distanzierte sich von den Arbeiten Freuds, als dieser von der sexuellen Ätiologie der Hysterie beziehungsweise der Bedeutung der Sexualität für die Neurose überhaupt zu sprechen begann. Aber während Freud die Eroberung des Unbewußten benutzte, um darzulegen, daß es auch in diesen tiefen, bisher noch unerforschten Gefilden die Frau nicht gibt (er erhob das Bild des *einen* Geschlechts und des *einen*, nämlich männlichen Geschlechtstriebs zum Naturgesetz und schuf somit die Bedingungen dafür, daß das "unvollständige", geteilte *ich*, dessen Trieb auf die "Vervollständigung" durch das *andere* Geschlecht ausgerichtet ist, als Realität des Unbewußten geleugnet wurde), während Freud also das, was ich als künstliche, "phallsche" (lies: falsche) Sexualität bezeichnen möchte, zur Geschlechtlichkeit selbst erhob, kam Breuer dem "Geheimnis" der Hysterie gefährlich nahe — so nahe, daß er die Flucht ergriff.

Der Unterschied zwischen Breuer und Freud besteht für mich nicht so sehr in der unterschiedlichen Nosographie (für Breuer ist die Hysterie Ausdruck eines "hypnoiden Zustands", in dem sich ein Teil des Ichs abspaltet; für Freud ist sie Ausdruck der verdrängten Sexualität) als vielmehr in der unterschiedlichen Einstellung zum Patienten. Ihre Theorien und Erklärungsmuster für die Hysterie sind wiederum das Resultat dieser ihrer Einstellung zum Patienten. So schreibt Breuer in den "Studien über Hysterie":

> Wir glauben, daß man unter den Hysterischen die geistig klarsten, willensstärksten, charaktervollsten und kritischsten Menschen finden kann! Kein Maß wirklicher, tüchtiger, psychischer Begabung ist durch Hysterie ausgeschlossen, wenn auch oft durch die Krankheit die reale Leistung unmöglich wird. [...]
>
> Janet hält eine bestimmte Form angeborener geistiger Schwäche für die Disposition zur Hysterie. Demgegenüber möchten wir unsere Anschauung kurz im folgenden formulieren: Die Spaltung des Bewußtseins tritt nicht ein, weil die Kranken schwachsinnig sind, sondern die Kranken erscheinen schwachsinnig, weil ihre psychische Tätigkeit geteilt ist und dem bewußten Denken nur ein Teil der Leistungsfähigkeit zur Verfügung steht [...].
>
> Die Adoleszenten, welche später hysterisch werden, sind vor ihrer Erkrankung meist lebhaft, begabt, voll geistiger Interessen; ihre Willensenergie ist oft bemerkenswert. Zu ihnen gehören jene Mädchen, die nachts aufstehen, um heimlich irgend ein Studium zu betreiben, das ihnen die Eltern aus Furcht vor Überanstrengung versagten. (78)

Freud widerspricht ihm nicht, aber wenn er bei seinen Patientinnen geistiger Klarheit begegnet, so spricht er, wie im Fall von Emmy v. N. . . ., von "geradezu männlicher Intelligenz und Energie" (79). Von geistig interessierten jungen Mädchen sagt er, daß sie "bis in die Jahre der Vorpubertät bubenhaftes Wesen und Neigungen zeigten." Mit dem hysterischen Anfall setze bei der Frau "ein Stück Sexualbetätigung wieder ein, das in den Kinderjahren bestanden hatte und damals exquisit männlichen Charakter erkennen ließ" (80). Freuds Thesen über die weibliche Libido – oder vielmehr über die mangelnde weibliche Libido – sind sattsam bekannt, ich brauche sie hier nicht näher zu erläutern, aber diese Thesen sind untrennbar mit seiner Einstellung zur Hysterie und zu den hysterischen Patientinnen verbunden. Er betrachtet die hysterische Erkrankung als das Resultat eines Verdrängungsschubes der "infantilen Männlichkeit", die die Frau mit ihrer sexuellen Reifung vollzieht (81). Die hysterische Erkrankung entspringt für ihn also der Weigerung oder Unfähigkeit, mit der Frau-Werdung auch die (ihrem Wesen nach männliche) Libido abzulegen. Breuer hingegen sieht die Ursache für die hysterische Erkrankung im Umgang der *anderen* mit der weiblichen Libido:

> Die Ehe bringt neue sexuale Traumen. Es ist zu wundern, daß die Brautnacht nicht häufiger pathogen wirkt, da sie doch leider so oft nicht erotische Verführung, sondern Notzucht zum Inhalte hat. [...] Ich glaube nicht zu übertreiben, wenn ich behaupte, *die große Mehrzahl der schweren Neurosen bei Frauen entstamme dem Ehebett.* (82)

Planche XXI

CATALEPSIE

Planche XXV

CATALEPSIE
SUGGESTION

Es scheint paradox, daß Breuer sich ausgerechnet deshalb von Freud distanzierte, weil jener die sexuelle Ätiologie der Hysterie oder Neurose betonte. Paradox deshalb, weil Breuer, viel mehr als Freud, implizit von der *Existenz* einer weiblichen Libido ausging – auch wenn er sie mit Worten wie "Lebendigkeit" oder "Aktivität" umschrieb. Freud hingegen leugnete sie – zum Teil unter Benutzung genau derselben Begriffe, die er der "Männlichkeit" zuordnete. So erklärt es sich auch, daß für Freud die Weiblichkeit bis ans Ende seines Lebens ein "Rätsel" oder der "Dunkle Kontinent" blieb. Er wollte das Geheimnis, das die Hysterie mitzuteilen hatte – das Geheimnis von der Existenz der Frau – gar nicht wissen. Er bemühte sich geradezu, dieses Geheimnis verschwinden zu lassen, hinter dem Schleier einer anderen Geschlechtlichkeit zu verbergen. Freud bediente sich der Hysterie, um die "Botschaft" der Hysterie umzukodieren. Diese Umkodierung, durch die die Sexualität scheinbar wieder zu ihren Rechten kam, stellte den endgültigen Untergang des Sexualwesens dar.

Die unterschiedlichen Einstellungen von Breuer und Freud zu ihren Patienten schlagen sich in unterschiedlichen Vorstellungen über die Therapie nieder. Für Freud gibt es eigentlich nur die *Symptome* der Krankheit. Der

Planche XXVI
CATALEPSIE
SUGGESTION

Planche XXVIII
CATALEPSIE
SUGGESTION

Patient wird letztlich nicht gebraucht, ist eigentlich sogar störend:

> Sie werden mir ohne weiteres zugeben, daß es wünschenswert wäre, es gäbe einen zweiten Weg, zur Ätiologie der Hysterie zu gelangen, auf welchem man sich unabhängiger von den Angaben der Kranken wüßte. Der Dermatologe zum Beispiel weiß ein Geschwür als luetisch zu erkennen nach der Beschaffenheit der Ränder, des Belags, des Umrisses, ohne daß ihn der Einspruch des Patienten, der eine Infektionsquelle leugnet, daran irre macht. Der Gerichtsarzt versteht es, die Verursachung einer Verletzung aufzuklären, selbst wenn er auf die Mitteilungen des Verletzten verzichten muß. Es besteht nun eine solche Möglichkeit, von den Symptomen aus zur Kenntnis der Ursachen vorzudringen, auch für die Hysterie. (83)

So setzt Freud auch die "kathartische Methode" (ein früher Ausdruck für die Psychotherapie) einem chirurgischen Eingriff gleich,

> der Eröffnung einer eitergefüllten Höhle, der Auskratzung einer kariös erkrankten Stelle und dergleichen ... (84)

Für ihn ist die Hysterie eine Art von "Fremdkörper" im Patienten, vergleichbar, nicht durch Zufall, seiner Vorstellung von der "männlichen" Klitoris im Körper der Frau. Für Breuer hingegen geht die Hysterie vom Ich aus, was für ihn ganz andere Therapie-Voraussetzungen schafft. Er muß das Ich des Patienten zum zentralen Thema der Behandlung machen:

> Die abgespaltene Psyche ist jener *Dämon*, von dem die naive Beobachtung alter, abergläubischer Zeiten die Kranken besessen glaubten. Daß ein dem wachen Bewußtsein des Kranken fremder Geist in ihm walte, ist richtig: nur ist es kein wirklich fremder, sondern ein Teil seines eigenen. (85)

Freud hingegen will nichts über die Hysteriker erfahren, sondern mit ihrer Hilfe und durch sie etwas über die Hysterie selbst. So gelingt es ihm zwar, ein ganzes Lehrgebäude über die Funktionsweise des Unbewußten, über die Zusammenhänge von Psyche und Körper zu errichten, aber letztlich bleibt gerade die Hysterie, von der er ausgegangen ist, für ihn ein ebenso "schwarzer Kontinent" wie die Weiblichkeit selbst (86). Sollte es wirklich ein Zufall sein, daß bei kaum einer von den berühmten hysterischen Patientinnen Freuds von einer wirklichen Heilung die Rede sein kann: entweder sie hatten Rückfälle (Emmy v. N. ...) oder sie brachen die Behandlung ab (Dora), oder sie wurden nur deshalb von ihrem Therapeuten als "geheilt" betrachtet, weil sie in den Hafen der Ehe entlassen worden waren (Elisabeth v. R. ...) — ein fragwürdiger Erfolgsbeweis, denkt man an die Ausführungen von Breuer. Im Gegensatz zu diesen Frauen wurde Breuers Patientin Anna O. (deren Behandlung nicht einmal abgeschlossen war) später zu einer aktiven und sozial engagierten Frau: Bertha Pappenheim. In demselben Jahr, in dem Breuers und Freuds "vorläufige Mitteilungen" erschienen, übernahm sie die Leitung eines Waisenheimes in Isenburg bei Frankfurt. Bertha Pappenheim wurde zu einer engagierten Frauenrechtlerin, die sich insbesondere für die Rechte der jüdischen Frau einsetzte (87).

"Die Psychoanalyse trat ein in die Geschichte des Bewußtseins als Dialog mit der Subjektivität der Frau", schreibt Dianne Hunter (88). Was Breuer bei seiner Patientin Anna O., wenn auch unbewußt, erkannte, war das *ich* des Sexualwesens. Dieses *ich* faszinierte ihn, und eben die Anziehungskraft, die es ausübte, erklärt auch die Flucht, die er ergriff. Sie erklärt die Eifersucht seiner Frau, die die Berichte über diese fesselnde — "verhexende"? — Patientin zunehmend verärgerten. Kurzfristig beschloß Breuer, die Behandlung abzubrechen; Anna O. reagierte mit den Symptomen einer Scheinschwangerschaft. Sie verkündete Breuer, daß sie nun "sein Kind" gebären werde. Breuer floh das Haus seiner Patientin und fuhr mit seiner Frau nach Venedig (von wo letztere schwanger zurückkam). Er sah Anna O. nie wieder. Später, als einmal von ihrer Krankheit die Rede war, äußerte er den Wunsch, daß sie sterben möge, um von ihrem "Leiden" befreit zu sein (89). Die Heftigkeit seiner Reaktion, der Todeswunsch, der sich wie der Wunsch ausnimmt, durch ihren Tod selber vom "Leiden" befreit zu werden; auch Breuers lange Weigerung, irgend etwas über den Fall zu veröffentlichen (die Studien über Hysterie erschienen erst zehn Jahre nach der Behandlung von Bertha Pappenheim), und schließlich auch die Tatsache, daß er in den Studien das abrupte Ende wie auch die Scheinschwangerschaft Anna O.s verschwieg — all dies spricht dafür, daß er bei diesem Fall — nichtsahnend — an die Grenzen des Unheimlichen geraten war. Dianne Hunter führt auch seine spätere Ablehnung der Psychoanalyse auf diese Erfahrung zurück (90). Aber hierin kann ich nicht mit ihr übereinstimmen. Denn die Lehrgebäude der Psychoanalyse, mit den Kunstgebilden, in die sie das Unbewußte einmauerten, konnten ja eben dieses Unheimliche vergessen machen: daß es die Frau, daß es das Sexualwesen gibt.

Man könnte — etwas polemisch — vielleicht die Behauptung aufstellen, daß die Behandlung Bertha Pappenheims die letzte "echte" Psychoanalyse gewesen ist: Eine Therapie, die darin bestand, das Bewußtsein in direkte Beziehung zum Unbewußten zu setzen — ohne Theorien, ohne Lehrgebäude, die sich dazwischenschieben. Bertha Pappenheim wurde durch diese Behandlung zu dem geboren, was sie war — zu ihrem *ich*. Lucien Israel führt ihren späteren Erfolg im öffentlichen Leben darauf zurück, daß der Mann, der sie enttäuscht hatte, nämlich Breuer, zum Objekt ihrer Identifikation wurde. Sie sei aktiv, mutig geworden, um den "Meister", der versagt hatte, zu ersetzen (91).

Für mich handelt es sich hingegen um eine tatsächliche Therapie und Genesung. Trotz des abrupten Endes der Behandlung hatte ihr Breuer als Dialogpartner dazu verholfen, eine "neue Identität zu gebären" (92) — aber nicht die Identität des anderen, sondern ihre eigene: die des Sexualwesens Frau. Er war (unfreiwilliger) Helfer bei der Geburt ihres *ichs*, das vorher nicht sein durfte: Bertha Pappenheim war in sehr strengen patriarchalischen Verhältnissen aufgewachsen, und trotz ihrer Begabung und ihres Wunsches blieb ihr eine höhere Ausbildung versagt.

So nahe wie hier Breuer ist Freud nie an das "Geheimnis" herangekommen; und dies erklärt zweifellos auch die Tatsache, daß die Psychotherapie, wie sie durch ihn und in seiner Nachfolge entwickelt wurde, gerade an der Therapie von Hysterikern gescheitert ist. Die Hysterie birgt das Geheimnis vom *ich*, aber die Psychoanalyse ist auf der Suche nach dem ICH. Dieser Widerspruch liefert vielleicht den Schlüssel zum Rätsel, weshalb die Hysterie heute in Analytikerkreisen als besonders psychotherapie-geeignet gilt, aber die Therapie von Hysterikern eine besonders hohe Rate an Erfolglosigkeit aufweist (93).

Hysterie: die Krankheit der Ich-losigkeit

So unterschiedlich wie es auf den ersten Blick erscheint, waren die Theorien der Schulen von Paris und von Wien im Grunde nicht — jedenfalls nicht, wenn man sie unter dem Aspekt betrachtet, was diese Hysterie-Theorien für das Verständnis des Weiblichen bedeuteten. Gewiß, zunächst wurden hier vollkommen gegensätzliche Ansichten vertreten. In Paris bestritten die Psychiater, von Briquet bis Charcot, jeglichen Zusammenhang zwischen Sexualität und Hysterie (mit besagten Widersprüchen), während Freud die Sexualität wieder in das Zentrum der Hysterie-Diagnose rückte. Trotzdem waren die beiden Theorien aber eigentlich zwei verschiedene, einander ergänzende Argumentationsstränge, die zu dem gleichen Ergebnis führten. Sie ergänzten sich insofern, als die Pariser Theorie die Sexualität aus der "Frauenkrankheit" verbannte, und Freud die Frau — mit Hilfe seiner Hysterie-Theorie — aus der Sexualität verbannte. Zwei verschiedene Wege, zu demselben Ergebnis zu gelangen, sind die Pariser und die Wiener Schule auch deshalb, weil bei Charcot und seinen Vorgängern die Hysterie zur Krankheit der Willenlosigkeit und der Ich-losigkeit wurde, während Freud sich ihrer bediente, um den "Beweis" dafür zu erbringen, daß die "Zusammenstellung 'weibliche Libido' [. . .] jede Rechtfertigung vermissen [läßt]" (94). Was bedeutet die Umschreibung der "Frauenkrankheit" als Krankheit der Ich- und Willenlosigkeit, was bedeutet die Leugnung einer weiblichen Libido aber anderes als dies: daß es die Frau nicht gibt. Diese Schlußfolgerung ist beiden Theorien gemeinsam, so unterschiedlich sie auf den ersten Blick erscheinen mögen: es gibt kein *ich*, kein Sexualwesen; und der Beweis für diese Schlußfolgerung wird geliefert, indem die Frau für inexistent erklärt wird.

In demselben Licht muß man auch die herrschende Hysterie-Theorie des 20. Jahrhunderts sehen, die in der alten "Frauenkrankheit" die Krankheit der Ich-losigkeit sieht. Diese angebliche Ich-losigkeit ist aber letztlich nichts anderes als die Weigerung, das *ich* dem ICH unterzuordnen; die Weigerung, die Geschlechtszugehörigkeit, die Unvollständigkeit aufzugeben zugunsten eines vollständigen, asexuellen ICHs.

Bevor ich darauf eingehe, möchte ich die Entwicklung der Hysterie-Nosographie noch einmal zusammenfassen, um eine Entwicklung zu verdeutlichen, die zu der Vorstellung von hysterischer Ich-losigkeit führt, die dem 20. Jahrhundert eigen ist. Diese Zusammenfassung ist sehr verkürzt, und die chronologische Darstellung wird auch nicht der eigentlichen Gleichzeitigkeit verschiedener Entwicklungsstufen gerecht. Dennoch: Zunächst dient das Krankheitsbild der Hysterie der Definition von dem, was als weibliche Normalität *und* "Anormalität" betrachtet wird. Die "Hysterie-Therapie" versucht ihrerseits, dieses Bild der realen Frau — auf sanftem oder gewaltsamem Wege — aufzuzwingen. In einer zweiten Stufe dieser Entwicklung dient das Krankheitsbild der Hysterie dem *Beweis*, daß es die Frau nicht gibt. Es entsteht die Vorstellung der "Ich-losigkeit" oder "Ich-Schwäche" des Hysterikers. Dieser Stufe der Entwicklung entspricht die allmähliche Wanderung der Hysterie-Ursache "nach oben". Nachdem zunächst der weibliche Körper (mit den Organen, die ihn charakterisieren) als "krankhaft" bezeichnet wurde, ist es in dieser zweiten Stufe der weibliche Geist, der als "Krankheitserreger" betrachtet wird. Die Hysterie wird gleichsam zum Beweis dafür, daß die Frau keinen Kopf besitzt, daß sie "kopflos", irrational, töricht, unvernünftig ist.

Die Verlagerung der Hysterie-Ursache "nach oben" bringt aber noch etwas Weiteres: sie erlaubt es, die Existenz der Frau für die Phantasie zu verneinen: nicht nur wird die Frau-mit-Kopf verleugnet, sondern auch die Frau-im-Kopf des Mannes. Die Entstehung der männlichen Hysterie (die mit der Verlagerung der Ätiologie "nach oben" einhergeht), ist zugleich Ausdruck für eine "Verweiblichung" des Mannes, wie auch für die *Leugnung* der weiblichen Anteile in seiner Psyche.* Es entsteht einerseits das "vollständige" männliche ICH, das auch das Frau-Sein umfaßt; andererseits muß diese Vervollständigung aber mit der Auslöschung des Bewußtseins von der Existenz der Frau bezahlt werden. Der Mann verliert durch seine "Vervollständigung" den Anspruch darauf, das "unvollständige" Sexualwesen zu sein, ein *ich* zu haben. So wird aus der "Frauenkrankheit", die sich aus dem Blickwinkel der Nosologie als Leiden *an der* Frau, aus dem Blickwinkel der hysterischen Symptombildung aber als Leiden am *Verlust* von Frau-Sein beschreiben läßt, so wird also aus der Hysterie allmählich die Krankheit der Ich-losigkeit, die beiden Geschlechtern ge-

---

* In diesem Kapitel werden einige Thesen verkürzt und ohne nähere Erläuterung wiedergegeben. So mögen sie zunächst widersinnig erscheinen — aber es ist ein Widersinn, der sich allmählich entwirren wird. Auf die männliche Hysterie werde ich im 6. Kapitel noch einmal eingehen, und dann wird sich auch ein scheinbarer Widerspruch wie dieser lösen.

meinsam ist und die einerseits als Leiden am *ich*, andererseits aber auch als Leiden am Verlust des *ichs* zu begreifen ist.
Die moderne Nosographie, die die Hysterie als die Krankheit der Ich-losigkeit bezeichnet, ist gleichsam die Bestätigung und Fortführung der Resultate, die die "Hysterie-Therapie" der Vergangenheit gezeigt haben. Die Ich-losigkeit oder "Ich-Schwäche" ist der Gedanke, der fast allen Hysterietheoretikern der neueren Zeit gemeinsam ist, angefangen von Karl Jaspers, der ein Vakuum hinter den wechselnden Gesichtern der Hysterie sieht (95), über Wilhelm Reich, der die Hysterie als Zeichen einer "großen Veranlagung zur passiven Hypnose" (96) betrachtet und der vom hysterischen Charakter sagt, daß er "eine geringe Neigung zu Sublimierungen und intellektuellen Leistungen aufweist" (97), bis zu Stavros Mentzos, der die "hysterische Emotionalisierung und Dramatisierung [...] als Ersatz für ein Ich-Defizit, zur Ausfüllung einer Gefühlsleere, eines emotionellen Vakuums" versteht (98). Laut Mentzos flüchtet der Hysteriker in eine andere Person, Idee oder in eine Illusion, um dem eigenen Gefühl der Leere durch die Einnistung in einer Pseudo- oder Ersatzpersönlichkeit zu entgehen (99). Er stimmt mit beinahe der Gesamtheit der neueren psychoanalytischen Erkenntnisse über die Hysterie überein, wenn er schreibt, daß beim Hysteriker "die unbewußt produzierten Szenen ausgesprochen Ich- (besser Selbst-) bezogen [sind] und auf eine Quasiveränderung der Selbstrepräsentanz hin[zielen]" (100). Vereinfacht ausgedrückt, unterstellt die moderne Nosographie dem Hysteriker, daß er sich — mangels eigenem Ich — ein künstliches Ich fabriziert, um den Mangel eines "echten" Ichs zu verbergen. Auch hier offenbart sich diese dem hysterischen Deutungsmuster eigentümliche Umkehrung des eigentlichen Vorgangs: In Wirklichkeit wird das künstliche Ich — das asexuelle ICH — eingesetzt, das *ich* zu verdrängen und zu ersetzen. Im Krankheitsbild wird aber eben dieser Wunsch auf den Hysteriker projiziert. Laut dem Deutungsmuster ist es der Kranke, der ein "künstliches Ich" fabriziert. Er verdrängt das "echte" Ich durch ein Pseudo-Ich. Auf diese Umkehrung reagiert der Hysteriker wiederum durch eine erneute Umkehrung: er verweigert die Verdrängung des *ichs* durch das ICH, indem er das ICH parodiert, aus ihm das Kunstwerk macht, das es ist.
Bei einigen modernen Nosologen wird dem Hysteriker ein ICH zugestanden, aber auch hier handelt es sich um ein angeeignetes, fremdes Ich. So etwa bei Wittels, für den der Hysteriker sein Ich nicht eigentlich reduziert, sondern, im Gegenteil, ausbreitet. Das eigentliche Ich sei derartig schwach, sagt Wittels, daß es sich nicht gegen die Triebe durchsetzen könne. Deshalb leihe es sich ein fremdes Ich aus. So wird dem Hysteriker plötzlich genau das zugestanden, was Freud immer der Frau abgesprochen hat, nämlich "ein intaktes, eher strenges Über-Ich". Allerdings: "nur ein Über-Ich in seiner angepaßten Form" (101).

Auch in den Analysen, in denen der Zusammenhang zwischen soziokulturellem Umfeld und Hysterie nicht ausgeklammert wird, tritt das Bild einer "Krankheit der Ich-losigkeit" zutage. So bei den Amerikanern Chodoff und Lyons, die die hysterische Persönlichkeit "ein Bild von Frauen in den Worten von Männern" genannt haben (102) — eine treffende Formulierung, was die Übereinstimmung des Frauenbildes mit der Vorstellung des Krankhaften betrifft, aber eine Formulierung, die unterstellt, daß die Hysteriker von diesem Bild *passiv* geformt werden. Auch in der Analyse von J. Marmor, in der die Häufigkeit der hysterischen Symptom- und Charakterbildungen bei Frauen damit erklärt wird, daß diese von der Gesellschaft nur bei Frauen toleriert werden (103), handelt es sich bei der Krankheitsdefinition um die Vorstellung einer passiven Unterwerfung unter Rollendiktate. Daß diese Rollendiktate existieren, steht natürlich außer Zweifel, ich bestreite nur, daß ausgerechnet die Hysterie, die diese Rollendiktate *übertreibt* und karikatural wiedergibt, sich als Ausdruck einer besonders passiven Unterwerfung unter die Diktate begreifen läßt. Nur wenn es sich um Passivität handelte, wäre der Begriff der Ich-losigkeit angebracht. Wenn jedoch Aktivität im Spiel ist — und das ist zwangsläufig bei jeder Form von Übertreibung der Fall —, gibt es auch eine Kraft — und damit auch einen Willen und ein *ich* —, die zur Handlung treiben. Laing hat dieses Handeln anschaulich beschrieben. Für ihn trägt der Hysteriker eine Maske, aber er versucht, Befriedigung zu finden durch Handlungen, deren Sinn er verneint.

> Der Hysteriker täuscht vor, daß bestimmte für ihn hochbefriedigende Aktivitäten nur vorgetäuscht sind oder nichts bedeuten oder keine speziellen Implikationen haben oder daß er dies und das nur tut, weil er dazu gezwungen ist, während im geheimen seine eigenen Begierden in und durch diese selben Aktivitäten erfüllt werden. (104)

Kann man von einer "agierenden Neurose" sprechen (105), wenn man die Hysterie gleichzeitig als Krankheit der Passivität bezeichnet? Und kann man von Ich-losigkeit sprechen, wenn man gleichzeitig beschreibt, was für Theateraufführungen die Hysteriker bieten, um entweder Schwäche oder Stärke, Hilflosigkeit oder Überlegenheit, Verzweiflung oder Gefühlsreichtum, Naivität oder Reife *darzustellen* (106)? Alleine das Wort "Inszenierung", das immer wieder von den Hysterie-Theoretikern benutzt wird und mit dem die Darstellungen des Hysterikers, aber auch seine Manipulation der Umwelt gemeint sind, beweist doch, daß es sich um alles andere als eine Krankheit der Ich-losigkeit handelt. Auch wenn man den Umgang der modernen Hysterie-Theorie mit dem Begriff der Passivität betrachtet, merkt man, wie widersprüchlich die Theorie in sich selber ist. In Willis Beschreibung der "hysterischen Ehe" (hysterische Frau, hysterophiler Mann) ist ausschließlich von Handlungen, Initiativen, Entscheidungen oder

Provokation der Frau die Rede — dennoch schreibt er "passiv-feminin" mit Bindestrich, als handle es sich um einen eo ipso zusammengehörigen Begriff (107). Ebenso Mentzos, wenn er die Frage, warum Frauen häufiger hysterisch sind, unter anderem damit beantwortet:

> Es ist vielleicht möglich, daß die im Durchschnitt größere emotionelle Ansprechbarkeit, Reaktionsfähigkeit und Expressivität der Frauen nicht nur soziokulturelle, sondern auch biologische Gründe hat. Einen — allerdings sehr indirekten — Hinweis in diese Richtung könnte man in der statistisch gesicherten Tatsache sehen, daß Frauen der Altersgruppe fünfzehn bis fünfundvierzig (die Zeit der ovariellen Tätigkeit) im Elektroenzephalogramm doppelt so häufig photosensibel sind wie Männer. (108)

Es ist rätselhaft, wie Mentzos "emotionelle Ansprechbarkeit", "Reaktionsfähigkeit" und "Expressivität" mit Ich-losigkeit vereinbart.
"Die Verdrängung ist *der* Abwehrmechanismus der hysterischen Persönlichkeit", schreibt S. O. Hoffmann in voller Übereinstimmung mit einem Gutteil der modernen Hysterie-Theorie (109). Aber wenn man weiß, welcher Energieaufwand zur Verdrängung nötig ist, und wenn man weiß, daß die Verdrängung eine besonders lebendige Form von Erinnerung ist, wie Lacan sagt, wie kann man dann noch sagen, daß die "Verleugnung der Außenwahrnehmung [. . .] zu spezifischen Strukturen des Gedächtnisses, insbesondere quantitativ geringerer Speicherung" (110) führt? Wie kann man dann für die Hysterie eine "Intelligenz, die unter dem Schnitt der übrigen Neurosen liegt", behaupten (111)? Sind solche Urteile nicht vielmehr ein Ausdruck dafür, daß die Wissenschaft, was die Hysterie betrifft, entweder über kein angemessenes Definitions-Instrumentarium verfügt oder gar eines entwickelt hat, das den "Sinn" der Krankheit bestreitet? Gerade an der angeblich unterdurchschnittlichen Intelligenz von Hysterikern wird das deutlich. "Mit dem Intelligenzquotienten", so sagt der Genetiker Jacquard,

> testet man die Fähigkeit, schnell auf Fragen zu antworten, deren Antworten schon vom Tester vorbestimmt sind. Intelligenz ist aber die Fähigkeit, neue Fragen zu erfinden. Die I.Q.-Tests führen uns in einen Mechanismus der Konformität und Unterwerfung. Diese Tests reflektieren die Fähigkeit, "ja" zu antworten, wohingegen Intelligenz die Fähigkeit ist, "nein" zu sagen. (112)

In bezug auf die Hysterie wird verneintes Wissen mit Unwissen gleichgesetzt.
Es gibt aber auch in der Nosologie des 20. Jahrhunderts Ansätze, die es erlauben, in der Hysterie etwas anderes als die Krankheit der Ich-losigkeit zu sehen. So etwa bei Karl Abraham, der vom hysterischen "Rachetyp" spricht. Er führt die hysterische Reaktionsbildung zwar auf einen wenig originellen Ursprung zurück — die Hysterikerin räche sich für die "Minderwertigkeit", nämlich ihre Penislosigkeit, an Männern und (über ihre Tochter) auch an Frauen (113) —, aber immerhin geht er nicht von einem Bild

des passiven oder ichlosen Patienten aus, was alleine aus der Tatsache hervorgeht, daß er das Wort "Rache" benutzt: Rache ist schwerlich mit der Vorstellung von Passivität zu vereinbaren. In einem ähnlichen Sinne weiterführend scheint mir auch die Analyse eines konservativen Psychiaters wie Kretschmer, der die Hysterie für einen Selbstverteidigungsmechanismus hielt, den er zum Beispiel als "Totstellreflex" umschrieb (114). Allerdings betrachtete er diesen Selbstverteidigungsmechanismus als quasi physiologisch bedingten Reflex, er leitete ihn aus der Tierwelt ab. Wenn man, im Gegensatz dazu, dieses Konzept als psychischen Verteidigungsmechanismus verstehen wollte, als "Reflex", der auf Sprache und Kultur basiert, so wird eine Analyse aufschlußreich.

Am ergiebigsten erscheinen mir in der modernen Hysterie-Theorie jedoch die Ansätze, in denen von der "logischen Inkonsequenz", dem "unbekümmerten Umgang mit Feststellungen und Erkenntnissen" oder der "Gleichgültigkeit gegenüber logischen Diskrepanzen" die Rede ist. So etwa bei Mentzos (115) und so auch bei Anneliese Heigl-Evers, die schreibt, daß der Hysteriker "Notwendigkeiten nicht ernst nehme", die "Wirklichkeit nicht anerkenne" und sich mit "Realitäten nicht abgeben" wolle. Der Hysteriker habe ein "gehemmtes Wissensbedürfnis" (116). Dieser Ansatz erlaubt zumindest die Frage, *wessen* Notwendigkeiten nicht anerkannt, *welche* Realitäten und *welches* Wissen nicht ernst genommen werden. Und er erlaubt die Fragen: Warum diese Gleichgültigkeit der Realität und Logik gegenüber? Sollte es Wertmaßstäbe und Denkmuster geben, die jene als unbedeutend erscheinen lassen? Welchen Sinn kann es haben, der Logik die Wichtigkeit abzusprechen?

Die Anti-Logik

Die Hysterie verwirrt Normen und Gesetze. Sie schafft Unordnung. Fragt man aber danach, worin *ihre* Gesetze bestehen und welche Ordnung *sie* schafft, dann stellt sich heraus, daß diese Ordnung eine frappierende Ähnlichkeit mit der herrschenden Ordnung aufweist. Nur in einem Punkt unterscheidet sie sich: ihre Gesetze sind *besonders treue* Wiedergaben der herrschenden Gesetze; ihre Ordnung ist eine *besonders gewissenhafte* Ausgabe der herrschenden Ordnung. Eben darin besteht die hysterische Verweigerung: sie offenbart, daß Logik, Ordnung, Vernunft allesamt "Kunstwerke" sind und entzieht ihnen damit das, worauf jene sich am liebsten berufen: die Selbstverständlichkeit. Keine Frau *spielt* die Frauenrolle so perfekt wie die Hysterikerin. Sie macht den Prozeß der Symbolwerdung der Frau rückläufig, indem sie das Symbol wieder in eine Frau verwandelt. Das ist es, was an der Hysterie soviel Verwirrung stiftet: Es gibt einerseits die Hysterie, mit deren Hilfe die Frau in einen Mythos oder eine Krankheit verwandelt wird; und dann gibt es die Hysterikerin (oder den Hysteriker), die sich selbst zum Subjekt dieser Rolle machen. Damit ist aber der Mythos "Frau" kein Mythos mehr, sondern "Realität". Hysterie-Theorie und hysterische Darstellung ähneln einander zum Verwechseln — aber während die Theorie es auf die Vernichtung des Sexualwesens abgesehen hat, machen sich die Hysteriker zur "Verkörperung" des vernichteten Sexualwesens und heben damit den Prozeß der Entleibung wieder auf. Sie schlagen die Logik mit ihren eigenen Mitteln in Bann, denn allein die Tatsache, daß sie ihre Verwandlung in einen Mythos zu spielen vermögen, beweist, daß sie existieren, daß diese Verwandlung also nicht stattgefunden hat. Wer seine Vernichtung noch darzustellen vermag, der ist nicht vernichtet.

Durch dieses Spiel verteidigen die Hysteriker nicht nur ihr *ich*, sie bringen auch Unordnung in die Rollenzuteilung von Subjekt und Objekt. Statt das Opfer zu sein, manipulieren sie den anderen. Das wird besonders deutlich bei der hysterischen Ausgabe von "Weiblichkeit". Die Frauen dieses Typus gelten als besonders schwach, passiv und abhängig von den anderen, auf deren Liebeszuwendung und Anerkennung sie angewiesen seien. Wie es aber in der Realität mit dieser "Abhängigkeit" bestellt ist, hat Lucien Israel treffend beschrieben:

> Die Frauen treten dabei als Verteidiger, als Herolde der Thesen, Meinungen und Überzeugungen ihres Ehemannes auf. Sie scheinen auf jede persönliche Meinung zu verzichten, um die des Ehegatten nur noch mehr zu bestärken und die ersten Nutznießer des Prestiges sein zu können, das er damit gewinnt. Letzten Endes werden diese Männer zu Objekten, die auf Hochglanz gebracht werden und brillieren sollen. Und das Sehen-lassen der hysterischen Show verschiebt sich auf dieses Objekt, das man vorzeigen kann, denn man hat ja so viel zu seiner ganzen Pracht beigetragen. So sehr und so gut, daß man sich fragen kann, wer da eigentlich unter wessen Suggestion steht. (117)

Und die Hysteriker belassen es nicht nur dabei, den anderen in ein Objekt zu verwandeln, sie erhöhen ihn auch ... um ihn umso tiefer fallen zu lassen. Sie verwandeln ihre eigene Ohnmacht in die Ohnmacht der anderen. Ich möchte das am Beispiel eines Künstlers, eines Mannes in diesem Fall, beschreiben, der diese hysterische Umkehrung zur Methode erhob und ihre Möglichkeiten der Beherrschung der anderen bis zum Exzeß genossen hat. In seinen Memoiren schreibt Salvador Dalí:

> Ich gebe beträchtliche Summen für Diners, Geschenke, Kleider und Unterhaltungen aus, um mein Ziel zu erreichen und meine Akteure zu faszinieren und mir zu unterwerfen. Die Vorbereitungen dauern manchmal Monate, und ich setze sorgfältig alle Teile meines Puzzles zusammen.
> Ich erfinde die kunstvollsten Perversionen, ich zwinge anderen meine ausgefallensten Launen auf, überrede jeden Teilnehmer zu den verrücktesten Handlungen und erlange seine vorbehaltlose Einwilligung. Dann verpflichte ich jeden dazu, sich das von ihm erwartete Verhalten mit allen Einzelheiten einzuprägen: Sie werden sich *so* hinlegen, sie werden sich auf diese oder jene Weise liebkosen lassen, Ihre Beine wer-

den diesen Winkel bilden. Das Ganze wird mit der Einführung eines Strohhalms beginnen, der angezündet wird, und den Sie bis zur äußersten Grenze ertragen werden, ohne sich zu rühren [...]
Nachdem auf solche Weise jeder einzelne pervertiert, konvertiert, unterworfen und erregt worden ist, versammle ich eines Tages das ganze Eros-Bataillon an einem sorgfältig ausgewählten und eingerichteten Ort, wo es Spiegel, Polster, Lichter, Teppiche und süße Parfums gibt, um die Triebe und Begierden auf ihren Höhepunkt zu führen. Ich halte darauf, daß das ganze Zeremoniell mit absoluter Präzision abläuft, nach einer strengen Ordnung, die nicht nur die Bewegungen im großen bestimmt, sondern auch die Stellungen und Haltungen der Körper, die Geräusche, die Kleider — alle Einzelheiten einer jeden Operation. Wenn ich eintrete, muß alles an seinem Platz sein — überwacht von einem Zeremonienmeister, den ich im Andenken an meinen Vater den Notar nenne.
Meine Rute spannt sich in der Hose — eine wunderbare Erektion, die meine Eichel schwellen und meine Hoden zu kleinen Metallkugeln werden läßt. Ich fühle, wie die schreckliche Lust der Befriedigung gleich von mir Besitz ergreifen wird. Jeder ist auf seinem Platz und wartet unbeweglich und mit gespanntem Willen auf das Zeichen zum Beginn. Ich bin das Omega, auf das sich das Strahlenbündel der Begierden richtet.
Doch dann gibt es unweigerlich immer einen Teilnehmer, der mein unerbittliches Gesetz übertritt, ein Detail, das plötzlich aus der Ordnung des Ganzen herausfällt, einen Mißton, der die Harmonie stört. Oder ich selbst bin es, der die katastrophale Einzelheit entdeckt, die die Fortsetzung meiner erotischen Messe unmöglich macht. Und mit einem Wort zerbreche ich das allgemeine Einverständnis, mache ich so viele Anstrengungen zunichte, sabotiere ich mein Werk. Alles erstarrt, versteinert im Schrecken meines Mißvergnügens, wie vom Donner gerührt wegen des an mir begangenen Verrats. In ebendem Augenblick, da das von der Ekstase gekrönte, wahnhaft orgiastische Treiben beginnen soll, befehle ich, der Hohepriester, die Auflösung der heiligen Schar. Vernichtet, gebrochen ziehen sich alle zurück; ich aber falle auf die Knie nieder, vor Freude überwältigt und weinend über dieses erhabene Mißlingen. Meine ganze katalanische Seele frohlockt über diese absurde, großartige Geste des Verzichts. Der gewollte, vorausberechnete Mißerfolg, der wie der logische Abschluß langer Forschungen eintritt, ist der feierliche *Beweis* für meinen Willen. (118)

Das Beispiel von Dalí veranschaulicht, wie Künstler des 20. Jahrhunderts der Hysterie ihre Technik abgeschaut haben — ein Thema, auf das ich noch näher eingehen werde. Was Dalí bewußt vollzieht, vollziehen aber Hysteriker ohne jeglichen Vorsatz — und eben das macht ihre Stärke aus. Es ist schwer, sich ihrer Anziehungskraft zu entziehen, da die Welt in ihrer Nähe in Ordnung zu sein scheint — und umso tiefer ist die Enttäuschung, wenn sich diese Ordnung als Chaos herausstellt. Sie zwingen die anderen, die Gesetze, für die sie eintraten, zu verleugnen, als "Anormalität" abzutun, als Täuschung zu begreifen. Wie kann etwas so "echt" aussehen und dennoch Kunstwerk sein? Heißt das nicht, daß die Echtheit selbst das Kunstwerk ist? So etwa funktioniert die Anti-Logik der Hysterie.
Die Hysteriker, so behaupte ich, sind alles andere als Kranke, die an Ichlosigkeit leiden. Daß sie an etwas leiden, ist gewiß, aber an dem, was ihnen unterstellt wird, leiden sie eben *nicht*. Sie sind vielmehr der (vielleicht stärkste) Ausdruck einer *Auflehnung* gegen die *ich*-Vernichtung, die auf kollektiver Ebene stattfindet. Die hysterische Symptombildung ist der in-

dividuelle Ausdruck eines kollektiven Leidens und der Versuch, die Ursache des Leidens zu bekämpfen — und eben weil sie über das Individuum, ihren Träger hinaus das kollektive Leiden offenbart, wird sie immer nur als die Krankheit des einzelnen behandelt. Wenn es *eine* Krankheit gibt, bei der es sich anbieten würde, von kollektiven Ursachen zu sprechen, dann ist es diese, die über Jahrtausende auf das *eine* Geschlecht beschränkt blieb — *ohne* daß sich dafür eine biologische Ursache finden ließ. Wie diese kollektiven Ursachen aussehen, darauf werde ich in den folgenden Kapiteln eingehen.

Dennoch gibt es auch die "individuelle Geschichte" des Hysterikers. Aber an dieser Geschichte interessiert mich nicht die Frage: Wer oder was hat das Ich des Hysterikers vernichtet? — sondern ganz im Gegenteil; es geht um die Frage: Von wem oder was bezieht sein *ich* diese Stärke? Denn um sich mit den (nicht gerade bequemen) Mitteln der Hysterie gegen die kollektive Vernichtung des *ichs* aufzulehnen, bedarf es einer beträchtlichen Stärke. Irgendwoher muß der Hysteriker doch die Kraft zu diesem "Gegenwillen" beziehen. Auf diese Frage nach dem Ursprung der Stärke des Hysterikers gibt es in der Hysterie-Theorie keine Antwort, weil die Frage gar nicht erst gestellt wird. Aber sie ist indirekt in vielen Therapien und Diagnosen enthalten: insbesondere in denen, die die Trennung der Kinder von ihren Eltern, vor allem der Töchter von ihren Müttern fordern, wie das bei den Psychiatern des 19. Jahrhunderts der Fall war und wie es auch heute in der Anorexie-Therapie oft geschieht. Die Hysterie ist eines der wenigen Vermächtnisse, das die besitzlosen Mütter ihren Töchtern weitergeben konnten — und so ist auch die Forderung nach einer Trennung von Müttern und Töchtern eine völlig logische Schlußfolgerung, will man diese Vermächtniskette unterbrechen.

Eines erscheint mir aber heute auch evident: *ohne* diese Kette der Hysterie-Vermächtnisse wäre das Leben im Abendland schon längst versiegt. Ohne den Kampf der Hysterie um das weibliche *ich* — und die Bereitschaft zu diesem Kampf, der von Generation zu Generation weitergegeben wurde — wäre nicht nur das weibliche *ich*, sondern auch das männliche schon längst untergegangen, wäre der Mensch als Sexualwesen endgültig erloschen. Ich behaupte nicht, daß die Hysterie die Vormacht der Logik verhindert, den Feldzug gegen das Sexualwesen abschlagen konnte — aber sie hat zumindest den "totalen" Sieg des ICHs über das *ich* verhüten können. Nicht zuletzt durch die therapeutischen Maßnahmen, die sie bewirkte. Denn auch wenn die Hysterie als Krankheit der Ichlosigkeit betrachtet wird, so wird doch jeder Fall als individueller diagnostiziert und behandelt. Anders läßt sich die Frage nach den kollektiven Ursachen für die Krankheit nicht umgehen. Aber das führt paradoxerweise dazu, daß alleine durch die *Diagnose* dem Patienten genau das zugestanden wird, was die

Hysterie-Therapie ihm eigentlich abspricht: das Ich. Gibt es eine bessere Bestätigung für die *Existenz* des Ichs als die, für einen "individuellen Fall" gehalten zu werden?

Trotz hysterischer Verweigerung gibt es aber viele Anzeichen dafür, daß die Logik den Sieg über das *ich* davontragen wird. Darunter vor allem dieses: die zunehmende Bedeutung der Massenhysterie, die denselben Namen erhalten hat wie die "Hysterie", von der ich bisher gesprochen habe und dennoch ihr genaues Gegenteil darstellt: während die "Individualhysterie" um das *ich* kämpft, ist die "Massenhysterie" Ausdruck der Selbstauflösung. Das "Zeitalter der Massen" (das Historiker mit der Französischen Revolution und dem Beginn der Industrialisierung ansetzen) entsteht mit der Verlagerung der Hysterie-Ursache in den Kopf; und die Bedeutung der "Masse" nimmt zu in der Zeit, da das weibliche Prinzip als "inexistent" erklärt wird, nämlich im Verlauf des 19. Jahrhunderts. Als die "Frauenkrankheit" endgültig zur "Krankheit der Ichlosigkeit" geworden ist, nämlich nach Freud, hat sich auch die Massenhysterie neben der anderen Hysterie etabliert. Die Entstehung der Massenhysterie ist ein deutliches — vielleicht das deutlichste — Anzeichen dafür, daß das hysterische Deutungsmuster seine Wünsche verwirklicht und die hysterische Symptombildung den Kampf verloren hat: in der Massenhysterie drückt sich der Untergang des *ichs* aus. Die Massenhysterie wird aber im 20. Jahrhundert zunehmend als Ausdruck der "Normalität" gewertet — besonders evident in Zeiten des Faschismus —, während die Individualhysterie weiterhin als "Krankheit" betrachtet und behandelt wird.

Ich will in den folgenden Kapiteln den Prozeß beschreiben, *gegen* den die "anormale" hysterische Symptombildung entstanden ist und der die "normale", die Massenhysterie hervorgebracht hat.

Anmerkungen Kapitel I

(1) Veith, Ilza, Hysteria. The History of a Disease, Chicago/London 1965. Für das Hysterie-Bild des 19. Jahrhunderts und der Jahrhundertwende vgl. auch Schaps, Regina, Hysterie und Weiblichkeit. Wissenschaftsmythen über die Frau, Frankfurt/New York 1982

(2) Freud, Sigmund, Quelques considérations pour une étude comparative des paralysies motrices organiques et hystériques, GW I, S. 50f

(3) Georges Devereux bzw. sein Übersetzer haben sich über die Barriere, die dieses "Wort, das nicht sein darf" bedeutet, auch schon hinweggesetzt. Vgl. Devereux, Georges, Normal und Anormal. Aufsätze zur allgemeinen Ethnopsychiatrie. Aus dem Französischen von Nils Thomas Lindquist, Frankfurt 1974, S. 20ff

(4) Grasset, Joseph, Dictionaire Encyclopédique des Sciences Médicales, 1889. Zit. n. Israel, Lucien, Die unerhörte Botschaft der Hysterie. Aus dem Französischen von Peter Müller u. Peter Posch, München/Basel 1983, S. 235f
Eine ausführliche Beschreibung der verschiedenen Therapie-Methoden, seien sie sexualfeindlicher oder -freundlicher Natur, enthält auch Briquet, Paul, Traité clinique et thérapeutique de l'hystérie, Paris 1859, vgl. insbes. S. 693ff

(5) Noch Anfang dieses Jahrhunderts schrieb ein französischer Psychiater: "Die Reifung der weiblichen sexuellen Funktion läßt sich an einem gültigen Maßstab überprüfen: die Erfüllung der Mutterschaft und die Gefühle, die sie hervorruft, schließen eine hysterische Erkrankung aus." Dide, Maurice, L'hystérie et l'évolution humaine, Paris 1935, S. 44

(6) Einer der Vorkämpfer dieser Vorstellung war Charcot, der ein ganzes hysterie-therapeutisches Dogma daraus machte: "Ich kann nicht nachdrücklich genug vor Ihnen betonen, welches Gewicht ich auf die Isolirung bei der Behandlung der Hysterie lege, bei welcher Krankheit das psychische Element unstreitig in den meisten Fällen eine sehr beachtenswerthe, wenn nicht die Hauptrolle spielt. Seit 15 Jahren halte ich an diesem Satze fest, und alles, was ich seit 15 Jahren gesehen habe, und was ich täglich sehe, trägt dazu bei, mich in dieser Ansicht zu bestärken. Ich sage Ihnen, es ist nothwendig, die Kinder und die Erwachsenen von ihrem Vater und zumal von ihrer Mutter zu trennen, deren Einfluss, wie die Erfahrung zeigt, ein ganz besonders schädlicher ist." Charcot, Jean-Martin, Neue Vorlesungen über die Krankheiten des Nervensystems, insbesondere über Hysterie. Autorisirte deutsche Ausgabe von Sigmund Freud, Leipzig/Wien 1886, S. 192f

Vgl. auch Charcot, Poliklinische Vorträge. Übers. von S. Freud u. M. Kahane, Leipzig/Wien 1893-1895, Bd. I, S. 102f u. S. 137f

(7) Grasset, zit. n. Israel, Die unerhörte Botschaft, S. 228

(8) Grasset, zit. n. Israel, Die unerhörte Botschaft, S. 56

(9) Abse, Wilfred, Hysteria. Am. Hdb. of Psychiatry, New York 1969ff, Vol. III, S. 274

(10) Zur Geschichte von Anna O. vgl. u.a. Ernest Jones, der als erster den wahren Namen von Anna O. (Bertha Pappenheim) enthüllte: Jones, Ernest, Das Leben und Werk von Sigmund Freud, Bern/Stuttgart 1960-1962, Bd. 1, S. 266

(11) Lacan, Jacques, Funktion und Feld des Sprechens und der Sprache in der Psychoanalyse. Übers. v. Klaus Laermann, in: Lacan, Schriften, Bd. 1, Frankfurt 1975, S. 100

(12) Chodoff, P. und Lyons, H., Hysteria, the Hysterical Personality and "Hysterical" Conversion. Am. J. of Psychiatry, 114, 1958, S. 736 — hier zitiert in der Übersetzung v. Hoffmann, S. O., Charakter und Neurose, Frankfurt 1979, S. 251f

(13) So etwa Anna O., vgl. Breuer, Joseph, Fräulein Anna O. In: Breuer, Joseph u. Freud, Sigmund, Studien über Hysterie, Frankfurt 1970, S. 23f

(14) Abse, Hysteria. Am. Handb. of Psychiatry, S. 276

(15) Breuer, in: Breuer u. Freud, Studien über Hysterie, S. 184f

(16) Ebda.

(17) Der faszinierende Fall von Miß Beauchamp, deren "Sally" sich einen Spaß daraus machte, die verschiedenen Persönlichkeiten — oder ICHs, wie ich sagen würde — der Patientin an der Nase herumzuführen und auf das Ärgste zu quälen, ist in Wirklichkeit sehr viel komplizierter, als ich es in dieser Kürze darstellen kann. Die Therapie bestand darin, die verschiedenen, voneinander abgespaltenen und sich gegenseitig nicht wahrnehmenden Persönlichkeiten wieder ineinander zu schieben, eine gewisse ambivalente Überlagerung herzustellen. Im Verlauf dieses Prozesses verschwand "Sally" zunehmend aus dem Leben von Miß Beauchamp. Vgl. Prince, Morton, The Dissociation of a Personality: a Biographical Study in Abnormal Psychology, New York 1906 (deutsch: Die Spaltung der Persönlichkeit, Stuttgart 1932). S. a. Prince, Psychotherapy and Multiple Personality. Selected Essays. Ed. with an introductory essay by Nathan G. Hale Jr., Cambridge, Mass. 1975, S. 139-157

(18) Maleval, Jean-Claude, Folies hystériques et psychoses dissociatives, Paris 1981, S. 56

(19) Bleuler, Eugen, Dementia praecox oder Gruppe der Schizophrenien. In: Hb. der Psychiatrie, Spez. Teil 4, 1, Leipzig / Wien 1911. Ders., Lehrbuch der Psychiatrie, Berlin 1923. Bleuler schuf den Begriff der Schizophrenie und erweiterte durch ihn erheblich das Krankheitsbild der Psychosen. Deleuze und Guattari hingegen erklären die Zunahme des schizophrenen Krankheitsbildes im 20. Jahrhundert damit, daß der Ödipuskomplex gleichsam im Unbewußten verankert wurde — und zwar nicht zuletzt durch die Psychoanalyse. Vgl. Deleuze, Gilles u. Guattari, Félix, Anti-Ödipus. Kapitalismus und Schizophrenie. Aus d. Französischen v. Bernd Schwibs, Frankfurt 1974. Vgl. S. 70, 86, 101 ff. Zur Unfähigkeit des Schizophrenen, sein "anderes Ich" wahrzunehmen, vgl. ebda. S. 98f

(20) Maleval, Folies hystériques, S. 199 u. S. 64

(21) Aubin, B., Thiriat, J., de Montmarin, M., Tixier, G., Vergé, J., Schizophrenie et/ou hystérie. Etudes psychothérapeutiques 28, 2, juin, 1977, zit. n. Maleval, Folies hystériques, S. 199

(22) Vgl. Veith, Hysteria, S. 2-7

(23) Platon, Timaios. In: Werke. Hrsg. v. Gunther Eigler, Darmstadt 1972, Bd. 7, S. 207

(24) Vgl. Die Werke des Hippokrates. In: Die hippokratische Schriftensammlung in neuer deutscher Übersetzung. Hrsg. v. Richard Kapferer, Stuttgart 1934-1940, insbes. Bd. 23, Kap. 1, 2, 7, u. 11; Bd. 24, Kap. 14-32; Bd. 25, Kap. 3

(25) Die Verbindung zum Magischen scheint vor allem eine Erscheinung der spätägyptischen Medizin zu sein. Bei seinem Vergleich zwischen den Kahun- und den Ebers-Papyri kommt der Medizinhistoriker Erwin Ackerknecht zur Schlußfolgerung, "daß die ägyptische Medizin ursprünglich von einem verhältnismäßig rationalen Standpunkt ausging, jedoch mit Absinken der Kultur zunehmend magischer wurde". Ackerknecht, E., Kurze Geschichte der Medizin, Stuttgart 1959, S. 22. Einzig im Bereich der Hysterie behielt die Medizin diese magische Ausrichtung.

(26) Zur Sexualfeindlichkeit in vorchristlichem oder frühchristlichem Zeitalter vgl. die ausführlichen Darstellungen von Foucault, Michel, Histoire de la sexualité, Bd. 2, L'usage des plaisirs, u. Bd. 3, Le souci de soi, Paris 1984

(27) Vgl. Veith, Hysteria, S. 42f

(28) Aurelius Augustinus, Vom Gottesstaat. 14. Buch, Kap. 24. Aus d. Lateinischen übertr. v. Wilhelm Timme, München, 1978, S. 203

(29) Ebda., S. 205

(30) Vgl. Bacon, Francis, Nova Atlantis. In: Neu-Atlantis. Ins Deutsche übertr. v. Georg Gerber. Eingeleitet u. m. Anm. versehen v. F. A. Kogan-Bernstein, Berlin 1959

(31) Daemonologie, 1597

(32) Bacon, Francis, De Dignitate et Augmentis Scientiarium, 1623, zit. n. Merchant, Carolyn, The Death of Natur. Women, Ecology and the Scientific Revolution, New York 1980, S, 168

(33) Bacon, Francis, Preparatory Towards a Natural and Experimental History, zit. n. Merchant, The Death, S. 169

(34) Bacon, De Dignitate, zit. n. Merchant, The Death, S. 168

(35) Ebda., S. 169

(36) Michelet, Jules, Die Hexe. Mit Beiträgen von Roland Barthes und Georges Bataille. Hrsg. v. Traugott König, München 1974, S. 20

(37) Es gab nachträglich eine ganze Menge Versuche, dieses Verschwinden der "großen Hysterie" zu erklären. Ich werde darauf noch eingehen.

(38) Freud, Sigmund, Aus den Anfängen der Psychoanalyse. Briefe an Wilhelm Fließ, Frankfurt 1950, S. 162 f

(39) Salerno war das einzige Wissenschaftszentrum in Europa, wo gegen Ende des Mittelalters noch Frauen lehrten. Andernorts wurden die Frauen aus der Medizin verdrängt (vgl. dazu Ehrenreich, B., u. English, D., Hexen, Hebammen und Krankenschwestern, München 1975. S. auch Fischer-Homberger, Esther, Krankheit Frau, Darmstadt 1984. Fischer-Homberger beschreibt anschaulich die Verdrängung der Frauen aus der Frauenheilkunde am Beispiel der Wissenschaft und Mythenbildung um das Hymen). Zu den "weisen Frauen von Salerno" s. Veith, Hysteria, S. 97. Allerdings äußern Medizinhistoriker Zweifel an der Tatsache, ob es die sagenumwobene "Trotula" je gegeben habe, vgl. Fischer-Homberger, Krankheit Frau, S. 134

(40) Rabelais, François, Le Tiers livre des faicts et dicts héroiques du bon Pantagruel, 1546. In: Rabelais, F., Oeuvres complètes. Edition établie, annotée et préfacée par Guy Demerson, Paris 1973, S. 491

(41) Ebda., S. 490

(42) Paracelsus, Theophrastus, Opus Paramirum, Liber quartus. In: ders., Werke, Bd. 2, Medizinische Schriften. Besorgt von Will-Erich Peuckert, Darmstadt 1965, S. 174

(43) Ebda., S. 140

(44) Ebda., S. 159f

(45) Ebda., S. 173

(46) Jorden, E., A Brief Discourse of a Disease called the Suffocation of the Mother, London 1603, zit. n. Veith, Hysteria, S. 123

(47) Vgl. Foucault, Michel, Wahnsinn und Gesellschaft. Eine Geschichte des Wahns im Zeitalter der Vernunft. Aus dem Französischen v. Ulrich Köppen, Frankfurt 1969, insbes. S. 285-307

(48) Sydenham, John, zit. n. Foucault, Wahnsinn und Gesellschaft, S. 298

(49) Ebda.

(50) Michelet, Jules, Les Femmes de la Révolution Française. Héroines, victimes, amoureuses, Paris 1970, S. 124ff u. S. 249f

(51) Diderot, Denis, Über die Frauen. Aus dem Französischen von Katharina Scheinfuß, Frankfurt 1981, S. 174f

(52) Der Begriff der Hypochondrie hielt sich bis Anfang des 19. Jahrhunderts. Briquet war einer der ersten, der von männlicher Hysterie sprach, hielt allerdings die Möglichkeit einer Erkrankung der Frau für zwanzigmal höher als die des Mannes, und zwar dank einer größeren — von der Natur bedingten — "speziellen Form von Sensibilität". Vgl. Briquet, Paul, Traité clinique et thérapeutique de l'hystérie, S. 47-51. Zur männlichen Hysterie s. ebda., S. 12-36. Bei Charcot spielt die männliche Hysterie dann schon eine vorherrschende Rolle, vgl. u. a. Charcot, Neue Vorlesungen über die Krankheiten des Nervensystems, insbes. über Hysterie, S. 72-78, S. 93-100, S. 202-330. Zur Hypochondrie vgl. Schaps, Hysterie und Weiblichkeit, S. 49

(53) Diderot, Denis, Dossier des convulsionnaires. In: Oeuvres Complètes, éd. chronologique. Introductions de Roger Lewinter, Paris 1969-73, Bd. IV, S. 765-788. Ders., Eléments de physiologie, ebda., Bd. XIII, S. 649-841
Kant, Immanuel, Versuch über die Krankheiten des Kopfes. In: Kants Gesammelte Schriften. Hrsg. v. d. Königl. Preuß. Akademie der Wissenschaften, Berlin 1912, Bd. II, S. 259-271. Ders., Von allen Schwächen und Krankheiten der Seele in Anschauung ihres Erkenntnisvermögens. Ebda., Bd. VII, S. 202-220. S. a. ders.,Von der Macht des Gemüts durch den blossen Vorsatz seiner krankhaften Gefühle Meister zu sein, Leipzig 1929

(54) Pinel, Philippe, zit. n. Veith, Hysteria, S. 177

(55) Grasset, zit. n. Israel, Die unerhörte Botschaft, S. 229. Ähnliche Vorstellungen tauchten auch schon bei Pinel wie auch bei Feuchtersleben auf. Vgl. Schaps, Hysterie und Weiblichkeit, S. 44f

(56) Vgl. Veith, Hysteria, S. 210

(57) Falret, Jules, Folie raisonnante ou folie morale, Paris 1866, zit. n. Veith, Hysteria, S. 211

(58) Vgl. Schaps, Hysterie und Weiblichkeit, S. 106-113

(59) Rousseau, Jean-Jacques, Emile oder über die Erziehung. Aus dem Französischen v. Eleonore Sckommodau. Hrsg., eingeleitet u. m. Anmerkungen versehen v. Martin Rang, Stuttgart 1963, S. 722

(60) Briquet, Traité clinique et thérapeutique de l'hystérie, vgl. insbes. S. 11-51 u. S. 126-142

(61) Zur Bedeutung, die Charcot der "Eierstockkompression" beimißt, vgl. Charcot, Jean-Martin, Oeuvres Complètes. Leçons recueillies et publiées par Babinski, Bourneville, Bernard, Féré, Guinon, Marie et Gilles de la Tourette, Brissaud, Sevestre, Paris 1886-1893, Bd. I, S. 320-346 u. 386-405, Bd. 9, S. 258, 280. Vgl. auch Poliklinische Vorträge, Bd. I, S. 56

(62) Janet, P., Etat mental des hystériques, Paris 1893

(63) Stekel, Wilhelm, Die Geschlechtskälte der Frau, Berlin/Wien 1921, S. 194f

(64) Auf diesen Widerspruch gehe ich im Kapitel III noch einmal ausführlich ein.

(65) "Die Arbeit Charcots gab dem Thema zunächst seine Würde wieder", so schreibt Freud in seinem Nachruf auf Charcot, "man gewöhnte sich allmählich das höhnische Lächeln ab, auf das die Kranke damals sicher rechnen konnte; sie mußte nicht mehr eine Simulantin sein, da Charcot mit seiner vollen Autorität für die Echtheit und Objektivität der hysterischen Phänomene eintrat". Freud, GW I, S. 30
Man muß allerdings sagen, daß Briquet mehr als Charcot zur "Normalisierung" des therapeutischen Verhältnisses zur Hysterie beitrug. Er betrachtete die Hysterie als eine psychische Erkrankung und, im Gegensatz zu Charcot, der an einem organischen Ursprung der Hysterie festhielt, leugnete Briquet jeglichen Zusammenhang zwischen Hysterie und Rückenmark, peripheren Nerven oder Organen. Vgl. Briquet, Traité clinique et thérapeutique de l'hystérie

(66) "Charcot stellte eine einfache Formel für diese (die Ätiologie der Hysterie, Anm. d. Verf.) auf: als einzige Ursache hat die Heredität zu gelten, die Hysterie ist demnach eine Form der Entartung, ein Mitglied der 'famille névropathique'; alle anderen ätiologischen Momente spielen die Rolle von Gelegenheitsursachen, von 'agents provocateurs'." Freud, GW I, S. 33. Zur Hereditätstheorie von Charcot vgl. u. a. Poliklinische Vorträge, Bd. I, S. 223 u. S. 372. Charcot erklärte die männliche Hysterie damit, daß es sich um eine hereditäre Disposition handle, die der Sohn von der Mutter erbe. Trotz dieser "weiblichen" Erbschaft erscheine der männliche Hysteriker aber nicht verweiblicht, sondern entspreche in den meisten Fällen dem "männlichen" Typus des Militärs zum Beispiel. Vgl. Charcot, Neue Vorlesungen über die Krankheiten des Nervensystems, insbes. über Hysterie, S. 93f

(67) Vgl. Bernheim, Hippolyte, Die Suggestion und ihre Heilwirkung, Leipzig/Wien 1888. 1891 entfachte Bernheim mit einem Artikel in der Zeitschrift "Le Temps" eine offene Auseinan-

dersetzung mit Charcots Theorien. Er schrieb: "Der Hypnotismus der Salpêtrière ist ein künstliches Produkt, das Resultat eines Trainings", zit. n. Veith, I., Hysteria, S. 241. Ihm und anderen Kritikern antwortete Charcot, daß er "nur ein Photograph" der hysterischen Symptombildung sei: "Es scheint, daß die Hysteroepilepsie nur in Frankreich existiert, ich könnte sogar sagen, beziehungsweise man hat es gelegentlich gesagt, nur in der Salpêtrière; als ob ich sie kraft meines Willens geformt hätte. Das wäre wirklich eine wunderbare Sache, wenn ich auf diese Weise nach der Laune meiner Kaprizen und meiner Phantasie Krankheiten erfinden könnte, aber in Wirklichkeit bin ich einzig der Photograph; ich trage das ein, was ich sehe". Charcot, Jean-Martin, Leçons du mardi a la Salpêtrière, Policlinique 1887/1888, Notes de cours de MM Blin, Charcot et Colin, Bd. I, Paris 1887, S. 178.
Für eine genaue Beschreibung der "großen Anfälle" vgl. u. a. Charcot, J.-M., Oeuvres Complètes, Bd. I, S. 367-385 u. S. 435-448

(68) Vgl. Veith, I., Hysteria, S. 260

(69) Guinon, Georges, Charcot Intime, Paris Médicale 23.5.1925, S. V

(70) Freud, Aus den Anfängen der Psychoanalyse. Briefe an Wilhelm Fließ, S. 114

(71) Freud, GW I, S. 444 u. S. 452

(72) Freud, Aus den Anfängen der Psychoanalyse, S. 157f

(73) Freud, GW XIV, S. 59f

(74) Freud, GW I, S. 441

(75) Freud, GW XIV, S. 60

(76) Foucault setzt die Entstehung der Psychiatrie mit dem Ende des 18. Jahrhunderts an; es handelt sich also um eine Wissenschaft, die im 19. Jahrhundert noch sehr jung ist. Vgl. Foucault, Wahnsinn und Gesellschaft, S. 8. Vgl. auch: Foucault, Michel, Die Geburt der Klinik. Eine Archäologie des ärztlichen Blicks. Aus dem Französischen v. Walter Seitter, München 1973

(77) Vgl. Guinon, Charcot Intime, Paris Médicale, S. IV, u. Didi-Hubermann, Georges, Invention de l'hystérie, Charcot et l'iconographie photographique de la Salpêtrière. Paris 1982. S. 22

(78) Breuer u. Freud, Studien über Hysterie, S. 188, S. 186f, S. 194

(79) Breuer u. Freud, Studien über Hysterie, S. 84

(80) Freud, GW VII, S. 240

(81) Freud, GW V, S. 123

(82) Breuer u. Freud, Studien über Hysterie, S. 199

(83) Freud, GW I, S. 426

(84) Breuer u. Freud, Studien über Hysterie, S. 246

(85) Breuer u. Freud, Studien über Hysterie, S. 203

(86) Letzlich wollte Freud auch weniger über die Hysterie (bzw. über das Leiden seiner Patienten) wissen als seinen Lehren über die Neurose ein Wirkungsfeld verschaffen. Zu Abram Kardiner, der Freud einmal fragte, was er von sich selber als Analytiker halte, sagte Freud: "Ich bin froh, daß Sie mich fragen, denn offengestanden interessiere ich mich nicht sehr für therapeutische Probleme. Ich bin heute viel zu ungeduldig. Ich habe mehrere Nachteile, die mich zum großen Analytiker ungeeignet machen. Einer davon ist, daß ich zu sehr der Vater bin. Zweitens bin ich die ganze Zeit viel zu sehr mit theoretischen Problemen beschäftigt, so daß ich bei jeder Gelegenheit an meinen eigenen theoretischen Problemen arbeite, anstatt auf die therapeutischen Probleme zu achten. Drittens habe ich nicht die Geduld, Leute lange zu behalten. Ich werde ihrer müde, und ich möchte meinen Einfluß ausbreiten". Vgl. Kardiner, Abram, Meine Analyse bei Freud. Übers. v. Gudrun Theusner-Stampa, München 1979, S. 81

(87) Zum Leben von Bertha Pappenheim vgl. Edinger, Dora, Bertha Pappenheim — Freuds Anna O. Highland Park, Ill., 1968, u. Israel, Lucien, Die unerhörte Botschaft, S. 214ff, u. Ellenberger, Henry, The Discovery of the Unconscious, New York 1970

(88) Hunter, Dianne, Hysteria, Psychoanalysis, and Feminism: The Case of Anna O. Feminist Studies, Vol. 9, Nr. 3, 1983, S. 485

(89) Vgl. Jones, Das Leben und Werk von Sigmund Freud, Bd. I, S. 268

(90) Hunter, Hysteria, S. 472

(91) Israel, Die unerhörte Botschaft, S. 219

(92) Bertha Pappenheims Geburtsphantasie, so schreibt Dianne Hunter, "läßt sich als der Wunsch interpretieren, eine neue Identität und vielleicht Realität zur Welt zu bringen". Hunter, Hysteria, S. 475

(93) Vgl. Hoffmann, Charakter und Neurose, S. 254

(94) "Wir haben die Triebkraft des Sexuallebens Libido genannt. Das Sexualleben wird von der Polarität Männlich-Weiblich beherrscht; also liegt es nahe, das Verhältnis der Libido zu diesem Gegensatz ins Auge zu fassen. Es wäre nicht überraschend, wenn sich herausstellte, daß jeder Sexualität ihre besondere Libido zugeordnet wäre, so daß eine Art von Libido die Ziele des männlichen, eine andere die des weiblichen Sexuallebens verfolgen würde. Aber nichts dergleichen ist der Fall. Es gibt nur eine Libido, die in den Dienst der männlichen wie der weiblichen Sexualfunktion gestellt wird. [...]) Immerhin, die Zusammenstellung "weibliche Libido" läßt

jede Rechtfertigung vermissen. Es ist dann unser Eindruck, daß der Libido mehr Zwang angetan wurde, wenn sie in den Dienst der weiblichen Funktion gepreßt ist und daß – um teleologisch zu reden – die Natur ihren Ansprüchen weniger sorgfältig Rechnung trägt als im Falle der Männlichkeit." Freud, GW XV, S. 140f

(95) Jaspers, Karl, Allgemeine Psychopathologie, 5. Aufl., Berlin/Heidelberg 1948, S. 370f
(96) Reich, Wilhelm, Charakteranalyse, Frankfurt 1973, S. 196
(97) Ebda., S. 198
(98) Mentzos, Stavros, Hysterie, München 1980, S. 61
(99) Ebda., S. 77
(100) Ebda., S. 115
(101) Wittels, F., Der hysterische Charakter, zit. nach Hoffmann, Charakter und Neurose. S. 290
(102) Chodoff u. Lyons, Hysteria, the Hysterical Personality and 'Hysterical' Conversion, S. 739
(103) Marmor, J., Orality in the hysterical Personality, zit. n. Mentzos, Hysterie, S. 104
(104) Laing, R., Das geteilte Selbst, Hamburg 1976, S. 83
(105) Hoffmann, Charakter und Neurose, S. 264
(106) Mentzos, Hysterie, S. 55
(107) Willi, Jürg, Die Zweierbeziehung, Spannungsursachen – Störungsmuster, Klärungsprozesse – Lösungsmodelle, Reinbek b. Hamburg 1975, S. 143ff
(108) Mentzos, Hysterie, S. 105
(109) Hoffmann, Charakter und Neurose, S. 268
(110) Rapaport, D., Some Requirements for a Clinically Useful Theory of Memory, zit. n. Hoffmann, Charakter und Neurose, S. 268
(111) Rapaport, D., Psychological Testing: Its Practice and Its Heuristic Significance; P. Slater Scores of Different Types of Neurotics on Tests of Intelligence. Beide zit. n. Hoffmann, Charakter und Neurose, S. 268
(112) Jacquard, Albert, La science n'a pas à'améliorer'l'homme, in: Le Monde v. 26.9.1982, S. X
(113) Abraham, Karl, Äußerungsformen des weiblichen Kastrationskomplexes, in: ders., Psychoanalytische Studien, Bd. II, Frankfurt 1971, S. 69ff
(114) Kretschmer, Ernst, Hysterie, Reflex und Instinkt, Stuttgart 1948
(115) Mentzos, Hysterie, S. 58f
(116) Heigl-Evers, A., Zur Frage der hysterischen Abwehrmechanismen, dargestellt an kasuistischem Material, Zeitschrift f. Psychosom. Med. und Psych. 1967, Nr. 13, S. 116ff
(117) Israel, Die unerhörte Botschaft, S. 64
(118) Dalí, Salvador, So wird man Dalí, Wien/München/Zürich 1974, S. 250f

Kapitel II
Der Logos und die Lüge

Die Schöpfung aus dem Nichts

Im Anfang war das Wort, und das Wort war bei Gott, und Gott war das Wort. Dieses war im Anfang bei Gott. Alles ist durch es geworden, und ohne es ist nichts geworden. (1)

Der Beginn des Johannes-Evangeliums macht offenkundig, worin die große Neuerung der "Religionen des Buches" besteht: Ohne das Wort ist nichts, Gott ist das Wort; die Sprache ist der Schöpfer aller Dinge. Eine solche Religion, die den Geist — denn das ist mit dem "Wort" gemeint — zum schöpferischen Prinzip erhebt, gab es vorher nicht. Aus gutem Grunde: Erst die Einführung der Schrift ermöglichte eine solche Vorstellung von der Macht des Geistes über die Materie. Nicht das Wort schuf die Welt, sondern das *geschriebene* Wort. Erst durch die Schrift, die bleibende, die sich über die Sterblichkeit des Menschen hinwegsetzt und seine Gedanken, auch die Erinnerung an ihn selbst erhält, wenn sein Körper schon längst verwest ist, erst durch sie konnten Religionen entstehen, die von der Ewigkeit sprechen und dem Menschen — als Individuum — die Unsterblichkeit verheißen, wie die "Religionen des Buches" — Judentum, Christentum und Islam — es tun.

Mit der Geburt der Schrift entstehen zwei "Realitäten": neben der des sinnlich Wahrnehmbaren die imaginierte Realität, die der Verheißung, des Jenseits, der Transzendenz. Eine Realität, die sinnlich nicht faßbar ist, die aber die sinnlich faßbare

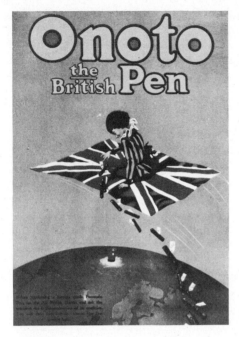

Realität zunehmend verdrängen und schließlich zur "Lüge" erklären wird. Die übersinnliche Realität hingegen kann niemand "Lügen" strafen, denn die "andere" Wahrheit, die sie verkündet, ist nicht überprüfbar. Deren Realität ist körperlos, wie die Schrift, die für ihre Worte keines Menschen, keines lebendigen, sterblichen Körpers bedarf.

Die Welt der Schrift ist die "Wahrheit", an die es zu "glauben" gilt. Wenn in der Bibel etwas Unfaßbares geschieht, etwa die Auferstehung, so ist vom Glauben, "der Berge versetzen kann", die Rede (2) — eine Metapher, die spüren läßt, daß es nicht darum geht, eine *bestimmte* Realität zu verändern, sondern *die* Realität, das Sichtbare. Welchen Sinn soll es haben, Berge zu versetzen? Ein Glaube hingegen, der etwa Erdbeben zu verhindern vermag, hätte durchaus einen Sinn. So wie die biblische Metapher formuliert ist, soll sie beweisen, daß die sinnlich erfaßbare Realität, und sei sie noch so gewaltig, vom "Glauben" als quantité négligeable betrachtet wird.

Die Schrift ist "Glaubenshilfe". Moses steigt *allein* auf den Berg. Niemand ist dabei, wenn er Jahwe begegnet. Die anderen müssen glauben, daß Gott ihm die Gesetzestafeln persönlich überreicht hat. Als der Religionsstifter nach seiner ersten Bergbesteigung den Willen Gottes nur mündlich verkündet, wird das Volk Israels schnell wieder abtrünnig. Als er aber zum zweiten Mal vom Berg herabsteigt, dieses Mal mit Tafeln, "die mit dem Finger Gottes geschrieben" sind, erhalten Jahwes Gesetze sofort ihre Unwiderruflichkeit. Jahwe verkündet: "Wer gegen mich gesündigt hat, den tilge ich aus meinem Buche" (3). Von nun ab existiert und lebt nur noch, was im Buche steht. Die Verbindung zwischen Schrift und Glauben ist bis heute das Grundsatzdogma der christlichen Kirche. In der Dogmatischen Konstitution über die göttliche Offenbarung des Zweiten Vatikanischen Konzils heißt es:

> Das von Gott Geoffenbarte, das in der Heiligen Schrift enthalten ist und vorliegt, ist unter dem Anhauch des Heiligen Geistes aufgezeichnet worden. [...] Da also alles, was die inspirierten Verfasser oder Hagiographen aussagen, als vom Heiligen Geist ausgesagt zu gelten hat, ist von den Büchern der Schrift zu bekennen, daß sie sicher, getreu und ohne Irrtum die Wahrheit lehren, die Gott um unseres Heiles Willen in heiligen Schriften aufgezeichnet haben wollte. (4)

Die Schrift verschafft nicht nur den Gesetzen Gottes Glaubwürdigkeit, sie ist der Gottesbeweis selbst: Da die Gebote geschrieben stehen, müssen sie von Gott kommen. Da sie aber von Gott kommen, muß es auch einen Gott geben. Und nicht nur das: Es gibt den *einen* Gott, der unsichtbar, unhörbar, unfaßbar ist und der sich einzig durch die Schrift offenbart. "Du sollst keine anderen Götter neben mir haben", lautet das Erste Gebot — und Jahwe sagt zu Moses: "'Eifersüchtiger' ist ja der Name Jahwes, und ein eifersüchtiger Gott ist Er" (5). Drei Dinge, die alle eng miteinander verknüpft sind, zeichnen die "Religionen des Buches" aus und sind ihnen, als einzigen unter allen Religionen, eigen: 1. die Berufung auf die Schrift und die Schöpfung durch das Wort; 2. der Monotheismus und 3. die Bedeutung des Glaubens, durch den die unsichtbare Wahrheit zur eigentlichen Wahrheit erhoben wird.

Es gibt nur zwei Kräfte, denen es möglich ist, ex nihilo — aus dem Nichts — sichtbare Realitäten zu schaffen: das eine ist das geschriebene Wort (in den Religionen des Buches dargestellt als Gott), das die Erde schuf; das andere ist die Hysterie, die ebenfalls aus dem Nichts — ohne organische Ursache — Symptome, das heißt physische Wirklichkeit, einen Körper produziert. Wie das Wort, das "im Anfang steht", stellt auch die Hysterie "Sprachkörper" (6), die Verwandlung von Worten in sinnlich wahrnehmbare Realität dar.

Das Patriarchat als Verzicht auf Vaterschaft

Die gängigste Erklärung für die Entstehung der patriarchalischen Ordnung lautet, daß die Väter mit der Entdeckung ihres Anteils am Zeugungsakt auch verstärkte Ansprüche auf ihre Nachkommenschaft gestellt haben und daher Monotheismus, Monogamie, die patriarchalische Familie und das Eigentum (als Erweiterung und Bestätigung der väterlichen Macht über die Nachkommenschaft) entstanden seien. Diese These ist aus verschiedenen Gründen unglaubwürdig. Erstens ist sie unlogisch. Der Monotheismus, der die große Neuerung des Patriarchats darstellt, versucht gerade zu beweisen, daß die leibliche Vaterschaft unbedeutend und nur die geistige wesentlich sei. Moses ist ein Findling (sein Name heißt im Ägyptischen "Der Gott ist es, der ihn geboren hat"). Jesus wird, soweit er überhaupt irdische Eltern hat, nur von einer Frau geboren. Augustinus schreibt in seinen "Bekenntnissen", daß sein ganzes Trachten darauf ausgerichtet sei, daß endlich Gott — statt seines irdischen Vaters — zu seinem wahren Vater werde (7).

Die Begründung ist zweitens unglaubwürdig, weil die soziale Wirklichkeit der "Vaterschaft", die das Patriarchat eingeführt hat, ihr widerspricht. In der patriarchalischen Gesellschaftsordnung haben sich die Väter immer weiter von ihren Kindern entfernt. Je weiter sich das Patriarchat fortentwickelte, desto geringer wurde der Kontakt zwischen den Vätern und ihren Kindern, um allmählich in eine Vorstellung von "Vaterschaft" einzumünden, die als "künstliche Befruchtung auf sozialer Ebene" umschrieben wird, wie der französische Psychoanalytiker Muldworf es ausdrückt (8). Der Leitgedanke der patriarchalischen Ordnung widerspricht geradezu der Realität, dem Wissen um die biologische Vaterschaft (9). Diese Ordnung sieht vielmehr die *Unterwerfung* der Realität vor. Ihr zuliebe wird auf ein Gutteil von Wissen verzichtet — auch auf das Wissen um die Verwandtschaft der Väter zu ihren Kindern. Im "Staat" sieht Platon vor, daß die Kinder so gezeugt werden, daß kein Vater das seine zu erkennen vermag (10). Diese Utopie entspricht den Idealen der patriarchalischen Gesellschaft (11).

Das Patriarchat hat Wissen, das die Menschen besaßen, untergehen lassen, ja gezielt vernichtet — darunter vor allem das des natürlichen Zeugungsvorgangs. Für das alte Alexandrien sind Kenntnisse von der Existenz des Ovars bezeugt, die hippokratische Schule in Griechenland wie auch Galen von Pergamon im antiken Rom sprechen von weiblichem Samen, der allerdings, verglichen mit dem männlichen, minderwertig sei (12). Aristoteles vertritt die Ansicht, daß der männliche Samen durch den Geist beseelt sei und deshalb nur er die Materie formen und zu Leben erwecken könne. Im

NAPOLÉON INTIME
Scène VI. — Première leçon de stratégie.

NAPOLÉON INTIME
Scène IX. — Nous avons la victoire.

karolingischen Europa wiederum, als — zumindest unter den "Ungebildeten" — das vorchristliche Denken und Wissen noch einen bedeutenden Einfluß ausübt, glaubt man an die Existenz eines männlichen und eines weiblichen Samens und an eine gleichmäßige Beteiligung von Mann und Frau bei der Zeugung der Kinder (13). Hanns Bächtold-Stäubli schreibt über die germanische Mythologie:

> Mann und Weib stehen im altgermanischen Denken nicht wie Himmel und Erde zueinander; beide Geschlechter, nach dem Mythos aus Bäumen erschaffen, oft (in Umschreibungen und in vorausschauenden Träumen, Stammbaumvisionen) als Bäume symbolisch benannt, sind "Vertreter der Fruchtbarkeit" und beide als Menschen "von Erdkraft genährt" und der Sonne zugewandt. (14)

Es sei "ein eigentümlicher logischer Fehler", so schreibt er weiter, die Fruchtbarkeitsriten dieser Mythologie nach patriarchalischem Muster interpretieren zu wollen — die Frau als "passiv empfangenden Acker" und den Mann als alleinigen Samenspender. "Wo Göttinnen wie Nerthus Saaten segnend durchs Land ziehen, und die Bauers-Frau wie noch im Island der Sagazeit dem Mann das Bett verbieten kann, muß die Beziehung zwischen Frau und Fruchtbarkeit außerhalb jener Sexualsymbolik liegen." (15)

Daß die vorchristliche Antike von der Existenz der weiblichen Eizelle wußte, bezeugen auch die unzähligen Fruchtbarkeitskulte um das Ei,

NAPOLÉON INTIME
Scène VIII. — Appelons la Garde

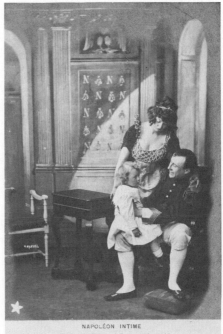

NAPOLÉON INTIME
Scène V. — *Le Roi de Rome.* — Je veux des soldats.
L'Empereur. — Ah! je reconnais bien là mon fils.

die immer in Verbindung mit der Fruchtbarkeit der Frau gesehen wurden (16). Daß die Menschen aber auch Wissen um die Beteiligung des Mannes an der Fruchtbarkeit besaßen, zeigen etwa die Eleusinischen Mysterien, in denen nicht nur die weibliche Fruchtbarkeit, sondern auch die männliche rituell gefeiert wurde (17).
Dieses ganze Wissen geht mit der allmählichen Ausbreitung des Monotheismus unter. Sein Untergang ist ein Symptom für die wachsende Bedeutung des abstrakten Denkens, das seine Entstehung wiederum der Schrift verdankt. Hinter der patriarchalischen Verleugnung der männlichen und weiblichen Fruchtbarkeit verbirgt sich, wie wir noch sehen werden, ganz allgemein der Wunsch, das sinnlich Wahrnehmbare zu verwerfen.
Auch die Wiederentdeckung dieser Kenntnisse, die mit der Säkularisierung einhergeht, vollzieht sich mit enormer Verzögerung, man möchte beinahe sagen: mit Widerstreben. Der große Neuerer der Medizin, Paracelsus, der sich sonst mit Vorliebe auf heidnisches Wissen um die Naturgesetze beruft, verkündet die Theorie vom "homunculus". (Der Samen des Mannes enthalte alle Teile, die zur Zeugung und zum Wachstum des Menschen benötigt werden, gleichsam ein winziges Menschenkind, das vom Schoß der Frau nur ausgetragen werde.) Anfang des 18. Jahrhunderts, als der abendländische Mensch schon in die entferntesten Winkel der Erde vorgedrungen ist und sich anschickt, den Himmel zu erobern, streiten sich die Gelehrten, die soeben das Spermatozoon und die Ovulation "entdeckt" haben, über die Frage, ob der ursprüngliche Keim vom männlichen oder vom weiblichen Geschlecht stamme. In beiden Fällen gehen sie von einer "Präformation" des Embryos aus (18). Noch Ende des 19. Jahrhunderts verkündet der große französische Physiologe Claude Bernard, daß einzig die Frau das "Prinzip des Lebens" besitze (19). Die wissenschaftlichen Erkenntnisse des 20. Jahrhunderts haben solche Theorien endgültig widerlegt.
Daß aber auch heute das Hauptinteresse nicht der leiblichen Vaterschaft gilt, geht aus der Tatsache hervor, daß es inzwischen zwar möglich ist, über das Blutbild einen so gut wie sicheren Vaterschaftsbeweis zu erbringen, daß jedoch diese Errungenschaft der modernen Wissenschaft die Phantasie der "Patriarchen" erheblich weniger beflügelt als die Neuerungen der Genforschung und die Möglichkeit einer synthetischen Produktion von Kindern (Kloning). Wenn überhaupt, interessiert das Blutbild nur als *negativer* Vaterschaftsbeweis.
In Zusammenfassung: die patriarchalische Gesellschaftsordnung ist nicht, wie behauptet wird, aus dem Bedürfnis nach Wissen über die Nachkommenschaft hervorgegangen; sie entspricht vielmehr dem Wunsch, dieses Wissen zu verleugnen. Alleine die Benennung "Patriarchat" ist also eine Lüge, die, wie viele Lügen, dazu beiträgt, einer bestimmten Entwicklung nachträglich einen "Sinn" zu verleihen, den sie nie gehabt hat. Dennoch ist es natürlich

kein Zufall, daß diese Entwicklung den Namen der "Herrschaft der Väter" erhielt.

Zwei Gesellschaftsordnungen

Wenn ich schon den Begriff "Patriarchat" als eine Lüge bezeichne, so erst recht den des "Matriarchats". Er unterstellt, daß es eine "Herrschaft der Frauen" gegeben habe, die der – gewaltsamen – Herrschaft des Mannes analog war. Das sogenannte "Matriarchat" hatte mit Frauenherrschaft oder einer Herrschaft der Mütter wenig zu tun. Unleugbar ist allerdings, daß die Frauen in diesen Gesellschaftsordnungen auf religiöser wie sozialer Ebene eine bedeutende Rolle einnahmen. Unleugbar ist aber *auch*, daß die Sexualität als "heilig" betrachtet wurde; und das heißt, daß die Rolle des Mannes in den "matriarchalen" Gesellschaften gar nicht zu vergleichen ist mit der der Frau im "Patriarchat", denn wo Sexualität "heilig" ist, kann das eine der beiden Geschlechter schwerlich ausgeschlossen oder auch nur als zweitrangig betrachtet werden.
Ich sehe den Hauptunterschied zwischen dem, was als "Matriarchat" und dem, was als "Patriarchat" bezeichnet wird, nicht in der Herrschaft des einen Geschlechts über das andere, sondern in dem unterschiedlichen Bewußtsein, was Geschlechtszugehörigkeit, Sterblichkeit, kurz Eingebundenheit des Menschen in die Naturgesetze betrifft. In den sogenannten "matriarchalischen" Religionen wird die Zeit als ewige Wiederkehr und der Tod als Voraussetzung für die Entstehung neuen Lebens verstanden. Jede Auflehnung gegen die Gesetze der Sterblichkeit gilt als Affront gegen die Naturgesetze und gegen das Leben.
So wird im sumerischen Epos der "Großen Göttin" die Göttin des Lebens, Inanna, dafür bestraft, daß sie das Reich ihrer Schwester Ereshkigal, die über die Toten herrscht, zu erobern versucht. Obwohl sie die "Große Göttin" ist, soll sie für diesen Frevel sterben, denn niemand, der in das Reich der Toten eingedrungen ist, nicht einmal sie, darf von dort wieder in das Reich der Lebenden zurückkehren. Da mit dem Tod der Göttin das Leben auf der Erde aber zu versiegen droht, willigt ihre Schwester ein, sie wieder zurückkehren zu lassen – allerdings unter der Bedingung, daß ein anderer ihren Platz in der Unterwelt einnimmt. Dieser andere wird ihr irdischer Geliebter sein, der Hirte Dumuzi, der seinerseits auf diese Weise dafür bestraft wird, daß er versuchte, in Inannas Abwesenheit ihren Thron zu besteigen – also göttlich und unsterblich zu werden. Ereshkigal hat jedoch Mitleid mit Dumuzi, und schließlich darf er (wie später Proserpina in der griechischen Mythologie) die Hälfte des Jahres unter den Lebenden verbringen: jeden Frühling steigt er zur Erde auf und muß im Herbst wieder in die Unterwelt zurückkehren (20).

Der Mythos beschreibt also die zyklische Wiederkehr der Jahreszeiten, drückt aber auch die Hoffnung aus, daß der Mensch, wie die Natur, wiedergeboren wird, daß auch er, der Sterbliche, wiederkommt. In dieser symbolischen Rollenverteilung wird der sterbliche Mensch durch den Mann symbolisiert; die Frau symbolisiert hingegen die Natur, das Bleibende, das die Erneuerung sichert.

Diese Rollenzuweisung ist nicht gleichzusetzen mit einem "Aufgehen" in der Natur, einer "Symbiose" mit der "großen Mutter" (wie etwa Bachofen das "Matriarchat" sieht (21)); sie ist weit davon entfernt, einen Zustand der "Bewußtlosigkeit" darzustellen, einen Zustand (psychotischer) Unfähigkeit, sich von der "Mutter" zu unterscheiden. Bei dieser Rollenzuweisung handelt es sich vielmehr um einen bewußten, kulturellen Akt. Mann und Frau wird die Funktion zugesprochen, die Unterwerfung des Menschen unter die Naturgesetze zu symbolisieren. Es handelt sich nicht um eine Verschmelzung mit der Natur, sondern um ein *Bekenntnis* zur Natur. Auch die "ritualisierte Sexualität", wie sie aus den eleusinischen Mysterien oder mesopotamischen Kulten überliefert ist, stellt eine Form von Beherrschung der Triebe dar — aber bei dieser Beherrschung der Triebe werden die Triebe, wird die Geschlechtlichkeit als etwas "Gutes", ja als heilig begriffen und verehrt.* Es gibt die Kultur, es gibt die Natur als zwei getrennte Dinge, aber — im Gegensatz zur "projektiven" Vorstellungswelt — wird die Kultur als Spiegelbild der Natur konzipiert. Mann und Frau *stellen* Naturgesetze *dar*. Sie *sind* nicht diese Naturgesetze.

Diese symbolische Rollenzuweisung sollte sich später in die Rollenzuweisung des Patriarchats verwandeln — der Mann als "Mensch", die Frau als "Natur" —, die aber ihrerseits zum "Naturgesetz" erklärt wurde. Der Mann wurde zum "Menschen", der sich "aus dem Reich der Mutter befreit", über die "Bewußtlosigkeit" siegt; er wurde zur Inkarnation des Bleibenden, des Ewigen; während die Frau die unterworfene Natur, die besiegte Sterblichkeit, die überwundene Bewußtlosigkeit verkörperte. Diese Rollenzuweisung wurde ihrerseits jedoch keineswegs als "symbolisch" verstanden, sondern für die "Wahrheit" selbst gehalten.

Im Gegensatz zur "spiegelbildlichen" Vorstellungswelt wird in der "projektiven" Vorstellungswelt die Wahrheit der sinnlich wahrnehmbaren Realität geleugnet: Verleugnet wird vor allem der Dualismus, der das Prinzip fast aller Schöpfungsakte der Natur darstellt, wie auch die menschliche Sterblichkeit. In der Vorstellungswelt des "Patriarchats" wird die Welt

---

* Die "Beherrschung" der Triebe durch den Geist bedeutet eben nicht, wie die Religionen des Buches, insbesondere das Christentum, es unterstellen, daß notwendigerweise Sexualfeindlichkeit entsteht und die Frau unterworfen wird. Die Feindlichkeit von Geschlechtlichkeit und Kultur tritt nur da auf, wo die Kultur in Konkurrenz zur "Natur" gerät, wie das in den Schriftkulturen, vor allem der des Abendlandes, der Fall ist.

von *einem* Gott erschaffen und geht der Mensch nach seinem Tod ins "ewige Leben" ein. Diese Vorstellungswelt stellt eine Form von Wissensverdrängung dar — statt an das Sichtbare glaubt man an das sinnlich nicht Wahrnehmbare, also an das, was man nicht *wissen kann*. In der "matriarchalischen" Vorstellungswelt hingegen glaubt man an das sinnlich Wahrnehmbare, und die Verdrängung des Wissens um die Sterblichkeit oder um die Abhängigkeit vom anderen Geschlecht kommt einer Verletzung der religiösen Gesetze gleich. Um die unzutreffenden Begriffe "Patriarchat" und "Matriarchat" zu ersetzen, spreche ich deshalb hier von "spiegelbildlicher" Vorstellungswelt einerseits — in der die Mythen und das Denken ein Spiegelbild der Natur und ihrer sinnlich erfaßbaren Gesetze sind — und andererseits von "projektiver" Vorstellungswelt, in der Wunschbilder entwickelt werden, Wunschbilder, die die Menschen verwirklicht sehen *möchten*, wie etwa das ihrer Unsterblichkeit. Während die Menschen der "spiegelbildlichen" Vorstellungswelt sich darum bemühen müssen, die Gesetze der Natur möglichst gut zu kennen, um sich ihnen anpassen zu können — man nimmt zum Beispiel an, daß die minoischen Kreter Kenntnisse besaßen, die es ihnen erlaubten, Erdbeben vorauszusehen, denn in keinen der von großen Erdbeben zerstörten Paläste und Gebäude wurden Skelettreste gefunden —, hat die "projektive" Vorstellungswelt das utopische Denken eingeführt, das heißt das Denken in Wunschmodellen, die erst noch realisiert werden sollen. Die Utopie ist der "spiegelbildlichen" Vorstellungswelt konträr.

Diesen beiden Vorstellungswelten entsprechen auch unterschiedliche Formen von Bewußtsein und Ich. Während für die spiegelbildliche Vorstellungswelt Bewußtsein heißt: Anerkennung der Sterblichkeit wie auch der "Unvollständigkeit" des Menschen, Wissen um die Geschlechtszugehörigkeit und die Abhängigkeit vom anderen, Kenntnis der Natur und Unterwerfung unter ihre Gewalt — bedeutet Bewußtsein in der projektiven Vorstellungswelt: Befreiung aus der Abhängigkeit vom anderen; Verdrängung des Wissens um die Sterblichkeit, Überwindung der Natur. So verhält es sich auch mit dem jeweiligen Ich, das sich aus beiden unterschiedlichen Formen von Bewußtsein ableitet. Während die spiegelbildliche Vorstellungswelt das kleine "unvollständige" *ich* zur Bedingung hat, ist das große ICH, das sich aus Abhängigkeit befreit hat und über parthenogenetische Fähigkeiten verfügt, der projektiven Vorstellungswelt eigen.

Es gibt, das muß ich hier einfügen, keinen Zweifel daran, daß die Begriffe "spiegelbildliche" und "projektive" Vorstellungswelt ihrerseits nur ein Produkt des "projektiven" Denkens sein können. Ein Mensch, der in der "spiegelbildlichen" Vorstellungswelt lebt, würde sie nicht so bezeichnen: für ihn sind die Natur und ihre Symbole untrennbar voneinander. Die "spiegelbildliche" Vorstellungswelt ist für uns eigentlich unfaßbar. Allein im Ausdruck "spiegelbildliche" Vorstellungswelt drückt sich ein Standpunkt aus, der bereits von der Trennung zwischen Geist und Materie gekennzeichnet ist. Dieser Begriff kann nur Erklärungscharakter haben, mit dessen Hilfe ich die Besonderheit des "projektiven" Denkens darzustellen versuche. Die "spiegelbildliche" Vorstellungswelt vermögen wir nur theoretisch, aus intellektueller Sicht zu erfassen. Folgt man Deleuze und Guattari (und Wilhelm Reich), so begegnen wir ihr höchstens noch im Delirium des Schizophrenen.

> Weit entfernt, den, man weiß nicht welchen, Kontakt mit der Welt verloren zu haben, steht der Schizophrene vielmehr dem schlagenden Herzen der Realität am nächsten, an dem in die Produktion des Realen übergehenden heftigen Punkt, der Reich sagen läßt: "Das Spezifische an der Schizophrenie ist das Erlebnis des Lebendigen, Vegetativen im Körper." (22)

Auch die Hysterie, so werde ich noch darzustellen versuchen, birgt eine Erinnerung an die "spiegelbildliche" Vorstellungswelt; aber, anders als das der Schizophrenie, siedelt sich ihr Denken, und damit auch ihre Erinnerung, in der "projektiven" Vorstellungswelt an. Die Hysterie ist geprägt von der Feindschaft zwischen Geist und Körper, die dem projektiven Denken eigen ist. Sie lehnt sich dagegen auf, aber sie erkennt sie gleichwohl als bestehend an. So wie der Ausdruck "spiegelbildliche Vorstellungswelt" befindet sie sich schon auf dem Hoheitsgebiet des projektiven Denkens. Die Schizophrenie hingegen steht außerhalb dieses Territoriums.
Meine These lautet nun, daß die Geburt der Schrift die Ablösung der einen Vorstellungswelt durch die andere ermöglicht und eingeleitet hat.

Die Schrift und das "projektive" Denken

Die ältesten bekannten Schriftzeugnisse wurden in Uruk, im Tempel der schon erwähnten Göttin Inanna gefunden. Sie entstanden um 3000 vor Christus. Die Vorläufer der Schrift gehen aber schon mindestens auf die Zeit um 8500 vor Christus zurück, wie etwa Denise Schmandt-Besserat überzeugend dargestellt hat (23). Es sind die "Zählsteine", mit deren Hilfe insbesondere über die Viehherden "buchgehalten" werden konnte. Viele der Symbole, mit denen Arten oder Anzahl von Tieren und Vorräten bezeichnet wurden, fanden sich später auf den Schrifttafeln von Uruk wieder und wurden als "Buchhaltungsform" offensichtlich erst durch jene abgelöst. Man kann also sagen, daß die Urform der Schrift spätestens im 9. Jahrtausend vor Christus entstanden ist.
In dieser Zeit setzt auch die sehr allmähliche Ablösung der "spiegelbildlichen" Vorstellungswelt durch die "projektive" ein, die um etwa 2500 vor Christus zur Errichtung der patriarchalischen Gesellschaftsordnung führt. Um 1500 vor Christus ging mit der kretisch-minoischen Kultur eine der

letzten Naturreligionen rund ums Mittelmeer unter, und es ist denkbar, daß sie sich hier wegen der Insellage länger als andernorts halten konnte. Die "projektive" Vorstellungswelt setzte sich unter anderem deshalb durch, weil ihr das Eroberungsbedürfnis eigen ist — das Bedürfnis, die Natur den Modellen zu unterwerfen oder die Realität den Wunschbildern anzupassen. Keine Religion der Welt hat einen solchen Eroberungsdrang entwickelt wie die "Religionen des Buches"; und keine hat das Denken der anderen mit so gewaltsamen Mitteln den eigenen Vorstellungen angepaßt wie sie.* Somit ist ihr auch das Bedürfnis eigen, die Kulturen, in denen die "spiegelbildliche" Vorstellung herrscht, zu unterwerfen. Jene sind wiederum wegen einer Haltung, die in der *Anpassung* an die Umwelt besteht, besonders wenig imstande, sich gegen die Angreifer physisch zur Wehr zu setzen. Allerdings sind sie wiederum besonders fähig, den Eroberer zu unterwandern — gleichsam mit hysterischer Technik. So etwa die Berber, denen es trotz zahlreicher Überlagerungen durch fremde Religionen und Kulturen gelungen ist, allein durch mündliche Überlieferung das eigene kulturelle Erbe über Jahrtausende zu wahren: ihre eigene Sprache und eine Sozialordnung, die sich sichtbar von der des Islam unterscheidet. Weder die Natur noch die Frau werden bei den Berbern als "Unterworfene" behandelt. Erst heute, wo in Algerien die allgemeine Schulpflicht eingeführt wird und mit ihr auch die Schrift und das islamische Denken die Macht übernehmen, droht die Kultur der Berber tatsächlich unterzugehen.
Alle Kulturen, die in der "spiegelbildlichen" Vorstellung lebten, wurden von Kulturen überlagert oder unterworfen, denen die "projektive" Vorstellungswelt eigen ist. Zu den "spiegelbildlichen" Kulturen gehörten jene, die entweder nicht über die Schrift verfügten oder bewußt versuchten, ihren Nutzen einzuschränken, wie etwa die keltische (24). Andere bemühten sich darum, das Schreiben mit der Vorstellung der zyklischen Zeit zu vereinbaren. So ließen sich etwa die bisher nicht entzifferten Tafeln der Alten Palastzeit Kretas interpretieren, die eine spiralförmige Schrift aufweisen. In den Kulturen der "projektiven" Vorstellungswelt hingegen setzte sich die abstrakte Linearschrift durch, und mit ihr gewann auch zunehmend

---

* Auch Derrida (vgl. Derrida, Jacques, Die Schrift und die Differenz. Übers. v. Rodolphe Gasché, Frankfurt/Main, 1976) sieht in der Schrift den Ursprung der Philosophie, des abstrakten Denkens überhaupt. Aber wenn er die Piktogramme und Zeichen von Urvölkern mit denen der abendländischen Schrift vergleicht, so vermag ihm das keine Erklärung dafür zu liefern, weshalb gerade das Abendland einen solchen missionarischen Eifer und einen derartigen Eroberungsdrang entwickelte. Der Grund für diesen missionarischen Eroberungsdrang — und auch für die Gewalt, die das Abendland in seinem Eifer entfaltete — liegt in der Abstraktion der Schrift, die in keiner anderen Kultur so weit vorangetrieben wurde und auch in keiner anderen Kultur zu einer solchen Abstraktion des Denkens von der sinnlich wahrnehmbaren Realität geführt hat. Ein solches Denken bedarf notwendigerweise der Materie, der sinnlich wahrnehmbaren Realität, um sich darzustellen. Daher der Eroberungsdrang, der in Wirklichkeit dem Wunsch entspringt, sich der Materie als Mittel des Existenzbeweises zu bedienen und des "Fremden" als des Gegenbeweises zu entledigen.

Heraklion: Tönerner Diskos aus Phaistos

die Vorstellung einer linearen Ewigkeit an Bedeutung: einer Ewigkeit ohne Wiederkehr im Diesseits, aber mit ewigem Leben im Jenseits. In einem ägyptischen Papyrus aus der Zeit der ersten Dynastie (dem Lausing Papyrus) wird der Beruf des Schreibers gelobt:

> Die Schrift für den, der sie kennt, ist aufregender als jeder andere Beruf, angenehmer als Brot und Bier, als Kleidung und Salben. Ja, sie ist sogar wertvoller als ein Erbe in Ägypten oder ein Grab im Westen. (25)

Die Schrift ist verheißungsvoller als alle irdischen Genüsse und als ein Grab, in dem man, nach Osten blickend, der Wiedergeburt entgegensieht.

Warum, so wird man sagen, sollte ausgerechnet die Enstehung der Schrift die "projektive" Vorstellungswelt eingeführt haben? Ich möchte lieber fragen: wie sollte sie nicht? Denn mit der Schrift entsteht die Möglichkeit, statt das Symbolisierte durch das Symbol zu verdoppeln, eine "andere" Realität als die sinnlich wahrnehmbare einzuführen und zu symbolisieren. Das ist es, was die Schrift von den Felsbildern, den Höhlenmalereien der Urzeit unterscheidet. Auch sie sind (wahrscheinlich kultische) "Symbole", aber Symbole, die die Realität widerspiegeln. Die Schrift hingegen *ersetzt* durch ihre Symbole die Realität. Sie produziert Zeichen, die an die Stelle des Lebens, der Natur treten. Die Zählsteine führen einerseits das mathematische Denken ein — ein Denken, das losgelöst von jeglicher sinnlichen Wahrnehmung funktionieren kann — und andererseits eine Vorform der Abstraktion: die Reduktion des Symbolisierten auf ein Zeichen, das kein "Abbild" des Symbolisierten ist und das sich alsbald vom Symbolisierten unabhängig machen wird, um seine eigene "Realität" zu schaffen.

Mit der Schrift entsteht die "projektive" Vorstellung, das heißt die Vorstellung, daß das Denken sich von der Realität zu lösen und eine eigene Existenz zu führen vermag. Als solche vermittelt sie auch die Hoffnung, daß es eine Existenz, ein Leben gibt, das sinnlich nicht wahrnehmbar ist und das, wie die Zeichen der Schrift, nicht der Vergänglichkeit ausgesetzt ist. Schriftzeichen überleben, auch wenn der, der sie niedergelegt hat, schon längst gestorben ist. Auch der Zählstein, der das einzelne Schaf symbolisierte, das Siegel, das der Identifizierung der einzelnen Menschen dient, überlebt, wenn das Symbolisierte — Schaf oder Mensch — nicht mehr ist. Die Schrift barg gleichsam die Hoffnung, der Mensch könne unsterblich werden — wenn er bereit sei, selber zum "Symbol" zu werden: seine Realität von der sinnlich wahrnehmbaren zu lösen.

Mit der Entstehung der Schrift geraten Symbol und Symbolisiertes in Gegensatz zueinander, weil das Symbol zum Beweis seiner "Realität" die Wahrheit des Symbolisierten leugnen muß. Diese Gegensätzlichkeit schlägt sich unter anderem in einer Veränderung der Funktion der Sprache nieder. In den sogenannten primitiven Kulturen, das heißt den Kulturen ohne Schrift, ist die Sprache ein Mittel der Beteiligung an der kosmischen Realität. Im "Goldenen Zweig" beschreibt Frazer, daß der "Wilde" keine Trennung vollzieht zwischen Wörtern und Dingen: "Ja, der primitive Mensch betrachtet seinen Namen als ein ungemein wichtiges Stück seiner Person und hütet ihn dementsprechend." (26) Die Sprache ist ein Teil der Realität, und das zeigt sich in der mesopotamischen Kultur etwa daran, daß die "Große Göttin" als Schöpferin nicht nur des Lebens und der Natur, sondern auch der Sprache und Kultur verehrt wird. So wie Kultur und Natur keine Gegensätze sind, ist auch die Sprache ein Teil der Natur. Noch heute gilt in einigen "primitiven" Kulturen der Name als Teil des Körpers. Seine Verletzung kommt einer physischen Verletzung des Trägers gleich. Bei den australischen Aborigines, wie bei den Albanesen des Kaukasus, verschwindet der Name mit dem Tod des Trägers. Er darf von niemandem mehr ausgesprochen, geschweige denn getragen werden (27).

Die Entstehung der Schrift bewirkt die Aufhebung dieser Einheit von Sprache und Realität oder Sprache und Körper. Es entstehen zwei Sprachen — die mündliche und die schriftliche —, die bezeichnenderweise oft "Muttersprache" und "Vatersprache" genannt werden (28). Die beiden Sprachen widerlegen einander, sie vermitteln unterschiedliche, sich widersprechende Inhalte, denn während die gesprochene Sprache mit ihren "Benutzern" untergeht und sich deshalb von Generation zu Generation verändert und erneuert, erhebt die schriftliche den Anspruch, "unvergänglich" zu sein und deshalb auch die "bessere" Wahrheit zu verkünden. Eben wegen ihrer Unvergänglichkeit siegt die geschriebene Sprache auch über die mündliche. Die akkadische Schriftsprache, die zum Teil aus phonetischen Zeichen bestand, also von der mündlichen Sprache abgeleitet war, überlebte noch lange, nachdem kein Mensch mehr akkadisch sprach (29). Das gleiche gilt für die lateinische und die altgriechische Sprache. Die "Vatersprache" löst sich vom Körper ihrer "Benutzer" und — statt Ausdruck der Realität zu sein — wird allmählich selber als Realität verstanden.

Die Schrift schafft die Feindschaft von Sprache und Körper, Natur und Kultur, die für die abendländische Tradition bezeichnend ist. Da aber zwei sich widersprechende "Realitäten" miteinander unvereinbar sind, erklärt die "neue Realität" des Symbols die "alte Realität" des Symbolisierten zur Lüge und drängt zu ihrer Unterwerfung und Vernichtung. "Man muß nicht die Lehre an das Leben anpassen, das Leben hat sich vielmehr den Lehren anzupassen", so drückt es der Kardinal Primatesta aus (30).

Der Umbruch von der einen Vorstellungswelt zur anderen vollzieht sich um etwa 3000 vor Christus — also mit der Entstehung der Schriftzeugnisse von Uruk. Die Entstehung der Feindschaft zwischen Natur und Kultur spiegelt sich deutlich im akkadischen Schöpfungsepos "Enuma eliš" wider, das den Aufstieg und Sieg des Gottes Marduk beschreibt. Marduk, der ursprünglich ein kleiner Gott der mesopotamischen Kosmogonie war, gewinnt im Laufe des dritten Jahrtausends vor Christus erheblich an Bedeutung und wird um 2500 vor Christus zum zentralen Gott des babylonischen Reiches. Um diese Zeit wird die Schrift auch zum ersten Mal für andere Zwecke als die der "Buchhaltung" genutzt. Man fängt an, Mythen, Epen, religiöses "Wissen" schriftlich niederzulegen. Damit beginnt ein Prozeß, in dessen Verlauf dem Symbol zunehmend das Primat über das Symbolisierte zugestanden wird, in dessen Verlauf also die Kultur, der Geist das Recht erringt, über die Natur, die Materie zu bestimmen.

Marduk ist der erste männliche Gott, der zur Zentralfigur einer Kosmogonie wird. Er erringt diese Macht, indem er die ursprüngliche Muttergottheit Tiamat tötet, nachdem deren Mann, Apsu, schon von den eigenen Kindern ermordet worden war. Im Verlauf des Epos verwandelt sich Tiamat von einer Muttergottheit in einen Dämon, der getötet werden muß, damit das Leben nicht untergeht. Nachdem Marduk Tiamat besiegt hat, erschafft er aus ihrem Leichnam den Himmel und die Erde; er bestimmt den Lauf der Sterne, das heißt er ordnet die Zeit neu; und aus dem Blut Kingus, eines Sohnes von Tiamat, der ihr bis zuletzt treu geblieben und ebenfalls von Marduk getötet worden war, erschafft Marduk den Menschen (31).

Die alte Muttergottheit – und mit ihr die Natur – ist zu reiner "Materie" geworden, die vom neuen Gott "zum Leben erweckt" und neu geformt wird. Sie ist aber nicht nur Materie geworden, sondern auch dämonische Materie, böse Natur. Das Epos beschreibt die Entstehung des Mythos von der "chaotischen" Natur, der für die abendländische Kultur bezeichnend ist. Die dämonisierte Muttergottheit Tiamat ist eine Vorläuferin des christlichen Teufels oder Antichristen, der oft, wie sie, als Drachen dargestellt wird. Die dämonisierte Muttergottheit überlebte noch lange in der Gestalt der "Großmutter des Teufels". Ihre Verteufelung lieferte die Rechtfertigung für die Unterwerfung der Natur, der Erde, der Materie, der Frau. Ja, sie machte sogar deren Tötung zur Lebensnotwendigkeit: damit eine neue, eine "gute" Ordnung der Welt entstehen könne. Das Epos hat viel Ähnlichkeit mit dem Mythos vom Aufstieg Zeus' zur obersten Gottheit der griechischen Mythologie, der sich gegen Kronos und die von der Urmutter Gäa geschaffenen Giganten und Titanen durchsetzen muß.*

Je abstrakter die Schrift wird – das heißt je mehr sich das Zeichen vom Symbolisierten löst –, desto größer wird ihre religiöse Bedeutung (die Buchhaltung wird zur Nebensächlichkeit) und desto "geistiger", unfaßbarer werden auch die Gottheiten, von denen die geschriebenen Mythen erzählen. Um etwa 1400 entwickeln die Bewohner der Hafenstadt Ugarit eine Art von Alphabet, das zum Vorläufer der phönizischen Schrift und damit auch des griechischen Alphabets wird. Schon mit der Keilschrift der Sumerer hatte die Schrift viel von ihrer Bildhaftigkeit verloren, aber mit der Entstehung des Alphabets leugnet die Schrift, das Symbol, endgültig seine Beziehung zum Begriff, zur Sache. Es hat sich ein selbständiges Zeichensystem entwickelt.

Um etwa 1000 vor Christus, also bald nach der Schöpfung des Alphabets, entsteht zum ersten Mal ein unsichtbarer Gott, Jahwe. Während alle Götter bis hierher sinnlich erfaßbare Realitäten symbolisierten – den Donner, das Wasser, die Sonne usw. –, sagt Jahwe zu Moses: "Mein Angesicht kannst du nicht schauen, denn kein Mensch sieht mich und bleibt am Leben." Und weiter sagt er zu ihm:

> Siehe, bei mir ist ein Platz, da magst du dich auf den Felsen stellen. Wenn dann meine Herrlichkeit vorübergeht, will ich dich in die Höhlung des Felsens stellen und meine Hand über dich decken, bis ich vorübergegangen bin. Wenn ich meine Hand zurückziehe, wirst du meine Rückseite schauen. Aber mein Angesicht darf man nicht schauen. (32)

* Es sei hier noch einmal angemerkt, daß Josef Breuer das mythologische Bild der Titanen, die aus dem Schlund des Ätna auszubrechen versuchen, als Metapher für die hysterischen Anfälle heranzieht (vgl. S. 32).

Eigentlich ist Jahwe unsichtbar — aber in dieser Zeit des Übergangs vom Glauben an sichtbare Götter zum Glauben an einen unsichtbaren Gott werden noch Kompromisse gemacht: Gott zeigt sich von seiner "Rückseite" oder manchmal als brennender Busch — allerdings nur, wenn Moses alleine ist.

In "Massenpsychologie und Ich-Analyse" schreibt Freud, daß der Mensch Gott nicht ins Angesicht sah, weil er den Anblick nicht ertrug. Daher habe Moses als Mittler auftreten müssen (33). Dies ist eine These, der man in der abendländischen Philosophie sehr oft begegnet: Der Mensch *könne* nicht den Anblick Gottes oder das Bewußtsein des Todes ertragen (wobei diese Unfähigkeit oft mit seiner besonderen Intelligenz erklärt wird). Dem läßt sich jedoch entgegnen, daß das auserwählte Volk viel lieber seinen Gott gesehen hätte und daß es große Schwierigkeiten hatte, sich an seine Unsichtbarkeit zu gewöhnen — kaum war der Religionsstifter verschwunden, wurde es wieder rückfällig. Es handelte sich vielmehr darum, daß dieser neue Gott sein Angesicht gar nicht zeigen *sollte.* Der Gott des Monotheismus zeichnet sich gerade dadurch aus, daß er nicht gesehen werden *will*. Als der Abstraktionsprozeß begann, mußte der "Primitive" erst *lernen,* an einen unsichtbaren Gott zu glauben. Deshalb tritt Moses als Mittler auf: nicht *weil* der Mensch den Anblick Gottes nicht ertrug, sondern *damit* er auf ihn verzichten konnte. Moses schob sich gleichsam zwischen die Gläubigen und ihren Gott, auf daß niemand Gott zu sehen *brauchte:* er, Moses, war ihm ja begegnet, und als Beleg für diese Begegnung gab es die Gesetzestafeln. So leitete der Religionsstifter den Abstraktionsprozeß ein, an dessen Ende der Auftrag stehen sollte, sich die Erde untertan zu machen, wie auch die Vorstellung der Überwindbarkeit des Todes durch ein ewiges Leben im Jenseits.

In der griechischen Sage verschafft Prometheus, eine Symbolfigur der "projektiven" Vorstellungswelt, den Menschen nicht nur das Geheimnis des Feuers und der Kultur, sondern "er entzieht den Menschen auch das traurige Vermögen, ihren eigenen Tod vorauszusehen" (34). Aber damit besagt dieser Mythos auch deutlich, daß die Menschen bis dahin dieses Vermögen besaßen und daß sie durchaus fähig waren, mit dem Bewußtsein des Todes zu leben — auch wenn sie damit die Hoffnung auf Wiedergeburt verbanden. Ebenso ertrugen auch die "Primitiven" den Anblick Gottes, da Gott für sie mit der Natur selber identisch war. Die These, daß die Menschen den Anblick Gottes oder das Bewußtsein des Todes nicht ertragen, ist eine Erfindung der abendländischen Philosophie, die den Abstraktionsprozeß nachträglich rechtfertigt.

Die "Vatergottheiten" entstehen also mit der "projektiven" Vorstellung und den "projektiven" Mythologien, die ihrerseits eng mit der Einführung der Schrift zusammenhängen. Warum sollte die Schrift — und das, was sie vermittelte: die Vorstellung der unterworfenen Natur, der überwundenen Sterblichkeit — aber ausgerechnet zur einen Herrschaft des männlichen Geschlechts führen?

In der "spiegelbildlichen" Vorstellungswelt lebt der Mensch in Übereinstimmung mit der Natur; er paßt sich ihren Gesetzen der Regeneration durch Tod und Wiederkehr an und ritualisiert diese Gesetze auch in seinen religiösen Bräuchen und Mythen. Es gibt den ritualisierten "Tod" und die ritualisierte Wiederkehr, wobei der Tod immer von männlichen Gottheiten symbolisiert und stellvertretend vom höchsten männlichen Priester und König "dargestellt" wird. Der kretische Zeus zum Beispiel ist im Gegensatz zum Zeus der Griechen ein junger und *sterblicher* Gott, der jedes Jahr feierlich begraben wird und wieder aufersteht. Der höchste Berg der Bucht von Heraklion, der Berg Youchta, gilt als sein Grab.

Während die Frau als "Gleichnis" für die Natur und deren Macht der Regeneration bewertet wird, ist der Mann das "Symbol" des Menschen, der den Gesetzen der Natur entsprechend leben muß, um mit ihnen in Einklang zu sein. Will er wiedergeboren werden, so muß er sich in das Schicksal der Sterblichkeit fügen. Während die "Frau" die zyklische Wiederkehr symbolisiert, versinnbildlicht der "Mann" die menschliche Sterblichkeit. Ist es unter diesen Umständen nicht einleuchtend, daß die Einführung einer Vorstellung von *bleibender* Ewigkeit — linearer Ewigkeit im Gegensatz zur zyklischen Ewigkeit — auch zur Phantasie einer Herrschaft des Mannes führt? Die neue Vorstellung beinhaltet die Herauslösung des Menschen aus allen Naturgesetzen; und da nun einerseits der Mann als Vertreter "des Menschen" betrachtet und andererseits die Frau mit den regenerativen Kräften der "Natur" identifiziert wird, erscheint es einleuchtend, daß die Herauslösung aus der Natur nur durch die Herrschaft des Mannes (sprich Menschen) über die Frau (sprich Natur) vollzogen werden kann. Diese Herauslösung wird im Patriarchat als "Befreiung aus dem Reich der Mutter" bezeichnet, aber eigentlich ist es eine Herauslösung aus der Übereinstimmung von Symbol und Symbolisiertem. Weil die Frau das Symbol des Prinzips Leben war, wurde sie zur Verkörperung des "Bösen", später des Todes; weil der Mann das Symbol des Prinzips Tod war, wurde er zur Verkörperung des Geistes, der das andere, das "wahre" Leben schenkt.

Deshalb bin ich auch der Ansicht, daß diese Entwicklung sich nicht gegen den *bewußten* Willen der Frauen vollzog. Ich meine das schon deshalb nicht, weil der Prozeß der Herauslösung aus der Übereinstimmung von Symbol und Symbolisiertem selbst kein bewußter war und deshalb schwerlich bewußt abgelehnt werden konnte. Aber ich glaube es auch nicht aus einem anderen Grunde: Immerhin wurde die Schrift in den "spiegelbildlichen" Kulturen, in denen hauptsächlich Frauen die Priester-

Gustave Moreau, Ödipus und die Sphinx

schaft darstellten, erfunden. Die Frauen haben bei der Entstehung des Abstraktionsprozesses also eine tragende Rolle gespielt. "Der" Schriftgelehrte der sumerischen Götterwelt war eine Frau (35). Als die Schrift allmählich die Phantasie einer anderen "Ewigkeit" einführte, faszinierte diese Vorstellung die Frau gewiß nicht weniger als den Mann, denn wenn der Mann, Repräsentant des "Menschen" nicht mehr rituell zu sterben braucht, so betraf diese erfreuliche Neuerung auch die Frau und *ihr* Mensch-Sein.

In seinem Stück "Die Höllenmaschine" hat Jean Cocteau den Anteil der Frauen an dem Umbruch, der sich vollzog, überzeugend dargestellt. In seiner Version des Ödipus-Mythos ist es die Sphinx selber, Erbin der "Großen Göttin", die dem jungen Ödipus die Lösung ihres tödlichen Rätsels verrät, weil sie des Tötens müde ist. Sie will niemanden mehr dafür sterben lassen, daß er die Gesetze der Sterblichkeit nicht anerkennt. Das Rätsel der Sphinx ist eigentlich verhältnismäßig banal, aber indem Cocteau die Sphinx die Lösung verraten läßt, sagt er, daß ihr Rätsel eigentlich unlösbar ist. Sie fragt nach etwas *Undenkbarem,* nämlich der Vorstellung, daß der Mensch ein "Tier" und, wie dieses, dem Zyklus von Geburt und Sterblichkeit unterworfen sei. Die Sphinx als Erbin der "Großen Göttin" kannte noch dieses "Geheimnis", aber die Menschen nicht mehr.

Indem sie Ödipus — dem Menschen — die Lösung verrät, ermöglicht sie ihm auch, die Wahrheit — die Antwort auf ihre Frage — nicht mehr anzuerkennen: Ödipus hat das Rätsel nicht verstanden, und dennoch braucht er, anders als seine Vorgänger, nicht zu sterben. Allerdings erringt er diesen Sieg nur zum Preis seiner Erkenntnisfähigkeit. Ödipus wird nicht blind, weil er mit seiner Mutter das Inzesttabu durchbrochen hat, sondern *weil* er blind ist, erkennt er seine Mutter nicht. Die Blindheit, mit der Ödipus geschlagen wird, bezieht sich auf das Bewußtsein seiner Sterblichkeit, seiner Geschlechtlichkeit, auf sein *ich:* Er verwechselt die Beziehung zur "Frau", dem "anderen Geschlecht", mit der Beziehung zur "Mutter", der Symbiose, die keine Sexualität zuläßt. Beides entspricht den großen Veränderungen, die die "projektive" Vorstellungswelt eingeführt hat: Verlust des Wissens vom Tod und Verlust der Geschlechtlichkeit. Cocteau verdeutlicht, daß an dieser Entwicklung aber auch die Frau beteiligt war; indem sie das Geheimnis ihrer *symbolischen Rolle* (als "Große Göttin" die Hoffnung der Wiederkehr zu vertreten) "verraten" hat — im doppelten Sinne des Wortes. Anders ausgedrückt: Auch die Frauen hatten Lust auf "ewiges Leben" und waren deshalb bereit, auf die Einheit von Symbol und Symbolisiertem zu verzichten. Und damit konnte nichts mehr die "Höllenmaschine" aufhalten — außer der Hysterie.

Die Geburt des Logos: eine gewaltsame Entbindung

Mit der Entstehung der Schrift gewinnt der Geist nicht nur naturfremde Eigenschaften, sondern auch zeugende Kraft. Durch sie wird der Geist zum Gott; und Gott seinerseits zum "Wort, das im Anfang steht". Der Geist wird zum Subjekt der Geschichte, das die Ordnung der Welt herstellt. "Du sendest deinen Geist aus, und sie werden erschaffen", heißt es über Jahwe in einem Psalm, "und das Angesicht der Erde machest du neu" (36). Am deutlichsten läßt sich diese Zunahme der zeugenden Kraft des Geistes am Bedeutungswandel des Wortes Logos ablesen, der sich von der vorsokratischen Antike bis zum frühen Christentum vollzieht.

Aus der Urwurzel des Wortes Logos — "leg" — leiten sich viele Begriffe ab, die eine zentrale Bedeutung im abendländischen Denken einnehmen: das Licht, der Laut, die Rede. Es leitet sich von ihm aber auch die "Lüge" ab, das Verborgene, das Falsche, der Trug (37). Diese Spaltung des Wortstammes in zwei völlig konträre Bedeutungen entwickelt sich mit einer zunehmenden Abstraktion der Schrift und der mit ihr einhergehenden Entfaltung der Bedeutung des Logos.

Für Homer steht das Wort Logos noch für Rede, Erzählung, Beschreibung. Es bezeichnet sowohl die Tätigkeit des Sprechens als auch das Wort selbst — ein Wort, das in direktem Bezug zu einer Sache steht. Im Verlauf der griechischen Klassik löst sich der Begriff jedoch zunehmend von der Sache. Er wird allmählich zum Inbegriff des Geistes, der von zentraler Bedeutung nicht nur für Grammatik, Logik und Rhetorik wird, sondern auch für Theologie und Metaphysik. Heraklit führt den Logos-Begriff in die Metaphysik ein: er wird gleichbedeutend mit Vernunft und Sinn, die den Naturgesetzen eigen seien. Die Stoiker übernehmen diese Vorstellung einer "Weltvernunft" und sprechen von einem "logos spermatikos": der Logos erreicht hier noch nicht die transzendente Bedeutung, die er später erhalten wird; er ist vielmehr die Energie des Sprechens und zugleich der alles durchwaltende Sinnstifter des Lebens. Als solcher wohnt er, gleichsam als Samen, aller Materie inne und bestimmt über ihre Entwicklung. Diesen "logos spermatikos" personifizierte wiederum die griechische Theologie in Zeus; auch einzelne Götter galten als Personifikation seiner: Hermes, Helios zum Beispiel (38).

Während dieser Entwicklung zur Abstraktion spaltet sich der Begriff des Logos zunehmend von sinnverwandten Worten wie Epos oder Mythos ab, als deren Synonym er noch bei Homer auftritt. Der Logos wird zum Inbegriff des Verifizierbaren, durch strenge Logik Nachprüfbaren, während Mythos und Epos eine vorwiegend abwertende Bedeutungseinschränkung erfahren: das Epos wird zur reinen Dichtung, der Mythos zur ungenügend beglaubigten Überlieferung. Es tritt schon deutlich die Spaltung zutage, auf die ich später noch eingehen werde: auf der einen Seite die reine Abstraktion, der Logos als Wahrheit; und auf der anderen Seite die Überlieferung, das von Mund zu Mund — und damit über die sinnliche Wahrnehmung — tradierte Wort als "Lüge". Dieser Spaltung entsprechend entstehen auch zwei Arten von Geschichtsschreibern: einerseits die Mythenerzähler, die Fabulierer; und andererseits die "echten" Wissenschaftler, die die Geschichte auf ihren logischen Gehalt überprüfen, bevor sie sie als "verifiziert" anerkennen.*

Durch den alexandrinischen Juden Philon wird der Logos-Begriff wiederum in Zusammenhang gebracht mit dem Alten Testament: der Logos gilt ihm als Sohn Gottes und der Weisheit. Die sogenannte jüdische "Weisheitsspekulation" Philons gilt wiederum als eine der Quellen, über die der Logos-Begriff in die Johannes-Offenbarung und die Lehren frühchristlicher Denker wie Origines eindrang. Für sie wird Christus selbst zum "Wort" Gottes, zur Inkarnation des Logos. Der Logos tritt zum Zweck der Schöpfung aus dem transzendenten Gott heraus, bleibt aber Teil dieses Gottes.

Der Logos-Begriff durchläuft also eine Entwicklung, die ihn zunächst von der Materie fortführt, bevor er mit dem Christentum wieder sichtbare, inkarnierte Form annimmt. Dieser Prozeß verläuft parallel zur zunehmenden Abstraktion der Schrift, die Ende des 5. Jahrhunderts vor Christus ihre erste Vollendung erreicht: dort wird das jüngere ionische Alphabet, das aus rein abstrakten phonetischen Zeichen besteht, in Athen zur amtlichen Schriftsprache erhoben. In dieser Zeit erreicht auch der Logos seine Bedeutung als sinngebende, die Welt bestimmende Ordnung, als göttliche Macht, die aus reinem Geist besteht.

Seiner Entwicklung zur Abstraktion entsprechend, stellt der Logos den Teil des Menschen dar, der sinnlich nicht erfaßbar ist: die Seele. Laut den Vorstellungen Platons, der im 4. Jahrhundert vor Christus lehrt (also unmittelbar nach der Durchsetzung des abstrakten Alphabets), *kann* sich diese nicht nur vom Körper abspalten, sondern sie *soll* es zur Vervollkommnung des Menschen auch tun. Nur wenn der Geist sich vom Leib getrennt hat, so erklärt wiederum Platons Schüler Aristoteles, ist er auch fähig, den Körper zu formen (39). Es "ist nicht der Körper die Wirklichkeit der Seele, sondern diese die des Körpers" (40). Der Geist, die Seele sind das eigentlich

---

* Die Spaltung spiegelt sich auch in der vielseitigen Bedeutung des Wortes "Logograph" wider. "Logograph" war zunächst die Bezeichnung für die ältesten Historiker bis Herodot. Im Verlauf der griechischen Antike nimmt der Begriff eine zunehmend abwertende Bedeutung an. Es werden mit ihm Geschichtenerzähler, Fabulierer bezeichnet, die weniger Wert auf die Wahrheit als auf die dramatische Ausschmückung und Gestaltung ihrer Berichte legen. "Logographen" wurden ebenfalls die attischen Redenschreiber genannt, und hier nimmt der Begriff eine ausschließlich negative Bedeutung an. Es ist beinahe ein Schimpfwort, das dem des "Lügners" sehr verwandt ist: man bezeichnet mit ihm redegewandte "Winkeladvokaten, die im prozeßlustigen Athen gegen gute Bezahlung jedem, der sich an sie wandte, auch den gegnerischen Parteien, die Reden lieferten." (vgl. Pauly-Wissowa, Real-Encyclopädie der classischen Altertumswissenschaft, S. 1025)

"Wirkliche". Sie formen den Körper, verwandeln formlose Materie in eine sinnlich wahrnehmbare Realität, die als Abbild des Geistes verstanden wird.

Der Philosoph wird zum irdischen Vertreter des Logos und seiner Gesetze. Der wahrhaft philosophische Mann, so Platon, zeichnet sich dadurch aus, daß er dem Irdischen und Sinnlichen abstirbt und einzig im Geistigen seine Erfüllung findet. Am Philosophen vollzieht sich exemplarisch die Verwandlung des Menschen in Idealität, Körperlosigkeit. Er stellt dar, wie der Mensch zum "Symbol" werden und an der linearen Ewigkeit der Schrift teilhaben kann.

Warum aber die Zuordnung des Geistes an den Mann, der Materie an die Frau? Ich erwähnte schon die Symbol-Rollen in der "spiegelbildlichen" Vorstellungswelt, die — unter umgekehrten Vorzeichen — in die Symbolik der "projektiven" Vorstellungswelt eingeflossen sind: der Mann als Repräsentant des Menschen verkörpert nach dem Umbruch den Menschen, der sich aus der "zyklischen Zeit" befreit; die Frau als Repräsentantin der "ewigen Wiederkehr" wird zur Symbolfigur der Natur und Materie, die überwunden werden muß. Hinzu kommt aber mit dem allmählichen Primat des Geistes oder des Logos über die Materie noch ein Weiteres. Damit der Geist sich von der Materie absetzen kann, bedarf es der Gegensätzlichkeit der Materie. Er kann sich nur "entleiben", wenn er den Leib zum anderen Prinzip macht: dem geistlosen Prinzip. Deshalb wird die "chaotische" Natur, die unförmige Materie an die Frau delegiert: damit der Repräsentant des Geistes seinerseits körperloser Logos, reine Kultur, immaterieller Geist werden kann.

An diesem Punkt des Abstraktionsprozesses spielt die Gebärfähigkeit der Frau, die physiologische Unterscheidung der Geschlechter (der ohnehin immer nur symbolische Funktion zukam), keine Rolle mehr. Sie wird vielmehr dazu benutzt, die für das Abendland bezeichnende Spaltung in "männliche Geistigkeit" und "weibliche Körperlichkeit" zu vollziehen. Die Rollenzuteilungen sind das Produkt einer Trennung zwischen Geist und Materie, die notwendig wurde, damit der Geist sein Primat beweisen kann. Der Mann "befreit sich" nicht aus dem "Reich der Mutter", sondern der Logos bedient sich seiner, um den Geist vom Körper zu trennen (oder das Symbol vom Symbolisierten). Die Frau wird zur Verkörperung des "anderen Prinzips". Nur so kann sichtbar, faßbar gemacht werden, was eigentlich unsichtbar, unfaßbar ist: daß der Geist fähig sei, alleine, selbständig zu existieren, ohne jegliche Materialität. Die Seele kann ihre "Ewigkeit" nur dadurch beweisen, daß sie einen Körper zurückläßt. Die Trennung zwischen dem "männlichen" und dem "weiblichen" Prinzip ist die Voraussetzung dafür, daß der Abstraktionsprozeß, die Entwicklung zum Unsichtbaren, sichtbar stattfinden kann:

> Da es sich empfiehlt, das Höhere von dem Geringeren zu trennen, deswegen ist überall, wo und wie weit es möglich ist, vom Weiblichen das Männliche getrennt. Denn ranghöher und göttlicher ist der Bewegungsursprung, der als männlich in allem Werdenden liegt, während der Stoff das Weibliche ist. (41)

Ähnlich wie Aristoteles sollte auch Thomas von Aquin rund tausend Jahre später die Tatsache erklären, warum Gott überhaupt die Frau geschaffen hat: nicht so sehr wegen der Zeugung, sondern mehr noch, damit "der Mensch" sich seiner "noch vornehmeren Lebensbetätigung" als das "Zeugen" widmen könne, nämlich dem "geistigen Erkennen". "Deshalb mußte beim Menschen aus einem noch triftigeren Grund eine Unterschiedenheit der beiden Kräfte stattgaben." (42) Der Logos entleibt also den Mann, um das Prinzip des "Ewigen" zu etablieren — und als Beweis von dessen "Geistigkeit" muß das "andere Geschlecht" das Prinzip "Leib" verkörpern.

Die gewaltsame Bindung der Materie an den Geist

Indem der Logos den Geist gewaltsam "entleibte" (43), schuf er nicht nur "männliche Geistigkeit" und "weibliche Körperlichkeit", er produzierte auch die anderen Gegensätze, die für das Abendland bezeichnend sind: die zwischen manueller Arbeit und geistiger Arbeit, zwischen Natur und Kultur. Er schuf das Herr-Knecht-Verhältnis, das diese Gegensätze zeichnet. Aristoteles rechtfertigte die Sklaverei damit, daß die Natur zu jedem Zweck immer *ein* Werkzeug schafft und daß es die einen gebe, die zur Führung und die anderen, die zur Knechtschaft bestimmt seien. Nur bei den "Barbaren" seien der Knecht und das Weib auf derselben Stufe wie der Herr, weshalb es auch richtig sei, daß die Griechen über die Barbaren herrschen (44). Die Herren sind, laut ihm, aber daran erkenntlich, daß sie die Sprache beherrschen, das heißt, daß sie über die Schrift verfügen. In seinem Buch "Die Sklaverei in der Antike" betont Moses Finley ausdrücklich, daß jene nicht ökonomisch, sondern ideologisch bedingt war (45).
Das Primat des Geistigen hat nicht nur die Trennung von Geist und Materie herbeigeführt, es hat auch eine gewalttätige Herrschaft des Geistigen *erforderlich* gemacht. Die Notwendigkeit des Geistes, seine Macht über die Materie sichtbar zu machen, ist der Ursprung jeder kolonialen Eroberung und Aneignung. Die christliche Missionarstätigkeit bereitete und begleitete die Feldzüge der conquistadores. Diese Notwendigkeit erklärt das Bedürfnis, das dem Abendland eigen ist, sein Denken, seine Struktur, anderen Völkern, anderen Gesellschaftsordnungen aufzuerlegen, ja sie erhellt noch, weshalb heute, im 20. Jahrhundert, in dem das Abendland mit seinem Denken allmählich die ganze Welt durchdrungen hat, dieses Abendland sogar Raster wie den anthropologischen Strukturalismus entwickelt, der die abendländische Denk- und Funktionsweise zum Erklärungsmuster für Ge-

sellschaften anderer Denkweise und Beziehungsgeflechte macht. Der Logos will nicht nur die Materie unterwerfen, er will auch nachträglich beweisen, daß *seine* Gesetze universal sind und für alle Menschen und Gesellschaften Gültigkeit haben: daß sie gleichsam "Naturgesetze" sind. Der Geist bedarf der Materie, um sich an ihr zu beweisen oder um sich zu "verwirklichen". Je mehr er sich "entleibt", je mehr die Materie als Gegensatz begriffen wird, desto mehr bedarf er ihrer. Er besitzt kein anderes Ausdrucksmittel als die Materie. Er ist zugleich Herr und Sklave der Materie. Dieser Widerspruch birgt den Schlüssel zum Verständnis der Gewalttätigkeit, die der Logos entwickelt hat. Der Herr übt Gewalt gegen den Sklaven aus vor allem dann, wenn er auf ihn angewiesen ist. Er kann ihn nicht in die Freiheit entlassen, weil er ohne ihn kein Herr wäre. Der Logos muß sich von der Materie absetzen *und* bedarf ihrer zur Materialisierung seiner körperlosen Existenz. Er braucht sie als das "Böse", von dem er sich unterscheiden kann, wie auch als das "Gute", das "nach seinem Ebenbild" erschaffen wurde.

Diese "doppelte" Gewalt charakterisiert auch das Verhältnis der Geschlechter. John Stuart Mill und Harriet Taylor Mill leiten, in Übereinstimmung mit vielen Theoretikern, die Vorherrschaft des Mannes über und die Gewalt des Mannes gegen die Frau von seiner physischen Stärke ab (46). Aber die Gewalt zwischen den Geschlechtern ist schwerlich mit solchen Naturgesetzen zu erklären, denn obwohl auch in der Natur die männlichen Tiere den weiblichen zuweilen physisch überlegen sind, wird ihre Überlegenheit nicht dazu benutzt, die weiblichen Tiere zu unterwerfen. Sie wird nicht einmal dazu benutzt, das Weibchen und seine Nachkommenschaft zu schützen (47). Es gibt also *kein* Naturgesetz, das besagte, daß physische Überlegenheit notwendigerweise zu Gewaltausübung führt. Die Gewalt, die zwischen den Geschlechtern herrscht, ist vielmehr das Produkt eines Verhältnisses, in dem Geist und Materie voneinander gespalten wurden — durch die gewaltsame Delegierung der Materie an die Frau —, um dann mit Gewalt wieder zusammengeführt zu werden, als "Materialisierung" des Logos.

Kollektive Gewalt läßt sich nur durch kollektive Auflehnung bekämpfen. Die Gewalt zwischen den Geschlechtern hat es aber an sich, daß sie zwar kollektiven Ursprungs ist, aber individuell praktiziert und vor allem individuell erlitten wird (48). So kann sie nur durch den einzelnen abgewehrt werden. Genau diese Form von Abwehr zeichnet die hysterische Symptombildung aus. Der Hysteriker reagiert individuell auf kollektive Gewaltanwendung. Daher der Ruf, der den Hysterikern nachgeht, daß sie ihre Umwelt gewaltsam "manipulierten".

Der Logos als Vater – der Vater als Logos

Zwei Vorstellungen, die sich zu widersprechen scheinen, aber in Realität Ergänzungen sind, bestimmen also das abendländische Denken: einerseits die Entleibung der Idee, des Geistes – und damit auch des Mannes, der den Logos "verkörpert" – und andererseits die gewaltsame Materialisierung des Logos, die Beleibung der Idee, die ihre eigene, "neue", Materie schafft. Diese beiden Vorstellungen, die sich in zwei parallel zueinander verlaufenden Prozessen ausdrücken, erhellen, was es eigentlich auf sich hat mit der "Herrschaft der Väter" im Patriarchat. Die Entleibung der Idee und die Beleibung des Logos haben sich einerseits in der Entkörperung der Väter niedergeschlagen und andererseits in der Verwandlung des Logos in einen "Vater".

Die griechische Klassik macht aus der zeugenden Funktion des Geistes biologische Realitäten. Bekannt ist die Stelle aus den "Eumeniden", in der Apollo der Mutter die Verwandtschaft mit ihren Kindern abspricht, weil sie nur "frisch gesäten Keimes Nährerin" sei. Aber während Aischylos als Beweis dafür, daß es "auch ohne Mutter Vaterschaft" gibt, noch eine Göttin anführen muß (Pallas Athene, die Zeus aus dem Kopf geboren hat) (49), bringt 200 Jahre nach ihm Aristoteles schon den "naturwissenschaftlichen Beweis" für diese These. Er erklärt, daß der Samen des Mannes die "formenden Kräfte und Wärme" besitze, aus denen das Leben hervorgeht. Für ihn ist der Ursprung des männlichen Samens nicht stofflicher Art, sondern er kommt "von oben her" (50). Der Samen ist zwar nicht die Seele, so sagt Aristoteles, aber er ist durch "eine von außen eingedrungene Vernunft", die einen immateriellen "Urstoff des Himmelskörpers" (51) darstellt und allein göttlich ist, "beseelt". "Es ist also klar, daß der Samen beseelt ist und nur durch seine Wirkung Same ist." (52) Der männliche Samen gibt den "von außen kommenden Bewegungsanstoß" (53), der die Materie formt.

> Darum kann auch das Weibchen allein für sich nicht zeugen, da es eine Quellkraft benötigt, die bewegen und gestalten soll. [...] Die Zeugung muß also im Weibchen erfolgen, denn der Zimmermann muß beim Holze sein, und der Töpfer beim Lehm. [...] Senkt das Weibchen einen seiner Teile in das Männchen, so ist der Vorgang, als brächte man den Stoff zum Künstler hin. (54)

Die Beteiligung des Mannes am Zeugungsakt ist also vergleichbar mit der eines Künstlers oder eines Gottes, der die leblose Materie formt und ihr Leben einhaucht. Die Tatsache, daß Frauen überhaupt geboren werden, führt Aristoteles darauf zurück, daß sich der "beseelte Samen" nicht ausreichend gegen die "Materie" durchsetzen kann und der Lebensquell "sich geschlagen geben muß", bevor der "die Entwicklung bis zur eigenen Art fördern" konnte (55). Die "eigene Art" ist die männliche, ihr Gegenteil die weibliche. Aristoteles vergleicht die Entstehung von Frauen mit der von Krüppeln:

> Ein Weibchen ist wie ein verkrüppeltes Männchen, und der Monatsfluß ist der Same, nur nicht reiner Same. Denn nur eines fehlt ihm, die Lebensquelle. (56)

Die Frau als verkrüppelter Mann — man sieht, auf welchem geistigen Nährboden zweieinhalbtausend Jahre später Freuds Theorie von der Frau als "kastriertem Mann" wachsen konnte. Nur daß Freud daraus wiederum Grundsätze über die "weibliche Seele" ableiten sollte: Ein anschauliches Beispiel für die Wechselwirkung von Wissenschaft und Philosophie, mit deren Hilfe die Kathedrale des abendländischen Logos errichtet wurde.

Die Theorie vom "beseelten Samen" bedeutet nicht nur die Leugnung der weiblichen Beteiligung an der Zeugung, sie meint vor allem die Verwandlung der *Vaterschaft* in eine rein geistige. Sie sagt aus, daß die Väter sich selbst in den immateriellen "Urstoff des Himmelskörpers" verwandeln müssen. Diese Forderung ist implizit in der aristotelischen Theorie über den Zeugungsvorgang enthalten. Wenn die Frau nur einem "Fehlgriff der Natur" oder dem mangelhaften Durchsetzungsvermögen des Geistes zu verdanken ist, dann heißt das doch, daß der Geist im Idealfall überhaupt gar keine Frauen zeugt, der Mensch also überhaupt nur einem Uterus entspringt und *geboren* wird, weil der Geist sich nicht durchsetzen konnte. Das Ideal der aristotelischen Philosophie ist ein Wesen, das männlich und körperlos ist. Und aus dieser Wunschvorstellung, die der Trennung von Geist und Körper immanent ist, sollte das Patriarchat mit seiner *geistigen* Vaterschaft hervorgehen, die sich über die Jahrhunderte allmählich von der religiösen Ebene des unsichtbaren Gott-Vaters auf die Ebene der sozialen Realität und deren Vorstellung von "metaphysischer" Vaterschaft verlagert:

> Die Liebe des Vaters zu seinen Kindern [...] beruht auf einem Wiedererkennen seines eigenen *innersten* Selbst in ihnen, ist also metaphysischen Ursprungs. (57)

So schreibt ein überzeugter "Patriarch" des 19. Jahrhunderts, Schopenhauer. Die Väter zeugen nicht leibliche Kinder, sondern *Ideale* — ohne Körper; und diesen Idealen müssen insbesondere die männlichen Nachkommen entsprechen. Um von ihren Vätern "anerkannt" zu werden, müssen die Söhne sich entleiben, sich in Symbole und Worte verwandeln. Daß dies keineswegs nur eine philosophische oder religiöse Phantasie ist, verdeutlicht das Gesprächsprotokoll mit Walther H. (S. 133). Walther H. sagt, sein "tiefes Geheimnis" bestehe darin, daß es ihn "nicht gibt". Er wurde Schriftsteller; nur Worte vermochten ihm eine Existenz zu verschaffen. Walther H. wuchs in typisch großbürgerlichen Verhältnissen auf, in denen das Schema des unsichtbaren (abwesenden) Vaters und der geistlosen Mutter beinahe karikatural reproduziert wurde. Karikatural, wie das Bürgertum Phantasien in die Realität umgesetzt hat — und karikatural, wie die Verwirklichung jeder Utopie nun einmal ist.

Die einzige Möglichkeit der Söhne, zu einem Körper zu kommen, besteht in der Tötung ihrer Väter. Allein durch die physische Vernichtung des Vaters können sie den Beweis erbringen, daß er zumindest einen Körper *besaß*. Deshalb gehört auch das "Schlagen des Vaters" zu den strengsten Tabus des Bürgertums (was nicht für das Schlagen der Frau gilt). Das Tabu soll beweisen, daß der Vater schlechthin nicht geschlagen werden *kann*; es dient als Beweis seiner Körperlosigkeit. Auch Walther H. hat dieses Tabu nicht durchbrochen und *konnte* es nicht durchbrechen — ebensowenig wie zum Beispiel Kafka in seinem berühmten "Brief an den Vater" (58). Beide zogen aus, ihren "Vater zu schlachten", wie Walther H. es ausdrückt — aber die Mittel, die ihnen dafür zur Verfügung standen, waren wiederum nur die des Vaters und die der Körperlosigkeit: Worte. Den Beweis einer körperlichen Existenz des Vaters (und damit des Sohnes) konnte dieser "Tötungsakt" nicht vollbringen. Auch Sartre, der sich durch den frühen *physischen* Tod seines Vaters befreit glaubte — er nannte die Väter "unsichtbare Erzeuger, die ihren Söhnen das ganze Leben lang auf dem Rücken hocken" —, auch Sartre wußte kein anderes Mittel, zu sich selbst zu finden, als die "Wörter" (59). Ob die Väter tot oder lebendig sind, ist letztlich unerheblich, weil es ihren Körper gar nicht gibt. Ihr "Sein" und ihre Macht ist das Nicht-Sein, ist die Körperlosigkeit.

Und das Wort ist Fleisch geworden

Der französische Semiologe Pierre Giraud macht, wie auch andere Theoretiker, auf die abendländische Gleichsetzung des "Wortes" mit dem männlichen "Samen" aufmerksam, die der Gleichsetzung von "Vaterschaft" mit geistiger Befruchtung entspreche (60). Er führt, wie andere auch, diese Gleichsetzung auf die Entdeckung der biologischen Vaterschaft zurück und erklärt dementsprechend die heutige Auflösung des "patriarchalischen Modells mit den "neueren Erkenntnissen" über Vater- und Mutterschaft (61).

Ich sagte es schon: Angesichts der patriarchalischen Konzeption von "Vaterschaft", die die körperliche Beziehung von Vätern zu ihren Kindern auf ein Minimum reduziert, ist diese "biologische" Erklärung für das Patriarchat schwerlich haltbar.
Bei der Gleichsetzung von "Wort" oder "Geist" mit Vaterschaft handelt es sich vielmehr um das genaue Gegenteil. Nicht der Geist, das Wort ist ein Abbild des männlichen Samens, sondern anders herum: der männliche Samen erhält seine Bedeutung vom Wort, dem Geist. Von ihnen bezieht er seine Macht.
Ebenso läßt sich auch die Auflösung des patriarchalischen Modells nicht mit neueren Erkenntnissen über die biologische Vaterschaft erklären, sondern andersherum: die Erkenntnisse über die biologische Vaterschaft wurden gewonnen (wiedergewonnen), weil ihre Verdrängung sich erübrigte. Der Logos hat *seine* Realitäten geschaffen, die Materie nach seinem Ebenbild geformt. Der Logos ist leiblicher Vater geworden.
Einen entscheidenden Anteil an der Materialisierung des Logos hatte das Christentum. "Platonismus fürs Volk" nannte es Nietzsche (62). Hatte das Alte Testament die Trennung von Geist und Körper, die Lösung des Logos von der Materie eingeführt, so leitete das Christentum die Inkarnation des Logos, die *Verkörperung* des Geistes, ein — was *nicht* mit der Wiederzusammenführung von Geist und Körper identisch ist, wie so oft unter anderen von feministischen Theologinnen behauptet wird, die den verständlichen Versuch unternehmen, ihre Religion für die Frau zu retten (oder die Frau für die Religion). Daß Gott (oder das Wort) "Fleisch" wurde, heißt nicht, daß der Abstraktionsprozeß wieder aufgehoben wurde, sondern es bedeutet vielmehr, daß der Logos tatsächlich die Materie beherrscht, die Materie unterworfen hat. Christus, der sagt, daß er "in seinem Vater ist und sein Vater in ihm" (63), stellt das Ideal des aristotelischen Denkens von einem "Menschen" dar, der vom "göttlichen Geist", von der göttlichen Vernunft gezeugt wird und dennoch "Mensch" ist. Er ist die Utopie eines Körpers, der reine Vernunft, abstrakter Logos ist. Zum Beweis seiner gleichzeitigen *physischen* Realität erteilt er den Gläubigen den Auftrag, seinen Leib zu essen, sein Blut zu trinken. Christus wird von einer Frau geboren, aber diese "Frau" besitzt nicht die Geschlechtsmerkmale der Frau; sie ist geschlechtslos, "unbefleckt". So kann Christus, trotz seiner irdischen Herkunft, zu Nikodemus sagen:

> Wahrlich, wahrlich, ich sage dir: wer nicht aus Wasser und Geist geboren ist, kann nicht in das Reich Gottes eingehen. Was aus dem Fleisch geboren ist, ist Fleisch; was aus dem Geist geboren ist, ist Geist. Wundere dich nicht darüber, daß ich dir sage, ihr müßt von oben her geboren werden. (64)

Das Christentum erschien wie eine Rückkehr zur "Zeit der Mütter", indem es scheinbar die Wiedervereinigung von Mythos und Realität herbeiführte

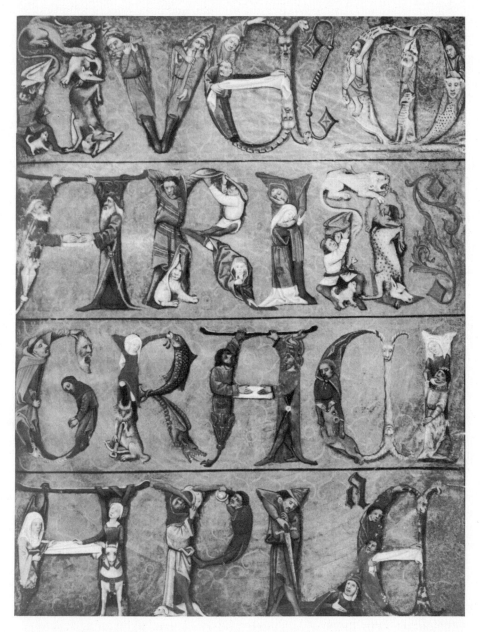

— das ist einer der Gründe für den mächtigen Einfluß, den es ausgeübt hat —, aber in Wirklichkeit verfestigte es die Trennung von Geist und Materie, denn mit dem Christentum vollzog sich die *Unterwerfung* der Materie unter den Geist. Als diese Unterwerfung eine neue "Realität" oder "Materie" zu schaffen begann, also von neuem irdisch wurde, setzte der Säkularisierungsprozeß ein. Das Christentum griff die Bilder und Symbole der "spiegelbildlichen" Vorstellungswelt auf und drehte sie um. Durch die Aneignung der Symbolik verhalf es dem "projektiven" Denken, sich durchzusetzen, aber die Symbole selbst wurden mit Bedeutungen gefüllt, die ihrer "spiegelbildlichen" Bedeutung konträr waren. Das Christentum übernahm den Begriff "Leben", um damit den Tod zu benennen, der zum "wahren Leben" wurde. "Wenn ihr fleischlich lebt, werdet ihr sterben. Wenn ihr aber mit dem Geist die Werke des Fleisches tötet, werdet ihr leben." (65) Ebenso spricht Jesus von "Wehen", als er seinen Jüngern das Herannahen des Todes verkündet (66).

Das Christentum führt eine Betrachtungsweise ein, bei der das Leben (auf Erden) als Übergang, als Läuterungsprozeß verstanden wird, zur Vorbereitung auf die Geburt zum "wahren und ewigen" Leben, das nach dem Tode kommt. Sterben wird zur Geburt, und Leben zum Tod. Es vermittelt Bilder, die scheinbar der zyklischen Zeitvorstellung entnommen sind — etwa die Wiederauferstehung —, aber mit diesen Bildern ist nicht die ewige Erneuerung der Natur, sondern die Ewigkeit des Gleichen gemeint: eine physische, leibliche Ewigkeit, die auch im Gegensatz zur Ewigkeit der platonischen "Idee" steht. Es handelte sich also um eine Aneignung der Symbolik der "spiegelbildlichen" Vorstellungswelt, bei der dieser Symbolik ein diametral entgegengesetzter Sinn verliehen wird. Jesus macht keinen Hehl daraus:

> Zu einem Gericht bin ich in diese Welt gekommen, damit die, die nicht sehen, sehend, und die Sehenden blind werden. (67)

Die, die die physische Wirklichkeit erblicken, sind die Blinden, während die, die das Unsichtbare — den unsichtbaren Gott — erkennen, die Sehenden sind. Das Christentum verlieh der Vorstellung einer zweiten "Realität", die die Schrift einführte, plastische Bildlichkeit. Gab es vorher einerseits die Realität und Materie und andererseits die unsichtbaren Gesetze, so entstanden mit dem Christentum zwei Arten von "Fleisch" oder Materie: neben der "schlechten" Materie, für die der sterbliche Körper und insbeson-

dere die Frau stehen, gab es nun auch die "gute" Materie, die vom Leib Christi "verkörpert" wurde oder auch im Glauben an die leibliche Wiederauferstehung ihren Ausdruck fand. Ebenso gab es auch neben dem "schlechten" Blut der Frau, das die zyklische Welt symbolisierte, das "gute" Blut Christi, das er vergoß, um dem Menschen ein Anrecht auf ewiges Leben zu erkaufen (68).

Die Entstehung einer zweiten Ebene der "Realität" sollte die enorme Umwälzung aller Begriffe und Werte herbeiführen, die sich nicht nur im mythischen Denken, sondern auch in der sozialen Realität der abendländischen Kultur vollzog. Das Christentum ermöglichte und leitete den Prozeß der gewaltsamen "Materialisierung" des Logos ein, an dessen Ende der abendländische Materialismus steht. Der Prozeß bedeutet einerseits *Vernichtung* von Materie, andererseits aber fiel ihm auch der immaterielle Gott des Alten Testaments zum Opfer. Denn die Materialisierung des Logos entfaltete eine Dynamik, die das Christentum — den "verklärten Leib" — bald überholen sollte. Der Logos drängte zur Säkularisation, der Verweltlichung des Transzendenten, der "Beleibung" seines Geistes.

Aus der christlichen Vorstellung der "überlegenen" Religion wird im Verlauf des Säkularisierungsprozesses die Vorstellung einer "überlegenen" Kultur des Abendlandes. Die wird sich später wiederum als Vorstellung von der "überlegenen" Rasse physische Realität aneignen. Gott, das Wort, der Logos werden allmählich zum "Menschen". Was bedeutet aber dieser Prozeß der "Materialisierung" für die Frau?

Der Logos und die Lüge

Während im Verlauf des Abstraktionsprozesses – das heißt im Verlauf der Entwicklung, die Geist und Materie voneinander trennt – eine Leugnung (oder Verdrängung) der Existenz der Frau stattfindet, wird die Frau im Verlauf der "Materialisierung" des Logos zur Verkörperung der "falschen Wahrheit". Ihre Existenz wird nicht bestritten, wie es zum Beispiel in der aristotelischen Philosophie (durch die Leugnung einer weiblichen Beteiligung am Zeugungsakt) geschieht, sondern ihre Existenz wird als die Verleiblichung der "anderen" Realität, der "anderen" Materie bekämpft. Sie ist die Sünde, das "böse Fleisch", die das "gute Fleisch" daran hindert, zu werden. Gleichzeitig wird aber ihre Symbolik der Fruchtbarkeit vom Logos vereinnahmt.

Dieser Umwertungsprozeß vollzieht sich auf allen Ebenen – auf den mythischen wie den realen –, und er vollzieht sich im Bezug zu allen Symbolen, die in der "spiegelbildlichen" Vorstellung der zyklischen Zeit eine wichtige Rolle spielen. Die Symbole der Fruchtbarkeit wie die Sonne, das Meer werden unter dem Einfluß der römisch-christlichen Kultur zu männlichen Begriffen.

Der Wandel wird besonders deutlich am Beispiel der Schlange, die zu den meist verehrten Tieren der "spiegelbildlichen" Kulturen gehörte. Für sie symbolisierte die Schlange die Wiedergeburt. Wegen ihrer Häutungen schien sie die Gesetze der Unsterblichkeit und Regeneration zu kennen, die das

Geheimnis der Mutter Erde sind. Sie verschwand in den Spalten der Erde — kehrte also in das Reich der Toten ein — und kam von dorther wieder zurück. Ihre Symbolik war eng mit der des Mondes verknüpft, der sich, wie sie, periodisch erneuerte (69). Die Schlange schien wie der sichtbare Beweis von den Gesetzen der ewigen Wiederkehr; und deshalb wurde sie als heiliges, weises und allwissendes Tier verehrt, das in enger Beziehung zu den Toten wie auch zur Frau stand. In der Nähe von heiligen Quellen errichtete man Stätten, an denen die Schlange verehrt wurde (etwa das ursprüngliche Delphi). Man hielt Schlangen in den Tempeln: bei den Ausgrabungen der Tempel von Sumer und Kreta fand man Gefäße, die der Schlangenhaltung dienten. Man bat die Schlange um Rat, ihre Weissagungen. Eine Schlange zu töten, kam einem Sakrileg gleich.
Mit der Entstehung der Schrift und der Geburt des Logos wurde die Schlange jedoch zum gefährlichen Drachen und zur Verkörperung der Sünde. Das ehemals heilige Tier wurde zum Sinnbild des Teufels, der Verlogenheit, des "Bösen" schlechthin. Sie, die einst die Wiedergeburt symbolisiert hatte, wurde nun zur Verkörperung des "Todes": man warf ihr vor, den Menschen aus dem Paradies vertrieben, ihn seiner Unsterb-

lichkeit beraubt zu haben. Dafür wurde sie verdammt. Jahwe sagt zu ihr:
> Auf deinem Bauche sollst du kriechen und Staub fressen alle Tage deines Lebens. Feindschaft will ich setzen zwischen dir und dem Weibe, zwischen deinem Sproß und ihrem Sproß. Er wird dir den Kopf zermalmen, und du wirst ihn an der Ferse treffen. (70)

Obwohl die Schlangensymbolik in fast allen Religionen eine wichtige Rolle spielt, blieb der Mythos des Drachen- oder Schlangentöters fast ausschließlich dem Abendland vorbehalten (71). Rund tausend Mythen berichten von Helden, die Drachen oder Schlangen enthaupteten (72). Allein die Mythenüberlieferung Irlands kennt mehr als fünfhundert Drachenbezwinger (73). Fünfzig unter den christlichen Heiligen — Männer wie Frauen — verdanken ihren Ruhm der Unterwerfung eines Drachen (74). Das Töten dieses Tieres, das Weisheit, Güte, aber auch Stärke symbolisiert, erschiene in der mythischen Welt Japans, Chinas oder auch der Azteken nicht nur wie ein sinnloser, sondern auch wie ein selbstmörderischer Akt des Menschen.

Indem man die Schlange "verteufelte", verdammte man zugleich die gesamte "spiegelbildliche" Vorstellungswelt, deren zentrales Symbol sie einst gewesen war. Der Logos bediente sich der Einheit von Symbol und Symbolisiertem in der "spiegelbildlichen" Vorstellungswelt, um mit dem Symbol das Symbolisierte, die Natur, zu verurteilen. Die Schlange, und mit ihr die Natur, verkörperte die "andere Wahrheit", die es zu bekämpfen galt. Daher warf man ihr vor, mit "gespaltener" Zunge zu sprechen, die Lüge, das Trügerische des sinnlich Wahrnehmbaren zu verkörpern. (Ihre Symbolik der "Lüge" sollte sich auch nach der Säkularisierung noch halten und sogar gegen die christliche Kirche wenden. Zu den beliebtesten Bildern der Französischen Revolution gehörten Darstellungen vom Klerus mit Schlangen in der Hand oder im Mund.)

Vereinzelt hielt sich die ursprüngliche Bedeutung der Schlange als Symbol der Weisheit und Fruchtbarkeit — im Äskulapstab zum Beispiel —, aber da, wo diese Symbolik sich hielt, wurde die Fruchtbarkeit der Schlange zunehmend zum Symbol *männlicher* Fruchtbarkeit und Weisheit: besonders deutlich in der psychoanalytischen Symboldeutung der Schlange als Sinnbild des männlichen Gliedes. In den "spiegelbildlichen" Kulturen hatte die Schlange unter ihren vielen Bedeutungen *auch* die der männlichen Geschlechtlichkeit, aber es war eine Bedeutung unter vielen, und sie hing eng mit der Vorstellung der zyklischen Zeit und der Beziehung der Geschlechter zusammen (75). Die "Sexualität", für die sie stand, entsprach einer Vorstellung von der Existenz der *beiden* Geschlechter. In der psychoanalytischen Deutung hingegen ist die Schlange zur Verkörperung des *einen* Geschlechts, der *einen* Libido, der *einen* Fruchtbarkeit geworden. So ist sie auf ironische Weise tatsächlich ein angemessenes Sinnbild für das künstliche

La Rage souffle par sa bouche et l'Enfer est dans son cœur

Sexualwesen, das omnipotente ICH, das an die Stelle des "unvollständigen" Sexualwesens, des ichs getreten ist.

Der Wandel der Symbolik der Schlange, die so vielfältig ist, daß ich sie hier nur skizzieren kann, zeichnet deutlich den Triumphzug des Logos nach, in dessen Verlauf die Symbole der Natur einerseits dämonisiert und vernichtet und andererseits als Symbole vom Logos usurpiert werden: als Sinnbilder *seiner* Fruchtbarkeit, *seiner* Stärke, *seiner* "Realität". Ähnlich wie die

Gleichsetzung des "Wortes" mit dem männlichen Samen dem Logos den Anschein biologischer Leibhaftigkeit verleiht, so dient auch die Aneignung dieser Symbole seiner Verkleidung ins grüne Gewand der Fruchtbarkeit.
Die Wandlungen, die sich am Symbol der Schlange vollziehen, erlebt die Frau am eigenen Körper. Die Worte, die ihren Körper, seine Fruchtbarkeit und Sexualität symbolisieren, werden männlich — so zum Beispiel der "Uterus" und so auch die "Klitoris", die im Französischen maskulin ist. Die Frau selber aber wird zur *Verkörperung* des Bösen, der falschen Wahrheit, der trügerischen Realität. "Ihr Name ist Tod", heißt es im Hexenhammer, und weil sie der Tod ist, wird sie bis auf den Tod verfolgt. Die Gleichsetzung der Frau, die ehemals "Leben" symbolisierte, mit dem Tod vollzieht sich auf allen Ebenen: sowohl der des mythischen Denkens wie der der sozialen Realität. Im mythischen Denken ist sie, als "Sünde" und "Lüge", das Symbol des "falschen Lebens", das Tod bedeutet. Dasselbe spiegelt sich in der säkularen Vorstellung der "weiblichen Rolle" wider. Deren Umschreibungen sind allesamt Synonyme für den Tod: Passivität, Schwäche, Stummheit, Ich- und Willenlosigkeit etc. Der männlichen Rolle hingegen werden Begriffe und soziale Funktionen zugeordnet, die gleichbedeutend sind mit Leben: Aktivität, Stärke, Kreativität, Willen etc.
Die Verwandlung der Frau in den "Tod" vollzieht sich als gewaltsame "Verteufelung" des weiblichen Körpers, dessen "Dämonen" ebenso gewalt-

Karikatur gegen Marie-Antoinette

sam wieder "ausgetrieben" werden. Aus der Fruchtbarkeit des weiblichen Körpers wird allmählich dessen "Krankhaftigkeit", die einen schädlichen Einfluß auf die Ernte, das Vieh, die Fischerei, das Bergwerk, den Mühlstein usw. ausübt (76). Wo Natur gedeihen und menschliche Arbeit Früchte tragen soll, gilt es, die Frau fernzuhalten. Statt zu heilen, vermögen Frauenhände nurmehr Krankheit und Unheil zu verbreiten. Mit der "Umwertung aller weiblichen Werte wird aus dem Geschäft heilkundiger Priesterinnen das trübe Bild zaubernder Hexen", schreibt Bächtold-Stäubli (77). Die Hebammen, die einst das Prinzip Leben verkörperten und zu denen die heil- und kräuterkundigen Frauen gehörten, werden laut dem "Hexenhammer" zum Inbegriff der Kindsmörderin. Die Sexualität selber bedeutet nicht Zeugung neuen Lebens, sondern Sterben. "Die Assyrer hielten sich nach dem Geschlechtsakt für so unrein, als hätten sie einen Toten berührt." (78) Und die Sarra des Alten Testamentes brachte sieben Männer in der Hochzeitsnacht zu Tode, bis Tobit kam, der "seine Schwester nicht aus unreiner Begierde, sondern in lauterer Gesinnung" nahm (79).

Die Berührung mit der Frau wird zur Berührung mit dem Tod. Es entsteht die Vorstellung von der "Giftigkeit" des weiblichen Blutes. Während alte Überlieferungen besagten, daß eine menstruierende Frau den Hagel vom Kornfeld abzuhalten vermag (80), breitet sich mit dem Christentum zu-

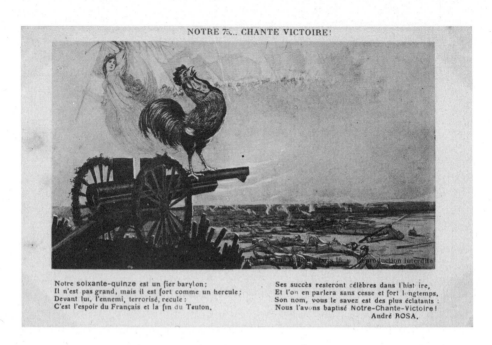

nehmend die Vorstellung von den lebenszerstörenden Eigenschaften des weiblichen Blutes aus (81). Fanden unter der babylonischen Göttin Ischtar heilige Feste statt, die an die Tage der Menstruation der Priesterinnen gebunden waren* (eine Vorstellung von der Heilsamkeit des weiblichen Blutes, die sich bis ins 19. Jahrhundert in einem Ausdruck wie dem der "Blume" für die Menstruation gehalten hat), so entsteht mit den neuen "projektiven" Religionen eine Vorstellung des weiblichen Blutes, das Unreinheit bedeutet. Es gehört zu den Gesetzen Jahwes, dem Mann den Sexualverkehr mit der menstruierenden Frau zu verbieten. Im Christentum wird der Frau über viele Jahrhunderte untersagt, während ihrer Menstrua-

---

* Vgl. Shuttle, Penelope/Redgrove, Peter, Die Weise Wunde Menstruation. Aus dem Englischen v. Helma Schleif, Frankfurt/Main 1980, S.156. Offensichtlich konnten die Priesterinnen ihre Zyklen aufeinander bzw. auf einen gemeinsamen Zyklus abstimmen — was sich als Beleg dafür begreifen läßt, daß der weibliche Zyklus nicht etwa in Abhängigkeit zum Mond steht, wie Naturpropheten so gerne behaupten, sondern umgekehrt: es findet eine durch den Willen, oder den Geist oder die Kultur herbeigeführte Synchronisierung des Körpers mit der Natur statt.
Es ist in diesem Zusammenhang von Interesse, daß diese Art von Vorbestimmung der Menstruation auch eines der bekannten hysterischen Symptome ist — ein Symptom, das im allgemeinen mit der Suggestibilität der Hysterikerin erklärt wird. (Vgl. Lewandowsky, Max, Die Hysterie. In: ders. (Hrsg.), Handbuch der Neurologie, Bd. 5, Berlin 1914, S.710). In Wirklichkeit muß bei diesem Symptom aber eine besondere Form von Autosuggestion im Spiele sein, mithin eine Selbstbeherrschung oder Körperbeherrschung, die genau das Gegenteil von Beeinflußbarkeit oder Ichlosigkeit darstellt. Charcot benutzt gelegentlich den Begriff der Autosuggestion, um die hysterische Psycho-Struktur zu beschreiben — allerdings benutzt er den Begriff, als handle es sich um ein Synonym für Suggestibilität (vgl. z.B. Poliklinische Vorträge, Bd. I, S.100 und S.279). In dieser Umkehrung, bei der die Hysteriker ihre vermeintliche Suggestibilität in Autosuggestion verwandeln, aus Beeinflußbarkeit Selbstbeherrschung machen, liegt der Schlüssel zum Verständnis der hysterischen Verweigerungstaktik.

tion das Heilige Abendmahl – das "gute" Blut Christi – zu nehmen. Das fünfte Jahrhundert sprach von einer "Besudelung der göttlichen Sakramente durch Frauenhände" (82). Im Mittelalter erklärte der jüdische Arzt und Philosoph Maimonides, dessen Lehren auf die jüdische Theologie wie auf die christliche Scholastik einen großen Einfluß ausübten, daß das Menstruationsblut zu den "tödlichen Giften" gehöre. Das gleiche verkündete auch Paracelsus (83).
Demgegenüber wird das "männliche" Blut, das etwa im Krieg vergossen wird, zu dem des Lebens, der Tatkraft, der Tapferkeit, kurz: männlicher Zeugungsfähigkeit. "Der Kampf ist nicht nur eine Vernichtung, sondern auch die männliche Form der Zeugung", so drückt es Ernst Jünger aus (84). Das männliche Blut wird zum Symbol von Eros:

> Das ist die Wollust des Blutes, die über dem Kriege hängt wie ein rotes Sturmsegel über schwarzer Galeere, an grenzenlosem Schwunge nur der Liebe verwandt. (85)

In einer transkulturellen Untersuchung hat W.N. Stephens den engen Zusammenhang zwischen der Tabuisierung des weiblichen Blutes und der Erziehung zur Aggressivität nachgewiesen: Je ausdrücklicher in einer Gesellschaft die Erziehung zur Aggressivität, desto strenger das Menstruationstabu (86). Das läßt sich mit der Verdrängung der Sexualität in "aggressiven" Gesellschaften erklären, aber darüber hinaus steckt auch der Wunsch dahinter, das weibliche Blut, das Fruchtbarkeit bedeutet, in dieser Funktion durch das männliche zu ersetzen. Der Tod, das vergossene Blut, werden zum Beweis für die "Fruchtbarkeit" des Logos. Damit das männliche Blut "Leben" bedeutet, wird das weibliche Blut zum "Prinzip Tod" erklärt. Diese Vorstellung blieb keineswegs auf das mythische Denken beschränkt. Sie fand auch ihren Eingang im Alltagsdenken und in der "Wissenschaft". Im Anhang ist die bemerkenswerte Gedankenkonstruktion eines deutschen Autors wiedergegeben, der in den zwanziger Jahren für die Wiederabschaffung des Frauenwahlrechts plädierte, unter anderem deshalb, weil die neuere Sexualforschung gezeigt habe, daß die "geschlechtliche Erregung der Frau" während der Menstruation zunehme. Aus dieser Lust an ihrem Blut leite sich wiederum ihre Lust am Krieg und dem Blutvergießen ab (87).

Die Vorstellung von der Unzurechnungsfähigkeit der menstruierenden Frau hat auch in der modernen Medizin ihren Eingang gefunden. 1982 erwirkte eine englische Wissenschaftlerin in einem Musterprozeß den Freispruch wegen verminderter Schuldfähigkeit für zwei Frauen, die während oder kurz vor ihrer Menstruation Männer tätlich angegriffen hatten. "Der Spiegel" berichtete über dieses Urteil unter der Schlagzeile: "Bluttaten durch Hormonmangel" (88). Der Titel schafft eine Analogie zwischen dem weiblichen Blut und dem Blut der Opfer, die der Tradition des "giftigen" weiblichen Blutes, der "Tödlichkeit" der weiblichen Geschlechtlichkeit entspricht. Diese Analogie wird aber nunmehr "wissenschaftlich" belegt — nur daß aus der Tödlichkeit der Frau ihre "Verrücktheit" geworden ist (89). Das Gift des Unterleibs hat sich in Geisteskrankheit verwandelt — eine Verlagerung "nach oben", der eine bemerkenswerte Ähnlichkeit mit der Verlagerung der Hysterie-Ursache in den Kopf eigen ist.
Es soll gar nicht bestritten werden, daß die Hormonausschüttungen eine Veränderung der Psyche bewirken — bei der Frau wie beim Mann. Aber es ist bemerkenswert, wie sehr bei dieser Argumentation eine andere Erkenntnis der modernen Wissenschaft schlicht übergangen wird: nämlich die, daß die Psyche auch Auswirkungen auf den Hormonspiegel hat. So wie Stephens einen Zusammenhang zwischen tabuisiertem weiblichen Blut und Erziehung zu aggressivem Verhalten nachwies, haben auch wissenschaftliche Untersuchungen den Zusammenhang zwischen strenger Erziehung und Menstruationsstörungen beschrieben (90). Die Psyche beeinflußt das Verhalten des Körpers; daran zweifelt heute nur noch eine rein somatisch orientierte Medizin. Aber die Psyche ist ihrerseits auch ein Produkt der vielfältigen Einflüsse, denen sie ausgesetzt wird. Sie ist also auch ein Spiegel der Aggression gegen die Frau, die sich bei manchen als Ablehnung der eigenen Weiblichkeit, bei anderen als Zorn oder aggressives Verhalten gegen den Mann ausdrückt. Eine Wissenschaft, die nur die physiologische Erklärung (Einfluß der Hormone auf die Psyche) zuläßt, trägt ihrerseits zur Materialisierung des Logos oder zur Verwirklichung "projektiven Denkens" bei. Sie macht den Mythos von der "Krankhaftigkeit" des weiblichen Blutes zu einer biologischen Realität. Sie schneidet ihn gleichsam von seinem kulturellen Ursprung ab und macht ihn zu "reiner Natur".
Ich möchte diese Materialisierung des ("projektiven") Denkens am Körper und der Psyche (von Männern wie Frauen) noch mit einem anderen Beispiel illustrieren: der angeblichen Angst der Frau vor dem Alter. Es ist unbezweifelbar, daß diese Angst inzwischen für viele Frauen psychische Realität geworden ist — ebenso wie die eng damit verknüpfte Vorstellung von der "Häßlichkeit" der alten oder alternden Frau, die ebenfalls von vielen Männern und Frauen als real empfunden wird. "Ein altes, nicht mehr menstruirtes Weib erregt unseren Abscheu", schreibt Schopenhauer (91). Hinter

dem "Abscheu" verbirgt sich im allgemeinen eine tiefe Angst, die in diesem Fall nicht nur mit der Tatsache zu erklären ist, daß die Frau keine Kinder mehr zu gebären vermag. Die Angst, die sich hinter dem Abscheu des alten Frauenverächters verbirgt, ist vielmehr die vor dem Tod, als dessen Symbol die Frau empfunden wird.

Die "Häßlichkeit" der alternden Frau — die "Schönheit" der jungen Frau ist nur die Kehrseite derselben Vorstellung; unzählbar sind die Mythen und Märchen, in denen die alte Hexe in der Verkleidung einer schönen, jungen Frau auftritt — diese "Häßlichkeit" ist ein Ausdruck der Abscheulichkeit des Todes, die sich aber nur im Antlitz der Frau widerspiegeln darf.

Otto Greiner: Der Teufel zeigt die Frau dem Volk

Bataille beschreibt diese Projektion des Todes auf den anderen am Verhältnis der Reichen zu den Armen:

> Das Grauen, das die Reichen vor den Arbeitern empfinden, die Panik, die Kleinbürger bei der Vorstellung ergreift, in die Lage der Arbeiter zu geraten, beruhen darauf, daß die Armen in ihren Augen stärker als sie selbst unter der Peitsche des Todes stehen. Bisweilen mehr als der Tod selbst, sind diese trüben Spuren des Schmutzes, der Ohnmacht, des Verderbens, die auf ihn zugleiten, Gegenstand unseres Abscheus. (92)

Eben dieses "Grauen", das der Reiche beim Anblick des Armen empfindet, befällt auch den Mann beim Anblick der alternden Frau. So wie der Reiche das, was ihn vom Armen unterscheidet, als Beweis dafür benutzt, daß der andere dem Tod näher steht, so projiziert auch der Mann auf das, was ihn von der Frau unterscheidet, die Vergewisserung, daß er nicht sterblich ist. Das Bild des Mannes, das der Vorstellung von "Leben" entspricht, ist unvereinbar mit der Vorstellung seines Alterns.

Die mythische Vorstellung, das "Leben" zu repräsentieren, bestimmt das *reale* Empfinden — darunter auch das Entsetzen, das die plötzliche Erkenntnis, älter zu werden, beim Mann auslösen kann —; sie beeinflußt die ästhetische Wahrnehmung und Beurteilung des alten Mannes und der alten Frau; ja sie entscheidet sogar über wissenschaftliche Forschungsprogramme. Es ist doch erstaunlich, so sagte die amerikanische Biophysikerin Estelle Ramey auf einer internationalen Tagung von Naturwissenschaftlern, daß die männliche Wissenschaft — bei all ihren Erfolgen — bis heute noch nicht herausgebracht habe, warum Frauen länger leben als Männer (und zwar nicht nur in den Industriestaaten) (93). Es liegt nicht an der Unfähigkeit der Wissenschaft, ein solches Gebiet zu erforschen, sondern daran, daß niemand überhaupt wissen will, daß der Mann sterblich ist.

Diese Beispiele verdeutlichen, weshalb die Debatte darüber, ob Kultur oder Natur, Umwelt oder Anlage, Geschlecht oder Erziehung die Persönlichkeit und ihr Verhalten bestimmen, so schwierig oder besser: sinnlos geworden ist. Der Logos hat inzwischen seine eigene Materie, seine eigene "Natur" geschaffen, sowie auch eine Psyche, die dem Logos-geschaffenen Körper entspricht. So erklärt es sich aber auch, weshalb der Logos *und* die Philosophie, das abstrakte Denken, sich wieder zunehmend auf die Natur, die Physiologie, die soziale Realität berufen (94).

Im Christentum fand der Logos seinen transzendenten Ausdruck: den verklärten Leib, den Mensch gewordenen Gott. Mit Renaissance und Reformation verwandeln sich die religiösen Vorstellungen zu weltlichen Modellen. Sie werden konkret, statt aufs Jenseits beziehen sie sich aufs Diesseits. Der Verweltlichungsdrang des Renaissance-Menschen, der "Wahrheitsdrang" der Reformation, die Säkularisierung bedeuten nicht, daß der Mensch des Abendlandes auf das Primat des Geistes verzichtet. Vielmehr sind sie ein Ausdruck dafür, daß der Geist sich "beleibt". Daß utopische, religiöse,

transzendente Gedanken Realität zu werden beginnen. Descartes formulierte es am deutlichsten: "Die Philosophie ist wie ein Baum. Die Wurzeln sind die Metaphysik, der Stamm ist die Physik, und die Zweige sind die anderen Wissenschaften." (95) Die Gesetze der Natur, die entwickelt werden, leiten sich nicht aus der wahren Natur, aus ihrer tatsächlichen Funktionsweise ab, sie sind vielmehr Ableitungen aus utopischen Wunschvorstellungen. Sie sind der Kanon des immateriellen (metaphysischen) Logos.
Grundsätze — genauer: Konstruktionen —, die aus der Metaphysik abgeleitet wurden, erlauben ihrerseits die "Rückkehr" der Aufklärung zur Natur, das Bekenntnis zu Vernunft und Empirie, die Erneuerung des Glaubens an das Sichtbare. Die von der Metaphysik, dem Wunschdenken abgeleiteten Grundsätze haben soziale Wirklichkeit geschaffen, aus der nun ihrerseits eine "empirische" Wissenschaft, die Gott und das Unsichtbare ablehnt, ihre Folgerungen zieht. "Wenn Sie wollen, daß ich an Gott glaube, muß ich ihn berühren können", sagt der Theologie-Student Diderot, bevor er sich der Philosophie zuwendet (96). In der Nachhut der Aufklärung entstehen der "Positivismus", die Soziologie und schließlich, als jüngster Zweig am Baum, der sich von den Erkenntnissen der Metaphysik nährt, die Psychologie und Psychoanalyse. Nach den Naturwissenschaften werden auch die Sozial- und Humanwissenschaften ihre Grundsätze aus der projektiv konstruierten Wirklichkeit "ablesen" und zum "Naturgesetz" erklären.
Im 19. Jahrhundert verkündet Marx die Lehre von der "Basis", die den "Überbau" bestimmt. Ende desselben Jahrhunderts entdeckt Freud die Macht des Unbewußten über das Bewußtsein. Die "Materie" — ob sie nun das Proletariat, das Kapital oder das Unbewußte ist — wurde in den letzten zweihundert Jahren zum determinierenden Faktor in den Wissenschaften, der Wirtschaft, den Gesellschafts- und Seelenlehren. Aber diese "Materie", auf die man sich zunehmend beruft, ist ihrerseits nichts anderes als ein Produkt des Logos. Egal, ob es sich um das "Kapital", dieses die Ökonomie bestimmende "Geld aus dem Nichts", das Papiergeld, die Aktien, handelt oder um den Menschen, immer erschließen sie sich als Schöpfungen des Logos: Denn erst als der Logos *seine* Materie geformt hatte, durfte diese die Geschichte erklären (97); und ebenso durfte auch das Unbewußte erst dann entdeckt werden, als es nach den Vorstellungen des Logos funktionierte (98).
In diesem Sinne muß man aber auch den Wandel verstehen, der sich mit der Rolle der Kirche vollzieht. War die Kirche über Jahrhunderte die determinierende Kraft einer *neuen* Gesellschaftsordnung gewesen — sie war es, die Gesetze schuf, über die Organisation des Gemeinschaftslebens, die Beziehung der Geschlechter bestimmte —, so verwandelt sie sich nach der Aufklärung zunehmend in eine "konservative" Einrichtung, die ihre Aufgabe in der Erhaltung des Bestehenden sieht. Sie ist nicht mehr "progressi-

ve" Einrichtung (im Sinne gesellschaftlicher Veränderung), sondern sie wird zu einer Wahrerin des "Naturrechts". Sie vermittelt nicht mehr religiöse Botschaften, transzendentes Denken, sondern sie sorgt für das Wohlergehen der Gesellschaft. Sie wird zur Wohlfahrtsorganisation. Denn die Gesellschaft, für deren Wohlergehen sie sich verantwortlich fühlt, *ist* ihre materialisierte religiöse Botschaft.

Da, wo Realität und Logos einander noch widersprechen, wird die Realität jedoch weiterhin geleugnet. So etwa, wenn es um die (bisher vom Logos *noch* nicht veränderten) biologischen Realitäten der weiblichen Gebärfähigkeit geht, aus der Freud und andere Theoretiker etwa den Beweis für die "Passivität" des weiblichen Geschlechts ableiteten: "Die männliche Geschlechtszelle ist aktiv beweglich, sucht die weibliche auf und diese, das Ei, ist unbeweglich, passiv erwartend". (99) Leugnung der Realität ist es auch, wenn in der Gesellschaftslehre das "Denkmodell" des erwerbstätigen Mannes und der Hausfrau vorherrscht, obwohl in der Bundesrepublik zum Beispiel mehr als ein Drittel der erwerbstätigen Bevölkerung aus Frauen besteht und obwohl in Amerika mehr als die Hälfte aller Frauen berufstätig sind und überhaupt nur elf Prozent aller amerikanischen Familien noch dem "Denkmodell" des erwerbstätigen Vaters und der Mutter als Hausfrau entsprechen (100). Realität wird aber vor allem dann geleugnet, wenn es um die Vergangenheit und die Evolution des Menschen geht. Da tauchen Theorien über ein "ursprüngliches Patriarchat" als Urform der Gesellschaft auf (101); da wird die "intellektuelle Überlegenheit" des Mannes mit den Kämpfen des Primaten um den Besitz des Weibchens erklärt (102); da wird das "Wort", die Sprache zur Ableitung aus dem männlichen Samen (103).

Schließlich wird auch die Realität anderer Kulturen geleugnet, indem man ihre Gesellschaftsordnung nach einem Raster interpretiert, das von der (künstlich geschaffenen) Realität abendländischer Gesellschaftsverhältnisse abgeleitet ist. "Man muß eine Art universelles Gesetz ausarbeiten", so lautet die bescheidene Forderung von Claude Lévi-Strauss (104), der dieses Gesetz durch eine systematische Anwendung mathematischer Methoden auf die Sozialwissenschaften zu formulieren sucht (105). Das heißt, er will sein "universelles Gesetz" nach einem Denkmuster entwickeln, das vor allem im abstrakten Denken des Abendlandes eine überragende Stellung einnimmt.* Und wie lautet das Gesetz, das auf diese Weise entsteht: "In der

---

* Selbst wenn man von einer Vorherrschaft des Symbols über das Symbolisierte ausgeht – und dem widerspreche ich nicht –, läßt diese Vorherrschaft doch immerhin zwei Möglichkeiten bestehen: nämlich erstens die einer Anpassung des Symbols (und mit ihm des Mythos und der Sozialordnung) an die sichtbaren Naturgesetze, und zweitens die einer Abspaltung des Symbols vom Symbolisierten: das heißt, das Symbol wird als Gegensatz zum Symbolisierten verstanden. Nur im letzteren Fall entstehen auch Herrschaftsverhältnisse, deren Opfer die Frauen – als Verkörperung des Symbolisierten – werden. Dies ist aber eine Erscheinung, die der Schriftkultur eigen ist, und unter allen Schriftkulturen auch vor allem der des Abendlandes. Die Logik des "projektiven" Denkens (in dem

menschlichen Gesellschaft tauschen die Männer die Frauen aus und nicht umgekehrt." (106) Realitäten, die der Logos geschaffen hat, dienen als Vorlage für Gesetze, denen universaler Charakter zugebilligt wird; und diese Universalität dient wiederum als Interpretationsmodell für die Realitäten anderer Gesellschaften, dient letztlich dazu, die andere Realität zu leugnen (107).

Cercle Volney... F. CORMON... L'AMOUR IL Y A 20.000 ANS...
LOVE 20.000 YEARS AGO... EL AMOR HACE 20.000 AÑOS...
L'AMORE 20.000 ANNI FA... ПРЕЖНЯЯ ЛЮБОВЬ... STAROŻYTNA MIŁOŚĆ...

Es hat sich, um noch einmal zusammenzufassen, eine Entwicklung vollzogen, in deren Verlauf der Logos zunächst eine Entfremdung von der sinnlich wahrnehmbaren Realität bewirkt hat, um dann seine eigene Materie, seine eigene Realität zu erschaffen. Zu dieser "bekannte" er sich wiederum, weil es sich um seine "Schöpfung" handelt. Aus dieser Realität liest er seine "Naturgesetze" ab. Der Prozeß hat zu einer völligen Umwertung aller Werte geführt, bei der die "ursprüngliche Materie" – ich möchte sie als die "ungeschriebene Materie" bezeichnen – zunächst vernichtet und dann eine andere nach neuem Muster erschaffen wurde.

Dies ist der Ursprung der "weiblichen Verlogenheit": die Frau verkörpert die *andere* Materie, die *andere* Realität, die *andere* Wahrheit, die es zu vernichten und dann zu ersetzen galt. Ihre "Lüge" besteht darin, daß es sie gibt. Deshalb hat ihr der Logos die Rolle des Todes zugewiesen. Nur so kann er selber das "Leben" darstellen. Er hat dem Mann die Rolle des schöpferischen Geistes zugewiesen, um sich in ihm und mit seiner Hilfe beleiben zu können. Der Mann wird zu seiner Inkarnation und zum irdischen Agenten seiner Dynamik, seiner Geschichte. Der Logos hat sich beider Geschlechter bedient – er hat sie mißbraucht, wäre richtiger ausgedrückt – zu seiner Verwirklichung. Er hat Mann und Frau eine Funktion, einen "Sinn" zugewiesen, die außerhalb ihrer Bestimmung liegen, die aber zu ihrer Bestimmung geworden sind. Beide Geschlechter haben sich gleicher-

---

Symbol und Symbolisiertes Gegensätze bilden) zwingt das Symbol, Gewalt am Symbolisierten auszuüben (vgl. S. 105). Es besteht aber keine der Kultur inhärente Notwendigkeit, daß Symbol und Symbolisiertes Gegensätze bilden. Es besteht dazu nur die Möglichkeit. Vgl. Fußnote auf S. 93 in diesem Kapitel.

LA POUPÉE VIVANTE
N.º 3 M.' Bartolotti M.ᵐᵉ Angèle Héraud

maßen von diesem Regisseur leiten lassen — einem Regisseur, wohlgemerkt, der seinen Ursprung in ihrem Geist und seine Niederlassung in ihrem Denken hatte. Aber die Frau, der eine Rolle zugeteilt wurde, die die Auslöschung ihrer Existenz vorsieht, hatte größere Schwierigkeiten als der Mann, ihren Part so zu spielen, wie es von ihr erwartet wurde. Die Frau weigerte sich immer wieder, die Rolle zu übernehmen, die ihr zugedacht war. Da sie sich jedoch nicht ihrer Bestimmung widersetzen konnte, simulierte sie ihren Part. Sie spielte die Tote. Sie verlegte die Rolle auf eine Bühne, machte sie zum Schauspiel, um sich ihrer Bestimmung, dem Frau-Sein als Tot-Sein zu entziehen.

Die große "Frauenkrankheit" *simuliert* Frau-Sein; sie stellt sich tot, um zu überleben. Sie ist die große Lügnerin, die sich dem Logos widersetzt. Durch sie stellt der weibliche Körper die Krankheit, den Tod dar, die von ihr erwartet werden — nur um zu beweisen, daß dieser Körper auch im Nichts noch existiert. Eben dies ist der "Sinn" der hysterischen Symptombildung. "Die Hysterie", so sagte Otto Weininger, "ist die organische Krisis der organischen Verlogenheit des Weibes" (108). Und er schreibt weiter: "Die hysterische Konstitution ist eine lächerliche Mimicry der männlichen Seele, eine Parodie auf die Willensfreiheit." (109) In Wirklichkeit ist die Hysterie nicht eine Mimikry des *Mannes*, eine Parodie der *männlichen* Vernunft — sondern sie ist die Negierung und Parodie des *Logos*.

Der Logos und die Hysterie

Die Hysterie, so meine These, entstand mit der Schrift. Sie entstand als Reaktion auf die Trennung von Geist und Materie, von Kopf und Körper, den Abstraktionsprozeß. Die Hysterie läßt den "Körper sprechen". Sie verwandelt Worte in Symptome, wie zum Beispiel Freuds und Breuers Patientin Cäcilie M., die nach einer beleidigenden Bemerkung ihres Mannes eine Gesichtsneuralgie entwickelte: "Das war mir ein Schlag ins Gesicht", sagt sie. Sie hatte Stiche in der Brust: "Es hat mir einen Stich ins Herz gegeben", sagt sie von dem auslösenden Ereignis. Hysterische Kopfschmerzen werden begleitet von den Worten: "Es steckt mir etwas im Kopf." Und die Schmerzen verschwanden, als der Gedanke ins Bewußtsein gehoben, abgetragen war, wie Freud sagt. "Der Empfindung der hysterischen Aura im Hals ging der Gedanke parallel: Das muß ich herunterschlucken, wenn diese Empfindung bei einer Kränkung auftrat." (110) Ähnlich zitiert auch Maleval eine Patientin, die Erblindungserscheinungen hatte, nachdem ihr ein Mann "die Augen verdreht hat" (111).

Die Hysterie macht die Trennung der Sprache vom Körper, den die Entstehung der Schrift eingeleitet hat, wieder rückgängig. Sie vereint Symbol und Symbolisiertes. Die Symptome der Hysterie drücken die Erotisierung und Sexualisierung primär sachbezogener Vorgänge aus, schreibt A. Heigl-Evers (112). "Sachbezogen", das heißt Vernunft, heißt Objektivität, heißt Neutralität der "Sache", die als Ausdruck einer unverrückbaren Wirklichkeit betrachtet wird. Die Hysterie leugnet diese scheinbare "Objektivität" (die sich auch als Unveränderbarkeit und Determinierung der Geschlechterrollen ausdrückt); sie beweist die Willkürlichkeit der geschlechtlichen Rollenzuweisung, indem sie selber — willkürlich — das Geschlechtliche einführt. Bezeichnend dafür die berühmten Mystikerinnen wie etwa Margarete Ebner, die von ihren "süßen" sinnlichen Gefühlen spricht (113), bezeichnend dafür auch die Ursulinerinnen des Klosters von Loudun, die sogar aus ihrer "Teufelsaustreibung" Erotik und Scheinschwangerschaften machten. "Der Geist wirkt auf den Körper ein", schreibt Charcot über Soeur Jeanne des Anges, die Äbtissin des Klosters von Loudun (114). Aber das heißt doch, daß diese Hysterikerin einen Geist *besaß*, also das besaß, was der Frau — Vertreterin der "reinen Materie" — abgesprochen wurde. Und das heißt doch auch, daß *ihr* Geist genau das Kunststück vollbrachte, das nur der Logos vollbringt: den Körper, die Materie zu bestimmen, nach "seinem Ebenbild" zu formen.

Die Hysterie ist eine Parodie des Logos, denn sie inszeniert die gleiche Aufführung wie er, aber statt durch den Geist *neue* Materie zu formen, be-

weist sie die Existenz der "ungeschriebenen" Materie, die Existenz der Frau, des Sexualwesens. Die Hysterie ist keine "Aussteigerin", wie man es vielleicht von der Schizophrenie sagen könnte. Sie bewegt sich auf dem Boden, nach den Maßstäben der Welt, die der Logos errichtet hat. Aber eben das macht sie auch zu einer effizienten Kämpferin: sie schlägt den Logos mit seinen eigenen Waffen, den einzigen, die etwas gegen ihn vermögen.
"Verdrängung und Verleugnung bestimmen den grundlegenden Stil der hysterischen Auseinandersetzung mit der Welt", heißt es in einer Krankheitsbeschreibung (115). Mit der Welt? Mit dem Logos, der *seine* Welt erschaffen hat. Die hysterische Persönlichkeit sei "unpräzise", "unvernünftig", heißt es in einer anderen Krankheitsbeschreibung (116). Man wirft den Hysterikern "Realitätsverlust" vor (117). Poetischer sagt es ein weiteres Krankheitsbild:

> Die schwebende, wenn auch urtümlich produktive Phantasie durchsetzt das planende, ordnende, apollinische Verhalten der Welt gegenüber auch dort, wo es eindeutig auf Struktur, Ordnung und korrekte, sachgerechte Vorwegnahme ankommt. (118)

Die Hysterie durchsetzt Ordnung und Vernunft nicht *auch* dort, wo es auf sie ankommt, sondern *vor allem* dort, wo es auf sie ankommt. Sie verdrängt und verleugnet, weil sie sich zur "Lüge" bekennt. Sie verzichtet auf die Realität, weil dies eine künstliche Realität ist. Die Hysterie ist "unvernünftig", weil sie die große Gegnerin des "apollinischen Prinzips", der Vernunft ist. Bezeichnenderweise erhielt sie ihren Namen — ihre Kennzeichnung als "Krankheit" — in der historischen Epoche, da die Tragödie geboren wurde. In Griechenland entsteht auf der einen Seite das "Schauspiel" und auf der anderen die "Krankheit der Simulation". Auf der einen Seite wird der "deus ex machina" herbeigerufen, und auf der anderen Seite schleicht sich die große "Komödiantin" auf die Bühne der abendländischen Kultur. "Katharsis" — die Abreaktion von Affekten — nennt Aristoteles den Sinn und die Wirkung der Tragödie. Als "kathartische Methode" bezeichnen Freud und Breuer ihre Behandlung der Hysterie, die darin besteht, mit Worten die Symptome der Krankheit abzutragen. Ihre berühmte Patientin Anna O.,

Erfinderin der kathartischen Methode, der "talking cure", nannte es schlicht "chimney sweeping".

Die Hysterie ist auch eine Parodie der Tragödie. Sie spielt Tragödie und verwandelt jene durch ihre Theatralik in eine Komödie. Keine Komödie, über die die Betroffenen lachen können — dazu geht es um viel zu ernste Dinge. Aber eine Komödie, die das Ernste, das Echte, das Wahre persifliert. Wer darüber lachen möchte, tut es hinter vorgehaltener Hand.

Die Hysterie spielt mit dem Logos das Spiel "Des Kaisers neue Kleider" — unter umgekehrten Vorzeichen. Der Logos verlangt von ihr, daß sie zum Nichts wird. Also sagt sie, kleide ich mich in das Nichts, die Sinnlosigkeit. Sie legt den Schleier des Nichts an, den der Logos sehen will;

und der Logos sieht tatsächlich das Nichts. Aber darunter geht eine verkleidete Frau. Kann man eine Krankheit, die das Nichts darstellt, als Beweis dafür heranziehen, daß der Kranke nichts ist? Kann ein Kranker — mit seinen ganzen Symptomen — überhaupt das Nichts darstellen? Und kann eine notorische Lügnerin als Beweis dafür betrachtet werden, daß alle Frauen lügen? Wenn ausgerechnet sie, die Lügnerin, solche Behauptungen aufstellt, dann müßte das doch heißen, daß alle Frauen die Wahrheit sagen. Wenn aber alle Frauen die Wahrheit sagen, kann dann ausgerechnet die Hysterikerin, Ausdruck der "weiblichen Normalität", eine notorische Lügnerin sein? . . . Ich erinnere an Epimenides (vgl. S. 22).

Um 1900 erlebt die hysterische Symptomatik ihren Höhepunkt. Um die Jahrhundertwende, so schreibt A. Stopczyk, wurde es aber ebenfalls geradezu "eine Mode", als Philosoph zum Thema Frau seinen Beitrag zu leisten: "Fast könnte man sagen: 'Die Frau wird als Mensch mit eigenem Willen entdeckt!', den es zu bekämpfen, zu unterstützen oder zu beschwichtigen gelte". (119) Ich fürchte jedoch, dies war keine Mode. Diese Erscheinung war vielmehr symptomatisch dafür, daß die Materialisierung des Logos, die ich im Vorhergehenden beschrieben habe, ihre Vollendung gefunden hatte. Die Frau wurde um 1900 zum Thema, weil sie keines mehr war (120). Mit dem Industriezeitalter hatte der Logos sein Ziel erreicht. Das Sexualwesen,

das *ich*, waren endgültig besiegt. Die Frau war zur "Schöpfung" des Logos geworden — überflüssig und luxuriös zugleich, wie die Frauendarstellungen der Zeit. Der Gedanke an sie ist reine Spielerei; damit änderte sich die Sachlage für die Hysterie.

In den folgenden vier Kapiteln werde ich den Prozeß, den ich in diesem Kapitel sehr abstrakt beschrieben habe, noch einmal nachvollziehen und an der Entwicklung auf den verschiedenen Gebieten, die das Sexualwesen, das *ich* betreffen, darstellen. Es handelt sich um Prozesse, die parallel zueinander verlaufen — genauer: ineinander verwoben sind —, die ich aber einzeln behandle, um die konkreten Auswirkungen der Dynamik des Logos deutlicher darstellen zu können. Die Kapitel beziehen sich auf die Frau — als Mutter und als Sexualwesen — und auf den Mann — als "Vater" und als Sexualwesen. Am Ende der Darstellung steht die Entstehungsgeschichte der männlichen Hysterie: der verfehlte Untergang der Tragödie. Die Verflechtungen der verschiedenen Gebiete verdeutlichen nicht zuletzt die Gesprächsprotokolle, in denen die Charakteristika der verschiedenen Bereiche zusammenfließen. Sie sind zwar bestimmten Kapiteln zugeordnet, aber fast jedes von ihnen greift in die anderen Gebiete über. Die Gesprächsprotokolle fassen die Bereiche, die ich aus analytischen Gründen auseinandergenommen habe, wieder zusammen.

Auf den verschiedenen Gebieten bleibt die Hysterie mein Leitfaden. Sie erlaubt es, gleichsam einen Standpunkt außerhalb jener perfekten Konstruktion zu beziehen, die der Logos erschaffen hat. Sie ermöglicht es, die Kathedrale auf ihren einzigen Defekt zu untersuchen: die Perfektion, die die Künstlichkeit verrät.

Gesprächsprotokoll: Walther H., neunundvierzig Jahre alt, Schriftsteller:

Wir waren drei Kinder, immer im Abstand von drei Jahren. Jetzt weiß ich nicht, mit wem ich anfangen soll, mit dem Papa oder der Mama, weil das glaub ich sehr entscheidend ist. Fangen wir mit dem Papa an, weil er das bewegte Element ist — meine Mutter ist das statische —, und durch das Statische meiner Mutter ist mein Vater wie ein Komet durchgezogen auf seinem Lebensweg.

Mein Großvater war preußischer Offizier, so ein guter Preuße, mit Pflichtgefühl und Selbstwerterfüllung durch den Dienst, den man dem Staat oder der Gemeinschaft oder wem auch immer leistet.

Mein Vater hat sich mit vierzehn Jahren freiwillig gemeldet, war dann Offizier und mit sechzehn war er Leutnant bei einer Flugstaffel, einer besonders feinen Einheit. Er hatte dieses gewisse Elitebewußtsein, daß mit Ende des Ersten Weltkrieges völlig zusammengebrochen ist. Er fühlte sich wie ein zum Bettler herabgestürzter Fürst, studierte dann irgend etwas, Medizin in München, hatte keinen Groschen Geld, bekam Tbc, war unterernährt, mit diesem Gefühl des ''unverschuldet aus dem Nest Gefallenen''. Seine Welt war untergegangen, die gab's nicht mehr. Ich schließe das aus Rückgriffen auf Literatur und kluge Bücher, die er später immer gemacht hat. Da hat er zum Beispiel ein Bilderbuch vom Alten Fritz, das durften wir zu ganz besonderen Zeiten — Ostern, Geburtstag und Weihnachten — anschauen.

Und dann traf er in München auf dieses völlig intakt gebliebene Großbürgertum, das Haus meiner Großmutter. Meine Großmutter kommt aus einer jüdisch-bayrischen großbürgerlichen Familie. Da gab es Maler in der Familie und Wissenschaftler. Und es gab ein riesiges Haus in Starnberg, in dem die Schriftsteller aus- und eingingen. Meine ganzen Erinnerungen sind ungeheuer mütterlicherseits orientiert. Vom Vater habe ich kaum was mitgekriegt, ich kenne auch kaum die Verwandtschaft meines Vaters, während meine Mutter . . . Die ersten Erinnerungen sind die an die großmütterliche Riesen-Villa in Starnberg, mit Messingkugeln auf der Veranda. Im Sommer, wenn man die mit Spucke einrieb, dann roch das ganz intensiv. Das habe ich immer gemacht. Aber irgendwie hatte dieses Drum und Dran der Familie, diese hochherrschaftliche Villa in Starnberg, etwas das Individuum Erdrückendes. Das waren vielleicht gar nicht mal so sehr die Personen wie die Größe des Klans. Der Klan als solcher war erdrückend, mit Leuten wie der Onkel Walter. Onkel Walter war Professor an der Hochschule in München. Er war ein Karrieremann, so ein Typ, der äußerlich Karriere macht. In Wirklichkeit war er, glaub ich, gezwungen, diese Karriere zu machen, weil er unter einem Erfüllungszwang stand. Er mußte dem Klan gerecht werden. Das hatte grauenhafte Rückwirkungen auf meine Vettern, seine Kinder, denen er alles weggefressen hat. Er wurde immer dicker und dicker; als die Familie wenig zu essen hatte, hat er immer gesagt, er müßte am meisten esssen, weil er der Größte und Dickste ist und die größte Körperoberfläche hat, daher die größte Wärmeabstrahlung und deshalb mehr Kalorien braucht als alle anderen. Er war Physiker. Während seine Söhne immer kleiner und dünner und blässer und elegischer wurden, hat er also mampfend und schnaubend das Essen in sich hineingestampft. Es war eine große kannibalische Familie, das Ganze. Meine Großmutter ist dann auch aufgefressen worden, denn wie sie alt und siech war und im Bett lag und sich nicht mehr rühren konnte, sind die Tanten gekommen und haben unter ihrem Bett das Familiensilber, die Kästen weggeschleppt. Und die Alte hat protestiert, aber sie konnte nichts machen, weil sie reglos im Bett lag und sich nicht mehr bewegen konnte. Im Grunde genommen ist das eine ungeheuer matriarchalische Welt gewesen. Die dominierenden Personen waren immer Weiber: die Großmutter, die Mutter und die Urgroßmutter. Und die Tanten. Und immer hingen an den Tanten irgendwelche Onkel dran, die nicht so richtig tickten. Auch so meine Tante Hilde, die Frau vom Onkel Hans. Der hat sich diese Frau geholt, indem er sagte, er bringe sich um, wenn sie ihn nicht nimmt. Dann hat sie gesagt: "Na gut! Dann nehme ich dich halt." Sie war eine ungeheuer dominante Figur. Die habe ich heiß geliebt, die Tante Hilde. Bei der habe ich zwei, drei Jahre gelebt, noch im Krieg, und die habe ich wirklich gemocht, das war so ein handfestes Weib, tiefe Stimme und hat geraucht wie ein Schlot und ist dann auch an Krebs gestorben. Die war nicht so opfermütig und duldend wie meine Mutter, die hat auf den Tisch gehauen und hat gesagt, ich will oder ich schaff an, während meine Mutter auch sehr dominant war, aber auf die linke Tour. Sie hat nicht gesagt, was *sie* will, sondern "ich will nicht" und "was ihr wollt".

Meine Mutter hat also dieses aus dem Nest gefallene Küken, meinen Vater, aufgenommen und hat ihn in diesem Ambiente eingeführt. Sie hat ihn hochgepäppelt, mehr oder weniger. Er wurde von seiner Tbc geheilt und kriegte noch Geld zum Studieren zugesteckt... Und dann haben sie also geheiratet. Als mein Vater fertiger Arzt war, ging er nach Berlin und hat sich auch vom Klan meiner Mutter eine Praxis einrichten lassen. Aber kaum konnte er auf eigenen Beinen gehen, da wurde ihm das irgendwie zuviel: der Klan und die Belastung. Die hätten ihn wahrscheinlich am liebsten den Rest seines Lebens auf den Armen getragen, als Pflegefall. Und er wollte nicht den Rest seines Lebens ein Pflegefall bleiben. Das Ganze hat wohl auch mit einer gewissen Undankbarkeit geendet, gegenüber den Leuten, die ihn auf die Beine gebracht hatten. Meine Mutter hatte stark masochistische Züge. Sie hat sich ihm völlig unterworfen, als sie heirateten. Eigentlich war sie eine ungeheuer begabte, künstlerisch begabte, auch aktive Frau, die sehr schöne Scherenschnitte machte. Aber sie ist in eine totale Sprachlosigkeit verfallen in dem Moment, wo sie geheiratet hat. Ich kann mich erinnern, wir hatten in dem Berliner Haus eine Werkstatt eingerichtet, im Keller. Die wurde aber nie benutzt, weil meine Mutter sehr krank wurde, und zwar in dieser Werkstatt, und wie ich behaupten möchte, psychogen. Sie legte sich dort irgendeinen Pilz auf der Zunge zu; oder aber sie hatte Beschwerden an Niere, Galle, Lunge, und ich weiß nicht was. Unentwegt hat sie sich von Sauerbruch operieren lassen. Sie ist auch später an Krebs gestorben, an Krebs im Hals. Meine Schwester, die meine Mutter zu sich nahm, erzählte mir, daß meine Mutter einen grauenhaften Tod gehabt hat. Sie hatte Krebs im Hals und im Mund und an der Zunge und überall. Meine Schwester interpretierte das so, daß sie sich mit diesen riesigen Geschwülsten selber das Reden verbaut hat. Endgültig. Meine Schwester sagt, immer wenn sie ihr näher kam und das Gefühl hatte, jetzt wird sie vielleicht endlich mal was sagen, etwas Essentielleres über sich selbst, ist sofort in der Nacht eine solche Beule wieder gewachsen, daß sie nicht reden konnte. Sie ist beinahe wie bei lebendigem Leibe verfault und dann verschwollen und eingegangen.

Mein Vater wollte sich eigentlich vor dem Krieg schon scheiden lassen. Das ging dann aber nicht mehr, weil meine Mutter zu jüdisch war. Meiner Mutter wäre wahrscheinlich nichts passiert, oder gerade nicht mehr, aber der ganze Klan, der hinten dran hing, war gefährdet. Meine Großmutter war schon in Theresienstadt, und mein Vater hat sie durch Beziehungen wieder rausgeholt. Mein Onkel Rudolf verlor zwar seine Professur, aber er wurde nicht zu Seife verarbeitet. Der saß zu Hause rum und hat nur noch Fahrpläne gelesen. Ich kann mich an Onkel Rudolf erinnern; der saß in einem Stuhl, hatte eine Zigarre im Mund, von der die Asche auf die Weste tropfte und las Fahrpläne von Zügen und fuhr im Geiste durch ganz Europa. Wo immer er einen Fahrplan in die Hand bekommen konnte, studierte er ihn. Mein Vater litt wohl sehr unter diesem Eingesperrtsein durch die Familien-Verpflichtung. Auf der einen Seite wollte er eigentlich weg von meiner Mutter, aber auf der anderen Seite ging das nicht aus ganz krassen humanitären Gründen: um die Sippschaft nicht verheizen zu lassen. Da kam ihm dann der Krieg zustatten. Wir wurden bei den Bombenangriffen auf Berlin evakuiert, während er dort in Berlin blieb und dort erst ein Krankenhaus, dann zwei, dann drei zu verwalten hatte. Er fuhr immer nur zwischen den Krankenhäusern hin und her und fand überhaupt nicht mehr statt bei uns. Einmal in der Woche, am Sonntagnachmittag kam er vorbei. Ansonsten hatte er andere Frauen, und meine Mutter litt nur in ihrem Masochismus. Ich habe ihr diesen Masochismus am meisten übelgenommen in dieser ganzen Zeit, so daß ich sie ab achtzehn nicht mehr ausstehen konnte. Da habe ich sie nicht gehaßt, aber ich hatte eine abgrundtiefe Aversion gegen sie. Vielleicht war die Aversion gegen sie aber auch von Anfang an schon da. Meine Kindheit ist für mich die grauenhafteste Erinnerung, voller Angst, Panik und in Zuständen. Ich kann mich noch erinnern, einmal, ich weiß gar nicht mehr, wie alt ich war, da bin ich auf die Straße gegangen, und plötzlich war ich auf der Straße hinter mir selbst und habe mich selbst auf der Straße gehen sehen. Das hat mich abgrundtief erschreckt, aber ich konnte das niemandem mitteilen. Und dann, diese Ängste: nachts haben sie mich immer aus dem Schlaf ziehen müssen, weil ich wild um mich geschlagen habe. Meine Mutter litt wohl auch unter der Abwesenheit meines Vaters, wußte auch, daß er Freundinnen hatte, duldete das aber auch leidend, litt wohl auch ganz gerne. Sie hatte überhaupt so einen irrsinnigen Opferdrang, mußte sich immer opfern für alle Leute, das tat sie gerne. In der Zeit gab's ja nichts zu fressen, und dann wurde das Essen eingeteilt. Jeder hatte ein Säckchen an der Wand hängen, mit dem Namen drauf. Da kam das Brot einmal in der Woche rein, und ich habe natürlich mein Brot gleich am ersten Tag vollständig weggeputzt und hatte nichts mehr. Dann hat sie mir immer von ihrem Brot abgegeben. Und beim Essen, wenn ausgeteilt wurde, hat sie nur Kartoffeln gegessen und hat gesagt, die schmeckten, ich weiß nicht, wie Marzipan. Ich wußte, daß Kartoffeln nicht wie Marzipan schmecken und daß ein bißchen Soße ganz gut dazu ist und so. Das hat mich schon damals wahnsinnig aufgeregt. Ich fand, es wird aufgeteilt, und alle sollen zu fressen haben. Sie hat einem unentwegt Schuldgefühle gemacht, und man konnte nicht raus, man kam aus dieser Schuld nicht raus. Da konntest du dich auf den Kopf stellen! Das Bild, das ich von meiner Mutter in mir habe, ist: sie steht heimlich weinend am Fenster, nicht einmal mit Tränen, sondern so leer, tot, trüb, traurig, hohl und leer, guckt raus aus dem Fenster und sagt kein Wort. Sie hat nicht mehr gemalt und keine Scherenschnitte gemacht, sie hat überhaupt keinen Ausdruck mehr gehabt. Mein Vater hat mir mal einen Traum erzählt, daß er durch einen langen Gang geht, und plötzlich geht irgendwo eine Türe auf, wie eine Falle, und ein Arm zieht ihn da rein, in ein winziges Kabüffchen. Da ist meine Mutter drin und macht die Türe zu und erdrückt ihn, weil da gar kein Platz drin war. Sie hatte eine irrsinnige Gewalt, und dieses Spinnenhafte — wie eine riesige große Spinne —, so kam sie mir auch immer vor.

Der Vater, der war von ihr aufgebaut worden für uns, wie ein riesiges Denkmal: der Schönste, der Größte, der Beste, der Gütigste, der Klügste. Ich weiß auch nicht ... so daß ich eine tiefe Bewunderung für meinen Vater hatte, ohne ihn eigentlich zu kennen, weil er nie da war. Und er genoß das auch. Wenn er mal kam, irgendwann so, dann kam er wie ein Pascha. Da wurden dann seine Seiten aufgeteilt: man machte einen Spaziergang, und dann kriegte die linke Seite meine Mutter, und die rechte Seite, die mußten wir drei Kinder uns nach der Uhr teilen. Je eine halbe Stunde. Es mußte dann mindestens anderthalb Stunden spazierengegangen werden, damit jeder mal drankam. Aus dieser Zeit habe ich einen Spitznamen aus der Schule. Sie nennen mich Pudel, und das kommt daher, weil ich damals, um die Zuneigung meines Vaters zu erhaschen, wie ein Pudel mich nur auf allen Vieren herumbewegt habe, wenn er kam. Im Grunde genommen war er halt eine ziemlich stark sadistische Natur, diese Kälte, mit der er einen so fertiggemacht hat. Das habe ich aber erst begriffen, als ich sechsunddreißig Jahre alt war. Das war in Afrika. Ich saß hinten auf einem Jeep drauf und holperte tagelang durch die Savannen. Plötzlich sagte eine Stimme in mir, völlig ruhig, so ganz kalt und überlegt, "jetzt gilt es den Vater zu erschlagen". Bis zu diesem Moment bin ich überhaupt nicht auf die Idee gekommen, daß man diesen Typen in Frage stellen konnte. Alles hatte sich gegen die Mutter gerichtet. Meine Mutter, die habe ich auseinandergenommen, noch und noch. Schon mit fünfzehn habe ich mir Gedanken über meine Mutter gemacht. Über meinen Vater jedoch habe ich nie nachgedacht. Ich wollte so werden wie mein Vater, aber besser. Mein Vater hat von sich das Bild erzeugt, das ich durchaus als Leitbild akzeptierte. Nur hat er es selbst verraten. Er hat es gefälscht. Er hat durch falsche und üble Pferdehändlertricks versucht, dieses Bild bei sich selbst und bei anderen zu erzeugen. Das Bild an sich, wenn es wahr gewesen wäre, hätte ich durchaus akzeptiert. Dieses Bild ist gütig, groß, stark, weise, überlegt. Das ist das Bild, das er zu kreieren versuchte, das er wohl auch von sich selbst hatte, das aber nicht gestimmt hat und das er dadurch erzeugte, daß er die achtzig Prozent Realität, die diesem Bild widersprochen haben, versteckte. Indem er weg war. Er hat sich nicht gezeigt und nicht gestellt. Mit der zweiten Familie hat er das gleiche versucht, da war er aber anwesend. So konnten sie ihn unentwegt zur Kasse bitten, und er mußte Belege bringen. Das funktionierte nicht, und dadurch ist sein Bild auch zusammengebrochen.

Die zweite Frau meines Vaters war stark und nicht so aufopfernd wie meine Mutter. Die Ehe ging sehr viel besser. Die Kinder haben auch nicht solche Macken mitbekommen wie wir. Die haben ihn nie auf einem so hohen Sockel erlebt. Einmal, später, bin ich in einem Anflug von Rachsucht zu ihm gefahren. Ich mußte ihn irgendwie auch für mich vom Sockel runterholen. Ich kam zu ihm und fragte ihn, wie's ihm geht. Er schien glücklich und zufrieden mit seinem Leben zu sein. Ich sagte ihm, "soll ich dir sagen, warum?" Wir saßen am Tisch mit der ganzen Familie, seiner Frau, seinen Kindern. "Weil dir deine Frau solche Hörner aufsetzt, daß du gar nicht mehr durch die Tür paßt!" Sie haben mir recht gegeben. Die Frau hatte einen Liebhaber, und er wußte es auch. Die Kinder haben ihren Vater nie von einem Podest zu holen brauchen. Wenn ich mit meinem Halbbruder rede, dann hat er ein völlig anderes Bild meines Vaters, kennt aber durchaus mein Bild, das sagt ihm nichts Neues. Nur sieht er andere Werte. Er ist nicht in Opposition. Er sieht seine realen Dimensionen. Während er für uns ein Übermensch war, ein Golem, und es selbst genossen hat, daß wir ihn so sahen, daß man ihm noch dabei geholfen hat, sich selbst auch so zu empfinden. Von diesem Sockel *mußte* ich ihn herunterholen! Das war in Kenya und ich fuhr mit Leuten, ich weiß gar nicht wohin, in der Steppe. Das ging so stundenlang, den ganzen Tag, hinten auf dem Jeep drauf, und es ruckelte und klapperte. Es war eine Mischung aus privatem Urlaubsausflug und Reportage. Ich fuhr bei Leuten mit, die eine Farm besuchten. Mich interessierte es, diesen Typ Farmer kennenzulernen, europäischer Hochadel, der sich in Afrika dieses Paradies von früher rekonstruiert hat, aber als Pappmaché-Imitation, wie mein Vater; da stimmte alles nicht mehr so richtig. Plötzlich kam diese

Stimme in mir, die sagte, nun gilt es den Vater zu schlachten. Das war so stark, daß ich es aufgeschrieben habe. Ich habe das Heftchen noch mit der Krakelschrift, in dem der Satz steht, der mir so ungeheuer wichtig schien. Und dann bin ich wieder nach Hause gefahren, habe das schwarze Buch beiseite gelegt und habe den Pilotenschein gemacht. Meine ganzen Energien habe ich nur auf den Pilotenschein verwendet, weil mein Vater immer von sich behauptete, er sei ein berühmter Pilot im Ersten Weltkrieg gewesen. Ich war damals entschlossen, Berufspilot zu werden.

Ich fing zu fliegen an, weil ich mich mit meinem Innenleben nicht mehr beschäftigen wollte. Statt dessen sagte ich mir, gut, ich akzeptiere den Krieg mit meinem Vater, und der Krieg mit meinem Vater besteht darin, daß ich ihm gleich werde. Wenn er mir als großer Pilot kommt, dann kann ich ihm sagen: "Ich kann das viel besser als du! Du kannst mir keine Geschichten erzählen."

Mein Vater hatte immer Geschichten erzählt, von Heldentaten, die er angeblich vollbracht hätte. Ich habe später, durch Zufall, einen Bericht über seine Jagdstaffel in die Finger gekriegt, und da waren es völlig andere Leute, die diese Dinge getan hatten. Das habe ich ihm einmal serviert, als ich ihn in Kassel besuchte. Ich bin da immer hingepilgert, habe aber nicht gewagt, Forderungen an ihn zu stellen oder böse auf ihn zu sein, daß er die Forderungen nicht erfüllt. Dies war das erste Mal, daß ich rebellierte. Er saß bei Bekannten: einem Fabrikdirektor und seiner Frau. Da saß er und blähte sich nun wieder fürchterlich auf, dröhnte Geschichten und ließ sich bewundern von denen. Und dann sagte ich, "ach, wissen Sie, mein Vater läßt sich immer bewundern, das hat er bei uns auch immer so gemacht. Zum Beispiel hat er uns aus dem Krieg diese Geschichten mit der Kiste erzählt, die er da mit der Zange abgezwickt hat, aber in Wirklichkeit war das ja gar nicht er, sondern ein anderer", und haha, ich fand das sehr komisch. Ich lachte schallend und begann, eine Anekdote nach der anderen zu erzählen von Heldentaten, die mein Vater als die seinen ausgab, die aber in Wirklichkeit von anderen vollbracht worden waren. Die Anwesenden wurden immer bleicher und schrumpliger und wußten gar nicht mehr, was sie sagen sollten. Die beiden Männer, auch die Frauen, alle Beteiligten eigentlich, empfanden das als sehr peinlich. Sie versuchten, mich dann irgendwie zu bremsen. Aber ich war nicht mehr zu halten. Und danach brachen dann die Beziehungen zu meinem Vater auf Jahre hinaus ab.

Irgendwann habe ich den Krieg aufgegeben. Ich habe auch das Fliegen aufgegeben. Eines Tages wachte ich auf, bekam einen Schreck und sagte mir, ich muß mich wieder um meinen Beruf kümmern. Dann habe ich nur noch studiert, gelesen, gearbeitet ... und auch schnell wieder angefangen zu schreiben, aber ich hab das bezahlt mit dem Preis der "wattigen Leere". In regelmäßigen zyklischen Phasen fiel ich in diese wattige Leere, hing dann tagelang am Schreibtisch, dachte nichts, las nicht, schrieb nichts, starrte nur vor mich hin, so lange, bis ich dann durch irgendeinen äußeren Anstoß Panik bekam. Ich hatte Angst, den Anschluß zu verlieren, unterzugehen, zu versinken, und dann habe ich, ich weiß nicht, wieder die Läden aufgerissen, die Fenster aufgemacht, die Bücher rausgeholt und wieder weitergemacht. In dieser Zeit fanden auch keine Frauen statt.

Daß ich so bin, wie ich bin, liegt daran, daß das Nicht-wahrgenommen-Werden als Kind schon damals in mir das Gefühl erzeugte, es gibt mich nicht. Dieses Gefühl der Leere oder des Nicht-Existierens hat im Laufe der Jahrzehnte meines Lebens verschiedene Gestalten gehabt. Aber im Grunde genommen ist es eigentlich immer dasselbe gewesen. Ich habe als Kind oft das Gefühl gehabt, es gibt mich nicht. So etwa, wie ich auf der Straße gegangen bin und mich selbst vor mir gehen sah. Es war für mich fragwürdig, ob es mich gibt ... wenn es nicht einer ist, sondern zwei, vielleicht gibt es auch die zwei gar nicht. Vielleicht bin ich nur eine Idee. Der Alptraum, den ich als Kind am meisten, durch Jahre hindurch, hatte, war, daß ich in eine rotierende Röhre falle. Das war also ein Dunkel, eine Schwärze, ich will gar nicht mal sagen, Röhre, sondern der Eindruck einer Röhre, der zum Beispiel entsteht, wenn du eine Filmkamera auf den Himmel richtest und sie drehst, und gleichzeitig mit dem Zoom rausgehst, dieses gewisse drehende Stürzen ... Und da bin ich unentwegt abgestürzt. Jede Nacht bin ich mehrmals reingefallen, in dieses rotierende Schwarz. Diese schwarze Endlosigkeit. Wie ich später eine Analyse gemacht habe, war der erste große Schock für mich, daß der Analytiker immer versucht hat, Positionen zu klären: wie ich zu ihm stehe und wer er für mich ist und wer ich bin und wer er ist. Und in diesem Hin und Her hat er mich fürchterlich gequält. Ich sagte ihm, "ich komme mir wie ein Ratte im Käfig vor, und Sie geben mir immerzu Elektroschocks!" Aber da bin ich zu einer Konzeption meiner selbst gelangt, daß ich eigentlich ein sehr kompliziertes Dornengebilde bin, das kugelförmig um ein Nichts gebaut ist. Daß im Kern nichts ist ...

Das Seltsame ist, daß ich auch keine eigenen Wünsche habe: Ich war neulich in Berlin, und da bin ich mit linken Freunden spazierengegangen, die auch richtige Lateinamerika-Freaks sind und mit denen ich mich den ganzen Nachmittag über Lateinamerika unterhalten habe. Wir sprachen gerade über Nicaragua und Chile und Columbien, da habe ich ihnen gesagt, ich bin ein Beerdigungsbesucher. Meine Geschichten handeln von den begrabenen großen Hoffnungen der Menschheit: Chile, Nicaragua geht auch unter, dann war ich in Kuba. Kuba war für mich ja jahrelang ein Paradies, das ich nie wirklich anschauen wollte, weil ich dunkel wußte, daß dies kein Paradies ist. Und dann bin ich hingefahren und in der Tat, es war kein Paradies. Aber diese große Mühsal, eine richtige Mittellinie zu finden, weder zu sagen, also es hat nun Paradies zu sein, und dann nicht zu sehen, was schlecht ist; noch zu sehen, was schlecht ist, und dann vor Enttäuschung so wütend zu sein, daß man sagt, "das ist alles Scheiße!" Wir haben über die Schwierigkeit geredet, Realitäten noch in wirklichen Dimensionen wahrzunehmen. Und da sagte dieses Mädchen, "mit dir reden, das macht einen ganz traurig, hast du denn gar keine Glücksvorstellungen?" Und das hat mich völlig unerwartet getroffen, auf diese Frage war ich nicht vorbereitet. Ich habe in mich hineingehorcht, was für eine Antwort möglicherweise aus den Brunnenschächten hochkommen könnte, und da kam eigentlich nur eine Sache: nämlich, daß ich mich von meinen eigenen Querelen so weit befreie, soweit unabhängig werde von mir selbst, daß ein freier Fluß stattfinden kann zwischen der Realität und mir. Daß ich dieses Echo, das aus mir heraus in die Realität kommt, daß ich dieses Echo in der Lage bin zu formulieren. Das wäre meine Wunschvorstellung: daß ich Bücher schreiben könnte, die wahr sind. Daß ich ein wahres Bild der Wirklichkeit schöpfen könnte. Es geht um das Gefühl schöpferischer Potenz, im Grunde genommen will ich potent sein. Übers Schreiben. Worte machen. Das Wort macht mich. Mit Worten sich selbst ausdrücken, nicht objektive, sondern subjektive Wahrheit ...

Ich hatte angefangen, Soziologie zu studieren, dann habe ich da keinen Zugang mehr gefunden. Dann habe ich Jura studiert und Volkswirtschaft, aber habe bei beiden nicht begriffen, was das irgendwie mit mir zu tun haben soll. Ich war ein völliger Fremdkörper in der Universität. Der Lehrstoff hat mir nichts gesagt. Dann habe ich während der Universitätszeit lange Phasen gehabt, wo ich einfach nicht aus dem Zimmer gegangen bin, wo ich solche Angst davor hatte, auf die Straße zu gehen. Nur einen Brief in den Briefkasten zu werfen, da bin ich vor Angst gestorben. Ich habe zu Hause gelegen, in meinem Studentenheim, in einem Zimmer, das ich noch mit einem anderen teilte. Da habe ich dann geschrieben: Kurzgeschichten, die immer nur von Er handelten: er ging und er sagte und er dachte, da gab's keine anderen Personen und keine Namen und nichts. Kurz und gut, nach drei Jahren fand ich das irrsinnig sinnlos. Auf der Universität, wenn Grenznutzen und Mehrwert gerechnet wird, was hat denn das mit irgendeiner Realität zu tun? Oder mit mir? Oder das Bürgerliche Gesetzbuch? Das war alles so Kilometer- oder so Stern- ... Lichtjahre weit weg von mir. Da habe ich zufällig ein Buch in die Finger gekriegt, nämlich den Mythos von Sisyphus von Camus. Und das hat mein Leben verändert. Ich weiß nicht, ob das wirklich drin steht, aber ich habe in dem Buch Folgendes gelesen: daß das Leben sinnlos ist. Fand ich auch. Daß das Leben so sinnlos ist, wie wenn man immer wieder einen Stein raufrollt, und wenn man den Stein oben hat, rollt er wieder runter. Wenn man dann die Sinnlosigkeit erfaßt hat, kann man eigentlich nur weiter in der Sinnlosigkeit leben, nämlich einen Schritt zurückgehen und es nicht wirklich als sinnlos akzeptieren, oder man bringt sich um. Ich habe damals starke Suizidphantasien gehabt. Oder, so sagt er, man bleibt oben sitzen und beschreibt diese Sinnlosigkeit und gibt der Sinnlosigkeit durch die Beschreibung ihren Sinn. Da habe ich gesagt: "That's it!" Ich habe meinen Persil-Karton gepackt und bin auf die Autobahn per Autostopp nach Hamburg. Ich sagte mir, jetzt wird Sinnlosigkeit beschrieben. Kurz danach wurde ich als Volontär bei einer Zeitung genommen. Na ja, und dann fing ich an, Worte zu machen.

Bald danach begann ich zu versuchen, mich an meine eigene Vergangenheit zu erinnern. Ich schrieb alles in mein schwarzes Buch, was für meine Erinnerung irgendwie greifbar wurde. Weil ich mich an nichts erinnerte. Was vor vierzehn Tagen war, war weg; ich hatte überhaupt keine Vergangenheit. Als ich anfing, das "schwarze Buch" zu führen, hatte ich diesen Traum: Ich sitze in einer Bar, und neben mir sitzt ein Fremder, von dem ich das Gefühl hatte, er wisse etwas von mir oder er kenne mich vielleicht. Um ihn nicht zu verletzen, falls wir wirklich alte Bekannte sind und ich mich überhaupt nicht an ihn erinnern kann, habe ich so vorsichtig mit ihm geredet, daß es offenblieb. Ich habe mich mit ihm so unterhalten, daß es sowohl so sein konnte, als hätten wir uns gerade kennengelernt, oder auch, als wären wir schon alte Bekannte, so ein wachsweiches Gespräch. Und da plötzlich sagte er etwas von meiner Frau, und da war mir klar, daß er mich kannte und dachte, ja, meine Frau, sicher, die Ilona und meine Tochter, die Veronika, und dann erwähnte er meinen Sohn. Und da bin ich wahnsinnig erschrocken, daß ich in Panik aus dem Bett hochgefahren bin. Ich hatte es ihm total geglaubt. Plötzlich war mir klar, daß ... ich dachte, wie konnte ich vergessen, daß ich mal verheiratet war und daß ich einen Sohn habe! Eine Frau kann man ja vielleicht mal vergessen, aber einen Sohn vergißt man doch nicht! Dann bin ich aufgewacht und bin in der Wohnung rumgegangen, habe überall Licht angemacht, um zu mir zu kommen, habe Zigaretten geraucht und die Fenster aufgemacht und den Kopf zum Fenster rausgehalten, und irgendwie habe ich mich wieder beruhigt. Es hat lange gedauert, wirklich lange, eine Stunde oder so, und dann bin ich also wieder ins Bett, und dann bin ich schließlich wieder eingeschlafen. Und dann habe ich die Fortsetzung von dem Traum geträumt, und da war ich auch wieder irgendwo, so ganz weit weg, in Yokohama. Yokohama ist für mich immer der Inbegriff der exotischen, absoluten Fremde und Ferne, die so nichts mit mir zu tun haben. Ich war dort, um einen Ingenieur zu interviewen, der ein Fußballstadion gebaut hatte, das größte und komplizierteste der Welt. Außerdem wollte ich dieses Interview aber auch machen, weil ich wußte, daß er mir Aufschluß geben konnte über diese erste Ehe mit dem vergessenen Sohn. Es war Nacht, und ich ging in dieses Fußballstadion, ein riesiges Betongebilde, so ein riesiger Klotz, in dem ich klein wie eine Ameise war, treppauf, treppab. Es wehte der Wind, und es gab ein paar Lampen, die quietschten. Plötzlich kam aus dem Dunkel heraus diese Gestalt so federnd über die Bänke herunter, wie ein Skifahrer Slalom fährt. So kam er auf mich zu. Wir haben uns hingesetzt, und ich habe dieses Interview mit ihm gemacht, über die Technik. Dann habe ich ihn auch nach seinem Privatleben befragt, wie man so lebt, wenn man solche Bauwerke errichtet und immer in der Welt herumkugelt und daß man so doch keine Familie haben könne ... so fragte ich ihn, da sagte er mir, er habe schon eine Famile. Jetzt dachte ich, habe ich ihn soweit, von der Familie zu reden, und dann sagte er eben, daß seine Frau in Lindau lebt — nämlich da, wo die Tochter meines Vaters lebte, die uneheliche. Dann habe ich ihn gefragt, ob er keine Kinder mit der hat, und er sagte, nein, er hätte keine Kinder mit ihr, aber sie hätte einen Sohn aus erster Ehe. Ich fühlte mich plötzlich dem Geheimnis sehr nahe und fragte ihn, ob er nicht Fotos von der Familie habe. Er holte ein Kartenspiel heraus und läßt es brrrrrr durch die Hände fließen wie ein Zauberer, der Kartentricks macht, klatscht es mehrmals so rum, hält es mir vor, und wieder fahre ich aus dem Schlaf mit Schreckensschrei: auf dem Foto war ich selber. Und zwar ein Foto, das es von mir gibt, als ich vier Jahre alt war, mit so einem grünkarierten Jäckchen. Ich guckte mich da selbst so ganz vertrauensvoll an. Mit diesem Traum fing der Prozeß der Erinnerung an. Ich *bin* bis heute noch nicht. Ich habe ein tiefes Geheimnis, und das tiefe Geheimnis ist, daß es mich nicht gibt. Wie mir das klar wurde ... Ich habe diesen Traum dann jemandem erzählt; und dabei habe ich wirklich tiefstes Herzklopfen gekriegt, wie ich mich zum ersten Mal offenbarte. Jetzt hat sich das, ebenso wie alles andere in meinem Leben in eine Anekdote verwandelt, und ich habe eigentlich das Gefühl, ich lebe, um Anekdoten zu produzieren. Mein Leben wird erst dann zu meinem Leben, wenn es sich in eine Anekdote verwandelt hat. Während ich es lebe, lebe ich es nicht. Erst wenn es verarbeitet und fertig geworden ist und faßbare Dimensionen bekommen hat. Ich habe später, nachdem ich anfing Worte zu benutzen und zu träumen und mich zu erinnern, phantastische Träume gemacht. In einem suchte ich einen Architekten auf, der mir zeigen sollte, wie man Häuser auf Sand baut. Das war seine Spezialität, Häuser auf Sand zu bauen. Und ich wollte wissen, wie das geht ...

Wenn ich in meiner Sprache lebe, brauche ich auch keine Sexualität. Ich halte es beinahe für möglich, daß Sexualität für mich eine Ersatzhandlung ist, um die Qual, keine Worte zu haben, zu erleichtern. Viel lieber wär's mir Worte zu haben als Sexualität. Ich habe das Gefühl, daß, wenn die Sexualität befriedigend ist, was immer befriedigend bedeuten soll, aber wenn sie in einer Art und Weise stattfindet, daß man nichts mehr übrig hat, dann tut es mir leid, weil ich finde, ich habe dann den Worten was weggenommen. Mir sind die Worte eigentlich wichtiger. Sexualität ist für mich Flucht. Betäubung. Reine Betäubung. Die Onanie habe ich betrieben mit irrsinnigem Eifer, schon als Winzling. Ich kann mich erinnern, da ging ich noch nicht in die Schule, und mein Bruder mußte das ABC lernen, und ich kauerte irgendwo in einer dunklen Ecke und habe wie ein Affe vor mich hin onaniert. Und immer wenn ich Angst hatte — und ich hatte immer Angst — in der Schule, habe ich während des Unterrichts unentwegt onaniert. Aus Angst. Ich habe die Angst damit betäubt. Es war auch irrsinnig spät, daß ich überhaupt mit jemandem geschlafen habe. Da war ich dreiundzwanzig oder so. Und das hat mir wahnsinnig viel Angst gemacht, mit jemandem zu schlafen, und dann später habe ich mich daran gewöhnt, mit jemandem zu schlafen. Dann habe ich keine Angst mehr empfunden, sagen wir mal. Aber es hat mir nie das Gefühl gegeben, zu sein. Es war eher eine angenehme Betäubung.

Wie ich das zweite Mal geheiratet habe zum Beispiel, da sind wir auch auf Hochzeits ... wie sagt man das? ... auf "honeymoon" gegangen, und ich habe den Spengler mitgenommen, den "Untergang des Abendlandes". Den habe ich mit "heißen Ohren" sozusagen gelesen, weil ich dort sehr viel Möglichkeiten fand, Dinge auszudrücken, für die ich selbst keine Worte hatte. Ich habe tagelang nicht mit ihr geschlafen; die ganze Nacht habe ich Spengler gelesen. Das fand ich viel aufregender, als mit ihr zu pennen. Der Spengler war bei mir ein lang angepeilter Brocken. Ich kannte diesen Mount Everest, aber ich hatte ihn nie bestiegen. Und als man mir die Frage stellte, was ich mir vom Schwiegervater zur Hochzeit wünschte, dachte ich, da gibt's nur den Spengler. Ich weiß nicht, ob ich kein Geld hatte, jedenfalls hätte ich mir diese Riesenausgabe nicht gegönnt. Und als ich mir dann was wünschen durfte, habe ich mir halt den Spengler gewünscht. Und da hatte ich ihn dann ...

Eigentlich existiert für mich nur, was gewußt ist. Was man nicht weiß, existiert nicht. Ich empfinde das beinahe als Manko bei mir, diese totale Abhängigkeit von Bewußtsein und Sprache. Und diese ständige Neuformulierung, die ich an mir vornehman muß, ist eigentlich wie eine Zwangshandlung. Ich kann gar nicht aufhören, Worte zu machen! Das geht so weit, daß ich auch in meinem Schlaf Formulierungen träumte, und ich freue mich über manche dieser so sehr, daß ich voll Glück aufwache und mich daran freue, was für eine herrliche Formulierung oder was für einen schönen Satz ich jetzt geträumt habe. Es ist wie ein Rauschgift, würde ich sagen, ich bin abhängig davon. Denn ich fühle mich zutiefst unglücklich, wenn mal der Strom der Worte abreißt. Ich falle manchmal in so Phasen, in denen ich sprachlos bin, wo ich nicht in der Lage bin, zu erfassen, daß etwas ist. Wenn ich merke, es ist irgend etwas, dann kann ich's auch schon formulieren. Aber oft passiert es mir offenbar, daß irgend etwas los ist, aber ich merke nicht, daß etwas los ist. Da falle ich in so eine Leere, einen Zustand, den ich immer als "wattige Leere" bezeichne. Das ist grauenhaft! So grauenhaft, weil man nicht einmal die Grauenhaftigkeit dieses Zustandes artikulieren kann ... Ich würde vielleicht so sagen: daß ich nicht bin, das ist dauernd. Aber, wenn ich in der Lage bin, Worte zu machen, in dem Moment, wo ich also ein Wort mache, vergesse ich, daß ich nicht bin. Oder ich bin vielleicht in der Tat in dem Moment, wo ich ein Wort mache. In dem Moment existiere ich vielleicht real.

Warum es so wichtig ist, weiß ich nicht, ich weiß nur, *daß* es wahnsinnig wichtig ist. Daß ich davon abhänge, Worte machen zu können. Und daß ich todunglücklich bin, wenn ich das nicht kann. Manchmal empfinde ich diesen Zwang zum Worte machen als unangenehm. Ich kann nicht in einer Situation sein, ohne zu versuchen, sie zu erfassen. Ich muß versuchen, alles mit dem Bewußtsein zu erfassen. Das gelingt mehr oder weniger. Oft lebe ich in der Illusion, es sei mir total gelungen, obwohl ich theoretisch natürlich weiß, daß es nicht gelingen kann, weil Worte ja immer nur ein Bild der Realität sind und nicht die Realität selbst. Aber mit den Worten gelingt es mir, zumindest in meinem subjektiven Empfinden, der Realität so nahe zu kommen, als hätte ich sie fast selbst in der Hand.

Manchmal habe ich dieses Bedürfnis, Worte zu machen, auch nicht — z.B. auf einer Reise mit meiner Tochter. Da hatte ich, wie immer, mein Notizbuch dabei: das "schwarze Buch", das wie ein roter Faden in meinem Leben war, eine Art von Tagebuch. Aber auf dieser Reise, da habe ich mich hingesetzt, um etwas aufzuschreiben, und dann habe ich hingeschaut und dann habe ich gesagt, "nein, ich schreibe nicht!" Eigentlich war das eine Art Verweigerungs-

handlung, die mir im Moment einen gewissen großen Relax gegeben hat. Das war mir sehr angenehm, trotzig zu sein und "nein!" zu sagen. "Nein, ich schreibe nichts!"
Aber hinterher tat's mir leid, daß ich das "schwarze Buch" nicht weitergeführt habe. Vor allem, wenn ich diese alten Sachen zur Hand nehme und dann wieder entdecke, was für eine Fülle von Zeug da ist. Das sind Schätze, die ich da aufgehäuft habe! Wenn ich da weitergehäuft hätte, die ganzen Jahre, was für Schätze hätte ich dann jetzt! Ich wäre ein Krösus. Ich habe verloren, ich bin verarmt, weil ich nicht fleißig war. Das empfinde ich fast permanent. Ich glaube, es gibt keine Erinnerung, sondern nur ein Bild der Vergangenheit, das man für Erinnerung hält, das aber ein Produkt der Gegenwart ist. Ich glaube, daß die Möglichkeit, von der Vergangenheit zu wissen, sich mit den jeweiligen Zuständen ändert. Es ist immer ein Produkt der Aktualität . . .

Im aktuellen Moment Momentaufnahmen zu machen und diese zu stapeln, das wäre die einzige Form, eine neutrale, objektive Form, die Erinnerung zu wahren. Im Gedächtnis speichern kann man glaub ich nicht. Ich glaube, daß Leben, anders als geschrieben, nicht konservierbar ist. Diese Bedeutung des Geschriebenen für mich kommt glaube ich daher, daß es mich im Grunde genommen nicht gibt. Ich rechtfertige mich für den Schatten, den ich in der Gegenwart werfe, dadurch, daß ich eine nachweisbare Geschichte habe. Wobei der Nachweis dieser Geschichte stets und ständig zu erbringen ist. Und das kann ich nur sehr unvollkommen oder nicht, wenn ich es nicht aufgeschrieben habe.

Anmerkungen Kapitel II

(1) Joh., I, 1f

(2) 1. Kor. 13, 2. Zur Bedeutung des "Glaubens" für den mit dem Alten Testament entstehenden Monotheismus und den radikalen Wandel, den diese Form von Religiosität für die Alte Welt darstellt — eine Religiosität, die nicht das Sichtbare, die Urschöpfung in sichtbaren Riten nachvollzieht, sondern den blinden Gehorsam einem Gott gegenüber fordert, dessen Gesetze man nicht versteht, aber bedingungslos befolgt: vgl. Eliade, Mircea, Kosmos und Geschichte. Der Mythos der ewigen Wiederkehr. Ins Deutsche übertragen von Günther Spaltmann, Frankfurt 1984, S. 122ff

(3) Ex. 32, 33

(4) Zweites Vatikanisches Konzil, Dogmatische Konstitution über die Göttliche Offenbarung, 3. Kap.: Die Göttliche Inspiration und die Auslegung der Heiligen Schrift, in: Die Bibel, Freiburg i. Br. 1965, Anhang S. 5*

(5) Ex. 34, 14

(6) Ich übernehme den Begriff von Heinrichs, Hans-Jürgen, Sprachkörper. Zu Claude Lévi-Strauss und Jacques Lacan, Frankfurt/Main/Paris 1983

(7) Aurelius Augustinus, Bekenntnisse. 1. Buch, 11. Eingel. u. übertr. v. Wilhelm Thimme, Stuttgart 1979, S. 43

(8) Muldworf, Bernard, Le métier de père, Paris 1979, S. 172, deutsch: Von Beruf Vater. Zur Psychologie und Soziologie der Vaterschaft, Köln/Zürich 1975

(9) "Im Gegensatz zu dem, was die katholische Kirche heute behauptet", so sagt der Theologe Jacques Pohier, "hat das Christentum der biologischen Nachkommenschaft nie das absolute Primat beigemessen — und dies nicht zuletzt deshalb, weil in der römischen und griechischen Welt, wo das Christentum entstanden ist, die Adoption eine normale Erscheinung war." Vgl. "Les faiseurs d'hommes" III, Le Monde v. 22.4. 1983, S. 12

(10) Vgl. Platon, Der Staat, in: Hauptwerke. Ausgew. und eingeleitet v. Wilhelm Nestle, Stuttgart 1973, S. 184

(11) Für Schopenhauer ist die Vaterschaft "metaphysischen Ursprungs" (vgl. Schopenhauer, Arthur, Über die Weiber, Leipzig 1919, S. 80). Für Jacques Lacan ist die Sprache "der symbolische Vater", der sich im "Toten Vater" inkarniert (wenn man so sagen kann). Vgl. Lacan, Jacques, Über eine Frage, die jeder möglichen Behandlung der Psychose vorausgeht. Übers. v. Chantal Creusot und Norbert Haas, in: Schriften, Bd. 2, Olten/Freiburg 1975, S. 89. Ich komme auf diese "Väter" zurück

(12) Vgl. dazu Fischer-Homberger, Krankheit Frau, S. 128

(13) Vgl. Duby, Georges, Le chevalier, la femme et le prêtre, Paris 1981, deutsch: Ritter, Frau und Priester. Die Ehe im Frankreich des 11. und 12. Jahrhunderts. Übers. v. Michael Schröter, Frankfurt 1985

(14) Bächtold-Stäubli, Hanns, Hrsg., Handwörterbuch des Deutschen Aberglaubens, Berlin/Leipzig 1927ff, Bd. II, S. 1764f

(15) Ebda.

(16) Vgl. Eliade, Mircea, Traité d'histoire des religions, Paris 1975, S. 347ff, Lioba-Lechner, Maria, Das Ei im deutschen Brauchtum, Freiburg (Schweiz) 1952, dies., "Das Ei", in: Reallexikon zur Deutschen Kunstgeschichte, Bd. 4, Stuttgart 1955, S. 893-903, Bächtold-Stäubli, Hrsg., Handwörterbuch d. Deutschen Aberglaubens, Bd. 2, S. 595-644, Bd. 3, S. 1189-92, Bd. 6, S. 1327-1333. Zur Nachvollziehung der "ursprünglichen", göttlichen Schöpfung durch den Sexualakt vgl. Eliade, Kosmos und Geschichte, S. 36-40

(17) Vgl. u. a. Neumann, Erich, Die Große Mutter, Olten/Freiburg i. Br. 1981, S. 301

(18) Vgl. Fischer-Homberger, Krankheit Frau, S. 138

(19) Zit. n. d'Eaubonne, Françoise, Les femmes avant le patriarcat, Paris 1977, S. 11

(20) Vgl. Eliade, Mircea, Histoire des croyances et des idées religieuses, Paris 1978, Bd. I, S. 76ff

(21) Vgl. Bachofen, Johann Jakob, Das Mutterrecht. Eine Untersuchung über die Gynaikokratie der alten Welt nach ihrer religiösen und rechtlichen Natur. Eine Auswahl. Hrsg. v. Hans-Jürgen Heinrichs, Frankfurt 1975, z. B. S. 12f, S. 19

(22) Deleuze u. Guattari, Anti-Ödipus, S. 113

(23) Schmandt-Besserat, Denise, Vom Ursprung der Schrift, in: Spektrum der Wissenschaft, Erst-Edition 1982, S. 37ff. Zur Geschichte der Schrift vgl. auch: Jackson, Donald, Alphabet. Die Geschichte vom Schreiben. Aus d. Englischen v. Hans-Wilhelm Haefs, Frankfurt 1981, Földes-Papp, Károly, Vom Felsbild zum Alphabet, Stuttgart 1984, Clairborne, Robert et al. Die Erfindung der Schrift. Aus dem Englischen v. Peter Mortzfeld, Reinbek b. Hamburg 1978

(24) Vgl. Markale, Jean, Les voix paradoxales de l'écriture celtique, in: Corps Ecrit, Nr. 1, Paris, Februar 1982, S. 39ff

(25) Zit. n. Kristeva, Julia, Le langage, cet in-

connu, une initiation à la linguistique, Paris 1981, S. 69f

(26) Frazer, James George, Der goldene Zweig. Eine Studie über Magie und Religion. Übers. v. Helen v. Bauer, Köln 1968, S. 355
Frazer erklärt allerdings den Übergang von Magie zu Religion damit, daß der Mensch allmählich erkannt habe, daß er nicht Herr über die Elemente sei und die Dinge nicht durch seine Beschwörungsformeln, seine Worte, zu beeinflussen vermöge. Erst dann habe er begonnen, an überirdische Wesen zu glauben, die den Lauf der Welt steuern. (Ebda., S. 82-87) Tatsächlich ist die Allmachtphantasie, die Frazer den Zauberern unterstellt, aber ein Charakteristikum des "projektiven" Denkens. Erst durch das abstrakte Denken, die Lösung des Symbols vom Symbolisierten, konnte sich auch die Vorstellung durchsetzen, daß das Symbol das Symbolisierte, die Realität zu steuern und zu formen vermag.

(27) Vgl. Kristeva, Le langage, cet inconnu, S. 58

(28) Bei Cicero ist z. B. von "sermo patrius" die Rede (de finibus 1,2), wenn es um den Gegensatz von heimischer Sprache und Fachsprache der griechischen Philosophie geht. In lateinischen Texten des Mittelalters wird "maternaliter" im Gegensatz zu "litteraliter" verwendet. In "Die Ordnung der Dinge" schreibt Michel Foucault: "Die Esoterik ist im 16. Jahrhundert ein Phänomen der Schrift und nicht des Sprechens. Auf jeden Fall ist das Sprechen seiner Kräfte beraubt; nach Vigenère und Duret ist es nur der weibliche Teil der Sprache, gewissermaßen ihr passiver Intellekt. Die Schrift ist der handelnde Intellekt, das "männliche Prinzip" der Sprache. Sie allein enthält die Wahrheit." vgl. Foucault, Michel, Die Ordnung der Dinge. Eine Archäologie der Humanwissenschaften. Aus dem Französischen von Ulrich Köppen, Frankfurt 1971, S. 71
Illich kritisiert zu Recht, daß der Begriff "Muttersprache" von Anfang an mißbraucht wurde: "Das Wort 'Muttersprache' instrumentalisiert vom ersten Augenblick an, da es gebraucht wird, die Alltagssprache im Dienst eines institutionellen Anliegens. (. . .) Mit Muttersprache bezeichnen wir nicht den gemeinen Ausdruck einer Gemeinschaft, sondern das Sprachmittel, das eine rationell organisierte Gesellschaft für sich schafft, erhält und verteidigt, um es allen ihren Mitgliedern aufzuzwingen." Mit Hilfe dieser "Muttersprache", die in Wahrheit eine "Vatersprache", also rationale Sprache war, die sich lediglich die Ausdrucksformen und das Vokabular der regionalen Mundarten angeeignet hatte, sei von Mönchen missionarische und erzieherische Arbeit geleistet und Luthers Bibelübersetzung unters Volk gebracht worden; schließlich habe sie später auch die Existenz der Nationalstaaten rechtfertigen helfen. Vgl. Illich, Ivan, Die warenhafte Muttersprache, in: ders., Vom Recht auf Gemeinheit, Reinbek b. Hamburg 1982, S. 36f — So sehr ich Illich auch zustimme, was die Instrumentalisierung der gesprochenen Sprache durch die geschriebene betrifft — ich komme darauf im 3. Kapitel zurück —, möchte ich dennoch den Begriff der "Muttersprache" beibehalten. Er zeigt sehr deutlich die enge Verbindung zwischen der Sprache und dem Verhältnis der Geschlechter; und es geschah auch nicht durch Zufall, daß die Mönche ausgerechnet diesen Begriff benutzten, um der "Vatersprache" Verbreitung zu verschaffen. Die Bedeutung, die der Begriff "Muttersprache" in sich barg, war eben die einer körpernahen Sprache, einer nichtabstrakten Sprache. Als "lingua materna" war er ganz gewiß eine Camouflage, aber, wie jede gute Camouflage, konnte auch diese nur Glaubwürdigkeit erlangen, weil sie einer Realität entsprach.

(29) Vgl. André-Leicknam, Béatrice, L'écriture cunéiforme, in: Corps Ecrit, Nr. 1., S. 9

(30) Auf der Weltbischofssynode in Rom über die katholische Ehe- und Sexualmoral 1981, zit. n. Die Zeit v. 29.10.1981

(31) Vgl. Eliade, Histoire des croyances et des idées réligieuses, Bd. I, S. 82ff

(32) Ex 33, 21-23

(33) Freud, GW XIII, S. 140

(34) Minckwitz, Johannes, Illustrirtes Taschenwörterbuch der Mythologie, Leipzig 1856, S. 552

(35) Vgl. Stone, Merlin, When God Was a Woman, New York/London 1978, S. 3

(36) Psalm 104, 30

(37) Vgl. Gebser, Jean, Ursprung und Gegenwart, Teil I, in: Gebser, Jean, Gesamtausgabe, Bd. 2, Schaffhausen 1978, S. 190

(38) Zum Wandel des Begriffs Logos und seinen vielen Bedeutungen s. den Artikel von Wissowa, Georg, in Pauly-Wissowa, Real-Encyclopädie der classischen Altertumswissenschaft, Stuttgart 1926, 25. Halbband, S. 1035-1081

(39) Aristoteles, Über die Seele, Buch 1, in: Die Lehrschriften. Hrsg. und übertr. v. Paul Gohlke, Paderborn 1961, Band 9, S. 23ff

(40) Ebda., 1. Buch, S. 61

(41) Aristoteles, Über die Zeugung der Geschöpfe, Buch II, in: Die Lehrschriften, Band 14, 1959, S. 72

(42) Thomas von Aquin, Summa Theologica, Frage 92, in: Die Deutsche Thomas-Ausgabe, München/Heidelberg 1941, Bd. 7, S. 36f

(43) Den Begriff "Entleibung des Geistes" habe ich von Rudolf zur Lippe übernommen, der ihn in einem Gespräch benutzte.

(44) Aristoteles, Politik, Buch I, in: Die Lehrschriften, Bd. 12, S. 33

(45) Vgl. dazu Finley, Moses I., Die Sklaverei in der Antike. Geschichte und Probleme. Aus dem Englischen übertr. v. Christoph Schwingenstein, Andreas Wittenburg, Kai Brodersen, München 1981, vgl. insbesondere S. 141 ff, u. S. 20

(46) Mill, John Stuart, Taylor Mill, Harriet, Taylor, Helen, Die Hörigkeit der Frau, in: dies., Die Hörigkeit der Frau und andere Schriften zur Frauenemanzipation. Hrsg. und eingel. v. Hannelore Schröder, Deutsch von Jenny Hirsch, Frankfurt 1976, S. 133

(47) Vgl. Ward, Lester, Reine Soziologie, Innsbruck 1909, s.a. Zilboorg, Gregory, Männlich und Weiblich. Biologische und kulturelle Aspekte, in: Hagemann-White, Carol, Hrsg., Frauenbewegung und Psychoanalyse, Frankfurt 1979, S. 235

(48) Vgl. Adorno: "Das Bedürfnis, Leiden beredt werden zu lassen, ist Bedingung aller Wahrheit. Denn Leiden ist Objektivität, die auf dem Subjekt lastet; was es als sein Subjektivstes erfährt, sein Ausdruck, ist objektiv vermittelt." Adorno, Theodor W., Negative Dialektik, Frankfurt 1970, S. 27

(49) Die Orestie III, Die Eumeniden

(50) Aristoteles, Über die Zeugung der Geschöpfe, Buch I, Band 14, S. 71 f

(51) Ebda., Buch 2, S. 87 f

(52) Ebda., Buch 2, S. 81 f

(53) Ebda., Buch 2, S. 82

(54) Ebda., Buch 1, S. 66 f

(55) Ebda., Buch 4, S. 176 f

(56) Ebda., Buch 2, S. 89 f

(57) Schopenhauer, Arthur, Über die Weiber, Leipzig 1919, S. 80

(58) Kafka, Franz, Brief an den Vater, Frankfurt 1981

(59) Sartre, Jean-Paul, Die Wörter. Übers. u. m. einer Nachbemerkung von Hans Mayer, Reinbek bei Hamburg 1968, S. 12

(60) Giraud, Pierre, Sémiologie de la sexualité, Paris 1978, S. 50

(61) Ebda., S. 59

(62) Nietzsche, Friedrich, Jenseits von Gut und Böse, Vorrede, Vorspiel einer Philosophie der Zukunft, in: Kritische Gesamtausgabe. Hrsg. v. Giorgio Colli u. Mazzino Montinari, Berlin 1968, 6. Abt., 2. Bd., 6. Hauptstück, S. 4

(63) Joh. Ev., 14, 9 ff

(64) Joh. Ev., 3, 5-7

(65) Röm. 8, 12 ff, vgl. auch Röm. 7, 24 ff

(66) Math. 24, 8

(67) Joh. Ev., 9, 39

(68) Vgl. bes. Joh. Off. 5, 9

(69) Vgl. Eliade, Traité d'histoire des réligions, Paris 1975, S. 147 f; u. Egli, Hans, Das Schlangensymbol, Olten/Freiburg i. Br. 1982

(70) Gen. 3, 14 f. Zur Umwertung der Symbolik von Schlange und Drachen vgl. v. Braun, Christina, Die Macht des Drachen. Wandlungen eines Symbols. Dokumentarfilm, ZDF, 2.2.1983

(71) Allen, Judy, Griffiths, Jeanne, The Book of the Dragon, London/New York 1979, S. 119

(72) Vgl. Simpson, Jacqueline, British Dragons, London 1980, S. 146

(73) Vgl. Egli, Das Schlangensymbol, S. 223

(74) Drachen, Katalog der Ausstellung d. Badischen Landesbibliothek, Karlsruhe 1980, S. 27

(75) Vgl. Eliade, Traité d'histoire des réligions, S. 147 f

(76) Vgl. Bächtold-Stäubli, Hrsg., Handwörterbuch d. Deutschen Aberglaubens, S. 1752 ff

(77) Ebda., Bd. II, S. 1763

(78) Ebda., Bd. III, S. 739

(79) Tobit, 8, 7

(80) Vgl. Illich, Ivan, Genus. Zu einer historischen Kritik der Gleichheit. Deutsch von Ruth Kriss-Rettenbeck, Reinbek b. Hamburg 1983, S. 113

(81) Vgl. Fischer-Homberger, Krankheit Frau: Aus der Geschichte der Menstruation in ihrem Aspekt als Zeichen eines Fehlers, in: dies., Krankheit Frau, S. 34 ff

(82) Vgl. Bächtold-Stäubli, Hrsg., Handwörterbuch d. Deutschen Aberglaubens, Bd. II, S. 1756

(83) Paracelsus, Opus Paramirum, Liber quartus, S. 155

(84) Jünger, Ernst, Der Kampf als inneres Erlebnis, in: Werke, Stuttgart 1978 ff, Abt. 7, S. 50

(85) Ebda., S. 17

(86) Stephens, W.N., A Cross-Cultural Study of Menstrual Taboos, zit. n. Shuttle/Redgrove, Die Weise Wunde Menstruation, S. 68

(87) "Die ständige Steigerung der geschlechtlichen Erregung kurz vor, während und nach der Periode beim Weibe steht außer allem Zweifel. 'In dieser Zeit onanieren die Frauen, die sonst nie starke autoerotische Triebe haben'. Die weibliche Periode ist nun stets mit mehr oder weniger reichlichen Blutausflüssen verbunden. Es erscheint darum eigentlich als erklärlich, daß auf diesem Wege durch die häufige Wiederkehr starker geschlechtlicher Erregung mit dem Anblick der Blutausflüsse sich beim menschlichen Weibe eine Ideenverbindung beider Erscheinungen im Laufe der Zeit im besonderen Maße entwickeln konnte. Wenn die Wahrnehmung von Blut am eigenen Körper stets eine hohe sexuelle

Erregung zur Parallelerscheinung hatte, so werden beide Erscheinungen schließlich in eine Wechselbeziehung getreten sein. Es gehört dann auch nicht mehr viel dazu, daß der Anblick von Blut an sich, also auch von fremdem Blute, durch das unbewußte Gedächtnis an die Geschlechtsnerven greift und geschlechtliche Erregung herbeiführt. Hier wird es erklärlich, warum sich das Weib für den blutigen Sadismus in ganz besonderem Maße als prädestiniert erweist."
Eberhard, Ehrhard, Die Frauenemanzipation und ihre erotischen Grundlagen, Wien/Leipzig 1924, S. 574. Das von ihm angegebene Zitat ist entnommen Havelock Ellis, Geschlechtstrieb und Schamgefühl, 1907

(88) Vgl. Der Spiegel Nr. 2, 1982, S. 5 u. 150
(89) Vgl. Fischer-Homberger, Krankheit Frau, S. 58ff
(90) Vgl. Der Spiegel Nr. 2, 1982, S. 151
(91) Schopenhauer, Arthur, Metaphysik der Geschlechtsliebe, Leipzig 1919, S. 21
(92) Bataille, Georges, Michelet, in: Michelet, Die Hexe, S. 258
(93) Vgl. Die Zeit v. 15.1.1982
(94) Ein anschauliches Beispiel für die Selbstgewißheit, die der Logos im Zeitalter der Aufklärung erwirbt, liefert der Staatsrechtler und Philosoph Johann Gottlieb Fichte:
"Das Weib ist nicht unterworfen so daß der Mann ein Zwangsrecht auf sie hätte; sie ist unterworfen durch ihren eigenen fortdauernden nothwendigen und ihre Moralität bedingenden Wunsch, unterworfen zu seyn. Sie dürfte wohl ihre Freiheit zurücknehmen, wenn sie wollte; aber gerade hier liegt es; sie kann es vernünftigerweise nicht wollen." Fichte, J.G., Folgerungen auf das gegenseitige Rechtsverhältniß beider Geschlechter überhaupt im Staate, in: Gesammelte Werke. Hrsg. v. d. Bayerischen Akademie der Wissenschaften, Stuttgart 1970, Bd. 4, S. 130
(95) Zit. n. Capra, Fritjof, Wendezeit. Bausteine für ein neues Weltbild. Aus dem Amerikanischen von Erwin Schuhmacher, Bern/München/Wien 1983, S. 68
(96) Diderot, Denis, Lettre sur les aveugles à l'usage de ceux qui voient, Genève/Lille 1951, S. 40
(97) Anfang dieses Jahrhunderts schrieb Theodor Lessing: "Man kann den Geist der sogenannten kapitalistischen Gesellschaft im Abendlande (welchen Geist ein nicht minder zwangsläufiger Kommunismus umzustürzen wähnt) nirgendwo tiefer und sicherer erfassen als im Werk von Karl Marx, genannt "Das Kapital", dieser Bibel der "Geistigen", bei deren Erforschung man förmlich erschrickt, wenn wirklich einmal aufstößt das Wort "Mensch" und nicht sofort ersetzt wird durch: Rentabilitätskoeffizient, Exponent der Arbeit, Index der Durchschnittsprofitquote, Substitut des zirkulierenden Mehrwerts, oder durch andere zählbare Geltungseinheiten eines völlig entseelten und entbluteten Logizismus." Lessing, Theodor, Die verfluchte Kultur. Gedanken über den Gegensatz von Leben und Geist (1921), München 1981, S. 27
(98) "Das Genie von Marx und Freud kann nur begreifen", so schreibt Illich, "der sieht, wie früh sie in der Entwicklung dieses modernen Dramas schon seine Regeln festlegten. Sie trieben die Formulierung der endgültigen Konzepte, die nötig waren, um den neuen Darsteller, den industrialisierten "Menschen", zu beschreiben und in Szene zu setzen, auf die Spitze." Illich, Genus, S. 122
Die Gemeinsamkeiten von Marx und Freud lassen die weiterhin intensiv geführte Auseinandersetzung darüber, ob Schicksal und Persönlichkeit sich nur aus der individuellen Geschichte oder aus der kollektiven Entwicklung erklären lassen, völlig obsolet erscheinen. Die Grenze zwischen individueller und kollektiver Geschichte ist unkenntlich geworden. Dennoch erübrigt sich nicht die individuelle Geschichte als Objekt der Betrachtung. Im Gegenteil: die psychologische Analyse kann zu einem Mittel unter anderen werden, die zeugende Macht des Logos über das Unbewußte, die "Basis", aufzuzeigen.
(99) Freud, GW XV, S. 122. Vgl. auch Weininger, Otto: "Das ruhende, träge große Ei wird vom beweglichen, flinken kleinen Spermatozoon aufgesucht". Geschlecht und Charakter, Wien/Leipzig 1917, S. 357
(100) Vgl. Friedan, Betty, Der zweite Schritt, Ein neues feministisches Manifest. Reinbek bei Hamburg 1982
(101) Freud, Sigmund, Massenpsychologie und Ich-Analyse, GW XIII, S. 136ff
(102) Darwin, Charles, Die geschlechtliche Zuchtwahl. Deutsch von Heinrich Schmidt, Leipzig 1909, S. 249ff
(103) A. Stopczyk hat den Mechanismus der Vergewaltigung der sozialen und biologischen Realität durch die sozialen und psychologischen Wissenschaften treffend persifliert: "So könnte man aus der biologisch-genetischen Chromosomengegebenheit "objektiv" beweisen, warum der Mann naturgemäß unruhiger sei und darum aktiver und geistiger als die passive Frau: (...) Die Frau hat zwei gleiche Bestandteile, nämlich XX, und der Mann XY! Aus der Tatsache dieses biologischen Unterschiedes kann die Frau naturgemäß als stabiler, ruhiger, passiver angesehen werden, während der Mann gleichsam labil zwischen X und Y hin und her springt und so "von Natur" weniger äußerliche Stabilität aufweist, und daher mehr zu Aktionen, Un-

ruhe und Forschung neigt." Stopczyk, Annegret, Was Philosophen über Frauen denken, München 1980, S. 346

(104) Lévi-Strauss, Claude, Strukturale Anthropologie. Aus dem Französischen von Hans Naumann, Frankfurt 1967, S. 75

(105) Ebda., S. 68 ff

(106) Ebda., S. 62

(107) Illich weist darauf hin, daß der Zwang zum Sündenbekenntnis im 13. Jahrhundert "der erste und bei weitem wirkungsvollste Schritt auf dem Weg zur Annahme des geschriebenen Gesetzes und allgemeiner Erziehung" war. Illich, Genus, S. 107. In einem ähnlichen Sinne läßt sich auch die moderne Enthnologie verstehen: das Abendland schwärmt aus, um Völker mit anderer Kultur nach ihrer "Wahrheit" zu befragen — aber durch die Fragen selbst wird den fremden Kulturen schon das Denken der ethnologischen "Beichtväter" aufgezwungen.

(108) Weininger, Geschlecht und Charakter, S. 361

(109) Ebda., S. 377

(110) Breuer, Freud. Studien über Hysterie, S. 145 f

(111) Maleval, Folies hystériques et psychoses dissociatives, S. 56

(112) Heigl-Evers, Zur Frage der hysterischen Abwehrmechanismen, S. 126 ff

(113) Vgl. Pfister, Oskar, Religiosität und Hysterie, Leipzig/Wien/Zürich 1929, Hysterie und Mystik bei Margareta Ebner, S. 23 f

(114) Legué, Gabriel, Gilles de la Tourette, Soeur Jeanne des Anges, Supérieure des Ursulines de Loudun, Autobiographie d'une hystérique possédée, d'après le manuscrit inédit de la Bibliothèque de Tours, Paris 1886. Vorwort von J.-M. Charcot

(115) Hoffmann, Charakter und Neurose, S. 268

(116) Ebda., S. 269

(117) Vgl. Schaps, Hysterie und Weiblichkeit, S. 81

(118) Schultz-Hencke, H., Lehrbuch der analytischen Psychotherapie, zit. n. Hoffmann, S. 269

(119) Stopczyk, Was Philosophen über Frauen denken, S. 350

(120) Vgl. v. Braun, Christina, Wiederbeleibungsversuche, in: Ich habe einen Körper. Hrsg. von Claudia Gehrke, München 1981

Zweiter Teil
Die Kathedrale:
Konstruktionen, Destruktionen, Defekte

Kapitel III
Sexualität und Sprache

Für das *ich* erfüllen Sexualität und Sprache eine vergleichbare Funktion. Beide bewirken sowohl die Unterscheidung vom anderen wie auch die Vereinigung mit ihm. Beide dienen zugleich der Abgrenzung des *ichs*, seiner Etablierung, wie auch der Aufhebung seiner Begrenzungen. Beide vermitteln das Bewußtsein von der eigenen Unvollständigkeit und erlauben gleichzeitig dem *ich*, sich in der Beziehung zum anderen zu "vervollständigen".
Die Ähnlichkeit von Sprache und Sexualität spielt in allen Kulturen eine wichtige Rolle. In den Religionen der "spiegelbildlichen" Vorstellungswelt wird sie rituell gefeiert. Die Sexualität findet im Tempel statt; sie wird als symbolische Nachvollziehung des ursprünglichen Schöpfungsaktes verstanden (1). Sexualität ist Sprache, Ritus, Symbol — und das Symbol, die Sprache, der Ritus sind zugleich Sexualität (2).
Auch in der "projektiven" Vorstellungswelt spielt die Ähnlichkeit von Sprache und Sexualität eine wichtige Rolle. Aber im Gegensatz zur "spiegelbildlichen" Vorstellungswelt dient hier die Sprache der Vernichtung der Sexualität und des Sexualwesens. Sie bewirkt die Aufhebung der Unterscheidung, die Verleugnung der Unvollständigkeit. Das ICH konstituiert sich nicht durch die Unterscheidung von und Vereinigung mit dem anderen, sondern durch dessen Vereinnahmung. Die Sprache steht nicht zwischen den Geschlechtern — als Grenze und Brücke zugleich —, sondern gewissermaßen über ihnen: sie verwischt die Grenzen zwischen den Sexualwesen und löscht somit die Sexualität selber aus. An die Stelle der Unterscheidung zwischen den Geschlechtern tritt die Dichotomie von Geist und Materie, Signifikant und Signifikat, Symbol und Symbolisiertem, von der im letzten Kapitel die Rede war.
Sexualität und Sprache erfüllen nicht nur ähnliche Funktionen für das *ich*, sie ergänzen sich auch gegenseitig. Sie erlauben sich gegenseitig zu sein. Die Sprache vermittelt das Bewußtsein von der Geschlechtszugehörigkeit, die Abgrenzung vom anderen; und andersherum erweckt das Bewußtsein der eigenen Unvollständigkeit auch das Bedürfnis nach Sprache. Die Sprache

konstituiert das Geschlechtswesen; und das Bewußtsein von der Unvollständigkeit fordert die Sprache.

Auch in der "projektiven" Vorstellungswelt ergänzen sich Sprache und Sexualität. Aber hier wurde die Sprache zum Mittel, die Konstitution des Sexualwesens zu *verhindern*. Unter dem Einfluß der Schrift wurde die Sprache immer weniger zum Mittel der Unterscheidung und immer mehr zum Instrument der Vereinnahmung des anderen. Es entstand ein, wie Lévi-Strauss sagt, "universelles Gesetz", laut dem der Mann das "sprechende" Subjekt ist, die Frau aber die "Nachricht", die Männer untereinander tauschen (3). Es entstand eine "Sexualität", die nichts mehr mit zwei Geschlechtswesen und dem Austausch zwischen unvollständigen *ichs* zu tun hat, sondern mit der phantasierten Vervollständigung des einen Geschlechts durch das andere. Diese Entwicklung bedeutet die Auslöschung des Sexualwesens — und zwar mit Hilfe der Sprache, deren unterscheidende Funktion aufgehoben wurde.

Sexualität und Sprache als Unterscheidung

Den beiden Funktionen der Sprache — Unterscheidung einerseits, Vereinigung andererseits — entsprechen die unterschiedlichen Funktionen der Sprache für die Konstitution des *ichs* bei beiden Geschlechtern. Während die Funktion der Unterscheidung für die Entwicklung der weiblichen Geschlechtsidentität Bedingung ist, stellt die vereinigende Funktion der Sprache die Voraussetzung dafür dar, daß die männliche Geschlechtsidentität

entstehen kann.

Die Mutter ist für die Tochter nicht das "andere Sexualwesen", sondern ein Spiegelbild ihrer selbst. Sie kann in der Beziehung zur Mutter nicht das Gefühl ihrer "Unvollständigkeit" entwickeln, das sie erst zum Sexualwesen macht. Die Abgrenzung gegen die Mutter, das Geboren-Werden als *ich*, als sexuelles Individuum, ist für sie durch die Geschlechtsidentität nicht möglich, denn eben die hat sie mit der Mutter gemein. Durch die unterscheidende Funktion der Sprache hingegen kann sie sich gegen die gleichgeschlechtliche Mutter abgrenzen. Die Sprache erlaubt es ihr, ein Bewußtsein ihrer "Unvollständigkeit" zu entwickeln, zu ihrem *ich* zu finden, ein Sexualwesen zu werden.

Der Sohn hingegen ist ohnehin schon durch sein Geschlecht von der Mutter unterschieden. Er bedarf der Sprache nicht, um sich gegen sie abzugrenzen. Er bedarf ihrer jedoch, um mit dem anderen Geschlecht in Beziehung zu treten. Eine sexuelle Beziehung mit der Mutter, der ersten Frau, der er sich gegenübersieht, ist nicht möglich – sie wäre der Konstitution seines *ichs* konträr, käme einer Wiederaufnahme in ihren Leib, einer Auslöschung gleich. Die Sprache tritt hier an die Stelle dieser – unmöglichen – sexuellen Kommunikation. Sie erlaubt dem Sohn, auf ungefährliche Weise mit dem anderen Geschlecht in Beziehung zu treten. Die Tochter wird Sexualwesen, indem sie, mit Hilfe der Sprache, eine Grenze zwischen sich und der Mutter zieht; der Sohn ist – durch seine geschlechtliche Unterscheidung – Sexualwesen und kann, mit Hilfe der Sprache, in Beziehung zum anderen Geschlecht treten. Im einen Fall dient die Sprache in ihrer unterscheidenden Funktion der Konstitution des Sexualwesens; im anderen Fall dient die Sprache in ihrer vereinigenden Funktion der Konstitution einer Beziehung zwischen den Geschlechtern.

Wenngleich es mir wahrscheinlich erscheint, daß jeder Mensch mit einer unbewußten Kenntnis seiner Geschlechtszugehörigkeit auf die Welt kommt, so muß diese Frage doch in den Bereich der reinen Spekulation verwiesen werden. Aber auch wenn dem nicht so wäre, so vermittelt doch das Verhalten der Mutter dem Kind schon sehr früh eine Ahnung von seiner Geschlechtlichkeit. Im Verhalten der Mutter spiegelt sich ihr eigenes Verhältnis zum Geschlecht des Kindes wider; und aus diesem Verhalten konstituiert sich wiederum das *ich* des Kindes. Das Verhalten der Mutter ist aber nicht etwa konstitutiv, weil sie das eine Geschlecht höher bewertet als das andere, wie oft unterstellt wird, sondern wegen der Selbstschutzmechanismen, die sie entwickelt. Bei der Geburt einer Tochter muß die Mutter, nicht weniger als die Tochter selbst, um den Verlust ihrer Grenzen bangen: um ihre Existenz als Sexualwesen, um ihr *ich* und das Bewußtsein ihrer "Unvollständigkeit". So wird sie einer Tochter gegenüber einen größeren Selbstschutz entwickeln, eine schärfere Grenze ziehen, als sie das dem Sohn gegenüber tut. Ihr Verhalten – je nachdem, ob sie es mit einem Sohn oder einer Tochter zu tun hat – ist wiederum konstitutiv für das *ich*, die sexuelle Identität des Kindes. Die Angst, die die Mutter vor der Tochter hat – die Angst um den Verlust ihres *ichs* –, überträgt sich auf das Kind und ist bestimmend für das Bedürfnis der Tochter nach Abgrenzung von der Mutter.

Marina Gambaroff hat den Verlust der Ich-Grenze für die Mutter bei der Geburt einer Tochter anschaulich beschrieben: die Angst, die die Geburt einer Tochter aktiviert, selber von der eigenen Mutter wieder verschlungen zu werden: "eine Phase unklarer Grenzen, eine Phase der Identitätsdiffusion" (4). Sie spricht von einer "Aufweichung der Ich-Grenzen der Mutter", durch die "eine Verschmelzung mit der Tochter, die ja gleichzeitig die eigene Mutter repräsentiert, droht" (5). Das heißt, die Mutter entwickelt aus Gründen der Selbsterhaltung ein anderes Verhältnis zu ihrer Tochter als zu ihrem Sohn. Ein Verhältnis, das der eigenen Notwendigkeit einer Abgrenzung gegen *ihre* Mutter entspricht.

In diesem Lichte gesehen, verdienen einige Beobachtungen der Beziehung von Müttern zu ihren Kindern eine völlig andere Interpretation als gemeinhin üblich. Etwa die Tatsache, daß Mütter ihre Söhne länger stillen als ihre Töchter. Diese Beobachtung, die auch verschiedentlich statistisch festgehalten wurde, wird meistens dahingehend interpretiert, daß die Mütter ihre Söhne "mehr lieben" als ihre Töchter (6). Ich möchte dieses Phänomen hingegen so interpretieren, daß die körperliche Nähe zur Tochter — wegen der Verschmelzungsgefahr, wegen der Angst vor dem Identitätsverlust — für die Mutter viel bedrohlicher erscheint als die körperliche Nähe zum Sohn. Das ist etwas ganz anderes als die angebliche "Vorliebe" für das männliche Geschlecht, egal ob jene nun für natürlich oder anerzogen gehalten wird. Daß sich Erscheinungen wie die längere Stillzeit von Söhnen nicht mit der Höherbewertung des männlichen Geschlechts erklären lassen, zeigt zum Beispiel die Tatsache, daß bei Adoptionsanträgen erheblich öfter Anträge auf Mädchen als auf Jungen gestellt werden und daß sich unter den Kindern, die zur Adoption freigegeben werden, wesentlich mehr Jungen als Mädchen befinden (7).

Auch andere Erscheinungen lassen sich unter der Prämisse eines bei Mutter und Tochter verstärkten Unterscheidungsbedürfnisses anders interpretieren, als das im allgemeinen geschieht. Das gilt insbesondere für Erscheinungen der frühkindlichen Entwicklung. Die häufig beobachtete frühere Sauberkeit des kleinen Mädchens braucht keineswegs das Produkt einer entsprechenden Erziehung zu sein. Sie kann auch der Ausdruck eines größeren Autonomiebedürfnisses der Tochter sein, das sich aus dem Wunsch nach Abgrenzung gegen die Mutter erklärt. (Selbst dann, wenn die Tochter einer verstärkten Sauberkeitserziehung unterworfen wurde, bleibt noch die Frage, ob der Druck, der auf sie ausgeübt wird, nicht symptomatisch für die Autonomiebedürfnisse der Mutter ist.)

Ähnlich bedarf unter dieser Voraussetzung auch die Entwicklung der frühkindlichen Sexualität einer neuen Lesart. Wenn das kleine Mädchen gegen Ende von dem, was Freud die "phallische Phase" nennt, das Masturbieren einstellt, so tut sie das nicht aus "Enttäuschung" über den "Penismangel", sondern vielmehr um die sexuelle Identifizierung mit der Mutter zu vermeiden. So wie die Anorektikerin mit der Nahrungsverweigerung eigentlich die geschlechtliche Identifizierung mit der Mutter ablehnt, so versucht sich auch das kleine Mädchen, das sich seines *ichs* noch nicht gewiß ist, gegen

die Mutter dadurch abzugrenzen, daß sie ihr Geschlecht ablehnt. Sie versucht, ihre Andersartigkeit, ihre Unterscheidung von der Mutter herzustellen, um als Sexualwesen geboren zu werden, um ihrem *ich* zu Grenzen zu verhelfen. Das ist etwas ganz anderes als dieses viel beschworene "Bedauern" des kleinen Mädchens, keinen Penis zu besitzen. Das gleiche gilt auch für die in dieser Entwicklungsstufe oft beobachtete Abwendung der Tochter von ihrer Mutter. Die Tochter lehnt nicht, wie Freud unterstellt, ihre Mutter ab, weil jene ihr keinen Penis gegeben hat (8) — eine in sich widersinnige These übrigens: eine Tochter, die ihre Mutter mit der Macht versehen glaubt, ihr einen Penis zu geben oder zu entziehen, wird diese Mutter schwerlich als "kastriert" empfinden —; die Tochter wendet sich vielmehr deshalb von der Mutter ab, weil sie eine Schranke zwischen sich und diese Frau, die ihr so nahe steht, setzen muß. Dieses Abgrenzungsbedürfnis deutet ganz gewiß auf eine "kompliziertere" Entwicklung der sexuellen Identität der Frau hin — das eigene Geschlecht muß zunächst "ausgegrenzt" werden, bevor eine Identifizierung mit ihm möglich ist —, aber es bedeutet alles andere als die Kapitulation davor, die eigene sexuelle Identität, das *ich* zu finden.

Das Abgrenzungsbedürfnis von Mutter und Tochter würde auch die vielfach gemachte Beobachtung erklären, daß kleine Mädchen im Durchschnitt früher sprechen lernen als Jungen (9). Da die Sprache ihr einziges Mittel zur Erlangung einer sexuellen Identität, eines *ichs* ist, besteht für sie in erhöhtem Maße die Notwendigkeit, Sprachfähigkeit zu erlangen. Für den Jungen hingegen, für den die Abgrenzung gegen die Mutter gleichsam vorgegeben ist, erringt die Sprache erst ihre Bedeutung, wenn er mit dem anderen Geschlecht anders als körperlich in Beziehung treten will. Die Sprache erlangt erst dann eine der Sexualität nahestehende und jene ergänzende Funktion für ihn, wenn er um seine Andersartigkeit weiß. Erst wenn der Wunsch nach einer Verbindung mit dem anderen Geschlecht begleitet wird von der Furcht, durch die Mutter verschlungen zu werden, bedarf er der Sprache — gleichsam als Ersatz für den Geschlechtsverkehr.

Bezeichnend für die abendländische Kultur ist nun die Tatsache, daß sich von den beiden Funktionen der Sprache — Unterscheidung einerseits und Vereinigung andererseits — zunehmend die "männliche" Funktion, die vereinigende Funktion der Sprache, durchgesetzt hat. Es ist ein Ungleichgewicht zugunsten dieser Funktion entstanden, während Sprache als Unterscheidung und als konstitutives Element der sexuellen Identität der Frau in den Hintergrund gedrängt wurde. Die Sprache wurde zum Mittel einer "symbiotischen" Vereinigung der Geschlechter, der Aufhebung ihrer Unterscheidung; und zugleich wurde die Vereinigung mit der Mutter zum Idealmodell der "Sexualität" erhoben. In der abendländischen Sprache und Sexualität geht es nicht mehr um den Austausch mit einem "anderen", von dem das *ich* sich getrennt weiß und mit dem es sich zu vereinen sucht, sondern es geht darum, die Konstitution des *ichs* zu verhindern.

Sexualität und Sprache als Vereinigung

In der Sprache des Logos ist die Frau nicht namenlos, sondern sie trägt den Namen dessen, von dem sie sich geschlechtlich *unterscheidet*. Ihre Frau-Werdung zeichnet sich gerade dadurch aus, daß sie denselben Namen annimmt wie jener, von dem sie als Sexualwesen getrennt ist. Der Logos hat aus der Voraussetzung für die Entstehung der sexuellen Identität der Frau, nämlich der Sprache, das Mittel der Verleugnung des weiblichen Sexualwesens gemacht. Er gesteht der Frau erst dann eine sexuelle Identität zu, wenn jene Identität, die der sprachlichen Unterscheidung bedarf, aufgehoben ist.
Ohne die Sprache, ohne einen eigenen Namen, können Mutter und Tochter nicht voneinander entbunden werden. Diese Unlösbarkeit der Beziehung wurde ihrerseits zur Voraussetzung für die "Symbiose" der Geschlechter: die Aufhebung der Unterscheidung zwischen den beiden "unvollständigen" Sexualwesen. Da die Tochter des Mittels beraubt wird, sich von der Mutter zu unterscheiden, bleibt sie auch als Sexualwesen ohne Grenze, inexistent. Der Mann tritt gleichsam die Erbschaft der nicht gelungenen Ablösung von der Mutter an. Indem die Frau seinen Namen annimmt, kann sie sich ebensowenig von der Mutter wie von ihm unterscheiden. Die Identitätsfunktion, die Aufhebung der Ich-Grenzen, die die sprachlose Beziehung zwischen Mutter und Tochter kennzeichnen, bilden die Grundlage der Beziehung von Mann und Frau. Marina Gambaroff führt die Schwierigkeiten sexueller Empfindungsfähigkeit vieler Frauen, vor allem ihre "Orgasmus-Ängste", Ängste vor der Ich-Auflösung, auf das diffuse, grenzenlose Ich-Bild zurück, das ihnen die nicht gelungene Abgrenzung gegen die Mutter hinterläßt (10). Während in der "spiegelbildlichen" Vorstellungswelt — gerade dadurch, daß sie "mutterrechtlich" organisiert ist, wie auch immer dieses Mutterrecht aussehen mag: ob matrilokal, matrilinear oder noch anders — das Bild der Mutter mit dem der kosmischen Kräfte, dem der "Mutter Erde" verschwimmt, also gewissermaßen auf *Distanz* zu den Kindern rückt, um beinahe abstrakte (symbolische) Konturen anzunehmen, gewinnt dieses Bild der Mutter in der "projektiven" Vorstellungswelt des Logos konkrete, bedrohliche Nähe und Körperlichkeit (11). Am einen Ende der Entwicklung steht die abstrakte "Mutter Natur", am anderen die bis zur Betäubung fühlbare Mutter der abendländischen Kleinfamilie. An die Stelle der "Großen Göttin", in deren Schoß der Mensch am Ende seines Lebens *zurückkehrt*, tritt die Mutter, von der das *ich* gar nicht erst entbunden wird. Diese Mutter ist kein Symbol und verfügt auch über keine sprachliche Identität, die

die Unterscheidung von ihr erlauben würde. Sie ist ohne *ich* und erlaubt deshalb auch ihrem Kind nicht, sein *ich* zu konstituieren.

Unter dieser Mutter ohne *ich* leidet vor allem die Tochter, die ihre Grenze gegen die Mutter *nur* durch die sprachliche Differenzierung zu ziehen vermag. In der abendländischen Kultur sind Mutter und Tochter einander immer näher gerückt, ihre Grenzen sind immer undefinierbarer geworden, weil das Mittel der Grenzdefinition — die Sprache, der Name — der Frau entzogen wurde. Das ist der Prozeß, um den es in diesem Kapitel geht: die Vernichtung der unterscheidenden Funktion der Sprache, die Voraussetzung ist für die Entstehung der sexuellen Identität der Frau. Die Vernichtung der unterscheidenden Funktion der Sprache wurde nicht nur zum Mittel, die sexuelle Identität der Frau zu zerstören, sie diente der Auslöschung des Sexualwesens, des "unvollständigen" *ichs* schlechthin. Wenn "nennen" und "sein" Synonyme sind (12), so bedeutet die Tatsache, daß die Frau den Namen des anderen erhält, auch die Vereinnahmung ihres Seins durch diesen anderen. Das bedeutet aber, daß es sie, als den anderen, nicht mehr gibt. Die beiden unvollständigen *ichs* sind zu einem ICH verschmolzen. Das ist der Untergang des Sexualwesens.

Es gibt viele Anzeichen dafür, daß der Prozeß der Vernichtung des *ichs* in diesem Jahrhundert seine Vollendung gefunden hat. Gewiß, es bleiben vereinzelt noch spärliche Reste von ihm zurück: Reste, die sich unter anderem in hysterischen Verweigerungsmechanismen ausdrücken. Aber gerade der Abschied, den die "große Hysterie" Anfang dieses Jahrhunderts genommen hat, weist darauf hin, daß die Sache, um die die Hysterie kämpfte, die Wahrung des *ichs*, als verloren galt. Ein bemerkenswertes Beispiel für den Untergang des *ichs* ist in der Untersuchung von Helge Pross über das Selbstbild der Hausfrau wiedergegeben: knapp zwei Drittel der befragten Hausfrauen, so steht in der Untersuchung, gaben an, daß sie mit ihrer Tätigkeit mehr oder minder zufrieden seien, während ebenfalls etwa zwei Drittel derselben Befragten die Hausarbeit als "eintönig" empfanden (13). Das bedeutet, daß mindestens ein Drittel der befragten Hausfrauen sich mit einem Leben zufriedengeben, das sie gleichzeitig als unerfüllt empfinden. Noch bedrückender wird das Bild, wenn man erfährt, daß die "Zufriedenheit" mit der Tätigkeit zunimmt, je länger die Hausfrau ihre Rolle ausgeübt hat. Der "Sog der Rollendefinitionen" (Pross) wirkt sich sogar stärker aus als die Schichtunterschiede, die sonst — gerade, was das Selbstbild der Hausfrau betrifft — erhebliche Unterschiede aufweisen (14).

In seinem Buch "Hysterischer Wahnsinn und dissoziative Psychose" zitiert Maleval das Beispiel eines Patienten, der "seinen normalen Beschäftigungen nachgehen und sich im Leben benehmen [kann], ohne daß die anderen etwas Befremdliches an ihm merken." Das Ich dieses Patienten wird, trotz voller Funktionsfähigkeit, als "destrukturiert" bezeichnet, denn der Patient "ist seinen eigenen Wahrnehmungen, Handlungen und Worten fremd" (15). Auf eine ähnliche psychische Destrukturierung weisen auch Antworten wie die der Hausfrauen aus der Pross-Untersuchung hin. Diese Untersuchung wurde — eben wegen der darin geäußerten "Zufriedenheit" der Befragten — als weibliches Einverständnis mit der "normalen" Frauenrolle gewertet. In Wirklichkeit ist es ein Zeugnis für den Untergang der Empfindungsfähigkeit, für die Vernichtung des *ichs*. Die Untersuchung ist eines von vielen Anzeichen dafür, daß im 20. Jahrhundert die Grenze zwischen Psychose und Normalität fließend geworden ist, ja, daß die große Krankheit ihren eigentlichen Ausdruck in der "Normalität" gefunden hat. Die Komplikation der Krankheit "Normalität" beruht, wie Devereux bemerkt, nicht zuletzt darauf, daß ihre "Diagnose unendlich schwieriger ist als die der Anormalität" (16). Maud Mannoni bezieht dieses Phänomen auch auf die Therapeuten. Die neuen Psychoanalytiker, so schreibt sie, zeichnen sich durch eine "Normalität" aus, die sie "unanalysierbar" macht (17).

Im Anhang dieses Kapitels ist ein Gesprächsprotokoll wiedergegeben, in dem eine Frau ihre Schwierigkeiten bei der Identitätssuche beschreibt — Schwierigkeiten, die in unmittelbarem Zusammenhang mit ihrer Sprache und Identität als "sprechendes Subjekt" stehen. Laura S. beschreibt das "leere Reden" ihrer Mutter, das der Tochter das Gefühl vermittelte, keinen Körper zu besitzen, geschweige denn eine sexuelle Identität. Die — vielen — Worte, die sie von ihrer Mutter hörte, ergaben "keinen Sinn", waren nicht ihre Worte und transportierten immer nur die Inhalte der anderen. Die Mutter konnte ihrer Tochter — trotz Sprache — nichts über sich vermitteln. Ihre Sprache erlaubte deshalb der Tochter auch nicht, sich gegen die Mutter abzugrenzen. Die Grenzen wurden fließend, diffus. Die einzige Möglichkeit, überhaupt eine Identität zu finden, bestand für Laura S. darin, die Sprache gänzlich zu *verweigern*. Bis zum Alter von sechs Jahren habe sie nicht gesprochen, sagt sie. Damit mußte sie freilich auch auf das entscheidende Instrument ihrer geschlechtlichen *ich*-Findung verzichten.

Heute dürfen Frauen wieder über die Sprache verfügen, schreiben und sogar, laut der Gesetzgebung mehrerer Länder, einen "eigenen" Namen tragen. Diese Entwicklung bedeutet aber *nicht*, daß die Sprache wieder ihre Funktion der Unterscheidung angenommen hat; sie bedeutet vielmehr, daß die Sprache sich endgültig in das *Instrument der Symbiose* verwandelt hat und daß, wie auch immer das weibliche *ich* sich benennt oder spricht, es sich immer der Sprache des *anderen* bedient. Die Sprache hat also ihre Funktion der sexuellen Unterscheidung endgültig verloren, und nur deshalb dürfen nunmehr sogar die Frauen sprechen. Die Vernichtung der sexuellen Identität gilt natürlich auch für den Mann, aber darauf werde ich in den Kapiteln V und VI zu sprechen kommen.

Muttersprache — Vatersprache

Ich bezweifle, daß man je eine eindeutige Antwort auf die Frage nach dem Ursprung der Sprache wird geben können; aber was sich darstellen läßt, ist die Geschichte der Gedanken, die es darüber gegeben hat, ist also eine Geschichte der Sprachphilosophie. Und jene ist letztlich die Geschichte der Unterwerfung der "Muttersprache" durch die "Vatersprache" (18), der Vereinnahmung der Sprache durch die Schrift. Eines der Hauptinstrumente dieser Unterwerfung ist wiederum die Sprachphilosphie selbst, denn jene ist Ausdruck der "Vatersprache". Die Sprachphilosophie verdankt ihre Entstehung der Schrift, denn erst die Schrift erlaubt das Nachdenken *über* die Sprache, indem durch sie eine zweite, vom Körper und damit vom Sprechen gelöste Sprache entstand: die Sprache des abstrakten Denkens, des Logos, mit deren Hilfe jener die Herrschaft über die physische Realität, den Körper, die Materie erringt und damit auch über das "Sprechen", das in der "spiegelbildlichen" Vorstellungswelt als Teil der physischen Realität betrachtet wird. "La langue maternelle", die "Mutterzunge", heißt im Französischen die gesprochene Muttersprache, als handle es sich um einen Teil des Körpers. Mit "le langage" hingegen wird ein Abstraktum, die von jeglicher physischen Realität unabhängige Sprache bezeichnet.

Der Grundgedanke der abendländischen Sprachphilosophie, den ich hier an einigen Beispielen illustrieren möchte, ist schon in der "Wiege" abendländischer Kultur, im platonischen Denken, enthalten. Im Kratylos reflektiert Platon über den Ursprung der Sprache:

> Wir müßten uns dann unsererseits so mit der Sache abfinden, wie die Tragödiendichter, die ihre Zuflucht zu den Maschinen nehmen, wenn sie in Verlegenheit sind und die Götter herbeischweben lassen, indem wir sagten, die ursprünglichen Wörter hätten die Götter eingeführt. (19)

Damit sagt Plato zwar, daß er die Entstehung der Sprache nicht erklären kann, aber er sagt auch, daß die Götter nur eine "Verlegenheitslösung" sind. Wie der Tragödiendichter, so zieht auch der Philosoph sie nur heran, wenn er ihrer bedarf. Der Gott, Schöpfer des Wortes bei Platon und Schöpfer durch das Wort für die Religionen des Buches, wird seinerseits zur Schöpfung des Worte-Machers, ob Philosoph oder Dichter. Noch deutlicher sagt es Sophokles, der in seiner "Hymne an die Menschheit" die Sprache zu einer Erfindung des Menschen macht:

> Sprache, der Gedanken
> Luftiger Hauch, und zu gesetzlicher
> Siedlung sanftwilligen Geist
> Bracht er sich bei. (20)

In der griechischen Klassik, in der zum ersten Mal das Denken *über* Sprache entsteht (gleichsam als Begleiterscheinung des utopischen Denkens, das von der sichtbaren, sinnlich erfaßbaren Realität abstrahiert), zeichnet sich die gesamte Entwicklung der abendländischen Sprachphilosophie — und mit ihr die Entwicklung der Sprache — ab. Es ist eine Sprachphilosophie, die allmählich das Sprechen den Gesetzen der Schrift unterwerfen wird, um somit aus den unerfaßbaren Ursprüngen der Sprache eine menschliche "Erfindung", die Nachvollziehung der ursprünglichen Schöpfungsgeschichte zu machen. Die allmähliche Unterwerfung der Sprache ist ein Ausdruck für den Triumphzug des Logos, der seine Herrschaft zunächst durch die Abstraktion (in diesem Fall das Philosophieren über die Sprache) und dann durch die Formung des Sprechens nach seinem Muster, die Neu-Schöpfung der Sprache, etablieren wird.

Die Sprachphilosophie entsteht in der griechischen Antike, aber mit dem Aufkommen des Christentums wird sie an Bedeutung verlieren. Für das Christentum erübrigt sich die sprachphilosophische Erörterung, soweit sie sich auf die Entstehung der Sprache bezieht. Denn das Wort ist bei Gott und Gott ist das Wort, und über den Ursprung der Sprache zu reflektieren, hieße die Allmacht Gottes in Frage zu stellen. Erst mit dem Beginn der Neuzeit entsteht wieder sprachphilosophisches Denken — auch hier vergleichbar mit der Utopie, die in der Renaissance ihre Blüte erlebt. Man beginnt, nach den Gesetzen der Sprache zu suchen, beziehungsweise unterwirft sie einer Ordnung, die man für den Ausdruck einer irdischen Urvernunft, einer "ursprünglichen" Logik hält. Tatsächlich handelt es sich aber um die Gesetze einer Logik, die aus dem "projektiven" Denken, dem Denken in Ideal-Modellen abgeleitet wird, und durch die die Sprache neu geformt werden soll. Bezeichnend dafür sind die sprachphilosophischen Schriften des Humanisten Scaliger, der als erster eine wissenschaftliche Grammatik der lateinischen Sprache entwirft. (21) Indem Scaliger Gesetze zu formulieren versucht, die eine der Sprache inhärente Logik nachweisen sollen, versucht er, die Sprache zum Instrument der Logik zu machen. Die Logik der Sprache wird zum Mittel, das Sprechen (und damit den sprechenden Menschen) nach den Gesetzen der Logik zu formen.

Der Prozeß, um den es hier geht, vollzieht sich als allmähliche Unterwerfung der "Muttersprache", der mündlichen Sprache, des Sprechens, das in enger Beziehung zum Körper steht, unter die Gesetze der "Vatersprache": der Sprache des abstrakten Denkens, des Logos. Im Verlauf des 16. Jahrhunderts wird in fast allen Gegenden Europas die Benutzung der lateinischen Sprache zurückgehen und durch die Heimatsprache ersetzt werden. Das bekannteste Beispiel dafür ist Luthers Übersetzung der Bibel ins Deutsche. Diese Entwicklung bedeutet aber nicht, daß die "Muttersprache" wieder zu ihren Rechten kommt und die "Vatersprache" zurückgedrängt wird; sie ist vielmehr ein Ausdruck für die Vereinnahmung der "Muttersprache" durch die "Vatersprache", durch die Schrift, die mit der Erfindung des

Buchdrucks erheblich an Einfluß gewinnt. Bis hierher hatten sich die Mundarten weitgehend einer Abstraktion entziehen können. Nun aber werden sie im Verlauf eines Prozesses, der der "Materialisierung" des Logos und der Neu-Schöpfung der Materie entspricht, der Norm der abstrakten Gesetze des "projektiven" Denkens unterworfen.

Ein typisches Zeichen für die Unterwerfung der "Muttersprache" unter die Gesetze der "Vatersprache" ist die Gründung der Académie Française im 17. Jahrhundert durch Kardinal Richelieu. Die Aufgabe der Académie Française bestand (und besteht noch heute) darin, die französische Sprache in einem Code festzuhalten, also in das Korsett der Schriftsprache zu zwängen. Die Académie Française wurde zum wirksamen Instrument einer Zentralisierung des französischen Staates, der vorher aus zwei Kulturgebieten unterschiedlicher Sprache bestand. Die Mitglieder der Académie Française waren direkt dem König unterstellt; und als Symbol seiner Aufgabe erhält (auch heute noch) jedes Mitglied bei seiner Aufnahme ein Schwert. Die Kodifizierung der Sprache wurde deutlich als Instrument der Eroberung verstanden.

Hatte die "Vatersprache" bis hierher noch nicht die breiten Bevölkerungsschichten erreichen können, so beginnt sie nun das Volk zu unterwerfen, indem sie sich der "Muttersprache" bemächtigt. Sie beginnt — in einem Prozeß, der der Materialisierung des Logos entspricht — die konkreten, körpernahen Eigenschaften der "Muttersprache" anzunehmen, um sich auf diese Weise der Empfindung des Körpers, der sexuellen Identität ihrer Benutzer zu bemächtigen und jene nach ihrem Ebenbild zu formen. Auf der einen Seite wird also die abstrakte "Vatersprache" irdisch, sie nähert sich der Realität, der Materie an; und auf der anderen Seite zwingt sie der "Muttersprache" die Gesetze *ihrer* Logik auf. Beide Vorgänge sind untrennbar voneinander und ergänzen sich gegenseitig.

In dem Maße, in dem "Vatersprache" und "Muttersprache" einander immer ähnlicher werden, verschwindet auch die Unterscheidung zwischen den Geschlechtern, die ihrerseits durch künstliche Rollenzuweisungen an die Geschlechter ersetzt wird. Die Frau wird zunehmend aus allen sprachlichen, wortschöpferischen Instanzen, aus allen schöpferischen Tätigkeiten überhaupt verbannt, um erst dann wieder zugelassen zu werden, wenn die "Vatersprache" endgültig die "Muttersprache" vereinnahmt hat (22). Die Frau wird zur Verkörperung der Sprachlosigkeit. An die Stelle der Unterscheidung zwischen den beiden Sexualwesen tritt nun die künstliche Unterscheidung zwischen Sprache/Mann einerseits und Sprachlosigkeit/Frau andererseits.

Die Frau spricht nicht mehr — und damit gibt es sie auch nicht mehr als Geschlechtswesen. Im Verlauf der zunehmenden Unterwerfung des Sprechens durch die Schrift wird sie in die "Nachricht" verwandelt, von der

MÜNCHEN

Marienplatz u. Frauenkirche

Lévi-Strauss spricht. Aber während Lévi-Strauss in dieser Eigenschaft der Frau, "Nachricht" zu sein, eine Art von universalem Naturgesetz sieht, das vor allem den Kulturen ohne Schrift eigen sei, geht aus der hier beschriebenen Entwicklung hervor, daß es sich dabei vielmehr um ein "Universalgesetz" der schriftkundigen Kulturen und insbesondere um ein abendländisches Phänomen handelt. Die Frau als Inhalt der "Botschaft", die Männer untereinander austauschen — diese Vorstellung entspringt dem "projektiven" Denken; und nicht durch Zufall entstand sie auch an abendländischen Schreibtischen, von wo sie — dem Eroberungsdrang des "projektiven" Denkens gemäß — als "universelles Gesetz" dekretiert wird (23).

Der Logos "erfindet" die Sprache neu, er formt sie nach seinen Gesetzen. Und ebenso "erfindet" er auch die Sexualität neu — eine Sexualität, die weit davon entfernt ist, mit der von zwei "unvollständigen" Sexualwesen vergleichbar zu sein. So schreibt der italienische Literaturwissenschaftler Giovanni Macchia über den Eros des 17. Jahrhunderts:

> Der Sexus, vom Gefühl befreit, erreicht eine außergewöhnliche Ausdehnung und nähert sich damit allmählich der Psychopathie eines Sade. Man hat gesagt, die Liebe sei eine Erfindung des zwölften Jahrhunderts. Doch wurde im siebzehnten Jahrhundert die Erotik mit all ihren Entartungen und in ihrer ganzen Tollheit erfunden. Man erfand den Don Juan. (24)

Es ist kein Zufall, daß die literarische Leitfigur des Don Juan in einem Zeitalter auftaucht, in dem andernorts in Europa der protestantische Puritanis-

mus entsteht: beides ist Ausdruck eines Desexualisierungsvorgangs. Im Puritanismus wird die Sinnlichkeit selbst verleugnet; im Don Juan werden die Triebe "vom Gefühl befreit". Es sind Triebe, die wohl die Lust, die Erotik, zulassen, aber nicht die Existenz des anderen. Die Geschlechtlichkeit wird durch sexuelles Know-how ersetzt, das später im technischen Zeitalter mit der Entstehung der industriellen Pornographie seine Vollendung erfahren wird.
Auf diese Weise tritt das "eine" Geschlecht, das den Logos verkörpert, an die Stelle Gottes. Der Mann, der — mit Hilfe der Sprache — die schöpferischen Kräfte der Frau vereinnahmt hat, verfügt nunmehr über parthenogenetische Fähigkeiten. Er wird omnipotent, wie der Gott, an den er vorher "projektiv" geglaubt hatte.
Das Wort, "das im Anfang steht", wird von ihm produziert, und alles, was dieses schöpferische Wort hervorbringt, ist mithin seine Schöpfung. Soweit Gott in diesem Säkularisierungsprozeß überhaupt noch eine Rolle spielt, tut er das nur noch als symbolisches "Ebenbild" *menschlicher* Sprachfähigkeit. Descartes sieht den Gottesbeweis in seiner eigenen Denkfähigkeit (25); und Herder findet ihn im menschlichen Ursprung der Sprache: "Der menschliche [Ursprung der Sprache, d.V.] zeigt Gott im größesten Lichte." (26) War Gott einst die schöpferische Kraft, die aus dem Nichts Realitäten schuf, so wird seine Existenz nunmehr aus der Realität, die er hervorbrachte, *abgeleitet*. (27) Er wird gleichsam zum Symbol einer sichtbaren Wirklichkeit. Gott ist das Wort, aber der Mensch spricht. Wir werden sehen, wie diese Rollenverteilung in der Sprachphilosophie und Ethnologie des 20. Jahrhunderts auf die von Mann und Frau übertragen wird: die Frau als Nachricht, der Mann als das sprechende Subjekt.
Die Verkleidung der "Vatersprache" in das Gewand der "Muttersprache" verhilft der "Vatersprache" zu einer Aneignung der Ursprünge. Besonders deutlich wird das bei Fichte. In seinem Aufsatz "Von der Sprachfähigkeit und dem Ursprung der Sprache" schreibt er, daß die gesprochene Sprache eine Nachfolgeerscheinung der Schrift gewesen sei. Er vertritt die Ansicht, daß die Menschen, noch bevor sie sprechen konnten, über ein System von Schriftzeichen (Hieroglyphen) verfügten, über die sie miteinander kommunizierten. Fichte schließt auch nicht aus, daß der Mensch ohne Sprache denken und auch "allgemeine abstracte Begriffe" haben kann: "Die Sprache ist meiner Überzeugung nach für viel zu wichtig gehalten worden, wenn man geglaubt hat, daß ohne sie überhaupt kein Vernunftgebrauch Statt gefunden haben würde." (28) Die Hieroglyphen, so führt Fichte weiter aus, hätten sich jedoch als ungeeignet erwiesen für die Jagd und für "Rathsversammlungen" — wobei er hinzufügt, daß "die rohen und uncultivierten Menschen, wie wir hier sie uns denken [...] oft des gegenseitigen Raths bedürfen" (29). So seien die Menschen über die Entstehung der Sprache einig

geworden. "Heerführer" oder "Familienväter" hätten darüber bestimmt, daß die Rose mit dem Wort "Rose" zu bezeichnen ist und der Hammer "Hammer" heißt.

Dieser philosophischen Umkehrung entsprechen aber auch die realen Verhältnisse, die freilich nicht aus der "Urzeit" stammen, sondern in eben dieser Zeit der Umkehrung erst erschaffen werden: Gott — das Wort — wird dank der Neuschöpfung der Sprache durch den Menschen tatsächlich zu dessen "Geschöpf"; und die "Muttersprache" wird ihrerseits tatsächlich zur Schöpfung des Logos; sie wird nach seinen Gesetzen, den Gesetzen der Schrift, neu geformt.

Um zu rekapitulieren: Der Prozeß, der sich seit der Geburt der Schrift bis hierher vollzogen hat, besteht darin, daß die Schrift sich die Nähe der "Muttersprache" zur physischen Realität aneignet. Diese Nähe beruht darauf, daß die "Muttersprache" nur mündlich, nicht ohne den Körper, existieren kann. Sie ist Teil der physischen Realität, weil sie von ihr nicht trennbar ist. Eben diese Nähe macht sich die "Vatersprache", die die Sprache des Logos ist, zu eigen, indem sie die "Muttersprache" ihren Gesetzen unterwirft. Auf diese Weise zwingt sie die Realität, sich den Gesetzen der Logos-Sprache anzupassen. Die Sprachphilosophie ist zugleich Produkt und Agent dieses Vorgangs: als Produkt ist sie ein Abbild der veränderten Funktion der Sprache. Agent ist die Sprachphilosophie aber auch, weil sie ihre Entstehung der Schrift verdankt, also selbst Ausdruck des "projektiven" Denkens, der "Vatersprache" ist.

Die Sprachphilosophie des 20. Jahrhunderts vollendet die künstliche Verwandlung von "Vatersprache" in "Muttersprache" und liefert zugleich die Rechtfertigung für diese Verwandlung. Im Zeitalter der "Moderne" hat sich eine Sprache durchgesetzt, die gesprochen wird und dennoch den Gesetzen der Schriftsprache entspricht. Das schlägt sich etwa in der Durchsetzung der "Hoch-Sprachen" nieder, wie auch in der Tatsache, daß die Fähigkeit, lesen und schreiben zu können, nicht mehr die Ausnahme, sondern Voraussetzung für soziale Existenz ist. Die Schrift wird Allgemeinsprache; und die gesprochene Sprache wird Literatur.

> Man könnte sagen: wenn die Renaissance den Kult Gottes durch den des Menschen ersetzt hat, so bringt unsere Epoche eine nicht minder bedeutende Revolution, nämlich die Auslöschung jeglichen Kultes. Denn sie ersetzt den Kult des Menschen durch ein System, das der wissenschaftlichen Analyse zugänglich ist: die Sprache. Der Mensch als Sprache, die Sprache anstelle des Menschen, das wäre die demystifizierende Handlung par excellence, die die Wissenschaft in die komplexe und ungenaue Zone des Menschlichen einführt: dorthin, wo sich (gemeinhin) Ideologien und Religionen ansiedeln. (30)

Deutlicher läßt es sich nicht sagen: die linguistische Wissenschaft tritt das Erbe der Religionen, der Ideologien an, also das Erbe des "projektiven" Denkens. Aber nicht etwa, wie Kristeva meint, um jene zu widerlegen, sondern um sie abzulösen. Die Ideologien, die Religionen erübrigen sich, weil sie in die Sprache selbst eingegangen und in ihr aufgegangen sind. Die Entstehung der Linguistik ist nicht symptomatisch für eine "Demystifizierung"; vielmehr ist sie ein Zeichen dafür, daß der Mythos sich in bloße Sprache verwandelt hat, als welche er den Menschen und sein Denken formt. Der Mythos ist zugleich verschwunden und allgegenwärtig geworden: und die linguistischen Wissenschaften entstehen gleichsam, als gelte es, den Mythos, den die Sprache in sich aufgesogen hat, zu verbergen, unkenntlich zu machen.

Daß der Mythos dennoch präsent ist, zeigt sich besonders da, wo Strukturalismus und linguistische Wissenschaft in den Bereich der menschlichen Psyche vorstoßen. Für die Psychoanalyse — die wie Linguistik und Strukturalismus im 20. Jahrhundert entstand — ist die Sprache *das* Instrument, durch das sich die psychische und physische Wirklichkeit des einzelnen erfassen läßt. Andererseits übt die Psychoanalyse aber — durch die Lehrgebäude, die sie errichtet hat, durch die Therapieformen und populären Ansichten, die aus den Lehren hervorgingen — auch ihrerseits über die Sprache Einfluß auf die Wahrnehmung aus, die der einzelne von seiner psychischen und physischen Wirklichkeit hat. Die Psychoanalyse trägt dazu bei, daß sich der Mythos, die "Vatersprache" im Unbewußten ansiedeln kann (31).

Besonders bezeichnend für die Überschneidung von strukturaler Linguistik und Psychoanalyse sind die Schriften von Jacques Lacan. Lacan bezeichnet seine Schriften selber als "unlesbar" (32). Gleichzeitig betrachtet er aber das, was sie beschreiben — die Funktionsweise des Unbewußten —, als das Produkt einer Schriftsprache: einer Schriftsprache, die nicht aufs Papier, sondern ins Unbewußte, auf den Körper geschrieben ist. Die Schriften Lacans sind "unlesbar", weil sie sich die Ambivalenz und Vieldeutigkeit des gesprochenen Wortes zu eigen machen und damit spielen. Aber das, was sie beschreiben, ist wiederum Produkt der Schrift:

> Wenn es etwas gibt, das uns die Dimension des Geschriebenen näherzubringen vermag, so die Erkenntnis, daß das Signifikat nichts mit den Ohren zu tun hat, sondern nur mit dem Lesen, dem Lesen dessen, was man unter dem Signifikanten versteht. Das Signifikat ist nicht das, was man hört. Was man hört (versteht), ist der Signifikant. Das Signifikat ist das Ergebnis des Signifikanten. (33)

Für Lacan ist es "die Welt der Worte, die die Welt der Dinge schafft" (34). Der Mensch ist die Materie der Sprache. Das Symbol ist nicht das Spiegelbild des Symbolisierten, sondern dessen Schöpfer. Der Mensch "spricht also, aber er tut es, weil das Symbol ihn zum Menschen gemacht hat" (35). Sein Unbewußtes ist "wie eine Sprache strukturiert". Es ist das Produkt der Sprache, derer sich der Mensch bedient.

Lacan beschreibt die Entstehung der Sprachfähigkeit beim Kind als "Spiegelstadium": wenn das Kind sich zum ersten Mal im Spiegel erkennt, entsteht bei ihm das Bewußtsein seiner individuellen Existenz. Es empfindet sich als abgespalten von der Umwelt, von den anderen, mit denen er sich bisher "eins" glaubte (36). Eine ähnliche Erkenntnis vermittelt auch die Sprache (die gesprochene Schriftsprache): Sie vermittelt die Einsicht, daß es die anderen gibt, von denen das Subjekt getrennt ist. Bei den verschiedenen "Wolfskindern", die besonders im 18. und 19. Jahrhundert entdeckt wurden, und von denen keines je sprechen lernte, konnte man feststellen, daß sie nicht fähig sind, sich im Spiegel zu erkennen. Sie suchten nach einer Person, die hinter dem Glas steht (37). Die Sprache, die Eingliederung in die "symbolische Kette", oder die "Signifikantenkette", wie Lacan sagt, steht am Ursprung des Bewußtseins von der eigenen physischen (physisch gegen die anderen abgegrenzten) Existenz. Findet diese Integration in die symbolische Kette nicht statt, so ist das Kind der Psychose ausgeliefert, in der die Unterscheidung vom anderen nicht gelingt. Eine typische Erscheinung bei psychotisch Erkrankten ist ihr Gefühl, einen "offenen", unabgeschlossenen Körper zu haben (38). Auch nicht psychotisch erkrankte Menschen entwickeln bei gestörtem Selbstbild (durch mangelnde sprachliche Abgrenzungsmöglichkeit) oft Bewegungs- und Motorikstörungen (39).

In der Lacanschen Sprachphilosophie spiegelt sich einerseits die enge Verbindung zwischen Körper und Sprache wider, andererseits aber auch die unterscheidende Funktion der Sprache, auf die ich am Anfang dieses Ka-

Edgar Degas, Verstimmung

pitels eingegangen bin. Auch für Lacan ist die geschlechtliche Identität des Menschen ein Produkt der Sprache: sein Ich ein Geflecht, das sich aus den Symbolen, der Signifikantenkette zusammensetzt. Daß er aber nicht vom *ich*, sondern vom ICH spricht, wird deutlich, wenn man seine Theorien über die sexuelle Identität näher betrachtet.
Lacan setzt den Vater mit der Sprache gleich. Der Vater, so sagt er, ist der "Andere", der die Symbiose von Mutter und Säugling löst. Als "Nom-du-Père" (ein Wortspiel: in der gesprochenen französischen Sprache bedeutet es sowohl "das Nein des Vaters" wie der "Namen des Vaters") ist er die trennende Instanz: die Sprache, die sich zwischen Mutter und Kind stellt. Das Dazwischentreten des — Symbol gewordenen, in einen Namen, ein Nein verwandelten — Vaters ist die Voraussetzung dafür, daß das Kind in die "symbolische Kette" integriert wird und somit über psychische und physische Grenzen verfügt.
Die Symbiose zwischen Mutter und Kind, so sagt Lacan, entsteht ihrerseits dadurch, daß das Kind von der Mutter als der ersehnte "Phallus" empfunden wird, den sie nicht hat, durch den sie aber "vollständig" zu werden hofft. Die sexuelle Identität des Kindes entwickle sich nun dadurch, daß der Sohn schließlich erkennt, daß er den Phallus besitzt, nach dem sich die Mutter sehnt, wohingegen das kleine Mädchen diese Befriedigung nie erlangen kann, also immer "Phallus" bleibt — ob in ihrer Beziehung zur Mutter oder später zum Mann. Der Kernsatz dieser Theorie über die Entstehung der sexuellen Identität lautet: *Der Mann hat den Phallus, die Frau ist der Phallus* (40). Die Frau wird im Gegensatz zum Mann nie zum Subjekt ihres Sprechens und damit auch ihrer Geschlechtlichkeit, weil sie sich — aus physiologischen Gründen — nicht mit dem "Anderen" identifizieren kann, der die Unterscheidung einführt.

Lacan geht also von einer unterscheidenden Funktion der Sprache aus, aber hier dient die unterscheidende Funktion der Sprache nicht der Differenzierung zwischen Gleichgeschlechtlichen, zwischen Mutter und Tochter, sondern zwischen Mutter und Sohn. Gleichzeitig dient sie als

Erklärungsmuster dafür, daß zwischen Mutter und Tochter keine Unterscheidung möglich ist. Er bedient sich der unterscheidenden Funktion der Sprache, um zu erklären, weshalb die Frau *kein* Ich, *keine* sexuelle Identität entwickeln kann. Er gesteht der Frau nur eine sexuelle Identität zu, die aus der Nicht-Definierbarkeit dieser Identität besteht. Die Identität der Frau als Geschlechtswesen ist an die Identität gebunden, die der Mann, das "sprechende Subjekt", die Inkarnation der Logik der Sprache, ihr verleiht. Die Frau spricht nicht, sie wird gesprochen (41).

Es soll hier gar nicht darum gehen, die Lacanschen Thesen über die Identitätsfindung der Geschlechter anzufechten (42) — wenn auch einiges gegen sie anzuführen wäre. So etwa der Widerspruch, daß der Mann die seinem Geschlecht zugewiesene Rolle als "Nein" und "Namen" nur erfüllen kann, wenn er auf seine Materialität verzichtet — Lacan erklärt, daß der "Symbolische Vater, soweit er dieses Gesetz bedeutet, wohl der Tote Vater ist" (43) —, der Sohn aber gleichzeitig aus seiner biologischen Beschaffenheit die Erkenntnis bezieht, den "Phallus zu haben", also "Inkarnation" des Symbols oder der Sprache zu sein: Nach dieser Logik würde der Mann seine sexuelle Identität also durchaus vom Signifikat ableiten, was in vollem Widerspruch zur Grundthese Lacans steht. Widersprüchlich ist etwa auch Folgendes: Wenn, wie Lacan behauptet, die Mutter das Kind als "Phallus" betrachtet, der ihr die ersehnte "Vollständigkeit" verleiht, so bedeutet das doch, daß sie sich seiner Andersartigkeit bewußt ist, denn sonst könnte sie schwerlich ihre Vervollständigung in ihm suchen. Das hieße aber, daß sie mit dem Kind gar nicht symbiotisch verkettet ist und es weder des "Anderen" noch der Sprache bedarf, um die Unterscheidung zwischen ihr und dem Kind einzuführen.

Vielmehr geht es hier darum, deutlich zu machen, daß diese psychoanalytische Philosophie die Fortentwicklung des "projektiven" Denkens darstellt. Der Mythos von dem *einen* Gott wird auf die Sprachfähigkeit und sexuelle Identität des *einen* Geschlechts übertragen. Damit opfert sie aber auch das Sexualwesen selbst, und eben dies ist meine

Je songe en tricotant toujours à votre père.
Pensez à lui aussi en jouant à la guerre.

These: diese Sprachphilosophie reflektiert den endgültigen Untergang des Sexualwesens, des *ichs*. Lacan versucht, das Sexualwesen, das durch die Allmacht der Sprache — der "Vatersprache" — eigentlich verurteilt ist, noch in diese Sprachphilosophie hinüberzuretten: er ersetzt das "unvollständige" Sexualwesen, das *ich* durch künstliche Rollenzuteilungen, durch ICHs, die den beiden Geschlechtern zugewiesen werden. Eben damit liefert er aber auch den Beweis für den Untergang des Sexualwesens.

Den Zustand, den Lacan beschreibt, habe ich in meinem letzten Kapitel darzustellen versucht: die Entleibung des Vaters, seine Existenz als Symbol, als körperloser Geist, und die Delegierung der "Materie" an die Frau. Aber während Lacan diesen Zustand als ursprünglich und gewissermaßen allgemeingültig betrachtet, muß man ihn doch in Wirklichkeit als das Endprodukt eines langen Prozesses sehen. Und eben dies, die Verleugnung des historischen Prozesses (44), der vorausgegangen ist, weist diese Sprach- und Sexualphilosophie als die Endstufe einer geschichtlichen Entwicklung, der Dynamik des Logos aus.

Die psychoanalytische Sprach- und Sexualphilosophie ist Ausdruck einer "Materialisierung" des Logos. Um etwa 1900 hatte die Dynamik, die durch die Entstehung der Schrift ausgelöst worden war, Realitäten erzeugt, die denen der "projektiven" Idealität entsprachen. Deshalb entsteht auch in dieser Zeit — um 1900 — das für die Psychoanalyse und den Strukturalismus charakteristische a-historische Denken. Dieses Denken ist seinerseits das Produkt einer geschichtlichen Entwicklung. Es ist das Ergebnis eines Entwicklungsprozesses, das die Entwicklung selbst verleugnen soll. Die Geschichte liefert gleichsam selbst den Stoff, sie zu verneinen. Die Linguistik, der Strukturalismus, die Psychoanalyse entstehen im 20. Jahrhundert, weil die Sprache und mit ihr das Denken soweit vom Logos geformt sind, ja selber zu Logos geworden sind, daß nur noch Fragen gestellt werden, für die der Logos eine Antwort bereit hat: eine Antwort, die immer die Bestätigung seiner Ubiquität und Universalität liefern wird. Der Logos will im 20. Jahrhundert seinen eigenen Triumphzug vergessen machen; er trachtet, seine Geschichte zum Verschwinden zu bringen, denn diese Geschichte birgt eine Erinnerung, die seine Allgemeingültigkeit, seine Allmacht in Frage stellt.

Hatte Descartes einst die Metaphysik (in meinen Worten: das "projektive" Denken) als Wurzeln des Baumes beschrieben, der die sichtbare Realität darstellt (vgl. S. 125), so fordert der Logos nunmehr, daß jede Erinnerung an die Metaphysik dieser Wurzeln untergehe. Die Zweige und Äste, die die Wurzeln getrieben haben, die Sprache und psychische Wirklichkeit, die das Wunschdenken hervorgebracht hat, dienen dazu, die metaphysischen Wurzeln zur physischen Realität zu erklären.

Der historische Prozeß der Vereinnahmung der "Muttersprache" durch die "Vatersprache" wurde begleitet von einer zunehmenden Verdrängung der Frau aus dem Kulturleben und der Sprache. Er wurde auch begleitet von einer zunehmenden Verfolgung ihrer Geschlechtlichkeit. Die "Vatersprache" konnte nur dadurch zur "Muttersprache" werden, daß sie der Frau das Instrument ihrer sexuellen Unterscheidung entzog und somit die Entstehung ihres *ichs* verhinderte. Wie sich dieser Prozeß vollzogen hat, werde ich im folgenden Abschnitt skizzieren. Aber ich möchte hier schon anmerken, daß die Lacansche Sprachphilosophie insofern nicht die Enstehung der sexuellen Identität beschreiben kann, als sie die Geschlechtlichkeit selbst verleugnet. Die Weigerung, dem einen Geschlecht eine Existenz als Subjekt zuzugestehen, beinhaltet notwendigerweise auch die Geschlechtslosigkeit des anderen. Beinhaltet also das Ende der Geschlechtlichkeit, des Geschlechtsunterschiedes, der ersetzt wird durch *andere* Unterscheidungen, die an seine Stelle treten: die Unterscheidung zwischen Kopf und Körper, Geist und Materie, Natur und Kultur, wie ich sie schon im letzten Kapitel beschrieben habe. Die Zuordnung der "Materie", des "Körpers" an die Frau einerseits und der Sprache, des Geistes an den Mann andererseits hat die Unterscheidung zwischen Mutter und Tochter abgelöst und damit den Untergang der Sexualwesen besiegelt.

Die Verwandlung der "Vatersprache" in "Muttersprache" bedeutet nicht, daß der Vater/Mann zum "Schöpfer" der Sprache wird — sie bedeutet vielmehr die Aufhebung der geschlechtlichen Differenz. Und der beste Beweis dafür, daß es die geschlechtliche Unterscheidung tatsächlich nicht mehr gibt, liefert wiederum das "Spiegelbild" der neuen Realität, nämlich die Sprachphilosophie. In seinen spannenden Aufsätzen über "Die Schrift und die Differenz" geht Derrida auf fast jede Form der Unterscheidung ein — auf die zwischen Wahnsinn und Normalität, zwischen Illusion und Wirklichkeit, zwischen dem Juden und dem Nicht-Juden —, nur die eine bleibt bei ihm unerwähnt, *die* Differenz schlechthin, nämlich die zwischen den Geschlechtern (45). Es gibt sie nicht mehr.

Die Schrift hat mit der Existenz der Frau auch die sexuelle Unterscheidung zunichte gemacht. Aber auch wenn es die Frau und den Mann als Sexualwesen nicht mehr gibt, so gibt es doch immer noch die Erinnerung an einen Prozeß, der zu ihrem Verschwinden geführt hat. Und paradoxerweise existiert diese Erinnerung nicht zuletzt dank der Schrift.

"Synthetische" Sexualität und Sprache

Die Frau hat kein Ich — darüber sind sich von Weininger bis Lacan ein Großteil der Philosophen des 20. Jahrhunderts (und nicht nur der Philosophen) einig. Aber, so muß man doch fragen: wenn es so evident und ursprünglich, ja biologisch bedingt wäre, daß es die Frau als Sexualwesen nicht gibt, war-

um wurde dann in der Vergangenheit die weibliche Geschlechtlichkeit mit so erbittertem Zorn verfolgt und die Frau mit Gewalt ihrer Sprache beraubt? In dieser Gewalt selbst liegt doch der Beweis dafür, daß es die Frau als Sexualwesen und als sprechendes Subjekt zumindest gegeben *hat*.
So wie der Logos in der Frau den Körper bekämpfte, die Materie verfolgte, als "falsche Materie" und "Lüge", so wies er ihr auch die Geschlechtlichkeit zu, um sie im weiblichen Geschlecht befehden und unterwerfen zu können. Und so wie er die Materie durch eine Materie nach seinem Ebenbild ersetzte, schuf er auch eine Sexualität nach seinem Ebenbild: die Sexualität des *einen* Geschlechts.
Der Kampf des Logos gegen die Sexualität der *zwei* Geschlechter vollzog sich zunächst, indem er die Gemeinsamkeit von Sprache und Sexualität leugnete. Sprache und Sexualität wurden zu Gegensätzen, wie Geist und Körper. Mit der allmählichen "Materialisierung" des Logos wurden Sprache und Sexualität jedoch wieder eins. Aber ihre Gemeinsamkeit besteht nunmehr darin, daß der Frau weder die Sprache noch die Sexualität zugestanden wird. Es gibt nur das eine Subjekt der Sprache und das eine Geschlecht. Ich möchte die Entwicklung dorthin an einigen Beispielen darstellen.
Von der Antike bis etwa zur Aufklärung herrschte die Auffassung vor, daß der Geschlechtstrieb der Frau weitaus stärker sei als der des Mannes. Das kommt zum Ausdruck im Mythos von Tiresias, in Gedichten von Juvenal oder auch in den Vorstellungen des Arztes Galen (46). Auch im Alten Testament ist von der "Unstillbarkeit" der Gebärmutter die Rede (47). Die Auffassung drückte sich nicht zuletzt auch in der Hysterie-Therapie von der "unzufriedenen" Gebärmutter aus. Überhaupt sind Hysterie-Theorie und -Therapie ein zuverlässiges Abbild des Verhältnisses einer Epoche zur Geschlechtlichkeit der Frau. Die Antike bekämpfte — im Gegensatz zum späteren Christentum und Islam — nicht den weiblichen Geschlechtstrieb, was sich in "sanften" Hysterie-Therapien, der "Verschreibung" von Geschlechtsverkehr oder Mutterschaft ausdrückte (vgl. S. 24). Der weibliche Geschlechtstrieb diente der Antike aber zum Vorwand, der Frau das Recht abzusprechen, sakrale Ämter innezuhaben, geistig tätig zu sein oder am öffentlichen Leben teilzunehmen. Er diente letztlich als Vorwand zur Bekämpfung der Geschlechtlichkeit selbst. Foucault hat ausführlich beschrieben, welche bedeutende Rolle auch schon in der vorchristlichen Kultur Griechenlands und Roms das Enthaltsamkeitsideal einnahm, das im Christentum vorherrschend wurde (48).
Mit der Verbreitung des Christentums und später des Islam wurde die weibliche Sexualität offen bekämpft. Es setzte sich zunehmend die Vorstellung von der "Gefährlichkeit" des weiblichen Sexualtriebs durch. Die "Unersättlichkeit ihrer fleischlichen Begierde" diente als Beweis für die Verschwörung der Frau mit dem Teufel: "Darum haben sie [die Hexen, d.V.] auch

mit Dämonen zu schaffen, um ihre Begierde zu stillen", heißt es im "Hexenhammer", und weiter: "Gepriesen sei der Höchste, der das männliche Geschlecht vor solcher Schändlichkeit bis heute so wohl bewahrte." (49) Die angebliche "Unstillbarkeit" des weiblichen Geschlechtstriebs wurde zum Anlaß für die Hinrichtung zahlreicher Frauen. Klitoridektomie und Infibulation werden in der islamischen Gesellschaft noch heute mit der "Übersexualisierung" der Frau gerechtfertigt (50).
Die Frau wurde im Christentum aber auch als Sexualwesen bekämpft, indem man ihr das Recht auf Sprache entzog. Paulus legte der Frau die Pflicht auf, in der Gemeindeversammlung zu schweigen (51). Er verbot ihr die Lehrtätigkeit und wies ihr die Rolle zu, "sich stillschweigend in aller Unterordnung belehren [zu] lassen" (52). Dabei verdankte das Christentum seine Verbreitung zu einem Gutteil der weiblichen Sprache und "Lehrtätigkeit". Die Bekehrung von Augustinus zum Christentum geschah ausschließlich auf das Betreiben seiner Mutter (was ihn nicht hinderte, die "Schwäche" und Willenlosigkeit der Frau für den Sündenfall verantwortlich zu machen (53)). Das erste christliche Erziehungshandbuch wurde von einer Frau geschrieben. Dhuodas "Manual für meinen Sohn" entstand Mitte des 9. Jahrhunderts (54).
Dhuoda stammte aus einer höfischen Familie. Sie verfaßte ihr Handbuch,

um an der Erziehung ihres Sohnes mitzuwirken, der mit sechzehn Jahren seinem Vater ins Schlachtfeld gefolgt war. Ihr Handbuch zeugt vom Einfluß, den höfische Frauen in dieser Zeit auf die Erziehung ihrer Kinder ausübten. Während der Vater seinen Sohn als Kämpfer ausbildete, forderte Dhuoda ihn auf, "viel zu beten und zu lesen". Er solle sich "trotz weltli-

Pompeji vor 79: Ein Paar mit unterschiedlichen Schreibgeräten

cher Aufgaben immer viele Bücher besorgen". Sprache, Kultur, das Lesen und Schreiben waren im Mittelalter mehr Frauen- als Männersache. Die Frauen der Höfe führten im allgemeinen ein geistig aktiveres Leben als die Männer (55).

Viele Frauenklöster übernahmen Bildungsaufgaben. Sie bildeten nicht nur Mädchen aus, sondern Kinder und Jugendliche beiden Geschlechts. Es waren christlich-missionarische Aufgaben, deren Konzeption allerdings, wie die Historikerin Régine Pernoud betont, nicht vergleichbar ist mit den späteren Tätigkeiten der Missionare in Nord- und Südamerika. Die Frauenklöster verfolgten ein Ziel, das den späteren Kolonialmissionaren konträr war: während das Bildungsziel der Frauenklöster die Belesenheit und Gelehrtheit ihrer Schüler war (56), zielte die "Bekehrung" fremder Völker durch die Missionare auf deren Unterwerfung ab.

Die höfischen Frauen des Mittelalters trugen durch ihre Kultiviertheit erheblich dazu bei, daß sich auch beim Mann "das Ideal des gebildeten Fürsten und die Sorge um den Schutz des Schwächeren" (57) durchsetzte. Aber gegen Ende des Mittelalters wurde dieses Ideal in sein Gegenteil verdreht: die gebildeten Fürsten bedienten sich ihrer Macht und Überlegenheit, um die Schwächeren zu unterwerfen. Insbesondere die Frauen bekamen dies zu spüren. 1593 – einhundert Jahre nach Entstehung der Buchdruckkunst –, als das Ideal des gebildeten Fürsten seine bekannten absolutistischen Formen anzunehmen begann, wurde in Frankreich zum Beispiel durch einen Erlaß des Parlaments den Frauen jegliche Ausübung eines öffentlichen Amtes verboten. Die Bildung, die Belesenheit, zu deren Verbreitung insbesondere Frauen beigetragen hatten, führten dazu, daß den Frauen das Recht auf Bildung entzogen wurde.

Man kann sich fragen, wie es kommt, daß Frauen so viel – und freiwillig – zur Verbreitung des Christentums in Europa beitrugen (wie zum Beispiel aus den Aufzeichnungen von Dhuoda hervorgeht), obgleich das Schicksal, das ihnen das Christentum und in seiner Nachfolge die Kultur der Neuzeit bereiten sollte, aus allen Schriften der Kirchenväter – von Paulus über Hieronymus bis zu Augustinus – eigentlich deutlich zu ersehen war. Ich möchte dazu folgende These aufstellen: Die Frau trug zur Verbreitung des Christentums bei, weil sie in allen Gegenden, die später christianisiert wurden, Kulturträgerin war, als Priesterin, Hüterin der Weisheit, der Sprache und Symbolik, die als "Spiegelbild" der Natur begriffen wurden. Das Christentum – als "Religion des Buches" – verbreitete sich einerseits mit der Durchsetzung der lateinischen Schrift in Europa; andererseits trug es aber auch zur Verbreitung und Bedeutungszunahme der Schrift bei. Eben dies dürfte der Hauptgrund dafür gewesen sein, daß Frauen sich vom Christentum angezogen fühlten. Sie sahen in dieser Religion, die dem "Wort", der Sprache eine besondere schöpferische Kraft beimaß, die Verwirklichung

ihrer Aufgabe. Sie sahen darin auch die Bestätigung ihrer sexuellen Identität, die der Sprache als Instrument der Unterscheidung bedarf. Im frühen Christentum, so schreibt Régine Pernoud, ziehen "die Männerklöster vornehmlich Menschen an, die Strenge, Andacht und Buße suchen" — die also der Askese, der Befreiung von der Körperlichkeit nachgehen —, "während die Frauenklöster von einem intensiven Bedürfnis nach intellektuellem und geistigem Leben geprägt sind" (58).
Daß geistige Aktivität nicht mit dem Bedürfnis nach Befreiung von dem Körper oder der Geschlechtlichkeit einherging, bezeugt nicht zuletzt die Sinnlichkeit, die den Ekstasen der großen Mystikerinnen eigen ist (59). Es zeigt sich aber auch an der Sexualsymbolik, mit der die Nonne in den Orden eintritt: sie wird zur "Braut" Jesu — zur Braut des verklärten Leibes, des Geistes (60). Für diese Sexualsymbolik gibt es keine Entsprechung beim Mönch, der sein Leben Gott verschreibt. Die Frauenklöster mit ihrer regen geistigen Aktivität trugen bei zur Wahrung der sexuellen Identität der Frau, die im weltlichen Leben auf immer größere Widerstände stieß. Damit trugen die Frauen aber gleichzeitig zur Verbreitung des sexualfeindlichen Christentums bei. Weil sie Kulturträgerinnen der Vorzeit waren, wurden sie auch zu den unfreiwilligen Protagonisten einer Entwicklung, in deren Verlauf der Frau Kultur und Sprache und damit auch ihre Identität als Sexualwesen entzogen werden sollten. Als sich das Christentum — mit Hilfe der Frauen — endgültig durchgesetzt hatte und auf diese Weise die "Vatersprache", die Schrift, die Körper zu vereinnahmen begann,

Roma - A. Pozzi - S. Cecilia (Galleria S. Luca.)   232. Ernesto Richter - Roma.

wurden die Frauen schließlich aus ihrer Rolle als Kulturträgerinnen verbannt.

Mit dieser Verbannung verschwand allmählich das Bild des "unersättlichen" weiblichen Sexualtriebes. Zwar hielt sich die Vorstellung von der "Überlegenheit" und "Gefährlichkeit" des weiblichen Sexualtriebs noch bis ins 18. Jahrhundert, bis zu Rousseau, der im "Emile" schrieb, daß die Frau von einem "unbegrenzten Liebesverlangen" sei, durch das die Männer "alle wehrlos dem Tod entgegengetrieben" würden, soweit es nicht durch "die Scham" gezähmt werde (61). Im Gegensatz zur Ansicht der Hexenrichter ging Rousseau aber schon von der "Zähmbarkeit" oder "Zivilisierbarkeit" dieses Triebes aus. Er forderte, daß die Frau sexuell passiv vom Werben und Wünschen des Mannes abzuhängen habe (62). An Rousseaus Frauenbild und seiner Vorstellung vom Verhältnis der Geschlechter wird auch deutlich, wie wenig mit der "Natur", zu der er "zurück" strebte, die ursprüngliche gemeint ist. Denn das, was er als die "Natur" der Frau bezeichnete — ihr unersättliches Liebesverlangen —, war das genaue Gegenteil von dem, was er als ihre "natürliche" Rolle postulierte: die sexuelle Passivität und Unterwerfung unter die Wünsche des Mannes. Mit der Rousseauschen "Natur" und Frau war vielmehr eine Logos-geschaffene Natur, eine durch die "Vatersprache" erschaffene Frau gemeint.

Dank dieser "Kunst-Natur" sollte sich im Verlauf des 19. Jahrhunderts die allmähliche Wiederangleichung von Sexualität und Sprache vollziehen, die in der Monopolisierung von Geist und Geschlechtstrieb für den Mann endete. Rousseaus *Forderung*, daß die Frau ihren Geschlechtstrieb zu bezähmen und auf die geistige Tätigkeit, "die einer ehrbaren Frau unwürdig" sei, zu verzichten habe (63) — diese Forderung verwandelte sich im Verlauf der einhundertundfünfzig Jahre nach Rousseau allmählich in die *Feststellung*, daß die weibliche Natur sich durch Geschlechts- und Geistlosigkeit auszeichnet. Frauen, die diesem Bild nicht entsprachen, wurden als geschlechtlich "abnorm" betrachtet. Der Geschlechtstrieb selbst galt als "unweiblich" (64); und die geistige Betätigung von Frauen wurde als Zeichen ihrer sexuellen Identitätslosigkeit bewertet (65). Kurz: die geschlechtliche Identität der Frau zeichnete sich zunehmend dadurch aus, daß sie als Sexualwesen nicht in Erscheinung trat.

Während der weibliche Geschlechtstrieb immer mehr zur Abnormität wurde, setzte sich gleichzeitig die Vorstellung durch, daß sowohl der Sexualtrieb wie auch die geistige Aktivität "männliche" Eigenschaften seien, und daß beide Eigenschaften beim Mann sich gegenseitig bedingen. Die theoretische Rechtfertigung für diese männliche Aneignung von Sexualität und Sprache — durch die zum ersten Mal seit der Geburt der abendländischen Kultur Geschlechtstrieb und geistige Aktivität wieder eine, wenn auch "einseitige" Einheit bilden — lieferten einerseits die physiologischen

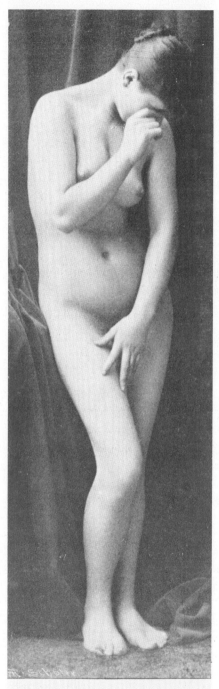

Fig. 7. Entkleidetes Mädchen.
Sekundärer Ausdruck des Schamgefühl
(Phot. F. Schmidt, Wien.)

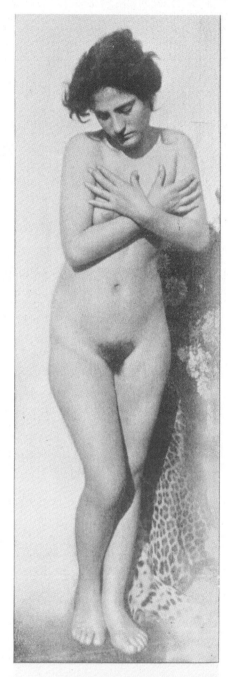

Fig. 4. Typische Stellung eines entkleideten Weibes.
Italienerin von 19 Jahren.
(Phot. von Plüschow.)

William Hogarth, Eine von Frauen besetzte Kirche

Theorien eines Darwin, Möbius oder Lombroso und andererseits deren Ergänzung, die psychologischen Lehren Freuds. Beide "Schulen" erklärten — jede auf ihre Weise — die "Überlegenheit" des männlichen Geistes, seine Herrschaft über das Instrument Sprache mit der "Männlichkeit" des Geschlechtstriebs.

Auffallend an den physiologischen Begründungen ist die Berufung auf das "Tierreich" und die "Natur". Sie ist vielleicht der deutlichste Ausdruck für die zunehmende *Künstlichkeit* der Vorstellung von Natur und biologischer Beschaffenheit des Menschen, die sich herausgebildet hat. War die "Geistigkeit" des Mannes über Jahrhunderte mit seiner *Unterscheidung* vom Tier und der Natur begründet worden (während der Frau die Ähnlichkeit mit ihnen überlassen blieb), so beruft man sich nunmehr auf die Triebe der Tiere und der Primaten, um seine geistige Überlegenheit zu erklären. Darwin vertritt die Ansicht, daß sich der Unterschied in den intellektuellen Kräften der Geschlechter — der sich darin zeige, "daß der Mann in allem, was er beginnt, zu größerer Höhe gelangt, als es die Frau kann, mag es nun tiefes Nachdenken, Vernunft oder Phantasie oder den bloßen Gebrauch der Sinne und Hände erfordern" —, daß sich dieser Unterschied also aus den Gesetzen der geschlechtlichen Zuchtwahl ableite. Laut diesen Gesetzen

179

hätten unter den Männern der "halbmenschlichen Vorfahren des Menschen und unter wilden Völkern [. . .] viele Generationen hindurch Kämpfe um den Besitz der Frauen stattgefunden" (66). Möbius beruft sich sogar auf angebliche Gesetze des Tierreichs, laut denen das Männchen immer schöner, größer, stärker und leidenschaftlicher sei als das Weibchen, um damit den besonders starken Geschlechtstrieb und die besondere Geschlechtskraft des Mannes zu erklären: "Was zu größerer Kraft und Schönheit führt, muß auch selber größer sein." (67) Und von diesen und ähnlichen physiologischen Gegebenheiten der "Größe" und "Stärke" leitet er wiederum den "weiblichen Schwachsinn" ab, den er bei der Hysterikerin geradezu paradigmatisch ausgebildet findet (68). In Italien führt der Mediziner und Anthropologe Lombroso (der sich vor allem durch seine Theorien von der physiologischen Bedingtheit krimineller Veranlagung um die Wissenschaft verdient gemacht hat) die Prostitution als Beweis dafür an, daß der Geschlechtstrieb des Mannes dem der Frau überlegen sein müsse, denn die Frau bedürfe keiner entsprechenden Einrichtung (69). Mit diesem mangelnden Geschlechtstrieb erklärt er wiederum ihre geistige Minderwertigkeit (70).

Die psychologisch begründete Beweisführung Freuds ist anders und führt dennoch zum gleichen Schluß. Da für ihn "die Zusammenstellung weibliche Libido jede Rechtfertigung vermissen läßt" (71), er diese Libido aber wiederum als Voraussetzung für geistige und kulturelle Aktivität betrachtet, ist per se gesagt, daß die kulturelle Aktivität keine spezifisch weiblichen Formen annehmen kann. An keiner Stelle sagt Freud ausdrücklich, daß die Libido eine "männliche" Triebkraft sei, daß er aber dennoch Sexualität mit Männlichkeit gleichsetzt, geht daraus hervor, daß er die Klitoris wie auch die präödipale Sexualität des kleinen Mädchens als "männlich" bezeichnet (72). Dementsprechend sieht er auch in der geistigen Tätigkeit von Frauen den Versuch einer *Aneignung* männlicher Eigenschaften, ja des männlichen Geschlechtsorgans (73).

Mit Freud, Möbius und anderen Wissenschaftlern ihrer Zeit wurde den Frauen nicht nur ihre "Kulturfähigkeit" abgesprochen; es wurde sogar ihr Anteil an der Entstehung der Kultur aus der Erinnerung gelöscht. Die einzige Kulturleistung, die Freud den Frauen zugestand, war die Erfindung "des Webens und Flechtens", denn diese Tätigkeit, so sagte er, entspreche dem weiblichen Bedürfnis, "den Defekt des Genitals zu verdecken" (74). Selbst dort, wo Freud Zugeständnisse an weibliche Kulturleistungen machte, begründete er diese mit einer Kompensation für ihre defizitäre Geschlechtlichkeit. Die Geschichte, die er der Frau zugestand, ist also letztlich die Geschichte ihres Mangels oder gar Nicht-Seins als Geschlechtswesen. Die Psychoanalyse, deren Entstehung als der verzweifelte Versuch verstanden werden kann, dem einzelnen, der geschichtslos geworden ist, eine Geschichte, eine Herkunft zu verschaffen, wurde hier zum Mittel, die Geschichte der Frau zu verleugnen.

Freud wird als der große "Befreier" der Sexualität gefeiert. Er habe die Geschlechtlichkeit enttabuisiert und ihr wieder zu ihrer dominanten Rolle im Leben des Menschen verholfen. Aber kann man von "Sexualität" — oder gar von einer "befreiten Sexualität" — sprechen, wenn das eine Geschlecht sich nur dadurch vom anderen unterscheidet, daß es dessen mißlungene Replik darstellt? Mit Freud vollzog sich vielmehr die Fusion der Geschlechter zu einem. Aber damit lieferte er auch einen entscheidenden Beitrag zum Untergang des Sexualwesens. Er hob die Unterscheidung zwischen den Geschlechtern auf und ersetzte sie durch die Vorstellung von Einheitssexualität, Einheitslibido, Einheitssprache. Mit seiner Sublimierungstheorie wurde die Gemeinsamkeit von Sprache und Sexualität wiederhergestellt: der Geist war nicht der Feind der Geschlechtlichkeit, sondern ein Ausdruck der Energien, die jene besitzt. Aber gleichzeitig wurden Sprache und Kultur auch ihrer sexualdifferenzierenden Funktion beraubt.

Mit Freud vollzog sich die Synthese der Geschlechter — und "synthetisch" war das Subjekt, das aus dieser Vereinigung hervorging, in jedem Sinne des

Wortes: ein künstliches ICH, ein Logos-geschaffenes Sexualwesen. In dieser Synthese war kein Platz mehr für die Existenz von zwei Sexualwesen. Sie ließ auch keinen Geschlechtstrieb zu, denn zu welcher "Vervollständigung" soll er das Subjekt treiben, wenn das andere "Subjekt" nur ein Duplikat seiner selbst ist?
Mit der Jahrhundertwende und der Geburt der Psychoanalyse endet der Prozeß der Materialisierung des Logos, der sich als Verwandlung der "Vatersprache" in die "Muttersprache" vollzieht und in der Vorstellung von der Existenz des *einen* Geschlechts offenbart. Jahwes erstes Gebot, "Du sollst keine anderen Götter haben neben mir", wird abgelöst durch den "Glauben an ein einziges Geschlechtsorgan" (75). Aus Monotheismus wurde Monosexualität, aber die Lehrsätze der Religion blieben die gleichen: "Es war doch das Wort, das im Anfang war, und wir leben in seiner Schöpfung." (76)
Das unverkennbare Zeichen der "Synthetisierung" des Geschlechtstriebs war die "Wiederentdeckung" der weiblichen Sexualität, die *beinahe gleichzeitig* mit der Theorie Freuds von der "Männlichkeit" der Libido aufkommt. Hatte die Frau bis Ende des letzten Jahrunderts kaum ihren Fuß unbekleidet zeigen dürfen (um als Sexualwesen nicht erkenntlich zu sein), so beginnt um 1900 ein Prozeß, in dessen Verlauf die entkleidete Frau — und zwar mit bemerkenswerter Geschwindigkeit — "in die Sitten eingeht", wie die Franzosen sagen. Angezogen ist nur noch der Mann, während die Frau mit ihrem entblößten Körper für die "Befreiung" der Sexualität steht — und stehen tut sie: wie ein Phallus.

Die falsche oder: die phallsche Frau

Um 1900 begannen Ärzte und Sexualforscher (letztere verdanken bezeichnenderweise die Entstehung ihres Berufs eben dieser Zeit) zunehmend festzustellen, daß das männliche Geschlechtsorgan, verglichen mit dem "umfangreichen Geschlechtsapparat des Weibes", geradezu "kümmerlich" sei (77). Ellis, der führende Wissenschaftler auf diesem Gebiet, erklärte Anfang dieses Jahrhunderts, daß es keinen Punkt an der Körperoberfläche der Frau gebe, der nicht zu einer erogenen Zone werden könne (78). Er fügte hinzu, daß man deshalb auch in vielen Ländern auf die Amputation der Klitoris verzichtet habe: wegen der erogenen Veranlagung des *gesamten* weiblichen Körpers sei sie ohnehin sinnlos (79). Anders, so Ellis, verhalte sich die Sache beim Mann: "Ohne den Penis wäre die Möglichkeit, spezifisch wollüstig zu empfinden, für den Mann sehr gering." (80) Andere Mediziner, etwa Eulenburg oder Mantegazza, vertraten ähnliche Ansichten: Der Sexualtrieb der Frau sei dem des Mannes ebenbürtig oder gar überlegen — soweit er nicht durch die Konvention gezügelt werde (81). Besonders deutlich, karikatural deutlich, spiegelt sich das paradoxe Bild der weiblichen Geschlechtlichkeit — in dem einerseits der weibliche Sexualtrieb geleugnet und ande-

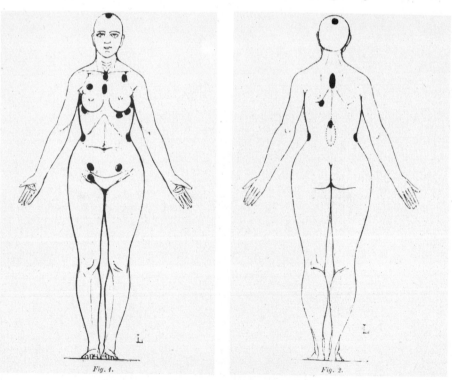

Die hysterogenen Zonen des weiblichen Körpers laut Charcot

rerseits als übermächtig beschrieben wird — im Krankheitsbild der Hysterie wider: den einen galt die hysterische Frau als frigide; für die anderen war die Hysterikerin erotoman (82).
Was sich hinter diesem widersprüchlichen Bild der weiblichen Geschlechtlichkeit und vor allem der Wiederentdeckung der weiblichen Sexualität verbarg, offenbart vielleicht besonders deutlich die Auffassung des Psychiaters Stekel. Er verkündete Anfang der zwanziger Jahre die Wiederauferstehung des "Voll-Weibs" und sah in der Frigidität eine Form von Verweigerung der Frau (vgl. S. 57). Dank des "Vollweibs" hoffte Stekel zu verhindern, "daß die slawische Fruchtbarkeit die germanische Organisation und Kultur vernichten wird" und "die kulturell höher stehende Rasse [...] von der tieferen durch ihre Fruchtbarkeit besiegt [wird]" (83). Der durch keine Unfreiheit gehemmte Geschlechtstrieb der Frau sollte zum Hüter der "germanischen Kultur" werden — einer Kultur freilich, in der für die Frau als "sprechendes Subjekt" und als Kulturproduzentin kein Platz vorgesehen war. Denn der Körper der Frau sollte "befreit" werden, so Stekel, es sollte ihr sogar das Recht zugestanden werden, frei über ihren Wunsch auf Mutterschaft zu entscheiden (84), aber unter keinen Umständen sollte sie geistig tätig sein. Stekel machte das "Kulturweib", die berufstätige, geistig aktive Frau verantwortlich für die Zurückdrängung des "Vollweibs" (85).
Stekels Begründung für die notwendige Wiederauferstehung des Vollweibs — die Erhaltung der "Rasse" — ist vielleicht der beste Beweis, daß es sich

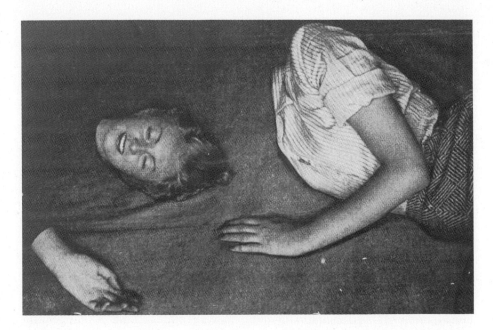

hier nicht um die Wiederentdeckung des weiblichen Sexualtriebs, sondern vielmehr um ein Kunstprodukt handelte: um einen Logos-gesteuerten Sexualtrieb. Auch die Nationalsozialisten und die italienischen Faschisten sollten — bei sonst völliger Erfassung aller Lebensbereiche und gerade der Geschlechterrollen — die "sexuelle Freizügigkeit" propagieren (86). Aber sie forderten gleichzeitig die Ausschließung der Frauen aus allen kulturellen Instanzen (87).

Die Frau wird nicht als Sexualwesen wiederentdeckt, sondern als *Erscheinungsform* der Sexualität. Damit erklärt sich die Ablehnung, ja Angst vor der geistigen Aktivität von Frauen. Denn jene geht bei der Frau einher mit ihrer Existenz als Geschlechtswesen. Ellis stellte bei Frauen, die er untersuchte, fest:

> Es ist bemerkenswert, daß alle mit hoher Intelligenz oder lebhafter Energie begabten Frauen der Serie zu der Gruppe mit starkem Geschlechtstrieb gehörten; auch schwere körperliche oder geistige Anstrengung wirkte nie, gerade dann nicht, wenn sie zur Verdrängung des Geschlechtsgefühls unternommen wurde, erheblich dämpfend. (88)

Die Frau soll "Sexualität", aber nicht Sexualwesen, nicht Subjekt ihrer eigenen geschlechtlichen Identität und Sprache sein. Wenn Ellis sagt, daß der ganze Körper der Frau aus Geschlechtstrieb besteht, bedeutet das *nicht*, daß er der Frau zugesteht, ihren eigenen Geschlechtstrieb zu *haben*, sondern es heißt, daß die Frau als Verkörperung *des* Geschlechtstriebs betrachtet wird. Es heißt, daß die eingeschlechtliche Libido sich *in* ihrem Körper ausdrückt. Die Neu-Entdeckung der weiblichen Sexualität seit der Jahrhundertwende wurde zum Beweis für die *Inexistenz* des weiblichen Geschlechts oder, wie bei Weininger, zum Beleg für die Ich-losigkeit der Frau, "weil sie nichts ist als Sexualität, weil sie die Sexualität selbst ist [....]. Grob ausgedrückt: der Mann hat den Penis, aber die Vagina hat die Frau" (89). Der weibliche Körper wurde zur Inkarnation der Libido — der Libido des Logos. Während die Sexualität für den Mann nur noch einen "Appendix" darstellt, wie Weininger es ausdrückt (90) — ist die Frau zu diesem "Appendix" selbst geworden: gleichsam zum Geschlechtsorgan des Mannes.

Die Theorien von Ellis, wie die anderer Wiederentdecker des weiblichen Geschlechtstriebs, widersprechen keineswegs denen von Freud, der die "weibliche Libido" verneint. Sie bilden vielmehr deren Ergänzung, indem sie den Körper der Frau zum sichtbaren Beweis für die Theorie von der Eingeschlechtlichkeit der Libido machen. Die Vorstellung, daß die Frau die Libido verkörpere, findet sich auch in den Schriften Freuds, insbesondere in seinem Aufsatz über den Narzißmus, wo er dem "wahrscheinlich reinsten und echtesten Typus des Weibes", nämlich dem narzißtischen, eine Anziehungskraft zubilligt, die sich nicht allein aus der Tatsache erkläre, daß diese Frauen "gewöhnlich die schönsten sind", sondern aus der "Selbstgenügsamkeit", die sie ausstrahlen: "Solche Frauen lieben, streng genommen, nur sich selbst mit ähnlicher Intensität, wie der Mann sie liebt." Ihre Bedeutung für das Liebesleben der Menschen, so sagt Freud, "ist sehr hoch einzuschätzen", weil ihre narzißtische Selbstgenügsamkeit — die er mit der von Kindern, Katzen und großen Raubtieren vergleicht — "eine große Anziehung auf diejenigen entfaltet, welche [...] sich in der Werbung um die

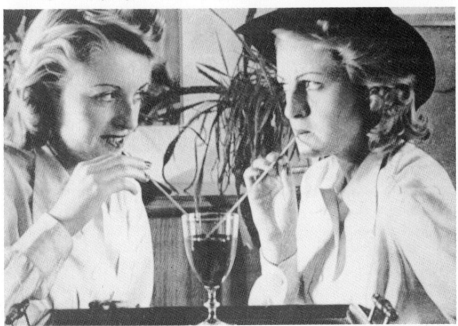

Objektliebe befinden" (91). Mit anderen Worten: die Bedeutung dieser "echten" Frau für das Liebesleben besteht darin, daß sie nicht den *anderen* liebt, sondern sich selbst; daß sie ihren eigenen Körper, ihre Geschlechtlichkeit mit den *Augen des anderen* betrachtet. Sie besteht aus den Versatzstücken männlichen Wunschdenkens. Diese Frau hat kein anderes Sein als das auf sie projizierte. Ihre Libido ist die der anderen, die auf sie gerichtet ist. Sie empfindet nichts *für* den anderen, sondern sie *ist* der andere, seine Schöpfung. Eben deshalb ist sie nicht unvollständig; sie hat kein *ich*, sondern ist vielmehr die perfekte Inkarnation des "selbstgenügsamen Phallus", in dem die Sexualität beider Geschlechter synthetisch aufgehoben ist.

Mit dieser Rolle, den Phallus zu "verkörpern", erklärt sich auch die zunehmende Verlagerung der Libido- und Kulturtheorie vom realen Sexualorgan des Mannes auf den symbolischen Phallus, die vor allem Lacan betont (92). Diese Abstraktion hat im Vergleich zur anatomisch begründeten Kulturtheorie Freuds, der erheblich mehr auf der Bedeutung des Genitals besteht (93), den Vorteil, daß Libido und Sexualität tatsächlich zum Ausdruck des einen Geschlechts werden. Sie erlaubt es, die Frau, die eigentlich nicht kastriert werden kann (weil sie keinen Penis hat), dennoch zu einem Kastraten zu machen: statt des Penis wird sie ihrer Sprache beraubt. Die Sprache kann man ihr tatsächlich nehmen, weil sie jene, im Gegensatz zum Penis, besitzt oder besitzen könnte.

Mit der Abstraktion vom realen Geschlechtsorgan zum symbolischen Phallus vollzieht sich, wie in Umkehrung, die Materialisierung weiblicher Ich-losigkeit. Weibliche Sprachlosigkeit geht einher mit weiblicher Geschlechtslosigkeit. Der Untergang der Frau als Sexualwesen begleitet die Phallus-Werdung der Frau. Während das männliche Geschlechtsorgan zu einem Symbol wird — dem Phallus —, verwandelt sich die Frau in dessen Verkörperung. "Sie werden alle überzeugt sein, daß ich an Gott glaube", sagt Jaques Lacan, aber fährt fort: "Ich glaube an die Sinneslust der Frau." (94) Die Sinneslust der Frau ist zur Verkörperung des einen Gottes, des einen Geschlechts geworden. Und deshalb

darf die Frau nicht nur wieder lustvoll empfinden, sondern sie *soll* es. Phallus oblige. Der Striptease, dem der weibliche Körper unterworfen wurde, ist der Ausgleich für die Entleibung des Penis: jener ist unsichtbar geworden, hat sich in ein Symbol verwandelt, um der Frau die Sprache (und ihre sexuelle Identität) zu nehmen. Nachdem dieser Prozeß aber vollzogen und die Frau tatsächlich "kopflos", "ohne oben", ist, da beginnt in ihrem Körper "das Wort Gottes Fleisch zu werden" – und jenes darf sich "oben ohne" zeigen.
Aber kann man denn überhaupt noch von der "Frau" sprechen? Gibt es denn überhaupt noch Geschlechter, wenn es keine Differenz mehr gibt – oder eine Differenz, die die beiden untrennbar miteinander vereint? Die Geschlechter sind ver-

schmolzen, zu einem geworden. Da die geschlechtliche Identität des Mannes sich *in* der Frau befindet, beziehungsweise von ihr verkörpert wird; und da die geschlechtliche Identität der Fau in ihrer "totalen" Geschlechtswerdung im Dienste des Logos aufgegangen ist, gibt es weder ein männliches noch ein weibliches Sexualwesen. Damit gibt es aber auch nicht das "Subjekt", das den Phallus "hat", sondern es gibt nur den Logos, der seine Macht aus der Tatsache bezieht, daß die beiden Sexualwesen "untrennbar" geworden sind und über kein *ich* verfügen. Die einzigen Mittel, durch die die Geschlechter noch eine Unterscheidung voneinander herstellen können, sind ebenso künstlich wie die "synthetische" Sexualität selber: sie bestehen in der Gewalt oder im Geld, das "zwischen" ihnen getauscht wird; auch im Gitterwerk, das in der Peep-Show die "Protagonisten" (die vielmehr Getriebene sind) voneinander trennt. Worte können die Geschlechter noch wechseln, aber die Worte selbst sind auch zum Mittel ihrer Verschmelzung, der Aufhebung ihrer Unterscheidung geworden. Diese Worte sind der "Dialog" eines synthetischen Subjekts mit sich selbst.

Die gebärende Sprache

Nun, spätestens, taucht aber auch die Frage auf: welches Ziel verfolgt der Prozeß? Gibt es überhaupt eine Bestimmung, einen Sinn für diese Entwicklung? Und wenn ja, sind sie für uns erkennbar? Ich bin der Ansicht, daß es ein solches Ziel gibt und daß es erkennbar geworden ist, weil die Bestimmung sich zu erfüllen beginnt. Rückblickend kann man sagen, daß der Sinn sich auch deutlich aus der Entwicklung selbst ablesen läßt. Er besteht gewissermaßen in der Befähigung des Logos zur Parthenogenese. Jener vereint Mann und Frau in sich und vereinnahmt damit auch deren Fähigkeit, neues Leben hervorzubringen, nicht nur "philosophische" oder "literarische" Kinder, sondern ganz reale. Darauf werde ich im nächsten Kapitel eingehen. Hier sei aber schon angemerkt, daß die Geschlechterrollen, die Beziehung von Mann und Frau, so wie sie sich in der abendländischen Gesellschaft herausgebildet haben, den Mann zur "Mutter" und die Frau zum "Erzeugnis" gemacht haben. Das gilt für die Theorie (und soziale Realität) der Abhängigkeit der Frau vom Mann "als Ernährer". Es gilt aber auch für gängige Theorien über die Sexualität: "Aus evidenten biologischen Gründen hängt die Frau für ihre sexuelle Befriedigung viel mehr vom Mann ab als er von ihr", schreibt ein Psychoanalytiker der Lacan-Schule in seinem Buch über "Die weibliche Sexualität". Von dieser "evidenten biologischen" Abhängigkeit leitet er wiederum die Abhängigkeit der Frau von "moralischer Anerkennung und Zuneigung des Mannes" ab (95). Auch die Vorstellung der sexuellen "Passivität" der Frau, die für Freud das Verhältnis der Geschlechter kennzeichnet (96), ist eine Version dieser "Abhängigkeitstheorie". Wenn Freud schreibt, daß für die Frau das Kind einen Ersatz für den Penis darstellt, so sagt er damit doch auch, daß der Penis einen Ersatz für das Kind bedeutet. Er sagt gewissermaßen: den Penis haben, heißt ein Kind gebären. Ähnliches drückt sich auch aus, wenn Freud die Libido als "Prinzip des Lebens" bezeichnet (97) und die Verfügung über sie für eine vorwiegend männliche Eigenschaft hält. In dieser Darstellung wird der Mann zu dem, der über das "Geheimnis des Lebens" verfügt.

Das theoretische Gebäude, das Freud erstellt hat und das in seiner Nachfolge insbesondere durch Lacan noch erheblich ausgebaut wurde, lieferte den sexualtheoretischen Beweis für die Gebärfähigkeit des Logos: den Beweis, daß in Wirklichkeit nicht die Frau, sondern der Mann die "Mutter" ist. Der Mann als das "Subjekt" der Sprache, der sprechende Mann, gebiert nicht nur die Materie, sondern mit ihr auch die Frau, die nie zum Subjekt ihres Sprechens wird und immer nur "Nachricht" bleibt. Es handelt sich um eine genaue Reproduktion der biblischen Schöpfungsgeschichte, die auch eine Vereinnahmung der Mutterschaft durch den Mann darstellt — nur daß hier die Frau, statt aus der Rippe, aus der Sprache des Mannes hervorgeht. Daß es sich um eine Umkehrung handelt, wird auch deutlich, wenn man sich Lacans Theorie vom Kind als Phallus unter diesem Blickwinkel ansieht. Betrachtet man nämlich das Kind nicht als Symbol für den Phallus, wie Lacan es tut, sondern den Phallus als Symbol für das Kind (oder die Gebärfähigkeit), so sieht die Sache mit dem "sein" und "haben" plötzlich ganz anders aus: nicht die Frau *ist* der Phallus, den der Mann *hat*, sondern die Frau/Mutter *hat* den Phallus (nämlich das Kind). Da der Mann nicht gebären kann, wird er nie zum Besitzer des Phallus. Im Lacanschen Sinne bliebe er sogar eigentlich immer der Phallus. Man sieht, erst im Denkspiel der Umkehrung tritt der wahre Sinn so manchen theoretischen Modells zutage.

Der Logos hat sich parthenogenetische Fähigkeiten angeeignet, indem er die Unterscheidung zwischen den Geschlechtern aufhob. Heute beginnt dieser Prozeß allmählich sein Ziel zu erreichen. Die Inkarnation des Logos, der Mann, beginnt, nicht nur zeugungs-, sondern auch gebärfähig zu werden. So tauchen in der psychoanalytischen Theorie auch zunehmend Postulate auf, die verkünden, daß "Anatomie kein Schicksal" sei (98) und daß die Sexualphantasien nichts mit denen der Reproduktion zu tun haben (99). Beides war für Freud noch ein Credo. In Wirklichkeit wird die Anatomie nur deshalb nicht mehr als "Schicksal" betrachtet, weil der Logos sich anschickt, Kinder zu gebären. Und der Zusammenhang zwischen Sexualphantasien und Reproduktion wird nur insoweit bestritten, als es sich um die "traditionelle" Form der Reproduktion handelt. Mit einer Reproduktion durch den gebärfähigen Mann haben die Sexualtheorien der jüngeren Zeit sehr viel zu tun.

Hysterie und Sprachphallosophie

In den Symptomen der Hysterie offenbart sich, greifbar im Organischen selbst, das Bild des "zerstückelten Körpers", sagt Lacan (100): eines desintegrierten, formlosen, grenzenlosen Körpers. Sie drücken aber, so meine ich, vielmehr die *Verweigerung* aus, den Körper zerstückeln zu lassen. In ihnen manifestiert sich der Wunsch, den Körper, der in der abendländischen Kultur parzelliert, desintegriert wird, dessen Grenzen aufgehoben werden, beieinander zu halten. Auf diese Weise entsteht zwar nicht ein "heiler Körper", aber im Widerstand selbst entwickelt sich eine Art von zentripetaler Dynamik, die zur Vereinigung drängt. Die hysterischen Symptome spielen Logos, geben Darstellungen des großen formlosen, aus Stückwerk zusammengesetzten ICHs und eben dadurch schützen sie das *ich* vor der Desintegration.

Der hysterische Körper lehnt die künstliche Rollenzuteilung ab, die die Frau der Sprache beraubt und die die Synthese der Geschlechter herbeigeführt hat. Die Symptome der weiblichen Hysterie sind Ausdruck einer Verweigerung, sich die Sprache nehmen zu lassen. Da, wo die Frau zu schweigen hat, lassen die Hysterikerinnen den Körper sprechen. So etwa Cäcilie M. (vgl. S. 128 f). Bei Anna O. wiederum drückt sich in den Symptomen die Weigerung aus, die "phallsche Sprache" zu sprechen: die "Vatersprache". Sie beginnt sinnlose Worte zu produzieren: "Jamais acht nobody belly mio please lieboehn nuit." (101) Sie wird unfähig, unter den vielen Sprachen, die sie spricht, die eine zu benutzen: die "Muttersprache", die Dianne Hunter zu Recht als "Vatersprache" betrachtet:

> Bertha Pappenheims linguistische Abweichungen und Konversionssymptome, ihr Gebrauch von Kauderwelsch und Gebärden als Ausdrucksmittel lassen sich als Zurückziehen von der kulturellen Ordnung verstehen, die ihr Vater als orthodoxer Patriarch verkörpert. [. . .] Sie war "unfähig" kohärentes Deutsch zu sprechen, aber es gelang ihr, Dr. Breuer ihre Sprache sprechen und in eine Welt eindringen zu lassen, die vom patriarchalischen Bewußtsein unterdrückt wurde. (102)

Ob die Hysterikerin mit ihrem Körper spricht oder den Körper in Sprache verwandelt, immer beweist sie, daß Geist und Körper, Sprache und Sexualität miteinander einhergehen. Sie wehrt sich gegen die Aufhebung der Geschlechtsunterschiede. Die künstlichen Unterscheidungen, die die Trennung der Sexualwesen ersetzt haben, übersteigert sie durch mimetische Übertreibung. Der französische Psychoanalytiker Christian David vergleicht

das karikaturale Frau-Sein der Hysterikerin mit dem des Transvestiten, der — gerade indem er seine Weiblichkeit übertreibt — den Beweis dafür liefert, daß es sich nur um eine Darstellung handelt, daß er also keine Frau *ist*:

> Seine extrem feminine Erscheinung läßt manchmal die Verstellung durchblicken. Denn sein unbewußter Wunsch besteht nicht darin, eine Frau zu sein, sondern eine Frau mit Penis. Ähnlich gewissen Frauen, die sich mit allen Zeichen der Weiblichkeit schmücken, um ihre Ansprüche auf Männlichkeit zu verbergen, täuscht der Transvestit, mehr oder weniger geschickt, sein weibliches Aussehen vor, um vor sich selber die Identifikation mit der phallischen Mutter zu verbergen und um den anderen über seine sexuelle Identität im Zweifel zu lassen. (103)

Indem die Hysterikerin die künstlichen Unterschiede durch schauspie-

lerische Effekte übertreibt, verdeutlicht sie, daß sie nicht "eine solche Frau" ist. Sie verdeutlicht auch die Künstlichkeit dieses Frau-Seins, das der Logos erschaffen hat (104). Daß die Hysterikerin die "Weiblichkeit" karikiert, bedeutet nicht, daß sie das Frau-Sein verneint. Im Gegenteil: sie verneint nur das phallsche Frau-Sein, das der Logos ihr zugewiesen hat.
Die Unvollständigkeit, die Geschlechtlichkeit, zu der sich die Hysterikerin bekennt, drückt sich in ihrer Bisexualität aus. Christian David, der der "psychischen Bisexualität" eine umfangreiche Untersuchung gewidmet hat, unterscheidet diese von der Bisexualität, mit der gemeinhin der Geschlechtsverkehr mit beiden Geschlechtern gemeint ist. Er unterscheidet sie auch von dem, was er als "Unisexualität" bezeichnet: die Aufhebung der Unterscheidung zwischen den Sexualwesen. Mit der "psychischen Bisexualität" ist vielmehr die *Identifikation* mit dem eigenen *und* dem anderen Geschlecht gemeint. Diese Identifikation stellt, so David, ihrerseits die Vorbedingung, die conditio sine qua non, für eine Beziehung zwischen den Geschlechtern dar:

> Die Tatsache, daß das geschlechtliche Individuum in sich, in virtueller Form, die Komplementarität des anderen Geschlechts trägt, unterdrückt keineswegs die Unterscheidung, die der Sexuation, der Trennung [...] innewohnt, sondern ermöglicht die sexuelle Beziehung. *Es gibt* den Geschlechtsverkehr, *es gibt* die Beziehung zwischen den Geschlechtern, weil es die Bisexualität gibt. Es gibt die Bisexualität, weil es die Unvollständigkeit eines jeden Geschlechts gibt, die vom einen und vom anderen, bei jedem auf seine Weise, als Kastration empfunden wird. [...] Weder ist die Frau ein verfehlter Mann [...], noch der Mann eine verfehlte Frau [...], aber ohne soweit zu gehen, den Menschen überhaupt als verfehltes Wesen zu betrachten [...], muß man ihn doch als vom Mangel verfolgt anerkennen. (105)

Die Bisexualität der Hysterie stellt das genaue Gegenteil der "Zweigeschlechtlichkeit" des Phallus dar, der beide Geschlechter in sich *vereint*, also die Unterscheidung aufhebt. Die hysterische Bisexualität erhält die Unterscheidung. Sie ist ein Bekenntnis zur Existenz des anderen und zur Unvollständigkeit des *ichs*.
Auch Freud betonte den engen Zusammenhang zwischen Bisexualität und Hysterie, aber die "Bisexualität", von der er spricht, gleicht der des eingeschlechtlichen Phallus, denn sie setzt sich einerseits aus dem Sexualtrieb, der *männlich* ist, und andererseits aus dem *Anti*sexualtrieb oder einer Art von "Verdrängungstrieb" zusammen, den er als "weiblich" betrachtet. Er schreibt von den Phantasien einer hysterischen Patientin, die "mit der einen Hand das Gewand an den Leib preßt (als Weib), mit der anderen es abzureißen sucht (als Mann)" (106). Die weiblichen Anteile in dieser Vorstellung von "Bisexualität" bestehen in der *Abwehr* der Sexualität. Diese Bisexualitätstheorie stellt die Verleugnung der Bisexualität selbst dar.
Der französische Psychoanalytiker M. Neyraut führt das Scheitern der Behandlung von Dora — einer der berühmten von Freud behandelten Hysterikerinnen, die ihre Therapie nach wenigen Monaten abbrach — auf die Un-

fähigkeit von Freud zurück, "Objekt einer weiblichen homosexuellen Übertragung" zu sein: die Fähigkeit dazu "wäre nur möglich gewesen, wenn es Freud gelungen wäre, sich in diesem homosexuellen Objekt zu erkennen, was wiederum eine Identifikation vorausgesetzt hätte" (107). Weil es ihm schwerfiel, die Existenz der Frau anzuerkennen, so sagt David, "machte Freud — und viele andere nach ihm — als erster, damals noch blindlings, die Erfahrung der Gegenübertragung als '*Passion* des Analytikers' " (108). Freud selber schrieb später von dieser mißlungenen Therapie, daß er "versäumt hatte, zu erraten und der Kranken mitzuteilen, daß die homosexuelle (gynäkophile) Liebesregung für Frau K. die stärkste der unbewußten Strömungen ihres Seelenlebens war" (109).
Die Männer in Doras Umgebung gaben ihr immer wieder zu verstehen, daß die Frauen, denen Dora ihrerseits am nächsten stand, nämlich ihre Mutter und Frau K., ihnen "nichts" bedeuten. Ähnlich verhielt sich auch Freud, der Doras Mutter — sogar in den nachträglichen Aufzeichnungen über die Behandlung — durchweg als "quantité négligeablé" betrachtete. Er versuchte immer Doras Symptome, die Ursache ihres Leidens, einzig auf die Beziehung zum Vater zurückzuführen, beziehungsweise auf die zu Herrn K., in dem er einen Ersatz für das "Sexualobjekt" Vater sah. (Herr K., mit dessen Frau Doras Vater eine langjährige Liaison unterhielt, machte Dora Avancen, die der Vater wiederum duldete, um ungestört seine Beziehung zu Frau K. aufrechterhalten zu können.) Tatsächlich entsprachen aber die Symptome, die Dora entwickelte — Stimmlosigkeit, Atembeschwerden und ein Katarrh, der sich später vom Hals auf den Unterleib verlagerte — genau den Krankheitserscheinungen ihrer Mutter. So wäre eigentlich nichts naheliegender gewesen, als die Ursache von Doras Leiden im Leiden der Mutter zu suchen. Diese war dazu verurteilt, "nichts" zu bedeuten. Immer wieder mußte sie wegen eines chronischen Unterleibkatarrhs behandelt werden. Mit ihrem Leiden verdeutlichte die Mutter, daß ihr Geschlecht und seine Organe keineswegs inexistent waren. Auch durch ihren Reinlichkeitszwang (den Dora später ebenfalls entwickelte) gab die Mutter zu verstehen, daß sie noch da ist. Es ist, als wollte sie sagen: es gibt noch etwas, das niemand entfernt hat und entfernen kann — allen Bemühungen zum Trotz, mich in "nichts" zu verwandeln. Dora, die die Symptome der Mutter übernahm, bewies, daß sie die "Botschaft" der Mutter erhalten und begriffen hatte. Das hysterische Symptom wurde zur "Sprache", mit der Mutter und Tochter sich verständigen und in Austausch miteinander treten konnten. Die Körpersprache der Symptome wurde zum Mittel der Differenzierung, die die phallsche Sprache, die "Vatersprache", ihnen nicht bot. Da Freud keine Sprache "zwischen" (im doppelten Sinne von Trennung und Vereinigung) Mutter und Tochter vermutete, war seine Therapie aussichtslos.

Die Hysterie verweigert die Vereinnahmung der körpernahen "Muttersprache" durch die "Vatersprache" des Logos. Wo der Logos die Trennung von Sprache und Sexualität fordert, kämpft sie um deren Zusammenführung. Wo der Logos die Verwandlung der Frau in sprachlose "reine" Geschlechtlichkeit verlangt, macht die Hysterie aus dieser "Geschlechtlichkeit" Worte, Sprache, Geistigkeit. Ich möchte das an zwei Beispielen illustrieren: dem einer mittelalterlichen Mystikerin einerseits und andererseits dem eines "hysterischen" Frauenhandbuchs des 20. Jahrhunderts. Beide Beispiele verdeutlichen die Verweigerung der gewaltsamen Trennung von Körper und Geist, der Vereinnahmung der Sexualität durch die Sprache. Nur verläuft der Prozeß in beiden
Fällen genau entgegengesetzt: einmal verhilft die Sprache dem Körper zur Existenz; einmal der Körper der Sprache.

Panizza veröffentlichte 1898 die "Offenbarungen" einer österreichischen Nonne, Agnes Blannbekin, die im 13. Jahrhundert lebte und deren "junger, histerischer und reich-begabter Leib" ihr erlaubte, sich die geistigen Anschauungen ihrer Zeit in "inneren schmerzlichen und süßen Erfahrungen" zu eigen zu machen (110). Ihr Beispiel ist bezeichnend für zahlreiche Dokumente von und über Klosterfrauen (111), die ähnlich wie Agnes Blannbekin Religion und die Keuschheit selbst in sinnliche Erfahrung umwandelten. Daß die "Kronen" der Märtyrer und Jungfrauen wie Hochzeitsschmuck aussahen, war noch das Geringste in ihrem Falle. Sie beschreibt ihrem Beichtvater auch, daß sie an jedem Abend nach der Messe den Altar "abküßt" und dabei "einen so starken Duft, wie von kräftigem, würzigem Weizenmehl, nur viel lieblicher", empfindet (112). Sie konnte sogar "am Geruch entscheiden, welcher Priester dort die Messe gelesen hatte". Wenn der "Geist des Herrn" über sie kam, sah sie "in der Verzükung eine Menge Menschen, die waren ganz nakt; es waren aber Geistliche" (113). Einige Stellen ihrer "Offenbarungen" gab die Kirche nie zur Veröffentlichung frei. Das holte Panizza nach — etwa folgende Stelle:

Von Jugend auf war ich gewöhnt, am Tag der Beschneidung in heftiges Weinen auszubrechen aus Mitleid über den Verlust des Blutes Jesu Christi, den dieser bei solchen Gelegenheiten in frühester Kindheit zu erleiden hatte. So auch zu jener Zeit, da ich schon jener Offenbarungen gewürdigt worden war, am Tage der Beschneidung, nachdem ich kommunizirt hatte. So in Weinen und Mitleid versunken fing ich an zu überlegen, wo die Vorhaut des Herrn hingekommen sein möge. Und siehe: bald fühlte ich auf der Zunge ein kleines Häutchen, nach Art des Häutchens eines Eies, von äußerster Süßigkeit und ich schlukte es hinunter. Kaum hatte ich es geschlukt, fühlte ich auf's Neue ein solches Häutchen mit süßem Geschmak, und ich schlukte es wiederum. Und so fort ungefähr hundertmal. Und nachdem sich das so oft wiederholt hatte, ward ich versucht, es mit dem Finger zu berühren. Im Begriffe aber es zu tun, entschwand das Häutchen von selbst durch den Schlund. Und es wurde mir gesagt, daß die Vorhaut mit dem Herrn am Tage der Auferstehung werde auferstehen. So groß aber war die Süßigkeit beim Genießen des Häutchens, daß ich eine süße Umwandlung in allen Gliedern und Gelenken verspürte. Bei dieser Offenbarung war ich selbst innerlich ganz von Licht durchflossen, so daß ich mich selbst durch und durch betrachten konnte. (114)

Panizza interpretiert die "Offenbarungen" der Agnes Blannbekin als Zeichen von "Naivität","Geisteskrankheit" oder der"sklavischen Gebanntheit der Somnambulen". Er beschreibt sie — ganz Psychologe seiner Zeit — nicht anders als Charcot, der die Hysterikerinnen als "suggestibel" und willenlos bezeichnete (vgl. S. 55 ff). In Wirklichkeit geschieht bei Agnes Blannbekin aber etwas ganz anderes: sie verwandelt die Sexualfeindschaft der christlichen Kirche in "süße Erfahrungen" und verdreht die christliche Umkehrung von "Leben" und "Tod" (vgl. S. 112 ff) ihrerseits ins genaue Gegenteil. So

nehmen zum Beispiel, wie Panizza auch selbst bemerkt, die "Höllischen und Verdammten" die lebhaftesten Farben an, während die "ewig zufriedenen himmlischen Heerscharen und tatenlosen Witwen von einer entsetzlichen Langeweile sind" (115). Das bedeutet jedoch, daß die Nonne — in genauer Umkehrung der kirchlichen Lehre — jenen "Leben" verleiht, die zum ewigen Tode verdammt sind, während sie die, die sich ein Anrecht auf das ewige Leben erworben haben, in den Farben des Todes malt. Sich selbst aber, der körperlosen Keuschen, verschafft sie Wollust, und zwar mit Hilfe des Geistes und mit Hilfe des sexualfeindlichen christlichen Glaubens selbst. In der Heiligen Nacht — der Nacht der jungfräulichen Geburt — empfindet sie:

daß mein ganzer Leib anschwoll, die Venen sich strozend fülten und ich eine solche Süße in meinem Geist empfand, dabei aber in meinem ganzen Fleisch keine niedere, sondern eine keusche Wollust, daß mich mit dieser beiderseitigen süßen Empfindung, der des Geistes und des Körpers, nichts Ähnliches auf Erden vergleichen könte, und auch nichts unter dem Himmel. (116)

Agnes Blannbekin denkt gar nicht daran, ihrer Keuschheut — oder Geistigkeit — zuliebe auf Wollust zu verzichten, den Körper zu verleugnen. Ganz im Gegenteil: die Geistigkeit wird zum Anlaß selbst ihrer Wollust. Sie verweigert die Trennung von Sexualität und Sprache — und das unter den Augen ihres Beichtvaters und in einer Zeit, in der die Unterscheidung von Geist und Fleisch, Sprache und Sexualität zum herrschenden Dogma wird. Anders sehen die Symptome der hysterischen Verweigerung in einer Zeit aus, in der Sprache und Sexualität wieder vereint sind und die "Vatersprache" zur "Muttersprache" geworden ist beziehungsweise deren sinnliche Eigenschaften usurpiert hat. Dieser Vorgang, ich erinnere, stellt die "Materialisierung" des Logos im Körper der Frau dar, die "Phallus-Werdung" des weiblichen Leibes, der das Anrecht auf eine eigene Sprache verliert. Auf diese Usurpation des Logos reagiert die Hysterie, indem sie ihrerseits den Geist "entleibt", den Körper wieder in Worte, Abstrakta, verwandelt. Auch in diesem Fall tut sie dies durch eine Art von Parodie auf die Forderungen des Logos. Als Beispiel möchte ich einen unter Pseudonym erschienenen Bestseller anführen. Das Buch wurde inzwischen mindestens vierzig Mal aufgelegt und in einigen Millionen Exemplaren verkauft. Es ist, nicht anders als die "Offenbarungen" der Nonne Agnes Blannbekin für das Mittelalter, exemplarisch für eine ganze Reihe von Dokumenten dieser Art. Das Werk heißt "The Sensuous Woman" und trägt als Untertitel: "The first

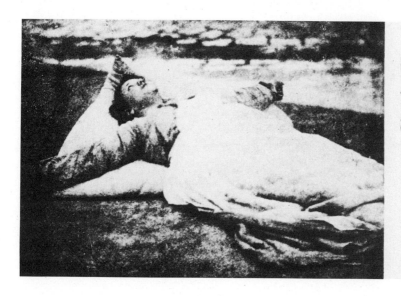

how-to book for the female who yearns to be *all* woman" (117). Auf rund zweihundert Seiten wird Orgasmus geübt und Sinnlichkeit trainiert. ("Sie wollen eine ganze Frau sein, nicht wahr? Dann an die Arbeit!" (118)) *Nichts* bleibt dem Zufall überlassen bei diesem Sexualtraining, das natürlich auch die Arbeit an der eigenen Lust miteinschließt. ("Reservieren Sie sich jede Woche mehrere Stunden für Ihr Masturbationstraining, damit sich Ihr neues Sinnlichkeitsschema stabilisiert." (119))

Je mehr man liest, desto deutlicher wird jedoch, daß das, was die Frau hier eigentlich trainiert, ihr *Kopf*, ihr *Willen* ist. "Durch Intelligenz und harte Arbeit bin ich eine sinnliche Frau geworden" (120), heißt es; oder:

> Alles, was Sie bisher im Leben gemacht haben, mußten Sie erst lernen. Ihr hübsches Köpfchen war der Wachturm, der Ihnen half, durch Überlegung den richtigen Weg zu finden, mit dem Sie ein bestimmtes Ziel erreichen können. Er hat Sie gelehrt, mit Erfolg ihre ersten Schritte zu machen, zu reden, zu lesen, zu schreiben, zu singen, zu schwimmen, Ihr Scheckkonto in Balance zu halten, Bridge zu spielen und mit einem kleinen Budget die Rechnung beim Lebensmittelhändler zu zahlen. Er hat ihnen sogar die Kunst beigebracht, falsche Wimpern anzulegen.
> Ihr Wachturm wird Ihnen jetzt auch beibringen, eine sinnliche Frau zu sein (121)

Die Männer, um deren "Befriedigung" es angeblich geht, wirken wie die Marionetten dieses Sinnlichkeitstrainings, das sie für "ihre" Sexualität halten sollen, deren passives Opfer sie aber darstellen, vergleichbar den Kunden der Peep-Show:

> Einige der interessantesten Männer Amerikas haben sich in mich verliebt. Ich habe Heiratsanträge von so unterschiedlichen Persönlichkeiten wie einem Konzertpianisten, einem Bestseller-Autor, dem Produzenten von drei der populärsten amerikanischen Fernsehshows, einem Bombenexperten der CIA, einem Staatsanwalt, einem Fernseh- und Radiostar, einem Apfelplantagenbesitzer und einem Steuerexperten erhalten. (122)

Wer sich hinsetzen wollte, eine absichtliche Parodie der phallosophischen Sexualität und der Verwandlung der Frau in die Verkörperung des Phallus zu schreiben, dem hätte es nicht besser gelingen können — und ich schließe auch keineswegs aus, daß dieses (unter Pseudonym erschienene Buch) in *bewußter* parodistischer Absicht geschrieben wurde. Aber auch dann ist es ein "hysterisches" Buch. Es verdeutlicht den hysterischen Verweigerungsmechanismus. Die Ähnlichkeit dieses Buches mit vielen Büchern, die nicht unter Pseudonym erschienen sind und denen ich nicht unterstelle, daß sie in bewußter parodistischer Absicht geschrieben wurden, zeigt, wie nah beieinander die bewußte Parodie und die hysterische Übersteigerung liegen. Ein anderes "hysterisches" Buch stellt etwa Marabel Morgans "Totale Frau" dar (123), ein weiterer Bestseller auf dem Jahrmarkt der synthetischen Geschlechterrollen. Eine bessere Karikatur der phallozentrischen Rollenzuordnung und der angeblichen "Abhängigkeit" der Frau vom Mann läßt sich schwerlich erfinden (und es fragt sich, ob eine bewußte Persiflage überhaupt genauso wirkungsvoll sein *kann* wie die hysterische und eben damit unbewußte Karikatur). Es gibt in Morgans totaler Ehe nicht eine Initiative, die die Frau dem Mann überläßt. Wenn er handelt, so hat sie seine Aktivität schon längst vorausgeplant und in die Wege geleitet. Das Wort "Passivität" taucht bei ihr ausschließlich als *Handlungs*anweisung auf.

Angesichts der hohen Anforderungen, die Bücher wie die "Totale Frau" oder das Handbuch für die "sinnliche Frau" an das weibliche Geschlecht stellen, ist die Gefahr einer Vernachlässigung des weiblichen Hirns sehr gering. Anders als durch hartes Training, Willen, Arbeit lassen sich die Anforderungen gar nicht erfüllen. Das Training führt dazu, daß die Frau sich zu dem *macht*, was sie *sein* soll — nämlich ein sprachloser Phallus. Aber eben dadurch verhindert die Frau ihren Verphall. Sie wird zum "Subjekt" des Vorgangs, der sie als Subjekt verleugnet.

Das Resultat dieser Verweigerung besteht darin, daß die "Phallus-Frau" sich zwar "oben ohne" gibt, aber — dank der Tatsache, daß sie es mit ihrem Kopf, ihrer Ratio, macht — beweist, daß sie *nicht* "ohne oben" ist. Sie entlarvt ihren phallschen Aufzug als "Darstellung". Indem sie den Prozeß der sexuellen "Synthetisierung" künstlich nachvollzieht, macht sie ihn rückgängig. Damit trägt sie aber auch dazu bei, der Eingeschlechtlichkeit des Phallus zum Trotz, ihre Unterscheidung vom anderen zu wahren.

Gesprächsprotokoll: Laura S., vierunddreißig Jahre alt. Sie hat als Photographin gearbeitet und ist heute Filmemacherin:

Meine Mutter ist eigentlich eine sehr attraktive Frau. Sie legt zumindest sehr großen Wert darauf. Sie ist sehr vital, hat ungeheure Energien und sich eigentlich immer gewünscht, einen Beruf zu haben. Aber das hat sie nicht geschafft. Statt dessen hat sie ihre ganze Kraft in die Ausgestaltung ihrer Wohnung, ihre Kleidung, in die Ausstattung ihrer Töchter reingesteckt. Meine Mutter ist sehr narzißtisch, würde ich sagen; sie kann sehr gut reden, das ist mir eigentlich schon als Kind aufgefallen. Aber sie hat eine Sprache, die sehr stark von Leerformen bestimmt ist.

Sie hat immer eine Sprache gesprochen, in der die Dinge, die sie sagte, gut klingen mußten. Es war nicht wichtig, ob die Worte genau das trafen, was sie empfand, ihre Worte waren immer nach außen gerichtet, auf den Hörer, und sollten beeindrucken. Man mußte gut aussehen, man mußte als Frau attraktiv sein. Man mußte als Frau Sexappeal haben. So war auch ihre Sprache. Sie mußte gut klingen. Sie mußte etwas hermachen, eigentlich dekorativ sein. Es war nie wichtig, daß die Bedeutung stimmte. Sie hat nie versucht, rauszufinden, was sie wirklich meinte oder wie ihr gerade mal zumute war. Das konnte sie überhaupt nicht. Es war immer auf andere gerichtet. Sie hat sich nie überlegt, was sie empfindet, sondern letzten Endes immer nur das, was die anderen hören wollten. Darin hatte sie eine ungeheure Macht und Fähigkeit. Ich glaube, daß meine Mutter große Schwierigkeiten hatte, denn sie paßte nicht in diese typische Frauenrolle. Die hatte einfach noch ein paar Wünsche offen, die hatten sie ihr noch nicht ganz abtrainiert. Die war nie in dem Sinne angepaßt. Auf der anderen Seite hatte sie die Vorstellung, man muß eben so sein, und zwang sich ständig, sich anzupassen, aber in Wirklichkeit, im Kern war sie das nicht. Dazu war sie viel zu vital, interessierte sich auch für Geld und Geschäfte und haßte — auch schon in einer mir nicht ganz durchschaubaren Weise — alle fraulichen Tätigkeiten: Kochen, Kinderkriegen, furchtbar alles! Ich glaube, daß sie sehr stark den Wunsch hatte, was zu sein, auch etwas im Leben darzustellen, und das haperte schon daran, daß sie nicht berufstätig werden konnte. Sie sagte, als Frau eines Arztes kann man nicht Geld verdienen. Und noch dazu lebte sie in einer Umgebung, in der die Berufstätigkeit von Frauen natürlich nicht unterstützt wurde. Mein Vater sagte zwar immer: Du kannst das alles machen, aber letzten Endes wollte er es nicht. Auf jeden Fall hat er sie nicht unterstützt. Aber er hätte es sicher hingenommen, wenn sie darauf bestanden hätte. Er wollte sie auf keinen Fall verlieren. Mein Vater hat meine Mutter unheimlich geliebt: Man kann sagen, er war abhängig von ihr. Und er hätte das sicherlich geschluckt. Aber sie konnte es nicht, weil . . . sie viel zu großartige Ansprüche an sich stellte.

Ich dachte immer, daß mein Vater von meiner Mutter mehr abhängig war als meine Mutter von meinem Vater. Schon deshalb, weil mein Vater sie, trotz ihrer ständigen Liebschaften, nicht verlassen, sondern immer auf sie gewartet hat. Er hat uns, seine Töchter, praktisch großgezogen. Das habe ich selber noch erlebt bei meiner Schwester: ich war fünf Jahre alt, als sie geboren wurde. Er hat sie gewickelt. Meine Mutter war verschwunden mit einem Liebhaber. Ich weiß auch, als ich drei oder vier Jahre alt war, wie oft ich bei ihm im Bett lag und er mir erzählte, daß meine Mutter mit irgendwelchen Männern rumläge, was ich damals gar nicht begriff. Ich wußte nur, daß er traurig war, daß meine Mutter mit jemand anders weg war und daß er sehr unglücklich war. Aus dieser Erinnerung dachte ich, so glaube ich, daß meine Mutter sehr viel stärker ist als er. Aber, was unser tagtägliches Leben betraf, da konnte mein Vater letzten Endes seine Wünsche viel besser realisieren. Mein Vater hatte sehr viele Interessen und hat auch immer zugesehen, daß er sie verfolgen kann. Er segelte zum Beispiel gerne, und obwohl meine Eltern nicht viel Geld hatten, wurde ein Segelboot gekauft. Es wurden alle Dinge gekauft, die ihm wichtig waren: Klavier, Filmapparat, alles mögliche, während meine Mutter eigentlich gar nichts hatte. Mein Vater hat seine Wünsche viel besser ausleben können als meine Mutter.

Ich glaube, meine Mutter hatte ein sehr gutes Körpergefühl, obwohl sie sich, wenn ich jetzt daran denke, ständig gestoßen hat. Sie hatte überall ständig blaue Flecken. Sie fand sich ganz hübsch, sie fand sich eigentlich ganz schön, bis auf so Sachen: sie sagte, sie habe keinen schönen Busen und so. Eigentlich gefiel sie sich aber ganz gut. Obwohl sie eigentlich immer sehr stark betonte, sie fühle sich zu einem Lustobjekt degradiert. Sie hatte auch große Schwierigkeiten mit Männern. Sie sagte immer, die wollen gerne mit mir schlafen und nichts anderes. Sie empfand sehr stark, daß sie durch die Sexualität auch gleichzeitig entwertet wurde. Darüber hatte sie unheimlich viel gesprochen. Später, als ich zehn war, hat sie mir ihre sämtlichen Liebesgeschichten erzählt, in welcher Weise sie sich in verschiedene Männer verliebt hat. Und wie verzweifelte sie eigentlich war. Und wie schrecklich es war. Minutiös genau hat sie mir jede Liebesaffäre erzählt. Wahrscheinlich hat mich das überfordert. Ich habe das unheimlich gern gehört, weil ich es natürlich toll fand, daß ich so was wie eine Freundin für sie geworden war, und ich mir sehr erwachsen vorkam, daß sie mir nun ihre ganzen Liebesgeschichten erzählt. Aber diese Liebesgeschichten waren natürlich sehr unglücklich, immer bestimmt durch die Suche nach einem Mann, dem Mann, der sie glücklich macht. Sie lebte ständig in einer Wunschwelt. Sie hat nie ihre eigentliche Wirklichkeit bejahen können, auch mal sehen können, was da Gutes, was da Schlechtes ist, sondern sie war voller Klischees davon, wie die Welt auszusehen hat. So war sie natürlich permanent enttäuscht darüber, daß ihre Wünsche in der Realität nicht eintrafen. Sie hat natürlich auch nie ihre Wünsche in Frage gestellt, sondern hat immer nur die Wirklichkeit schlecht gemacht. Die Gespräche zwischen uns fanden nie auf einem lebensbejahenden Boden statt. Es ging immer nur über Träume, über Dinge, die andere Leute haben und die man selber nicht hat. Die Welt war so, wie das, was man heute in den Zeitungen liest, wie in Trivialromanen. Das ist natürlich unheimlich schwierig für mich gewesen, weil ich natürlich immer gedacht habe, *das* ist die Wirklichkeit. Ich dachte immer, die Wunschwelt ist die Wirklichkeit. Man muß, um glücklich zu sein, um anerkannt zu werden, um Erfolg zu haben, um ein erfolgreiches oder befriedigendes Leben zu führen, diesen Wünschen entsprechen. Und wenn man in dieser Welt lebt, muß jeder seine eigene Wirklichkeit immer vernichten. Das Leben, das du führst, mußt du immer runterputzen, weil natürlich das andere in der Vorstellung so schön ist. Was mir damals schon auffiel, war, daß die Sprache meiner Mutter so minutiös war, daß sie sich in Nebensächlichkeiten auflöste. Ich finde, daß das überhaupt sehr viele Frauen haben. Wenn man verallgemeinern will, kann man sagen, daß das typisch ist für eine Frauensprache: auf der einen Seite sehr konkret, auf der anderen inhaltslos. Meine Mutter konnte ganz genau beschreiben, wie die Innendekoration aussehen soll; wie eine Frau ausgesehen hat; was sie gedacht hat; wie das Gesicht des Partners ausgesehen hat usw. Ganz kleine Begebenheiten konnte meine Mutter ungeheuer genau schildern. Aber auf der anderen Seite fehlte irgendwie die Struktur. Letztlich auch die Vorstellung von dem, was für sie gut oder richtig ist. Was sie mag oder nicht mag. Eine Begebenheit löste sich in ungeheuer viele kleine Schichten auf. Ich erinnere mich, daß meine Mutter mir manchmal Geschichten erzählt hat, wo sie mir sagte, ich weiß genau, was der gedacht hat; oder sie erzählte minutiös eine Begebenheit, wie sie glaubte, daß ein anderer sie gesehen hat. Es ging um das Einfühlen in eine andere Person, nur nicht in die eigene, immer in andere.

Ja und ich? Das ist alles noch unheimlich im dunkeln für mich. Ich weiß nur, daß ich mit fünf Jahren kaum sprechen konnte und mit sechs Jahren zum ersten Mal in die Schule gekommen bin und wieder rausgenommen wurde, weil ich eigentlich nicht schulfähig war. Dann kam ich wieder mit sieben in die Schule, und in dieser Zeit sagte schon mein Klassenlehrer zu meiner Mutter, ich würde wie Kinder aus dem asozialen Milieu sprechen. Meine Mutter war natürlich zutiefst beleidigt. Ich habe in der Erinnerung, daß ich eigentlich gerne gesprochen habe, und meine Großmutter hat mir erzählt, daß ich irgendwelche Worte gesprochen habe, die keine Bedeutung haben. Ich habe geredet und geredet, aber es hat natürlich keiner verstanden.

Ich habe die Bedeutung der Worte, daß Worte etwas bedeuten, daß sie ein Symbol sind für irgend etwas, das hatte ich anscheinend nicht gelernt. Ich hatte Lust zu sprechen, was ich auch heute noch habe, aber ich hatte auch eine wahnsinnige Angst und habe sie heute noch. Das ist sehr stark miteinander verkoppelt. Ich merke meine Verunsicherung am stärksten in der Sprache. Wenn ich verunsichert bin, dann schaffe ich es gerade noch, vom Tisch aufzustehen und zur Türe zu gehen, aber einen Satz sprechen, das kostet mich unheimlich viele Mühen, und da habe ich eine schreckliche Angst . . .

Sprachlos sein, daß heißt, daß man nicht genau benennen kann, was man empfindet. Man löst sich in Nebel auf. Man wird unsicher, so schwammig . . . Ich löse mich dann in sämtlichen Empfindungen auf.

Es wird schwer, bei mir zu bleiben. Ich habe immer sehr stark gesucht, und suche heute noch, um irgendwie ein Wort zu finden, das wirklich stimmt. Ein Wort, was mir wirklich entspricht, was ich wirlich fühle, um nicht irgendwie auf einen vorgebauten Satz zurückzugreifen, den man benutzen kann. Das heißt aber auch, daß ich mich sehr schwer tue. Also, mir steht nicht so ein Repertoire zur Verfügung von bestimmten Begriffen, die ich immer wieder verwenden kann. Ich muß mir jeden neuen Begriff, jeden neuen Satz, jedes neue Wort ganz genau überlegen, als ob ich die Sprache neu erfinde. Mir kommt's immer vor, als ob ich alles, was ich an Wörtern weiß, durchforschen muß, und dann sage ich, ach, das ist es.

Ich glaube, das hängt mit meiner Mutter zusammen: sie hat nie zu mir gesprochen *von sich.* Sie hat immer — ich weiß nicht, ob man das mit dem Wort bezeichnen kann, aber vielleicht trifft es die Sache noch am ehesten: außengeleitet gesprochen. Sie sagte, was man tun muß, wie man sprechen muß. Sie hat mit einer Vorstellung gelebt: die Welt ist so und so. Das, was man mochte, das kann man gar nicht haben und auch gar nicht machen. Sondern man muß sich an die Welt anpassen, um darin bestehen zu können. Ich könnte mir vorstellen, daß die Tatsache, daß ich erst so spät zu sprechen gelernt habe, auch ein Protest gegen meine Mutter war; daß ich an einem bestimmten Punkt nicht mehr mit ihr reden wollte. Ich habe das so in Erinnerung: für mich hat Sprechen und Essen unheimlich viel miteinander zu tun. Ich erinnere mich, daß ich eigentlich überhaupt nicht mehr mit ihr gesprochen habe und daß ich auch das, was sie mir zu essen gegeben hat, nicht mehr essen wollte, mich geweigert habe, das zu essen.

Die Sprache war etwas, was mich bedrohte, was fremd war. Und ich muß sagen, auch heute noch ist mir Sprache zum gewissen Teil fremd. Das ist eine andere Welt, eine Welt der Macht. — Dabei habe ich eigentlich immer den Wunsch zu sprechen. Nicht nur, um mit dem anderen einen leichteren Kontakt zu haben. Sondern damit ich nicht mehr so abhängig bin. Ich glaube, ich dachte immer, daß das Sprechen mir dazu verhelfen würde, aus meiner Abhängigkeit, meiner Kleinheit rauszukommen. Letzten Endes habe ich die Vorstellung, wenn ich spreche, wenn ich ganz doll spreche, dann pack ich mich auf die anderen drauf und kann sie wie so Marionetten hin- und hertanzen lassen. Das wäre für mich das Größte.

Anmerkungen Kapitel III

(1) Vgl. Eliade, Kosmos und Geschichte, S. 36-40 u. S. 122

(2) Dominique Zahan hat etwa am Beispiel der sudanesischen Bambaras dargestellt, wie sehr in ihrer Sprache Sexualität und Sprechen miteinander zusammenhängen, ja als untrennbar verstanden werden müssen. Vgl. Zahan, D., La dialectique du verbe chez les Bambaras, Paris 1963. Vgl. auch Kristeva, Le langage, cet inconnu, S. 54-69

(3) Lévi-Strauss, Strukturale Anthropologie, S. 74f. Lévi-Strauss bezieht sich auf schriftunkundige Kulturen. Tatsächlich ist aber, wie ich im vorliegenden Kapitel darstellen werde, die Verwandlung von Frauen in "Worte" ein Phänomen der Schriftkulturen, insbesondere der abendländischen. Lévi-Strauss schreibt, "daß wenn die Wörter und Phoneme ihre Eigenschaften als Werte (übrigens eher scheinbar als wirklich) verloren haben und einfache Zeichen geworden sind, sich diese Entwicklung in bezug auf die Frauen nicht wiederholen kann. Die Wörter sprechen nicht, im Gegensatz zu den Frauen. Diese sind gleichzeitig Zeichen und Erzeuger von Zeichen, als solche lassen sie sich nicht auf Symbole oder Spielmarken reduzieren." (Ebda.) Genau dies, die Verwandlung der Frau in ein "Symbol", oder vielmehr dessen Verkörperung, auch als Erzeugerin von Zeichen, hat sich im Abendland vollzogen.

(4) Gambaroff, Marina, Der Einfluß der frühen Mutter-Tochter-Beziehung auf die Entwicklung der weiblichen Sexualität, in: Gambaroff, Die Utopie der Treue, Reinbek b. Hamburg 1984, S. 82

(5) Ebda., S. 86

(6) Vgl. u. a. Belotti, Elena G., Was geschieht mit kleinen Mädchen?, München 1975

(7) Letzteres ist besonders aufschlußreich, weil die zur Adoption freigegebenen Kinder fast immer die von alleinstehenden Müttern sind. Das heißt, in dieser Statistik spiegelt sich in einer weniger verfälschten Form als bei den Adoptionsanträgen, die von zwei Elternteilen gestellt werden, das spezifische Verhältnis von Müttern zum Geschlecht ihres Kindes wider. — Phänomene wie diese sind schwerlich vereinbar mit der Theorie von Freud, daß das Kind "nach alter symbolischer Äquivalenz an die Stelle des (fehlenden) Penis tritt." Das Glück sei ganz besonders groß, "wenn das Kind ein Knäblein ist, das den ersehnten Penis mitbringt." Freud, GW XV, S. 137

(8) Vgl. u. a. Freud, GW XIV, S. 26 u. GW XIV, S. 526, GW XV, S. 133

(9) Janssen-Jurreit zitiert versch. Untersuchungen. Vgl. Janssen-Jurreit, Marieluise, Sexismus. Über die Abtreibung der Frauenfrage, Frankfurt 1979, S. 495f

(10) Gambaroff, Die Utopie der Treue, S. 92

(11) "Funktional betrachtet", so schreibt Devereux, "hat das primitive Kind häufig nicht nur eine einzige Mutter (oder einen einzigen Vater), sondern eine Mutter Nr. 1, eine Mutter Nr. 2, eine Mutter Nr. 3 (oder einen Vater Nr. 1, einen Vater Nr. 2 usf.). Dieser Sachverhalt läßt jene sogenannten "Klassifikations"-Systeme in einem neuen Licht erscheinen, die unter der einzigen Bezeichnung "Mutter" die Mutter, die Schwester der Mutter und sogar Cousinen erfassen". Er weist darauf hin, daß der "Primitive" sehr wohl zwischen diesen verschiedenen "Müttern" zu unterscheiden weiß. Vgl. Devereux, Normal und Anormal, S. 194f. Das bedeutet aber, daß der "Primitive" in seiner Sprache und Symbolik eine sehr umfassende Vorstellung von der "Mutter" in sich trug. In der "projektiven" Vorstellungswelt ist der Begriff der "Mutter" — und damit auch das Bild von ihr — erheblich weiter eingeschränkt und konkretisiert weiß, nämlich an die leibliche Mutter gebunden — übrigens im Gegensatz zum Begriff des "Vaters": hier konkurriert der abstrakte oder "geistige" Vater mit dem leiblichen.

(12) In der akkadischen Sprache etwa gab es nur ein Wort für "nennen" und "sein", vgl. Kristeva, Le langage, cet inconnu, S. 56f

(13) Pross, Helge, Die Wirklichkeit der Hausfrau. Die erste repräsentative Untersuchung über nicht erwerbstätige Ehefrauen, Reinbek b. Hamburg, 1975, S. 104

(14) Ebda., S. 112f

(15) Dugas, Un cas de dépersonnalisation, zit. n. Maleval, Folies hystériques et psychoses dissociatives, S. 163

(16) Devereux, Normal und Anormal, S. 49

(17) Vgl. Mannoni, Maud, Le psychiatre, son "fou" et la psychanalyse, Paris 1970, S. 220. Vgl. auch Bird, Brian, On Candidate Selection and its Relation to Analysis, in: International Journal of Psychoanalysis, No. 49, part. 4

(18) Zum Gebrauch der Begriffe "Vatersprache" und "Muttersprache" vgl. Anmerkung Nr. 28 im 2. Kapitel

(19) Kratylos 425 D

(20) Sophokles, Antigone

(21) Scaliger, Julius Cäsar, De Causis Linguae Latinae, 1540

(22) Die Frauen spielen eine nicht unerhebliche

Rolle in der französischen Kultur und Literatur des 17. Jahrhunderts. Dennoch werden sie aus der wortschöpferischen Instanz "Académie Française" ausgeschlossen. Im 20. Jahrhundert, nachdem die "Muttersprache" die Eigenschaften der "Vatersprache" angenommen hat, erübrigt sich ihr Ausschluß: die Institution ist irrelevant geworden, weil sie ihr Ziel erreicht hat. Vgl. v. Braun, Christina, Begegnungen der Ersten Art. Marguerite Yourcenar und die Académie Française. Dokumentarfilm, BR III, 27.8.1982

(23) "Die Ethnologie ist alles in allem nur die letzte Stufe eines großen Gedankenexperiments unserer Zivilisation. Statt gesellschaftliche Erscheinungen, die denen des Beobachters geographisch, geistig und moralisch am nächsten stehen, zum Ausgangspunkt zu nehmen, wählt der Ethnologe die entferntesten menschlichen Erfahrungen.

Die von uns untersuchten Gesellschaften bieten uns die Möglichkeit zu kleinen Experimenten, deren Ansammlung es ermöglicht, eine Art Ideallaboratorium einzurichten, in dem wir unsere Hypothesen formulieren und verifizieren können. Wir müssen sie allerdings dort suchen, wo sie zu finden sind." Mythos und Bedeutung. Fünf Radiovorträge. Gespräche mit Claude Lévi-Strauss. Hrsg. v. A. Reif, Frankfurt 1980, S. 276. Eben die Einschränkung, die Lévi-Strauss im letzten Satz vornimmt, ist äußerst fragwürdig. Sogar in den Naturwissenschaften werden die Beobachtungen und Analysen nach einem von früherem Wissen geprägten "Raster" gemacht (vgl. dazu Popper, Karl u. Eccles, John, Das Ich und sein Gehirn. Übers. v. Angela Hartung u. Willy Hochkeppel, München/Zürich 1982) – wieviel größer noch ist die Bedeutung dieses "Rasters" für die Beobachtung und Beschreibung gesellschaftlicher Phänomene und menschlichen Verhaltens. Zur Kritik strukturalistischer Ethnologie in diesem Sinne vgl. Illich, Genus, S. 46f, S. 49, S. 88

(24) Macchia, Giovanni, Don Juan und die Commedia dell'Arte, in: Don Juan, Darstellung und Deutung. Hrsg. v. Brigitte Wittmann, Darmstadt 1976, S. 261

25) Vgl. Descartes, René, Meditationen über die Grundlagen der Philosophie, worin das Dasein Gottes und die Unterschiedenheit der menschlichen Seele von ihrem Körper bewiesen wird, in: René Descartes philosophische Werke. Neu übersetzt u. m. ausführlichem auf Descartes eigene Schriften gestützten Kommentar herausgegeben von Artur Buchenau, Leipzig 1904. Vgl. insbes. 3. u. 5. Meditation

(26) Herder, J.G., Abhandlung über den Ursprung der Sprache, in: Sprachphilosophische Schriften. Ausgew. v. Erich Heintel, Hamburg 1960, II. Teil, S. 86f

(27) Bezeichnend für diesen Vorgang der Umkehrung, bei dem der "schöpferische" Mensch zum Gottesbeweis wird, sind auch die Folgerungen, die Darwin im 19. Jahrhundert aus seinen Erkenntnissen ziehen wird: "Ich sehe keinen vernünftigen Grund, warum die in diesem Werke entwickelten Ansichten irgendwie religiöse Gefühle verletzen sollen. (...) Ein berühmter geistlicher Schriftsteller schrieb mir, er habe 'allmählich einsehen gelernt, daß es ebenso erhaben sei, von der Gottheit zu glauben, sie habe nur wenige der Fortentwicklung zu anderen Formen fähige Ursprungstypen erschaffen, als anzunehmen, sie habe immer neue Schöpfungsakte ins Werk setzen müssen, um die durch die Wirkung ihrer Gesetze verursachten Lücken auszufüllen.' (...) Aus dem Kampf der Natur, aus Hunger und Tod geht also unmittelbar das Höchste hervor, das wir uns vorstellen können: die Erzeugung immer höherer und vollkommenerer Wesen. Es ist wahrlich etwas Erhabenes um die Auffassung, daß der Schöpfer den Keim alles Lebens, das uns umgibt, nur wenigen oder gar nur einer einzigen Form eingehaucht hat (...)." Darwin, Charles, Die Entstehung der Arten durch die natürliche Zuchtauswahl. Übers. v. Carl W. Neumann, Stuttgart 1963, S. 666f u. 678. Auch hier wird der Mensch mit seiner Erkenntnisfähigkeit und als "immer höheres und vollkommeneres Wesen" zum Gottesbeweis selbst.

(28) Fichte, Von der Sprachfähigkeit und dem Ursprung der Sprache, in: Gesammelte Werke, Bd. 3, S. 103

(29) Ebda., S. 104

(30) Kristeva, Le lagage, cet inconnu, S. 10

(31) Eben das ist der Hauptvorwurf, den Deleuze und Guattari im "Anti-Ödipus" gegen die Psychoanalyse erheben: daß sie das Terrain bereitet für eine Sexualität, die der Wunschproduktion des Unbewußten fremd ist. Vgl. S. 70, S. 86, S. 95

(32) Lacan, J., La fonction de l'écrit, in: Le séminaire, XX, Paris 1975, S. 37

(33) Ebda., S. 34

(34) Lacan, J., Funktion und Feld des Sprechens und der Sprache in der Psychoanalyse. Übers. v. Klaus Laermann, in: Schriften, Bd. I, Olten/Freiburg 1973, S. 117

(35) Ebda., S. 117

(36) Ebda., S. 67

(37) Vgl. Maleval, Folies hystériques et psychoses dissociatives, S. 157
Ebda., S. 176 u. S. 181

(38) Zum "unbegrenzten" Körper vgl. auch Pankow, Gisela, Dynamische Strukturierung in der Psychose, Beitrag zur analytischen Psychothera-

pie, Bern/Stuttgart 1957, dies., L'Homme et sa psychose, Paris 1969, dies., L'image du corps dans la psychose hystérique, Revue française de Psychanalyse 1973, 37, 3, Bettelheim, Bruno, Die Geburt des Selbst. Erfolgreiche Therapien autistischer Kinder. Aus dem Amerikanischen v. Edwin Ortmann, m. e. Vorwort v. Jochen Stork, München 1977

(39) Ein deutliches Beispiel dafür habe ich bei meiner eigenen Tochter beobachtet. Als sie drei Jahre alt war, kam sie auf eine französische Vorschule, ohne ein Wort Französisch zu sprechen. Sie war Außenseiterin und beklagte sich während dieser Zeit häufig darüber, von den anderen Kindern Prügel einstecken zu müssen. Unsere Ratschläge, sich zu verteidigen, nützten ihr herzlich wenig: sie wagte es nicht. Das änderte sich nach rund einem dreiviertel Jahr. Von dem Moment an, wo sie einigermaßen die französische Sprache beherrschte, begann sie auch, sich physisch zu verteidigen. Ihre Motorik war nicht mehr wie "gelähmt". Die Beherrschung der Sprache verhalf ihr dazu, ihren Körper als abgegrenzt und existent zu empfinden. Dieses Gefühl ermöglichte es ihr überhaupt erst, in Austausch — ob aggressiver oder freundschaftlicher Art — mit den anderen zu treten.

(40) Lacan, Über eine Frage, die jeder möglichen Behandlung der Psychose vorausgeht, in: Schriften, Bd. 2, S. 98

(41) "Es gibt die Frau nur unter Ausschluß der Natur der Dinge, die die Natur der Worte ist, und man muß sagen, wenn es etwas gibt, worüber sie sich im Moment ziemlich beklagen, so genau darüber. Nur, wissen sie nicht, was sie sagen, das eben ist der Unterschied zwischen ihnen und mir (...) Das sexuelle Sein der nichtvollständigen Frau geht nicht über den Körper, sondern über die Logik der Sprache. Denn die Logik, diese Kohärenz, die in der Tatsache begründet ist, daß es die Sprache gibt, befindet sich außerhalb der Körper, die sie agitiert. Kurz: der Andere, der sich, wenn man so sagen kann, als sexuelles Wesen inkarniert, fordert jede einzeln." Lacan, Dieu et la jouissance de (la) femme, in: Le séminaire XX, S. 68

(42) Für eine ausführliche und fundierte Auseinandersetzung mit den Theorien Lacans über die weibliche sexuelle Identität vgl. Irigaray, Luce, Cosi fan tutti, in: dies., Ce Sexe qui n'en est pas un, Paris 1977, S. 83ff, s. a. dies. Speculum. Spiegel des anderen Geschlechts. Aus d. Französischen übers. v. Xenia Rajewsky, Gabriele Ricke, Gerburg Treusch-Dieter, Regine Othmer, Frankfurt 1980. Um Mißverständnissen vorzubeugen, sei hier angemerkt, daß ich hier nur einen Aspekt aus dem reichen und vielseitigen Lehrgebäude Lacans herausgreife. Ich werde als allerletzte bestreiten, daß ich dem Denken Lacans viel verdanke. Das wird spätestens im dritten Teil des Buches — Paradise Now — offenbar. Ich bestreite allerdings grundsätzlich Folgendes: die These, daß diese Sprachphilosophie außerhalb der Geschichte steht (eine These, der Lacan übrigens auch in seinen frühen Schriften nahestand, um dann zunehmend das historische Denken abzulehnen). Dieses Denken ist vielmehr das Produkt eines historischen Prozesses, wie auch die Vatersprache und mit ihr der "symbolische Andere" aus einem geschichtlichen Prozeß hervorgingen.

(43) Lacan, Über eine Frage, die jeder möglichen Behandlung der Psychose vorausgeht, Schriften, Bd. 2, S. 89

(44) "Diese [die Präsenz des Anderen durch die Sprache selbst] ist völlig offensichtlich im geringsten Verlauf dieser Sache, die ich aus gutem Grund verabscheue, nämlich der Geschichte." Lacan, L'amour et le signifiant, Le séminaire XX, S. 45

(45) Derrida, Jacques, Die Schrift und die Differenz

(46) Tiresias, dem die Götter erlaubt hatten, als Mann und als Frau zu leben, wurde von Hera mit Blindheit geschlagen, weil er das "Geheimnis der Frauen" verriet, daß ihr Geschlechtsgenuß "neunmal höher" sei als der des Mannes. Der römische Dichter Juvenal schrieb, daß gewiß keine Frau ein Interesse daran haben könne, ein Mann zu werden, "denn wie klein ist unsere Wollust" verglichen mit der ihrigen (Satiren, 6). Der Arzt Galen wiederum war der Ansicht, daß es für die Frau — wegen ihres starken Sexualtriebs — sehr viel schwieriger sei, im Zölibat zu leben, als für den Mann (zit. n. Ellis, Havelock, The Sexual Impulse in Women, in: Ellis, Havelock, Studies in the Psychology of Sex, Kingsport, Tenn., 1942, Volume I, part 2, S. 197

(47) "Der Blutegel hat zwei Töchter:/Gib her! Gib her!/Drei gibt es, die nicht satt werden,/und vier sagen niemals 'genug!'/Die Scheol und der unfruchtbare Mutterschoß,/die niemals wassergesättigte Erde/und das Feuer, das nie sagt: "genug!"". Sprüche Salomonis, 30, 15f

(48) Foucault, Michel, Histoire de la sexualité, Bd. 2, L'Usage des plaisirs, und Bd. 3, Le Souci de soi, Paris 1984

(49) Institoris, Heinrich, Sprenger Jacobus, Malleus Maleficarum, Straßburg 1486/87. Auszüge aus dem "Hexenhammer" sind wiedergegeben in: G. Becker, S. Bovenschen, H. Brackert et al., Aus der Zeit der Verzweiflung. Zur Genese und Aktualität des Hexenbildes, Frankfurt 1978, S. 342f

(50) Vgl. Brisset, Claire, Trente Millions de mutilées, la phobie du plaisir féminin, II, Le Monde v. 1.3.1979. Vgl. auch den Bericht der bei-

den Ärzte Hamid Rushwan und Asma El Dareer über sexuelle Mutilationen bei Frauen im Sudan, wo laut diesem Bericht an 80 Prozent der Frauen Klitorisbeschneidungen vorgenommen werden. Zit. in Le Monde v. 3. 4. 1980. Vergleichbare Zahlen gelten für Ägypten und Somalia. Man schätzt, daß heute 30 Millionen Frauen in der Welt einer Klitorisbeschneidung oder Infibulation (Vernähung der Schamlippen) unterworfen wurden. Laut dem ersten öffentlichen Bericht, der zu diesem Thema von der Weltgesundheitsorganisation herausgegeben wurde, nehmen diese Zahlen mit der Ausbreitung des Islam zu. Vgl. Le Monde v. 19.8.1981. Bei solchen Zahlen scheint es nicht übertrieben, von einer "Phobie" vor der weiblichen Lust zu sprechen, wie Claire Brisset es tut.

(51) 1. Kor. 14,34

(52) 1. Tim. 2. 11-12

(53) Der Gottesstaat, 14. Buch, Kap. 11, S. 181f

(54) Neu hrsg. v. Pierre Riché. Aus d. Latein. übertragen von Bernard de Vregille, Claude Mondésert, Paris 1975

(55) Pernoud, Régine, La femme au temps des cathédrales, Paris 1980, S. 65-75. Vgl. auch Ennen, Edith, Frauen im Mittelalter, München 1984, S. 230

(56) Pernoud, La Femme au temps des cathédrales, S. 71f

(57) Ebda., S. 31

(58) Ebda., S. 30

(59) Vgl. dazu Pfister, Religiosität und Hysterie, u. Panizza, Oskar, Agnes Blannbekin, eine österreichische Schwärmerin aus dem 13. Jahrhundert nach den Quellen, in: Ich habe einen Körper. Hrsg. v. Claudia Gehrke, München 1981, S. 49ff — Auf die "österreichische Schwärmerin" werde ich noch zurückkommen. Zu dem Thema vgl. aber auch Lacan: "Für die [Begine] Hadewijch gilt das gleiche wie für die Heilige Theresa — Sie brauchen nur nach Rom zu gehen und die Skulptur von Bernini zu betrachten, um sofort zu verstehen, daß sie einen Orgasmus erlebt, daran gibt es keinen Zweifel. Und woran entzündet sich ihre Sinneslust? Ganz eindeutig besteht die essentielle Botschaft der Mystiker darin zu sagen, daß sie ihn empfinden, aber nichts davon wissen." Dieu et la jouissance de (la) femme, S. 70f. Man fragt sich, woher die Sinneslust der Mystiker kommen soll, wenn nicht von dem einzigen, dem sie ihr Leben gewidmet haben: dem Geistigen, durch das die Triebe in die Freiheit gelangen. Auch darüber später noch mehr.

(60) Zur Verbreitung vorchristlicher Symbolik, auch Sexualsymbolik im Christentum des 11. u. 12. Jahrhunderts vgl. Illich, Genus, S. 110f

(61) Rousseau, Emile oder über die Erziehung, S. 722

(62) Ebda., S. 7 32f

(63) Ebda., S. 819

(64) Mitte des 19. Jahrhunderts veröffentlichte der Engländer Agton eine Schrift, worin er behauptet, daß die Annahme, daß "alle Frauen geschlechtlich empfinden, eine niedere Beschimpfung" sei. Ebenso erklärt auch Fehling in Basel, daß die Sexualität in der Liebe eines jungen Mädchens "pathologisch" sei. Beide zit. in. Ellis, The Sexual Impulse in Woman, S. 194f. Der Deutsche Näcke versichert, "Die Frauen sind im Allgemeinen weniger sinnlich als Männer". Näcke, P., Kritisches Kapitel der Sexualität, Archiv für Psychiatrie, 1899, S. 341
Auch Löwenfeld behauptet, daß "normalen" jungen Mädchen spezifische sexuelle Empfindungen absolut unbekannt seien, woraus er ableitet, daß auch das Verlangen der Frau nicht existieren könne. Löwenfeld, L. Sexualleben und Nervenleiden, 1899, S. 11
Krafft-Ebing wiederum schreibt: "Ohne Zweifel hat der Mann ein lebhafteres geschlechtliches Bedürfnis als das Weib. Folge leistend einem mächtigen Naturtrieb, begehrt er von einem gewissen Alter an ein Weib. Er liebt sinnlich, wird in seiner Wahl bestimmt durch körperliche Vorzüge. (...) Anders ist das Weib. Ist es geistig normal entwickelt und wohlerzogen, so ist sein sinnliches Verlangen ein geringes. Wäre dem nicht so, so müsste die ganze Welt ein Bordell und Ehe und Familie undenkbar sein. Jedenfalls sind der Mann, welcher das Weib flieht, und das Weib, welches dem Geschlechtsgenuss nachgeht, abnorme Erscheinungen." Krafft-Ebing, Richard von, Psychopathia sexualis I, München 1984, S. 12 f. Diese Liste ließe sich lange fortsetzen.

(65) Ein symptomatisches Beispiel für diese Einstellung, das für viele andere stehen mag, ist die Schrift von Hermann Jacobi, Die Grenzen der weiblichen Bildung, Gütersloh 1871, über die sich Hedwig Dohm mokierte. Jacobi schrieb, daß den Frauen durch geistige Arbeit ihre "Anmut und Anziehungskraft" verlorengehe. Sie antwortete ihm: "Ich mußte herzlich lachen, als ich die obige Stelle las (...) Leider, leider, Herr Professor, spricht die positivste Erfahrung gegen Sie. Alle Frauen, von denen wir aus der Geschichte wissen, daß sie, anstatt sich mit den ihrem Geschlecht gegönnten Elementarkenntnissen zu begnügen, wissenschaftliche Bildung erstrebten und erlangten, haben — und ich gestehe freimütig, teilweise zum Schaden ihres Seelenheils — eine unwiderstehliche Anziehungskraft auf Männer geübt." Dohm, Hedwig, Was die Pastoren denken, Zürich 1977, S. 57

(66) Darwin, Die geschlechtliche Zuchtwahl, S. 250

(67) Möbius, P., Die Geschlechter der Tiere, Halle, Bd. 2, S. 4

(68) Möbius, P., Über den physiologischen Schwachsinn des Weibes, Halle 1902, S. 14ff. Über die gegenwärtige Auffassung der Hysterie in: Monatsschrift für Geburtshilfe und Gynäkologie 1 (1895), S. 12-21

(69) Lombroso, C., u. Ferrero, G., Das Weib als Verbrecherin und Prostituierte, Anthropologische Studien, gegründet auf eine Darstellung der Biologie und Psychologie des normalen Weibes. Übers. v. H. Kurella, Hamburg, 1894, S. 129f

(70) Ebda., S. 172

(71) Freud, GW XV, S. 140

(72) Vgl. u. a. Freud, GW XIV, S. 519f

(73) "Der Wunsch, den ersehnten Penis endlich doch zu bekommen, kann noch seinen Beitrag zu den Motiven leisten, die das gereifte Weib in die Analyse drängen, was sie verständigerweise von der Analyse erwarten kann, etwa die Fähigkeit, einen intellektuellen Beruf auszuüben, läßt sich oft als eine sublimierte Abwandlung dieses verdrängten Wunsches erkennen." Freud, GW XV, S. 134

(74) Freud, GW XV, S. 142

(75) Safouan, Moustapha, La sexualité féminine dans la doctrine freudienne, Paris 1976, S. 12

(76) Lacan, Funktion und Feld des Sprechens und der Sprache in der Psychoanalyse, Schriften, Bd. 1, S. 111

(77) Hartung, M., Homosexualität und Frauenemanzipation, Leipzig 1910, S. 28

(78) Ellis, The Mechanism of Detumescence, in: Psychology of Sex, Volume II, part 1, S. 132

(79) Ebda.

(80) Ebda.

(81) Eulenburg, Albert, Sexuale Neuropathie, genitale Neurosen und Neuropsychosen der Männer und Frauen, Leipzig 1895, S. 88-90. Mantegazza, P., Die Physiologie des Weibes, Jena 1889

(82) Vgl. Schaps, Hysterie und Weiblichkeit, S. 79

(83) Stekel, Die Geschlechtskälte der Frau, S. 476

(84) Ebda., S. 482

(85) Ebda., S. 485

(86) So erklärte z. B. der Direktor einer elsässischen Oberschule in einer Ansprache nach der Annexion des Elsaß 1940 durch die Deutschen zu den Schülerinnen: "Ihr müßt euch ab jetzt bewußt werden, daß ihr echte Deutsche seid und daß die Hauptpflicht der deutschen Frau darin besteht, dem Führer soviele Kinder wie möglich zu schenken, eins im Jahr, wenn er es befiehlt. Dazu ist es keineswegs nötig, verheiratet zu sein, wie die dekadenten Völker euch erzählen. Lehnt also nicht die Avancen der jungen Männer ab und habt – ab sofort – intime Beziehungen mit ihnen, und das so oft wie möglich. Es ist eure absolute Pflicht." Zit. n. Hillel, Marc, Henry, Clarissa, Au nom de la rasse, Paris 1975, S. 38

(87) Unter den Nationalsozialisten durften die Frauen nur 10 Prozent der Studenten ausmachen (vgl. Jurczyk, Karin, Frauenarbeit und Frauenrolle. Zum Zusammenhang von Familienpolitik und Frauenerwerbstätigkeit in Deutschland von 1918-1975, Frankfurt/New York 1978, S. 53), während die italienischen Faschisten den Oberschülerinnen die Teilnahme am Literatur- und Philosophieunterricht untersagten (vgl. Macciocchi, Maria-Antonietta, Jungfrauen, Mütter und ein Führer. Frauen im Faschismus. Aus dem Französischen von Eva Moldenhauer, Berlin 1976, S. 46). An den deutschen Oberschulen wiederum durften die Mädchen kein Latein lernen, was ihnen den Zugang zu einem Gutteil der Studienfächer versperrte. Wenn es ihnen dennoch gelang, an der Universität aufgenommen zu werden, so mußten sie doppelt so hohe Universitätsgebühren zahlen wie ihre Kommilitonen. – Die "Phobie" vor der weiblichen Geschlechtlichkeit (vgl. Anmerkung 50) wird nur übertroffen von der Phobie vor der weiblichen Geistigkeit.

(88) Ellis, The Sexual Impulse in Women, S. 216

(89) Weininger, Geschlecht und Charakter, S. 116

(90) Ebda., S. 115

(91) Freud, GW X, S. 155

(92) Lacan, Von einer Frage, die jeder möglichen Behandlung der Psychose vorausgeht. Schriften, Bd. 2, S. 88f

(93) Er erklärt etwa die Zähmung des Feuers und die mit ihr einhergehende Entstehung der Kultur mit der Tatsache, daß der Mann seine Lust darin sublimierte, in die "phallisch (...) sich in die Höhe reckenden Flammen" zu urinieren. Freud, GW XIV, S. 449. Freud hat sich hier als Ursprung der Kultur eines der wenigen Kunststücke ausgesucht, die nachzuvollziehen (und als Lust zu sublimieren) den Frauen tatsächlich die Anatomie verbietet.

(94) Lacan, Dieu et la jouissance de (la) femme, Le seminaire XX, S. 71

(95) Safouan, La sexualité féminine, S. 51. Ein anderes Beispiel dieser Vorstellung einer "sexuellen Abhängigkeit" liefert Bela Grunberger mit seiner Theorie von der "narzißtischen Kränkung" der Frau, die er im übrigen nicht auf das Unwissen des kleinen Mädchens von seiner Geschlechtszugehörigkeit zurückführt, sondern auf

seine Kenntnis davon, daß es eine Vagina hat und die Mutter deshalb nicht das "adäquate Sexualobjekt" sein kann. Wegen dieser "narzißtischen Kränkung" der frühen Kindheit sei die Frau ihr Leben lang auf die "narzißtische Bestätigung" durch den Mann angewiesen. Grunberger, B., Beitrag zur Untersuchung des Narzißmus in der weiblichen Sexualität, in: Chasseguet-Smirgel, J., Hrsg., Psychoanalyse der weiblichen Sexualität, Frankfurt 1979, S. 97ff

(96) Freud, GW XV, S. 122ff

(97) Freud, GW XIII, S. 57 u. GW XIV, S. 480

(98) Safouan, La sexualité féminine, S. 131

(99) Ebda., S. 155

(100) Lacan, Das Spiegelstadium als Bildner der Ichfunktion, wie sie uns in der psychoanalytischen Erfahrung erscheint. Schriften, Bd. I, S. 67

(101) Zit. n. Elwood, Ann, The Beginning of Psychoanalysis, in: The Peoples Almanac. David Wallechinsky u. Irving Wallace, Hrsg., Garden City, N.Y. 1975, S. 502

(102) Hunter, Hysteria, Psychoanalysis and Feminism, The Case of Anna O., S. 474

(103) David, Christian, La bisexualité psychique, Revue Française de Psychanalyse, tome XXXIX, Paris 1975, S. 821

(104) Illich beschreibt anschaulich, wie der rituelle Geschlechtsrollentausch, die volkstümliche Travestie, ein wichtiges Mittel der Bevölkerung darstellte, sich gegen "Sexus" zur Wehr zu setzen: das heißt gegen die künstlichen Geschlechterrollen, die Klerus und Obrigkeit ihr aufzudrängen suchten. Die Travestie nicht nur als individuelles, sondern auch als kollektives Subversionsmittel. Vgl. Illich, Genus, S. 100f

(105) David, La bisexualité psychique, S. 835

(106) Freud, GW VII, S. 198

(107) Neyraut, M., Le transfert, Paris 1974

(108) Christian David fügt hinzu: "Ein lehrreiches Paradox: eine bessere Integration seiner Bisexualität hätte ihm erlaubt, die Passivität als Objekt der Manipulation Doras und ihres Unbewußten zu vermeiden, indem sie seine Weiblichkeit hätte stärker zu Worte kommen lassen. Ein weiterer Beweis, falls es seiner bedarf, daß die Männlichkeit weder das Privileg der Effizienz besitzt noch mit der Vorstellung von Aktivität koinzidiert." David, La bisexualité psychique, S. 747

(109) Freud, GW V, S. 284

(110) Panizza, Agnes Blannbekin, eine österreichische Schwärmerin aus dem 13. Jahrundert nach den Quellen, in: Ich habe einen Körper, S. 49

(111) Vgl. Pfister, Religiosität und Hysterie, u. Legué, G., de la Tourette, Gilles, Soeur Jeanne des Anges, Supérieure des Ursulines de Loudun, autobiographie d'une hystérique possedée

(112) Panizza, Agnes Blannbekin, S. 56

(113) Ebda., S. 59f

(114) Ebda., S. 54f

(115) Ebda., S. 68

(116) Ebda., S. 71

(117) "J", The Sensuous Woman, The first how-to book for the female who yearns to be all Woman, New York, N.Y., 1969

(118) Ebda., S. 25

(119) Ebda., S. 48

(120) Ebda., S. 10

(121) Ebda., S. 26f

(122) Ebda., S. 9f

(123) Morgan, Marabel, Die Totale Frau, Zürich 1978

Kapitel IV
Bessere Mütter

Es gibt nichts, was einander ähnlicher wäre als das abendländische Ideal der Mütterlichkeit und die Affenliebe. Auf keinem anderen Gebiet beruft sich der "Kulturmensch" so sehr wie hier auf die Verwandtschaft mit dem Tier. Während er sich überall sonst gerade durch die Unterscheidung vom Tier auszeichnet, ja in ihr die Definition des "Menschen" sieht, macht er für die Bande, die Mutter und Kind verbinden, das Gesetz des "Instinkts", der "Natur", der "Reflexe" geltend (1). Und je weiter er sich von der Natur fortbewegt, desto nachdrücklicher wird diese Berufung auf das Tierische in der Mutterschaft.

Was verbirgt sich hinter einem solchen Vertrauen auf die Natur, das in vollkommenem Gegensatz zur Verachtung der Natur steht, von der es umgeben ist? Zweierlei, denke ich: zwei Gegensätze, die beide "Natur" genannt werden, aber Konträres bedeuten. Zwei feindliche "Realitäten" gleichsam, wie ich sie im zweiten Kapitel darzustellen versuchte. Das eine ist die Verachtung für die Mutterschaft, die in der "niederen" Natur angesiedelt und

damit in die Nähe des Tieres gerückt wird. Das andere ist eine "Mutterschaft", die der Logos sich aneignet und in der von ihm geschaffenen "Natur" verankert hat. Der Logos, das möchte ich in diesem Kapitel darstellen, hat einerseits die Mutterschaft vernichtet, das "Band" zwischen Müttern und Kindern durchschnitten; andererseits hat er eine Mutterschaft nach seinem Ebenbild geschaffen: eine Mutterschaft, in der er sich der Beziehung zwischen Mutter und Kind bemächtigte, um schließlich selber "Mutter" werden zu können. Der Logos hat mütterliche Eigenschaften erworben — und da er ein "eifersüchtiger Gott" ist, duldet er keine Mutter neben sich.

Fremdbestimmte Mutterschaft

Eines der Mittel, mit deren Hilfe der Logos das Band zwischen Mutter und Kind durchschnitt, war die Leugnung der Verwandtschaft der Mütter mit ihren Kindern. Die Mutter ist nicht mit ihren Kindern verwandt, erklärt Aischylos. Aristoteles lieferte den "wissenschaftlichen" Beweis für diese These: nur der "beseelte Samen" des Mannes vermag der Materie Form und Leben zu verleihen. Verschiedene Naturwissenschaftler wie Paracelsus und einige "Präformisten" (vgl. S. 88) vertraten wiederum die Ansicht, daß der Samen des Mannes das fertige Menschenkind enthalte; die Frau diene lediglich seiner Austragung. Mindestens ebenso aufschlußreich sind aber auch die Theorien, die das abendländische Denken über die Beziehung von Mutter und Kind entwickelt hat.

Im "Staat", der ersten Utopie des Abendlandes, spricht Platon den Obrigkeiten nicht nur das Recht zu, darüber zu bestimmen, wer Kinder zeugen und sich reproduzieren darf — nämlich nur die "besten" Männer und Frauen —, er sieht auch vor, daß die Obrigkeiten alle Kinder an sich nehmen. Die der "schlechteren" Eltern (die gegen den Willen des Staates gezeugt wurden) sollen die Obrigkeiten "an einem unzugänglichen und unbekannten Ort verbergen" (2). Die Kinder der "Besten" aber sollen in ein "Säuglingshaus, zu Wärterinnen, die in einem besonderen Teil der Stadt wohnen", gebracht werden:

> Diese [die Wärterinnen, d.V.] werden also auch für die Nahrung sorgen, indem sie die Mütter, wenn sie von Milch strotzen, in das Säuglingshaus führen, so jedoch, daß sie auf alle ersinnliche Weise verhüten, daß eine ihr Kind erkenne, und indem sie, wenn jene nicht hinreichen, noch andere Säugende herbeischaffen. (3)

Zweieinhalbtausend Jahre nach Platon sollte sein Ideal mit der "Aktion Lebensborn" Realität werden — wie überhaupt die nationalsozialistischen Rassegesetze die konkrete Umsetzung der platonischen Vorstellung einer Reproduktion darstellen, die den "Besten" vorbehalten bleibt und im Dienst des Staates steht. Eben dies ist der abendländische "Prozeß der Zivilisation": die Materialisierung abstrakter Gedankenspiele.

Idealvorstellungen wie die Platons von der Beziehung zwischen Mutter und Kind sind auch bezeichnend für das Christentum. Im Gegensatz zu Platon (4) verurteilte die Kirche den Schwangerschaftsabbruch — aber sie tolerierte ganz andere Dinge. Wenn er sein 1960 erschienenes Buch über die "Geschichte der Kindheit" noch einmal neu zu schreiben hätte, so sagt Philippe Ariès im Vorwort zur Neuauflage,

> würde ich die Aufmerksamkeit auf ein Phänomen lenken, über das man jetzt mehr in Erfahrung zu bringen beginnt: auf den geduldeten Kindesmord, der sich bis gegen Ende des 17. Jahrhunderts hartnäckig gehalten hat. (5)

Dieser "geduldete Kindesmord" stand in der Tradition aristotelischen und platonischen Denkens und war im Römischen Recht verbrieft, freilich als Recht des Vaters (6). Das Römische Recht aber — das wird in diesem Zusammenhang gern übersehen — bildet die Grundlage der Rechtsordnung in Mittel- und Westeuropa.
Verschiedene Historiker haben in jüngerer Zeit die Vermutung geäußert, daß der versteckte Sinn der Hexenprozesse die Ausrottung des Volkswissens über Verhütungsmittel gewesen sei, um durch eine Steigerung der Geburtenraten die Feudalherrschaft zu sichern (7). Tatsächlich scheint mir aber ein anderer Sinn hinter dieser Ausrottung des Wissens der "weisen Frauen" zu stehen, der sich mit dieser Art von materialistischer Analyse nicht erfassen läßt: ein Sinn, der mit dem "tolerierten" Kindesmord mehr als vereinbar wäre. Die Verfolgung der Kräuterweiber wurde tatsächlich von einer Steigerung der Geburtenraten begleitet. Sie wurde aber auch begleitet von einer Steigerung der Kindersterblichkeit. Und hierin scheint mir der eigentliche Sinn dieses Verbots der Geburtenkontrolle zu liegen: das Kind und die Mutterschaft sollten gleichsam in die "Inflation" getrieben werden. Durch die Vielzahl der Kinder sollte die Mutterschaft abgewertet und die Bindung der Mutter an das einzelne Kind unterwandert werden. Auch die hohe Kindersterblichkeit mußte — schon aus Gründen des psychischen Selbstschutzes der Eltern — dazu führen, daß die Mütter es vermieden, eine enge Beziehung zu ihren Kindern zu entwickeln: die Gefahr und Wahrscheinlichkeit, sie zu verlieren, war zu groß. Warum sollte diese Aufbrechung der Bindung von Mutter und Kind nicht der eigentliche Sinn der gewaltsamen Steigerung der Geburtenrate gewesen sein?*
Natürlich behaupte ich nicht, daß es sich um eine bewußte Entscheidung,

---

* In diesem Sinne läßt sich auch der Prozeß verstehen, der sich heute in den Ländern der 3. Welt abspielt: die explosionsartig wachsenden Geburtenraten mit den Hungersnöten und der hohen Kindersterblichkeit, die sie hervorrufen, dürften sich als ein außerordentlich wirksames Mittel erweisen, den Völkern, die noch nicht den Glauben an die Natur verloren haben, diesen auszutreiben. Daß die Industrieländer selber zur Steigerung der Geburtenraten beigetragen haben — sei es nun durch Hygiene, durch Veränderung der ökonomischen Strukturen der Länder oder durch christliche Seelsorge —, dürfte dem kaum widersprechen.

ein politisches Kalkül von Staatsmännern oder Klerus handelte, aber es gibt doch eine ganze Reihe von Anzeichen dafür, daß die Aufbrechung der Beziehung von Mutter und Kind als die eigentliche christliche "Familienpolitik" der Zeit bis zur Aufklärung betrachtet werden muß. Nicht nur Ariès, auch Edward Shorter (8) und Elisabeth Badinter (9) haben das Desinteresse dieses Zeitalters am Kleinkind beschrieben, das dem modernen Denken über die Bedeutung des Kindes völlig unvorstellbar erscheint. Badinter stellt darüber hinaus auch dar, wie die enge Beziehung von Mutter und Kind gerade vom Christentum bis weit in die Neuzeit hinein aktiv bekämpft wurde. Augustinus sah im Kind, das nach der Brust der Mutter verlangt, den Ausdruck menschlicher Sündigkeit schlechthin (10), und die christliche Mutterschaftsfeindlichkeit geht bis zum spanischen Prediger Vives, der im 16. Jahrhundert durch Europa zog und verkündete: "Die Mütter verderben ihre Kinder, wenn sie sie mit Wollust stillen." (11) Er ermahnte die Mütter ausdrücklich, nicht zu zärtlich mit ihren Kindern umzugehen.

Als im 18. Jahrhundert solche Ermahnungen und die "Kinder-Inflation"

Jeaurat, Der Abschied von der Amme

allmählich ihr Ziel erreicht hatten, begann die große neue Aufwertung der Mutterschaft. 1780, so geht aus dem von Badinter zusammengetragenen Quellenmaterial hervor, stellte der Polizeileutnant Lenoir fest, daß von insgesamt 21 000 Kindern, die jährlich in Paris zur Welt kamen, knapp 1 000 von ihren eigenen Müttern gestillt wurden. Die anderen kamen, so weit man sie nicht aussetzte, zu Ammen (12). Oft wurden sie weit aufs Land verschickt und starben entweder schon beim Transport dorthin oder später an mangelhafter Ernährung und Krankheit (13). Shorter bezeichnet den Brauch der Verschickung von Kindern zu ländlichen Ammen als eine versteckte Form von Kindesmord (14).

In eben diesem Zeitraum begann man aber auch — zum ersten Mal seit der Antike — die Bedeutung der "Mutterliebe" zu entdecken. Das geschah vor allem unter dem Einfluß von Rousseau, dessen Vorstellungen zunächst von den Frauen der vermögenden und gebildeten Schichten übernommen wurden, sich aber im Verlauf des 19. Jahrhunderts allmählich auf alle sozialen Schichten ausbreiteten (15). Bis 1900, so Shorter, sollte das neue Mütterlichkeitsideal auch die untersten sozialen Schichten erreichen (16): mit der Blüte des Industriezeitalters wird die moderne Kleinfamilie zur Norm und zum Maßstab, an dem "geordnete Verhältnisse" gemessen werden.

Vergleichbar der Gewalt, mit der das Band zwischen Mutter und Kind durchschnitten worden war, wurde seit dem Zeitalter der Aufklärung auch unter Zwang die enge Mutter-Kind-Beziehung hergestellt. Von einer Selbstbestimmung der Mütter konnte nicht die Rede sein. Die "Muttermilch", so verkündeten die neuen Theoretiker, sei ein "Gut, das die Mütter lediglich verwahren". Die Kinder hätten "jederzeit das Recht, es zu fordern" (17). Müttern, die nicht stillten, wurde "kriminelles Verhalten" vorgeworfen (18). Es wurde ihnen die "Rache der Natur", Erkrankung, ja sogar Tod in Aussicht gestellt (19). Hatte Vives die Mütter für "alle Bosheit der Männer" verantwortlich gemacht, weil sie ihre Söhne zu lange stillten und zärtlich mit ihnen waren (20), so wurden sie nunmehr für dasselbe verantwortlich gemacht, wenn sie ihre Kinder *nicht* stillten, ihnen nicht die zärtliche "Mutterliebe" zukommen ließen, auf die jedes Kind "Anspruch" hatte und die, mehr noch, zur "Natur" der Frau gehöre:

> Man beobachte die Tiere. Obwohl der Damm der Mütter eingerissen [...], obwohl ihre Früchte die Ursache all dieser Übel sind, läßt doch die erste Sorge um diese sie alles vergessen, was sie gelitten haben [...] Sie vergessen sich selbst, wenig besorgt um ihr eigenes Glück [...] Woher mag dieser unbezwingbare und allgemeine Instinkt kommen? Von demjenigen, der alles geschaffen hat (*Deus sive Natura*) [...] Er hat allen Lebewesen eine gedankenlose Liebe zu ihrer Nachkommenschaft ins Herz gepflanzt. Die Frau ist diesem Instinkt ebenso unterworfen wie alle Tiere. (21)

Es begann eine Berufung auf die "Natur", die der Frau und Mutter *auszutreiben* sich die Ideologien der Vorzeit viel Mühe hatten kosten lassen. Aber eben deshalb fand diese neue Berufung auf die "Natur" auch statt: *weil* die "Instinkte" vernichtet worden waren, *weil* es gelungen war, das Band zwischen Mutter und Kind zu durchschneiden, konnten "mütterliche Natur" und die "Instinkthaftigkeit" der Mutterschaft (ungestraft) neu entdeckt werden. Der Vorgang ist ein Spiegelbild der Umkehrung, die ich im 2. Kapitel beschrieben habe: eine Umkehrung, bei der die ungeschriebene Natur abgelöst wird durch die Logos-geschaffene Natur, durch die fremdbestimmte "Mütterlichkeit", die nun allmählich entstehen sollte.

Während die Trennung der Kinder von ihren Müttern dem Abstraktionsprozeß des Logos, das heißt der Scheidung von Geist und Materie und der Bekämpfung der Materie entspricht, schlägt sich die "Wiederbelebung" des Logos in einer gewaltsamen Vereinigung von Mutter und Kind nieder. Nicht von "Naturbanden", von "Trieben", die das Verhältnis von Mutter und Kind bestimmen, kann hier die Rede sein. Es handelt sich vielmehr um ein vom Logos und nach seinen Gesetzen gestaltetes, von ihm vorgeschriebenes, Band. Mütter *dürfen* nicht Mütter sein, sie *müssen* Mütter sein. Eben dies zeichnet, auch heute, die neuen Lehren über die Mütterlichkeit aus: sie berufen sich zwar auf "Naturgesetze" – aber gemessen daran, daß sie sich auf "Naturgesetze", also eigentlich auf Selbstverständlichkeiten berufen, wird eine erstaunliche Fülle von Lehrmaterial veröffent-

Greuze, Die geliebte Mutter

licht, ein bemerkenswerter Druck auf die Mütter ausgeübt, das "Selbstverständliche" zu tun, ihrer "Natur" zu entsprechen.*

Geist- und ich-*lose Mütter*

Die Mutter der Neuzeit ist die "Materie" des Logos. So erklärt es sich auch, daß sie als einzige in einem Zeitalter, das die "Rückkehr" zur menschlichen Vernunft und Wissenschaft verkündet, keinen Geist, keinen Verstand zu haben braucht. Die mütterliche Denkfähigkeit stört das Gefüge, das der Logos herzustellen sucht. *Er* will die Mutter lehren, was "Natur" ist; deshalb darf *sie* über keine eigene Urteilsfähigkeit verfügen.
Zu diesem Zweck entstand im 19. Jahrhundert eine ganze Generation von neuen Pädagogen, die es sich angelegen sein ließen, den Müttern die Mutterschaft beizubringen. Monika Simmel (22) und Gerda Tornieporth (23) haben ausführlich dargestellt, wie diese Pädagogen sich allmählich der Mütterlichkeit bemächtigten. Beispielhaft für die Entwicklung war der deutsche Pädagoge Friedrich Fröbel, der den Kindergarten erfand, in dem die Kinder der Pflege von "Gärtnern und Gärtnerinnen" anvertraut werden sollten. Fröbel machte sehr deutlich, daß Mütterlichkeit nicht nur erlernbar sei, sondern auch den Müttern beigebracht werden müßte.+ Er entwarf Kinderspielzeuge, dichtete Mutter- und Koselieder und lehrte die Mütter sogar, was sie ihren Kindern gegenüber empfinden sollten. Zur Unterstützung und Unterrichtung der Mütter bildete Fröbel Erzieher und Erzieherinnen aus, die "den Kindern dann sind, reichen und geben, was die Mütter selbst bei dem besten Willen ihnen nicht sein, reichen und geben können" (24). Ohne die Unterstützung dieser Pädagogen, so glaubte Fröbel, können Mütter nicht zu ihrer "eigentlichen Wesensart" finden.
Die Generation nach Fröbel und vor allem das 20. Jahrhundert brachten eine Flut von weiteren Lehren, die die Mutter im Muttersein unterrichtete. Gleichzeitig erhoben sich aber auch Stimmen, die die Mutter aufforderten, sich nicht von dem beeinflussen zu lassen, "was ihr von anderen gesagt wird,

---

* Die Tatsache, daß bei dieser Berufung auf die "Natur" die Logos-geschaffene Natur gemeint ist, löst auch den scheinbaren Widerspruch, auf den Badinter hinweist, daß ausgerechnet in einem Zeitalter, in dem es, wie noch nie zuvor, einen angemessenen Ersatz für die Muttermilch gibt, das Stillen zur Mode (und zur Ideologie) erhoben wird (insbesondere unter Frauen von höherem Bildungsniveau und höherem Einkommen, vgl. Badinter, S. 277). Der Widerspruch löst sich, wenn man sich vergegenwärtigt, daß es sich in beiden Fällen um "Kunstgebilde" handelt: Die stillende "Naturmutter" ist ebenso Logos-geschaffen wie die Kunst-Milch. Es handelt sich also gewissermaßen um das gleiche.

+ Es ist ein plastisches Abbild dieser Besitzergreifung der Mütterlichkeit durch das geschriebene Denken, daß Fröbel seinen 1840 veröffentlichten Entwurf zur Gründung eines Kindergartens "den Deutschen Frauen und Jungfrauen als ein Werk zu würdiger Mitfeier des 400-jährigen Jubelfestes der Erfindung der Buchdruckerkunst zur Prüfung und Mitwirkung vorgelegt", widmet. Fröbel, Friedrich, Ausgewählte Schriften, Bd. I, Kleine Schriften und Briefe von 1809-1851. Hrsg. v. Erika Hoffmann, Düsseldorf/München 1964, S. 114

oder was ihre Mutter tat oder was in den Büchern steht" (25). So schreibt einer der einflußreichsten Vertreter der neueren Kinderpsychologie, der englische Psychoanalytiker D.W. Winnicott. Winnicotts Theorie ist symptomatisch dafür, daß das Logos-geschaffene Mutterbild in die Gefühls- und Wunschwelt der Mütter selbst übergegangen ist. Aber so frei das Band, das Winnicott zwischen Mutter und Kind sehen möchte, von fremdem Einfluß auch sei, so wenig scheint er doch dem Wünschen und Wollen der Mütter zu vertrauen. Denn auch hier fehlt nicht der Zwang und die Drohung, mit denen der Mutter nahegelegt wird, sich ihrer "natürlichen Wesensart" entsprechend zu verhalten. Nicht nur in Büchern, die dank ihres populärwissenschaftlichen Tones weite Verbreitung finden, sondern auch in vielgehörten Rundfunksendungen der BBC verkündet Winnicott Tausenden von Müttern:

> Sollen menschliche Säuglinge sich schließlich zu gesunden, unabhängigen und sozial gesinnten Erwachsenen entwickeln, so ist das ausschließlich davon abhängig, ob ihnen ein guter Start ermöglicht wird, und diesen guten Start sichert die Natur durch die Existenz eines Bandes zwischen Mutter und Kind, das man Liebe nennt. (26)

Wenn aber der Säugling sich nicht zu einem "gesunden, unabhängigen und sozial gesinnten Erwachsenen entwickelt", so liegt es eben an dem mangelhaften Start, an der Nicht-Existenz des "Bandes, das man Liebe nennt". Hier bleibt kein Raum für die freiwillige Liebe zwischen Mutter und Kind. Die "Natur" hat schon vorgeplant — und alles, was sich anders gestaltet, ist "unnatürlich". Dabei liefert die Naturwissenschaft des 20. Jahrhunderts in allen *anderen* Bereichen unentwegt Zeugnisse von der Manipulierbarkeit eben dieser Natur durch den Menschen.

Kein Buch, kein Pädagoge soll mehr zwischen Mutter und Kind geschaltet werden — außer solchen wie Winnicott, die die Mutter belehren, daß sie sich nicht belehren lassen darf. Im 20. Jahrhundert soll die Mutter sein, wie "die Natur sie erschaffen hat". Kein Denken, keine Gelehrigkeit soll ihre "instinktive" Mütterlichkeit entfremden. Aber dieser "Instinkt", diese "Natur", zu der die neuen Pädagogen die Mutter hinführen, ist selber schon Produkt einer Entfremdung. Die Tatsache, daß Mutterschaftsideologen des 20. Jahrhunderts wie Winnicott darauf verzichten, die Mutter zu belehren, ist symptomatisch dafür, daß die Lehren ihrer Vorgänger als "verinnerlicht" gelten dürfen — so wie diese Ideologen ihrerseits das Mutterbild verinnerlicht haben, das sich seit Rousseau zunehmend durchsetzte. Es ist ein Zeichen dafür, daß der Logos sein Ziel erreicht hat: die Mutter braucht nicht mehr von ihm belehrt zu werden. Sie denkt und fühlt, wie er es vorgeschrieben hat. Winnicott verkündet über die Massenmedien:

> Die ganz gewöhnlichen Dinge, die Sie tun, sind gleichzeitig sehr wichtige Dinge, und das Schöne dabei ist, daß Sie dafür gar nicht mal gescheit zu sein brauchen, und Sie brauchen nicht einmal dabei zu denken, wenn Sie es nicht wollen. Sie können in Mathematik ein hoffnungsloser Fall gewesen sein, und vielleicht haben alle Ihre Be-

kannten Stipendien bekommen, aber Sie konnten den Anblick eines Geschichtsbuches nicht ausstehen, fielen deshalb durch und mußten die Schule früh verlassen. Oder vielleicht hätten Sie es geschafft, wenn Sie nicht kurz vor dem Examen Masern gehabt hätten. Oder Sie mögen wirklich gescheit sein. Aber das spielt hier keine Rolle, und es hat nichts damit zu tun, ob Sie eine gute Mutter sind oder nicht. Wenn ein Kind mit einer Puppe spielen kann, können Sie eine normale hingebende Mutter sein. (27)

Der Zwang, den Theoretiker wie Winnicott ausüben, ist sanfter und zugleich erdrückender als die massiven Schuldgefühle, mit denen die Mütter des 19. Jahrhunderts noch in ihre Rolle gedrängt wurden (und zum Teil noch heute werden (28)). Die Theorien von Winnicott sind symptomatisch für die neue Mütterlichkeitspädagogik, die im 20. Jahrhundert nicht nur wie das 19. Jahrhundert die "Muttermilch", sondern sogar die "Mutterliebe" zu einer Naturgegebenheit erhoben hat. Das drückt sich auch im populären Sprachgebrauch von so künstlichen Begriffen wie dem der "Liebesverweigerung" oder des "Liebesentzugs" aus. Beide Begriffe beinhalten, daß es ein Anrecht auf Liebe gibt und daß eine Mutter, die Liebe "verweigert" oder "entzieht", ihr Kind seines *rechtmäßigen Besitzes* beraubt.

Die Entwicklung des Mütterlichkeitsideals im 19. Jahrhundert geht einher mit einer "Ausblendung" der Mutter, wie Monika Simmel schreibt (29). Mütterliche Normalität zeichnet sich durch Selbstlosigkeit, Selbstvergessenheit aus:

> Folgen Sie jenen Müttern, die ihre Kinder selbst stillen [...]. Sie vergessen alles, was ihnen Freude macht. Ausschließlich auf ihre Kinder bedacht, verbringen sie die

Die mütterliche Duldsamkeit

> Nächte schlaflos, nehmen sie ihre Mahlzeiten hastig zu sich, essen sie nur, wovon sie wissen, daß es eine gute Milch ergibt; sämtliche Stunden des Tages bringen sie damit zu, das Objekt ihrer Liebe zu waschen, sauber zu machen, zu erwärmen, zu erheitern, zu nähren, zum Schlafen zu bringen. (30)

Hinter dem Ideal der mütterlichen Selbstlosigkeit verbirgt sich das Wunschbild einer mütterlichen Ich-losigkeit. Das ist es, was die Mütterlichkeitsideologen "auszublenden" bestrebt sind: das *ich* der Frau, die sich auch in der Mutterschaft als Sexualwesen erfährt. Im 20. Jahrhundert wird das besonders deutlich. Wenn Winnicott, um bei seinem Beispiel zu bleiben, von "normal hingebenden" Müttern spricht, so sagt er damit, daß die Selbstlosigkeit der Mutter sich gerade dadurch auszeichnet, daß sie nichts mit dem Willen oder dem Wünschen der Mutter zu tun hat. Nicht ein Ich der Mutter, sondern reine "Normalität", "Natur" sind am Werke. Damit sagt er aber, daß das Ich der Frau, ihr Wille, ihre Aktivität sich letztlich nur als *Unmütterlichkeit* darstellen können. Hier liegt der Schlüssel zum Verständnis der vielbeschworenen "Unmütterlichkeit" hysterischer Mütter.

Das Ideal der Mutter, das sich im Verlauf des 19. und 20. Jahrhunderts im Abendland durchsetzt, weist eine bemerkenswerte Ähnlichkeit mit den Theorien auf, die im gleichen Zeitraum für das Krankheitsbild der Hysterie entwickelt werden: die Hysterie wird zur Krankheit der "Suggestibilität", des "Automatismus" und der Ich-losigkeit (vgl. S. 55 ff); ähnlich verkörpert auch die ideale Mutter das Instinktive, der Natur Unterworfene, die Ich-losigkeit selbst. Briquet erklärte sogar die Veranlagung der Frau zur hysterischen Erkrankung mit ihrer besonderen Empfindsamkeit, mit der die Natur die Frau ausgestattet habe, um ihr die Erfüllung mütterlicher Aufgaben zu ermöglichen:

> Diese besondere Sensibilität war notwendig bei ihr, die das Kind mit ihrer ganzen Sorge umgeben muß, seine ersten Bedürfnisse und Wünsche erraten muß, bei ihr, deren Rolle es ist, die Gefährtin des Mannes im reifen Alter zu sein und seine Stütze im Lebensabend. (31)

Er kommt zum Schluß, daß die Hälfte aller Frauen Hysterie-gefährdet seien (32): Offensichtlich glaubte er nicht nur an den gleichen Ursprung von Hysterie und mütterlichen Gefühlen, sondern war darüber hinaus auch der Überzeugung, daß die Gerechtigkeit der Natur erfordere, Mutterschaft und Krankheit gleichermaßen zu bedienen.

Überhaupt sind die Parallelen zwischen der Geschichte des Mutterbildes und der des Krankheitsbildes der Hysterie auffallend. Der Zeitraum, in dem die Mütter gewaltsam von ihren Kindern getrennt wurden, entspricht dem des gewaltsamen Hysterie-Exorzismus, in dem die Gebärmutter — als Teufel — "ausgetrieben" wurde. (vgl. S. 37 ff) Das Aufkommen der psychologischen Erklärung für die Hysterie hingegen, mit deren Hilfe allmählich der "Beweis" für die Inexistenz des weiblichen Sexualwesens erbracht wurde, ging zeitlich einher mit der Entstehung des Mütterlichkeitsideals.

Beide Theorien — die über das Ideal und die über die Krankheit — mündeten schließlich im Konzept der Ich-losigkeit. Daß Mütterlichkeit und Hysterie von den Theoretikern als die beiden Kehrseiten desselben Syndroms betrachtet wurden, erklärt auch die alte Tradition, nach der die Mutterschaft immer wieder als Hysterie-Therapie oder -Prophylaxe verschrieben wurde, bzw. "mütterliche Frauen" im Ruf standen, weniger anfällig zu sein für die hysterische Erkrankung. Letzteres galt insbesondere für Theorien im 19. Jahrhundert (vgl. S. 26). Egal, welchen Weg die Frau einschlug: Hysterie oder Mutterschaft, am Ende stand immer die Ich-losigkeit (33).
Aber was bedeutet die Parallele zwischen Hysterie und Mütterlichkeitsideal, wenn nicht dies: so wie das Krankheitsbild der ich-losen Hysterikerin als Mittel diente, das Sexualwesen Frau zu verleugnen, so soll auch das Mütterlichkeitsideal eigentlich demonstrieren, daß es die Mutter nicht gibt. Daß die mütterliche "Normalität" darin besteht, nicht zu sein. Mit anderen Worten: das Mütterlichkeitsideal der aufgeklärten Neuzeit steht nicht im Gegensatz zur antimütterlichen Tradition eines Platon oder des Christentums, sondern bildet vielmehr dessen Fortsetzung und Ergänzung.
Wie soll es in der Tat ein "Band" zwischen Mutter und Kind geben, wenn die Existenz des mütterlichen Ichs geleugnet wird? Wie kann es eine "lebensnotwendige Beziehung" zwischen zwei Personen geben, von denen die eine als ich-los betrachtet wird? Wie soll ein Dialog zwischen zwei Partnern entstehen, wenn der eine von beiden als "sprachlos" gilt, mit dem "Tier" verglichen wird, das den Gesetzen der "Natur", den "Trieben" unterworfen ist?
Wenn aber die Mütter nicht existieren, weil sie ich-los sind; und wenn das Band zwischen ihnen und ihren Kindern somit auch nicht existieren kann, bedeutet das nicht, daß auch die Kinder, deren gesamte Existenz angeblich auf diesem Band beruht, letztlich als ebenso unwirklich betrachtet werden wie die Mütter selbst? Bedeutet es nicht, daß dann das Ich dieser Kinder auf dem Nichts gegründet sein muß? Eben dies ist meine These: der Sinn, der sich hinter der Verleugnung des mütterlichen Ichs verbirgt, ist auch die Verleugnung des Kindes.

Das imaginäre Kind

Das Kind gewaltsam mit einer Mutter verbinden, die mit dem Nichts gleichgesetzt wird, heißt, dieses Kind ans Nichts ketten. Ausgerechnet die Psychoanalyse, die eigentlich angetreten war, dem Subjekt zu seinen Rechten zu verhelfen, hat einige entscheidende Beiträge zu dieser Inszenierung geliefert. 1944 — mitten im Zweiten Weltkrieg — konstatierte der amerikanische Psychoanalytiker Gregory Zilboorg:

> Man muß zugeben, daß uns die etablierte psychoanalytische Theorie von der natur-

gegebenen Passivität der Frau und der Aktivität des Mannes kaum handfeste Argumente für die berechtigte Auflehnung gegen die Naziforderung liefert, daß deutsche Mädchen nur daran denken sollen, deutsche Kinder zu gebären, und sich nicht dem Zeugungswunsch des heimkehrenden Soldaten zu widersetzen. (34)

Man könnte noch weitergehen und konstatieren, daß psychoanalytische Lehrmeinungen nicht nur die theoretische Untermauerung für die Vorstellung von "männlicher Aktivität" und "weiblicher Passivität" lieferten, sondern auch für den entscheidenden double bind, dem das Kind durch die Entstehung des Mütterlichkeitsideals ausgeliefert wurde: das Kind sollte von einer omnipotenten Mutter abhängen, die gleichzeitig als impotent betrachtet wurde. Das Kind sollte ein Ich — also Grenzen — entwickeln durch die Beziehung zu einer Mutter, die sowohl durch ihre Alleinzuständigkeit für das Kind wie durch ihre Ich-losigkeit *keine Grenzen bieten kann* (35). Die Widersprüchlichkeit dieser psychoanalytischen Theorie möchte ich noch einmal am Beispiel Winnicotts darstellen und darüber hinaus an den Theorien von Jacques Lacan.

Winnicott ist der Ansicht, daß es zur "Aufgabe" der Mutter gehört, die Begegnung zwischen Vater und Kind herbeizuführen. Er findet es "schrecklich", wenn Kinder "während ihrer ganzen Kindheit nie den Vater einmal für einen ganzen Tag oder auch nur für einen halben für sich allein gehabt haben". Aber die Tatsache, *daß* diese Begegnung — so gering sie auch sei — überhaupt stattfindet, ist mütterliche Angelegenheit: "Ich würde meinen, daß es zur Aufgabe der Mutter gehört, Vater und Sohn oder Vater und Tochter gelegentlich auf einen Ausflug zu schicken." (36) Die Mutter wird dafür verantwortlich gemacht, daß die Person, die am ehesten eine Grenze zwischen ihr und ihrem Kind zu ziehen vermag, überhaupt in Erscheinung tritt.

Das gleiche Modell der omnipotent/impotenten Mutter kommt auf andere Weise auch in den Theorien von Lacan zum Ausdruck. Für Lacan ermöglicht nur die "Idealität" des Vaters, "le Nom-du-père" (seine Verwandlung in ein Symbol), dem Kind, sich aus der Symbiose mit der Mutter zu lösen (vgl. S. 168). Diese Verwandlung des Vaters in ein Symbol ist für Lacan "mehr als vereinbar" mit der leiblichen Abwesenheit des Vaters. Sie ist vielmehr deren Voraussetzung (37). Lacan macht aus dem Vater gewissermaßen ein Symbol für das gesellschaftliche Diktat, die Sprache, die Norm. Die Symbolwerdung des Vaters setzt jedoch voraus, daß der "Vater" (die Norm) einen Mittler findet für seine Sprache, sein Nein, seinen Namen.

Dieser Mittler ist wiederum kein anderer als die *Mutter*. Sie muß, wie Lacan immer wieder sagt, "den Vater auf der Zunge haben" (Eine Formulierung, deren Bedeutung Glucksmann durch die Abwandlung "Einen Stalin auf der Zunge haben" treffend persifliert hat (38)). Die Forderung, den "Vater auf der Zunge zu haben", beinhaltet das Postulat, daß die Mutter über keine

eigene Sprache verfügt, also auch kein Ich hat, sondern vielmehr als Sprechmaschine das "Nein-des-Vaters", den Namen des Anderen reproduziert. Gleichzeitig soll sie aber das Wort des Vaters so vermitteln, daß es vom Kind nicht als leeres, inhaltsloses Reden aufgenommen wird und somit seine Funktion erfüllen kann: die Funktion, die Symbiose zwischen Mutter und Kind aufzuheben.
Dem läßt sich jedoch entgegenhalten, daß die Mutter das Reden nur dann mit "Sinn" ausfüllen kann, wenn sie selbst "sprechendes Subjekt" ist. Als bloße Mittlerin des väterlichen (Macht)-Wortes kann sie das aber nicht sein. Das Lacansche Modell fordert gleichsam, daß die Mutter ihr Ich in den Dienst einer Funktion stellt, die ihr Ich leugnet: sie soll Reproduktionsmaschine der väterlichen Sprache, der gesellschaftlichen Macht sein.
Nicht anders als bei Winnicott, ist die Mutter selbst die Instanz, durch die der Vater seine Macht über sie darstellt. Die Mutter ist zugleich das, wogegen das Kind abgegrenzt werden soll, wie auch das Mittel, mit dem diese Grenze gezogen wird.
Durch diese Forderung wird die Mutter in die paradoxe Situation gebracht, daß sie selbst, als grenzenloses Wesen, Grenzen ziehen soll: nämlich die ihres Kindes. Obendrein soll sie, die Sprachlose, dies durch die Sprache vollbringen. Eine solche unerfüllbare Forderung kann eigentlich nur bedeuten, daß der Logos unter allen Umständen verhindern will, daß das Kind Grenzen erhält. Das heißt die imaginäre Mutter — sie ist in diesem Zusammenhang nichts als ein Instrument des Logos — dient der Erzeugung von imaginären Kindern: Kindern, die ebenso "instrumental", ich-los sind wie sie. So sind die Voraussetzungen dafür geschaffen, daß die Kinder in das große ICH des Logos hineinwachsen.
Ich behaupte nicht, daß Lacan oder Winnicott oder sonst ein Vertreter der hier beschriebenen theoretischen Modelle kein getreues Spiegelbild der Wirklichkeit lieferten. Vielmehr entspricht die soziale Realität dieser Theorie: Laut einer Untersuchung spricht der durchschnittliche Vater der amerikanischen Mittelschicht zu und mit seinem einjährigen Kind täglich ganze 37,7 Sekunden (39). Symbolischer könnte die Vaterrolle kaum sein. Und diese soziale Realität des abwesenden Vaters und der omnipotent/impotenten Mutter hat eine Wirklichkeit erzeugt, in der auch die Kinder zunehmend imaginär werden: Kann man es für einen Zufall halten, daß ausgerechnet in der Zeit, in der die Mütterlichkeitsideologie ihre allgemeine Verbreitung findet, auch die Geburtenraten sinken, die Kinder tatsächlich zu verschwinden beginnen?

Wie erklärt es sich, daß ausgerechnet in dem Zeitalter, in dem die "Mütterlichkeit" zum Naturgesetz erhoben und mit den "Trieben" gleichgesetzt wird, die Schwangerschaftsabbrüche entscheidend zunehmen (40), völlig neue Verhütungsmittel entwickelt und die Familienplanung legalisiert wird? Wie erklärt es sich, daß ausgerechnet in dieser Epoche, die, wie noch keine andere Epoche der abendländischen Geschichte, der "Mutter" eine große Bedeutung zumißt, die Frau vom Reproduktionszwang befreit wird? Gewiß, es ist wahr, daß die Legalisierung des Schwangerschaftsabbruchs und die Verbreitung der Kontrazeptiva von der Kirche und konservativen Kreisen heftig bekämpft werden, aber diese Bekämpfung mutet an wie ein Scheingefecht, das mit umso größerem Aufwand getrieben wird, als man sich seiner Wirkungslosigkeit sicher ist.

Das Scheingefecht hilft die Tatsache zu verschleiern, daß der Verzicht auf die Mutterschaft der Frau nicht nur erlaubt, sondern sogar nahegelegt wird. In einem Artikel, betitelt "Die Pille — so viele segensreiche Nebenwirkungen", beschreibt eine ärztliche Fachzeitschrift die Vorzüge der Kontrazeptiva (41). Ebenso symptomatisch für den eigentlichen Zeitgeist ist die Schlagzeile auf der ersten Seite eines deutschen Boulevard-Blattes:

"Totaloperation — die Liebe wird noch schöner" (42). Die Wissenschaft liefert die dazugehörigen Forschungsergebnisse. Nachdem über Jahrhunderte die Gebärmutter für alle möglichen seelischen und körperlichen Erkrankungen oder Gesundheitszustände der Frau verantwortlich gemacht wurde, verkündet ein Team englischer Forscher nunmehr, daß die Hysterektomie keinen Einfluß auf die weibliche Psyche habe. Sie stellten bei den Frauen "sogar weniger depressive Zustände als vor der Operation" fest (43). Welche Frau mag da noch ihre Gebärmutter behalten?

Man kann die Entwicklung der Kontrazeptiva, so geschieht es meistens, als Zeichen dafür interpretieren, daß die "Herrschaft der Väter" ihrem Ende entgegengeht und sich nunmehr eine Gesellschaftsordnung ankündigt, in der der Mann darauf verzichtet, über weibliche Reproduktionsfähigkeit zu gebieten. Ich meine, genau das Gegenteil ist der Fall: das Patriarchat — oder die Dynamik des Logos — hat eine Entwicklungsstufe erreicht, in der der Logos sich von der Reproduktionsfähigkeit der Frau zu *befreien* beginnt.

Die meistverbreitete Erklärung für den Geburtenrückgang lautet, daß Frauen zunehmend in die Arbeitswelt drängen und deshalb auf Kinder verzichten, weil Kindererziehung und Erwerbstätigkeit unvereinbar seien. Dagegen läßt sich zunächst einwenden, daß die Geburtenraten genau zu jener Zeit zu sinken beginnen, da die angeblichen "Idealbedingungen" für eine gute Mutterschaft erreicht sind: in einer Zeit nämlich, da das bürgerliche Ideal der Kleinfamilie und "Hausfrau" zwar noch nicht für alle sozialen Schichten realisiert ist, aber für alle Schichten Modellcharakter bekommen hat (ein Modellcharakter, der sich seither besonders in den sozialen Unterschichten durchgesetzt hat, oft in der Hoffnung eines sozialen Aufstiegs (44)). Das Modell der nicht-berufstätigen Frau setzte sich seit 1900 zunehmend durch und prägte allmählich auch das proletarische Frauenbild und die Vorstellung von "Mädchenerziehung" (45). Um 1900 begannen aber auch in allen Industrieländern die Geburtenraten zu sinken. In der Hoch-Zeit der Industrialisierung hingegen waren schwerste Frauenarbeit und hohe Geburtenraten miteinander einhergegangen.

Es ist gar nicht notwendig, auf die vorindustrielle Zeit (vor 1800) zurückzugreifen, als weibliche Erwerbstätigkeit und Mutterschaft nicht als Gegensätze betrachtet wurden — die Idealvorstellung weiblicher "Untätigkeit" entstand erst im 19. Jahrhundert. Auch an Beispielen aus diesem Jahrhundert läßt sich darstellen, daß weibliche Erwerbstätigkeit, trotz Doppelbelastung, offensichtlich nicht die Geburtenraten beeinflußt. In der UdSSR der dreißiger Jahre, wo die Frauen eine wichtige Rolle im Erwerbsleben spielten und der Schwangerschaftsabbruch nicht verboten war, stiegen die Geburtenraten, während gleichzeitig in Frankreich eine bewußte Familienpolitik und die gezielte Aufforderung an die Frauen, zum "Herd" zurück-

zukehren, zu keiner Steigerung der Geburtenraten führte (46). Ein ähnliches Phänomen ließ sich auch für die Bundesrepublik beobachten: während zwischen den Jahren 1950 bis 1963 — bekanntlich die Jahre des "Babybooms" — die Erwerbstätigkeit von Müttern mit Kindern unter 14 Jahren um 74 Prozent zunahm (47), gehen *beide*, die weibliche Erwerbstätigkeit und die Geburtenraten, mit der Rezession der siebziger Jahre zurück. Obgleich der Rückgang der weiblichen Erwerbstätigkeit von einer Neubelebung der Mutterschafts- und Hausfrauenideologie begleitet wurde, führte er nicht zu einer Zunahme der Geburtenraten.

Daß weibliche Erwerbstätigkeit und Mutterschaft keine Gegensätze bilden, zeigte — unfreiwillig — besonders deutlich der Faschismus. Zu wenigen Zeiten gab es eine gezieltere Mutterschaftspolitik als unter den italienischen und deutschen Faschisten. In beiden Staaten erhielten die Frauen — soweit sie überhaupt arbeiten durften — 40 bis 50 Prozent niedrigere Löhne als die Männer (48) (was sich übrigens nicht sehr grundlegend von den Lohndifferenzen heute — durchschnittlich 30 Prozent — unterscheidet). 1933 wurde in Deutschland ein Gesetz erlassen, nach dem alle Frauen aus dem Staatsdienst zu entlassen seien. In demselben Jahr wurde die Erwerbstätigkeit von Ehefrauen oder Töchtern erwerbstätiger Väter verboten (49). Es wurde die "totale Mutterschaft" verkündet. "Die Erneuerung der Frau zum Kind heißt: ihr den wahren Inhalt des Frauenseins zurückzuerobern", verkündete die "Reichsfrauenführerin" (50). Frauen, die Abtreibungen vornahmen, drohte die Todesstrafe. Der Vertrieb und Gebrauch von Ver-

hütungsmitteln war strengstens verboten. Die Weigerung zur Fortpflanzung, auch nach dem dritten, vierten oder fünften Kind, galt als Scheidungsgrund. Gleichzeitig regnete es Ehestandsdarlehen, Kinderzuschüsse, Steuervergünstigungen für Eltern mit Kindern, Mutterverdienstkreuze und andere Maßnahmen zur Förderung der Geburtenfreudigkeit (51). Aber weder in Deutschland noch in Italien führten diese Maßnahmen zu einer Steigerung der Geburtenraten (52). In Italien, wo den Faschisten mehr Zeit blieb, ihren "Mutterkult" zu treiben, als den Nationalsozialisten in Deutschland, gingen die Geburtenraten sogar zurück (53).
Auch die Einführung von rein materiellen Hilfen scheint keine ausschlaggebende Rolle zu spielen. Im Frankreich der fünfziger Jahre wurde die Einführung eines beträchtlichen Kindergeldes zwar von einer Steigerung der Geburtenraten begleitet, aber in der Bundesrepublik gab es zur gleichen Zeit auch ohne entsprechende Fördermaßnahmen größere Zuwachsraten. Die Geburtenraten werden offensichtlich von ganz anderen Faktoren gesteuert als jenen, mit denen die Politiker sie zu beeinflussen versuchen, und je größer der Einfluß ist, den eine übergeordnete Instanz auf die Mütter und Väter auszuüben versucht, desto geringer scheint der Erfolg zu sein.
Die Geburtenraten, so möchte ich sagen, werden weitgehend bestimmt vom Selbstbild jener, die sich in ihren Kindern reproduzieren möchten. Sie werden gesteuert vom Wunsch, ja der Lust, sich selbst zu spüren. Je entwerteter das Selbstbild ist, desto geringer wird auch das Verlangen danach, sich zu reproduzieren. Je weniger man sich seiner Grenzen, seiner Existenz sicher ist, desto mehr wird man auch davor zurückschrecken, die verschwommenen Ich-Grenzen durch ein Kind zusätzlich aufzuweichen (vgl. S. 153f).
Die Entwertung des Selbstbildes begleitete wiederum den Untergang des *ichs* im Abendland. Eine entscheidende Rolle beim Kampf des Logos gegen das *ich* spielte die Idealisierung der Mutter. In den Bereich dieser Idealisierung gehört auch die bewußte Geburtenförderung, die den Kinderwunsch rationalen, außengesteuerten Erwägungen unterwirft. Sie *enteignet* die Mutter (und den Vater) ihrer Wünsche, ihres Selbstvertrauens und setzt somit, nicht anders als das Ideal der "ich-losen" oder der "den Trieben unterworfenen" Mutter das Selbstbild eben dieser herab. Ich möchte die Behauptung aufstellen, daß eine Politik der Geburtenförderung, die sich nicht am Wunsch und am Selbstbild der Eltern orientiert, per se konterproduktiv sein muß. Eine gewalttätige Geburtenförderung stellt also gleichsam das wirksamste Mittel dar, die Geburtenraten niedrig zu halten (54).
Ein anderes Mittel, das Selbstbild der Mutter zu zerstören, stellen die "Frauenberufe" dar. Sie entstanden im 19. Jahrhundert, als Begleiterscheinung des Mütterlichkeitsideals. Es sind Berufe, die noch heute weitgehend das Spektrum weiblicher Berufstätigkeit bestimmen und die ihren Ursprung in

der angeblichen Berufung der Frau zu "mütterlichen" Aufgaben haben.*
Zu diesen Berufen gehören die der Kindergärtnerin, der Lehrerin, aber auch die "sozialen Berufe" im weitesten Sinne: angefangen von der Krankenschwester über die Sozialarbeiterin bis hin zur Verkäuferin und Sekretärin. Frauen wird einerseits — wegen potentieller Mutterschaft — der Eintritt ins Berufsleben erschwert (55); andererseits prädestiniert sie aber ihre angeblich wesenseigene "Mütterlichkeit" zu bestimmten Berufen: ein Widerspruch in sich, wenn man sich nicht vergegenwärtigt, daß dieser Widerspruch die Funktion erfüllt, den Frauen in den "mütterlichen" Berufen einen *Ersatz* für die Mutterschaft anzubieten. Pastorinnen zum Beispiel wird im allgemeinen nur dann eine Gemeinde anvertraut, wenn sie keine Familie zu "bemuttern" haben. Andererseits wird die Berufung der Frau zur Aufgabe des Seelsorgers heute aber, wenn überhaupt, dann gerade mit der "mütterlichen Wesensart" der Frau begründet. Das gleiche gilt für Frauen in Verwaltung und Politik. Frauen erringen oft nur unter Verzicht auf Mutterschaft leitende Positionen in Regierung, Partei oder Gewerkschaft. Aber wenn es geschieht, so werden ihnen im allgemeinen die sozialen Bereiche, Familienpolitik und andere "mütterliche" Aufgaben zugeteilt.
Die Unvereinbarkeit von Mutterschaft mit "mütterlichen" Aufgaben, die Ersatzmutterschaft, ist nicht nur eine aufgezwungene Alternative. Viele Frauen empfinden es auch tatsächlich als unvereinbar, sowohl einen "mütterlichen Beruf" auszuüben, wie auch Mutter zu sein. Henriette Breymann, Nichte von Friedrich Fröbel, dem Erfinder der Kindergärten, die selber lei-

---

* Diese Vorstellung einer Berufung der Frau zu "mütterlichen Aufgaben" taucht in fast allen Schriften auf, die seit der Aufklärung dem Thema "Frau" gewidmet wurden. Sie finden sich wieder sowohl im Lager der Frauenfreunde wie der Frauenfeinde, unter den Bürgerlichen wie auch bei den Sozialisten. Auch ein Gutteil der Frauenbewegung, vor allem die bürgerliche Frauenbewegung des 19. Jahrhunderts, war von der Richtigkeit dieser Vorstellung überzeugt.
So schreibt der "Frauenfreund" Theodor Gottlieb von Hippel in seiner 1793 erschienenen Schrift "Über die bürgerliche Verbesserung der Weiber", in der er für seine Zeit radikal aufklärerische Ansichten über die Gleichstellung der Frau vertritt: "Alle Kinderschulen sollten Weiber als Aufseherinnen und Lehrerinnen haben, weil die Natur das weibliche Geschlecht dazu mit ausgezeichneten Fähigkeiten hinreichend ausgestattet hat." Von Hippel, Theodor Gottlieb, Über die bürgerliche Verbesserung der Weiber. Hrsg. v. Ralph-Rainer Wuthenow, Frankfurt 1977, S. 137
Dies ist eine Aussage, die sich, was das Frauenbild und die Berufung der Frau betrifft, letztlich nur in ihrem Ton, nicht in ihrem Gehalt von der des Frauenverächters Schopenhauer unterscheidet, der schrieb: "Zu Pflegerinnen und Erzieherinnen unserer ersten Kindheit eignen die Weiber sich gerade dadurch, daß sie selbst kindisch, läppisch und kurzsichtig, mit Einem Wort, Zeit Lebens große Kinder sind: eine Art Mittelstufe zwischen dem Kinde und dem Manne, als welcher der eigentliche Mensch ist." Schopenhauer, Über die Weiber, S. 64
Sogar Bebel, von dem man wahrlich sagen kann, daß er sich für die Frauenrechte eingesetzt hat, war der Ansicht, daß die Mütter dadurch entlastet werden sollten, daß andere Frauen ihre "Mutterpflichten" übernehmen: "Pflegerinnen, Erzieherinnen, befreundete Frauen, die heranwachsende weibliche Jugend, stehen ihr in allen Fällen, wo sie Hilfe braucht, zur Seite." Bebel, August, Die Frau und der Sozialismus, Stuttgart 1891, S. 341. Auch Bebel konnte sich gegen Ende des 19. Jahrhunderts gar nicht mehr vorstellen, daß Väter für die Betreuung und Erziehung ihrer Kinder zuständig sind, wie es, zumindest was die Söhne betrifft, in der vorindustriellen Gesellschaft üblich war. Zur Mütterlichkeitsideologie der bürgerlichen Frauenbewegung im 19. Jh. vgl. Simmel, Erziehung zum Weibe.

denschaftliche Verfechterin seiner Pädagogik war, schrieb in einem Brief an ihre Familie, daß sie nun, da sie als Kindergärtnerin arbeite, auf Ehe und Familie verzichten könne, weil ihr die Arbeit im Kindergarten erlaube, "Hausfrau und Mutter" zu sein (56). Für sie war die Arbeit als "Ersatzmutter", wie Fröbel die Kindergärtnerinnen nannte, zu genau dem geworden, was das Wort besagt: einer Ersatzmutterschaft. Im ähnlichen Sinne äußert sich heute auch Ulrike S., eine einunddreißigjährige Kindergärtnerin aus Frankfurt, in einer Filmdokumentation:

> Für mich persönlich ist es schwierig geworden, an eigene Kinder zu denken, weil ich mich genauso freue, wenn ich jeden Morgen hierher in den Kindergarten komme und die Beziehung zu den Kindern aufnehme und Lust an ihrer Gesellschaft und ihrer Entwicklung habe, wie ich mich freue, wenn ich wieder weggehe und dann für mich bin. Das heißt ich bin nicht bereit, eine 24-Stunden-Beziehung von solcher großen Enge und Intensität zu einem Kind zu haben, weil ich meine Freiheit wohl als zu egoistisch oder unteilbar empfinde und sie mit mir und mit Erwachsenen erleben will. Ich weiß nicht, ob das in einer Zeitfrage ist, ob das in einigen Jahren anders sein kann, aber jetzt will ich es auf keinen Fall anders. Ich sehe es auch bei Müttern, die ich kenne und die mit Kindern arbeiten, die also einen Frauenberuf, einen pädagogischen Beruf ausüben, daß sie damit zu kämpfen haben, für sich einen Freiraum zu schaffen, in dem sie auch ganz für sich sind, nur als eine erwachsene Person, die nicht in der Funktion von Betreuung und Bemutterung ist. (57)

Es gibt heute kaum mehr einen Beruf, in dem Frauen leicht Zulaß finden, der nicht die Merkmale der Mütterlichkeit aufweist. Das gilt nicht nur für die sogenannten "Sozialberufe", es gilt auch und vor allem für die "Leichtlohngruppen". Alle Argumente, die zur Rechtfertigung der schlechteren Bezahlung von Frauen angeführt wurden und werden, wie physische Untauglichkeit, geringere Zuverlässigkeit, mangelhafte Lernfähigkeit, erweisen sich bei näherem Hinsehen als unhaltbar (58). Wenn dennoch die geringere Bezahlung von Frauen aufrechterhalten bleibt, so liegt es einerseits daran, daß ihre Arbeit selbst mit "Liebesdienst" oder "mütterlicher Hingabe" gleichgesetzt wird. Nur daß aus mütterlicher Selbstaufopferung am Nähkorb die Aufopferung am Fließband der Textil-Industrie geworden ist. Der Direktor einer französischen Puppenfabrik erklärte mir die Tatsache, daß ausschließlich Frauen an seinen Fließbändern arbeiten, damit, daß "Frauen mit solchen Dingen besser umgehen können". Seine Leichtlohnarbeiterinnen gebären täglich etwa fünftausend Babies.

Wenn aber die Spezialisierung der Frau auf "mütterliche Aufgaben" bewirkt, daß Frauen auf Mutterschaft verzichten, muß man sich dann nicht fragen, ob dies der eigentliche Sinn der Spezialisierung ist? Wenn der Zwang, Kinder zu bekommen, mit dem Wunsch nach Kindern unvereinbar ist, so bedeutet das doch, daß der Geburtenzwang — welche Form die Geburtenpolitik auch immer annehmen mag — eine besonders effiziente Form ist, den Wunsch nach Kindern zu unterdrücken. In diesem Sinn läßt sich die patriarchalische "Verteidigung des ungeborenen Lebens" als eine Form von Exorzismus verstehen: eines Exorzismus, durch den den Müttern der Kinderwunsch "ausgetrieben" wird. Wenn schließlich die Frauenberufe durch schlechte Bezahlung abgewertet werden und mit ihnen auch das Selbstbild der Frauen sinkt und wenn dieses Sinken des Selbstbildes bewirkt, daß Frauen sich nicht mehr zu reproduzieren vermögen, so liegt der Schluß nahe, daß hierin vielleicht auch der eigentliche und verborgene Sinn von Leichtlohngruppen und Lohndifferenzen zu suchen ist.

Die Kontrazeptiva, die das Industriezeitalter entwickelt hat, stehen nicht im Gegensatz zum Reproduktionszwang. Sie bilden vielmehr dessen Ergänzung. Sie sind ein Symptom dafür, daß der Kampf des Logos gegen die Mutter zu einem Ende gekommen ist: Der Logos hat sein Ziel erreicht. So wie er das Sexualwesen Frau besiegt hat, hat er auch das Sexualwesen Mutter bezwungen. Der Logos hat bewirkt, daß *sein* Wunsch — der Verzicht der Mutter auf die Reproduktion — zu *ihrem* Wunsch geworden ist. Deshalb überläßt er der Frau großzügig die Entscheidungsfreiheit über die Mutterschaft.

Der Logos als bessere Mutter

Die Entwicklung des künstlichen Mütterlichkeitsideals verhindert die Mutterschaft, wie die Statistik nahelegt. Gleichzeitig erlaubt sie es dem Logos, sich diese anzueignen und selber zur "Mutter" zu werden.

Zilboorg führt das Gefühl der Väterlichkeit auf die Identifikation mit der Mutter zurück:

> Das Gefühl der Vaterschaft ist im Grunde ein weibliches Attribut, das sich schließlich der Mann bei dem Versuch zu eigen macht, seine Herrschaft über die Frau, die periodisch durch ihr Kindergebären ihre Überlegenheit beweist, zu sichern und sich selbst zu beruhigen. Ich neige zu der Annahme, daß nicht der Penisneid der Frau, sondern der Weiblichkeitsneid des Mannes psychogenetisch älter und deshalb von grundlegender Bedeutung ist. (59)

Ich habe Zweifel, ob sich diese These für alle Gesellschaften verallgemeinern läßt. Die Riten der "Couvade" zum Beispiel, bei denen der künftige Vater sich ins "Kindbett" legt, wenn seine Frau niederkommt, bei denen er am eigenen Körper ihre "Wehen" nacherlebt, um dann hinterher im Wochenbett gepflegt zu werden — gerade diese Riten sind doch Mittel der Verarbeitung — und damit Überwindung — des Gebärneides (60). Mit diesen Riten verhelfen sich Väter dazu, ein eigenes Verhältnis zu ihrem Kind zu entwickeln. Was aber die abendländische Kultur betrifft, die keine Riten zur Überwindung des Gebärneides, nur die Herabsetzung der Mutterschaft kennt, möchte ich der These von Zilboorg zustimmen.

Karen Horney vertrat schon zu Freuds Zeiten, wenn auch vorsichtig, die Ansicht, daß der männliche Gebärneid der eigentliche Grund für die Entwertung der Mutterschaft als "Last" und "Bürde" sei (61). Maria Torok interpretiert die Theorie des Penisneids als Projektion: das männliche Geschlecht projiziere seinen eigenen Neid auf das andere Geschlecht, um das eigene Geschlecht dadurch aufzuwerten (62). Wenn man diese Gedanken zu Ende führt, muß man zu dem Schluß kommen, daß die abendländische Kultur nicht das Produkt einer sublimierten "phallischen" Sexualität ist, sondern vielmehr das eines sublimierten "Mutterschaftsneides". Die Hoffnung, die ersehnte Gebärfähigkeit zu erlangen, würde auch erklären, weshalb der Mann so aktiv einen Prozeß vorantrieb, an dessen Ende doch nur sein eigener Untergang als Sexualwesen stehen konnte.

Die Mutterschaft des Logos ist kein Ebenbild der irdischen Mutterschaft. Sie ist besser. Eine irdische Mutter kann nicht "aus sich selbst" gebären. In der Natur sind beide Geschlechter aufeinander angewiesen, um neues Leben zu zeugen und hervorzubringen. Der monotheistische Gott, der Logos, das Wort hingegen erzeugt aus Kräften, die zu einem verschmolzen sind. "Gott ist nicht nur Vater, mehr noch ist er eine Mutter", so verkündete in jüngster Zeit der Papst (63). Gottes Allmacht besteht darin, daß er die beiden Eltern in sich vereint.

Diese Allmacht Gottes begann mit der Renaissance und Reformation auf sein irdisches "Ebenbild", den Mann, überzugehen, der sich allmählich die Mutterschaft aneignen sollte. Im allgemeinen wird der Säkularisierungsprozeß als der große Umbruch verstanden, in dem der Glaube an die Allmacht Gottes durch den Glauben an die Allmacht des Menschen abgelöst wird. In Wirklichkeit brachte er aber nur die Verlagerung der Allmacht aus dem Bereich des Idealen, Überirdischen auf das weltliche Leben. Die Renaissance und Reformation stellen keine Absage an die Allmacht Gottes dar, sondern vielmehr die Erfüllung der christlichen Botschaft. Der allmächtige, allwissende Mensch, dessen Bild von den "Humanisten" der Renaissance entworfen wird, ist nicht Gegensatz, sondern Beweis Gottes. Das ICH des Humanisten ist dem monotheistischen Gott, der über parthenogenetische Fähigkeiten verfügt, nachgebildet. Es ist ein ICH, das Mann und Frau in sich vereint und, wie Gott, über schöpferische Fähigkeiten verfügt, Leben aus dem Nichts zu erschaffen vermag.
Weil der humanistische "Mensch" ein Abbild und nicht Gegensatz Gottes ist, haben sich die beiden unvereinbaren Gegensätze, Humanismus und Christentum, auch nicht nur miteinander vertragen, sondern gegenseitig ergänzt. Eigentlich gibt es keinen größeren Widerspruch als den eines "christlichen Humanisten", der zugleich an die Allwissenheit Gottes und die Möglichkeit menschlicher Allwissenheit, also an den Menschen als Gott in spe glaubt. Aber gerade er ist, wie kein anderer, bezeichnend für die abendländische Kultur. Er taucht im Denken der aufgeklärten Philosophen auf: zum Beispiel dann, wenn sie, in getreuer Wiedergabe der biblischen Schöpfungsgeschichte, den Ursprung des Menschengeschlechts auf einen "Stammvater" zurückführen (64); aber er zeigt sich auch in der Gleichsetzung von Gott und Logik, wie es zum Beispiel bei Hegel geschieht. Für Hegel ist das "System der reinen Vernunft als das Reich des reinen Gedanken [zu] fassen" und wird als solches wiederum mit Gott gleichgesetzt (65). Er erklärt, mit seiner Philosophie selber "die Gedanken Gottes vor der Schöpfung" zu formulieren (66). Damit befindet sich das Reich Gottes auf Erden: in der Logik, im Denken, in der Sprache, die dem Menschen (allen vorweg: Hegel) vorbehalten sind.
Der Verlagerung von überirdischem Ideal zu irdischer Realität entsprechend, verlagert sich auch das Paradies für die aufgeklärten Denker von der (unwiderbringlichen) Vergangenheit in die erreichbare Zukunft. Der Zustand vollkommenen Glücks ist nicht mehr ein Ideal, das erst im Jenseits, nach dem Jüngsten Gericht erlangt werden kann, sondern im Diesseits, auf Erden. Es wird nur noch als eine Frage der Zeit, des Fortschritts, angesehen, bis dieser Zustand erreicht ist. Symptomatisch dafür sind das Weltbild und die Lehren, die einer der bedeutendsten Forscher des 19. Jahrhunderts aus seinen wissenschaftlichen Erkenntnissen zieht: Charles Darwin bekennt

sich zum "niederen Ursprung" des Menschen, um daraus ein Paradies der Zukunft abzuleiten.

Die Tatsache, daß der Mensch sich "auf den Gipfel der organischen Stufenleiter erhoben" habe, so sagt Darwin, berechtige ihn zur "Hoffnung auf eine noch höhere Stellung in einer fernen Zukunft" (67). Die "natürliche Zuchtwahl der Völker", so schließt er aus seinen Beobachtungen über die Tiere, führe dazu, daß die intelligenteren und "sittlicheren" Völker die anderen zurückdrängen und deshalb der "Grad der Sittlichkeit und die Zahl gutbefähigter Menschen überall höher und größer werden" werden (68). "Sittlichkeit" und "gute Befähigung" werden wiederum nach ihrer Übereinstimmung mit der patriarchalischen Gesellschaftsordnung des 19. Jahrhunderts beurteilt:

> Als ich die barbarischen Bewohner des Feuerlandes beobachtete, drängte sich mir plötzlich die Überzeugung auf, daß der Besitz eines bestimmten Eigentums, ein fester Wohnsitz und die Vereinigung vieler Familien unter einem Führer die Unentbehrlichen Grundlagen der Zivilisation seien. (69)

Darwin schreibt zwar, daß ihm seine Erkenntnisse das Gefühl einflößten, "als gestünde ich einen Mord ein" (70) — den Mord an Gott nämlich —, aber andererseits betont er immer nachdrücklich die Vereinbarkeit seiner Lehren mit der Religion. Ja, er sah in dieser Höherentwicklung des Menschen sogar eine Art von Gottesbeweis (71).

Die Erfüllung der christlichen Botschaft durch die Säkularisierung spiegelt sich auch in den Entwicklungen der kirchlichen Lehren wider. Das gilt insbesondere für den Protestantismus und die verschiedenen Reformierten Kirchen, die aus ihm hervorgegangen sind, wie etwa den Calvinismus. Es gilt auch für die "Christliche Wissenschaft", die besonders in den Vereinigten Staaten einen bedeutenden Einfluß ausübt. Es trifft aber auch für die katholische Theologie zu. So etwa, wenn der Glaube ans ewige Leben mit der "Vernunft" gerechtfertigt wird, beziehungsweise damit, daß es für den Menschen "sinnvoll" sei, Vertrauen auf das ewige Leben zu haben (72). Der Glaube wird hier zur weltlichen Therapie und die Aufgabe des Seelsorgers mit der eines Seelenarztes gleichgesetzt. Auch wenn von der "Menschlichkeit Gottes" die Rede ist (73) oder "Die Frage nach Gott als Frage nach dem Menschen" gestellt wird (74), zeigt sich die Verweltlichung des Glaubens: deutlicher läßt sich die Identität von Gott mit Mensch kaum umschreiben. In den progressiven theologischen Ansätzen, von denen ich hier nur einige als Beispiele anführe, wird das "Reich Gottes" zu genau dem, was Marxismus und Darwinismus als *irdisches* Paradies in Aussicht stellen: "die vollendete humanistische Gesellschaft", wie es ein weiterer "progressiver" Theologe der katholischen Kirche, Ernesto Cardenal, genannt hat (75). Daß ein Gutteil des aufgeklärten, progressiven Denkens aus der Theologie selber kam — darunter zum Beispiel Darwin — ist kein

Zufall. Die orthodoxe Kirche mag noch so sehr den Materialismus verurteilen oder progressiven Theologen das Recht entziehen, im Namen der Kirche zu sprechen, sie wird schwerlich bestreiten können, daß mit der Menschwerdung Gottes auch die Gottwerdung des Menschen im christlichen Dogma vorprogrammiert wurde — daß also gerade die fortschrittlichen Theologen, ja sogar die Materialisten und Fortschrittspropheten gewissermaßen die getreuesten Interpreten des Evangeliums sind.

Madonna und Maschine

Der Prozeß der Säkularisierung stellt nicht die Abwendung von der christlichen Botschaft, sondern vielmehr die *Materialisierung* dieser Botschaft dar. Dieser Materialisierung entspricht die Verlagerung des großen ICHs, das über parthenogenetische Kräfte verfügt, von Gott auf den Mann. Der Mann wird zum "Schöpfer", der Vater und Mutter in sich vereint.

Der Mann beginnt, sich parthenogenetische Fähigkeiten anzueignen, die es ihm ermöglichen, "aus dem Nichts" beziehungsweise durch rein geistige Anstrengung Realitäten zu schaffen. Symptomatisch dafür ist die Verwirklichung der alchimistischen Phantasie, "aus dem Nichts" — in der Retorte — Gold zu erzeugen: Im 17. Jahrhundert entstehen in England und Italien die Vorläufer des Papiergeldes, die Banknote, die allmählich an die Stelle von Gold und Sachwerten tritt und zunehmend über die Entwicklung der Ökonomie bestimmt. Durch dieses "Geld aus dem Nichts" soll die Welt neu erschaffen werden — und das geschieht auch tatsächlich. Die Realitätserzeugende Macht des Kapitals wird zum Symbol männlicher Potenz, wie die Medizinhistorikerin Esther Fischer-Homberger schreibt, zum Ersatz für den männlichen Samen:

> "Potenz" im Sinne von "Macht", "Leistungsfähigkeit", ursprünglich sehr weitgehend an sexuelle Potenz gebunden, scheint sich im Laufe der späteren Neuzeit zunehmend an geistig-intellektuelle Leistung zu binden. [. . .] Man könnte vielleicht kühn sagen, der Wandel der männlichen Potenz vom Sexuellen zum Geistigen entspreche dem Übergang von der agrarischen Produktionsweise zur industriellen. [. . .] Es ist, als ob dem Mann im 19. Jahrhundert der Samen buchstäblich in den Kopf gestiegen wäre. Geistige Aktivität, Fruchtbarkeit, Intelligenz, Unternehmergeist, Genie, Erfindertum, Entdeckertum charakterisieren nun den rechten Mann. Mit Ideen, Forschungsergebnissen, Erfindungen und Geld schwängert er seine Bezugsgruppe, wenn er sehr potent ist, die ganze Welt; das Aufbauen seiner Familie geht nebenher. Hilfskräfte und Schüler sind seine eigentlichen "Söhne". (76)

Hinter der Verlagerung von sexueller zu geistiger Potenz steckt noch mehr: sie bedeutet nicht nur, daß der Samen in Geld und Geist verwandelt wird. Der Verzicht auf die leibliche Vaterschaft stellt auch die Voraussetzung dafür dar, daß der Mann zur *Mutter* werden kann. Die "geistige Vaterschaft" befreit ihn einerseits von seiner Beschränkung auf das eine Geschlecht und andererseits erlaubt sie dem Mann — oder dem Logos, der

sich im Mann inkarniert –, die Gebärfähigkeit der Frau zu vereinnahmen. Eine "bessere Gebärfähigkeit", versteht sich. Als der Samen, das Kapital endgültig im Kopf des Mannes angelangt ist, nämlich mit dem Beginn des Industriezeitalters, entsteht der männliche Uterus: die Maschine. Mit ihr wird der Mann gebärfahig, erringt er wahrhaft parthenogenetische Eigenschaften, die nicht nur geistiger, sondern auch materieller Art sind.
Die Maschine ist eine "bessere" Mutter als die natürliche. Sie vermag mehr und schneller Kinder in die Welt zu setzen als jene. Im Gegensatz zur "natürlichen" Mutter bleibt bei ihr nichts dem Zufall überlassen: ein Kind gleicht dem anderen; die "Fehlerhaftigkeit" der Diversität ist ausgeschaltet. Die Mutterschaft der Maschine ist voraussehbar, planbar, den Gesetzen der Ratio unterworfen. Die "Rationalisierung der weiblichen Natur" (Simmel) (77), die im 19. Jahrhundert stattfindet, dient nicht nur der Verdrängung der Mütter von der Seite ihrer Kinder – sie ist auch symptomatisch für die Mutterwerdung des Logos, für die geistige, "vernünftige" Mutterschaft des Mannes.
So versteht man auch einen grundlegenden Widerspruch, der das Bild der Frau im 19. Jahrhundert kennzeichnet. Auf der einen Seite wird der weibliche Geschlechtstrieb geleugnet: die Theorie von der "Normalität" der weiblichen Frigidität ist, laut Ellis, eine Annahme, die ausschließlich den Industrieländern und dem Industriezeitalter vorbehalten bleibt (78). Auf der anderen Seite erbringt die Wissenschaft des 19. Jahrhunderts aber den endgültigen Beweis für die Beteiligung der Frau am Zeugungsakt. Eigentlich ist es vollkommen widersinnig, der Frau den Geschlechtstrieb abzusprechen und gleichzeitig ihren Zeugungsbeitrag zu entdecken. Aber dieser Widersinn hat Methode. Fischer-Homberger interpretiert die Entdeckung des weiblichen Eis als Symptom dafür, daß die Mutterschaft als irrelevant betrachtet wird:

> Dieser Aufstieg des Geistes gegenüber dem Samen, geistiger Potenz gegenüber sexueller Potenz findet etwa in demselben Zeitraum statt, in welchem der weibliche Zeugungsbeitrag, das weibliche Ei, definitiv beschrieben und anerkannt wird (17. bis frühes 19. Jahrhundert) – als ob die Anerkennung eines dem männlichen ebenbürtigen Zeugungsbeitrags erst möglich geworden wäre mit der Entwertung der sozialen Bedeutung dieses Beitrags, als ob andererseits diese Anerkennung eine Verschiebung der sozial bedeutsamen Geschlechtsunterschiede auf das Gebiet des Geistes bedingt hätte. (79)

Man muß noch weitergehen. Die Entdeckung des weiblichen Zeugungsbeitrags ist nicht nur ein Zeichen dafür, daß die Mutter irrelevant geworden ist – sie läßt sich auch als Mittel verstehen, die Mutter zu eliminieren. Immerhin hat die Entdeckung des weiblichen Eis auch zur unmittelbaren Entwicklung der modernen Kontrazeptiva geführt. Ja, man kann sich sogar fragen, ob das weibliche Ei nicht entdeckt wurde, *damit* man über das nötige Wissen verfügte, die Schwangerschaft der Frau zu verhindern. Diese

Interpretation bietet sich geradezu an, wenn man die Entdeckung des weiblichen Zeugungsbeitrags in Verbindung mit der gleichzeitigen Entwicklung des Mutterideals betrachtet, auf dessen zerstörerische Funktion ich schon hingewiesen habe. Auf der anderen Seite gibt dieses Mutterideal, das der Mutter die Alleinzuständigkeit für die Kinder zuspricht, aber auch das ideale Vorbild ab für die omnipotente Mutterschaft des Logos — eine Mutterschaft, deren Ungeschlechtlichkeit von entscheidender Bedeutung ist. Nur wenn die Mutterschaft als ungeschlechtlich gesehen wird, kann auch der Vater zur Mutter werden. Es zeigt sich, daß der Widersinn keiner ist: das Bild der omnipotenten und asexuellen Mutterschaft dient zugleich der Eliminierung der Mütter und der Verwandlung der "geistigen Vaterschaft" in eine Mutterschaft.

Ein deutliches Symptom für diese Entwicklung ist die Belebung des Marienkultes im aufbrechenden Industriezeitalter. Neumann, wie viele andere

Gillo Dorfles vergleicht diese Himmelfahrtsdarstellung mit einem Raketenstart.
Vgl. Dorfles, Gillo, Der Kitsch, Tübingen 1969

Autoren, sieht im Madonnenkult ein Relikt der matriarchalischen Gesellschaften. Er betrachtet die "Muttergottes" als Erbin der "Großen Mutter" der Frühgeschichte, die sich trotz des Christentums gehalten habe (80). In Realität hat die Madonna aber *nichts* mit der "Großen Mutter" gemeinsam: sie verfügt weder über eine eigene Sprache noch über Sexualität und eigene Fruchtbarkeit. Sie ist *geschlechtslos* — und eben das macht sie zu einer geeigneten Projektionsfläche für eine männliche Mutterschaft. Eben weil sie *keine* Frau ist, wird die Heilige Jungfrau zum Ideal der "Mütterlichkeit" erhoben. Das asexuelle Mutterbild liefert den Beweis dafür, daß die Mutterschaft nichts mit der Geschlechtszugehörigkeit zu tun hat; sie bezeugt, daß auch der Mann Mutter werden kann. Deshalb — und eben nicht aus Verehrung für die Frau — wird 1854 das Dogma von der unbefleckten Empfängnis verkündet und sind fast alle Wallfahrtsorte, die seit dem Beginn der Industrialisierung entstehen, dem Marienkult gewidmet (81). Weil man in der Madonna ein Sinnbild *männlicher* Mutterschaft sieht, wird 1950 das Dogma der leiblichen Himmelfahrt Marias verkündet, das sie für den katholischen Gläubigen beinahe auf die gleiche Stufe stellt wie den Erlöser (82). Die Neubelebung des Marienkultes im Industriezeitalter läßt sich weder mit einer Kompensation für den Niedergang der Religion interpretieren noch als Abwehrreaktion auf die neue Rationalität und die Macht der Maschine. Sie ist vielmehr eine Bestätigung dieser Macht. In einem ähnlichen Sinn läßt sich auch das plötzlich erwachende Interesse männlicher Forscher im 19. Jahrhundert für das "Matriarchat", die angebliche "Herrschaft der Mütter" verstehen: es handelt sich um die Projektion eines parthenogenetischen Ideals geschlechtsloser Mutterschaft auf die Vergangenheit. Die Verehrung der großen Gottesmutter ist ein Kult, mit dem die neue Mutterschaft des Mannes zelebriert wird. Es ist ein Kult des gebärenden Phallus — und eben deshalb bleibt er auch nicht auf die gläubigen Christen beschränkt, sondern erfreut sich besonders unter den Rationalisten und deklarierten Atheisten großer Beliebtheit.

L'ETRE SUPREME

Robespierre, der nicht durch Zufall von seinen Zeitgenossen der "Messias" genannt wurde, stiftete eine "Religion der Vernunft", deren Messen unter anderem in der Kathedrale Notre-Dame von Paris gefeiert wurden. Das "Oberste Wesen" dieser Religion wurde als abstraktes Auge in einem Dreieck am Himmel dargestellt; seine irdische Vertretung war jedoch eine "Göttin der Vernunft", eine Mischung aus Madonna und Weinkönigin. Denn im Gegensatz zur Heiligen Jungfrau bestand die "Göttin der Vernunft" aus Fleisch und Blut. Sie wurde bei ihren jährlichen Auftritten von auserwählten Frauen — meistens Schauspielerinnen — dargestellt. Künstler wie David richteten die Feierlichkeiten aus. Damit die Darstellerin nicht ihrerseits zum Objekt der Anbetung werden konnte, verfügte Robespierre, daß jedes Jahr eine andere Frau die "Göttin der Vernunft" zu spielen habe. Jules Michelet, der behauptet, eine der Darstellerinnen noch kennengelernt zu haben, beschreibt die Zeremonie folgendermaßen:

> Die Vernunft, in einem weißen Kleid und mit einem azurblauen Mantel bekleidet, tritt aus dem Tempel der Philosophie hervor und setzt sich auf einen Thron, der mit einfachem grünen Laub geschmückt ist. Die jungen Mädchen singen ihr ihre Hymne. Am Fuße des Berges geht sie durch die Menge und wirft den Anwesenden einen sanften Blick, ein sanftes Lächeln zu. Dann verschwindet sie wieder, während weiter gesungen wird. Man wartete. Das war alles. (83)

Der Ritus stellt nichts anderes als einen Madonnenkult dar, der sich von einem überirdischen Ideal auf ein weltliches Objekt, eine reale Frau, verlagert hat. In dieser Verlagerung von Ideal auf Realität spiegelt sich die Verlagerung der männlichen Gebärfähigkeit von der Phantasie in die Wirklichkeit wider. War es vorher Gott, der über die Fähigkeit zu gebären verfügte,

Die Göttin der Vernunft

so wird diese Gebärfähigkeit des Geistes mit der Aufklärung und dem sich daran anschließenden Industriezeitalter allmählich irdische, männliche Realität.

So ist auch der "Madonnenkult" irdischer Art zu verstehen, den Auguste Comte entwirft. Comte, der Begründer des "Positivismus", wird im allgemeinen als der Vater der Soziologie, der Lehre von der gesellschaftlichen Realität, betrachtet. Von seinem Glauben an die Vernunft, die Sachlichkeit, die Materie ausgehend, entwickelt Comte die "Menschheitsreligion": eine Religion, die an den Menschen glaubt. Er selber bezeichnet seine Religion als "weibliche Utopie" (84). Genau das ist sie auch: es ist die Utopie von der Frau-Werdung "des Menschen". In der Gesellschaftsordnung, die Comte entwirft, ist die Frau einerseits aus dem politischen Leben völlig ausgeschlossen. Ihre Rolle beschränkt sich einzig auf das häusliche Leben. Denn, so sagt Comte, nur indem die Frau sich in den "häuslichen Kreis" zurückzieht, kann sie auch die "subjektive Unsterblichkeit" erringen, die die Menschheitsreligion verheißt (85). Andererseits wird die Frau aber bei Comte zur "Repräsentantin des Großen Wesens"; er sieht in ihr die "spontane Priesterin der Menschheit" (86). In der Comteschen Gesellschaftsordnung hat die Frau auf der einen Seite von einer "gewissen geistigen Medio-

Feiern zur Religion der Vernunft in der Kathedrale Notre-Dame in Paris

krität" zu sein, um "die freiwillige Unterwerfung unter die Herrschaft des Mannes zu sichern". (87) Auf der anderen Seite soll aber die Fortpflanzung durch eine "Jungfrau-Mutter" gesichert sein (88) und das Ziel einer "systematischen Entwicklung der ehelichen Keuschheit" verfolgt werden (89).
Die Widersprüchlichkeit dieser beiden Rollenzuordnungen für die Frau — auf der einen Seite ist sie omnipotente Alleinzeugerin, auf der anderen dem Mann unterworfen — verschwindet, wenn man das Ideal Comtes einer jungfräulich/parthenogenetischen Mutter nicht als eine "weibliche Utopie" versteht, sondern als die Utopie einer männlichen Mutterschaft, die mit der Eliminierung der Frau aus dem öffentlichen Leben mehr als vereinbar ist. Nicht nur der Begriff des "Weiblichen", auch der der "Utopie" ist irreleitend in Comtes "System". Denn für ihn bedeutete Utopie nicht ein Ideal, das im "Nirgendwo" angesiedelt wird, sondern vielmehr die "Vorausahnung einer kommenden Realität" (90). Dem Positivisten und Denker des aufbrechenden Industriezeitalters erschien die Verwirklichung des Ideals einer männlichen Mutterschaft nur noch eine Frage der Zeit und des Fortschritts zu sein.
Die Wissenschaft heute betrachtet Comte gerne als einen "geteilten" Denker: in seinen frühen "wissenschaftlichen" Schriften habe sich Vernunft und Realitätssinn ausgedrückt, während die Verkündung seiner "Menschheitsreligion" als Produkt eines wahnsinnig gewordenen Geistes zu betrachten sei. Aber Sarah Kofman besteht vollkommen zu Recht auf der Kontinuität und Einheitlichkeit seines Werkes (wie übrigens auch Comte selber) (91). Seine "Menschheitsreligion" ist nur eine Fortführung des Glaubens an die Vernunft. Comte greift nur die Phantasien seines Zeitalters auf und denkt sie bis zum Ende. Das gleiche tat auch der "verrückte" Senatspräsident Schreber, den Kofman mit Comte vergleicht. Schrebers "Denkwürdigkeiten" wurden von Freud als Kastrationsphantasien interpretiert, aber in Realität waren sie genau das Gegenteil, nämlich Phantasien parthenogenetischer Allmacht. Schreber wollte Mann und Frau zugleich sein, und solche "Vollständigkeitsphantasien" entsprachen dem kollektiven Wunschdenken seines Zeitalters (92).
Comte und Schreber verdeutlichen beide, daß die "Männlichkeitsphantasien" des Industriezeitalters darin bestehen, aus dem Mann eine Mutter zu machen, die wie jene "niederzukommen" vermag (93). "Daher erscheint es Comte auch ganz natürlich, daß er jedesmal, wenn er sein Werk um einen bedeutenden Schritt voranbringt, die verschiedensten Krankheitssymptome entwickelt" wie jede schwangere Frau (94). Aber er ist keine "normale" Mutter, sondern eine parthenogenetische. Deshalb weigert sich Comte auch, die großen Philosophen zu lesen — er betont, daß er weder Kant noch Hegel kenne, zwei Denker, deren Meinungen ihm eigentlich nahestehen müßten —, um auf diese Weise, wie Kofman es ausdrückt, "alle Spuren väterli-

chen Samens in seinem Werk auszulöschen und seine Konzeption in eine unbefleckte Empfängnis zu verwandeln." (95)
Die Industrialisierung macht den Mann nicht nur zum zeugenden, sondern auch zum "gebärenden Prinzip" — eben deshalb geht in diesem Jahrhundert der "Glauben an die Mutter" mit Frauenfeindlichkeit einher. Die Symbole und Maschinen des Industriezeitalters haben Frauengestalten oder tragen Frauennamen, aber sie sind männlich, wie die Maschinen des Jules Verne — Schiffe, Autos, Raketen —, die etwa "Le Victoria" heißen und mit deren Hilfe der moderne Mann der Frau entkommen, die Elemente beherrschen und Kontinente überfliegen kann: die "Frauen", die Jules Verne erfindet, so schreibt sein Biograph Soriano, erlauben es den Männern, unter sich zu bleiben (96).

Bessere Mütter

"Sind Väter bessere Mütter?" lautete eine aktuelle Titelgeschichte des *Spiegel* (97); und auch die Psychologie-Zeitschrift *Warum?* fragte: "Männer — die Mütter von morgen?" (98) Schlagzeilen wie diese zeigen, daß es in den Phantasien, die mit der Wandlung der männlichen Rolle einhergehen, weniger darum geht, die Rolle des Vaters zu verändern, was wahrlich eine Neuerung wäre, als den Vater zu einer "besseren Mutter" zu machen. Das ist, wie ich im Vorhergehenden zu zeigen versuchte, eine weniger große Revolution, als es den Anschein hat. So erklärt es sich zum

Beispiel, daß das französische Parlament (in dem, wie in allen Parlamenten, nicht eben die subversivsten Geister eines Landes sitzen) 1982 ein Gesetz verabschiedete, nach dem fortan auch Männer den Beruf der Hebamme ausüben dürfen. Während Frauen wegen angeblicher Behinderung durch die Mutterschaft weiterhin hohe Lohndifferenzen hinnehmen müssen und ihnen viele Berufe beziehungsweise Funktionen (unter anderem die des Volksvertreters) gar nicht oder nur schwer zugänglich sind, beschließt eine gesetzgebende Versammlung, die beinahe ausschließlich aus Männern besteht — und zwar einstimmig und in erster Lesung —, daß den Frauen das einzige Vorrecht, das ihnen noch im Zusammenhang mit der Mutterschaft blieb, nämlich die Geburtshilfe, verlorengeht (99). Andere Industrieländer, darunter auch die Bundesrepublik, folgten alsbald der Anregung. Ich führe dieses Beispiel nicht deshalb an, weil ich für den Ausschluß von Männern aus "Frauenberufen" plädieren möchte, sondern es interessiert hier vielmehr als Symptom für die allmähliche Vereinnahmung aller Funktionen, die mit Mutterschaft zusammenhängen, durch den Mann.

Es gilt, ein grundlegendes Mißverständnis über die "neuen Väter" auszuräumen: Wenn es bei der Neuorientierung der männlichen Rolle um die Entwicklung von "Väterlichkeit" ginge, würden die Mütter nicht wie Konkurrenten behandelt, die es zu übertreffen, wenn nicht gar zu eliminieren gilt. Wenn es um "Vaterschaft" ginge, würde die Präsenz der Mütter, ganz im Gegenteil, sogar als unerläßliche Ergänzung empfunden, als das, was sie ist: nämlich Voraussetzung dafür, daß die Vaterschaft überhaupt stattfinden kann. So bin ich auch der Ansicht, daß die "Vaterschaft" (wie die Mutterschaft) sich durch keine Funktion und keine Rollenzuteilung definieren läßt, sondern ausschließlich durch die Korrelativität von Vater und Mutter: als "Vater" konstituiert sich nur, wer die Mutterschaft als das schlechthin andere (und ihm Unerreichbare) erkennt. Das gleiche gilt auch für die Konstitution der Mutterschaft. Es handelt sich um eine Akzeptierung der eigenen "Unvollständigkeit", die weder mit Alleinzeugungsphantasien noch mit der Phantasie männlicher "Mutterschaft" vereinbar ist. Akzeptiert ein Vater die Mutter neben sich — und das setzt voraus, daß er weder von den Kindern weg in die "geistige Vaterschaft" flieht, noch die Frau als Mutter zu ersetzen trachtet —, dann handelt es sich um "Vaterschaft". Aber viele der "neuen Väter" ertragen *nicht* die Mutter neben sich. Oft entstehen die unüberbrückbaren Gegensätze in der Beziehung gerade dann, wenn Kinder geboren werden, und dafür gibt es zwei unterschiedliche, wenn auch keineswegs unvereinbare Erklärungen: im einen Fall betrachtet der Mann die Frau als seine Mutter; dann sind für ihn die echten Kinder "Konkurrenten". Im anderen Fall phantasiert er sich als die "bessere Mutter"; dann erlebt diese Phantasie eine Niederlage, sobald die Frau tatsächlich Kinder gebiert. Hier ist es die Mutter, die zur "Konkurrentin" wird. Beiden Mustern gemeinsam ist aber die Tatsache, daß die Vorstellung der Frau als Mutter von Kindern dem Mann unerträglich erscheint.

Daß die neue "Väterlichkeit" nichts mit einer Neuorientierung der männlichen Rolle zu tun hat, sondern vielmehr mit der Vereinnahmung der Mutterrolle durch den Mann, spiegelt sich besonders deutlich in der Entwicklung der Psychologie und Psychoanalyse wider. Ich möchte sogar sagen, daß einer der Gründe für die Bedeutung, die die Psychologie im 20. Jahrhundert eingenommen hat, hierin zu suchen ist: die Berufe, die sie geschaffen hat, bieten dem Mann die Möglichkeit, "mütterliche" Funktionen zu übernehmen — Funktionen, die direkt von denen des Seelsorgers übernommen sind, dessen Rolle über Jahrhunderte dem Mann zum Preis der Kinderlosigkeit vorbehalten blieb. Der Seelenarzt stellt die Verweltlichung des Seelsorgers und seiner "mütterlichen" Funktionen dar. Die Kinderlosigkeit des Priesters erlaubte es dem Gläubigen, ihn als "geistige Mutter" zu sehen — seine Vaterschaft hätte das Bild seiner imaginären Mutterschaft untergraben. Etwas Ähnliches scheint sich auch für den Beruf des Seelenarztes abzuspielen.

Es ist auffallend, wie oft auch Männer, die "mütterliche" Berufe ausüben, in Konflikt mit ihrer eigenen Vaterschaft geraten. Das schlägt sich in einer Flucht vor dem eigenen Haus, in einer Ablehnung der Mutter der eigenen Kinder nieder; oder es zeigt sich etwa daran, daß der Vater den "Kindern", mit denen er beruflich zu tun hat, erheblich mehr Zeit widmet als seinen leiblichen Kindern. Während die Schar der Kinder in seinem Haus heranwuchs, verlor Freud zunehmend das Interesse an seiner eigenen Frau (im gleichen Maße wuchs das an seiner kinderlosen Schwägerin). Als ihn die Entwicklung der Sauberkeit beim Kleinkind interessierte, zog er es vor, sich bei seinem Freund Fliess danach zu erkundigen, statt in der Kinderstube des eigenen Hauses Beobachtungen anzustellen (100). Es war, als bestünde eine Angst vor der Berührung mit den eigenen Kindern; als gäbe es einen unüberbrückbaren Abgrund, der sein theoretisches Interesse an Kindern von seiner Vaterschaft trennte. Eine noch extremere Diskrepanz zwischen Theorie und Vaterrolle fand ich auch bei einem bekannten deutschen Kindertherapeuten: Prof. W. erzählte mir von seinem langen Arbeitstag, der um sieben Uhr morgens beginnt und gegen dreiundzwanzig Uhr abends endet. Als ich ihn fragte, wann er dazu komme, seine eigenen Kinder zu sehen — übrigens alles Söhne — antwortete er (ohne jegliche Ironie), daß er jeden Mittag nach Hause gehe, um dort einen Mittagsschlaf zu halten. Da es zu Hause eine Mutter gibt, kann er bei seinen eigenen Kindern nicht deren Funktion einnehmen; in der Praxis aber kann er — zumindest in seiner Phantasie — "Mutter" sein. Deshalb hält er sich lieber in der Praxis und bei den Kindern der anderen auf. Ich will damit nicht sagen, daß alle Männer, die "mütterliche" Berufe ausüben, notwendigerweise desinteressierte Väter sind, sondern daß die Anziehungskraft, die die therapeutischen und sozialen Berufe heute gerade auf "progressive" Männer haben, mit der Möglichkeit zusammenhängt, in diesen Berufen "mütterliche" Funktionen einzunehmen. Soweit die berufliche Identität dann auch tatsächlich als "mütterlich" empfunden wird, gerät sie leicht in Konflikt mit der leiblichen Vaterschaft, die die Phantasie gerne in eine Mutterschaft verwandeln würde. Da diese Phantasie sich an der Wirklichkeit stößt, wird entweder die eigene Vaterschaft oder die "konkurrierende" Mutter abgelehnt.

So stimmt es auch sehr nachdenklich, daß heute ausgerechnet von der Psychologie und der Pädagogik, die bisher, wie keine andere Disziplin, auf der Unersetzbarkeit der Mutter bestanden haben, verkündet wird, man müsse endlich von dem "Mythos Abschied nehmen", daß die Mutter die wichtigste "Bezugsperson" für das Kleinkind darstelle (101). Die "tief verwurzelte" Vorstellung, es gäbe ein "einzigartiges und biologisch determiniertes Band zwischen Mutter und Kind", habe sich "schlicht als falsch erwiesen" (102). Daß es sich um einen Mythos handelt, werde ich als allerletzte bestreiten; aber bemerkenswert ist doch, daß die "tiefe Verwurzelung" des Mythos gerade der Psychologie und ihren noch heute verbreiteten Lehrmeinungen zu verdanken ist. Angesichts der Destruktivität, die dieser Mythos auf das Band zwischen Mutter und Kind ausgeübt hat; und angesichts der "Mütterlichkeit", die der therapeutische Beruf bietet, muß man sich doch fragen, ob sich mit dieser neuen Lehre nicht die tatsächliche Ersetzung der Mütter durch die Väter ankündigt; ob sie nicht ein Zeichen dafür ist, daß der Mythos von der omnipotenten Mutter, der der Mythos einer männlichen Mutterschaft ist, physische Wirklichkeit zu werden beginnt.

Eine Mutter nach seinem Ebenbild

"Nach seinem Ebenbild" heißt das Buch von David Rorvik (103), das 1978 erschien und in dem er behauptet, Zeuge gewesen zu sein bei der Schaffung eines Klons des reichen alten Bankiers "Max". Das Klonen sei durch den Wissenschaftler "Darwin" durchgeführt worden und der Klon einer "Mietmutter" in einem fernen Land unter strengster Geheimhaltung eingepflanzt worden. Zwei Dinge erstaunen vor allem an dieser Geschichte: die Eindeutigkeit der religiösen Anspielung im Titel des Buches wie auch die Tatsache, daß der Autor die Zeit schon für reif hielt, seinen Science-fiction-Roman als Tatsachenbericht zu veröffentlichen. Durch ein Gerichtsurteil wurde ihm letzteres verboten. Aber noch in demselben Jahr begann die Realität die Fiktion einzuholen: in England wurde das erste "Retorten-Baby", Louise Brown, geboren. Seither sind Hunderte von Kindern "in vitro" gezeugt worden; und das Geschäft mit der "Mietmutter" floriert: zehntausend Dollar soll man in Amerika zur Zeit zahlen für die Einnistung eines maßge-

schneiderten Embryos in die Gebärmutter einer fremden Frau (104). Die Preise dürften mit dem Übergang zur serienmäßigen Produktion sinken.
Gewiß, ein Detail unterscheidet noch die Realität von Rorviks Fiktion: Louise Brown besitzt, wie alle Retortenkinder nach ihr, die Erbmasse von *zwei* Eltern. Das geklonte Duplikat von "Max" hingegen hat nur die Erbanlagen des Vaters. Es ist wahrlich "nach seinem Ebenbild" gemacht. Auch wenn Rorviks Figur Phantasie ist (und bleiben muß), so drückt sich in dieser Phantasie doch sehr deutlich das Wunschdenken aus, das die Triebfeder der neuen Gentechnologie darstellt: die Phantasie einer "Geburt aus dem Kopf", die, anders als in der griechischen Mythologie, nicht den Göttern vorbehalten bleibt, sondern irdische Realität wird. Der Verwirklichung dieser Phantasie zuliebe verwandelte sich der Vater in ein "Symbol", körperlosen Geist, und ihr soll nun auch die Mutterschaft geopfert werden.
"Extracorporal" heißt die künstliche Befruchtung in der Fachsprache. Gemeint ist aber: außerhalb der *Mutter*. In ein und derselben ärztlichen Fachzeitschrift wird einerseits das Recht der Frauen kritisiert, allein darüber zu entscheiden, ob sie ein Embryo austrägt oder nicht (105), während andererseits dem Wissenschaftler das Recht zugestanden wird, das befruchtete Ei im Labor zu zerstören:

> ein Richter kann nicht verbieten, daß freiwillig gespendete menschliche Ei- und Samenzellen im Labor ausschließlich für Forschungszwecke benutzt werden. Die so entstandenen Zellen können straffrei "vernichtet" werden. (106)

Während auf der einen Seite Frauen, die eine Schwangerschaft abbrechen wollen, des Eingriffs in "göttliche Gesetze" oder die "Natur" bezichtigt werden und ihnen vorgeworfen wird, das "Recht auf Leben" zu mißachten, werden auf der anderen Seite "Zuchtauswahl", die tiefgefrorene Lagerung und willkürliche "Erweckung" von menschlichen Embryos (107), gezielte Eingriffe in das genetische Programm des Menschen, die Züchtung von "Übermenschen" und von "Mensch/Tier-Mischwesen für einfache Arbeit" nicht nur für legal und mit den "göttlichen" oder "natürlichen" Gesetzen vereinbar befunden (zum Teil auch schon praktiziert), sie werden auch als "geniale bahnbrechende Ideen" und als besondere Leistung der menschlichen Vernunft gefeiert (108).
Sogar ein Teil der Kirche rechtfertigt die neue Entwicklung: als 1983 in Australien zum ersten Mal einer Frau ein tiefgefrorenes Embryo einverpflanzt wurde, löste dies einen Sturm der Entrüstung unter breiten Bevölkerungsteilen aus ("Die Embryos sind mit dem gleichen Respekt wie gefrorene Erbsen behandelt worden", sagte die Vorsitzende der Vereinigung "Right to Life"). Die Anglikanische Kirche hingegen verhielt sich zurückhaltend, und einer ihrer Vertreter betonte, solange die künstliche Befruchtung und die Tiefkühllagerung von Embryos auf Ehepaare beschränkt werde, sei dies "nur die technische Erweiterung eines natürlichen Vorgangs" (109). Auch katholische Moraltheologen wie F. Böckle und J. Gründel suchen nach Rechtfertigung für diesen "natürlichen" Eingriff in die Schöpfung (110).
Der Grund für diese ungleiche Beurteilung von mehr als vergleichbaren Tatbeständen ist in der Vereinnahmung der Mutterschaft durch den Logos zu suchen. Die "Patriarchen" erbringen nun selber den Beweis dafür, daß es sich bei ihrem Verbot der Schwangerschaftsunterbrechung nie um das angebliche "Recht auf Leben" gehandelt hat, daß sie es auch nie auf das Recht anlegten, um ihre Vaterschaft zu wissen, sondern daß es einzig um die Macht über die Entstehung von Leben geht, um die Mutterwerdung des Logos. Wenn erst das Embryo nach dem Willen des *geistigen* Vaters erschaffen und "zum Leben erweckt" (nämlich aus der Tiefkühlverwahrung geholt) werden kann wie auch seinem Willen entsprechend beschaffen ist — männlich oder weiblich, intelligent oder tierähnlich, fruchtbar oder steril —, *dann* werden auch die dezidiertesten Verfechter des Patriarchats den Frauen erlauben, über ihre Schwangerschaft selbst zu entscheiden. Ja, sie werden den Frauen den Verzicht auf die "Bürde" der Schwangerschaft nahelegen, wie es auch schon zum Teil geschieht. Nur weil die Wissenschaft *noch* nicht über alle Möglichkeiten der künstlichen Reproduktion verfügt, gehört besonders die Ärzteschaft zu jenen, die sich die Entscheidungsbefugnis über die Reproduktionsfähigkeit der Frau nicht nehmen lassen wollen. Nur weil die Vertreter der geistigen Vaterschaft das Geheimnis

der Mutterschaft noch nicht gänzlich in der Alchimistenretorte nachzuvollziehen vermögen, werden Frauen bis heute in vielen Gesetzgebungen für unfähig erachtet, ohne die Beratung, wenn nicht Zustimmung des Arztes, über ihre individuelle Mutterschaft zu entscheiden (111) — während es gleichzeitig in derselben Gesetzgebung der "Ethik" des Wissenschaftlers überlassen bleibt, ob er auf künstliche Weise Menschenleben schaffen und es nach seinem Gutdünken gestalten will (112). Es gibt bis heute keine Gesetzgebung, die die Genforschung reguliert, und eine solche Regelung wird auch nicht als erforderlich betrachtet (113). Im Gegenteil: die Forschungsprojekte sollen durch "unbürokratische und reibungslose Überprüfung" gefördert und durch wachsende Finanzierung beschleunigt werden (114). Kein Industriestaat verzichtet mehr darauf, hohe Investitionen in die Zeugung "seiner" Nachkommenschaft zu stecken; und daß es sich um genau diese Phantasie — die Zeugung leiblicher Kinder durch einen körperlosen "Vater" — handelt, geht aus der Formulierung hervor, mit der Le Monde das dritte Retortenkind des französischen Staates feierte: "Diese Geburt", so hieß es, "ist die Frucht der Zusammenarbeit zwischen Professor René Frydman und Herrn Jacques Testart vom Nationalen Institut für medizinische Forschung." (115) Die "Eltern" des Kindes sind zwei hochverdiente Wissenschaftler, Inkarnationen des Logos.

Seitdem es die künstliche Befruchtung mit ihren Samenbanken und anonymen Spendern gibt — die ersten geglückten Versuche mit "artifizieller Insemination" liegen etwa einhundert Jahre zurück —, hat es einige Versuche gegeben, eine angemessene juristische Definition der "Vaterschaft" zu finden. Das ist bisher noch nicht geglückt, und dieser Mangel wird als "Gesetzeslücke" betrachtet. Tatsächlich gibt es aber überhaupt keine Gesetzeslücke, denn die vorhandenen Gesetze reichen aus, genau das zum Recht zu erklären, was die Grundvorstellung des "Patriarchats" ausmacht: die Gleichsetzung des "geistigen" Vaters mit dem natürlichen. Wenn überhaupt, brauchen die Gesetze nur in diesem Sinne *verdeutlicht* zu werden. Aber auch jetzt sind sie eigentlich schon klar genug. In Schweden zum Beispiel entschied 1982 ein Gericht, daß das durch künstliche Befruchtung erzeugte Kind Per Johan Emil "vaterlos" sei. Statt dessen soll der Staat zum "Vater" erklärt werden. Da der Staat gestatte, so zitiert der *Spiegel* einen schwedischen Anwalt, der mit dem Fall betraut wurde, "daß sogenannte Treibhauskinder gezeugt werden", müsse er auch "die Verantwortung tragen und Unterhalt bezahlen" (116). Nach dieser Rechtsauslegung kommt dem Staat die Rolle zu, die bisher dem "natürlichen" Vater, dem leiblichen Vater vorbehalten blieb.

In der Bundesrepublik sieht die Gesetzesrealität anders und dennoch sehr ähnlich aus: dort kann letztlich nur der Arzt, der die künstliche Befruchtung durchführt, als "Vater" verantwortlich gemacht werden. Denn er ist

verpflichtet, jederzeit belegen zu können, welche Patientin er mit wessen Samen befruchtete. Wenn er sich weigert, den Namen des Samenspenders herauszurücken, kann er vom Kind als "Vater" haftbar gemacht werden. Verrät er jedoch den Namen des Samenspenders, so kann jener sich gegen ihn wenden wegen Verletzung der Anonymität, die ihm zugesichert worden war, und kann ihn für etwaige Unterhaltszahlungen zur Verantwortung ziehen (117). In beiden Fällen wird also der "geistige Vater" — ob Staat oder Chefarzt — schon heute mit dem leiblichen Vater gleichgesetzt.
Die vielfältige Auslegbarkeit des Begriffs "Vater", die den Vater als Sexualwesen "unfaßbar" macht, stellt den Triumph des Logos dar. Sie macht ihn, den reinen Geist, zum eigentlichen, zum "wahren" Vater, der zugleich Mutter ist (118). Mit dieser Entwicklung hat der Logos sein Ziel so gut wie ganz erreicht. Die weiteren Fortschritte der Gentechnologie werden es ihm erlauben, es gänzlich zu erlangen. Die Gentechnologie ist dabei, die "Evolution des Menschen" durch eine "biologische Revolution" abzulösen, wie Wissenschaftler voll Stolz verkünden (119). Die Revolution besteht darin, daß der reine Geist beide Eltern in einem zu sein vermag.
Durch Kloning — die Herstellung eines genetischen Duplikats — sind bisher schon Pflanzen, Frösche und Mäuse "reproduziert" worden. Den geklonten Menschen gibt es bisher noch nicht, aber man weiß, wie es geht. Nach dem heutigen Stand der Forschung weiß man allerdings auch, daß sich der Mensch nur im Embryonalzustand klonen läßt. Es ist nicht möglich, von einem erwachsenen Menschen ein Duplikat anzufertigen. Dennoch sind die Phantasien, die mit dem Kloning einhergehen, aufschlußreich.
Kloning ermöglicht die wahre "Gottwerdung" des Menschen: Er wird einerseits unsterblich, weil er unendlich oft und immer identisch reproduziert werden kann; und andererseits erwirbt er auch wahrhaft parthenogenetische Eigenschaften. Das Kloning stellt das Ende der zweigeschlechtlichen Zeugung dar, die Überflüssigkeit des "unvollständigen" Sexualwesens.
Für Saul Kent, der in seinem Buch "Die Lebensverlängerungsrevolution" (Untertitel: "Der endgültige Führer zu besserer Gesundheit, längerem Leben und physischer Unsterblichkeit") auch auf die Vorteile der neuen Gentechnologie eingeht, reichen jene "von der Möglichkeit, Geburtsdefekte auszumerzen, bis zur Schöpfung von unsterblichen Übermenschen mit unermeßlichen physischen und geistigen Kräften" (120).
Durch den gezielten Eingriff in das genetische Programm soll der Mensch nicht nur perfektioniert werden — vergleichbar der Rinderzucht, wobei in beiden Fällen die Perfektion darin besteht, den Zufall so weit wie möglich auszuschließen; das Kloning soll darüber hinaus auch ermöglichen, "defekte" Teile gegen gesunde auszutauschen. Es entsteht die Möglichkeit, jedem Menschen eine Art von Ersatzteillager für seinen Körper zu verschaffen. Eine deutsche Ärztezeitschrift schreibt:

Endlich würde es gelingen, Organe mit genau dem Gewebetyp zu züchten, der für eine erfolgreiche Transplantation erforderlich ist. Die Organe könnten aufs i-Tüpfelchen genau mit der Immunologie des Transplantat-Empfängers übereinstimmen. Das Problem der Organabstoßung wäre mit einem Schlag weltweit gelöst. Ein Zwilling wird gezüchtet. Niere raus und der Rest kommt weg. (121)

Der menschliche Körper darf nicht mehr sterben; der Verfallsprozeß soll aufgehalten werden — eine Phantasie von "Unsterblichkeit", die für viele auch schon durch die Samenbanken erfüllt wird (122). Darüber hinaus spielen einige Wissenschaftler auch schon mit dem Gedanken, die im Gedächtnis gespeicherten Daten des Menschen zu bewahren. Ein Computer, so phantasieren sie, wird eines Tages das Gehirn zu "lesen" vermögen (123). Freilich, eine solche Lesbarkeit setzt voraus, daß das Gehirn auch nach Denkmustern des Computers funktioniert (124).
Diese ganzen Phantasien, so führt Saul Kent aus, lassen sich nur verwirkli-

Die Frau als Maschine

chen, wenn die Menschheit auch bereit sei, auf eine "traditionelle Einrichtung wie die Mutterschaft" zu verzichten (125). Aber ganz stimmt dies nicht: die neue Gentechnologie — und insbesondere das Kloning — bedeutet nicht Verzicht auf Mutterschaft, sondern nur Verzicht auf *weibliche* Mutterschaft.

Das Kloning bei Säugetieren (bisher an Mäusen praktiziert) wird durch die "Doppelbefruchtung" eines Eis bewerkstelligt. Hoppe und Illmensee haben Mäuse mit nur einem genetischen Elternteil produziert, indem sie vom befruchteten Ei entweder den männlichen oder den weiblichen Kernteil entfernten (die Hälfte der Chromosomen, die jeder Elternteil zur Konstitution des neuen Zellkerns einbringt). Das geschah, bevor die beiden Chromosomenteile zu einer neuen kompletten Chromosomenzusammensetzung verschmolzen waren. Danach ersetzten sie die entfernte Hälfte durch den Chromosomenteil, der beim Befruchtungsvorgang zurückgelassen worden war. Sobald sich das Ei zu einem Embryo entwickelt hatte, wurde es in den Uterus einer Ersatz-Mutter verpflanzt, von der es ausgetragen wurde.

Bei diesem Vorgang entsteht ein Lebewesen mit zweimal genau der gleichen Chromosomenzusammenstellung. Da aber nur beim Weibchen die Chromosomenzusammenstellung identisch ist, konnten bisher nur weibliche Mäuse fabriziert werden — darunter allerdings auch Mäuse, die ausschließlich aus väterlicher Erbmasse bestehen. Es handelt sich also um Mäuse, die ein "Ebenbild" des Vaters darstellen und dennoch das weibliche Geschlecht besitzen. Und genau dies ist die eigentliche Revolution, die das Kloning einführt: nicht so sehr die unendliche Reproduzierbarkeit des Menschen (die sich ohnehin nur in einem Stadium durchführen läßt, in dem man noch nicht viel über die Beschaffenheit des zu reproduzierenden Menschen weiß), sondern die Möglichkeit der Produktion des Mannes mit Uterus.

Noch gibt es keine künstliche Gebärmutter, aber diese erübrigt sich auch für die Erreichung des gewünschten Ziels. Frauen stellen schon heute im "Schoß-Leasing" (126) ihre Gebärmutter für die Austragung von "traditionellen" Embryos zur Verfügung (Embryos, die durch die Verschmelzung des genetischen Erbmaterials von zwei Geschlechtern fabriziert wurden) — warum sollten sich bei guter Bezahlung (und wachsender weiblicher Arbeitslosigkeit) Frauen nicht auch bereitfinden, einen geklonten Embryo auszutragen (127)? Natürlich wird man die "Mutterschaft" neu definieren müssen — nicht anders als dies schon mit der "Vaterschaft" geschieht (128). Der Staat oder der "befruchtende Arzt" oder das geklonte Original werden zur "Mutter" erklärt werden, während die Mietmutter mit dem Kind auch von allen "mütterlichen Pflichten" entbunden wird. Die Definition von Mutterschaft wird zunehmend der von Vaterschaft angeglichen werden — so wie beim Kloning auch die Funktionen von Vater- und Mutterschaft miteinander verschmelzen.

Die Mietmutter wird ihrerseits aber nur eine provisorische Notlösung darstellen. Sobald erst (mit ihrer Hilfe) eine ausreichende Anzahl von Männern mit Uterus zur Verfügung stehen, wird die weibliche Mutter obsolet geworden sein. Dann steht nämlich nichts mehr der Tatsache im Wege, daß der Mann mit sich selber, seiner geklonten "Tochter", noch einmal sich selber zeugt: echte Kinder nach seinem Ebenbild, die zudem auf "natürliche" Weise gezeugt werden (129). Die Wissenschaft wird sich plötzlich mit Respekt auf die alten "Naturmethoden" besinnen, mit deren Hilfe früher Menschen "gemacht" wurden und die im Vergleich zu den neueren Techniken der Menschenproduktion — Kloning, Einfrierung, Datenspeicherung, Transplantation usw. — erheblich weniger aufwendig waren. Man wird sich der Vorteile der Sexualität wie denen des Sterbens wieder bewußt werden. Die Vorbestimmung der Geschlechter wie die Schöpfung von "unsterblichen Lebewesen" wird sich erübrigen. Die zyklische Zeit wird wieder zu ihren Rechten kommen wie überhaupt die "Naturgesetze". Empört wird man Erfindungen wie den künstlichen Uterus oder die Ersatzteilchirurgie mit ihren künstlichen Organen und Prothesen als "widernatürlich" von sich weisen. "Mutter Natur" sichert den Fortbestand der Menschheit und die Ewigkeit des Individuums in seinem "Ebenbild". Denn der Mensch wird tatsächlich der Mann sein.

Science fiction? All das, was ich hier beschrieben habe, ist nicht nur in den Bereich des Denkbaren gerückt, es wird auch ernsthaft darüber nachgedacht; und es werden gezielt Forschungsprogramme betrieben, die das Denkbare allmählich in Machbares verwandeln. Gerade was die "biologische Revolution" betrifft, sind bisher alle Prognosen schon früher als vorausgesagt eingetreten (130). Aber die Konsequenzen von Kloning und Gentechnologie sich auszumalen, ist schon deshalb keine Fiktion, weil die Wunschträume, die sich in diesem Fortschritt widerspiegeln, ihrerseits Produkt des "projektiven" Denkens sind, auf dessen Realitäts-erzeugende Macht ich schon eingegangen bin. Die Realitäten, die das "projektive" Denken geschaffen hat, entsprachen nicht immer den utopischen Modellen, die von einzelnen entworfen wurden. Und dennoch stellen sie die Verwirklichung der einen großen Utopie des "projektiven" Denkens dar: der Utopie einer Neu-Schöpfung der Natur. Diese Utopie steht auch als treibende Kraft hinter der modernen Genforschung und verleiht ihr diese Unaufhaltsamkeit, die der Dynamik des Logos eigen ist. Weil die Genforschung und die sogenannten "Lebensverlängerungswissenschaften" dem "projektiven" Denken entspringen, klingen die Fachworte auch, als seien sie aus dem christlichen Glaubensbekenntnis übernommen: "Suspendierte Animation", "Regeneration", "Wiederauferweckung", "Identitätsrekonstruktion" und ähnlich heißen die Begriffe. Auch die Realitäten selbst, die die Gentechnologie ansteuert, entsprechen den biblischen Bildern: da gibt es den "unsichtbaren", aber "wahren" Vater; die "Mutter", die wie Eva aus dem Mann geboren wird; es taucht die "Jungfernzeugung" auf, wie das Kloning bei Mäusen genannt wird; und schließlich geht es auch um die "Ebenbildlichkeit" des Gezeugten mit dem Erzeuger.

Mit der modernen Gentechnologie ist die lange "Wanderung der Gebärmutter" beendet. Der Uterus ist endlich da angekommen, wohin er seit der Geburt des Logos strebte: er befindet sich im Kopf des Mannes. Das ist das Wunschbild, das dieses jahrtausendealte Krankheitsbild der Hysterie eigentlich besagen wollte und erreicht hat.

Die hysterische Mutter

Die Formen der Verweigerung, mit denen die "Frauenkrankheit" auf den Entzug der Mutterschaft und deren Vereinnahmung durch den Mann als Verkörperung des Logos reagiert, sind ebenso vielfältig wie die verschiedenen Stationen, die dieser Prozeß durchlaufen hat und noch heute durchläuft. Eine der letzten Formen der offenen Auflehnung gegen die Enteignung des "Mutterrechts" wird durch Figuren wie Medea repräsentiert, die ihre Kinder tötet, um sich am Mann zu rächen. Auch die germanische Mythologie kennt eine Medea. In der älteren Fassung des Nibelungenliedes tötet Gudrun ihre beiden Kinder, weil der Vater der Kinder gegen die Gesetze des "matriarchalischen" Familienrechts verstoßen hat (131). Beide Frauenfiguren beweisen durch diese grausame Geste, daß sie, die als Sexualwesen erniedrigt wurden, ihrerseits nun auch nicht mehr "Mutter" sein können. Der Vater wird als Vater ausgelöscht, weil er sich nicht zu seiner "Unvollständigkeit" als Sexualwesen bekannt hat.

Medea ist das mythische Abbild dessen, was die Symptome der Hysterie ausdrücken: die Auflehnung gegen die Enteignung der Mutterschaft. Der hysterische weibliche Körper verweigert die "Auswanderung" der Gebärmutter, den Exodus der Mutterschaft, indem er die "Durchgänge versperrt", wie es bei Platon heißt (132). Er verhindert das Entweichen des "Tieres" nach oben durch die Atemwege und den Mund in Form von Sprache: der "globus hystericus" als Körper gewordene Metapher dieses Uterus, der nicht entweichen will. Die Symptome der Hysterie drücken in der Tat die "Unbefriedigung der Mutter" aus, wie schon die Antike konstatierte — aber sie tun es in einem sehr viel symbolischeren Sinne, als das Krankheitsbild es unterstellt. Sie drücken das "unbefriedigte" Mutter*recht* aus: das Anrecht der Mutter auf ihren Kinderwunsch, auf ihre Beziehung zum Kind. "Das Tier", das in der Frau "rastlos wanderte", zur Heimatlosigkeit verurteilt, war ihr *ich*.

Dieses *ich* der Mutter durfte nicht sein. Nachdem der Logos jede Form von Mütterlichkeit oder Mutterschaft vereinnahmt hatte, blieb ihm nur

noch der Ausdruck der Unmütterlichkeit. Nur durch eine Form von Anti-Mutterschaft kann die Mutter noch in "Dialog" mit ihrem Kind treten und jenem dazu verhelfen, "sprechendes Subjekt" zu werden. Die hysterische Mutter tut es in der ihr eigenen subversiven Form: als Karikatur der Gesetze des Logos. Die hysterische Mutter ist "Mutter", wie das Mütterlichkeitsideal es von ihr verlangt — nur ein wenig "besser". Sie ist überbesorgt, unfähig, ihre Kinder freizugeben. Oder sie wird ihre Kinder — besonders ihre Tochter — zu einem narzißtischen Ebenbild ihrer selbst machen (133). Sie wird bis zur Verschmelzung der Identitäten mit ihren Kindern "eins werden". Sie ist unmütterlich, indem sie übermütterlich ist. Eben dadurch weckt sie in ihrem Kind das Bedürfnis, sich gegen sie zu schützen.
Die hysterische Mutter praktiziert mit dem Logos eine Art von "paradoxer Intervention". Sie zwingt ihn, das Gegenteil von dem zu tun, was er eigentlich will. Der Therapeut, die Umwelt stellen sich offen zwischen Mutter und Kind, um das Kind von der Überfürsorglichkeit der Mutter zu "befreien". Die Subversivität der hysterischen Mutter besteht letztlich darin, daß sie den Logos zum Offenbarungseid zwingt. Sie bringt ihn dazu zu gestehen, daß das Mutter-Ideal, das er fabriziert, weder dem Wohl des Kindes dient, noch der Realität der Mutter entspricht. Die hysterische Mutter hat sehr wohl den "Vater auf der Zunge" — aber sie dreht seine Worte in ihrem Munde um. Sie offenbart, daß der "Vater auf ihrer Zunge" lügt, wenn er vorgibt, ein "Band" zwischen ihr und dem Kind zu knüpfen. Sie zeigt, daß

gerade sein "Band" den Untergang der Beziehung von Mutter und Kind darstellt. So etwa, wenn die Hysterikerinnen des 19. Jahrhunderts ihre Therapeuten dazu veranlaßten, die "Frauenkrankheit" durch den Entzug dessen zu behandeln, was gleichzeitig als weibliche Natur und Gesundheit betrachtet wurde: die Mutterschaft, die Einheit von Mutter und Kind (vgl. S. 26).

Die hysterischen Symptome parodieren nicht nur das Mutter-Ideal; sie betreiben auch die persiflierende Mimikry der Mutterschaft des Logos. Die Verlagerung der männlichen "Potenz" vom sexuellen Bereich in den des Geistes schlägt sich auch in der Wissenschaft nieder: Sie zeigt sich insbesondere daran, daß die Nosologen die Hysterie-Ursache "oben", im Kopf suchen.

> Im Laufe des 17. und 18. Jahrhunderts steigt innerhalb des Organismus [...] das Nervensystem allmählich zum übergeordneten und dominanten, organisierenden System auf. Im 19. Jahrhundert etabliert sich schließlich fest das Gehirn als höchstes der Organe innerhalb des Körpers. (134)

Eben diese Verlagerung vollzieht auch die Hysterie: nicht nur als Krankheitsbild, auch die Symptome selbst werden zum Ausdruck einer "Krankheit", die vom Kopf ausgeht. Aber während das Krankheitsbild eigentlich der *Vertreibung* der Frau aus dem Kopf dienen soll — die Hysterie wird zum Beweis für die Kopflosigkeit, Geistlosigkeit, Suggestibilität des weiblichen Geschlechts herangezogen —, produzieren die Hysteriker durch eben ihre Anpassung an das Krankheitsbild, die Verlagerung der Symptombildung "nach oben", genau das Gegenteil: Sie beginnen, wie der Logos, wie die "Potenz", vom Kopf her zu agieren. Das 19. Jahrhundert ist das große Zeitalter der hysterischen "Lüge", des hysterischen Erfindungsgeistes, der unter den Juristen und Ärzten tiefe Meinungsverschiedenheiten hervorruft (vgl. S. 53ff). Man beginnt, die hysterischen Symptome als eine "Schöpfung aus Idee" zu verstehen und durch die "Macht des Gedankens, Körperliches zu schaffen", zu erklären, wie ein Psychiater Anfang dieses Jahrhunderts schreibt (135). Statt ihren Kopf zu verlieren, wie das Krankheitsbild es von ihr verlangt, stellt die Hysterika den Kopf in den Mittelpunkt des Interesses. Sie spielt gewissermaßen Logos, "geistige Potenz". Bei derselben Gelegenheit erbringt sie auch den Beweis, daß die omnipotente "geistige Vaterschaft" des Logos, der Vater und Mutter zugleich ist, eine "Krankheit" ist.

Die Hysterie kämpft um die Erhaltung des Sexualwesens, und indem sie das tut, ringt sie auch um die Mutterschaft der Frau. Aber eben dies — daß sie zugleich um die Frau und die Mutter kämpft — macht auch die besondere Schwierigkeit ihres Kampfes gegen den Logos aus. Denn der Logos bedient sich der Mutter als Sexual-Ideal, um das Sexualwesen Frau, das Sexualwesen überhaupt zu vernichten. Der Kampf um die Mutterschaft ist die diffizilste von allen Schlachten, die die Hysterie gegen die Macht des Logos auszufechten hat (wobei keine ihrer Schlachten von der anderen zu trennen ist). Denn der Sieg über die Zeugungsfähigkeit der Sexualwesen ist das zentrale Anliegen des Logos, man möchte sagen: seine raison d'être. Nur durch diesen Sieg kann er die Natur, die Erde, den Menschen neu erschaffen, nach "besserem", idealem, geschriebenem Muster. Der Logos ist angetreten, Vater und Mutter zu werden — und dazu bedarf es des Untergangs der Väter und Mütter. Den Vätern hat er die "geistige Vaterschaft" als Ersatz angeboten — diese "geistige Vaterschaft", die alsbald Jungfernzeugung bedeutet. Den Müttern aber hat der Logos als Ersatz die "Mutterschaft" über den Mann angeboten — eine Mutterschaft, die zugleich den Untergang des Sexualwesens besiegelt. Darauf gehe ich im nächsten Kapitel ein.

Die Mittel, die der Hysterie gegen die übermächtige Dynamik des Logos zur Verfügung stehen, sind gering — verglichen mit seiner Macht, die Sexualwesen nach seinen Gesetzen agieren zu lassen. Es sind Mittel, die dem einzelnen gegen die Kollektivität zur Verfügung stehen. Die hysterischen Symptome vermögen nicht, die Mutterwerdung des Logos zu verhindern; sie können aber einzelnen dazu verhelfen, sich individuell diesem Prozeß zu widersetzen — und eben dadurch die Funktionsweise, die Absichten des Logos sichtbar zu machen.

Einen solchen individuellen Kampf möchte ich am Beispiel von Fabienne W. darstellen, deren Gesprächsprotokoll im Anhang dieses Kapitels wiedergegeben ist (S. 257). Fabienne W. hat ihr Leben und insbesondere ihre Mutterschaft als ein kompliziertes Gebilde von Widersprüchen organisiert, um nicht im Netz der widersprüchlichen Anforderungen, die an die Mutter gestellt werden, gefangen zu werden. Sie vollbringt eine Gratwanderung zwischen eigener und fremder Mutterschaft. Die Gratwanderung besteht unter anderem darin, daß Fabienne W. bewußt *nicht* das getan hat, wozu sich heute viele Frauen entschließen, die der Fremdbestimmung ihrer Mutterschaft zu entgehen suchen. Sie wollte nicht ihr Kind "alleine" haben und schließt deshalb weder die Beziehung des Vaters zu seinem Kind noch ihre eigene zu ihm aus. Fabienne W. betrachtet die Vaterschaft nicht als Konkurrenz zu ihrer Mutterschaft (wie es den alleinstehenden Müttern oft unterstellt wird) (136). Sie weigert sich, durch eigene Allmachtsphantasien dem Logos (und der Vorstellung männlicher Mutterschaft) die gewünschte Projektionsfläche für dessen Allmachtsphantasien zu bieten. Für sie ist die Rolle des Vaters eine Ergänzung ihrer eigenen Mutterschaft und eben deshalb eine Form von Bestätigung ihrer selbst als Sexualwesen. So empfindet sie auch seine Vaterschaft als sexuell anziehend. Man kann sich in der Tat fragen, wie die sexuelle Beziehung zu einem Mann bestehen soll, wenn seine leibliche Vaterschaft gleichzeitig als irrelevant betrachtet wird. Die Vaterschaft auf die "geistige" Vaterschaft zu beschränken impliziert, daß auch die Zeugung nur "geistig" war — daß also ein Geschlechtsakt nie stattgefunden hat. Es impliziert die Verleugnung der Sexualität und der Sexualwesen selbst — und somit die Kapitulation vor dem Logos als dem Subjekt der Geschichte.

Die Widerstandskraft, die Fabienne W. an den Tag legt, ist, laut ihrer Aussage, wiederum eine Erbschaft ihrer Mutter. Obgleich die Mutter eine völlig andere Mutterschaft gelebt hat als ihre Tochter — eine Mutterschaft, die ihrer Zeit, ihren Lebensumständen entsprach —, hat sie sich dennoch nicht *ihre* Mutterschaft nehmen lassen. Sie war nur ein wenig mehr Mutter, ein bißchen omnipotenter, als der Zeitgeist es von der alleinzuständigen Mutter erwartete. Fabienne W. schildert das sehr eindrucksvoll. Die beiden Formen von Mutterschaft, die in diesem Gesprächsprotokoll erkennbar werden, sind sich, bei allen Unterschieden, sehr ähnlich — vor allem darin, daß sie beide in die Kategorie der "hysterischen Mutterschaft" gehören. Im einen Fall wegen des Anspruchs auf omnipotente Muttermacht; im anderen wegen der Weigerung, die alleinzuständige und "fürsorgliche" Mutter zu sein. Beide Mütter versuchen, sich der Fremdbestimmung ihrer Beziehung zu den Kindern zu widersetzen. Dennoch kann kein Zweifel daran bestehen, daß beide Formen der Mutterschaft nichts mit einer "ursprünglichen", "ungeschriebenen" Beziehung von Mutter und Kind zu tun haben. Es sind vielmehr Formen des Widerstands, die aus dem Kampf mit dem Logos hervorgegangen sind. Diese beiden Mütter praktizieren die Pervertierung der Perversion, die der Logos in die Mutterschaft eingeführt hat.

Gesprächsprotokoll: Fabienne W., zweiunddreißig Jahre alt. Photographin, Journalistin und Mutter einer Tochter:

Meine Mutter sagte mir gestern, daß sie eigentlich immer das Gefühl gehabt hat, sich und als einzige in ihren Kindern zu reproduzieren, direkt und ohne jede Mittelsperson; mein Vater war für sie nur ein Spermaspender, und ich bin nicht einmal sicher, daß sie *den* Gedanken ganz ertragen hat. Ich glaube, sie hatte nicht die geringste Lust, Kinder "normal" zu bekommen; sie wollte ein lustvolles Abenteuer, das soweit geht, wie es nur irgendwie möglich ist — mit allen Risiken, die darin enthalten sind. Sie hatte nie die geringsten Skrupel im Umgang mit ihren Kindern — was ich voll bejahe. Sie setzte sich einfach hinweg über diese ganzen moralischen Vorurteile, die den Frauen vorschreiben, hinter ihren Kindern zurückzutreten, angefangen von der Geburt, wo ihnen Schmerzverminderung — sogar harmlose für das Kind, wie die Peridural-Anästhesie — ausgeredet oder verboten wird, "dem Kind zuliebe", bis zur Erziehung, wo ihnen jede eigene Lust versagt wird, auch den "Kindern zuliebe". Damit hatte meine Mutter nichts im Sinn. Sie sagte, ich habe diese Kinder gemacht, es sind meine, ich mache mit ihnen, was ich will. Ich besitze das Lebensrecht über sie und lasse weder Schule noch Gesetze, Sozialversicherung noch Ärzte über sie entscheiden. Als ich mit vierzehn Jahren meinen ersten Selbstmordversuch machte, mußte sie mich zur Magenauspumpung ins Krankenhaus schicken, und da sagte sie mir: Ich warne dich, wenn eine Sozialarbeiterin kommt und von mir Rechenschaft darüber verlangt, wie ich dich erzogen habe, übergebe ich dich ihr, und dann mußt du alleine weitersehen. Wenn ich diese Anekdote erzählte, fangen alle Männer laut zu schreien an — weil *sie* es war, die bestimmte.

Die Beziehung zwischen meinen Eltern war eigentlich nur ein ständiges Eifersuchtsdrama: Othello das ganze Jahr durch. Es hat dreißig Jahre gedauert, dann haben sie sich scheiden lassen. Meine Mutter war damals fünfzig Jahre alt; die meisten Frauen zögern in dem Alter. Sie hat sich nach dem Tod ihrer Mutter scheiden lassen. Ich glaube, sie hat nur solange gewartet, weil ihre Mutter eine schreckliche Angst davor hatte, mittellos zu sein.

Mein Vater behauptet, er habe sie immer geliebt, aber er hat sie ständig mit seiner Eifersucht geplagt. Von Anfang an war er argwöhnisch. Er war eigentlich immer davon überzeugt, daß sie ihn nicht will, und über genauso einem Anlaß kam es übrigens auch zu ihrer Scheidung, ein beinahe lächerlicher Anlaß. Es war an einem der ersten Frühlingstage, im April, das Wetter war schön wie heute, und sie kam sehr gut gelaunt nach Hause. Und schon machte er ihr eine Szene, weil sie guter Laune war, ohne daß er der Grund für ihre gute Laune war. Und da sagte sie plötzlich, das halte ich nicht mehr aus; ich habe die Nase voll. Er kann nicht ertragen, daß ich lebe, daß ich existiere, daß ich *bin* — und sie hat ihre Koffer gepackt. Er hat sie ständig betrogen, weil er sich immer wieder seine Männlichkeit beweisen mußte, so wenig war er von sich selbst überzeugt. Er zweifelte ständig daran, daß sie ihn brauchte, daß sie ihn liebte. Aber daran, daß er sie liebt, hat er nie gezweifelt, was er sich auch immer unter "Liebe" vorgestellt haben mag.

Neulich sagte meine Mutter plötzlich zu mir: Ich habe das Gefühl, mein sexuelles Leben verpaßt zu haben. Ich werde als Jungfrau sterben, welch ein Horror! Aber ich habe ihr gesagt, das stimmt doch nicht, ich kenne dich jetzt seit zweiunddreißig Jahren, und du bist immer sehr umworben gewesen, und es ist nicht die Moral, die dich davon abgehalten hat, mit anderen Männern zu schlafen, da du ein völlig amoralischer Mensch bist — nicht unmoralisch, amoralisch, das hat sie auch immer von sich selber gesagt. Weshalb vergeht dir immer im letzten Moment die Lust? Und da sagte sie, ich glaube, ich liebe diesen Horror, Jungfrau zu sein. Und eigentlich blieb ihr auch gar nichts anderes übrig. Mit einem Mann wie meinem Vater kann sich Sexualität nicht verwirklichen. Er hat immer so wenig an sich selbst geglaubt und immer zu meiner Mutter gesagt, "ich weiß, du bist klüger, du bist stärker, du bist besser als ich", und sie hatte immer das Gefühl, wenn ich ihm diese Überzeugung nicht lasse, dann liebt er mich nicht. Deshalb mußte sie also wohl oder übel dieselbe Rolle weiterspielen. Es war die einzige Möglichkeit, seine Liebe zu bewahren, auf dieses Podest gestellt zu werden und sich ihm zu verweigern. Ein Teufelskreis, der sich lange fortsetzen kann.

Mein Vater terrorisierte meine Mutter immer durch Sprache, weil er selbst Angst hatte vor der Sprache, der unbeherrschten, sinnlichen Sprache, wie meine Mutter sie spricht. Er erträgt Sprache erst dann, wenn sie im Wörterbuch gedruckt steht. Dann braucht er sie zur Selbstvergewisserung wie auch das Geld. Er hat das Verhältnis zu meiner Mutter nur als eine Frage von Geld formulieren können; das einzige, wozu ich gut bin, dachte er immer, ist Geld zu geben. Das hat sich auch seit der Scheidung nicht geändert. Geld ist eben ein sehr solides Bindungsmittel. Letztlich hat die Scheidung überhaupt sehr wenig an ihrer Beziehung geändert. Wo liegt schon der Unterschied zwischen einer Verweigerung, den anderen anzuerkennen, und der Verweigerung, selber da zu sein? Aber dieses Paar, das eigentlich nie existiert hat, hat es immerhin fertiggebracht, fünf Kinder in die Welt zu setzen — wie durch einen Akt des Heiligen Geistes.

Ich habe meine Mutter enorm geliebt, so sehr, daß sie eigentlich gar keine Antwort auf meine Liebe geben konnte. Sie hat eine ähnlich enorme Liebe für meine jüngste Schwester, die meine Schwester auch nicht zurückgeben kann. Diese Art von Liebe ist einfach zu anspruchsvoll, und das habe ich allmählich lernen müssen — wie meine Mutter heute lernen muß, ohne meine Schwester zu leben. Zwischen vierzehn und einundzwanzig Jahren habe ich durchschnittlich dreimal im Jahr versucht, mir das Leben zu nehmen. Mal mit Schlaftabletten, mal bin ich aus dem Fenster gesprungen. Mit dreiundzwanzig Jahren habe ich endgültig damit aufgehört. Ich merkte plötzlich, daß ich auf diese Weise nicht sterben würde, und daß es letztlich auch gar nicht darum ging zu sterben. Das heißt mir ist klargeworden, daß ich gar nicht versuchte, mir das Leben zu nehmen, sondern diesen Nervenkitzel suchte. Es war meine Art von russischem Roulette. Das Spiel bestand darin zu sagen: wenn ich nicht sterbe, habe ich Macht über das Leben gewonnen. Ich weiß zwar nicht genau, was ich erreichen will, aber ich will auf jeden Fall soviel wie möglich erreichen. Und wenn ich nicht sterbe, so heißt das, daß ich es bekomme. Es war eine Art von Entladung, die ich später sehr viel nutzbringender eingesetzt habe. Übrigens hat mir das Beispiel einer Frau, die ich damals kennenlernte, sehr geholfen. Sie war ähnlich suizidär veranlagt wie ich und hörte auf, mit dem Selbstmord zu spielen: statt dessen nahm sie während des Vietnamkrieges einen Fotoapparat und sprang mit dem Fallschirm über einem der Kampfgebiete ab. Sie setzte ihre Todessehnsucht in einer Weise ein, die ihr etwas einbrachte. Und ich fand diesen Umgang mit dem Selbstmord sehr viel produktiver und rentabler — und weniger erschöpfend für meine Umwelt. Ich weiß heute, daß ich es regelmäßig brauche, irgendeine Gefahr zu laufen, eine echte Gefahr, und setze das bewußt für irgendeinen Zweck ein. Ich habe mich zum Beispiel als "Kranke" in eine psychiatrische Anstalt einliefern lassen und habe später darüber einen Bericht geschrieben. Das ist sehr viel sinnvoller, als sich aus dem Fenster zu werfen und tut auch nicht so weh. Aber ich muß sagen, diese drei oder vier Selbstmorde im Jahr waren ein großer Lustgewinn für mich. Sie hatten etwas mit dieser unmöglichen Liebe zu meiner Mutter zu tun — wobei meine Mutter immer geantwortet hat. Sie sagte mir, wenn es menschlich möglich wäre, dir zu geben, was du von mir verlangst, würde ich es dir geben, aber es ist nicht möglich. In dieser Art von Beziehung wird die Liebe zwar nicht erfüllt, aber sie darf zumindest existieren; während die Liebe in der Beziehung zu meinem Vater überhaupt nicht existierte. Es gab also dieses Gefühl, wenn ich mir das Leben nehme, *dann* werde ich die Liebe bekommen, die ich haben will. — Aber es gab auch noch einen anderen Aspekt, einen Faktor von Verweigerung, der sehr wichtig war. Ich war von klein auf wie jemand betrachtet und behandelt worden, der eines Tages etwas Besonderes sein oder vollbringen wird. Genauer wurde das nicht definiert. Meine Mutter sagte nicht, du wirst das oder das werden, und dafür bin ich ihr sehr dankbar. Aber die Ansprüche, die dadurch in mir heranwuchsen, waren eigentlich unerfüllbar, und das war es, was ich verweigerte: wenn ich nicht Gott sein kann, so wollte ich gar nicht sein. Der Tod war eine Art von Probe, ob ich nicht doch Gott sei. Die Zeremonie hat sich im Laufe der Zeit verändert; zunächst zog ich mich zurück, um "zu sterben"; und dann später wurde es wichtig, langsam zu sterben. Der eigentliche Sinn bestand darin, zu sterben und dabei am Leben zu bleiben, den Tod zu "erleben". Ich habe den Tod immer sehr geliebt, wie die Traum-Begegnung schlechthin. Das tat ich auch schon als Kind vor meiner Selbstmordserie. Als ich zehn Jahre alt war, bin ich während der Ferien auf Korsika immer tauchen gegangen und habe versucht, mich zu ertränken. Als mich meine Cousins fragten, warum ich das tue, sagte ich ihnen, ich will wissen, wie es ist. Falls mich eines Tages jemand ertränken will, weiß ich, wie es ist. Es hatte eine Kontrollfunktion: sich selbst das anzutun, was man von den anderen befürchtet, damit *ich* es bin, und nicht ein anderer, der mir den Tod beibringt. Das war eigentlich der wichtigste Teil meiner Beziehung zum Tod: ich wollte den Tod beherrschen und schon gar nicht zulassen, daß ein anderer mich tötet, indem *ich* es bin, die mich tötet. Jede dieser Suizidaktionen gab mir das Gefühl, neu geboren zu werden, anders geboren zu werden, neu anzufangen. Meine Lust setzt da ein, wo ich bis ans Ende meiner physischen, intellektuellen Möglichkeiten gegangen bin. Wenn ich sportlich wäre, wäre ich Bergsteiger. Und es ist mir auch schon gelungen, ohne jegliches Training, sportliche Leistungen zu vollbringen, allein durch eine Willensanstrengung.

Meine Beziehung zum Willen ist sehr stark. Der subjektive Wille — nicht der moralische Wille — bereitet mir große Lust sowie die Tatsache, etwas zu erreichen, das ich mir vorgenommen habe, übrigens auch ein Erbe meiner Mutter. Die Beherrschung der Situation ist mir sehr wichtig, aber es bleibt immer ein Freiraum, den ich nicht beherrschen kann und der mich wahrscheinlich immer rettet. Es bereitet mir große Lust, genau den Punkt zu kennen, an dem ich die Situation nicht mehr beherrschen kann, zu wissen, daß dieser Moment kommen wird, nachdem ich alles gemeistert habe, was in meinen Möglichkeiten liegt. Wenn es nicht diesen blinden Fleck gäbe, der sich meinem Willen entzieht, wäre die ganze Aktion sinnlos.

Ich habe zum Beispiel meine Schwangerschaft und meine Niederkunft beschrieben, und wer diese Beschreibung liest, hat das Gefühl, es handelt sich um den Wunsch, den Apparat, das Hospital, das Pflegepersonal und den Akt selber zu beherrschen. Ich hatte diese Niederkunft auch tatsächlich sehr genau vorbereitet, damit nicht ich es bin, die dem Apparat, dem Krankenhaus, dem Personal ausgeliefert ist. Ich habe auch während der Schwangerschaft meine Beziehung zu den anderen sehr genau vorbereitet, und es hat sich herausgestellt, daß das bitter nötig war. Aber dann kam auch der Moment, wo ich alles aus der Hand geben konnte, wo es nicht mehr um die Beherrschung durch den Willen ging, sondern darum, die Reflexe frei handeln zu lassen. Die ganze Lust, die in der Aktion enthalten ist, wird in diesem Moment freigesetzt. Dieser Moment des Loslassens ist wie ein Orgasmus. Aber das Loslassen ist nur dann lust- und sinnvoll für mich, wenn es vorher die Meisterung der Situation gegeben hat, die irgendwann aussetzt. Das gilt nicht nur für die Niederkunft, auch für die Sexualität, das Schreiben und jede andere Handlung. Als ich mich zum Beispiel in die Anstalt einliefern ließ, hatte ich alles genau vorbereitet. Ich hatte eine Liste mit den Namen von Leuten aufgestellt, die meine Freunde kontaktieren sollten, falls ich innerhalb von einer bestimmten Frist nicht wieder auftauchte: Journalisten, Ärzte, Psychiater. Ich begebe mich nicht einfach in die Höhle des Löwen, sondern erst nachdem ich die Situation soweit beherrschbar gemacht habe, wie sie zu beherrschen ist. Dann begann das wahre Abenteuer, wo ich es mit dem unbeherrschbaren Zufall zu tun hatte, bei dem man, wie beim Tod, gewinnen oder verlieren kann. Ich bin überhaupt keine Glücksspielerin, das Glücksspiel langweilt mich entsetzlich, aber ich spiele mit dem Leben, mit dem Tod — und mit der Sprache. Alle diese Dinge existieren eigentlich nur für mich, wenn sie durch die Sprache erfaßbar sind. Ich hätte mir sicherlich nie schweigend das Leben genommen. Bei meinen frühen Selbstmordversuchen habe ich Tonnen von Briefen hinterlassen; heute würde ich wohl keinen hinterlassen, weil ich der Ansicht bin, daß es ein Schweigen gibt, daß soviel sagt wie Worte, aber es bleibt dennoch eine Sache von Sprache.

Die größte Herausforderung, die ich mir selbst gestellt habe, und die größte Erniedrigung, die mir zuteil wurde, war meine Mutterschaft. Für meine Freundin A. war die Tatsache, ein Kind zu bekommen, genau das, was man oft den Frauen nachsagt: eine Bestätigung ihrer Identität etc. Für mich war es genau das Gegenteil. Als ich beschloß, ein Kind zu bekommen, war auch das eine Form von Selbstmordversuch, das heißt ein Mittel, mit dem Schicksal zu spielen. Ich wußte, daß es eine sehr schwierige Probe sein würde für mich, weil etwas impliziert war, das ich nicht akzeptieren kann. Ich bete meine Tochter an, liebe sie, finde sie köstlich und könnte ganze Gedichte auf sie schreiben, ich habe enorme Lust an ihr — aber das Schema der Mutterschaft ist vollkommen inakzeptabel: ich will nicht hinter einem anderen verschwinden und von ihm abgelöst werden. Irgendwo spukt in meinem Kopf auch noch diese Idee meiner Kindheit herum, daß Frauen, wenn sie berühmt sein und große Dinge vollbringen wollen, auf alles verzichten müssen. Man sagte mir immer:" Als Frau kannst du nicht den Ruhm *und* ein normales Leben haben. Als Frau mußt du dich entscheiden." Aber vor diese Alternative gestellt, kommt eines Tages der Moment, wo du sagst, wenn ich es nicht schaffe, beides zu haben, wenn ich nicht dieses angebliche "weibliche" Schicksal — noch so ein Wort, das ich nicht ausstehen kann — herausfordere, komme ich letztlich um keinen Schritt vorwärts. Das heißt, wir, die Frauen, wären dann noch immer an dem Punkt, an dem es uns vielleicht gelingt, den Ruhm zu erobern, und alles, was dazugehört, aber ich werde keine *Frau* sein, weil ja, wie jeder weiß, Frauen sich dadurch auszeichnen, daß sie Kinder bekommen. Diesen Zwang mußte ich also durchbrechen. Für mich war die Tatsache, ein Kind zu bekommen, die letzte und schwierigste Art, dem Tod entgegenzutreten. Und ich muß sagen, ich bin nicht enttäuscht worden. Die Geburt eines Kindes läßt einen zehntausendmal mehr als alles andere spüren, daß man sterblich ist. Ich mußte mich damit abfinden, daß ich sterben werde, und dieses Mal nicht, weil ich es selbst gewollt habe. Ein Kind bedeutet den Tod: es bedeutet, die Situation, das Schicksal nicht mehr zu beherrschen. Gewiß, der Moment ist lustvoll, das sagte ich schon vorher. Aber als Frau befindet man sich in einer besonders schwierigen Lage. Es heißt von den Frauen, sie erleben lustvoll, *weil* sie die Situation nicht beherrschen. Das heißt, ich werde als Frau vor die Alternative gestellt, entweder lustvoll zu empfinden *oder* mein Schicksal zu meistern. Frauen sterben nicht, sie setzen sich fort, sie verschwinden. Die Frauen sind der Lust verschrieben wie Kühe, sie tragen nichts selber dazu bei mit ihrem Willen. Und das ist eine Alternative, die ich nicht akzeptieren kann. Es ist natürlich kein Zufall, daß meine Tochter Colombe heißt (französisch: Taube). Colombe das ist der Heilige Geist, ist meine Großtante und vieles andere mehr. Aber es ist vor allem der reine Geist. Als ich ihre Geburt einem Freund mitteilte, sagte ich übrigens nicht: ich habe ein kleines Mädchen bekommen, sondern ich sagte, ich habe eine Colombe bekommen. Sie ist für mich nicht nur ein kleines Mädchen, sondern auch Sprache und Geist, so ein bißchen wie in den cartoons: als hätte ich den Mund aufgemacht und eine Sprechblase wäre herausgekommen. Ihre Geburt war für mich auch ein Akt von Sprache. Ich habe nicht irgendein Kind in die Welt gesetzt, und ich lehne es auch strikt ab, als "Mutter" bezeichnet zu werden. Ich bin nicht "Mutter", sondern die Mutter von Colombe, was nichts mit der Sache zu tun hat, *eine* Mutter zu sein. Ich weigere mich, diese universelle Mutter zu sein, mit der im allgemeinen die einzelne Mutter identifiziert wird. Ich lehne diese parasitäre Vorstellung der Mutterschaft ab, die aus jedem individuellen Akt der Prokreation etwas Heiliges macht, das dich als Individuum mit eigener Lust und eigenen Wünschen auslöscht. Wenn sich alle darüber einig sind, daß die Frauen dazu da sind, Kinder zu bekommen, daß die Mutterschaft ein "Naturtrieb" ist — können die Frauen keine eigene Lust mehr daraus ziehen. Es sind eben nur heilige Kühe, die tun, was die Natur ihnen vorschreibt, und denen Begriffe wie Lust und Freude darüber fremd bleiben müssen.

Ich — wie übrigens alle Frauen, die auf die Straße gehen, um für die Freiheit des Schwangerschaftsabbruchs zu demonstrieren — bin der Ansicht, daß Frauen Kinder bekommen, weil sie *wollen*. Sie bekommen Kinder, wenn sie ihre Prokreation durch ihren Willen beherrschen können und sich nicht der "Natur" unterwerfen müssen. Dieses allgemeine Entzücken über die Mutterschaft ist mir ein Grauen. Ich bin voll damit einverstanden, daß es Wunder gibt, wie das, ein Kind zu machen, aber ich will nicht das Medium oder das passive Werkzeug dieses Wunders sein: das Wunder als einen Akt erleben, der mich als Subjekt ausschließt. *Ich* will das Wunder vollbringen.

Im Moment der Geburt von Colombe, wie auch während der Schwangerschaft, war ich voller Aktivität, weil ich unter meinem Hintern diese ganzen Phrasen wie "man muß sich schonen" und bla-bla-bla spürte. Ich hätte Berge versetzt, um mich nicht von diesen Phrasen in die Ecke drängen zu lassen. Also habe ich nie aufgehört, aktiv zu sein. Fünf Tage nach der Geburt von Colombe habe ich die Klinik verlassen. Colombe und ich hatten uns inzwischen kennengelernt und angefreundet. Ich bin nach Hause gekommen, habe sie in ihr Zimmer gelegt und gesagt, so Freunde, jetzt seid ihr dran. Ich lebe mit meinem Bruder und dessen Freundin, die eine Kindheitsfreundin von mir ist. Die beiden und der Vater des Kindes haben Colombe übernommen, während ich erst einmal für eineinhalb Monate nach Griechenland gefahren bin. Ich brauchte diese Reise dringend und bin mit einer Freundin gefahren, der Mütter und alles, was damit zusammenhängt, verhaßt sind. Es war genau das, was ich brauchte. Meine Reise hat einen ungeheuren Skandal ausgelöst bei den Männern und Frauen meiner Bekanntschaft. Ich kann sagen, daß die Beziehung zu den Frauen mehr als alles andere durch meine Mutterschaft auf die Probe gestellt wurde. Meine Beziehung zu den Frauen ist im allgemeinen sehr gut: ich mag Frauen, es sind meine Schwestern, wir haben dieselbe Geschichte und dieselben Erfahrungen, aber als ich Mutter wurde, was habe ich da erlebt! Ich mußte mich nicht nur gegen die Männer verteidigen, das empfand ich als normal, darauf war ich vorbereitet, sondern auch gegen die Frauen. Nicht, daß sie einen monolithischen Block gegen mich gebildet hätten, aber es war schwer, gegen die Schuldgefühle und Ängste, die meine Mutterschaft bei ihnen auslöste, anzukommen. Meine Mutterschaft hat eine Welle von Angst unter den Frauen mit Kindern in meiner Umgebung hervorgerufen. Bestenfalls sagten sie zu mir: ich verstehe dich, aber ich hätte niemals so handeln können wie du. Andere sagten: ich hätte Angst, einen Teil des Lebens meiner Tochter zu verpassen; und wieder andere sagten: ich hätte Angst, das Kind stirbt, während ich weg bin. Die Welle von Angst, die meine Reise ausgelöst hat, schlug über mir zusammen, als ich wieder zurückkam.

Aber eigentlich hatte das auch schon während der Schwangerschaft begonnen. Als ich erklärte, daß ich ein Kind bekomme, begannen zunächst alle mit mir über Kindererziehung, Windeln und Babyausstattung zu sprechen. Unnötig zu sagen, was das für mich bedeutete: es war außerordentlich erniedrigend. Ich als Person existierte nicht mehr. Ich habe alle wieder nach Hause geschickt. Dann begannen meine Familie und meine Freunde mit einer gewissen ängstlichen Erwartung zu beobachten, was ich aus der Situation machen würde. Meine Mutter sagte mir: "Man kann nicht Mutter, Feministin und eine freie Frau sein. Du wirst sehen, es ist vorbei mit der Freiheit; ich habe fünf Kinder gehabt, ich weiß, wovon ich rede. Ich kann dir nur sagen: laß es." Und als ich meinem Vater mitteilte, daß ich schwanger bin, sagte er: "Du hast nicht das Recht, ein Kind diesem Risiko auszusetzen." Er sagte das, als würde ich jeden Tag mit dem Fallschirm abspringen. Dabei bin ich noch nie mit dem Fallschirm abgesprungen. Ich habe eine enge Beziehung zum Tod, aber eine sehr genau kontrollierte Beziehung. Ich riskiere nicht mein Leben in Wirklichkeit, auch nicht das meiner Tochter. Aber bei der Geburt von Colombe spürte ich sehr deutlich diesen Blick von allen Seiten auf mir, der ausdrückte: sie ist fähig, das Kind aus dem Fenster fallen zu lassen, oder zu vergessen, es zu ernähren. Sie ist eine Intellektuelle und deshalb nicht fähig, sich mit dem Alltag auseinanderzusetzen. Wie soll sie sich um ein Kind kümmern können, das, wie jeder weiß, Regelmäßigkeit und was weiß ich alles braucht. Als handle es sich bei der Mutterschaft einzig um Anpassung an Gesetz und Regelmäßigkeit. Sogar einige meiner klügsten und subtilsten Freunde sagten zu mir: wenn Sie ein Kind bekommen, so heißt das, daß Sie wieder ein normales Leben führen, sich den Gesetzen immer unterordnen wollen. Diese Interpretation hat mich verrückt gemacht vor Wut. Natürlich war diese Mutterschaft eine Konfrontation mit dem Gesetz, aber das hieß noch lange nicht, daß ich mir wünschte, das Gesetz möge siegen, ebensowenig wie der Selbstmordversuch heißt, daß man sich wünscht, der Tod möge siegen. Der Wunsch ist viel subtiler: er besteht darin, sowohl das Gesetz wie meine Vorstellung von ihm zu ändern.

Letztlich kümmere ich mich ziemlich viel um Colombe, aber nach *meiner* Art, ohne mich den Gesetzen zu unterwerfen. Und das ist es, was ich auch an meiner Mutter so geschätzt habe: daß sie sich, was das Verhältnis zu ihren Kindern betrifft, nie dem geringsten Gesetz unterworfen hat. Sie war immer der Ansicht, daß sie wußte, was richtig ist, und daß niemand ihr etwas beizubringen hat. Ich behaupte nicht zu wissen, was richtig ist, aber ich bin der Ansicht, die anderen wissen es auch nicht.

Ich habe zweiunddreißig Jahre lang ohne Rezept gelebt und werde jetzt nicht anfangen, meine Tochter nach Rezepten zu erziehen. Ich finde, man kann Kinder nur bekommen, wenn es den offenen direkten Wunsch nach diesem Kind gibt, der sich nicht hinter einer Maske von allgemeiner "Mutterliebe" versteckt. Die gibt es nicht; es gibt nur die Liebe zu einem Kind, das man gewollt hat.

Ich habe — im Gegensatz zu meiner Mutter — nicht ein Besitzgefühl. Meine Mutter erzählt, daß sie, als mein ältester Bruder geboren wurde, das Gefühl hatte: ah, endlich etwas, das mir gehört und das mir niemand nehmen kann! Und man muß sagen, damals hatte sie auch tatsächlich nichts anderes. Für mich hingegen besteht das Lustgefühl, das Kind mit einem anderen zu machen, mit Serge, dem Vater von Colombe. Ihre physische Verwandtschaft und die Ähnlichkeit zwischen ihnen zu sehen, das ist etwas, das mich fasziniert. Es ist auch der Hauptgrund, weshalb ich wollte, daß Colombe einen Vater hat. Alle dachten, daß wenn ich eines Tages ein Kind bekomme, dann gewiß nur als alleinstehende Mutter. Niemand hat verstanden, weshalb ich das nicht gewollt habe und es völlig ablehne, alleinstehende Mutter zu sein. Ich halte die Rolle der alleinstehenden Mutter für eine Falle. Ich bin weder alleinstehende Mutter noch "Mutter" noch alleinstehend — aus dem einfachen Grund, daß es sich um eine gesellschaftlich bedingte Sackgasse handelt, die — mal wieder — darauf hinausläuft, daß die Frauen die Kinder bekommen und versorgen und die Männer hingerissen sind, gezeugt zu haben, ohne die Verantwortung tragen zu müssen. Diese Aufgabenteilung bürdet den Frauen nicht nur die Arbeit und materielle Belastung auf, darüber hinaus bekommen sie auch die affektive Verantwortung zugeschoben, die genau der traditionellen Rolle der Frau entspricht.

In dem Moment, wo Frauen zur "Mutterschaft" berufen sind, sind sie auch zum Tod und allen selbstaufopfernden "Liebesdiensten" berufen: die einen als Mütter, die anderen als Nutten, nur daß letztere wenigstens Geld dafür bekommen. Der "Liebesdienst" kann auch von Männern übernommen werden, und es gibt Männer, die das tun; es gibt einige wundervolle Väter. Aber die alleinige Berufung der Frau zum "Liebesdienst" wird nirgendswo deutlicher als bei der alleinstehenden Mutter. Die alleinstehende Mutter ist ja alles andere als ungebunden, wie das Wort "Junggesellin"* unterstellt. Sie ist genau das Gegenteil von einem Menschen, der als "single" lebt und die Verantwortung für wie die Bindung an den anderen ablehnt. Die alleinstehende Mutter hat zwar keine Liebesbeziehung, aber sie hat Liebesdienst zu leisten. Und da bekannt ist, daß ein "Liebesdienst" Arbeit bedeutet, sollten es mindestens zwei sein, die sich diese Aufgabe teilen.

Ich habe Serge, dem Vater von Colombe, vier Tage nachdem wir zusammen geschlafen hatten, gesagt, daß ich schwanger bin. Ich war mir dessen sofort sicher. Und ich habe ihm gesagt, wenn du es nicht willst, so sage es mir bitte sofort. Aber er wollte das Kind gerne haben. Das war übrigens nicht unproblematisch für ihn, denn immerhin hatte ich die Entscheidung getroffen; er konnte nur ja oder nein sagen. Ich gebe zu, daß das ein Problem ist. Aber er hatte durchaus die Freiheit, sich dafür oder dagegen zu entscheiden. Ich mußte es ja nicht bekommen.

Meine Beziehung zu Serge ist ganz anders als die zu meinem Bruder, mit dem ich zusammenlebe. Mit meinem Bruder verbindet mich dieses Gefühl von Geschwisterlichkeit, das ich für das Alltagsleben brauche, während ich zu dem Vater meines Kindes eine Liebesbeziehung habe. Weder er noch ich sind fähig, mit dem Menschen zusammenzuleben, den wir begehren. Die emotionelle Spannung ist zu groß, um sie im Alltagsleben zu ertragen. Was uns nicht hindert, uns gegenseitig vorzuwerfen, daß wir voreinander fliehen. Das hat sich durch das Kind noch verstärkt.

Als ich Serge zum ersten Mal mit dem Baby auf dem Arm sah, sagte ich zu ihm: ich habe dich noch nie so männlich und begehrenswert empfunden wie in diesem Moment. Und ich spürte auch, wie er in diesem Moment von seinen eigenen Gefühlen übermannt wurde. Es ist für uns beide eigentlich kaum mehr erträglich. So beschränken wir die Zeit unseres Zusammenlebens. Mit meinem Bruder hingegen kann ich dieses Gefühl dem Kind gegenüber teilen. Wenn Colombe in der Nacht aufwacht, stehen wir oft beide auf, der eine wärmt die Flasche, der andere gibt sie ihr. Wir teilen die Gefühle als etwas Alltägliches, einfach dadurch, daß er mein Bruder ist und ich seine Schwester bin und uns die Gemeinsamkeit unserer Gefühle nicht umwirft. Und dann hat mein Bruder natürlich auch noch seine eigene Beziehung zu Colombe. Er liebt Kinder sehr, kümmert sich wundervoll um sie, und manchmal denke ich, ob er nicht deshalb so ein guter Vater ist, weil er nicht ihr leiblicher Vater ist. Seine "Mütterlichkeit" jagt übrigens vielen Männern unserer Umgebung Angst ein, auch Serge. Wenn sie das Beispiel meines Bruders sehen, der die "mütterlichen" Aufgaben so gerne übernimmt, bekommen sie Kastrationsängste. Sie befürchten, ihre Potenz zu verlieren, wenn sie "mütterlich" sind. Übrigens macht es ihnen noch mehr Angst, seitdem mein Bruder zur gleichen Zeit Geld verdient und "mütterlich" ist. Er hatte eine Zeitlang nicht gearbeitet und sich nur um Colombe gekümmert; während der Zeit lebten wir von dem, was seine Freundin und ich verdienten. Aber seitdem auch er Geld verdient, rückt sein Beispiel noch näher an die anderen Männer heran. Alle bisherigen Lösungen, die es für die Versorgung von Kindern gab, sind eine Falle. Das gilt sowohl für die Ehe, mit ihrer traditionellen Aufgabenteilung, wie auch für die alleinstehenden Mütter. Man kann diesen Fallen eigentlich nur durch eine möglichst komplizierte Konstruktion entgehen; je verrückter, desto besser. Die unsere ist schon kompliziert genug, aber wenn es noch eine kompliziertere gäbe, wäre mir das nur recht.

Meine Liebesbeziehung hingegen wechselt ständig zwischen einem tiefen Gefühl von Geschwisterlichkeit und heftigen kriegsähnlichen Auseinandersetzungen. Der perfekte Moment der Liebe ist für mich dann erreicht, wenn sich beide in einem langen Kampf behauptet haben und darauf die gegenseitige Abtretung folgen kann, bei der keiner der Verlierer ist. Die Lust setzt in dem Moment ein, wo beide das Steuer aus der Hand geben. Aber das setzt voraus, daß jeder sich zunächst behauptet und den anderen auch in seiner Selbstbehauptung anerkennt. Aus dieser gegenseitigen Souveränität kann erst die Selbstaufgabe hervorgehen, seine und meine. Das ist übrigens einer der Gründe, weshalb ich Schwierigkeiten mit der Homosexualität habe: ich brauche diesen Kampf, der der Selbstaufgabe vorausgeht. Und da es mir schwerfällt, mich mit Frauen in diese Rivalitäts- und Konfliktsituationen zu begeben, fehlt mir ein Teil von dem, was mein Begehren ausmacht. Ich habe schon ein paar Mal mit Frauen geschlafen, aber es war keine sehr befriedigende Erfahrung, weil ich in der Homosexualität nicht dieses Gefühl von Zärtlichkeit, von Sich-im-Bett-aneinanderkuscheln-und-gegenseitig-warmhalten und Vor-Verletzungen-schützen suche, sondern genau dasselbe will, was ich auch von der Heterosexualität verlange. Ich kann niemanden begehren, der nicht die Verletzbarkeit kennt und zuläßt — seine und meine. Und wenn der andere sie nicht anerkennt, so werde ich sie ihm schlimmstenfalls selber beibringen. Aber wenn der Punkt erreicht ist, wo bei mir und dem anderen die Verletzung anerkannt wird, kann die Selbstbehauptung beginnen.

Ich kenne meine Verletzbarkeit und stehe dazu und verlange, im Machtkampf verlieren zu können. Wenn ich sage, ich fordere zu verlieren, so weil ich weiß, daß die Niederlage im Machtkampf die Voraussetzung für Lust ist, aber das muß beiderseitig sein.

Sonst kann es nicht zu Lust führen. Ich kann nur dann Lust empfinden, wenn mir der andere zu verstehen gibt, daß er weiß, daß ich ihn verletzen kann, daß er genauso verletzbar ist wie ich und daß er mit seiner Verletzbarkeit umgehen kann. Jemand, der mir sagt, ich bin unverletzbar und du auch, interessiert mich nicht. Er löst kein Gefühl des Begehrens in mir aus. Und wenn jemand zu mir sagt, ich weiß, du bist verletzbar, aber ich bin es nicht, so provoziert das geradezu mein Bedürfnis, ihm eine Verletzung zuzufügen. Ich glaube nicht, daß es je Liebe gegeben hat, in die der Körper miteinbezogen war — ohne daß diese Anerkennung der Verletzbarkeit stattgefunden hätte. Es gibt einige Menschen, die haben das Talent, das Glück oder die Gabe, die Verletzung des anderen anzuerkennen, ohne sich der Mittel des Kampfes oder der sprachlichen Auseinandersetzung zu bedienen. Das gilt für mich nicht, wenn ich die Beziehung zu den Männern betrachte, die mir etwas bedeutet haben. Aber genau das hat mich auch immer davon abgehalten, mit ihnen zusammenzuleben. Es ist schwer, mit seinem besten Feind zusammenzuleben. Aber ich muß zugeben, ich denke oft, es müßte doch möglich sein, mit einem Mann zusammenzuleben, der zugleich Bruder und Liebhaber ist.

Anmerkungen Kapitel IV

(1) Dabei sind einige dieser Triebtheorien auch in sich nicht gerade schlüssig. Harlow und Harlow führten umfangreiche Versuche mit Affenmüttern durch, um den Instinkt zu testen. Sie trennten weibliche Affenbabies von ihren Müttern, mit dem Ergebnis, daß diese Affenweibchen, als sie selber Junge bekamen, nicht mehr das "normale" mütterliche Verhalten zeigten und ihre Jungen vernachlässigten. Harlow und Harlow leiteten davon die Bedeutung der mütterlichen Geborgenheit für das Junge ab. Es läßt sich aber auch die Schlußfolgerung davon ableiten, daß, wo das mütterliche Verhalten durch einen solch einfachen Eingriff schon zu ändern ist — und zwar schon von einer Generation zur nächsten —, schwerlich von einem angeborenen Trieb die Rede sein kann; daß es sich also vielmehr um erworbene Fähigkeiten handelt. Vgl. Harlow, Harry F. u. Harlow, Margaret, The Affectional Systems, in: Behavior of Nonhuman Primates. Hrsg. v. A.M. Schrier, H.F. Harlow, F. Stollnitz, New York/San Francisco/London 1965, Bd. II, S. 287-334

(2) Platon, Der Staat, in: Platon, Hauptwerke. Ausgew. und eingeleitet v. W. Nestle, S. 188
Platon wagt nicht offen auszusprechen, daß die Kinder ausgesetzt oder getötet werden sollen. Aristoteles wird da deutlicher: "Über Aussetzung und Aufzucht der Kinder sollte ein Gesetz bestehen, das die Aufzucht verstümmelter Kinder verhindert". Oder: "Was den Kinderreichtum betrifft — die gewohnte Ordnung verbietet ja die Aussetzung schon Geborener —, so ist die Zahl der Kinder zu beschränken, und wenn darüber hinaus der Verkehr Folgen hat, ist die Auslöschung vorzunehmen, bevor das Kind Wahrnehmungsvermögen und Lebenskraft hat: dann wird man dem Brauch und dem Umstand Rechnung tragen, daß noch kein durch Wahrnehmung und Lebenskraft besonderes Wesen da war". Aristoteles, Politik, Buch VII, Die Lehrschriften, Band 12, S. 322f

(3) Platon, Der Staat, S. 188

(4) Ebda., S. 189

(5) Ariès, Philippe, Geschichte der Kindheit. Aus dem Französischen v. Caroline Neubaur und Karin Kersten, München/Wien 1975, S. 54

(6) Vgl. Fustel de Coulanges, Der Antike Staat, Studie über Kultus, Recht und Einrichtungen Griechenlands und Roms. Autorisierte Übersetzung von Paul Weiß, Berlin/Leipzig 1907, S. 93

(7) Vgl. u. a. Heinsohn, Gunnar, Steiger, Otto, Die Vernichtung der weisen Frauen, Herbstein 1985

(8) Shorter, Edward, Die Geburt der modernen Familie. Deutsch v. Gustav Kilpper, Reinbek b. Hamburg 1977

(9) Badinter, Elisabeth, Die Mutterliebe, Geschichte eines Gefühls vom 17. Jahrhundert bis heute. Aus dem Französischen von Friedrich Griese, München/Zürich 1981

(10) Augustinus, Bekenntnisse. Frühe Jugend. 1. Buch, 7, S. 36f

(11) Vives, J. L., De institutione feminae christianae, zit. n. Badinter, Die Mutterliebe, S. 38

(12) Badinter, Die Mutterliebe, S. 9

(13) Ebda., S. 91ff

(14) Shorter, Die Geburt der modernen Familie, S. 233f. Desgl. auch Badinter, Die Mutterliebe, S. 110

(15) Sein Erziehungsroman "Emile" (a.a.O.) ist ausdrücklich der Mutter gewidmet, was uns heute nicht unbedingt überrascht, aber für diese Zeit, in der die Erziehung, vor allem die des Sohnes, nicht unbedingt als die Aufgabe der Mutter betrachtet wurde, ist es eine Neuerung. — Was es mit dieser Bedeutung der Mutter gerade bei Rousseau auf sich hat, werde ich im 5. Kapitel behandeln.

(16) Shorter, Edward, Der Wandel der Mutter-Kind-Beziehungen zu Beginn der Moderne, in: Geschichte und Gesellschaft, JG I 1975, S. 269

(17) Vandermonde, Alexandre, Essai sur la manière de perfectionner l'espèce humaine, zit. n. Badinter, Die Mutterliebe, S. 313

(18) Verdier-Heurtin, Discours sur l'allaitement maternel, zit. n. Badinter, Die Mutterliebe, S.157

(19) Raulin, Le Traité des affections vaporeuses du sexe, zit. n. Badinter, Die Mutterliebe, S. 156

(20) Vgl. Badinter, Die Mutterliebe, S. 38

(21) Gilibert, Dissertation sur la dépopulation, zit. n. Badinter, Die Mutterliebe, S. 148

(22) Simmel, Monika, Erziehung zum Weibe, Mädchenbildung im 19. Jahrhundert, Frankfurt 1980

(23) Tornieporth, Gerda, Studien zur Frauenbildung. Ein Beitrag zur historischen Analyse lebensweltorientierter Bildungskonzeptionen. Weinheim/Basel 1979

(24) Fröbel, Friedrich, Ausgewählte Schriften, Bd. I, Kleine Schriften und Briefe v. 1809-1851. Hrsg. v. Erika Hoffmann, Düsseldorf/München 1964, S. 115f

(25) Winnicott, D. W., Kind, Familie und Umwelt, München/Basel 1969, S. 13

(26) Ebda.

(27) Ebda., S. 12f

(28) Auf dem Kongreß der Internationalen Psychoanalytischen Vereinigung von 1974 in London, der dem Thema "Weibliche Sexualität" gewidmet war, vertrat die englische Psychoanalytikerin Isabel Menzies, die das Grundsatzreferat zum Thema Mutterschaft hielt, die Ansicht, daß das Kind "Anspruch" auf seine Mutter nicht nur bis zum (ohnehin willkürlich von der Psychologie festgesetzten) 3. Lebensjahr habe, sondern sogar bis zum Alter von 9 Jahren. Die Frauen, die, statt ihren "mütterlichen Aufgaben" nachzukommen, einer Berufstätigkeit nachgehen, sind, laut Menzies, entweder "zu tiefen, stabilen und bedeutungsvollen Beziehungen unfähig" (also selber krank), oder aber es handle sich um "karriere-besessene Feministinnen" (also Frauen, die die weibliche Natur vergewaltigen). In jedem Fall seien solche Frauen "gewinnsüchtig und mißachten (sie) die Opfer, die sie durch ihr Verhalten von ihren Kindern und letztlich auch von sich selbst fordern".
Vgl. v. Braun, Christina, Frauen und Fische. Zu einem Psychoanalytiker-Kongreß in London, NZ (National Zeitung Basel)-Panorama, 19.10.1974

(29) Simmel, Erziehung zum Weibe, S. 47

(30) Gilibert, Dissertation sur la dépopulation, zit. n. Badinter, Die Mutterliebe, S. 153

(31) Briquet, P., Traité clinique et thérapeutique de l'hystérie, S. 47f

(32) Ebda., S. 37 u. S. 51

(33) Otto Weiniger gehört zu denen, die auch die Auswechselbarkeit von Hysterie und Mutterschaft sehr deutlich machten. In beiden sah er den typischen Ausdruck des Weiblichen, nämlich der Schwäche und Verlogenheit. Die Hysterie war für ihn die "organische Krisis der organischen Verlogenheit des Weibes" (vgl. S. 128); die Mutterschaft aber die "organische Verlogenheit" selbst: Da die Mutter immer ihr Kind liebe, zeichne sie sich durch "unsittliche Wahllosigkeit" aus (Geschlecht und Charakter, S. 295ff); die Mütterlichkeit sei der typische Ausdruck weiblicher Ichlosigkeit (Ebda., S. 297).

(34) Zilboorg, Männlich und Weiblich. Biologische und kulturelle Aspekte, in: Hagemann-White, Hrsg., Frauenbewegung und Psychoanalyse, S. 203

(35) Freud machte von dieser Konstruktion sogar die Entwicklung der "normalen" sexuellen Identität des Mannes abhängig: "Ferner darf man für den Mann annehmen, daß die Kindererinnerung an die Zärtlichkeit der Mutter und anderer weiblicher Personen, denen er als Kind überantwortet war, energisch mithilft, seine Wahl auf das Weib zu lenken, während die von seiten des Vaters erfahrene frühzeitige Sexualeinschüchterung und die Konkurrenzeinstellung zu ihm vom gleichen Geschlecht ablenkt. (...) Die Erziehung der Knaben durch männliche Personen (Sklaven in der antiken Welt) scheint die Homosexualität zu begünstigen; beim heutigen Adel wird die Häufigkeit der Inversion wohl durch die Verwendung männlicher Dienerschaft wie durch die geringe persönliche Fürsorge der Mütter für ihre Kinder um etwas verständlicher."
Freud. GW V, S. 131
Tatsächlich hat die Alleinzuständigkeit der Mütter, bzw. mütterlicher Personen, wie auch die Abwesenheit der Väter dazu geführt, daß der Mann nicht sein Interesse auf das Weib lenkt; sie hat vielmehr "energisch mitgeholfen", sein Interesse von der Frau abzuwenden. Ich gehe darauf im 5. Kapitel ein.

(36) Winnicott, Kind, Familie und Umwelt, S. 100

(37) Lacan, Über eine Frage, die jeder möglichen Behandlung der Psychose vorausgeht, Schriften, Bd. 2, S. 90

(38) Glucksmann, André, Köchin und Menschenfresser. Über die Beziehung zwischen Staat, Marxismus und Konzentrationslager. Aus dem Französischen von Maren Sell und Jürgen Hoch, Berlin 1976, S. 163

(39) Zit. n. Moeller, Michael Lukas, Männermatriarchat, in: Franck, Barbara, Mütter und Söhne, Hamburg 1981, S. 231

(40) Vgl. Shorter, Die Geburt der modernen Familie, S. 110f

(41) Medical Tribune, Nr. 6, v. 22.2.1983. Der Artikel beruft sich auf eine Untersuchung von 1982: Family Planning Perspectives, Vol. 14, Nr. 4, 1982, S. 182-184

(42) Neue Weltschau vom 11.10.1980

(43) Coppen, A., et al., Westpark Hospital, Epsom, GB, zit. n. Hospital Tribune, Wiesbaden v. 19.5.1981

(44) Vgl. Pross, Die Wirklichkeit der Hausfrau, S. 160ff, Tornieporth, Studien zur Frauenbildung, S. 365ff

(45) Tornieporth, Studien zur Frauenbildung, S. 141ff

(46) Vgl. Zilboorg, Männlich und Weiblich. Biologische und kulturelle Aspekte, S. 201

(47) Vgl. Jurczyk, Frauenarbeit und Frauenrolle, S. 89. "In dieser Gruppe", so schreibt Jurczyk, "welche für die Familienpolitik die wichtigste ist, ist relativ und absolut der größte Zuwachs zu verzeichnen".

(48) Ebda., S. 53ff. Für Italien vgl. Macciocchi, Jungfrauen, Mütter und ein Führer, S. 46ff

(49) Vgl. Kuczynski, Jürgen, Studien zur Geschichte der Lage der Arbeiterin in Deutschland von 1700 bis zur Gegenwart, Berlin 1963, in: Die Geschichte der Lage der Arbeiter unter dem Kapitalismus, Bd. 18, S. 255

(50) Scholtz-Klinck, G., Verpflichtung und Aufgabe der Frau im Nationalsozialismus, zit. n. Jurczyk, Frauenarbeit und Frauenrolle, S. 63

(51) Vgl. Jurczyk, Frauenarbeit und Frauenrolle, S. 66 ff

(52) Von 1933-1937, also vor Beginn der Kriegszeit, wurden in Deutschland 700 000 Ehestandsdarlehen erteilt; aus diesen "Darlehensehen" gingen 500 000 Kinder hervor. Diese Zahlen waren nicht höher als zu anderen Zeiten auch. "Insgesamt haben diese Maßnahmen jedoch das Ehe- und Familiengründungsverhalten der Deutschen nicht wesentlich verändert, da der Lohn in der nach wie vor kapitalistischen Produktion immer noch "nach dem Einzelgänger oder dem kinderlosen Ehepaar" bemessen war." Heinsohn, G. u. Knieper, R., Theorie des Familienrechts. Geschlechtsrollenaufhebung, Kindesvernachlässigung, Geburtenrückgang, Frankfurt 1974, S. 101 — Mir scheint, daß sich eine staatliche Wirtschaftspolitik, die die Löhne nach dem "Einzelgänger" und dem kinderlosen Ehepaar bemißt, nicht nur durch die kapitalistische Produktionsweise erklären läßt. Vor allem dann, wenn dieser Staat gleichzeitig vorgibt, aktive Geburtenförderung zu betreiben.

(53) Von 1927 bis 1934 sanken sie von 27,5 per tausend auf 23,4. Vgl. Macciocchi, Jungfrauen, Mütter und ein Führer, S. 55
Man kann sich auch fragen, inwieweit die niedrigen Geburtenraten, die der DDR und der Bundesrepublik gemeinsam sind — es sind die niedrigsten Geburtenrate von allen Staaten der Welt —, nicht auch eine Spätfolge des nationalsozialistischen Mutterschaftskultes darstellen.

(54) In Rumänien verfolgt Nicolas Ceausescu eine Politik der "Geburtenförderung", die eine bemerkenswerte Ähnlichkeit mit der Politik der Geburtenkontrolle in China und anderswo aufweist: Die Frauen werden gynäkologischen Zwangskontrollen unterworfen, um festzustellen, ob sie unerlaubterweise Verhütungsmittel benutzen, bzw. schwanger sind; es gibt Strafsteuern für Eltern ohne oder mit zuwenig Kindern; der Schwangerschaftsabbruch wird strafverfolgt usw. Ceausescu bezeichnete die Fortpflanzung als "die edelste patriotische und bürgerliche Pflicht". Vgl. Le Monde v. 2.6.1984, S. 6. — Es ist abzusehen, daß eine solche Politik, in der Reproduktion zur staatsbürgerlichen "Pflicht" wird, ähnliche Mißerfolge zeitigen wird (und, wie ich behaupte, auch soll) wie die "Geburtenförderung" unter den Nationalsozialisten

(55) In Bremen sperrte z.B. das Arbeitsamt 1982 einer Frau das Arbeitslosengeld, weil sie im Vorstellungsgespräch bei einem Arbeitgeber erklärt hatte, daß sie "irgendwann mal ein Kind haben möchte". Frankfurter Rundschau v. 5.10.1982

(56) Schrader-Breymann, Henriette, Ihr Leben aus Briefen und Tagebüchern, zit. n. Simmel, Erziehung zum Weibe, S. 119

(57) In: v. Braun, Christina, Simmel, Monika, Die Frau lebt nicht vom Kind allein, Filmdokumentation, WDR III, 7.5.1979

(58) Vgl. New York Times v. 8.3.1981

(59) Zilboorg, Männlich und Weiblich. Biologische und kulturelle Aspekte, S. 259

(60) Zu den Riten der "Couvade", wie generell zum "Gebärneid", vgl. Bettelheim, Bruno, Die symbolischen Wunden. Pubertätsriten und der Neid des Mannes. Aus dem Amerikanischen von Helga Triendl, Frankfurt 1982

(61) Horney, Karen, Flucht aus der Weiblichkeit. Der Männlichkeitskomplex der Frau im Spiegel männlicher und weiblicher Betrachtung, in: Hagemann-White. Hrsg., Frauenbewegung und Psychoanalyse, S. 133 f

(62) Torok, Maria, Die Bedeutung des "Penisneides" bei der Frau, in: Chasseguet-Smirgel, Hrsg., Psychoanalyse der weiblichen Sexualität, S. 192 ff

(63) Papst Johannes Paul I., im September 1978

(64) So etwa Herder, vgl. J.G. Herder, Auch eine Philosophie der Geschichte zur Bildung der Menschheit, in Herder, Sämtliche Werke. Hrsg. v. Bernhard Suphan, Bd. 5, Berlin 1891, S. 474 ff. Auch wenn Kant über den Ursprung des Menschengeschlechts spekuliert, so liest es sich wie ein Faksimile der alttestamentarischen Schöpfungsgeschichte, vgl. Kant, I., Werke. Hrsg. v. d. Königlich Preußischen Akademie der Wissenschaften, Berlin 1912, Bd. VIII, S. 109 ff. Der "Ausgang des Menschen aus seiner selbst verschuldeten Unmündigkeit", als welchen Kant die Aufklärung bezeichnet (Ebda., Bd. VIII, S. 35) — womit er sagt, daß Gott eine "Schuld", gleichsam ein Versehen des Menschen war —, dieser Ausgang bedeutet nicht Verzicht auf den "Urvater", den großen Schöpfer; nur dessen Transzendenz wird entbehrlich

(65) Hegel, Georg Friedrich Wilhelm, Die Wissenschaft der Logik, in: Sämtliche Werke. Hrsg. v. Hermann Glockner, Stuttgart 1958, Bd. 4, S. 45 f

(66) Zit. n. Georg Wilhelm Friedrich Hegel in Selbstzeugnissen und Bilddokumenten, dargestellt v. Franz Wiedmann, Reinbek b. Hamburg 1965, S. 48

(67) Darwin, Die Abstammung des Menschen, S. 274

(68) Ebda., S. 170

(69) Ebda., S. 171

(70) Vgl. Heberer, Gerhard, in: Darwin, Die Entstehung der Arten durch natürliche Zuchtwahl, S. 681

(71) Vgl. Anmerkung Nr. 27 im 3. Kapitel

(72) Küng, Hans, "Das Jenseits ist kein billiger Trost", Interview mit dem "Stern" über sein Buch "Ewiges Leben", München/Zürich 1982, Der Stern Nr. 41, 1982

(73) Barth, Karl, Die Menschlichkeit Gottes, Vortrag gehalten an der Tagung des Schweizer Ref. Pfarrvereins in Aarau, 25.9.1956, vgl. Theologische Studien, H 48, Zollikon/Zürich 1956

(74) Die Frage nach Gott als Frage nach dem Menschen. Hrsg. v. Alois J. Buch u. Heinrich Fries, Düsseldorf 1981. Vgl. auch Sfrolz, Walter, Menschsein als Gottesfrage. Wege zur Erfahrung der Inkarnation, Pfullingen 1965

(75) Cardenal, Ernesto, Zit. n. Frankfurter Rundschau v. 23.5.1982

(76) Fischer-Homberger, Krankheit Frau, S. 96ff

(77) Simmel, Erziehung zum Weibe, S. 82

(78) Ellis, The Sexual Impulse in Women, Bd. I, part 2, S. 193f

(79) Fischer-Homberger, Krankheit Frau, S. 98

(80) Neumann, Erich, Die Große Mutter, Olten/Freiburg i. Br. 1981

(81) 1848 La Salette, 1858 Lourdes, 1917 Fatima, 1933 Banneux, 1949 Heroldsbach

(82) Der beste Beweis für diese Gleichstellung ist die Tatsache, daß das Vatikanische Konzil zwölf Jahre später ausdrücklich betonen muß, daß der Marienkult nur in engster Verbindung mit dem Erlöserwerk Jesu zu betrachten sei. Er hatte sich mittlerweile unter den Gläubigen weitgehend verselbständigt.

(83) Michelet, Les femmes de la révolution française, S. 225

(84) Comte, Auguste, Système de politique positive, instituant la religion de l'humanité, Paris 1851-1854, Avenir humain, Bd. 4, S. 305

(85) Ebda., Bd. 2, S. 377

(86) Ebda., Bd. 1, S. 227

(87) Brief an seinen Freund Valat v. 16.11.1825, zit. n. Kofman, Sarah, Aberrations, le devenir femme de Auguste Comte, Paris 1978, S. 115

(88) Comte, Système de politique positive, Bd. 4, S. 304

(89) Ebda., S. 320. Vgl. auch Bd. 1, S. 236ff

(90) Ebda., Bd. 4, S .304

(91) Kofman, Aberrations, S. 34

(92) "Ich glaube sogar nach den gewonnenen Eindrücken die Ansicht aussprechen zu dürfen", so schreibt Schreber in seinen "Denkwürdigkeiten eines Nervenkranken", "daß Gott niemals zu einer Rückzugsaktion ver-/schreiten würde (wodurch mein körperliches Wohlbefinden jedesmal zunächst erheblich verschlechtert wird), sondern ohne jedes Widerstreben und in dauernder Gleichmäßigkeit der Anziehung folgen würde, wenn es mir möglich wäre, immer das in geschlechtlicher Umarmung mit mir selbst daliegende Weib zu spielen, meinen Blick immer auf weiblichen Wesen ruhen zu lassen, immer weibliche Bilder zu besehen usw.". Schreber, Daniel-Paul, Denkwürdigkeiten eines Nervenkranken. Hrsg. und eingeleitet v. Samuel M. Weber, Berlin 1973, S. 295. Vgl. Freud, S., Psychoanalytische Bemerkungen über einen autobiographisch beschriebenen Fall von Paranoia, GW VIII, S. 240ff

(93) Schreber entwickelte seine Wahnvorstellungen einer Berufung zur Göttlichkeit kurz nachdem er für ein gehobenes Amt ernannt worden war, aber bevor er dieses antrat. Bevor er Gott werden könne, so sagte er, müsse er sich erst in ein Weib verwandeln, um "Neue Menschen aus Schreber'schem Geist" zu schaffen. (Denkwürdigkeiten, S. 297) Freud fragt sich, ob Schrebers Wahn, eine Frau zu werden, nicht zur "Abhilfe seiner Kinderlosigkeit bestimmt" war – denn er "mochte die Phantasie gebildet haben, wenn er ein Weib wäre, würde er das Kinderbekommen besser treffen." (GW VIII, S. 294) Ich denke, es ist genau umgekehrt: Schreber war kinderlos, um sich den Wahn erhalten zu können, über parthenogenetische Fähigkeiten zu verfügen, gleich der "unbefleckten Jungfrau" und "durch göttliches Wunder" zum gebärenden Vater zu werden. Bei dem Befruchtungsakt steuert er selbst den Samen bei und überläßt Gott die Befruchtung dieses Samens (vgl. Denkwürdigkeiten, S. 69). Die tatsächliche Vaterschaft, bzw. eine Mutterschaft seiner Ehefrau hätte eine merkliche Einschränkung dieser Phantasie durch die Realität dargestellt.

(94) Kofman, Aberrations, S. 27

(95) Ebda., S. 26

(96) Soriano, Marc, Jules Verne, le cas Verne, Paris 1978, S. 141

Die Maschine als Ersatz für die Frau, gleichsam als "bessere Ehefrau", mit der der Mann eine Beziehung eingeht, in der die reale Frau als Störenfried erscheint; dies ist auch eine Phantasie, die dem Faschismus eigen war. In einem Aufsatz "Die Maschine und die Frau" schrieb Mussolini: "In unseren Tagen sind die Maschine und die Frau zwei Hauptursachen für die Arbeitslosigkeit. (...) Der Auszug der Frauen aus der Arbeitswelt wird ohne Zweifel für viele Familien wirtschaftliche Folgen haben, doch dafür wird eine Legion von Männern das gedemütigte Haupt erheben und eine hundertmal größere Zahl neuer Familien mit einem Schlag ins nationale Leben treten. Man muß sich davon überzeugen, daß die Arbeit, die bei der Frau den Verlust ihrer weiblichen Eigenschaften herbeiführt, beim Mann eine sehr starke körperliche und moralische Manneskraft zur Folge hat. Eine

Manneskraft, der die Maschine beispringen sollte." In: Popolo d'Italia v. 31.8.1943, zit. n. Macciocchi, Jungfrauen, Mütter und ein Führer, S. 44f

(97) Der Spiegel Nr. 11/1980. S. a. "Die mütterlichen Väter", Zeitmagazin, Nr. 38, 1983, u. "Väter sind keine schlechteren Mütter", Bericht einer Tagung der Katholischen Akademie in Stuttgart-Hohenheim, Bonner General-Anzeiger v. 1./2.12.1984

(98) Warum, Hamburg, Febr. 1980

(99) Vgl. Le Monde v. 14.5.1982. Die Bundesrepublik folgte mit einer ähnlichen Gesetzgebung im Jahr 1983/84. Mit diesen legislativen Entscheidungen scheint eine Entwicklung, die mit dem Beginn der Neuzeit einsetzte und in der Verdrängung der Frauen aus der Heilkunde und der Vereinnahmung ihrer Funktion durch männliche Ärzte bestand, endgültig zu einem Abschluß gekommen zu sein.

(100) "Heiße Arbeit und zwei arg betonte Tage — eine Seltenheit jetzt — haben mich aufgehalten. Ich wollte Dich mit Bezug auf das Kotfressen... Tiere noch fragen, wann der Ekel bei kleinen Kindern auftritt und ob es eine ekelfreie Periode des jüngsten Alters gibt. Warum ich nicht in die Kinderstube gehe und... Versuche mache? Weil ich bei 12 1/2 Arbeitsstunden keine Zeit dazu habe und die Weiblichkeit meine Forschungen nicht unterstützt. Die Beantwortung wäre theoretisch interessant." Freud, Aus den Anfängen der Psychoanalyse, Briefe an W. Fließ, S. 166

(101) Fthenakis, Wassilios E., Leiter d. Münchner Staatsinstituts für Frühpädogik, in: Der Spiegel Nr. 11/1980, S. 58

(102) Ebda., S. 42

(103) Rorvik, D., In His Image, New York 1978

(104) Vgl. Beller, F. K., Ethische Probleme bei der Reproduktion des Menschen, Rheinisches Ärzteblatt Nr. 17 v. 10.9.1983, S. 854

(105) Das Deutsche Ärzteblatt veröffentlicht in der Nr. 9 v. 4.3.1983 den Artikel von einem Prof. Dr. Peter Stoll, Mannheim, über Familienplanung, in dem jener den Frauen, die sich öffentlich dazu bekannt haben, eine Schwangerschaft abgebrochen zu haben, vorwirft, daß ihre "Propaganda" dazu beitrage, "alle Bedenken hinsichtlich der Zerstörung eines Menschenlebens zu zerstören". S. 60
In derselben Zeitschrift erschien wenige Wochen vorher der Artikel von Schloot, vgl. Anmerkung Nr. 106

(106) Prof. Schloot, Werner, Menschlichkeit — Grenzen der Forschung in Biologie und Medizin I, Deutsches Ärzteblatt Nr. 6 v. 11.2.1983, S. 47, u. II, in Deutsches Ärzteblatt Nr. 7 v. 18. 2.1983, S. 66ff. Schloot ist Leiter des Zentrums für Humangenetik und genetische Beratung der Universität Bremen.

Le Monde zitiert ein Beispiel, das nicht minder Aufschluß vermittelt über die herrschende Doppelmoral: "Die Situation (bei der in-vitro-Befruchtung) streift manchmal das Operettenhafte, so etwa als eine Frau zuerst ihren Liebhaber und nicht ihren Ehemann ins Labor geschickt hatte, wo ihre Eizelle in der Retorte befruchtet werden sollte. Als die technische Equipe bei der Ankunft des Ehemanns den Schwindel entdeckte, nahm sie es auf sich, das Embryo der Sünde zu vernichten, um nicht Komplize eines Ehebruchs unter dem Mikroskop zu werden." Les faiseurs d'hommes IV, Le Monde v. 23.4.1983, S. 12

(107) Im September 1982 erhob sich in England ein Sturm der Entrüstung, weil Robert Edwards, einer der beiden "Väter" des ersten Retortenbabies, verkündete, daß er mit menschlichen Embryos experimentiere, die zwischen einem und vierzehn Tagen alt seien. Insbesondere schneide er sie entzwei, um sich zu vergewissern, daß sie keine Anomalien aufweisen. Vgl. Les faiseurs d'hommes II, Le Monde v. 22.4.1983, S. 12

(108) Schloot, Deutsches Ärzteblatt Nr. 6 v. 11.2.1983, S. 45f
Der französische "Reproduktionsbiologe" Georges David vertritt die Ansicht, daß es in vielen Fällen vernünftiger wäre, Kinder nur noch in vitro zu zeugen, um Schwangerschaftsabbrüche zu vermeiden. "Man kann sich vorstellen, daß in der Zukunft die pränatale Diagnostik ersetzt wird durch die Diagnose eines in vitro befruchteten Eies. Man wird zugeben, daß die Nicht-Einverpflanzung eines als "krank" erkannten Eies weniger schockierend sein wird als die derzeitige Schwangerschaftsunterbrechung". David, G., Stérilité et maladies héréditaires, Le Monde v. 29./30.7.1984, S. IV

(109) DPA- und UPI-Meldung v. 4. 5. 1983
Vgl. auch Deutsches Allgemeines Sonntagsblatt v. 15.5.1983: "Diese nüchterne Zurückhaltung der ärztlichen Standesethik entbindet freilich die christliche Ethik nicht von einer eigenen Stellungnahme zum Problem. Diese Stellungnahme wird aber kaum auf der Linie eines strikten Neins liegen können." (S. 1)

(110) Vgl. die Artikel v. Beller, Ethische Probleme bei der Reproduktion des Menschen,, S. 851, und Schloot, Deutsches Ärzteblatt Nr. 17 v. 18.2.1984, S. 66f

(111) Diese Einstellung erstreckt sich sogar auf die neue Gentechnologie. Das Cecos — Centre d'étude et de conservation du sperme humain, eine Art von nationalem Netz von Samenbanken in Frankreich — hat die Entscheidung getroffen, dem Gesuch von alleinstehenden Frauen nach künstlicher Befruchtung nicht nachzukommen. "Was eine französische Vereinigung

von Homosexuellen nicht daran hinderte, Busfahrten für künstliche Befruchtung nach Holland zu organisieren, wo die Bestimmungen weniger streng sind". Les faiseurs d'hommes IV, Le Monde v. 23.4.1983, S. 12. — Es ist wirklich sehr schwierig geworden, den Unterschied zwischen Abtreibung und Befruchtung festzumachen.

(112) Schloot: "Aus diesem Grund hat u. a. der Bundesforschungsminister 1979 Experten über diese Forschung und ihre Folgen und Gefahren diskutieren lassen. Ergebnis: Die Forscher halten die Gefahren nicht für so groß und vertreten die Ansicht, man brauche nicht und man könne die Risiken durch ein besonderes Gesetz in den Griff bekommen. Im übrigen ist der Hinweis auf die Eigenverantwortlichkeit und das hohe Ethos der Genetiker überzeugend". Schloot, I, Deutsches Ärzteblatt Nr. 6/1983, S. 46. Wie dieses "hohe Ethos" des Wissenschaftlers einzuschätzen ist, beschreibt Schloot selber im zweiten Teil seiner Artikelserie: "Welchen instrumentellen Wert haben sittliche Normen und Wertvorstellungen? Diese Normen sind aus der Wirklichkeit entstanden und müssen für die Wirklichkeit immer wieder neu formuliert werden. Sie haben somit einen relativen Charakter." Schloot, II, Deutsches Ärzteblatt Nr. 7 v. 18.2.1983, S. 66

(113) Auch der "Ehtische Code", der in Großbritannien vorbereitet wird und die Gentechnologie reglementieren soll, hat keine gesetzlich bindende Kraft. Im übrigen erlaubt er praktisch alles, was bisher möglich ist und praktiziert wurde. Vgl. Les faiseurs d'hommes III, Le Monde v. 22.4.1983, S. 12

(114) So übereinstimmend die Bundesforschungsminister, ob sie der SPD (v. Bülow) oder der CDU (Riesenhuber) angehören. Vgl. Frankfurter Rundschau v. 16.11.1982

(115) Le Monde v. 14.8.1982, S. 20

(116) Der Spiegel Nr. 18/1982, S. 167

(117) Vgl. Interview mit Dieter Giesen, Prof. f. Privatrecht und Rechtsvergleichung an der FU Berlin, Der Stern Nr. 10/1983, S. 66

(118) Es gibt inzwischen unzählige verschiedene Möglichkeiten, den Begriff "Eltern" auszulegen: Das Sperma kann vom Ehemann (genetischen Vater) stammen, oder aber es kann das Sperma eines Donors verwandt werden. Zu diesen Vätern kommt noch der "soziale" Vater hinzu: etwa der, dessen Ehefrau mit dem Sperma eines Donors befruchtet wurde. Bei den Müttern gibt es die Möglichkeit, daß das Ei von der Ehefrau (der genetischen Mutter) stammt oder von einer Eispenderin, und schließlich kann ein in vitro fertilisiertes Ei einer Mietmutter zum Austragen der Schwangerschaft eingesetzt werden. Darüber hinaus gibt es auch noch die Möglichkeit des Embryotransfers. Zu den verschiedenen Müttern kommt auch hier noch die soziale Mutter hinzu. Vgl. Beller, Rheinisches Ärzteblatt Nr. 17/1983, S. 851

Eine solche Vielfalt von Möglichkeiten bedeutet eigentlich, daß es den "Vater" und die "Mutter" nicht mehr gibt. — Die Entstehung des Ödipus-Komplexes läßt sich auch als Sehnsucht danach interpretieren, den in der Auflösung begriffenen Elternbegriff dennoch zu wahren: dem ICH gleichsam ein Anrecht auf leibliche Ursprünge zu verschaffen. Ich komme darauf im 6. Kapitel zurück.

(119) Vgl. Schloot, I, Deutsches Ärzteblatt Nr. 6/1983, S. 45

(120) Kent, Saul, The Life Exstension Revolution, The Definitive Guide to Better Health, Longer Life and Physical Immortality, New York 1980, S. 390

(121) Medical Tribune Nr. 6 v. 22.3.1983, S. 25

(122) In Frankreich gewann eine junge Witwe den Prozeß gegen eine Samenbank, die sich weigerte, ihr den eingefrorenen Samen ihres verstorbenen Ehemannes für eine künstliche Befruchtung zu überlassen. Vgl. Le Monde v. 29./30.7. 1984, S. IV. Ebenfalls in Frankreich wurde ein Kind geboren, das mit Sperma erzeugt worden war, das sieben Jahre gelagert hatte. Vgl. Le Monde v. 24.4.1983, S. 12

(123) Segall, Paul, Gerontologe, der an der Berkeley University in Kalifornien unterrichtet, in: v. Braun, Christina, Zum Sterben muß man geboren sein, Filmdokumentation, Teil II, HR 3, 22.8.1980

(124) Bammé, Arno, Feuerstein, Günter, Genth, Renate, Holling, Eggert, Kahle, Renate, Kempin, Peter, Maschinen-Menschen, Mensch-Maschinen. Grundrisse einer sozialen Beziehung, Reinbek b. Hamburg 1983. Auf die Beziehung von Mensch und Computer komme ich im 8. Kapitel zurück.

(125) Kent, The Life Extension Revolution, S. 390

(126) Medical Tribune v. 22.3.1983, S. 24

(127) "So Joan Whittier in Washington, die zum zweitenmal ein Baby austrägt, das sie sofort nach der Geburt abgeben muß. Sie selbst hat einen fünfjährigen Sohn und möchte keine weiteren Kinder. "Die Schwangerschaften geben mir die Möglichkeiten, nicht arbeiten zu müssen und bei meinem Kind bleiben zu können", sagt sie. Ihr Mann, ein LKW-Fahrer, ist damit einverstanden. Die in zwei Jahren verdienten 20 000 Dollar sollen als Anzahlung für ein eigenes Haus dienen. Bonner Generalanzeiger v. 9./10.4.1983

(128) Diese Neuerung ist schon eingeleitet mit dem Fall Judy Stiver, die als "Mietmutter" ein Kind ausgetragen hat, das die Auftraggeber ablehnten, weil es einen Hirnschaden hat. Beide "Mütter" wollen das Kind nicht haben, so daß

voraussichtlich der Staat die Mutterschaft übernehmen wird.

(129) "Menschliche Embryos befinden sich zur Zeit in Tiefkühllagerung sowohl in Australien wie in Großbritannien und im Institut von Jouyen-Josas (in Frankreich), und nichts hindert, sich vorzustellen, daß sie in zehn, zwanzig oder auch hundert Jahren in die Gebärmütter ihrer genetischen Ur-Enkelin einverpflanzt werden." Les faiseurs d'hommes, III, Le Monde v. 22.4.1983, S. 12

(130) Folgende Errungenschaften zum Beispiel wurden für das Jahr 1990 prognostiziert, aber tatsächlich schon bis zum Jahr 1982 Wirklichkeit: Die quasi unbegrenzte Konservierung menschlicher Samenzellen; die Vorherbestimmung des Geschlechts von Nachkommen; die Einpflanzung künstlich befruchteter Eizellen in die Gebärmutter von sterilen Frauen. Vgl. Schloot, I, Deutsches Ärzteblatt Nr. 6/1983, S. 46

(131) Vgl. Bächtold-Stäubli (Hg.), Handwörterbuch des Deutschen Aberglaubens, Bd. 6, S.709

(132) Platon, Timaios, S. 207

(133) Vgl. Israel, Die unerhörte Botschaft der Hysterie, S. 144f

(134) Fischer-Homberger, Krankheit Frau, S.97

(135) Schleich, Gedankenmacht und Hysterie, zit. n. Fischer-Homberger, Krankheit Frau, S. 101

(136) Hinter diesem Vorwurf, daß die Mutter Phantasien von Omnipotenz hege und "keinen anderen neben sich dulde", verbirgt sich eine Projektion: wenn die Mütter alleinzuständig sind für die Kinder, so ist damit der Beweis erbracht, daß männliche oder weibliche Fürsorge für das Kind unvereinbar sind, daß Väter also notwendigerweise, soweit sie sich überhaupt um die Kinder kümmern, nur "bessere Mütter" sein können.

Kapitel V
Das ICH und das Nichts

Die Fabrikation des synthetischen ICHs

Der Stil der Materialschlacht und des Grabenkampfes, der rücksichtsloser, wilder, brutaler ausgefochten wurde als je ein anderer, erzeugte Männer, wie sie bisher die Welt nie gesehen hatte. Es war eine ganz neue Rasse, verkörperte Energie und mit höchster Wucht geladen. Geschmeidige, hagere, sehnige Körper, markante Gesichter, Augen, in tausend Schrecken unterm Helm versteinert. Sie waren Überwinder, eingestellt auf den Kampf in seiner gräßlichsten Form. [...] Jongleure des Todes, Meister des Sprengstoffes und der Flamme, prächtige Raubtiere, schnellten sie durch die Gräben. Im Augenblick der Begegnung waren sie der Inbegriff des Kampfhaftesten, was die Welt tragen konnte, die schärfste Versammlung des Körpers, der Intelligenz, des Willens und der Sinne. (1)

Die Kinder, die der männliche Uterus gebiert, sind perfekter als die traditionellen. Sie sind perfekt, weil sie wie Maschinen aussehen. Bezeichnend dafür das oben zitierte soldatische Schönheitsideal eines Ernst Jünger. Die Verwirklichung der Phantasie von der männlichen Gebärfähigkeit verlangt die Anpassung des menschlichen Körpers an die Produktionsbedingungen des männlichen Uterus: an die der Maschine. Jüngers Soldaten zeichnen sich durch ihre Roboterhaftigkeit, ihre Reproduzierbarkeit aus. Es sind geklonte Körper, bei deren Fabrikation der Zufall, die Diversität ausgeschaltet wurden. Die "Maschine Mensch", von der die Wissenschaftler des 16. und 17. Jahrhunderts träumten (2), wird um 1900 zum männlichen Schönheitsideal. In ihm phantasiert sich das synthetische ICH — das aus der Vereinheitlichung der Geschlechter hervorgeht und über parthenogenetische Fähigkeiten verfügt — einen synthetischen Körper. Einen Körper, der die unendliche Reproduktion des ICHs garantiert. Kent schreibt:

> Die Idee des Kloning fasziniert uns, weil sie den Wert des Individuums symbolisiert. Wenn wir darüber phantasieren, Rembrandt, Einstein oder Marilyn Monroe zu vervielfältigen, dann tun wir das im Bewußtsein, daß diese Figuren einmalig und unersetzbar waren. Und wenn uns an unserer eigenen Einmaligkeit gelegen ist, sind wir vielleicht an einer Kopie unserer selbst interessiert. (3)

Das Ideal des Einmaligen als Vater der Vervielfältigungsmaschine: durch seine Vervielfältigung verliert das ICH wiederum seine Einmaligkeit. Im "Zeitalter seiner technischen Reproduzierbarkeit" wird nicht nur das

Kunstwerk, sondern auch das "schöpferische Individuum" seiner "Originalität" beraubt (4). Aus Einmaligkeit wird Masse; aus Unendlichkeit der Variation wird unendliche Wiederholung: die serienmäßige Fabrikation von ICHs am Fließband.

Das patriarchalische Denken erhebt den Anspruch, die Geburt des Individuums, die Entstehung des Bewußtseins bewirkt zu haben. In Wahrheit haben seine Wunschbilder und deren Verwirklichung genau das Gegenteil herbeigeführt: *ich*-losigkeit, Bewußtlosigkeit. Dies darzustellen ist das Anliegen des vorliegenden Kapitels, in dem es vornehmlich darum geht, was es für den Mann als Sexualwesen bedeutet hat, die Omnipotenz des Logos zu inkarnieren.

Der Einzelne und seine Große Mutter

Einer der großen Mythen des Patriarchats, ich erwähnte es schon, besteht darin, seinen Ursprung auf die Kenntnis der biologischen Vaterschaft zurückzuführen (vgl. S. 85 ff). Eng damit zusammen hängt ein anderer Mythos: der vom Patriarchat als "Befreiung aus dem Reich der Mütter". In Wahrheit hat aber das Patriarchat die Macht der Mutter erst erschaffen. Nicht die Macht der Kindes-Mutter, sondern die der Mannes-Mutter. Der Patriarch

hat eine Sozialordnung geschaffen, die für ihn die unendliche Perpetuierung des Kindheitszustandes bedeutet.

Die Materialisierung des Logos, die die Aufhebung der Geschlechtsunterschiede darstellt, offenbart sich in doppelter Form: einerseits als nicht-gelöste Symbiose von Mutter und Tochter, bei der der Mann die Erbschaft der Mutter antritt (vgl. S. 157). Und andererseits als Verwandlung des Sexualwesens Frau in eine "Mutter". Die beiden Rollenverteilungen in der Ehe, bei denen die Frau einmal "Mutter" und einmal Tochter ist, bilden keinen Widerspruch, sondern ergänzen sich gegenseitig: beide führen zur Synthese der Geschlechtswesen, die deren Untergang beinhaltet.

Dein Bauch gehört mir — diese bekannte Forderung des Patriarchen bezieht sich nicht auf die *Nachkommenschaft*, sondern sie bezieht sich auf den Anspruch, den der Patriarch *für sich* auf den Bauch der Frau stellt: als Ort seiner Geborgenheit, der sicheren Zuflucht, der Versorgung. Die mit Gewalt verteidigte Monogamie, die Abhängigkeit, in der der Patriarch die Frau hält, ihre soziale Abwertung hat nichts damit zu tun, daß er sich seiner Reproduktion vergewissern will — sie sind vielmehr ein Mittel, die Frau als seine "Mutter" zu wahren. Die Frau als Besitz soll dem Mann dazu verhelfen, der "Mutter" zu eigen zu sein.

Die Entwicklungsgeschichte der patriarchalischen Ehe zur Kleinfamilie ist eine Geschichte der "Mutterwerdung" der Frau. Sie begleitet und erklärt sich durch die zunehmende Allmacht des ICHs, das keine Frau, kein *ich* neben sich duldet und das in der symbiotischen Verschmelzung mit der Frau als "Mutter" die grenzenlose Bewußtlosigkeit sucht. "Das Paradies", so heißt es im Koran, "befindet sich zu Füßen der Mütter". Durch die Verwandlung der Frau in eine "Mutter" holte der Patriarch sich das Himmelreich auf die Erde: ein Himmelreich, in dem er als Sexualwesen nicht mehr existiert.

Über viele Jahrhunderte konnte der Einlaß ins Paradies nur durch die Preisgabe des Geschlechtsverkehrs erkauft werden. Bezeichnend dafür ist der "Läuterungsprozeß" des Heiligen Augustinus, dessen erbitterter Kampf gegen die "Fesseln des Fleisches" nirgendwo anders als im Schlafzimmer seiner Mutter endet. Er beschreibt ausführlich (man möchte beinahe sagen: genüßlich) die Tränen und Schmerzen, die dieser Kampf ihm bereitet. Aber schließlich gelingt es ihm, sich über die "törichtesten Torheiten" und die "nichtigsten Nichtigkeiten" — nämlich "die alten Freundinnen", die "am Kleide meines Fleisches zerrten" (5) — hinwegzusetzen und "den Himmel" für sich zu erobern (6):

> Sodann gehen wir zur Mutter hinein und berichten; sie freut sich. Wir erzählen, wie sich's zugetragen, da jubelt und triumphiert sie und pries dich, der du mächtig bist zu tun weit über unser Bitten und Verstehen. [...] So hattest du ihre Trauer in Freude verwandelt, eine Freude weit reicher noch, als sie selbst gewollt, und viel lieber und keuscher, als wie sie sich einst von leiblichen Enkeln erhofft. (7)

Von nun ab verzichtet Augustinus auf alle Frauen, um mit der einen bleiben zu können: Er lebt unter einem Dach und hält Tischgemeinschaft mit seiner Mutter bis zu ihrem Tod. Nachdem Augustinus, dem Diktat des Logos folgend, seinem leiblichen Vater abschwört, um Gott zu seinem "wahren Vater" zu erklären (vgl. S. 85), wird die Mutter nun zur "objektiven Komplizin" im Kampf des Logos gegen die Geschlechtlichkeit des Mannes.

Das Keuschheitsideal, das die Augustinische Ehe mit seiner Mutter kennzeichnet, wird zum Ideal der christlichen Ehe überhaupt (8). In dieser Ehe soll es keine "fleischliche Begierde" geben, auch wenn Kinder gezeugt werden. Der Zeugungsakt soll einzig dem Willen, der Vernunft, dem Geist unterworfen sein — so wie Augustinus die Reproduktion im "Gottesstaat" beschreibt (vgl. S. 38). Der Logos macht den Mann zum Feind seiner eigenen Geschlechtlichkeit, indem er einerseits das weibliche Sexualwesen mit dem Stigma der Sünde behaftet und verfolgt; und indem er andererseits die Frau, das Sexualwesen, in die "Mutter" des Mannes verwandelt. Die Komplizenschaft von Logos und leiblicher Mutter, wie sie für das Beispiel von Augustinus bezeichnend ist, wird allmählich zu dem sehr viel wirksameren Bündnis von Logos und Ehefrau umgestaltet. Dazu muß die Frau zur "Mutter" werden.

Der Säkularisierungsprozeß bringt den Sieg des Logos über das *ich* des Mannes, über das männliche Sexualwesen — ein Sieg, der sich einerseits als die Vereinnahmung des Weiblichen durch den Mann, als Entstehung des parthenogenetischen ICHs darstellt und andererseits von der allmählichen "Mutterwerdung" des Sexualwesens Frau begleitet wird. Man kann beim Umbruch, der sich mit Renaissance und Reformation vollzieht, von der Entstehung einer "Frau innen" im doppelten Sinne sprechen: einerseits der Frau, die "nach innen" genommen wird, als Teil des parthenogenetischen, omnipotenten ICHs; und andererseits von einer "Frau innen", im Sinne, in dem Theweleit diesen Ausdruck benutzt: als Frau, die in das Innere des Hauses verbannt wird (9) und in dieser Rolle die Eigenschaften der "Mutter" annimmt: gleichsam als Garant symbiotischer Geborgenheit.

Die Verwandlung der Frau in eine "Mutter" wird sie selbst zur Protagonistin eines Kampfes machen, der sich gegen das Sexualwesen richtet. Die Frau als "Mutter" wird zum Feind ihres eigenen *ichs* werden wie auch des männlichen *ichs*. Diese Verwandlung ist der subtilste aller Schachzüge, die der Logos gegen das Sexualwesen führt. Als "Mutter" bringt er die Frau in die Lage, den Mann nicht mehr als den "anderen", als "unvollständiges Sexualwesen", sondern als Teil ihrer selbst zu betrachten. Nur als Sexualwesen kann sie zwischen ihrem *ich* und dem anderen unterscheiden. Als "Mutter" hingegen verschmilzt ihr *ich* mit dem des Mannes zum synthetischen ICH, ohne daß sie sich dagegen wehren könnte. Ihre Mitleidsfähigkeit als "Mutter" gerät in Konflikt mit ihrer Fähigkeit zur Leidenschaft als Frau. Das

andere *ich* abtrennen, hieße, einen Teil ihrer selbst abzutrennen; eine Grenze ziehen, die quer durch sie selbst verläuft. Ich habe im letzten Kapitel darzustellen versucht, daß eine Mutter eben dies nicht kann. Die Verwandlung der Frau in eine "Mutter" erreicht, was allen Scheiterhaufen des Abendlandes nicht endgültig gelungen ist: die Neutralisierung der Frau als Sexualwesen, und zwar durch sie selber als "Mutter". Eine Neutralisierung, mit der auch der Mann als Sexualwesen vernichtet, in einen Sohn verwandelt wurde. Die Tatsache, daß die Frau selbst zum Protagonisten dieser Entwicklung gemacht wurde, erklärt, weshalb die Frau sich nicht effizienter gegen den Untergang des Sexualwesens Frau zur Wehr setzen konnte und in vielen Fällen sogar zu dem Untergang beigetragen hat. Sich gegen das Diktat des Logos zur Wehr setzen, hätte bedeutet, daß das Sexualwesen Frau das Sexualwesen Mutter zum Feind macht; daß das *ich* in Konflikt mit dem *ich* gerät.
Die Frau war Protagonistin des Dramas, das der Logos gegen das Sexualwesen inszenierte, aber das Drama schreiben ließ er vom Mann, seiner Inkarnation. Es waren im allgemeinen die progressivsten Geister ihres Zeitalters, die die Verwandlung der Frau in eine "Mutter" entwarfen.
Hinter der angeblichen Aufwertung des Kindes und der eng damit zusammenhängenden Veränderung der Mutterrolle, die sich in der Neuzeit vollzieht, verbirgt sich einerseits die Enteignung der Mutterschaft (und eng damit verbunden die Verdrängung des Kindes), wie ich im letzten Kapitel darzustellen versuchte. Dahinter verbirgt sich andererseits aber auch die Verwandlung des ICHs ins Kind. Der Mutter wird eine neue Bedeutung zugemessen, damit das ICH eine Zufluchtsstätte findet. Das Kind dient gleichsam als Vorwand für den Mann. Dieser Sinn wird offensichtlich mit der Aufklärung. Bei Rousseau ist der Mann zum Kind geworden; der Frau wird die Rolle seiner Mutter zuteil.

> Ihnen gefallen, ihnen nützlich sein, sich von ihnen achten und lieben zu lassen, sie großziehen, solange sie jung sind, als Männer für sie sorgen, sie beraten, sie trösten, ihnen ein angenehmes und süßes Dasein bereiten: das sind die Pflichten der Frauen zu allen Zeiten, das ist es, was man sie von Kindheit an lehren muß. (10)

So erklärt sich aber auch Rousseaus angeblich widersprüchliches Verhalten seinen eigenen Kindern gegenüber. Rousseau brachte seine fünf Kinder ins Waisenhaus, während er am "Emile" schrieb, diesem Erziehungsroman, der das Ideal einer liebevollen und natürlichen Erziehung verkündet. Die beiden Handlungen waren nicht nur miteinander vereinbar, sie bedingten sich sogar gegenseitig. Das eigentliche Anliegen Rousseaus war nicht die Kindererziehung, eine Anleitung für die Verwandlung des Jungen in einen Mann, sondern andersherum: sein Anliegen war die Verwandlung des Mannes in ein Kind.* In dieser Konstruktion mußten die realen Kinder –

---
* Rousseau dürfte auch als Urheber der Gewohnheit gelten, nach der Männer ihre Ehefrauen als "Mutter" anreden. Er selbst sprach seine Mäzenin und Geliebte, Madame de Warens, stets mit "Maman" an.

die Kinder, die den Mann zum Vater machen – als "Konkurrenten" empfunden werden. Der Mann kann nicht zugleich Kind sein und Kinder haben. Wollte der Philosoph seinen eigenen Lehren gemäß leben, so war es geradezu zwingende Notwendigkeit, sich der Vaterschaft und der Kinder zu entledigen.

Im Verlauf des 19. Jahrhunderts geht die Rousseausche Rollenzuordnung allmählich in die Realität der Geschlechterrollen über. Nicht, weil Rousseaus Lehren an sich eine derartige Veränderung herbeiführten; vielmehr konnten seine Lehren nur deshalb einen solchen Einfluß nehmen, weil sie der Dynamik der Industrialisierung, der zunehmenden Bedeutung des "geistigen Samens", der wachsenden Allmacht des ICHs entsprachen. Die "Mutterwerdung" der Frau begleitet die Konkretisierung der "Frauwerdung" des Mannes und seine Vereinnahmung weiblicher "Gebärfähigkeit", die Entwicklung seiner Omnipotenz. So bildet sich die Vorstellung heraus, daß die Frau – die wenige Jahrhunderte vorher noch für unfähig befunden wurde, die Kinder, geschweige denn den Mann, zu erziehen, ja als dessen Gefährdung galt (11) – daß also die Frau für das Wohlergehen des Mannes "verantwortlich" sei, daß der Mann sogar "verkommen" müsse, wenn die Frau sich nicht – mütterlich – seiner annehme. So schreibt etwa der protestantische Theologe Nathusius – der hiermit einer Tradition Ausdruck

verleiht, die schon mit Luther ihren Anfang nahm —, daß die berufsmäßig arbeitende Frau "einen elenden verwahrlosten Mann zur Arbeit und elende verwahrloste Arbeitskräfte der Zukunft an ihren Kindern [liefert]". Hedwig Dohm antwortet spöttisch, daß er die Männer offensichtlich für "Kretins und Lumpen" halte, da sie "verwahrlosen müssen, wenn die Frauen sich ihrer nicht annehmen." (12) Die Vorstellungen von Nathusius sind aber Ausdruck des Zeitgeistes: Die Auffassung, daß die Frau "zuständig" sei für das Wohlergehen und die Sittlichkeit des Mannes, setzt sich allmählich sowohl bei der konservativeren katholischen Kirche (13) wie auch bei Atheisten und aufgeklärten Geistern durch.

Bezeichnend für letztere ist wiederum Auguste Comte, auf dessen Utopie einer jungfräulichen Reproduktionsfähigkeit ich schon eingegangen bin. Die Kehrseite zu dieser Omnipotenz-Phantasie ist seine Vorstellung vom Verhältnis der Geschlechter: Mann und Frau sollen nicht nur, wie Mutter und Sohn, keusch miteinander leben (14); in seiner Gesellschaftsordnung ist auch vorgesehen, daß der Mann von Geburt bis zum Tode von einer "Mutter" versorgt wird. Von mehreren "Müttern" sogar: zunächst soll der Mann nie von seiner leiblichen Mutter getrennt werden; darüber hinaus sieht Comte auch vor, daß die Ehefrau erheblich jünger zu sein habe als der Mann, gleichsam seine Tochter, so daß er bis zu seinem Tode bei der Frau Geborgenheit finden kann. Sogar über den Tod hinaus, denn auch die "ewige Witwenschaft" — als "abschließende Ergänzung zur wahren Monogamie" — gehört zu Comtes Vorstellungen von der Idealgesellschaft (15).

Solchen "aufgeklärten" Vorstellungen vom Verhältnis der Geschlechter entsprechend, lebte einer der großen Denker der Französischen Revolution: Robespierre. Michelet schreibt von ihm, daß er den "Emile" von Rousseau nicht nur "ohne Unterlaß mit Worten kopierte", sondern auch sein Leben danach zu gestalten suchte. Robespierre quartierte sich bei der Familie des Schreiners Duplay als zusätzliches Kind der Hausfrau ein. Er wurde von seinen Zeitgenossen der "Unbestechliche" genannt, weil man ihn nie mit Frauen sah, nur mit der "Mutter" Duplay, mit der ihn eine Beziehung verband, die über jeden Verdacht erhaben war. Eleonore Duplay stellte in Robespierres Mansarde die besten Möbel des Hauses und hängte die Wände voll mit Bildern, "die man von ihrem Gott gemacht hatte", wie Michelet schreibt:

> Wohin er sich auch wandte, er konnte nicht umhin, sich selbst zu sehen; rechts ein Robespierre, links ein Robespierre, nochmals Robespierre, überall Robespierre. (16)

In diesem Haus verbrachte der Unbestechliche seine Abende auf keusche und dem synthetischen ICH angemessene Weise: Außer Racine und Rousseau las Robespierre nur Robespierre, schreibt Michelet (17).

Es gehört zu den Paradoxien der Geschichte — auch die Geschichte kann hysterisch reagieren —, daß Robespierre durch eine Intrige fallen sollte, die eben seine "Heiligkeit", seine Unbestechlichkeit, seine Keuschheit aufgriff

Robespierre bei der Familie Duplay

und karikierte. Es gab in dieser Zeit, die ohnehin für religiösen Fanatismus und "Illuminismus" besonders anfällig war, viele Männer und Frauen, die Robespierre als eine Art von Heiland betrachteten. Sie trugen sein Bild auf der Brust; oder hängten sein Portrait an die Wand ihres Hauses, wo es heimlich angebetet wurde. So gab es auch eine alte Nonne im Pariser Stadtteil Montmartre, die sich als "Muttergottes" bezeichnete und eine Sekte gegründet hatte, bei deren Messen Robespierre als der "Messias" verehrt wurde; ein blau-weiß-rot bezogener Stuhl (die Farben der Revolutions-Kokarde) stand für seine "Ankunft" bereit. Aus diesem Fall konstruierte nun einer der Hauptgegner Robespierres, Vadier, der zugleich Mitglied des nationalen Sicherheitsausschusses war, eine "Affäre Robespierre", in der ihm Persönlichkeitskult vorgeworfen wurde. Keiner der Abgeordneten glaubte ernsthaft an die Beschuldigung, daß Robespierre von den Messen der "Muttergottes" gewußt und tatsächlich selber an ihnen teilgenommen habe. Aber es war offensichtlich, daß seine Keuschheit selbst, die Unbestechlichkeit und "Heiligkeit", auch die einzige verwundbare Stelle des "Messias" darstellten. Die "Heiligkeit" läßt sich nur durch die Lächerlichkeit bekämpfen. Denn das ICH hat keinen Humor und erträgt nicht die Parodie. Nur mit dieser konnten Robespierres Feinde ihm etwas anhaben. Michelet berichtet:

> Die zunächst verwirrte Nationalversammlung [...] spürte allmählich die gewaltige Komik der Posse, die sich unter dem düsteren und eintönigen Vortrag Vadiers verbarg. [...] Man bog sich vor Lachen auf den Bänken. Und beschloß, voller Begeisterung, den Bericht an alle vierundzwanzigtausend Gemeinden der Republik, die gesamte Verwaltung und alle Einheiten der Armee zu schicken (18)

Damit war über Robespierres Schicksal entschieden. Kurz danach wurde er hingerichtet.

Das Zeitalter der Rationalität, der Industrialisierung, die die parthenogenetische Fähigkeit des ICHs konkreter werden läßt, ist nicht nur ein Zeitalter, in dem die weibliche Asexualität verkündet wird, es ist auch das Zeitalter der Flucht des Mannes in den Schoß der "Mutter". So sind auch die "Frauenberufe", die im Verlauf des 19. Jahrhunderts entstehen, nicht nur als Mittel zu interpretieren, durch das den Müttern die Mutterschaft ausgetrieben wird (vgl. S. 228 ff); in der Entstehung von dem, was Simmel als die "geistige Mutterschaft" bezeichnet (19), spiegelt sich auch die vergesellschaftete "Mutter", die "Mutter" des Volkes, der Menschheit überhaupt wider. Die Berufstätigkeit der Frau beschränkt sich auch deshalb zunehmend auf "mütterliche" Funktionen, weil sie auf diese Weise zur "Mutter" des Mannes wird: als Krankenschwester, Haushälterin, Sozialarbeiterin, Seelsorgerin oder Sozialministerin wird sie nicht nur davon abgehalten, leibliche Mutter zu werden, sie wird auch als Frau — im Frauenberuf — zur "Mutter". Das wird besonders deutlich beim Beruf der Sekretärin, der zu *dem* Frauenberuf des 20. Jahrhunderts werden sollte:

> Die Frau legt ihrem Wesen nach mehr von ihrer Seele in den Beruf hinein. [...] Deshalb werden natürlich für solche Funktionen besonders Frauen gesucht, für die eine gesammelte Sorgfalt und persönliche Hingabe wichtiger sind als Weitblick, ständige Umstellung, plötzliche Initiative. (Die moderne "Sekretärin" ist eine wunderbar für die Frau geschaffene Stellung.) (20)

Nicht anders läßt sich auch das Ideal weiblicher "Untätigkeit" interpretieren, das sich ebenfalls im Verlauf des 19. Jahrhunderts herausbildet und zunehmend durchsetzt. Dieses Ideal hängt einerseits damit zusammen, daß die Frau als Sexualwesen, als *ich* ihre Existenzberechtigung verlieren soll; es ist andererseits aber auch ein Ausdruck der Angst des Mannes, die "Mutter" zu verlieren. Die Abhängigkeit der Frau dient gleichsam als Garantie für die Abhängigkeit von der Frau.

So ist auch die Wiederentdeckung des "Matriarchats" im 19. Jahrhundert als eine Wiederentdeckung der "Mutter" zu verstehen, die keineswegs im Widerspruch zum patriarchalischen Geist der Zeit steht, sondern vielmehr dessen Ergänzung darstellt. Über den Altertumsforscher Johann Jakob Bachofen, der als Entdecker des "Mutterrechts" gilt, sagt Benjamin, daß er letztlich nur deshalb sein "Gefühlsinteresse" auf das Mutterrecht gerichtet habe, weil er den Triumph des Spiritualismus über die "Materie" — und damit auch über die Mutter — erklären wollte (21). Das ist gewiß richtig.

Aber hinter diesem Anliegen verbirgt sich noch ein anderes Interesse, das mir ebenso unverkennbar erscheint: Bachofen wollte nicht nur erklären, weshalb das "Mutterrecht" *überwunden* wurde, sondern er wollte auch feststellen, mit welchen Mitteln des Geistes und des Bewußtseins es *wieder herstellbar* sei. Was Bachofen suchte, war nicht die Begründung für eine Ablösung des Matriarchats, sondern für dessen bessere Verwirklichung durch das Patriarchat. Das ist, so meine ich, auch die Erklärung dafür, daß er, der romantische Mythenforscher, dessen Schriften von "Intuitionen" durchdrungen und von Poesie oft kaum zu unterscheiden sind, ausgerechnet von den großen Erben des Rationalismus, Marx und Engels, gefeiert wurde. Mit dem "Sieg des Bewußtseins über das Unbewußte", mit dem Bachofen und später andere die "Überwindung" des Mutterrechts erklären, war letztlich die "bewußte" Konstruktion des "Matriarchats" gemeint, das heißt es war — so widersprüchlich das klingen mag — die bewußte Fabrikation eines Zustands von Bewußtlosigkeit gemeint. Bachofen projizierte das Ideal des "Patriarchen" in die Vergangenheit: das Ideal einer "Ehe mit der Mutter".

> Ein Zug milder Humanität, den man selbst in dem Gesichtsausdruck der ägyptischen Bildwerke hervortreten sieht, durchdringt die Gesittung der gynaikokratischen Welt und leiht ihr ein Gepräge, in welchem alles, was die Muttergesinnung Segensreiches in sich trägt, wieder zu erkennen ist. [. . .] Wie verständlich wird uns nun in Hesiods Schilderung die ausschließliche Hervorhebung der Mutter, ihrer nie unterbrochenen sorgsamen Pflege und der ewigen Unmündigkeit des Sohnes, der, mehr leiblich als geistig heranwachsend, der Ruhe und Fülle, die das Ackerleben bietet, bis in sein hohes Alter an der Mutter Hand sich freut. (22)

Dem 20. Jahrhundert — insbesondere den neu entstehenden Gesellschafts- und Seelenlehren — blieb es überlassen, dieses Ideal zur Realität zu erklären. Mit Freud und der Psychoanalyse wird die asexuelle Beziehung zur Mutter *in* die Sexualität selbst verlagert, der Inzest nicht nur legitimiert, sondern zur Geschlechtlichkeit selbst erhoben. Das erklärt die "Befreiung" der Sexualität, die mit dem 20. Jahrhundert — und gerade mit Freud als "Befreier" — stattfindet. Hatte bis hierher die inzestuöse Situation, in die die Geschlechter geraten waren, die Sexualität aus ihrer Beziehung ausgeschlossen, so wird nunmehr der Inzest die conditio sine qua non.

Freud nennt die Beziehung zwischen Mutter und Sohn "die vollkommenste, am ehesten ambivalenzfreie aller menschlichen Beziehungen" (23). Die Ehe sei "nicht eher versichert, als bis es der Frau gelungen ist, ihren Mann auch zu ihrem Kind zu machen und die Mutter gegen ihn zu agieren." (24) "Das Saugen des Kindes an der Brust der Mutter" ist für ihn "vorbildlich für jede Liebesbeziehung". Daher sei auch die "Objektfindung eigentlich eine Wiederfindung". (25) Ferenczi führt die Freudsche Vereinheitlichung von Geschlechtsverkehr mit Mutterliebe konsequent bis zu Ende. In seiner "Genitaltheorie" ist der wesentliche Antrieb zum Koitus die Rückkehr in den Mutterleib. Den "geringeren" Sexualtrieb der Frau erklärt er folgerichtig damit, daß die Frau sich im Koitus nicht die gleiche Befriedigung beim Mann verschaffen könne (26). Diese Theorien lassen überhaupt keinen Zweifel daran, daß der "Sexualtrieb" des Patriarchen darin besteht, in den Bauch der Mutter zurückzukehren. Daß "Potenz" und "Männlichkeit" letztlich keinem anderen Ziel dienen als diesem: der Heimkehr ins "Reich der Mutter". Ein Reich, in das die Schrift, der Logos, das Sexualwesen geführt hat, wie Lacan selber schreibt:

> Man könnte notfalls schreiben x R y und sagen, x ist der Mann, y die Frau, und R ist die Geschlechtsbeziehung. Warum nicht? Nur, genau das ist eben die Dummheit, denn das, was nämlich unter dem Signifikanten auftritt, d.h. dem "Mann" und der "Frau", sind weiter nichts als Signifikanten, die an den geläufigen (courcourant) Gebrauch der Sprache gebunden sind. Wenn es einen Diskurs gibt, der Ihnen das beweist, so der analytische, nämlich die Tatsache, daß die Frau nie greifbar wird denn als Mutter. Die Frau tritt in die Geschlechtsbeziehung nur als Mutter ein. (27)

Der Prozeß, wie er sich bis hierher vollzogen hat, besteht also darin, daß die "Ehe mit der Mutter" zunächst, wie bei Augustinus, die Sexualität ausschließt, dann *in* die Ehe verlagert wird (was zu deren Entsexualisierung führt) und schließlich die Eigenschaften der *Geschlechtlichkeit* selbst annimmt. Dieser letzte Wandel vollzieht sich, weil um 1900 das Sexualwesen vom Logos besiegt ist. Die "Frau" ist aus der Phantasie und der sozialen Realität verschwunden — und ihr Verschwinden drückt sich einerseits in der Vorstellung ihrer "Ich-losigkeit", andererseits aber auch in diesem künstlichen Geschöpf aus, das an ihre Stelle tritt (darauf gehe ich später ein). Mit den Lehren von Freud finden drei verschiedene, eng miteinander zusammenhängende Prozesse ihren Abschluß: es vollzieht sich die endgültige Synthese der Geschlechter (ob sich jene nun als Verwandlung des Mannes in einen Sohn oder als Verwandlung der Frau in einen Phallus darstellt); die bis hierher vorherrschende Gegensätzlichkeit von Sprache und Sexualität wird aufgehoben; und schließlich wird die Beziehung der synthetisch vereinten Geschlechter zur "Sexualität" selbst erhoben.

Daß der notorische "Patriarch" in Wirklichkeit ein "Matriarch" ist, gilt nicht nur für Freud, wenn jener mit seiner Theorie vom "Ödipuskomplex" auch gewissermaßen die Legitimation für die Verschmelzung von Sexualität und Mutterliebe und deshalb den entscheidenden Beitrag zur *realen* Heimkehr in den Mutterschoß geliefert hat (28). Es zeigt sich auch an der erstaunlichen Angleichung von manchen "matriarchalen Utopien" an solche des Patriarchats, die sich im 20. Jahrhundert vollzogen hat und für die die Vorstellungen von Ernest Borneman beispielhaft sind. Borneman ist ein Verfechter der "matristischen Gesellschaftsform", aber die Sexualität, die er jener unterstellt, entspricht genau den Sexualtheorien des "Patriarchen" Freud von einer "inzestuösen Geschlechtlichkeit":

> Aus den Mythen der Ägäis und ihres vorderasiatischen Hinterlandes läßt sich als Gemeinnenner der Erinnerungen an das verlorene Paradies der Vorzeit eine ganz bestimmte, von den späteren Wunschträumen der Menschheit sofort unterscheidbare Form des Geschlechtslebens rekonstruieren: eine noch nicht völlig genitalisierte, noch nicht auf die Dominanz der Geschlechtsteile ausgerichtete Sexualität; eine amorphe, alles Warme, Lebendige, Pulsierende umfassende Zärtlichkeit, ein friedliches Streicheln und Kosen, das völlig im Gegensatz zum späteren Kampf der Geschlechter steht; [...] Die Beziehung ähnelte offensichtlich mehr der zwischen Mutter und Kind als der heutigen zwischen Mann und Frau [...]. Es war also eine Sexualität, die nicht im Koitus zu enden brauchte, sondern sich schon am Körperkontakt, am Händehalten, am Umarmen und Umarmtwerden, am Brustkontakt und Brustsaugen befriedigte [...]. (29)

Wie eng verwandt diese Vorstellung mit der des Patriarchats ist, zeigt sich vor allem daran, daß Borneman sich die "Rückkehr ins Paradies" genauso vorstellt wie jeder Patriarch: nämlich durch die Abschaffung von all dem, was den Geschlechtsunterschied ausmacht. Als "sozialistischer Historiker" vertraut er auf den "Fortschritt", der die "Bürde der Menstruation" überwinden werde (was der patriarchalischen Vorstellung von der "Krankhaftigkeit" des weiblichen Blutes entspricht), wie auch für eine "Alternative zur Austragung des Kindes im Mutterleib" sorgen werde (30). Er gelangt mit seiner Utopie "Matriarchat der Zukunft" zu genau denselben Schlußfolgerungen wie jene, die die Mutterschaft durch Kloning zu ersetzen suchen.

> Einerlei wie lange es dauern mag, einerlei in welcher Form es eines Tages geschehen wird, eines ist sicher: die endgültige Befreiung der Frau kann nur in der Befreiung von der Geschlechtlichkeit liegen. Die klassenlose Gesellschaft der Zukunft kann nur eine geschlechtslose Gesellschaft sein. (31)

Die "endgültige Befreiung der Frau" besteht also aus ihrer endgültigen Abschaffung — oder in der Abschaffung von all dem, was die Sexualwesen voneinander unterscheidet. Eine "Endlösung" im wahrsten Sinne des Wortes — wenngleich Borneman meint, daß damit der "Kern des Marxismus" verwirklicht werde (32). Die Frau, die sich endgültig in eine "Mutter" des Mannes verwandelt und "zum ersten Mal in der menschlichen Geschichte all ihr Hegen, Nähren und Sorgen der ganzen Umwelt widmen" kann (33) — allen, *außer* den eigenen Kindern —, ist das "gelöste Rätsel der Geschichte" (34). Mit ihr erlangt die Menschheit das Paradies.
Dieses Paradies ist freilich die Verwirklichung der Utopie des *Logos*. In Theorien wie denen von Borneman offenbart sich, daß die beiden Entwicklungen, die einerseits in der "Mutterwerdung" des Logos (also in der Entwicklung von dessen "Gebärfähigkeit") und andererseits in der "Mutterwerdung" der Frau bestehen, gegenseitige Ergänzungen darstellen, ja sich sogar gegenseitig bedingen. Denn die "Frau ohne Gebärmutter", wie Borneman sie sich erträumt (und auf die die Menschheit wohl auch nicht mehr zu lange warten braucht), stellt in jeder Beziehung die Einkehr in das Paradies des Logos dar: die Frau verliert einerseits ihre Reproduktionsfähigkeit, sie kann dem Mann keine "Konkurrenten" mehr in Form von realen Kindern gebären ("Du sollst keine anderen Kinder haben neben mir", so müßte Jahwes Erstes Gebot nunmehr lauten); und andererseits wird der Geschlechtsverkehr auch von seiner inzestuösen Schuldhaftigkeit befreit. Eine Frau ohne Gebärmutter verliert jeden Anschein einer realen Mutter — und eben das macht den Geschlechtsverkehr mit der "Mutter" denkbar. Hysterektomie gleichsam als Gehirnoperation des Mannes, als Befreiung vom Tabu des Inzestes. Oder, um auf das Bild der wandernden Gebärmutter der Hysterikerin zurückzukommen: mit der Entfernung des rastlosen Organs aus dem Körper der Frau tritt endlich Ruhe im Geist des Mannes ein: der "ewige Schlaf", das Vergessen, der Untergang des *ichs*. Das Paradies ist erreicht.

Sexualität und "Aggressivität"

Für mich ist es keineswegs erwiesen, daß die Sexualität der "Vorzeit" keine Aggressivität enthielt, daß sie nur aus Händehalten, Aneinanderkuscheln, Brustsaugen bestand. Selbst wenn die Zeit des "Mutterrechts" die "einzige Zeit der Nichtaggression, des friedlichen Zusammenlebens" (35) gewesen wäre, hieße dies noch lange nicht, daß auch die Sexualität jeder "Aggressivität" entbehre. Und zwar aus dem einfachen Grund, daß kriegerische "Aggressivität" nicht mit sexueller "Aggressivität" gleichzusetzen ist. Aggressivität zwischen den Geschlechtern heißt *Unterscheidung* vom anderen; im Krieg heißt sie *Vernichtung* des anderen. Die erstere impliziert das Lebenlassen des anderen, die andere dessen Ausschaltung. Daher schließen sich die beiden "Aggressionsformen" sogar gewissermaßen aus.

Wenn das Ich, so schreiben Jekels und Bergler, zu seiner "Wieder-Ganz-Werdung" den Umweg über das "Liebesobjekt" — also den Umweg über die Liebe zum anderen — einschlägt, wenn also, wie sie schreiben, eine Verlagerung von Masturbation, die mit Geborgenheit bei der Mutter vereinbar ist, zu genitaler Sexualität stattfindet, dann deshalb, weil das Ich keine geeignete Entladungsfläche für die "aggressiven" Elemente bietet, die einen Teil der erotischen Disposition ausmachen (36). In der "patriarchalischen Ehe" findet diese Verlagerung jedoch nicht statt, weil die Sexualwesen nicht das Gefühl ihrer "Andersartigkeit" entwickeln können. So können sie auch nicht die "aggressiven Elemente" in die Sexualität integrieren. Denn aggressive Gefühle kann man nur gegen den "Fremden" empfinden, von dem man sich unterscheidet. Diese "Aggressivität" in der Sexualität heißt nicht Todestrieb und bedeutet auch nicht, daß "Liebe machen" durch "Haß machen" ersetzt wird, wie Kritiker von Jekels und Bergler behaupten (37), sondern diese "Aggressivität" bedeutet die Konstitution eines *ichs*, als Abgrenzung gegen den anderen, die wiederum die Voraussetzung für die Vereinigung — "Ganz-Werdung" — mit ihm darstellt. Um "Haß machen" oder Todestrieb handelt es sich erst dann, wenn die Fremdheit

des anderen *künstlich* hergestellt wird. Eine "Vereinigung" mit einem künstlich geschaffenen "Anderen" — der "imaginären" (durch künstliche Unterscheidungen geschaffenen) Frau oder auch dem "Juden", dem "Bolschewisten" (auf deren Beispiel ich noch eingehen werde) — ist tatsächlich ausgeschlossen, weil seine Eigenschaft als "Fremder", seine "Andersartigkeit" bewahrt bleiben müssen, um dem ICH eine (künstliche) Abgrenzung zu verschaffen. Die künstliche Herstellung des "Anderen" beginnt aber immer erst dann, wenn es den realen anderen nicht mehr gibt, wenn das *ich* des Sexualwesens Frau oder Mann vom synthetischen ICH aufgesogen ist.

So leuchtet mir, im Sinne der "aggressiven Elemente" in der erotischen Disposition, auch nicht ein, daß der sexuelle Trieb des Mannes sich *ohne* Inzestverbot auf die Mutter, beziehungsweise die "Frauen der Familie" richten würde, wie Freud es unterstellt. In "Massenpsychologie und Ich-Analyse" schreibt er, daß die Exogamie auf den "Vatermord" zurückzuführen sei, der den Mann gezwungen habe, auf die sexuellen Beziehungen "mit den von der Kindheit an zärtlich geliebten Frauen der Familie" zu verzichten und seine sinnlichen Bedürfnisse mit "fremden ungeliebten Frauen" zu befriedigen (38). Er geht von einer ursprünglich inzestuösen Sexualität aus — eine These, auf die sich auch Lacan oder Lévi-Strauss berufen, wenn die Frau als "Phallus" oder als "Nachricht" verstanden wird, die Männer untereinander tauschen: der "Frauentausch" als Mittel, den inzestuösen Trieb zu unterbinden.

Mir hingegen erscheint das Inzesttabu vielmehr einem *Selbsterhaltungstrieb* zu entsprechen, der der Funktion der Sprache für das Verhältnis zwischen Mutter und Tochter vergleichbar ist. Es verschafft dem Sohn die Sicherheit vor der "Wiedervereinnahmung" durch die Mutter, aus deren Bauch er hervorgegangen ist. Denn abgesehen von seiner symbolischen Bedeutung der "Vereinigung" bietet der Sexualakt ja auch alle Charakteristika einer realen Rückkehr in den Bauch der Frau. Das Inzesttabu entspricht dem *eigenen* Abgrenzungsbedürfnis des Sohnes wie auch dem der Mutter. Nicht das Inzesttabu, sondern der Selbsterhaltungstrieb des *ichs* erklärt, daß der Mutter-Sohn-Inzest viel seltener vorkommt als der zwischen Vater und Tochter und daß dieser Inzest fast immer zur Psychose führt (oder von ihr ausgelöst wird): der Krankheit des "offenen", entgrenzten Körpers (vgl. S. 167). Die beiden Grundpfeiler, auf denen das Inzesttabu ruht, sind die Bewahrung vor der verschlingenden Mutter und die Aufrechterhaltung der "Aggressivität" in der Sexualität, im Sinne von Unterscheidung der Sexualwesen. Im Patriarchat, wo das Bild der Frau mit dem der Mutter verschwimmt, fehlen aber diese Grundpfeiler. Das Inzesttabu ist *durchbrochen* — und konsequenterweise beginnt sich nun auch im 20. Jahrhundert eine Gesetzgebung durchzusetzen, in der das Verbot der "Unzucht mit Nachkommen" oder unter Geschwistern ersatzlos gestrichen wird (39).

Im Gegensatz zur Gesellschaftsordnung des "Patriarchats" ermöglicht die "matristische" Gesellschaftsordnung (oder die Sozialordnung der "spiegelbildlichen" Vorstellungswelt) dem "Unbewußten" weiter "elternlos" zu sein, "sich selbst in der Einheit von Natur und Mensch zu zeugen." (40) Die matristische Kultur und Sozialordnung erlaubt die Aufrechterhaltung der "Aggressivität" in der Geschlechtsbeziehung. Nicht nur, weil sie Mutter und Tochter erlaubt, über das Instrument Sprache zu verfügen, Sexualwesen zu werden – sondern auch, weil die alltägliche Trennung der Gemeinschaft von Männern und Frauen die Wahrung der Andersartigkeit gestattet. Es ist schwer, mit dem anderen Sexualwesen eng, wie Mutter und Sohn oder Bruder und Schwester zusammenzuleben und ihn dennoch als den anderen, den "Fremden", als Sexualwesen zu betrachten. (Fabienne W. hat diese Schwierigkeit in ihrem Gesprächsprotokoll beschrieben (vgl. S. 257 ff).)

Die Wahrung des Unterschiedes zwischen den Geschlechtern scheint mir, mehr noch als die Verehrung der "Großen Mutter" Fruchtbarkeit, die eigentliche "raison d'être" der matristischen Gesellschaftsordnung mit ihren Klans und ihren geschlechtsspezifischen Lebensbereichen zu sein. Sie verschafft die Möglichkeit der Sexualität, denn sie stellt Identität, Bewußtsein (41), "unvollständige" Sexualwesen her, die ihrerseits die Voraussetzung dafür sind, daß das *ich* bereit ist, sich in der Sexualität zu verlieren. Ein *ich*, das seiner selbst gewiß ist, braucht nicht um den Verlust seiner Grenzen zu fürchten. Es kann sich vorübergehend mit dem anderen vereinigen. Es kann Wollust bis zum Verlust der Identität empfinden. Das scheint mir keine geringe Motivation für eine Sozialordnung (42). Denn dieser "Verlust der Identität" stellt auch wiederum die Voraussetzung dafür dar, daß das *ich* sich zu bilden vermag. Sexualität wird hier zum "Selbstauflösungsritus", der die Rekonstruktion des *ichs* erlaubt, ja deren Voraussetzung darstellt. Die Wollust, verstanden als der "kleine Tod", wird zum Ausdruck dafür, daß das *ich* an der zyklischen Zeit, an Untergang und Wiederkehr teilhat. Das *ich* findet in ihr gleichsam die beruhigende "Nachricht", daß es nicht nur sterben muß, sondern auch wiederkehren kann. (In diesem Sinne möchte ich Deleuze und Guattari zustimmen, daß die Reproduktion eine Funktion der Sexualität ist und nicht andersherum (43).) Diese Form von Sexualität und die Bedeutung, die ihr zukommt, können wir heute zweifellos nur noch abstrakt und theoretisch erfassen – nicht anders als die "spiegelbildliche" Vorstellungswelt selbst (vgl. S. 91 f). Sie entzieht sich unserem emotionalen Verständnis.

Das "matristische" Bewußtsein von der eigenen Unvollständigkeit und der Existenz des anderen drückt sich deutlich in einer Reihe von "Kunstwerken" (44) der kretisch-minoischen Kultur aus, die die Ästhetik des Erotischen erkennen lassen, wie auch in den hinduistischen Tempeln von Ellora, Kajuraho oder Konarak, in denen Skulpturen und Reliefs den Kult der Sexualität darstellen. Bezeichnenderweise wurden viele dieser erotischen Darstellungen von den Moslems zerstört: den Vertretern der Religionen des Buches, die hier als erste eindrangen. In all diesen Darstellungen ging es nicht um "Mutterfiguren", sondern um Darstellungen der *Frau*, beziehungsweise des Mannes.

Die "synthetische" Sexualität, die Sexualität des Logos kann dem ICH nicht die Auflösung im Anderen erlauben. Das ICH, selbst ein Kunstprodukt, das aus der Vereinnahmung des anderen hervorging, muß, um sich mit dem Anderen vereinigen zu können, zunächst einmal diesen Anderen fabrizieren: durch Gewalt, die an die Stelle der "Aggressivität" als Unterscheidung tritt.

Sexualität und Gewalt

"Der Fortschritt", so schreibt ein zukunftsgläubiger Arzt des 19. Jahrhunderts, werde schon über die "sexuellen Leidenschaften" siegen: "Die Zivilisation ist dabei, über diese Abgründe der Kriminalität zu triumphieren." (45) Er behielt recht. Die "Zivilisation" ist dabei, den Sieg über die "Leidenschaft" davonzutragen, indem sie Formen von "Sexualität" schuf, in denen das Sexualwesen nicht gebraucht wird. Einen Vorgeschmack auf diese "zivilisierte" Form der Lust gibt Stoller in seinem Buch "Sex and Gender":

> Besonders seit den Untersuchungen von Olds an Ratten hat man in den letzten zehn Jahren sehr viel Forschung betrieben, um die Lustzentren und -bahnen im menschlichen Gehirn zu entdecken: Forschung, die schon jetzt einen Einblick in die komplizierten Mechanismen dieser Erfahrung erlaubt. Dauerhaft angebrachte Elektroden, die Menschen eingepflanzt wurden, haben die Beobachtungen bei Tieren bestätigt und wurden noch einmal durch die subjektiven Aussagen der Betroffenen bekräftigt. Ein wesentlicher Teil der für die Lust notwendigen Energie wird durch das limbische System geliefert, insbesondere durch den septalen Teil des Gehirns. Heath zitiert Fälle von Patienten, denen Elektroden eingepflanzt wurden, mit deren Hilfe sie bestimmten, unterschiedlichen Regionen des Gehirns Strom zuführen konnten, sobald sie auf einen bestimmten Knopf drückten. "Ein Patient, der gefragt wurde, warum er so oft den Septalknopf drücke, antwortete, daß ihm das ein 'angenehmes' Gefühl vermittle: es sei als ob er einen 'sexuellen Orgasmus' aufbaue." Über einen anderen Patienten bemerkt Heath: "Der Patient machte mich immer wieder auf das angenehme Gefühl aufmerksam, das ihm durch die Stimulierung zweier Elektroden in der Septalregion und einer im Dach des Mesencephalon vermittelt wurde. Gleichzeitig mit der Lustreaktion auf die Septalstimulierung produzierte er häufig Assoziationen sexuellen Inhalts. Der Inhalt war sehr unterschiedlich, aber — wie auch immer seine derzeitige seelische Verfassung oder das Thema waren, das im Raume diskutiert wurde — die Stimulierung führte immer dazu, daß der Patient, meistens mit einem breiten Lächeln, ein sexuelles Thema anschnitt. Wenn man ihn darüber befragte, antwortete er: 'Ich weiß auch nicht, warum ich gerade daran denke; es kam mir in den Sinn.'" (46)

Kinder aus der Retorte und Sexualität auf Knopfdruck. Die Beschreibung von Stoller klingt wie die — freilich pervertierte — Verwirklichung der

Augustinischen Utopie, laut der das Paradies erreicht ist, wenn die Reproduktion und Sexualität dem Willen unterworfen sind, indem das männliche Glied nicht mehr dem Trieb, sondern dem bewußten Befehl gehorcht (vgl. S. 38). Genau das ermöglicht die oben beschriebene Maschine. Sie schlägt sich nieder in der Entstehung einer Geschlechtlichkeit ohne Sexualpartner, der durch Elektroden, die Gummipuppe, oder den erotisch besetzten Heimcomputer ersetzt wird. Nun kann aber eine Sexualität, die nicht zu zweit stattfindet, auch nicht die Funktion erfüllen, das *ich* gegen den anderen abzugrenzen, ihm den Existenz- oder Lebendigkeitsbeweis zu liefern, der den Kern des Sexualtriebs ausmacht. (Von diesem mangelnden Existenz- oder Lebendigkeitsbeweis leitet sich wiederum eine heute weit verbreitete Scheu davor ab, Kinder in die Welt zu setzen — eine Scheu, die oft, offen oder versteckt, mit der Angst begründet wird, das Kind könne geistig oder körperlich nicht "normal" sein, gleichsam einen "Defekt" aufweisen. Das Selbstwertgefühl des *ichs* ist so gering geworden, daß der Drang, sich zu reproduzieren, versiegt; und dieser Vorgang wird noch dadurch verstärkt, daß die Ansprüche, die das ICH an die Nachkommenschaft stellt, gleichzeitig ins Unermeßliche steigen. Es sind Ansprüche an die Perfektheit des Menschen, die eigentlich nur maschinell erfüllt werden können, weil einzig die uniforme Produktionsweise der Maschine eine Garantie für "Normalität" und "Fehlerlosigkeit" geben kann. Auch hier zeigt sich, weshalb die Ablösung des *ichs* durch das ICH zwangsläufig zur Entwicklung der Gentechnologie, durch die der Zufall bei der Reproduktion ausgeschaltet werden soll, führen mußte (47).)

So tritt an die Stelle der unterscheidenden Sexualität eine andere Form von Geschlechtlichkeit, die sich durch Gewalt auszeichnet: Das ICH versucht sich auf gewaltsame Weise vom Anderen zu unterscheiden, "Sexualwesen" zu werden. Diese Gewalt ist gewissermaßen der Ersatz für die entschwundene "Aggressivität" in der Sexualität.

Die Tatsache, daß die männliche Homosexualität sich im 20. Jahrhundert deutlicher manifestiert als in irgendeiner anderen historischen Epoche seit der griechischen Antike — und auch die damals praktizierte Homosexualität unterschied sich grundlegend von der heutigen: unter anderem dadurch, daß die gleichzeitige Beziehung zum anderen Geschlecht als normal, ja als erforderlich betrachtet wurde und auch die homosexuellen Praktiken selbst äußerst strengen Normen unterlagen (48) —, diese Tatsache wird gerne mit der angeblichen "Aggressivität" der Frauenbewegung im 20. Jahrhundert erklärt (49). In Wirklichkeit handelt es sich um etwas ganz anderes. Es handelt sich vielmehr um eine beängstigend gewordene Beziehung der Geschlechter, die aber nicht beängstigend ist, weil die Frauen "aggressiv" geworden sind, sondern weil die Synthese der Geschlechter zu weit fortgeschritten ist. Der Geschlechtsverkehr mit der in eine "Mutter" verwandelten Frau ist bedrohlich für den Mann — so zieht er sich davor zurück. In der Zunahme der männlichen Homosexualität drückt sich die Verweigerung dieser vom Logos diktierten "Sexualität" aus (50).

Neben der Verweigerung der Heterosexualität hat sich zunehmend eine Beziehung der Geschlechter durchgesetzt, die von der Brutalisierung der Sexualität gekennzeichnet ist, ich möchte sogar sagen, die in der Verwechslung von Sexualität und Gewalt besteht. "I loved her, I loved her, I killed her", sagte der Schauspieler Gunnar Möller, nachdem er in London seine Frau erschlagen hatte. Sätze wie diese werden kritiklos hingenommen, ja sogar angeführt, um Verständnis für die Tat zu erwecken (51).

Wer liebt, tötet. Der reale Tod des anderen tritt an die Stelle des eigenen "kleinen Todes", des *ich*-Verlustes in der Sexualität. Dieser Mythos, in dem Liebe und Gewalt zu austauschbaren Begriffen werden, prägt die Vorstellung des Industriezeitalters über die Beziehung der Geschlechter: Er tritt besonders deutlich in der Geschichte von Carmen zutage, die als literarische Leitfigur mitten im aufbrechenden Industriezeitalter entsteht (52). Die "wirkliche Liebe" erfordert die Ermordung. Sonst ist sie nicht glaubwürdig, nicht "echt". Es muß zumindest geschlagen werden. Diese Vorstellung erklärt die mangelnde Bereitschaft von Umwelt und Schutzinstanzen, da einzugreifen, wo Gewalttätigkeit in den Sexualbeziehungen auftritt (53). Letztlich, so ist der Gedanke, der sich hinter diesem Verhalten

verbirgt, handelt es sich um das "Intimleben" der Betroffenen. Die Verwechslung von Gewalt mit "Liebe" erklärt aber auch, weshalb Frauen sich nicht besser dagegen zu wehren vermögen, ja sogar, wie Erin Pizzey meint, in vielen Fällen die Gewalttätigkeit suchen, die ihnen angetan wird (54).
Tatsächlich handelt es sich bei der Gewalt auch um Intimleben, aber um die Reaktion auf ein Leben, das *zu* intim, zu eng geworden ist. Mit Liebe oder Sexualität hat diese Gewalt nichts zu tun. Sie ist vielmehr Ausdruck dafür, daß das ICH um die gewaltsame *Abgrenzung* gegen den Anderen kämpft. Es kämpft darum, Grenzen zu haben, sich zu unterscheiden; es ringt um seine Existenz — und mittelbar um die Existenz der Sexualität, die ihm Grenzen verschaffen soll. Weil das sich unterscheidende Sexualwesen nicht mehr besteht, soll durch Gewalt in der Beziehung der Geschlechter die Unterscheidung herbeigeführt werden.
Viele Fälle von Gewalttätigkeit unter Partnern, die seit langem zusammenleben, zeigen, daß es sich um die Gewalttätigkeit gegen einen Anderen handelt, mit dem das ICH verschmolzen ist. Es gelingt keine Unterscheidung mehr (55). Diese "Paare" können sich deshalb nicht mehr als gegenseitige "Ergänzung" empfinden, als Gegenstück ihrer eigenen "Unvollständigkeit", weil sie im anderen und der andere in ihnen aufgegangen ist. Die Unvollständigkeit — als Triebkraft der Liebe — ist nicht mehr vorhanden. Der erste Musterprozeß wegen des Delikts der ehelichen Vergewaltigung wurde 1978 in den USA geführt. Der Angeklagte John Rideout erklärte hinterher, die Tatsache, daß seine Frau diesen Prozeß gegen ihn anstrengte, habe seine "Ehe gerettet" (56). Die Frau hatte die Symbiose verweigert; sie hatte den Versuch unternommen ihr *ich* aus dem synthetischen ICH herauszulösen, das die Ehe darstellt. Und damit hatte sie auch ihrem Mann dazu verholfen, sich eine andere Beziehung zu ihr als die der Gewalt vorzustellen.
"Ein großer Prozentsatz aller bekanntwerdenden Morde (findet) innerhalb der Familie statt: das Heim ist für viele ein sehr gewalttätiger Platz", so schrieb eine vom britischen Unterhaus eingesetzte Untersuchungskommission in ihrem abschließenden Bericht über Gewalt in der Ehe (57). Die Ehe, die der Logos gestiftet hat, hat wenig mit dem Harmonie-Ideal gemeinsam, das dieser Ehe mit der Mutter vorangestellt wurde. Im Gegenteil: das Harmonie-Ideal wird selbst zur wichtigsten Triebkraft der Gewalt, die sich unter den symbiotisch verbundenen Ehepartnern ausbreitet.
Mit der Entstehung des synthetischen ICHs entwickelte sich eine doppelte Form von Gewalttätigkeit gegen die Frau. Die erste Form der Gewalt hatte darin bestanden, der Frau die Geschlechtlichkeit auszutreiben: durch den Scheiterhaufen, den Entzug von Sprache und schließlich durch ihre Verwandlung in eine "Mutter". Daraus entstand eine andere Form von Gewalt, die in der *Abgrenzung* gegen die zur "Mutter" gewordenen Frau besteht.

Eine Abgrenzung, durch die die Andersartigkeit der Frau, und damit die des Mannes, etabliert werden soll. Eine Andersartigkeit, die bis zur völligen Vernichtung der Frau gehen mag: der Tod der Frau oder ihre Erniedrigung wird zu dem, was sie vom ICH unterscheidet. Beide Formen der Gewalt bestehen heute nebeneinander her. Sie widersprechen sich und bedingen sich dennoch.

Auf der einen Seite wird die Frau künstlich in eine "Mutter" verwandelt. Das "Paradies" zu ihren Füßen stellt jeder Mann auf seine Weise durch Gewalt her. Bezeichnend dafür ist der Bericht des Berliner Frauenhauses von 1982, aus dem hervorgeht, daß Männer, die ihre Frauen schlagen, vor allem Gewalt gegen ihre Frauen ausüben, wenn sie fürchten, sie als "Mutter" zu verlieren: etwa dann, wenn sie berufstätig wird, oder bei der Geburt von Kindern (58). Diese Gewalt bewegt sich im Teufelskreis: je abhängiger der Sohn vom "Paradies" wird, je mehr er die Frau als "Mutter" braucht, desto mehr muß er sich, mit Hilfe von Gewalt, vor dem Verlust der "Mutter" schützen. Weil er ihr Sklave ist und an ihren Rockschößen hängt, muß der Sohn mit aller Macht dafür sorgen, daß die Frau von ihm abhängig bleibt. Der Teufelskreis, in dem sich diese Gewalt bewegt, entspricht dem, der auch das Verhältnis vom Logos zur Materie kennzeichnet (vgl. S. 105 ff).

Auf der anderen Seite bewirkt die Gewalt, mit der die Frau in eine "Mutter" verwandelt wird, aber ihrerseits das Bedürfnis einer Abgrenzung *gegen* sie. Diese zweite Form der Gewalt hat sich erst mit der Durchsetzung der Kleinfamilie herausgebildet: mit der "Mutterwerdung" der Frau, dem Verschwinden ihrer sexuellen Identität, der Vereinnahmung der "Muttersprache" durch die "Vatersprache", der allgemeinen Alphabetisierung, kurz: mit der Materialisierung des Logos und der Entstehung des synthetischen ICHs. Diese Gewalt richtet sich *gegen* die Frau als "Mutter". Symptomatisch für die Wechselbeziehung zwischen dieser Form und der ersten Form von Gewalt ist ein Gerichtsverfahren, das in den USA wegen der Prominenz der Angeklagten Schlagzeilen machte.

In Boston standen 1980 drei Ärzte vor Gericht, weil sie eine Krankenschwester vergewaltigt hatten. Sie wurden verurteilt. Einer der Ärzte hielt ein Plädoyer, in dem er um Gnade bat — nicht für sich selbst, wie er sagte, sondern seiner Mutter zuliebe. "Ich bin jung und werde überleben", erklärte er dem Gericht, "aber dies wird meine Mutter töten. Was hat sie jetzt vorzuzeigen: einen vorbestraften Sohn." (59) Er beschrieb in seinem Plädoyer ausführlich die enge Beziehung, die ihn mit seiner Mutter verband. Die Gewalt, die er ausgeübt hatte, richtete sich aber wiederum gegen die "vergesellschaftete Mutter", eine Krankenschwester. Es war eine Gewalt, mit der eigentlich die Mutter erniedrigt oder ausgegrenzt werden sollte: die Mutter in der Gestalt der Frau; und die Frau in der Gestalt der "Mutter".

Das Beispiel verdeutlicht, wie ausweglos die Situation ist — für den Mann wie für die Frau, mit der er die Geschlechtsbeziehung sucht. Er strebt die sexuelle Vereinigung mit der "Mutter" an, aber die Befriedigung dieses Bedürfnisses erweckt in ihm wiederum das Bedürfnis, sich gegen die Frau abzugrenzen. Diese Schwierigkeit steigert sich durch den sexuellen Leistungsdruck der modernen Gesellschaft zu einem double bind (60): auf der einen Seite steht der Anspruch auf eine sexuelle "Erfüllung" und auf der anderen Seite die unmögliche Geschlechtlichkeit mit der Frau/Mutter. Wie bei jedem double bind, bieten sich auch bei diesem nur Lösungen, die keine sind: entweder der Mann spaltet sein "Frauenbild" und teilt der einen Frau das der asexuellen "Mutter", der anderen das der Geliebten zu — ein gängiges Modell im 19. Jahrhundert wie auch heute. Eine andere Lösung besteht darin, entweder auf die Beziehung zum anderen Geschlecht oder auf die Geschlechtlichkeit selbst zu verzichten. Letzteres gehört ebenfalls zu den gängigen Modellen der modernen Ehe. Die dritte Möglichkeit besteht schließlich darin, in seine Liebesbeziehung zugleich die Abgrenzung gegen die Frau einzuführen — eine Abgrenzung, die bis zur Gewalttätigkeit gehen kann, wenn sie jene nicht sogar ersetzt. Ansonsten bleibt dem Mann nur das Alternieren zwischen diesen verschiedenen Lösungen, die keine sind. Der double bind, der die heterosexuellen Beziehungen im 20. Jahrhundert charakterisiert, wird noch dadurch verstärkt, daß auch die Frau in eine ähnliche Situation geraten ist wie der Mann: auch sie sucht die "Mutter" im Geschlechtspartner (vgl. S. 157), also die "unmögliche" Geschlechtlichkeit; und auch sie ist gleichzeitig unter sexuellen Leistungsdruck geraten. Eine solche Konstruktion kann eigentlich nur bedeuten, daß es die Geschlecht-

lichkeit selbst ist, die untergehen soll, zumindest die heterosexuelle Geschlechtlichkeit (61).
Freud hat den Widerspruch, in dem der Mann sich der Frau gegenüber befindet, deutlich gesehen. Er hat aber auch dazu beigetragen, daß dieser Widerspruch gewissermaßen verankert wurde: als Bestandteil der Geschlechtlichkeit selbst. In seinem Aufsatz über "Die allgemeinste Erniedrigung des Liebeslebens" beschreibt er die enge Beziehung, die zwischen der (inzestuösen) Liebesbeziehung zur Frau (als Mutter) und der Impotenz besteht, die sich ihrerseits nur durch die "psychische Erniedrigung des Sexualobjekts" überwinden lasse (62). Er verdeutlicht auch, "daß das Liebesverhalten des Mannes in unserer heutigen Kulturwelt überhaupt den Typus der psychischen Impotenz an sich trägt" (63). Aber sein Rezept für die Lösung dieses Widerspruchs besteht darin, daß der Mann "den Respekt vor dem Weibe überwunden, sich mit der Vorstellung des Inzestes mit der Mutter oder Schwester befreundet haben muß" (64). Damit fordert er aber genau das, was auch der Arzt in Boston zur Lösung seiner unlösbaren Situation gemacht hatte: die Vernichtung des Sexualwesens dem Geschlechtsverkehr mit der Mutter zuliebe. Der "Respekt vor dem Weibe" läßt sich nur durch dessen Leugnung überwinden, also durch Gewalt gegen die Frau. Ebenso bedeutet auch die "Anfreundung mit der Vorstellung des Inzestes", daß der Mann der Gewalt bedarf, um die Mutter in ein Sexualobjekt zu verwandeln. Ödipus kann seine Mutter nicht erniedrigen, weil er ein Teil von ihr ist. Er müßte sich selbst erniedrigen. Ödipus kann, will er Sexualität finden, sich nur gewaltsam gegen die Mutter abgrenzen. Aber das hat dann nicht mehr viel mit Sexualität zu tun.
Freuds Argumentation erklärt sich daraus, daß er das Inzesttabu für eine kulturelle, widernatürliche Erscheinung hielt. Aber es ist wohl treffender, in der *Aufhebung* des Inzesttabus die "Kulturerscheinung" zu sehen — einer Aufhebung, an deren Ende die Entstehung der Psychoanalyse stand, die die Sexualität nur noch als Inzest verstehen kann. "Die Freudsche Erpressung besteht darin: entweder erkennt ihr den ödipalen Charakter der kindlichen Sexualität an, oder aber ihr verzichtet auf jede Position der Sexualität." (65) Freud hat gleichsam die theoretischen Voraussetzungen dafür geliefert, daß Sexualität nur noch in Form von Gewalt stattfinden, beziehungsweise das Sexualwesen nur noch durch gewalttätige Abgrenzung wahrgenommen werden kann. Theweleit hat die Konsequenzen dieses kulturellen Prozesses am Beispiel des soldatischen Mannes deutlich dargestellt: neben der "roten Frau", dem "bolschewistischen" Sexualwesen, gibt es die "weiße Frau", die weder über einen Namen noch über ein Geschlecht verfügt und von der der soldatische Mann sich nicht unterscheiden kann (66).
Die Verbannung der "Aggressivität" oder Unterscheidung aus der Beziehung zwischen den Geschlechtern führt nicht nur zur Gewalt gegen die

Frau. Sie ist, wie ich noch ausführen werde, auch ganz allgemein die Erklärung für die Gewalt, die dem synthetischen ICH eigen ist, in welcher Uniform jenes auch immer auftreten mag. Der männliche "Aggressionstrieb", über dessen physische Bedingtheit sich heute so viele Feministen mit den Patriarchen erstaunlich einig sind (67), ist ein *kulturelles* Produkt, das mit der Auslöschung der sexuellen Identität des Mannes (beziehungsweise deren Ersetzung durch eine künstliche Identität) zusammenhängt. Das berüchtigte männliche Hormon "Testosteron", auf das alle Theoretiker "männlicher Gewalttätigkeit" ihre Vorstellungen zurückführen (egal, ob sie damit die "Minderwertigkeit" oder "Überlegenheit" des Mannes erklären), ist seinerseits das Produkt gesellschaftlicher oder kultureller Bedingungen. Derselbe Autor, der den Mann für einen "Sklaven des männlichen Hormons Testosteron" hält, führt Beispiele von Gesellschaften an, in denen "den Knaben die Aggression beizeiten aberzogen" wird (68). Die Erziehung, so sagt er selber, vermag etwas gegen die Hormonausschüttungen zu tun. Aber dann scheint es doch eigentlich evident, daß die Erziehung auch etwas *für* die Hormonausschüttungen zu tun vermag. Daß der Körper des Mannes und seine physiologische Beschaffenheit also zum Fabrikat einer Entwicklung geworden sind, in der seine Libido durch Aggressionstrieb ersetzt wurde.

Das Beharren auf der physiologischen Bedingtheit des männlichen "Aggressionstriebs" dient jedoch heute seinerseits als Beweis dafür, daß es der Frau *als Mutter* bedarf. Sie soll gewissermaßen wachsamen Auges das Testosteron in Schach halten. Die (angeblich physiologische) Festlegung des Mannes auf die Gewaltrolle trägt dazu bei, die Notwendigkeit der Frau als mütterlichen — also asexuellen — Friedensengel zu zementieren. Das zeigen etwa die Schlußbemerkungen von Steven Goldbergs Buch "Male Dominance — the Inevitability of Patriarchy", in dem er die "Unvermeidlichkeit des Patriarchats" hauptsächlich mit der hormonellen Konstitution des Mannes erklärt:

> Ich glaube, daß die Beweise dafür vorliegen, daß Frauen ihren eigenen psycho-physiologischen Gesetzen folgen und daß sie nicht freiwillig die Ziele anstreben, deren Erreichung Männer ihr Leben widmen. Frauen haben wichtigere Dinge zu tun. Männer wissen das, und daher werden sie in dieser und in anderen Gesellschaften bei der Frau Sanftheit, Güte, Liebe als Zuflucht vor einer Welt der Schmerzen und der Gewalt suchen, als Sicherheit vor ihren eigenen Ausschreitungen. In jeder Gesellschaft ist eine grundlegende männliche Motivation das Gefühl, daß Frauen und Kinder geschützt werden müssen. (70)

Klarer als in den letzten zwei Sätzen läßt es sich kaum ausdrücken: die Frau ist "schutzbedürftig", damit der Mann "vor seinen eigenen Ausschreitungen" beschützt wird. Die "Aggressivität" — oder Gewalt — des Mannes dient also seiner sicheren Zuflucht unter die Fittiche der "Mutter" (71).
Bächtold-Stäubli zitiert frühere Initiationsriten, die darin bestehen, daß der Knabe, um zum Mann zu werden, "gelehrt (wird), sie [seine Mutter,

d.Verf.] zu schlagen und hochmütig zu behandeln, um eine psychische Loslösung herbeizuführen" (72). Freud lehrt genau das Gegenteil: nicht die leibliche Mutter soll erniedrigt werden, damit der Junge zum Mann werden kann; sondern das Sexualwesen soll erniedrigt werden, damit der Mann zum Jungen werden kann. Durch die Entwicklungsgeschichte des "Patriarchats" ist aus dem rituellen "Schlagen" der Mutter das konkrete Schlagen der Frau geworden. Auf einem Kriminologie-Kongreß, der dem Thema der Vergewaltigung gewidmet war, formulierte der französische Psychoanalytiker Gonin es so:

> Die Vergewaltigung ist kein Sexualakt, sondern genau das Gegenteil, eine Verneinung der Sexualität, die totalitärste Form der Gewalt. Die Vergewaltigung ist ein erbarmungsloser Prozeß der Verneinung des anderen, der erschreckende Ausdruck eines Ichs, das durch sein eigenes Sein erblindet ist. Der Vergewaltiger ist ein Blinder, der es nicht weiß, Opfer einer doppelten Blindheit: er kann weder sich, noch den anderen sehen. (73)

Die Vergewaltigung selbst ist der deutlichste Ausdruck der Abwesenheit des anderen. Sie ist *das* Symptom, an dem sich der Untergang des Sexualwesens ablesen läßt. Sie ist aber auch ein Ausdruck für die Unmöglichkeit des ICHs, sich eine Seinsbestätigung zu verschaffen.
Der Anthropologe Louis-Vincent Thomas beschreibt in seinem Buch "Le Cadavre" (Der Leichnam) das Sterberitual eines Stammes in Mali, in dem der Leichnam einer verstorbenen Frau von ihrem Ehemann (oder, falls es den nicht mehr gibt, von ihrem Enkel, aber nicht vom Sohn) gepeitscht wird. Die Auspeitschung gilt als eine Ehrbezeugung für die Frau. Thomas interpretiert diesen Ritus als eine Ehrung für die Schweigsamkeit der Frau: "Man möchte auf diese Weise der Toten seine Ehrerbietung dafür zeigen, daß das Schweigen, das sie im Leben wahrte, nur mit der Empfindungslosigkeit des Leichnams vergleichbar ist." (74) Das erscheint mir wie eine der vielen ethnologischen Interpretationen aus phallozentrischer Sicht, die die moderne Anthropologie durchziehen (wobei ich nicht ausschließe, daß auch bei den Betroffenen selber, unter dem Einfluß des Islam zum Beispiel, eine Reinterpretation des Ritus in diesem Sinne stattgefunden hat). Die Tatsache, daß das Ritual zwar von männlichen Angehörigen, aber *nicht* vom Sohn ausgeführt wird, spricht dafür, daß es sich ursprünglich um einen sexuellen Akt handelt, der erheblich mehr bedeutet als Belohnung für Nicht-Geschwätzigkeit. Auch handelt es sich um die Ehrerbietung für eine besonders geliebte Frau, denn nicht jede hat Anrecht auf diese Behandlung nach ihrem Tod. Mir erscheint dieses Ritual deshalb wie der verzweifelte Versuch, durch die Auspeitschung den Tod der Frau zu *leugnen*. Geschlagen, verletzt werden kann nur jemand, der am Leben ist. Durch das Schlagen versucht der Zurückgebliebene sich selbst zu beweisen, daß die Frau nicht gestorben ist, daß sie noch existiert. Ich meine, in einem ähnlichen Sinne wird heute oft Gewalt gegen Frauen geübt. Das synthetische ICH

versucht, der Frau, deren Abwesenheit es als schmerzlichen Mangel, als Verlust von Grenze empfindet, wieder eine Existenz zu verleihen. Allerdings nicht so sehr, damit sie lebt — da gäbe es gewiß wirksamere Methoden —, sondern damit das ICH durch den Beweis, daß es ein Du — den Anderen — zumindest *gab*, eine Seinsbestätigung erhält. Die physische Vernichtung der "toten" Frau dient als Beweis dafür, daß es sie — und damit das ICH — gibt. Der Vorgang beweist damit aber auch, wie wenig das ICH an seine eigene Existenz glaubt. Im 7. Kapitel werde ich noch einmal auf andere Methoden zurückkommen, die das ICH erfand, um sich den künstlichen Anderen zu fabrizieren, dessen es bedarf.

Das Patriarchat als Bewußtseinsauslöschung

Die große Kulturleistung des Patriarchats besteht nicht in der Befreiung aus dem Reich der Mutter, sondern in der *Fixierung* des Sexualinteresses auf die Mutter. Die Vollendung dieser Leistung stellt die Entstehung der Psychoanalyse dar, die diese Fixierung zum Wunsch des Unbewußten selbst erhebt. Aber sie ist nur das letzte Glied in einer langen Kette.

> Ödipus entwickelt sich in der Familie, nicht im Zimmer des Analytikers, der nur noch als letzte Territorialität wirkt. Und Ödipus ist nicht von der Familie geschaffen. Die ödipalen Anwendungen von Synthesen, die Ödipalisierung, die Triangulation, die Kastration: alles das verweist auf doch mächtigere, doch tiefliegendere Kräfte als die Familie, die Psychoanalyse, die Ideologie, als alle diese zusammen. Nämlich auf die Kräfte der gesellschaftlichen Produktion, Reproduktion und Repression insgesamt. (75)

Es bedarf in der Tat eines eisernen Diktats, um das Sexualinteresse des Menschen — gleich ob Mann oder Frau — auf die Mutter zu richten, die einzige Person, mit der die Sexualbeziehung nicht stattfinden darf, weil sie der Verschlingung gleichkommt. Es bedarf gewaltiger Kräfte, um ihn zu einer Bindung zu bewegen, die so gefährlich ist wie diese. Der Logos hat diese Kräfte mobilisiert, indem er das "Patriarchat" schuf: diese Gesellschaftsordnung, die in Wahrheit die *Befreiung aus dem Reich der Sexualität* darstellt. Die Abgrenzung des Patriarchen gegen das Andersgeschlechtliche bedeutet nicht nur die Ausgrenzung des Weiblichen, sondern vor allem

die "Entgrenzung" des Mannes (76), die Auflösung seines *ichs* in geschlechtslosem Wohlgefallen.
Der "Willen", das "Bewußtsein", die "Vernunft", auf die der "Patriarch" sich mit Vorliebe beruft, dienen in Wirklichkeit dem Ziel, sein *ich* auszulöschen — und damit auch Willen, Bewußtsein, Ratio. Denn diese, soweit sie sich aufs *ich* beziehen, sind mit dem Einlaß ins "Paradies" unvereinbar. Die enormen Anstrengungen, die der "Patriarch" unternahm — auch das Blutvergießen, die Gewalt, seine geistigen Verdienste —, erklären sich durch die ihm eingeflößte Sehnsucht, das Paradies der *Bewußtlosigkeit* zu erreichen, den "Sündenfall", den das Essen vom Baum der Erkenntnis darstellte, wieder rückgängig zu machen. Der "Patriarch" sollte und wollte nicht länger wissen, erkennen, bewußt sein. Alle Energien, die das "projektive" Denken zur Verwirklichung seiner großen Utopie einsetzte, dienten letztlich dem Ziel, das Individuum (das keines mehr sein soll) immer tiefer in den "paradiesischen" Schoß der "Mutter" zu bannen — diesen Schoß, in dem die Gegensätze "aufgehoben" sind, wie Hegel so schön sagt. Aufgehoben, abgeschoben — würde die Hysterie spotten.
Auch das *ich* hatte seinen Anteil an dieser Entwicklung. Der Prozeß der Desexualisierung des Subjekts, als welcher sich die Geschichte des Abendlandes umschreiben läßt, führte dazu, daß die Energien des *ichs* in das große Schöpfungswerk des Logos einflossen. Die Triebe, die Geschlechtlichkeit wurden umgeleitet. Der Selbstbehauptungswille, die Lust zu leben, aus denen die Sexualität hervorgeht und die sie vermittelt, wurden einer Dynamik zugeführt, die die Auslöschung des *ichs*, also des Sexualwesens selbst, vorsieht (77). Das Schöpfungswerk des Logos — die Verdrängung der Natur durch eine Logos-geschaffene Reproduktion ihrer selbst — zeigt sich unter anderem daran, daß auch die "Mutter" die Züge des ICHs annimmt. Ich habe das für die biologische Mutter am Beispiel der Genforschung dargestellt. Es bezieht sich auch auf die "Mutter" als Ort der Geborgenheit, auf das "Mütterliche" schlechthin, in dem sich das Individuum verlieren und der Anstrengung der Selbstbehauptung entziehen kann. Nicht nur die Frau/Mutter verschafft dem Mann "paradiesische Verantwortungslosigkeit", wie Theweleit sagt (78), sondern jene wird ihrerseits von Logos-geschaffenen Erbinnen abgelöst: der Armee, der Nation, der Partei, der Ideologie — und im 20. Jahrhundert von der ICH-ähnlichsten aller "Mütter", dem Staat (79).
Im "Kampf um das Reich" bezeichnet Jünger das "Wesen des Nationalismus" als "ein neues Verhältnis zum Elementaren, zum Mutterboden..." und schreibt: "Er ist die sichere Zuflucht zum mütterlichen Sein, das in jedem Jahrhundert neue Gestalten aus sich gebiert". (80) Die vollendete Form dieses "mütterlichen Seins" ist aber ausgerechnet der Staat, die abstrakteste aller Lebensgemeinschaften: "Der Staat als die letzte Krönung

dessen, was an den Wurzeln geschieht, wird nicht am Anfang, sondern am Ende dieser Entwicklung stehen." (81) Der Staat als das wiedergefundene Paradies: ein Paradies, das nach den Gesetzen des Logos erschaffen wurde und das als totalitärer Staat oder als sozialer Wohlfahrtsstaat die synthetische Mutter schlechthin darstellt.

Der Logos hat sich nicht nur die Gebärfähigkeit der Frau angeeignet, sondern auch ihre Mütterlichkeit. Das gelang ihm, indem er das weibliche Sexualwesen verschlang — und mit ihm das Sexualwesen überhaupt — und indem er aus dem "Vater" ein zunehmend abstraktes Gebilde machte: der absolutistische Fürst als personifizierter Logos wurde abgelöst durch das Bürgertum, dem zur Gruppe oder Klasse gewordenen Logos. Das Bürgertum machte wiederum der Nation, der erweiterten, kaum mehr durch Personen zu kennzeichnenden Gruppe Platz; und die wurde wiederum durch das Abstraktum selbst, den Staat, abgelöst (82). Diesem Prozeß der Abstraktion vom "Vater" entsprach andererseits eine zunehmende Beleibung des Logos, seine "Mutterwerdung", die ihre Erfüllung fand im modernen Industrie- und Sozialstaat, dieser Übermutter schlechthin*, die mit ihren "Körperschaften" und ihren gewaltigen Menschen-Apparaten ihren Kindern Sicherheit bietet und sichere Kontrolle ausübt (83). Der Logos hat die "Mutter Natur" durch die "Mutter Zivilisation" ersetzt.

Die "Befreiung aus dem Reich der Mutter", so wird heute deutlich, bestand auch in der Fabrikation einer perfekteren Ausgabe des mütterlichen Reiches. Dessen Perfektheit zeichnet sich dadurch aus, daß niemand dem Paradies entrinnen kann: die zivilisierte "Mutter" entläßt keines ihrer Kinder. Weil sie eine Kunst-Mutter ist, bedarf sie ihrer Kinder als Beweis ihrer Mütterlichkeit. Im Bauch dieser Mutter Logos gibt es kein Bewußtsein, kein *ich* mehr — nur "paradiesische Verantwortungslosigkeit".

Die Entstehung der Mutter Logos spiegelt sich nicht nur im "Wohlfahrtsstaat" wider. Sie drückt sich ganz allgemein in der industriellen Zivilisation aus, die den Menschen des 20. Jahrhunderts mit ihren alles umfassenden, das Bewußtsein einschläfernden großen Armen umklammert. Ich möchte das am Beispiel des Bergsteigers Reinhold Messner darstellen, der für sich und viele andere die Phantasie einer "Befreiung aus dem Reich der Mütter" erfüllt. Aber in Wirklichkeit gelingt es ihm nie, dieses Reich zu verlassen. Wohin er auch flieht — zur "Mutter", zur Frau, zur Mutter Natur oder zur Mutter Zivilisation —, immer führen ihn seine (nicht geringen) Anstrengungen in die Bewußtlosigkeit zurück. Seine Flucht *vor* der Bewußtlosigkeit ist eine Flucht *in* die Bewußtlosigkeit, weil es auch eine Flucht vor der Existenz der Frau ist.

---

* Der Staat wird im allgemeinen als "Vater" angesprochen, aber gerade diese Leiblichkeit, die er sich im Prozeß der Zivilisation und ganz besonders im 20. Jahrhundert angeeignet hat, macht deutlich, daß es sich bei diesem "Vater" in Wirklichkeit um eine "bessere Mutter" handelt.

Reinhold Messner spricht von seinen achttausend Meter hohen Ausflügen wie von "Niederkünften". Sein Bergsteigen, so sagt er, "hat vielleicht damit zu tun, daß wir Männer keine Kinder gebären können" (84). Er möchte Kinder haben, aber eigentlich nur, "wenn er sie selber zur Welt bringen kann". Die Faszination, die Messner auf viele Menschen heute ausübt, erklärt der Soziologe Knut Weiß damit, daß er als "Ausbrecher aus der Gesellschaft" betrachtet werde, der den Überlebenskampf "in der Natur und gegen die Naturgewalten austrägt" (85). Auf der einen Seite interessiert seine Tat als Eroberung der Mutter Natur und als Kampf mit ihren Mächten. Auf der anderen Seite interessiert sie aber auch als Befreiung aus dem Reich der Mutter Zivilisation:

> Um nicht "daheim zu sitzen in zu großer Bequemlichkeit", nehmen immer mehr Zeitgenossen mit immer mehr Aufwand mutwillig die größten Gefahren und Strapazen auf sich. Um auf einem gezähmten Planeten Abenteuer zu finden und Tatenruhm zu erwerben in einer Welt, in der schon alles getan scheint, stürzen sich die Kinder des Komforts in immer ausgefallenere Unternehmungen. (86)

Die Menschen spüren, so sagt Messner, "wie der Sicherheitswahn ihre Lebensgeister lähmt, wie er sie gefangenhält. Deshalb sind sie vom Abenteuer fasziniert wie ein Sträfling von der Freiheit" (87). Ein ähnliches Gefühl der "Befreiung" beschreibt auch der Bergsteiger Heinrich Harrer: "Wenn ich die Zivilisation hinter mir lasse, fühle ich mich sicher." (88) Aber eben das ist das Widersprüchliche: sie fliehen alle vor der erstickenden Domestizierung, indem sie den Himalaya oder den Amazonas oder die Wüste domestizieren.

Es handelt sich also einerseits um Flucht vor der Zivilisation, andererseits wird die Flucht vor der Zivilisation aber genau da gesucht, woher die Zivilisation ihre raison d'être nimmt, nämlich in der Überwindung der Naturkräfte, der Zähmung der Naturgewalten. Die patriarchalische "Naturbezwingung" produziert das, wovon sie sich angeblich zu befreien versucht: die Bewußtlosigkeit, die Macht der Mutter — um heute wieder bei der Mutter Natur Zuflucht vor der anderen Mutter, der Mutter Zivilisation, zu suchen. Der Bezwinger flieht von der einen Bewußtlosigkeit in die andere, weil er eigentlich vor dem Bewußtsein selber flieht, vor dem Wissen um die eigene "Unvollständigkeit" und damit vor dem Wissen um die Existenz der Frau. Die Existenz der Frau ist aber das einzige, das ihm das Bewußtsein von der eigenen Sterblichkeit vermitteln und seinem *ich* Grenzen verleihen könnte.

> "Chomolungma" nennen die Nepalesen den Mount Everest, "Mutter der Götter des Landes". So intensiv wie dieses Bild ist auch die Beziehung Messners und die vieler anderer Bergsteiger zu ihren Bergen.
> Wo das normale Auge nur mehr oder minder dramatisch geschichtete Felshaufen erblickt, empfangen sie magische Botschaften. "Ein großartiger Berg", schwärmt der Amerikaner James Salter, "liegt in deiner Erinnerung wie das Bild einer unvergeßlichen Frau". Doch eine Frau aus Fleisch und Blut hat gegen die steinernen Verführerinnen kaum eine Chance. Das gibt auch Reinhold Messner zu verstehen, der über eine müßige Stunde im Basislager am Hidden Peak 1975 berichtet: "Ich denke an alle die Mädchen, die ich gekannt habe, und frage mich, was sie jetzt wohl machen werden. Bald aber komme ich mit meinen Gedanken doch wieder zum Lagerplatz und den Karakorum-Bergen zurück, und ich merke, daß ich mich deutlich an jeden Gipfel erinnern kann, auch an all die anderen, die ich in Südamerika, Afrika, Neu-

guinea und im Himalaya gesehen habe. Immer war irgendetwas Neues, Aufregendes an ihnen, während die Mädchen, wenn ich sie in meiner Erinnerung vorbeimarschieren lasse, verschwimmen." (89)

Reinhold Messners Leistungen dienen mir hier als Beispiel für alle Leistungen des Patriarchats: "Der Reinhold geht so lange, bis er seine eigene Frau nicht wiedererkennt", sagte seine Ehefrau über ihn, bevor sie sich von ihm trennte. Er selbst sagt: "Ich gehe los, und alle Unruhe fällt von mir ab, alle Grübeleien sind verflogen." (90) Er steigt und steigt, bis er endlich die Bewußtlosigkeit erreicht hat, bis ihn nichts mehr an seine "Unvollständigkeit" erinnert, bis sein *ich* erloschen ist.* Er steigt, bis er endlich wieder im Bauch der Mutter angekommen ist: "Allein weil es sie gibt [seine Mutter, d. Verf.], fühle ich mich stärker, und weil ich weiß, daß sie mich liebt, habe ich keine Angst vor dem Tod." (91) — Warum sollte er auch Angst vor dem Tod haben, da er ja gar nicht lebt? Das ungeborene *ich* kennt keine Todesangst.

Die Fabrikation des Nichts

Das große Elend des omnipotenten, synthetischen ICHs besteht in seiner Grenzenlosigkeit. Diese Grenzenlosigkeit erlaubt es ihm nicht, sich "aufzulösen", sich seiner Existenz zu vergewissern, seiner selbst "bewußt" zu werden. In vielen nicht-abendländischen Gesellschaften wird die *ich*-Auflösung, der "kleine Tod", den der Geschlechtsverkehr bedeutet, auch rituell in der Gruppe praktiziert: als Heilmethode. Im haitianischen Wudu etwa, so schreibt Maleval, "gibt das Subjekt im Trancezustand sein Ich zugunsten eines anderen auf, das es der Imagination seiner sozialen Gruppe entlehnt." Während der "Besessenheit", so schreibt er, "desidentifiziert" sich das Subjekt, so daß es sich zum Beispiel auf einem Photo nicht wiedererkennt (92). Für den Ethnologen Métraux, der sich mit den Riten des Vudu beschäftigt hat, läßt sich dieses Phänomen nicht einfach, wie das abendländische Denken es gerne möchte, mit dem Begriff der Psychopathologie umschreiben, aus dem einfachen Grund, daß die Anzahl der Personen, die "besessen" sind, zu groß ist, "als daß man allen das Etikett der Hysterie verpassen kann — es sei denn, man will die Gesamtheit der haitianischen Bevölkerung als geisteskrank betrachten" (93).

Genau das geschieht natürlich: weil in der abendländischen Gesellschaft Riten der Ich-Auflösung nicht vorgesehen sind, werden sie als "krankhafte" Erscheinung anderer Gesellschaften gewertet. Oder aber sie wurden da, wo sie im Abendland auftauchten — nämlich in der Sexualität —, als "Besessenheit" durch den Teufel verfolgt und ausgetrieben. Daß es im Abendland

---

* Dasselbe Ergebnis erreichen andere durch Joggen.

keine Riten der Ich-Auflösung gibt, hat seine unbestreitbare Logik. Um die Destrukturierung des ICHs erlauben zu können, muß eine Kultur oder Gesellschaftsordnung die Voraussetzung dafür bieten, daß es sich wieder rekonstruieren kann. Eben diese Voraussetzung gibt es nicht in der abendländischen Gesellschaft: Da die Existenz des anderen geleugnet wird, verfügt das ICH über keine Grenzen. Seine Omnipotenz entzieht ihm die Definitionsmöglichkeit.

Das synthetische ICH darf sich deshalb nicht auflösen, weil es seiner Rekonstruktion nicht sicher ist: dazu war die Fabrikation des synthetischen ICHs eine gar zu aufwendige Angelegenheit. Dieses Problem wurde aber erst mit dem Beginn des 19. Jahrhunderts akut; nämlich mit dem allmählichen Untergang des Sexualwesens, dem Verschwinden der Frau als Definitionsmöglichkeit des ICHs. Bis hierher hatten die Frau, das *ich* noch einen gewissen Widerstand geboten, an dem sich das ICH messen konnte. Ihre Existenz war gleichsam seine Bestätigung. Durch die Auslöschung des *ichs* geriet das ICH aber in die fatale Situation, über keine Grenze mehr zu verfügen, undefinierbar zu werden, nicht mehr zu existieren.

Dieser Moment, in dem das Du als Definitionsmöglichkeit des ICHs verschwindet, läutet die Entstehung des Nihilismus ein: des Glaubens an das Nichts, der Fabrikation des Anti-Seins. Es ist viel über den Nihilismus geschrieben worden, aber bemerkenswerterweise ist das Wort "Frau" in dieser Literatur immer ausgespart geblieben. Dabei sind sich eigentlich alle Wissenschaftler darüber einig, daß der Nihilismus als Produkt von Omnipotenzphantasien zu betrachten ist (94). Aber was ist denn "Omnipotenz", wenn nicht die Verfügung über parthenogenetische Fähigkeiten: die Vereinnahmung des Frau-Seins, der Geschlechtswesen?

Mangels der Existenz eines anderen muß das ICH zur Bestätigung seines Seins das Nicht-Sein konstruieren. Eben das besagt der Nihilismus. Das ICH, der "Held", wie ihn Nietzsche erträumte, wird zum "Artisten der Zerstörung und Zersetzung" (95). Das synthetische ICH lernt, den Tod zu fabrizieren. Der fabrizierte Tod tritt die Nachfolge des "kleinen Todes" an und löst die Frau, die an den Tod erinnerte (vgl. S. 118), ab. Da die Frau, das *ich* vom ICH aufgesogen wurden, können sie nicht mehr das Nicht-Sein darstellen, aus dem das ICH seine eigene Existenz ableitet.

Der (reale oder phantasierte) Tod tritt — als Bestätiger des Seins — an die Stelle der Frau. Das schafft ganz neue Voraussetzungen für die Methoden, kraft derer das ICH sich seiner Existenz zu vergewissern versucht. Hatte es bisher seine "Seinsberechtigung" aus dem Töten der Frau bezogen, so muß es nunmehr seine Seinsberechtigung aus dem *eigenen* Tod beziehen. Dieser Entwicklung verdankt das Abendland die "Kriegs- und Todessucht", für die die Schriften von Ernst Jünger über den Ersten Weltkrieg symptomatisch sind. Der Tod wird in "Eros" verwandelt, in "Ekstase", "Rausch";

aus Krieg wird "orgiastische" Lebens- oder Naturerfahrung; und der soldatische Kampf wird in eine "männliche Form der Zeugung" umgeformt: "Auf solchen Gipfeln der Persönlichkeit empfindet man Ehrfurcht vor sich selbst. Was könnte auch heiliger sein als der kämpfende Mensch? Ein Gott?" (96) Nur in Krieg, Tod, Bedrohung "existiert" das ICH noch, weil es durch die "Schöpfung" des Todes seine Gottähnlichkeit beweist *und* in ihm seine Seinsbestätigung findet. Ebenso muß auch der männliche Körper, der durch die Entgrenzung des ICHs ebenso "irreal" geworden ist wie das ICH selbst, sich durch Schmerz, Bedrohung oder die Beinahe-Vernichtung vergewissern, daß er noch existiert: vierzehn Mal wurde Jünger verwundet, zwanzig Narben hinterließen diese "orgiastischen" Lebenserfahrungen auf seinem Körper, den es ohne diese Verletzungen nicht gegeben hätte.

Die "Erfahrung" der Selbstvernichtung wird zum letzten Beweis für die Unendlichkeit und Omnipotenz des ICHs. Aber diese Erfahrung wird ausschließlich im Austausch mit einem Anderen gesucht, den das ICH nicht kennt, der sich also als Projektionsfläche für alle Phantasien anbietet, auch für die einer völligen Identität mit dem ICH:

> "Wie furchtbar muß es doch sein, Menschen zu töten, die man nie gesehen hat." Das hört man auf Urlaub oft von Leuten, die weit vom Schuß gefühlvolle Betrachtungen lieben. "Ja, wenn sie einem wenigstens etwas getan hätten." Das sagt alles. Sie müssen hassen, sie müssen einen persönlichen Grund zum Töten haben. Daß man den Gegner achten kann und ihn trotzdem bekämpfen, nicht als Menschen, sondern als reines Prinzip, daß man für eine Idee einstehen kann mit allen Mitteln des Geistes und der Gewalt bis zum Flammenwurf und zum Gasangriff, das werden sie nie verstehen. Darüber kann man sich nur mit Männern unterhalten. (97)

Die Tötung dieses Anderen dient der Selbstvernichtung — bei Wahrung der eigenen Haut. Diese Tötung — in der der Tod des ICHs als Akt der "Schöpfung", der Schöpfung des Todes, betrachtet wird — verstärkt wiederum die Phantasie von der Unendlichkeit des ICHs, die ihrerseits die Sehnsucht nach Selbstvernichtung steigert, weil jene die Bestätigung von der Existenz des ICHs beinhaltet. Es handelt sich um einen "Kreislauf", bei dem der letzte Beweis von der Unbegrenztheit oder Omnipotenz des ICHs seine absolute Selbstzerstörung ist, sei es im Krieg oder als Auslöschung des Bewußtseins: "Der große Abend, Lösung, Vergessen, Untergehen und Rückkehr aus der Zeit in die Ewigkeit, aus dem Raum in das Unendliche, aus der Persönlichkeit in jenes Große, das alles im Schoße trägt." (98) Dieser Satz, den Jünger auf den Tod im Schlachtfeld bezieht, ist genauso anwendbar auf die Auslöschung des ICHs beim Eintritt in die Armee oder der Identifikation mit der Nation, der Masse, die ihrerseits dem individuellen ICH erlauben, "sich aufzulösen".

Das sind die "Selbstauflösungsriten" der abendländischen Gesellschaft: die Mutter und der Tod. Das Sterben als die letzte Form einer Heimkehr zur Großen Mutter. Das synthetische ICH, das gegen das Ende des 19. Jahr-

hunderts über keine Grenzen mehr verfügte, erklärt den Enthusiasmus, mit dem so viele Männer (und Frauen (99)) dem Ersten Weltkrieg entgegenblickten. Das galt gerade für viele Intellektuelle (100), nicht nur für Ernst Jünger, dessen Schriften diese Begeisterung freilich besonders deutlich ausdrücken. Was man von diesem Krieg erhoffte, war die Wiedergeburt des Sexualwesens, eines ICHs, das die Eigenschaften des "unvollständigen" *ichs* besitzt.

Das synthetische ICH suchte den "Kampf als inneres Erlebnis", um an die "Ursprünge" zurückzukehren, die Geschlechtlichkeit in sich zu finden:

> Zwar hat sich das Wilde, Brutale, die grelle Farbe der Triebe geglättet, geschliffen und gedämpft in den Jahrtausenden, in denen die Gesellschaft die jähen Begierden und Lüste gezähmt. Zwar hat zunehmende Verfeinerung ihn geklärt und veredelt, doch immer noch schläft das Tierische auf dem Grund seines Seins. Noch immer ist viel Tier in ihm, schlummernd auf den bequemen, gewirkten Teppichen einer polierten, gefeilten, geräuschlos ineinandergreifenden Zivilisation, verhüllt in Gewohnheit und gefällige Formen; doch wenn des Lebens Wellenkurve zur roten Linie des Primitiven zurückschwingt, fällt die Maskierung: nackt wie je bricht er hervor, der Urmensch, der Höhlensiedler, in der ganzen Unbändigkeit seiner entfesselten Triebe. Das Erbteil seiner Väter flammt in ihm auf, immer wieder, wenn das Leben sich auf seine Urfunktionen besinnt. Das Blut, das im maschinenhaften Treiben seiner steinernen Geniste, der Städte, kühl und regelmäßig die Adern durchfloß, schäumt auf, und das Urgestein, das lange Zeiten kalt und starr in verborgenen Tiefen geruht, zerschmilzt wieder in weiße Glut. Die zischt ihm entgegen, Lohe, Ansprung, vernichtender Überfall, immer, wenn er hinabsteigt in das Gewirr der Schächte. Von Hunger zerrissen, in der keuchenden Verschlingung der Geschlechter, in der Begegnung auf Leben und Tod ist er immer der alte. (101)

Mit dem Beginn des 20. Jahrhunderts ist das synthetische ICH dort angekommen, von wo es geflohen war: beim Sexualwesen und der Großen Mutter. Aber das Sexualwesen offenbart sich nicht mehr als Beweis von Leben und als Bewußtsein, sondern nur noch in der Zerstörung. Und die Große Mutter stellt nicht mehr die Fortsetzung des Lebens dar, sondern den Tod: "Lösung, Vergessen, Untergehen."

An dieser Stelle, so sollte man meinen, hört die Geschichte auf. Tatsächlich ist es aber nur der historische Moment, in dem das a-historische Denken seinen Einzug hält.

Das Nichts und die Hysterie

Der Geist, das Bewußtsein, das ICH haben nicht das Reich der Großen Mutter zerschlagen — sie haben es konstruiert. Dieses Reich stellt gleichsam das große Kunstwerk des abendländischen Logos, seine Kathedrale dar. Das Bewußtsein diente der Bewußtseinsauslöschung, das synthetische ICH der *ich*-Vernichtung, die Vernunft wurde zum Instrument der Vernunftzerstörung. Sie lieferten das Wissen dem Vergessen aus. "Wir müssen", so sagte Wilhelm Reich, nachdem die Nationalsozialisten die Macht an sich gerissen hatten, "erklären können, wie es möglich wurde, daß Mystik über wissenschaftliche Soziologie gesiegt hat." Er glaubte, das "Gegengift" gegen den Faschismus in einer bewußten Erfassung der "irrationalen Ideen" zu finden (102). In Realität konnten diese Wissenschaft und Vernunft aber nichts gegen den Faschismus ausrichten, denn jener war wie sie ein Produkt des Logos und dessen Ratio: eine "epidemisch gewordene Vernunft", um Panizza zu paraphrasieren (103). Seine "Irrationalität" durch Bewußtsein, Wissenschaft, Kalkulierbarkeit, Willen eindämmen zu wollen, war illusorisch. Denn eben daraus bestand der Faschismus. Bewußtsein, Willen, Vernunft waren die Instrumente, mit denen der Logos die Bewußt- und *ich*-losigkeit der faschistischen Massen herbeigeführt hatte. Das Bewußtsein — im Sinne von Erfassung und Beherrschung der Natur, der Geschlechtlichkeit, der Triebe — wurde zum Mittel, das Bewußtsein — im Sinne von Wissen um die eigene Unvollständigkeit, um das *ich* — immer tiefer ins Unbewußte zurückzudrängen. Auch dies wurde in unserem Jahrhundert, das sich mit einmaliger Gier auf das Verstehen und Erfassen des Unbewußten geworfen hat, erst wirklich spürbar.

Es gibt kein "klares Bewußtsein der Unvernunft" (104), sondern höchstens die Anerkennung der eigenen "Unvollständigkeit", des "Mangels", des "Ausgeliefertseins", die ihrerseits Bewußtsein *vermitteln*, indem der andere zur Abgrenzung des *ichs* wird. Es gibt nicht die Entscheidung, "unbewußt" zu werden, indem man das Unbewußte wissenschaftlich erfaßt und willentlich nachvollzieht. Dennoch ist genau dies die wichtigste Triebkraft eines Gutteils der modernen Sozialwissenschaften: ob es nun die Ethnologie ist, die sich für die "Selbstauflösungs"-Riten oder Mechanismen der "Unvernunft" bei fremden Völkern interessiert; oder ob es sich um die Sexualwissenschaften handelt, die die Voraussetzungen für ein "befriedigendes" Geschlechtsleben zu erforschen suchen. Auch wenn die Psychoanalyse in das Geheimnis unbewußter Vorgänge einzudringen versucht — immer steht der Gedanke dahinter, das Unbewußte dem Bewußtsein zugänglich zu machen, das "Ich zu stärken [...], sein Wahrnehmungsfeld zu erweitern und seine Organisation auszubauen, so daß es sich neue Stücke des Es aneignen kann. Wo Es war, soll Ich werden." (105) Freud hat den Vorgang deutlich beschrieben. Das Es ist aber nichts anderes als die Vielzahl der Einflüsse und Eindrücke, die die anderen auf das Unbewußte ausüben. Das Es, das Unbewußte sind die anderen, die dem Ich Selbstbestätigung liefern (106). Das Es zum Ich werden zu lassen, bedeutet, den anderen ins Ich zu integrieren und damit auszulöschen. Mit dem anderen erlischt aber auch das *ich* und das Bewußtsein. Die Bewußtmachung des Unbewußten führt zur Bewußtlosigkeit. "Durch Verstehen kannst du über dein Verlangen hinauswachsen", sagt der Bhagwan von Poona. Er empfiehlt den Geschlechtsverkehr als Mittel der Überwindung der Geschlechtlichkeit:

> Und der Sex muß transzendiert werden. Ich sage ja nicht, daß der Sex nicht transzendiert werden soll — er *muß* transzendiert werden; aber durch Verstehen. Nicht durch Anstrengung, nicht durch Gewalt, sondern mit Anmut, auf natürliche Weise. Eines Tages fällt er von alleine ab, und wenn er von allein abfällt, hinterläßt er keine Spur. (107)

Um die Sexualität zu überwinden, braucht man nicht in den Ashram zu gehen. Das gleiche Ziel erreicht das Abendland auch durch Pornographie, durch Peep-Show und Prostitution. Sie alle dienen der Unterwerfung der Sexualität unter die Gesetze des Willens, der Berechenbarkeit, der Bezahlbarkeit. Deshalb stellen sie die Überwindung der Sexualität und des Bewußtseins dar. Poona, Pornographie und Psychoanalyse sind alle drei Instrumente zur Beherrschung der Geschlechtlichkeit — und ihre Auswechselbarkeit als solche erklärt auch die Tatsache, daß vornehmlich die Kinder des Abendlandes ihr Glück dort suchen: die Seligkeit der Befreiung vom *ich*.
Wenn sich aber das rationale Bewußtsein als Mittel erweist, das Bewußtsein

auszulöschen, so wirft das doch ein ganz anderes Licht auf diese große Krankheit der "Irrationalität", der Unberechenbarkeit, der Undefinierbarkeit — kurz: der Hysterie. Dann muß man sich doch fragen, warum ausgerechnet ihr, der großen Gegenspielerin des Logos, der "Wille zur Ohnmacht" unterstellt wird? Warum ausgerechnet sie der Bewußtlosigkeit, der Unvernunft bezichtigt wird? Spiegelt sich in diesem Krankheitsbild nicht das Gegenstück zur allmählichen Machtergreifung des synthetischen ICHs mit seiner omnipotenten Impotenz wider?

> "Man sollte daran erinnern, wogegen die Hysterikerin kämpft", schreibt Israel. "Sie wehrt sich gegen eine auf die Genitalität, auf die Fortpflanzungsfunktion reduzierte Sexualität. Sie kämpft gegen eine Verwechslung des weiblichen Wunsches mit der mütterlichen Funktion." (108)

Die Hysterika verweigert die Verwechslung von Geschlechtsverkehr mit Mutterliebe. Sie verweigert die Einlassung ins "Paradies", in dem Sexualität, die Unterscheidung — und damit das *ich* und das Bewußtsein — aufgehoben werden. Die Hysterika "kann und will dem Mann gegenüber keinerlei mütterliche Funktion übernehmen", schreibt Willi (109). Wie Medea, ihr Vorbild, tötet sie lieber die Mutter in sich, als daß sie die Frau untergehen ließe, die Auslöschung des *ichs* hinnähme. Die Frigidität, die im 19. Jahrhundert nicht nur als Krankheitsbild, sondern auch als Symptombildung der Hysterie eine bedeutende Rolle spielt, ist Ausdruck einer Weigerung, sich auf die synthetische Geschlechtlichkeit des Logos einzulassen. Das Krankheitsbild der frigiden Hysterikerin spiegelt die Verwandlung der Frau in eine geschlechtslose "Mutter" wider; die Symptome aber stellen die Verweigerung eben dieses Prozesses dar. Lieber verzichtet die Hysterika ganz auf die Sexualität, als daß sie das Sexualwesen der symbiotischen Beziehung zuliebe preisgibt; als daß sie die Mutterliebe als Ausdruck von Geschlechtlichkeit akzeptiert.

Die Hysterie erlaubt nicht, daß die "Gegensätze in ihrem Schoß aufgehoben" werden. Sie kämpft um die Erhaltung der Gegensätze und damit um die Erhaltung des Bewußtseins. Kein bequemer Kampf, weder für sie noch für den anderen, aber sie hat es auch mit der Bequemlichkeit selbst, nämlich der des Paradieses, aufgenommen. Die Hysterie ist die Krankheit der Irrationalität, der Unlogik, gewiß, aber eben dadurch trägt sie zur Erhaltung des Bewußtseins, des *ichs* und der Vernunft bei — soweit man bereit ist, Vernunft mit dem Prinzip Leben gleichzusetzen.

Bei der gegensätzlichen Entwicklung von Logos und Hysterie entstanden zwei völlig konträre Vorstellungen von dem, was sich hinter Begriffen wie "Sexualität", "Ich" oder "Bewußtsein" verbirgt: während die Sexualität des Logos in der Vereinnahmung des anderen, der Aufhebung der Unterscheidung, besteht, bedeutet die "hysterische Sexualität", die Aufrechterhaltung der Bisexualität (vgl. S. 192 ff), die *Erhaltung* des anderen. Während das ICH des Logos sich auf das Prinzip des *einen* (synthetischen und omnipotenten) Subjekts beruft, bezieht das hysterische *ich* seine Existenzberechtigung aus der Existenz des *anderen*, das sich außerhalb seines "Machtbereichs" ansiedelt. Während das Bewußtsein des Logos sich um die Aufhebung der Widersprüche bemüht, ringt die Hysterie um die Aufrechterhaltung der Ambivalenz, der Widersprüche, der Zweideutigkeit, des Zweifels, die mit Erkenntnis und Wissen einhergehen. Der Doppelbedeutung dieser Begriffe entsprechend, gibt es auch zwei Vorstellungen von dem, was "Krankheit" und "Therapie" ist.

Das ist es, was die Hysterie so schwer zu durchschauen und zu beschreiben macht: Jede der beiden Hysterien (die des Krankheitsbildes und die der Symptombildung) hat zwei Gesichter. Die beiden Gesichter der Hysterie des Krankheitsbildes lassen sich folgendermaßen umschreiben: die Hysterie dient als "Projektionsfläche" für die Wunschbilder, die der Logos hervorgebracht hat, die Ich-losigkeit des Subjekts zum Beispiel. Gleichzeitig dient das Krankheitsbild aber auch der Verschreibung einer Therapie, die das Wunschbild verwirklichen soll. Die Therapie soll dem "Kranken" das *ich*, die "Unvollständigkeit", das "Bewußtsein" austreiben. Der hysterisch Kranke befindet sich also in der ungewöhnlichen Situation, daß er für alles behandelt wird, *außer* dem, was als seine "Krankheit" bezeichnet wird. Diese zwei Facetten der Hysterie erklären die häufige Widersprüchlichkeit von Krankheitsbild und Therapie.

Auf der anderen Seite die Symptombildung der Hysterie: Das eine ihrer Gesichter stellt die "Krankheit" dar. Sie spielt Ich-losigkeit; sie produziert die Symptome, die den Wunschbildern des Logos entsprechen. Aber indem der Hysteriker diese Symptome, die er schlagartig wieder verschwinden lassen kann, nur spielt, betreibt er eine Anti-Therapie. Der Hysteriker verweigert die "Heilung", indem er das Krankheitsbild, das eigentlich ein Wunschbild ist, bestätigt. Damit macht er die Therapie überflüssig — oder er zwingt den Therapeuten, das Gegenteil von dem zu tun, was er vollbringen soll. In dieser Perversion der Therapie besteht wiederum die Heilsamkeit der hysterischen Symptombildung.
Der Verweigerungskampf der Hysterie wurde über Jahrhunderte vornehmlich, wenn nicht ausschließlich, von der Frau geführt, weil der Feldzug des Logos gegen das Sexualwesen und das *ich* sich zunächst gegen das weibliche Sexualwesen richtete. Als die Frau jedoch anfing, nicht mehr zu sein — als Sexualwesen durch die Mutter abgelöst wurde —, nämlich im Verlauf des 19. Jahrhunderts, begann auch der Mann den Verlust des anderen und die damit einhergehende Entgrenzung seines *ichs* schmerzlich zu empfinden. Auch er fing an, den Prozeß der Auslöschung des Bewußtseins, des Sexualwesens als Auslöschung seines *ichs* zu verstehen. So erklärt es sich, daß im 19. Jahrhundert auch der Mann Mechanismen der Verweigerung aktiviert: die männliche Hysterie wurde geboren.
Im Protokoll mit Robert L. (S. 313) werden einige der Aspekte beschrieben, die in diesem Kapitel behandelt wurden. Robert L. schildert die Ehe seiner Eltern, eine Ehe, die in vielen Beziehungen dem Modell des Logos gewordenen, mehr von Leitsätzen und Idealen als von Wünschen geleiteten Vaters und der zur "Mutter" gewordenen Frau entspricht. Es ist eine "normale" Ehe, unter den Vorzeichen der "Harmonie" gestaltet, aber auch geprägt von der Flucht des Vaters vor der omnipotenten "Mutter", seiner Ehefrau: einer Flucht in den Krieg. (Der Krieg ist oft als ein Konflikt zwischen Vater und Sohn beschrieben worden: Die Väter, so heißt es, schicken ihre Söhne in den Kampf, um nicht von ihnen verdrängt zu werden. Das mag zutreffen, vor allem dann, wenn man bedenkt, daß die Väter als "Söhne" gegen die leiblichen Söhne eine Stellung zu behaupten haben. Darüber hinaus hat der Krieg, vor allem in diesem Jahrhundert, aber auch der Flucht vor der "Mutter" gedient: aus der Bewußtlosigkeit in eine, wenn auch imaginäre, Männlichkeit.) Nicht nur wegen des Kriegs, auch wegen des Rückzugs des Vaters vor dem Familienleben (ein Rückzug, der sich ebenfalls mit der Flucht vor der ehelichen Symbiose erklärt), wuchs Robert L. beinahe einzig unter der Führung seiner Mutter auf. Das präfigurierte wiederum sein Mann-Sein. Er beschreibt, wie tief sich seine Mutter in sein Unbewußtes eingeprägt hat, so daß er lernte, "mit den Augen einer Frau zu sehen." Er sehnte sich nach der Präsenz des Vaters, später nach

dem Austausch mit anderen Männern, aber eben daran scheiterte er immer wieder: er fand, wie viele andere Männer auch, keinen Zugang zu Männerfreundschaften. Statt dessen hatte er ein starkes Bedürfnis nach Abgrenzung — auch gewaltsamer Abgrenzung — gegen die Frau, die sich als "Mutter" seines Unbewußten bemächtigt hatte. Weil er "mit den Augen einer Frau" sehen gelernt hatte, leidet er auch an Eifersucht: Er projiziert seine eigenen Wünsche nach Männerfreundschaften auf die Frau, mit der er lebt.

Gesprächsprotokoll: Robert L., zweiundvierzig Jahre alt, Geisteswissenschaftler:

Mein Vater hat mir einmal gesagt, daß erst der Krieg ihm dazu verholfen hat, in seiner Ehe zu einer autonomen Persönlichkeit zu werden. Danach fühlte er sich meiner Mutter gegenüber unabhängiger. Ich war ihm damals für diese Offenheit sehr dankbar. Er sagte eigentlich nie etwas, was nach Desolidarisierung von meiner Mutter aussehen könnte. Die Offenheit dieser einen Bemerkung war auch eine Ausnahme in unserer Beziehung, da er eigentlich nie von sich erzählt hat. Diese Andeutung, daß der Krieg, die Kriegstrennung für ihn so wichtig, also im positiven Sinne wichtig war, das hat er dann niemals näher ausgeführt.

Aber ich habe ja meine Eltern lange genug zusammen beobachten können. Deswegen kann ich mir schon vorstellen, woran es lag. Einmal so ganz allgemein, weil meine Mutter eine führende Rolle in dem Bereich hatte, wo ich die beiden beobachten konnte, nämlich zu Hause. Ich glaube und habe das eigentlich auch öfter gesehen, daß mein Vater in seinem Beruf ein ganz anderer war: eine wirklich autonome Persönlichkeit. Aber das ist etwas, wovon er zu Hause relativ wenig Gebrauch machen konnte, und vor allem war diese Autonomie, die er sich wohl erkämpft hatte, für den eigenen Gebrauch bestimmt; und seine Kinder hatten nichts davon. Wie er sich diese Autonomie erkämpft hat, weiß ich auch nicht. Er hat es wohl einmal geschafft durch seine puritanische Erziehung in einem ärmlichen Pfarrhaus mit vielen Geschwistern. Die materielle Anspruchslosigkeit war also für ihn überhaupt nichts Schwieriges. Wenig Geld zu haben und über dieses Geld nicht frei zu verfügen, wie bei uns zu Hause, wo meine Mutter den Geldbeutel verwaltete, das hat ihn sicherlich nicht sehr gestört. Das hat sicher seine Identität wenig in Frage gestellt. Und daß er eben seinen Garten hatte und seinen Beruf, den einzigen Beruf der Familie, und daß er in dem Beruf auch recht erfolgreich war und sicherlich auch viele Autonomieerlebnisse hatte, das hat er auch oft rausgekehrt, vielleicht auch um andres wettzumachen und um zu beweisen, wie unabhängig er im Beruf ist. Ihm kann keiner reinreden. Manchmal erzählte er dann, wie Leute ihn zu beeinflussen versuchten, und wie er sie hatte abfahren lassen. Sogar Vorgesetzte konnten ihm ja nicht reinreden. Es konnte vielleicht seine Beförderung verzögert werden, aber reinreden konnte ihm niemand, und das hat er, glaub' ich, ungeheuer positiv und stark empfunden und darin wahrscheinlich das wettgemacht, was er an Autonomie zu Hause nicht hatte. Ich weiß nicht, wie er es empfand, aber ich weiß, wie ich es empfunden habe und daß ich es eben sehr bedauerlich fand, wie wenig Autonomie er zu Hause hatte.

Ich habe kaum je empfunden, daß er bei der Ablösung von meiner Mutter eine besondere Hilfe gewesen wäre. Was er ja hätte sein können, eben durch die Autonomie, die er sich selbst erkämpft hatte. Aber das war nicht so. Es war viel eher so, daß dieses Gesetz der Harmonie, das ein sehr merkwürdiges Familien- oder Muttergesetz war, daß er sich auch dem unterworfen hat. Ich weiß nicht, ob man sagen kann, um des lieben Friedens willen oder weswegen. Es war halt so, und zwar im Kleinen wie im Großen. Also, es hat da einige Entscheidungen gegeben, die sehr tief in mein Leben eingegriffen haben und wo ich ihn eigentlich immer als hinter meiner Mutter herzottelnd empfunden habe. Ich empfand es umso stärker so, als er oft sagte, daß er gar nicht unbedingt ihrer Meinung war. Wodurch er nur bestätigte, wie sehr er in solchen Fragen seine Gefühle hinter die ihren stellte und letztlich für sich behielt. Ich glaube zwar, daß er, so gut er konnte,

313

seine Persönlichkeit gewahrt hat, auch zu Hause mit dem Garten und den Dingen, von denen klar war, daß meine Mutter ihm nicht reinredete, oder wenn sie es tat, jedenfalls nicht sehr weit drang. Aber das war für mich nichts, wovon ich sehr viel gehabt hätte. Gut, ich meine, diese Gartensache war etwas symbolisch sehr Wichtiges, und vielleicht, wenn unsere Beziehung weniger verkorkst gewesen wäre, dann hätte ich diese Gartenarbeit irgendwie auch symbolisch für mich auswerten können. Und da auch gemeinsam mit ihm oder alleine irgendwie etwas tun können, was dieser Einflußsphäre meiner Mutter entzogen war, aber ich glaube, das ist genau das richtige Beispiel für das, was möglich und nicht möglich war. Daß ich nämlich diese innere Loslösung nicht über meinen Vater und mit seiner Hilfe habe erreichen können, sondern erst sehr viel später und auch sehr viel mühsamer und schwieriger. Durch große geographische Entfernungen und so weiter.

Die Beziehung zu meinem Vater war von Anfang an verkorkst, eben wegen des Kriegs, der ihm ja die Autonomie verschafft hatte. Er war zwar da, bis ich ein Jahr alt war, aber da bereitete damals Hitler schon seinen Krieg vor; von meinem ersten Geburtstag an ist er praktisch immer weg gewesen, erst zu diesen Wehrübungen und sofort ab September '39 richtig im Krieg. Damals muß eben für mich sehr viel zusammengebrochen sein, weil genau in die Zeit des Kriegsbeginns meine Erkrankung fiel, die sehr schwer war, so daß ich um ein Haar mit dem Leben davon gekommen bin. Als ich mich dann von der Krankheit mühsam erholte, muß ich wohl gespürt haben, daß alles anders war als früher, obwohl ich natürlich keine Erinnerung habe, aber ich bin sicher, daß ich das stark mitgekriegt habe.

So war das eben mit meinem Vater; der kam immer mal wieder aus dem Feld zurück, und ich kann mich auch erinnern, daß das sehr schöne Zeiten waren. Ich glaube, er konnte maximal vier Wochen bleiben, Zeit genug, um ihn zu erleben; und ich habe diese Besuche von ihm, die ja auch sehr vorbereitet und zelebriert wurden, in sehr guter Erinnerung. Aber wiederum weiß ich, daß unsere gesamte gemeinsame Geschichte eine Folge von Mißverständnissen gewesen ist, sowohl die meiner Kinderzeit wie bis jetzt. Und es ist immer wieder für mich und sicher auch für ihn schmerzlich gewesen, zu spüren, mit welcher bestürzenden Leichtigkeit wir einander mißverstehen, in unseren Reaktionen mißdeuten. Wie überhaupt in mir so eine Art Mißtrauen gegen ihn besteht, vielleicht gegen Männer überhaupt, aber jedenfalls gegen ihn, eine Sache, die sich niemals ganz hat bewältigen lassen.

Es hat viele Dinge gegeben, die mit meinem Vater auch im intellektuellen Austausch nicht möglich waren. Das Diskutieren mit ihm war nie so der reine Spaß, vor allem war's nie eine Sache mit open end, und das hat natürlich die Lust am Diskutieren sehr gebremst oder überhaupt am Sprechen, wenn man wußte, daß welches auch das Thema ist, um das es geht, offenbar viel zu viel auf dem Spiel steht. Jedesmal mußte er seinen Standpunkt ganz durchfechten und ich dann offenbar auch, und das hat ziemlich früh dazu geführt, daß unsere Diskussionen unfruchtbar wurden und daß ich sie vermied. Anders war das bei einem Onkel von mir. Da hatte ich allerdings auch das Gefühl, daß er von mir sehr viel mehr anzunehmen fähig ist, und daß er darauf sehr viel mehr zählt, während bei meinem Vater hatte ich gar nicht das Gefühl, daß er von mir profitieren will.

Ich glaube, die Rigidität meines Vaters hing eng zusammen mit seiner Abhängigkeit von meiner Mutter, und die ging wiederum einher mit einer ganz strengen Rollenverteilung zwischen den beiden. Meine Mutter hat sich als ziemlich unintellektuell verstanden, und sie war es wohl auch, weil sie ohne viel intellektuelle Stimulierung aufgewachsen ist. Sie hatte zwar eine Ausbildung, aber ich weiß auch gar nicht, ob sie sich die als wirklichen Brotberuf gedacht hatte oder nur als eine angenehme Ausbildung. Jedenfalls hat sie eben wenig intellektuelle Ansprüche für sich selbst gehabt, schon für die Männer, mit denen sie war. Das ist aber ein Part, den sie ohne jeden Kampf meinem Vater überlassen hat und den er dann wohl irgendwie als Machtmittel für sich in Anspruch genommen hat, in einer, wie ich finde, unglücklichen Weise. Er hätte ja erstens meine Mutter intellektuell fördern können, bei ihrer Intelligenz wäre das durchaus möglich gewesen, und dann könnte ich mir eine sehr viel befriedigendere und weniger rigide Art denken, seine intellektuelle Kraft und Macht auszuüben, als er es getan hat. Und er hatte eine, wie ich finde, mühsame Art des Disputs und konnte eben nicht verstehen, daß Diskussionen tatsächlich eine Art des Machtkampfes sind, daß man Machtkämpfe aber oft besser unentschieden läßt, weil aus jeder Niederlage ein neuer Krieg entsteht. So hat er es niemals gesehen und sehen können. Bei ihm mußte die Sache wirklich bis zum letzten ausgefochten werden, und das macht die Dinge sowohl intellektuell wie menschlich unbefriedigend. Das heißt dadurch, daß meine Mutter ihm den intellektuellen Part überlassen hat, ist er eigentlich zur Aussprache nicht mehr fähig gewesen. Es hätte sehr viel glücklicher laufen können, wenn meine Mutter auf intellektuellem Gebiet größere Ansprüche gehabt und das nicht alles nur an die Männer delegiert hätte. Und gut, wahrscheinlich habe ich davon profitiert, denn sie hat sicherlich sehr viel intellektuelle Neugierde in mir geweckt, auf mich projiziert und damit in mir gefördert, was sie bei meiner Schwester nicht getan hat. Aber wenn ich irgend etwas an der Beziehung meiner Eltern ändern könnte, so wäre dies das erste, was ich ändern wollte.

Ich erinnere mich, daß ich zu meiner Mutter ein sehr nahes Verhältnis hatte, ein sehr verbales Verhältnis vor allem. Ich kann mich an viele Sprachspiele mit ihr erinnern, an Lust daran, gemeinsam zu sprechen. Und wir hatten dann auch in gewisser Weise eine Privatsprache entwikkelt. Ich bin so gut wie sicher, daß meine Mutter sehr froh war, nach den beiden Töchtern auch einen Sohn zu kriegen, daß sie da sehr viel von der Bewunderung für ihren Vater in diesen ersten Sohn steckte und reproduzierte.

Ich glaube, daß ich nur durch die Augen meiner Mutter kennengelernt habe, was Männer sind: durch ihre Augen und durch ihr Unbewußtes. Während der gesamten Zeit, als ich ohne Männer aufwuchs, weiß ich, daß mein Vater in ihren Gedanken sehr präsent war. Sie wird wahrscheinlich auch oft davon gesprochen haben. Aber das war eben nicht mein Vater, sondern ihr Mann, und das alles gefiltert durch ihr Erleben, ihre Vorliebe für das, was ihr wichtig erschien. Das alles hätte ich wahrscheinlich ganz anders ausgewählt: wenn ich ihn selber erlebt hätte, wäre mein Vater eine ganze Gestalt geworden, wenn ich mir aus seiner realen Figur eben das hätte auswählen können, was mir, meinen Bedürfnissen, meinem Unbewußten am meisten entsprach. Das hat es eben überhaupt nicht gegeben. Umso stärker war dieses Unbewußte meiner Mutter, das, weiß Gott, ein sehr prägendes ist. Das haben meine gesamten Geschwister auch mehr oder weniger mit Schmerzen entdeckt, wie sie sich letztlich durch dieses Unbewußte meiner Mutter haben prägen lassen. Und die enge Beziehung zu meiner Mutter hat auch mein Verhältnis zu Männern und Frauen überhaupt sehr geprägt. Ich habe zum Beispiel eine sehr starke Veranlagung zur Eifersucht, die ich auf diesen prägenden Einfluß meiner Mutter zurückführe — oder darauf, daß ich gelernt habe, mit ihren Augen zu sehen und zu fühlen. Was ich mir wünsche, ist eine Beziehung zu einer Frau und gleichzeitig Männerbeziehungen, wobei ich mir erhoffe, daß beides gleichzeitig möglich ist. Ohne zu große Komplikationen. Aber die Komplikationen, die sehe ich so irgendwie zwangsläufig immer am Himmel aufziehen. Und das führt dazu, daß ich sehr viel Energie darauf verwende, beides, die Männerbeziehungen und die Beziehung zu einer Frau, auseinanderzuhalten. Aber letztlich verzichte ich auf die Männerbeziehungen, der Beziehung zur Frau zuliebe, von der ich das Gefühl habe, daß sie mir doch das Wichtigste ist. Die Komplikationen, die ich vorausspüre, sind, auf einen Satz gebracht, folgende: daß ich die Frau an den Mann verliere, mit dem ich befreundet bin. Das habe ich sehr oft bei mir feststellen können, seitdem ich gelernt habe, mich etwas genauer zu beobachten: zum Beispiel daß meine Einschätzung von Männern oftmals einen Umweg geht, das heißt ich sehe den Mann mit den Augen der Frau, die mir am nächsten steht, und das habe ich eben erst später gemerkt, wieviel Projektion darin ist, das heißt wie sehr ich da der Frau Vorlieben und Geschmack usw. zuschreibe, die im Grunde meine eigenen sind. Wenn mich ein Mann interessiert, so glaube ich, mit den Augen der Frau zu sehen, und unterstelle *ihr*, daß er ihr gefällt — und schon habe ich Grund, eifersüchtig zu sein. Aber das ist etwas, wozu ich sehr lange gebraucht habe, um dahinterzukommen. Insofern ist die Komplikation auch praktisch vorprogrammiert, weil ich mir als Freunde Männer auswähle, die mir gefallen, aber praktisch nicht wahrnehmen kann, daß sie mir gefallen. Statt dessen nehme ich bewußt nur wahr, daß es der Typ von Mann ist, der meiner Frau gefallen würde, und auf genau diese Weise kommen eben, wenn nicht in der Realität, so doch in meiner Phantasie, üble Komplikationen zustande.

Es gibt noch anderes, an dem ich spüre, wie das Unbewußte meiner Mutter mein Verhältnis zu Frauen geprägt hat. Ich habe noch nie eine Frau vergewaltigt, aber es hat einmal eine Situation gegeben, in der ich diese Phantasie hatte — und diese Phantasie hing, glaub ich, eng mit meiner Mutter zusammen. Jeder Mann erlebt mal Situationen, in denen er sich fragt, ob er eine Erektion kriegt oder sie halten kann und alle möglichen Ängste entwickelt, impotent zu sein. In solchen Situationen sind Vergewaltigungsphantasien bei mir aufgetaucht, und ich kann mich erinnern, daß ich sie sogar bewußt als Therapie eingesetzt habe. Ich meine, das Vernünftigste wäre wahrscheinlich in einer solchen Situation nicht unbedingt auf dem Liebemachen zu bestehen, sondern sich zu fragen, warum man jetzt so reagiert. Ich kann mir vorstellen, daß der psychische Grund, keine Erektion zu haben, in einer Ablehnung der Frau, mit der man zusammen ist, liegt, und wenn man dann solche Vergewaltigungsphantasien einsetzt, handelt es sich tatsächlich nicht mehr um die Verwirklichung von einem Liebesimpuls, sondern von einem Aggressionsimpuls. Insofern ist die Vergewaltigungsphantasie ziemlich bildlich.

Ich habe die Sache zwar nicht genauer analysiert, aber ich habe das Gefühl, diese Impotenzerscheinungen und Gewaltphantasien sind auch nicht an eine bestimmte Frau gebunden, sondern mehr an bestimmte Situationen, in denen man sich mit einer Frau befindet, oder an bestimmte Frauenrollen, und da hat es eben wieder sehr viel mit meiner Mutter zu tun. Ich kann mich zum Beispiel an eine solche Situation erinnern: Als ich in Hamburg lebte, da hatte ich mit einer Sekretärin des Instituts, an dem ich arbeitete, eine Beziehung. Die war wirklich angenehm diese Beziehung, das Mädchen war auch angenehm. Wahrscheinlich war ich nicht immer angenehm, weil ich mich mit ziemlichen Verachtungsideen rumschlug wegen dem, was ich als soziales Gefälle zwischen uns empfand. Wahrscheinlich habe ich sie das ein bißchen spüren lassen, obwohl ich sie eigentlich sehr gern mochte. Das Ganze spielte keine Rolle, wenn wir uns abends, nach dem Institut, bei mir im Zimmer trafen. Aber einmal gab es eine bestimmte Situation; wir hatten zum ersten Mal längere Zeit für uns und wollten eigentlich für ein paar Tage ans Meer fahren, alleine. Und meine Schwester, die auch damals in Hamburg lebte, fuhr gerade mit ihrer Familie in die Ferien und meinte, das sei Quatsch, soviel Geld auszugeben für die Reise und das Hotel, und sie bot uns statt dessen ihre Wohnung an. Wir haben es angenommen und haben eine Reihe von Tagen in der Wohnung verbracht. Und da merkte ich, wie sich bei dieser Freundin die Gefühle und Hoffnungen über eine gemeinsame Zukunft steigerten und präzisierten. Sie machte so Andeutungen von Zusammenbleiben, Heiraten usw. Solche Ideen hatte ich überhaupt nicht, das machte mir eher Angst — und in diesem Kontext trat dann plötzlich die Impotenz auf, die ich mittels der Vergewaltigungsphantasien kuriert habe. Ich hatte in dem Moment das Gefühl, sie rückt mir auf den Pelz, mehr als ich möchte, und sie bringt mich in eine mindestens gefühlsmäßige Zwangslage. Ich bin ziemlich sicher, daß ich damals Aggressionen gegen sie hatte, aber ich mochte sie auch und hatte auch Lust, Liebe zu machen — "Liebe machen" in Anführungsstrichen, denn in Wirklichkeit machte ich ja nicht Liebe, sondern ich setzte meine Aggressionen in Aktion um durch die Vergewaltigungsphantasien. Ich glaube, ich hätte diese Aggressionen nicht bekommen, wenn sie mir nicht plötzlich so nahe gerückt wäre.

Wenn es zu diesen Vergewaltigungsphantasien kommt, dann spielt der sexuelle Genuß der Frau auch keine Rolle mehr für mich. In dem, was ich als genußvolle Sexualität empfinde, spielt der Genuß der Frau hingegen eine große Rolle für mich. Es ist manchmal sogar so, daß ich dieses Bedürfnis nach dem Genuß der Frau als übergroß empfunden habe, daß meine Möglichkeiten, Genuß zu haben — nicht so sehr einen Orgasmus zu haben wie aus dem Orgasmus Genuß zu ziehen —, vollkommen abhängig waren von dem Genuß der Frau. Und nicht nur abhängig davon, ob sie einen Orgasmus hat, sondern auch wiederum von dem Genuß, den sie daraus zieht. Oder den sie hinterher darüber äußert. Meine große Abhängigkeit von ihren Äußerungen und ihrem Genuß — der nicht gespielt sein darf, denn so subtil glaub ich zu sein, daß man mir Orgasmus und Genuß nicht doppelt vorspielen kann —, das hat oft dazu geführt, daß ich das als ganz schön kompliziert empfand, was da alles an Bedingungen erfüllt werden muß, um mir wirklich Befriedigung zu geben. — Ich habe mich letztlich mit einer verhältnismäßig unabhängigen Frau zusammengetan, von der ich nie die Befürchtung habe, daß sie mir zu nahe rückt. Ich habe also auch nicht diese Impotenzängste und Vergewaltigungsphantasien. Aber dafür zahle ich mit einer größeren Neigung zur Eifersucht. Das ist ein Preis. Ich glaube nicht, daß meine Neigung zur Eifersucht genauso groß wäre, wenn ich mich mit einer Frau Typ "Hausmütterchen" zusammengetan hätte. Aber dann hätte ich mich wahrscheinlich eher beengt gefühlt.

Anmerkungen Kapitel V

(1) Jünger, Ernst, Der Kampf als inneres Erlebnis, S. 37

(2) Vgl. Capra, Fritjof, Wendezeit. Bausteine für ein neues Weltbild. Aus dem Amerikanischen von Erwin Schumacher, Bern/München/Wien 1983. Vgl. Kap. 2, Die Newtonsche Weltmaschine, u. Kap. 4, Das mechanistische Bild des Lebens

(3) Kent, The Life Extension Revolution, S. 347

(4) Benjamin benutzt den Begriff der "technischen Reproduzierbarkeit" in einem anderen Sinn als hier und stellt ihn auch in einen anderen inhaltlichen Zusammenhang. Dennoch greife ich ihn auf, weil die "Reproduzierbarkeit" des Kunstwerks tatsächlich in engem Zusammenhang zur Entwicklungsgeschichte der Hysterie steht, wie ich im 8. Kapitel noch zeigen werde. Vgl. Benjamin, Walter, Das Kunstwerk im Zeitalter seiner technischen Reproduzierbarkeit, Frankfurt 1963

(5) Augustinus, Bekenntnisse, S. 225

(6) Der Läuterungsprozeß beginnt, nachdem ihm ein Besucher die Kunde von zwei Höflingen des Kaisers zugetragen hatte, die, nachdem ihnen durch Zufall eine Lebensbeschreibung des Heiligen Antonius in die Hände gefallen war, beschlossen, dem weltlichen Leben den Rücken zu kehren. Augustinus ist erschüttert von diesem Bericht. Er schreibt: "Und jetzt in diesem wilden Kampf, der im Innern meines Hauses, in unserm Kämmerlein, meinem Herzen, tobte, in dem ich verzweifelt mit meiner Seele rang, geh ich mit verstörtem Angesicht und Gemüt auf Alypius los und schrei ihn an: 'Ist das zu ertragen? Hast du's gehört? Die Ungelehrten stehen auf und reißen den Himmel an sich, und wir mit unserer Gelehrsamkeit, sieh, wie wir uns wälzen in Fleisch und Blut!'" Augustinus, Bekenntnisse, S. 218. Das Zitat veranschaulicht, wie sehr auch Macht und Konkurrenzvorstellungen bei der Ausbreitung des Christentums und der christlichen Sexualfeindlichkeit eine Rolle gespielt haben.

(7) Ebda., S. 229

(8) Foucault hat am Beispiel von Musonius Rufus dargestellt, wie auch schon in vorchristlicher Zeit die Institution Ehe als Instrument verstanden wurde, die Sinne der Vernunft zu unterwerfen: die Ehe als Mittel der Desexualisierung, gleichsam als Kloster. Wer Philosoph sein will, so Musonius, muß heiraten. Foucault schreibt: "Man sieht, wie die Forderung nach einem geteilten Leben und einer gemeinsamen Existenz sich durchsetzt. Die Kunst, verheiratet zu sein, ist für die Ehegatten nicht nur eine durchdachte Art zu handeln, mit einem Ziel, das beide Partner anerkennen und in dem sie sich treffen, sondern es ist ein Muster, nach dem man als Paar lebt und eine Einheit bildet". Foucault, Michel, Histoire de la sexualité, Bd. 3, Le souci de soi, S. 184 u. 188. Vgl. auch S. 190

(9) Theweleit, Klaus, Männerphantasien, Frankfurt 1977, Bd. 1, S. 397

(10) Rousseau, Emile, S. 733

(11) Über die Frauen heißt es im Hexenhammer: "Alles geschieht aus fleischlicher Begierde, die bei ihnen unersättlich ist (...) Darum haben sie auch mit den Dämonen zu schaffen, um ihre Begierde zu stillen". Und über den Mann heißt es: "Gepriesen sei der Höchste, der das männliche Geschlecht vor solcher Schändlichkeit bis heute so wohl bewahrte: da er in demselben für uns geboren werden und leiden wollte, hat er es deshalb auch so bevorzugt". Malleus Maleficarum, in: Becker et al., Aus der Zeit der Verzweiflung, S. 348. Wer solches schreibt, wird sich schwerlich der zähmenden weiblichen Hand anvertrauen.

(12) Dohm, Was die Pastoren denken, S. 83

(13) In seinen "Ausführungen über die Emanzipation der Frau" kritisierte Papst Pius XII. die Berufstätigkeit und wirtschaftliche Emanzipation der Frau, die "der Frau das Recht bringen [soll], ohne Vorwissen und gegen den Willen des Mannes ihr eigenes Gewerbe zu haben, ihre Angelegenheiten und Geschäfte selbst zu betreiben, selbst die Verwaltung in Händen zu halten, gleichgültig was dabei aus Kindern, Gatten und der ganzen Familie wird." Müller, Josef, Hrsg., Der Papst über die Ehe, Sammlung päpstlicher Kundgebungen, Innsbruck 1958, S. 44f (Hervorhebung von mir)

(14) Comte selbst lebte nach diesem Ideal mit der frühverstorbenen "Clothilde", die er mit Dantes Beatrice verglich und deren Andenken er sein "Système" widmete. Vgl. Comte, Système de politique positive, Bd. 1, S. III

(15) Ebda., Bd. 1, S. 238. "Die tägliche Verehrung der Mutter", so schreibt Comte, "bringt den Ehemann dazu, seine Ehefrau höher zu schätzen, und jene ist auf diese Weise besser gegen die Gewalttätigkeiten geschützt, die gar zu oft mit der männlichen Zärtlichkeit einhergehen". Ebda., Bd. 4, S. 300. Auf die Frage, wie wenig die "tägliche Verehrung der Mutter" die Frau vor der Gewalttätigkeit des Mannes schützt, und wie sehr gerade diese Verehrung zu Gewalttätigkeit führen kann, komme ich noch in diesem Kapitel zu sprechen.

(16) Michelet, Les femmes de la révolution française, S. 233

(17) Ebda.
(18) Ebda., S. 255
(19) Simmel, Erziehung zum Weibe, S. 115 ff
(20) Spranger, Eduard, Stufen der Liebe. Über Wesen und Kulturaufgabe der Frau, Tübingen 1965, S. 95 f
(21) Benjamin, Walter, "Johann Jakob Bachofen", in: Materialien zum Mutterrecht. Hrsg. v. Hans-Jürgen Heinrichs, Frankfurt 1975, S. 70
(22) Bachofen, Das Mutterrecht, S. 14
(23) Freud, GW XV, S. 143
(24) Ebda.
(25) Freud, GW V, S. 123
(26) Ferenczi, S., Versuch einer Genitaltheorie, in: Schriften zur Psychoanalyse. Hrsg. v. Michael Balint, Bd. II, Frankfurt 1972, S. 333 ff
(27) Lacan, La fonction de l'écrit, in: Le séminaire XX, S. 36
(28) Ödipus, so könnte man sagen, tötet die Sphinx — oder das Sexualwesen —, um endlich mit der Mutter schlafen zu können.
(29) Borneman, Ernest, Das Patriarchat, Ursprung und Zukunft unseres Gesellschaftssystems, Frankfurt 1979, S. 26
(30) Ebda., S. 534 f
(31) Ebda., S. 534
(32) Ebda., S. 542 f
(33) Ebda., S. 534 f
(34) Ebda., S. 518
(35) Ebda., S. 523
(36) Jekels, Ludwig, Bergler, Edmund, Übertragung und Liebe, Imago, Leipzig/Wien 1934, Bd. XX, H. 1, S. 5 ff
(37) Vgl. Safouan, La sexualité féminine, S. 149
(38) Freud, GW XIII, S. 158
(39) Vgl. Der Spiegel Nr. 19/1983, S. 166
(40) Deleuze, Guattari, Anti-Ödipus, S. 61
(41) Zur Definition des Begriffs "Bewußtsein", wie er in diesem Kapitel mehrmals benutzt wird, vgl. Einleitung, S. 13 f
(42) Illich, der in "Genus" auf die Bedeutung der Geschlechtertrennung eingeht, übersieht oder eskamotiert den Aspekt der Sexualität, den diese Trennung ermöglicht. Er schreibt, Genus sei mehr als Geschlechtlichkeit, nämlich eine soziale Doppelwelt (S. 46). Eben diese Doppelwelt ermöglicht aber die Wahrung der "Gefährlichkeit" in der Sexualität. Dies mag denn auch ihr eigentlicher Sinn sein. Die Tatsache, daß bei der Verdrängung von Genus durch Sexus nicht eine primär ökonomische Triebkraft am Werke ist, erklärt auch die seltsame Konterproduktivität der industriellen Wirtschaft, wie des Kapitals überhaupt — eine Konterproduktivität, auf die gerade Illich selbst in zahlreichen Untersuchungen hingewiesen hat. Sie erklärt die zerstörerische, sinnlose, unrentable Weise, mit der die "Sexus"-Wirtschaft funktioniert: Die Zerstörung ist nicht eine "Panne", sondern das eigentliche Ziel dieser Wirtschaft. Nur so kann der Logos den nötigen Raum schaffen, in dem er seine Neuschöpfung — die künstliche "Natur" und die künstlichen Geschlechter — anzusiedeln vermag. Die Verarmung der Frau im Wirtschaftsleben, der Entzug von Sprache, Kultur, Sakralität, dem sie unterworfen wurde, ist nicht das Resultat der Industrialisierung, sondern die Industrialisierung ist vielmehr eines der Mittel, mit denen der Logos diesen Zustand herbeiführte: ein Mittel unter anderen. Tatsächlich, darin hat Illich völlig recht, kann die industrielle Produktionsweise nie zur Gleichberechtigung der Geschlechter führen — aber dann ist das auch ihr eigentlicher Zweck. Das bedeutet aber, daß der Prozeß der Verwandlung von Genus in Sexus viel älter ist als die Industrialisierung (selbst wenn man deren Beginn mit dem Spätmittelalter ansetzt): die Industrialisierung ist nur eine späte Stufe des Verwandlungsprozesses. So erklärt es sich auch, daß Illich manchmal als "Genus" beschreibt, was eigentlich schon längst Sexus im Sinne von künstlicher Geschlechtsrollenzuteilung ist: etwa dann, wenn er von einem ländlichen Haushalt des 18. Jahrhunderts spricht, in dem die Frau bei Tisch zu schweigen hat (vgl. S. 77); dieses Schweigen der Frau ist ein getreues Abbild der Vorschriften des Paulus, der den Frauen das Schweigen in der Kirche gebietet. Das gleiche gilt für die Bewertung der Menstruation als unsauber oder schädlich (S. 74). So kann ich auch nicht den — relativen — Optimismus von Illich teilen: Da der Prozeß schon so alt ist, unendlich viel älter als die Industrialisierung, die ihrerseits aus ihm hervorgegangen ist, läßt er sich auch nicht durch einen Verzicht auf industrielle Produktionsweisen wieder rückgängig machen (vgl. S. 128).
(43) Deleuze, Guattari, Anti-Ödipus, S. 139
(44) Ich setze das Wort "Kunstwerk" in diesem Zusammenhang in Anführungsstriche, weil die Kunst in diesen Kulturen nicht die dekorative Rolle einnahm, die sie in unserer Zeit bekommen hat. Es war Darstellung der Natur, zu der auch Darstellung der Erotik gehörte. — Mit der Entstehung des "Kunstobjekts" im abendländischen Sinne, d. h. des Kunstwerks, das außerhalb der Natur steht, ja ihr konträr ist und eine "andere" Idealität darstellen soll, hat sich auch eine Interpretationsverschiebung vollzogen, die der patriarchalischen Verwechslung von Mutterliebe mit Sexualität entspricht: die weiblichen Idole aus dem Steinzeitalter, die meistens aus dickem Bauch und Brüsten bestehen, aber gar keinen oder nur einen angedeuteten Kopf haben, werden von Wissenschaftlern manchmal als Frucht-

barkeitssymbole, oft aber auch als "Venus", also als Kultobjekte der Sexualität bezeichnet, so als handle es sich dabei um austauschbare Begriffe. Diese Austauschbarkeit ist jedoch das Produkt abendländischen Denkens, und es ist keineswegs gesagt, daß mit den großen Mutterbäuchen und Fruchtbarkeitssymbolen auch Sexualität gemeint war.
Dieselbe Verwechslung von Mutterliebe und Sexualität wird auch deutlich, wenn Neumann schreibt, daß "da, wo die übermäßig dicke unförmige Frau als weibliches Sexualobjekt herrscht, (...) auf eine – unbewußte – Herrschaft des Mutterarchetyps in der Psyche des Mannes zu schließen (ist)." (Neumann, Die große Mutter, S. 102). Das Vorherrschen der "dicken Frau" (der fruchtbaren, schwangeren Mutter) bedeutet eben nicht, daß es sich um ein "Sexualobjekt" und damit um Sexualität handelt, sondern es bedeutet vielmehr, daß in den Gesellschaften, in denen dieses Frauenbild vorherrscht, eine Flucht vor der Geschlechtlichkeit in den Schoß der Mutter stattfindet.

(45) Debay, A., Histoire naturelle de l'homme et de la femme, depuis leur apparition sur le globe terrestre jusqu'à nos jours, suivie de l'histoire des monstrosites humaines, Paris 1871, S. 340ff

(46) Stoller, Robert J., Sex and Gender, On the Development of Masculinity and Feminity, London 1968, S. 15

(47) Diese Angst, daß das Kind, das reproduzierte ICH, nicht dem Perfektionsideal des Maschinen-Menschen entsprechen könnte, scheint mir auch der eigentliche Grund für den widersprüchlichen, aber immer wieder zu hörenden Wunsch zu sein, daß jemand lieber Kinder adoptieren als sie selber machen möchte. Dieser Wunsch wird meistens mit altruistischen oder vernünftigen Argumenten begründet: es gibt schon genug Menschen auf der Welt, es ist unverantwortlich, heute noch Kinder zu bekommen etc. In Wirklichkeit verbirgt sich aber eine Angst dahinter, den eigenen Ansprüchen nicht zu genügen. Bei einem "fremd-produzierten" Kind braucht sich das ICH gar nicht erst in Frage zu stellen. Das Selbstbild, bzw. seine Reproduktion, braucht sich nicht an der Realität zu messen. An seine Stelle tritt ein karitativer Akt.

(48) Vgl. Dover, Kenneth J., Homosexualität in der griechischen Antike. Aus dem Englischen von Susan Worcester, München 1983

(49) Vgl. z. B. den "Stern" Nr. 51 v. 16.12.1982, in dem unter dem Titel "Die Männer werden keusch" der Rückzug "des Mannes in die Homosexualität" und vor allem die Keuschheit mit der "Frauenbewegung, die uns auf null Bock gebracht" hat, erklärt wird, bzw. mit den "Fluchtbewegungen des Mannes vor der übermächtig fordernden Frau". Tatsächlich, so muß man sagen, läßt sich dieser Rückzug aber auch als ein Wiedererwachen der Angst vor der Sexualität erklären, die durch ein – wenn auch fehlinterpretiertes – Bild der "starken Frau" reaktiviert wird.

(50) Die vorliegende Arbeit erlaubt es nicht, die Frage der Homosexualität und ihre Bedeutung für die Entwicklung des Geschlechtswesens zu behandeln. Ich gehe auf diese Frage nur insoweit ein, als direkte Berührungspunkte zwischen Hysterie und Homosexualität auftauchen.

(51) In diesem Sinne ist der Artikel von Gerhard Mauz, der vom Prozeß gegen Gunnar Möller berichtete (der Spiegel Nr. 20/1980, S. 77ff), aufschlußreich. Mauz spricht viel vom "Verständnis" und der Einfühlung, die dem Angeklagten zuteil wurden – aber er begreift nicht, daß es eigentlich eben diese Einfühlung und dieses Verständnis sind, die auf der Anklagebank sitzen müßten. So erklärt es sich auch, daß eine Jury, die mehrheitlich von Frauen besetzt war, dem Angeklagten Milde erwies (ein Phänomen, das Mauz in Erstaunen versetzte): Eben dieses "Verständnis" für Gewalt in der Beziehung zwischen den Geschlechtern, gleichsam diese Verwechslung von Gewalt mit Liebe, die sich auch Frauen zu eigen gemacht haben, macht es so schwer, den Teufelskreis, der die Geschlechtlichkeit an die Gewalt bindet, zu durchbrechen. Warum soll eigentlich ein Totschlag zwischen den Geschlechtern zu mehr Anteilnahme berechtigen als etwa ein Raubmord? Durch eine falsch verstandene Psychologisierung der Rechtssprechung wird das Verbrechen als "Liebe" sanktioniert. Mauz kritisiert, daß in Deutschland kein sachverständiger Psychologe für den Prozeß hinzugezogen worden wäre. Hier geschah die "Psychologisierung" durch Laien, und zwar durch solche, die ihrerseits sehr leicht zu den Opfern eines ähnlichen Verbrechens werden könnten. Es fragt sich, welche Form der "Psychologisierung" mehr Schaden anrichtet.

(52) Prosper Mérimées Novelle "Carmen" erscheint 1848. Ich komme noch auf diese Figur zurück im 7. Kapitel.

(53) Vgl. Benard, Cheryl, u. Schlaffer, Edit, Die ganz gewöhnliche Gewalt in der Ehe. Texte zu einer Soziologie von Macht und Liebe, Reinbek b. Hamburg 1978
Vgl. auch Brückner, Margrit, Die Liebe der Frauen. Über Weiblichkeit und Mißhandlung, Frankfurt 1983, S. 37

(54) Pizzey, Erin, Prone to Violence, London 1982. Die Autorin vertritt die Ansicht, daß die "geschlagene Frau" auch in ihrer Kindheit geschlagen wurde, wodurch im Gefühlsleben der Betroffenen Schmerz und Lust miteinander verschmolzen seien. Ich bin nicht der Ansicht, daß

eine Frau in ihrer Kindheit geschlagen worden sein muß, um eine solche psychische Struktur zu entwickeln. Die in der Gegenwart vorherrschende Vorstellung, daß Gewalt mit "echter" Liebe gleichzusetzen sei, genügt schon. Vgl. Brückner, M., Die Liebe der Frauen, S. 40 ff

(55) Vgl. auch die Berichte von Mauz, G., "Während ich allein im Wohnzimmer saß", Der Spiegel Nr. 36/1982; u. "Ich war halt verheiratet", Der Spiegel Nr. 2/1982

(56) New York Times v. 11.1.1979

(57) Zit. n. Janssen-Jurreit, Marielouise, Sexismus. Über die Abtreibung der Frauenfrage, Frankfurt 1979, S. 516

(58) Hagemann-White, C., Kavemann, B., Kootz, J., Weinmann, C., Wildt, C., Hilfe für mißhandelte Frauen, Stuttgart 1981

(59) The Boston Herald American v. 30.6.1981

(60) Double bind: der Begriff wurde von drei amerikanischen Kommunikationsforschern zur Erklärung der Schizophrenie entwickelt. Er bedeutet wörtlich: doppelte Bindung. Der Betroffene befindet sich in einer Situation, in der ihm zwei lebenswichtige, aber miteinander unvereinbare Botschaften vermittelt, bzw. Befehle erteilt werden. Wie er sich auch entscheidet, seine Reaktion wird das eine von beiden Kommandos nicht befolgen können. Andererseits kann er sich aber auch nicht mit der Unmöglichkeit der Situation offen auseinandersetzen, weil er sonst fürchten muß, abgelehnt oder gar eliminiert zu werden. Die Erfinder des Begriffs beziehen diesen auf die Familie, insbesondere auf das Verhältnis von Mutter und Kind. Er läßt sich aber auch auf das Verhältnis des einzelnen zur großen "Mutter" Umwelt übertragen. Bateson, G., Haley, J., Weakland, D.D., und J.W., Schizophrenie und Familie, Frankfurt 1969

(61) Ich bin mir wohl bewußt, daß die Thesen, die in diesem Buch entwickelt werden, pessimistisch sind. Aber dann gebe ich zu bedenken, daß die Erkenntnis der Ausweglosigkeit unter gegebenen Bedingungen auch die Voraussetzung für die Bereitschaft ist, nach anderen Bedingungen zu suchen. Wenn ich nicht an ein Überleben des Sexualwesens glaubte – allerdings ein Überleben im Untergrund –, so hätte ich dieses Buch nicht in Angriff nehmen, geschweige denn zu Ende bringen können. Anlaß für diese Hoffnung gab mir nicht zuletzt das Subversive der Hysterie.

(62) Freud, GW VIII, S. 83

(63) Ebda., S. 85

(64) Ebda., S. 86

(65) Deleuze, Guattari, Anti-Ödipus, S. 129

(66) Vgl. Theweleit, Männerphantasien, Bd. 1

(67) Zu den Feministinnen vgl. Dworkin, Andrea, Our Blood: Prophecies and Discourses on Sexual Politics, New York 1976

(68) Knußmann, Rainer, Der Mann – ein Fehlgriff der Natur, Stern v. 13.5.1982

(69) Die transkulturelle Untersuchung von Stephens, der den Zusammenhang zwischen Menstruationstabu und Erziehung zur Aggressivität nachgewiesen hat, stützt diese These. Vgl. S. 121

(70) Goldberg, Steven, Male Dominance – The Inevitability of Patriarchy, London 1979, S. 220 f

(71) Auch Havelock Ellis, der sich auf die bekannte Untersuchung von Durkheim über den Selbstmord wie auf Statistiken und Beobachtungen von verschiedenen zeitgenössischen Anstaltspsychiatern stützt, stellt die angebliche "Schutzfunktion" der Ehe für die Frau in Frage. In Wirklichkeit, so sagt er, hat sich die Ehe als Schutz für den Mann erwiesen: Schutz vor Selbstmord, psychischer Erkrankung, Alkoholismus, Kriminalität – während das vorliegende Material darauf hinweise, daß für die verheiratete Frau, im Gegensatz zur unverheirateten, die Gefährdung zunehme. Vgl. Ellis, The Sexual Impulse in Women, Bd. I, part 2, S. 189 ff. In seiner Untersuchung stellt Durkheim um die Jahrhundertwende fest, daß in all den Ländern, in denen die Scheidung zugelassen wird, der Selbstmord von Männern zunimmt, während der von Frauen zurückgeht. Vgl. Durkheim, Emile, Der Selbstmord. Aus d. Französischen übers. v. S. u. H. Herkommer, mit einer Einleitung v. Klaus Doerner u. e. Nachwort v. René Koenig, Neuwied/Berlin 1973, S. 296/318

(72) Bächtold-Stäubli, Hrsg., Handwörterbuch des Deutschen Aberglaubens, Bd. VI, S. 695

(73) Le Monde v. 21.10.1981

(74) Thomas, Louis-Vincent, Le Cadavre. De la biologie à l'anthropologie, Paris 1980, S. 59

(75) Deleuze, Guattari, Anti-Ödipus, S. 157

(76) Theweleit benutzt den Begriff im Zusammenhang mit der Frau: "Die Frau aus dem Wasser, die Frau als Wasser, als brausendes, spielendes kühlendes Meer, als reißender Strom, als Wasserfall, als unbegrenztes Gewässer (...) Was liegt da vor? Ich glaube, es ist eine besondere (historisch relativ neue) Form der Unterdrückung der Frauen und eine besondere unterschätzte Form dazu; eine Unterdrückung durch Überhöhung, durch Entgrenzung und Entwirklichung zu einem Prinzip, dem Prinzip des Fließens, der Weite, der unbestimmten unendlichen Lockung." Theweleit, Männerphantasien, Bd. I, S. 358 f

Der Begriff ist genauso anwendbar auf den Mann; die "Entgrenzung" des Mannes ist auch der Entgrenzung der Frau inhärent. Wo das weibliche Geschlecht grenzenlos wird, verliert auch das männliche seine Definition, wird Ungeschlechtlichkeit daraus.

(77) Deleuze und Guattari haben ausführlich die Kanalisierung der individuellen "Wunschproduktion" in die Fließbänder des Kapitalismus beschrieben. Deleuze, Guattari, Anti-Ödipus, S. 38 ff. Ich denke, es geht um mehr als nur um den Kapitalismus: Es geht um das "große Schöpfungswerk" des Logos, die Reproduktion der Natur.

(78) Theweleit, Männerphantasien, Bd. I, S. 552

(79) Vorläuferin all dieser Logos-Mütter ist natürlich die Kirche, die schon ab dem 2. Jh. n. Chr. den Beinamen "Mutter" bekommt und die sich als abstrakte "mütterliche" Institution allmählich verweltlicht. Eine der Begleiterscheinungen dieser Verweltlichung ist wiederum die Verwandlung der Frau in eine "Mutter". Vgl. S. 274 ff

(80) Jünger, Ernst, Der Kampf um das Reich, Essen 1929, S. 9

(81) Ebda.,

(82) Jedes der Glieder in dieser Kette verdankt wiederum dem vorhergehenden Glied seine Macht — was an sich schon beweist, daß es sich um eine kontinuierliche Entwicklung handelt: der absolutistische Fürst wurde eingesetzt von "Gottes Gnaden". Er verdankte also der Kirche, die er als Machthaber ablöste, seine Macht. Das Bürgertum, das den Fürsten ablöste, verdankte sein Aufkommen der säkularen Herrschaft des Fürsten. Die Nation ihrerseits ist eine "Erfindung" des Bürgertums, und der Staat schließlich die "Vollendung" des Nationalgedankens.

(83) Die Belebung des Logos hat ihrerseits auch in der christlichen Kirche ihre Vorläufer: diese wurde nicht nur als "Mutter" angesprochen, sondern auch als "Corpus Christi". Vgl. Paulus 1, Kor. 6, 12-20, u. 12, 4-27

(84) Der Spiegel Nr. 28/1979, S. 143

(85) Ebda., S. 140

(86) Ebda., S. 137

(87) Ebda., S. 139

(88) Ebda., S. 141

(89) Ebda., S. 144

(90) Ebda., S. 146

(91) Ebda., S. 142

(92) Maleval, Folies hystériques et psychoses dissociatives, S. 202. Vgl. Schott-Billman, F., Corps et Possessions, Paris 1977

(93) Métraux, A., Le vaudou haïtien, Paris 1958, zit. n. Maleval, Folies hystériques et psychoses dissociatives, S. 202

(94) Vgl. dazu den Aufsatz von Dieter Arendt, in dem er schreibt:
"Der Ort der Niederlassung für die Gespenster ist immer das Subjekt, und aufgeschreckt und angetrieben von den Gespenstern des Nichts wird das verängstigte Subjekt mutig wie das pfeifende Kind im Wald, mehr noch: es wird übermütig, gefräßig und gefährlich, denn im autistischen Wahn unterwirft es alle anderen Subjekte und macht sie zu Objekten. Überhaupt: dem größenwahnsinnigen Subjekt wird die objektive Welt zum Spielbaukasten, und dem grausam-verspielten Bau-Stil ist die Zerstörung immanent."
Arendt, Dieter, Der deutsche Idealismus und seine Infektion durch das Nichts oder Die heroische Illusion von der Überwindung des Nihilismus, in: Berliner Hefte Nr. 17, Berlin 1981, S. 79
Vgl. auch v. Braun, Christina, Schöpfung aus dem Nichts: Schöpfung des Nichts, in: Problemi del Nichilismo. Hrsg. v. Claudio Magris u. Wolfgang Kaempfer, Mailand 1981, S. 206-214 u. Berliner Hefte Nr. 17, S. 97

(95) Nietzsche, F., Jenseits von Gut und Böse. Vorspiel einer Philosophie der Zukunft, in: Kritische Gesamtausgabe. Hrsg. v. Giorgio Colli und Mazzino Montinari, 6. Abt., 2. Bd., 6. Hauptstück, S. 145

(96) Jünger, Der Kampf als inneres Erlebnis, S. 48

(97) Ebda., S. 87

(98) Ebda., S. 100

(99) Bemerkenswert finde ich in diesem Zusammenhang den Brief, den der Berliner Lokalanzeiger in der Morgennummer v. 1.1.1913 — als die Kriegsgefahr gerade gebannt schien — veröffentlichte:
"Sehr liebe Lokalanzeiger-Redaktion! Es ist doch sehr betrübend, daß der Krieg unterbleiben soll, es wäre doch so interessant zu lesen gewesen. Ich bin deswegen in letzter Zeit schon morgens um 9 Uhr aufgestanden, ward aber jedesmal enttäuscht. Mein Mann sagt zwar auch, es ist besser, wenn der Krieg unterbleibt, aber das ja keine Männer, sondern Waschlappen. Kriege sind von Gott eingesetzt und von jeher geführt worden. Was soll auch mit den vielen gewöhnlichen (!) Menschen geschehen, wo sollen sie schließlich hin? Schon jetzt ist das Fleisch deswegen so teuer."
In diesem Brief ist die sexuelle Komponente, die Hoffnung, wenigstens im Krieg noch den "echten Mann" zu finden, sehr deutlich — aber auch die für dieses Zeitalter (in dem nicht durch Zufall die Psychoanalyse erfunden wird) nicht minder symptomatische Angst davor, in der "Masse" von "gewöhnlichen Menschen" unterzugehen. In: Eberhard, Die Frauenemanzipation und ihre erotischen Grundlagen, S. 575

(100) Noch Mitte des 20. Jahrhunderts wird Bataille dieser Sehnsucht, wenigstens im Tod Lebendigkeit zu erfahren, systematisch nachgehen. Man kann die Texte von Bataille als unfreiwilliges Erklärungsmuster betrachten für die Euphorie, mit der viele Intellektuelle (aller Na-

tionalitäten) dem Krieg entgegenfieberten. Vgl. Mattheus, Bernd, Georges Bataille, Eine Thanatographie, Bd. 1, München 1984

(101) Jünger, Der Kampf als inneres Erlebnis, S. 15

(102) Reich, Wilhelm, Die Massenpsychologie des Faschismus, Frankfurt 1979, S. 43f

(103) "Der Wahnsinn, wenn er epidemisch wird, heißt er 'Vernunft'", schreibt Panizza, in: Panizza, Oskar, Die kriminelle Psychose, genannt Psichopatia criminalis. Hilfsbuch für Ärzte, Laien, Juristen, Vormünder, Verwaltungsbeamte, Minister etc. Zur Diagnose der politischen Gehirnerkrankung, München 1979, S. 190

(104) Vgl. Duerr, Hans Peter, Hrsg., Der Wissenschaftler und das Irrationale, Bd. I, Frankfurt 1981, Klappentext

(105) Freud, GW XV, S. 86. Weniger bekannt ist die Metapher, die er selber zur Beschreibung dieses Vorgangs heranzog und die doch plastisch beschreibt, was die Eroberung des Es durch das Ich bedeutet: "Es ist Kulturarbeit etwa wie die Trockenlegung des Zuydersee." (Ebda.)

(106) Lacan sieht im Ich ein Produkt des symbolischen, das heißt abstrakten Anderen. Das heißt, daß dieses Ich eigentlich ein ICH, also ungreifbar ist. Maleval bemerkt: "Seit dem Vortrag von Lacan auf dem Kongreß in Marienbad von 1938 über "Das Spiegelstadium" ist es schwierig geworden, das "Ich" anders denn als Funktion von Verkennungen, Täuschungen, Idealisierungen zu konzipieren; so daß auf dieser Instanz bauen einem Bauen auf Sand gleichkommt." Maleval, Folies hystériques et psychoses dissociatives, S. 270

(107) Bhagwan Shree Rajneesh, Frau: Mann — was dann! Sanyas Verlag, Meinard 1984, S. 10

(108) Israel, S. 112

(109) Willi, Die Zweierbeziehung, S. 149

Kapitel VI
Die männliche Hysterie
– oder le petit mal du Grand Mâle

Die Mutter im Kopf

Da sitzt Augustinus nun in seiner (selbstgebauten) Falle unter den Fittichen der Mutter. Weit und breit ist keine Frau mehr in Sicht, die ihn zu befreien vermöchte aus dem "Reich Gottes", das sich "zu Füßen der Mütter" befindet. In seinen an Gott gerichteten "Bekenntnissen" schreibt er von der Zeit nach seiner endgültigen Bekehrung zum Christentum:

> Ein Neuling noch in deiner echten Liebe, verlebte ich, der Katechumen, zusammen mit dem Katechumenen Alypius im Landhaus Tage der Muße, uns zur Seite die Mutter, in Frauenkleid und männlichem Glauben, in der ruhigen Klarheit des Alters, mütterlich zärtlich und christlich fromm. (1)

Oder gibt es doch eine Rettung? In diesem friedlichen Landleben entwickelt Augustinus schwere Atembeschwerden und Zahnschmerzen, die so stark sind, daß er nicht mehr zu sprechen vermag. Daß es sich dabei um hysterische Symptome handelt, geht nicht zuletzt aus der "Wunderheilung" hervor, mit der Augustinus wieder von seinen Schmerzen befreit wird. Sie verschwinden schlagartig, nachdem er die anderen bittet (wegen seiner Sprechunfähigkeit schreibt er auf eine Wachstafel), mit ihm für seine Heilung zu beten. Die Wunderheilung hinterläßt einen bleibenden Eindruck auf ihn: "Schrecken ergriff mich, ich gestehe es, mein Herr und mein Gott, denn noch nie in meinem Leben hatte ich solche Erfahrung gemacht." (2)

Aber nicht nur die Wunderheilung, auch die Symptombildung selbst deutet darauf hin, daß es sich um eine hysterische Reaktionsform handelt. Mit den anschaulichen Bildern der Körpersprache verdeutlichen die Atembeschwerden die Erstickung des *ichs* unter den Fittichen der Mutter; wie auch die Zahnschmerzen, die ihn zum Schweigen bringen, die Sprachlosigkeit des Sexualwesens ausdrücken. Wer ins "Paradies" will, so teilt der Körper Augustinus mit, muß auf all das verzichten, was Lebendigkeit, Bewußtsein ausmacht. Er muß nicht nur auf die Geschlechtlichkeit verzichten, sondern auch auf die Sprache, die mit der Geschlechtlichkeit einhergeht.

Der Körper verweigert den "Läuterungsprozeß", den Augustinus ihm aufzwingen will. Er wehrt sich dagegen, den Gesetzen des Geistes angepaßt,

Botticelli, Der Heilige Augustinus in seinem Studierzimmer

in dessen "Materie" verwandelt zu werden. Er beweist seine Existenz ex negativo: durch Schmerzen, durch Atembeschwerden. Er entzieht dem Geist die Verfügung über das wichtigste seiner Herrschaftsinstrumente, die Sprache. Die "Fesseln des Fleisches", von denen Augustinus sich mühsam zu befreien suchte, nehmen ihn wieder gefangen — allerdings in weniger angenehmer Weise, als die "alten Freundinnen" es taten. Aber der Geist weiß sich zu helfen: er greift zur Feder, er schreibt und besiegt auf diese Weise den "Aufruhr des Fleisches". Am Leibe des Heiligen Augustinus tobt der Kampf zwischen Logos und Hysterie.

Dies zeichnet die Symptome der männlichen Hysterie, nicht anders als die der weiblichen, aus: die Weigerung, das Sexualwesen untergehen zu lassen; den Körper zum Feind des Geistes zu machen; das *ich* dem ICH zu unterwerfen. Der hysterische männliche Körper verweigert die Mutter, die als objektive Komplizin des Logos nicht nur das Sexualwesen Frau, sondern auch die Frau-im-Mann, die männliche Weiblichkeit, neutralisiert (3).

Das große Verdienst der männlichen Hysterie besteht darin, zu verdeutlichen, daß die Omnipotenz des synthetischen ICHs *nicht* mit der Bisexualität des Sexualwesens identisch ist. Das synthetische ICH mag über parthenogenetische Fähigkeiten verfügen, es mag den Anspruch erheben, Vater und Mutter, Frau und Mann zugleich zu sein — diese Eigenschaften bedeuten bei ihm nichts anderes als die Verschmelzung zur *Eingeschlechtlichkeit*. In der psychischen Bisexualität hingegen, die der männlichen wie der weiblichen Hysterie eigen ist, drückt sich das Bewußtsein aus, daß das *ich* gespalten ist; daß seine "Unvollständigkeit" eben darin besteht, auch den anderen in sich zu verspüren. Die Identifikation mit dem ICH bedeutet für den Mann den Verlust der psychischen Bisexualität, den Untergang der Frau in ihm. Er vermag die Andersartigkeit der Frau — als seine eigene Andersartigkeit — nicht mehr wahrzunehmen. Die Mutter-im-Kopf läßt keinen Platz für eine Frau-im-Mann. Sie ist so eifersüchtig wie Jahwe, der keinen anderen Gott, und das ICH, das kein *ich* neben sich duldet. Die Mutter-im-Kopf ist die Kastrationsmaschine, durch die der Mann um "seine Frau" beschnitten wird. Gegen diese Kastrationsmaschine setzt sich die männliche Hysterie zur Wehr. Aber warum kam die männliche Hysterie so spät?

Der Mann hat erst sehr spät zu spüren bekommen, daß die Identifizierung mit dem ICH für ihn nicht nur Macht, sondern auch Vernichtung des Sexualwesens bedeutet. Es war auch nicht der Verlust der Geschlechtlichkeit, sondern vielmehr der der Sprache, der ihm diese Vernichtung seines *ichs* verdeutlichte. Augustinus (und seinem Zeitalter) erschien der Verlust der Geschlechtlichkeit als der Preis, den man für die Durchsetzung einer neuen Sprache, der "Vatersprache", zu zahlen hatte. Mit den vereinten Kräften der Askese und der Mutter-im-Kopf kämpfte er gegen das *ich*, das Sexual-

wesen in sich selber an, um dem ICH, den Gesetzen der Schrift zu ihren Rechten zu verhelfen. Ganz anders sah es für die Schriftsteller des 19. Jahrhunderts aus: für sie, in deren Zeitalter sich der Untergang des Sexualwesens vollzog, war deutlich zu spüren, daß mit ihm auch ihre Sprachfähigkeit unterzugehen drohte.
Das konnte aber erst deutlich werden mit dem Untergang der Frau. Solange es sie noch gab, erweckte die Verfolgung des Sexualwesens noch den An-

schein, als handle es sich um die Beherrschung des weiblichen Geschlechts und, symbolisiert in jenem, um eine Unterwerfung der Natur. Aber mit dem 19. Jahrhundert wurde allmählich offensichtlich, daß der Untergang der Frau den Untergang des Sexualwesens überhaupt bedeutete. Hatte der Mann sich bis hierher als "Inkarnation" des Logos verstehen können, so wurde ihm nun langsam offenbart, daß der Logos sich lediglich seiner bedient hatte, um auch *sein ich*, ebenso wie das der Frau, auszulöschen. Kurz, der Mann merkte, daß ihm mit dem Verschwinden der Frau die Sprache zu versiegen drohte — aus Gründen, auf die ich in diesem Kapitel noch eingehen werde. Deshalb setzte er sich zur Wehr: im Gegensatz zu Augustinus, der im Körper und der Geschlechtlichkeit die "Muttersprache" bekämpfte, versuchte der Künstler des 19. Jahrhunderts diese am Leben zu halten — durch die Entwicklung von hysterischen Symptomen.

Die Identifizierung des Mannes mit dem Logos-ICH erklärt nicht nur, weshalb die männliche Hysterie verspätet auftrat, sie erklärt auch, weshalb die hysterischen Symptome bei ihm andere Formen annahmen als bei der Frau. Während die weibliche Hysterie die Vernichtung der Frau, ihre Verwandlung in "sprachlose" Materie oder in die geschlechtslose "Mutter" zu bekämpfen hatte, ging es beim männlichen Hysteriker darum, die Vernichtung der Frau *in ihm*, die Entleibung des Mannes, seine Verwandlung in einen "Sohn" zu verhindern. Dementsprechend auch die Symptome: der männliche Hysteriker gebärdet sich "weiblich". Mit Symptomen, die seiner angeblichen Hypochondrie zugeschrieben werden, kämpft er um seinen

Körper. Er wehrt sich gegen die "Mutter" — ob jene nun von der Frau, der Armee oder dem Staat verkörpert wird. Der männliche Hysteriker spielt "Sohn", aber, vergleichbar der hysterischen Karikatur von "Weiblichkeit", ist dieser "Sohn" die Parodie des "kindlichen Mannes": der Hysteriker tanzt aus der Reihe, er fordert Sonderbehandlung, er fällt aus dem Gleichschritt. Er, dessen *ich* verschwinden sollte, macht sich unübersehbar. Er benimmt sich wie das "unerzogene Kind", das überall auffällt — zur großen Verzweiflung seiner Eltern, des ICHs und der omnipotenten Mutter.

Das Gesprächsprotokoll im Anhang

dieses Kapitels illustriert verschiedene Aspekte der männlichen Hysterie. Heinrich W. zeigt das Ersticken an der Mutter, die die Frau in ihm tötet. Er zeigt, wie die Feindlichkeit, die der Logos zwischen Frau und Mutter eingeführt hat, auch den Mann zum Feind seiner eigenen Geschlechtlichkeit gemacht hat. Das bedeutet aber nicht, daß Heinrich W. die Mutter oder die "Mutterliebe" als das Krankmachende ablehnt. Seine Ablehnung äußert sich mehr durch die Symptome als durch eine bewußte Aversion gegen die Mutter. Er wirft seiner Mutter vor, ihn nicht genug geliebt zu haben.

Bei Heinrich W. kommt die Unterdrückung der männlichen Geschlechtlichkeit durch die Mutter-im-Kopf deutlich zum Ausdruck. Seine Symptome, Lähmung und Asthma, sind geradezu klassische Erscheinungsformen der Hysterie, jedenfalls würden sie so gesehen, wenn er eine Frau wäre. Hier jedoch — und darin ist dieser Fall bezeichnend für den Umgang der Wissenschaft mit der männlichen Hysterie — versuchten die Ärzte, ihm *auszureden*, daß seine Symptome auf psychische Ursachen zurückzuführen seien. Obgleich er selbst, Seltenheit genug beim Mann, zunächst nur dies als Erklärung für seine Lähmungserscheinungen fand. Sein Beispiel zeigt deutlich, daß das weit verbreitete (und statistisch belegte) Vorurteil von Ärzten, bei Frauen sehr viel häufiger als bei Männern psychische Ursachen für somatische Erscheinungen anzunehmen (wie etwa für Migräne, Asthma, Krämpfe oder Lähmungen), nicht nur von Nachteil für die Frauen ist. Zumindest den kranken Frauen wird auf diese Weise die Einheit von Geist und Körper zugestanden: dieses "Vorurteil" aufrechterhalten zu haben, gehört wiederum zu den großen Verdiensten der weiblichen Hysterie. Die im Falle des Mannes übliche Rückführung aller Krankheitserscheinungen auf organische Ursachen bedeutet hingegen die Leugnung der Einheit von Geist und Körper. Erst sehr spät begannen männliche Hysteriker darum zu kämpfen, daß auch sie in den Genuß des "Vorurteils" kommen.

Die Erscheinungsformen der männlichen Hysterie

Der Psychoanalytiker W. Schwidder hat festgestellt, daß hysterische Charakterstrukturen in Deutschland genau doppelt so häufig für Frauen wie für Männer diagnostiziert werden. Sein Kollege F. Baumeyer gibt das Verhältnis von Frauen und Männern bei der Diagnose hysterischer Neurosen sogar mit 16 zu 1 an (4). Und dennoch, es ist nicht zu leugnen: seit dem Beginn der Neuzeit hat sich zunehmend die Vorstellung durchgesetzt, daß auch der Mann hysterisch erkranken könne. Diese Sichtweise begleitet die allmähliche Verlagerung der Hysterie-Ursache in den Kopf, "nach oben". Da die Gebärmutter als Ätiologie der Hysterie zunehmend in den Hintergrund rückt und der Kopf im Krankheitsbild an Bedeutung gewinnt, ist die Vorstellung, daß diese Krankheit der Frau vorbehalten sei, immer weniger zu rechtfertigen. Gleichzeitig begleitet das verstärkte Auftreten und Erkennen der männlichen Hysterie die Verlagerung der männlichen Potenz in den Bereich des "Geistigen". Mit dem "Samen" steigt gleichsam auch die männliche "Krankhaftigkeit" in den Kopf (vgl. S. 235 f). Über lange Zeit vermieden es die Nosologen, beim Mann von "Hysterie" zu sprechen, zu sehr standen die Gebärmutter und die weibliche Geschlechtlichkeit noch als Hysterie-Ursache im Vordergrund. Man redete lieber von "Hypochondrie" (5). Aber im Verlauf des 19. Jahrhunderts setzte sich allmählich die Nomenklatur "männliche Hysterie" durch. Die Umbenennung der "Hypochondrie" in "Hysterie" spiegelt die Verwandlung von "geistiger Vaterschaft" in Mutterschaft wider (vgl. S. 231 ff). Die männliche Hysterie, wie sie sich im Laufe des 19. Jahrhunderts entwickelt, ist ein Abbild des parthenogenetischen, synthetischen ICHs, das im Industriezeitalter entsteht — und gleichzeitig dessen Karikatur.

Unter Männern verbreitete sich allmählich eine Symptomatik, die männliche und weibliche Hysterie zunehmend einander annäherte. Aber während die Hysterikerinnen Ende des 19. Jahrhunderts zum letzten Kampf um das weibliche Sexualwesen antraten, treten die männlichen Hysteriker in dieser Zeit zum ersten Mal wirklich in Erscheinung. Es ist, als habe erst die Aneignung der Mutterschaft durch den Logos den Mann dazu befähigt, für das Sexualwesen zu kämpfen.

Gleichzeitig besiegelte aber eben diese Aneignung auch den Untergang des Sexualwesens. In der Entstehung der männlichen Hysterie spiegelt sich beides wider. Im einen Fall ist sie Ausdruck für den Kampf gegen die Vernichtung des Sexualwesens. Im anderen wird sie aber zum Abbild, zur *Bestätigung* für die Aneignung der Weiblichkeit durch den Mann; und damit für den Untergang des Sexualwesens. Diese Janusköpfigkeit der männlichen Hysterie erklärt, weshalb sich mit ihr auch die zweite Hysterie, die "künstliche Hysterie", wie ich sie nennen werde, durchsetzt. In diesem Kapitel soll von der männlichen Hysterie die Rede sein, die *gegen* die Zerstörung des Sexualwesens ankämpft.

Gegen Ende des 19. Jahrhunderts taucht zum ersten Mal ein Phänomen auf, das als "Kriegszittern" bezeichnet wird und das besonders im Verlauf des Ersten Weltkriegs zunehmend an Bedeutung gewinnt (6). "Kriegszitterer" waren Soldaten, deren Körper aus organisch nicht erklärbaren Gründen den Dienst im Schlachtfeld, eben durch ein unkontrollierbares "Zittern", verweigerten. Es war die erste Form männlicher Hysterie, die auch die traditionelle Psychiatrie anerkannte (7). Sie bezeichnete sie, im Gegensatz zur "Konversionshysterie" des weiblichen Geschlechts, im allgemeinen als "traumatische Hysterie". Dabei setzte sich bemerkenswerterweise die Anerkennung dieser "Krankheit" besonders bei den angreifenden Nationen durch: Deutschland, Österreich. Dafür gab es eine einfache Erklärung: da das Phänomen unter den Soldaten dieser Nationen eine extrem weite Verbreitung fand, war die Heeresleitung auch gezwungen, darauf zu reagieren. Ihr gereichte die psychologische Erklärung für das "Kriegszittern" zum Mittel, die Bedeutung der Krankheit herabzuspielen:

> Der unmittelbare Grund [für die Durchsetzung der psychogenetischen Erklärung in Deutschland und Österreich, Anm. d. Verf.] war eine spezielle Form der traumatischen Neurose, die Kriegshysterie, die von 1914-1918 so verbreitet war, daß sie eine Gefahr für die Nation darstellte. Die Weigerung, Kriegsneurotiker und Kriegshysteriker als kranke Leute zu betrachten, stellte einen Akt nationalen Selbstschutzes dar. Das geschah, indem man sich psychologischer Argumente bediente. Da die Hysterie psychogen war, handelte es sich nicht um eine Krankheit. (8)

Besonders in Deutschland wurden Soldaten, die auf diese Weise "invalide" geworden waren, der Simulation bezichtigt. Man betrachtete sie als "Drückeberger" und machte die von Bismarck eingeführte Kranken-

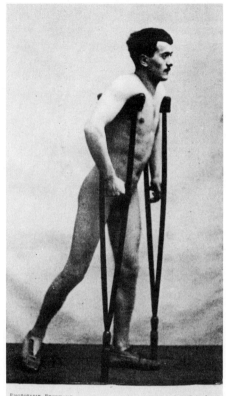

HÉMIPLÉGIE HYSTÉRIQUE

und Rentenversicherung für ihr Verhalten verantwortlich (9). Aber diese Beschuldigungen führten andererseits auch dazu, daß sich sowohl die Vorstellung von "männlicher Hysterie" endgültig durchsetzte, wie auch das psychologische Erklärungsmuster allgemein anerkannt wurde.
Es stellt sich die Frage, warum das Phänomen des "Kriegszitterns" vor allem unter den Soldaten der angreifenden Nationen auftauchte. Auf diese Frage möchte ich verkürzt mit folgender These antworten: das Phänomen tauchte bei Soldaten auf, die diesen Krieg nicht als den "ihren" empfanden. Es handelte sich um einen Kampf, der für sie keinen "Sinn" hatte, mit dem sie sich nicht identifizieren konnten — ganz im Gegenteil zu den Soldaten der gegnerischen Heerlager, die sich als angegriffene Nation tatsächlich mit "ihrem Krieg" identifizieren konnten. Die Sache, für die die deutschen Soldaten ins Feld zogen, war ein Kunstprodukt, das erst kurz vorher entstanden war: die Nation. Gewiß, viele Soldaten zogen 1914 voll Begeisterung in den Krieg, um für diese "Sache" zu kämpfen. Aber auch sie mußten alsbald deutlich spüren, daß dieser Krieg keinen "Sinn" hatte, daß er für

eine Illusion geführt wurde: nicht nur die Illusion der deutschen Nation, auch die Illusion, daß auf dieser Erde, die bis in ihre entlegensten Ecken schon "entdeckt" und "erobert" war, noch neuer "Lebensraum" zu holen sei.

Daß es sich um eine Form von Verweigerung gehandelt haben muß, verdeutlicht ein Beispiel, das Abse zitiert: im Zweiten Weltkrieg, so schreibt er, tauchten die Symptome des "Kriegszitterns" unter den Indern der britischen Armee erheblich häufiger auf als unter den englischen Soldaten (10). Für die Inder handelte es sich um einen "fremden" Krieg. Mehr noch: es war ein Krieg, der in gewissem Sinne ihren eigenen Interessen, der Befreiung von der englischen Besatzung, entgegenlief. Sie wurden ins Feld geschickt von einer Macht (der Kolonialmacht Britannien), deren Niederlage sie sich eigentlich wünschen mußten — so wie auch die Algerier von den Franzosen in den Krieg geschickt wurden, aber mit ihrem Herzen auf der anderen Seite standen: nicht etwa aus Sympathie für die Deutschen oder gar den Nationalsozialismus, sondern vielmehr, weil sie den Feind ihres Besatzers nicht als den eigenen Feind betrachten konnten. Diese — für sie selbst unaussprechliche, vielleicht sogar undenkbare — Wahrheit verdeutlichten die Symptome des Körpers bei den indischen Soldaten. In einem ähnlichen Sinne läßt sich auch das "Kriegszittern" vieler deutscher Soldaten deuten. Die synthetische Nation, für die man sie ins Feld schickte, war eigentlich ihr Feind: als Nation, aber auch als alles verschlingende, die eigene Identität auslöschende "Mutter". Am Körper des "Kriegszitterers" kämpfte das *ich* des Mannes gegen den Tod. Den Tod im doppelten Sinne: im physischen Sinne auf dem "Feld der Ehre"; und im psychischen Sinne von Bewußtlosigkeit, Vergessen, Untergang in den Armen der "Großen Mutter".

Man wird einwenden, daß es immer "fremde" Kriege gegeben hat und daß Soldaten immer ihr Leben für eine Sache einsetzen mußten, die nicht die ihre war. Warum hatte ihr Körper nicht damals schon den Dienst verweigert? Die Frage läßt sich zunächst damit beantworten, daß vielleicht auch die Soldaten der vorhergehenden Kriege hysterische Symptome entwickelt haben, die schlicht nicht wahrgenommen wurden. Aber, so muß man weiterfragen: wenn es nur eine Frage des Krankheitsbildes war, warum wurde diese Reaktionsform dann um 1900 zum ersten Mal wahrnehmbar? Was hatte sich geändert, das die *Diagnose* der hysterischen Reaktionsform ermöglichte?

Was sich geändert hatte, so meine ich, hat vielfältige Ausdrucksformen: es läßt sich als die Unterwerfung der Natur bezeichnen; als den Untergang des Sexualwesens; als den Tod des Mannes. Mit der Verwandlung der Frau in eine Mutter, mit dem Verschwinden des Sexualwesens, wurde auch für den Mann *spürbar*, daß das Männlichkeitsideal, an das er bisher geglaubt hatte, eine Illusion war. Er war getäuscht worden, diese Erkenntnis brach über ihn herein: der Sieg über die Frau bedeutete nicht den letzten Triumph, sondern nur den Untergang seiner selbst. Dieser Sieg hinterließ auch im Mann eine "Leere", die Erkenntnis der eigenen Inexistenz. Die einen reagierten wie Ernst Jünger: sie zogen in den Krieg, um dort — wenn schon nicht im "normalen" Leben — das Sexualwesen, die Natur noch einmal zu suchen (vgl. S. 306). Die anderen aber, die Hysteriker, fühlten sich frei, dem Männlichkeitsideal zu entsagen. Da der Logos sie getäuscht hatte, konnten sie ihrerseits auch zum Feind überlaufen: zur großen Lügnerin, der Hysterie.

Der Kampf des männlichen Hysterikers um seinen Körper beginnt mit der Neuzeit; das heißt er beginnt in dem Moment, in dem die Entleibung des Mannes vollzogen ist und allmählich der Verlust der Sprache, der mit dieser Entleibung einhergeht, erkenntlich wird. Die Hypochondrie, als die sich die männliche Hysterie zeigt, stellt den Versuch dar, den entschwundenen Körper wieder zu beleben, sich durch "krankhafte" Symptome seiner Existenz zu vergewissern.

Um den Körper zum Leben zu erwecken, muß der Mann sich der Frau besinnen. Denn an sie war die Materie, der Leib delegiert worden. Das erklärt die allmähliche Verlagerung von Hypochondrie zu Hysterie. Die Wahrung der Frau-im-Mann ist das einzige Mittel, das dem Mann noch einen Körper, eine Existenz als Sexualwesen zu verschaffen vermag. So lassen sich fast alle Symptome der männlichen Hysterie auch mit dem Begriff des "Ewig Weiblichen" umfassen: das gilt zunächst für die Hypochondrie, die dem Bild der "weiblichen Fragilität", "Empfindsamkeit" und dem des typisch "weiblichen Masochismus" gerecht zu werden versucht. Es gilt für das "Kriegszittern", in dem sich die den Frauen vorbehaltene "Ängstlichkeit" ausdrückt. Auch der "Narzißmus" und der "typisch weibliche Wunsch, geliebt zu werden", finden ihre Entsprechung in der "Eitelkeit" und dem "Geltungsbedürfnis", die dem männlichen Hysteriker nachgesagt werden. Seiner Unzufriedenheit und Unentschlossenheit entspricht wiederum die "weibliche Unlogik", die "typi-

sche Unberechenbarkeit der Frau", und das "flatterhafte Wesen" des weiblichen Geschlechts. Der Hysteriker — das drücken eigentlich alle seine Symptome von "Unmännlichkeit" aus — sucht sein *ich*, das Sexualwesen, zu wahren, indem er die Frau in sich am Leben erhält. Er versucht, den "Mann zu retten, indem er dessen weibliche Seiten zur Schau stellt. Er bekämpft die Mutter-im-Kopf durch die Frau-im-Mann. Daß er seiner Weiblichkeit auf eine sehr karikaturale Weise Ausdruck verleiht, durch ein übersteigertes Bild des "Ewig Weiblichen", erklärt sich einerseits damit, daß er das Verschwinden des Sexualwesens Frau durch die Frau-im-Mann zu kompensieren versucht. Der männliche Hysteriker versucht sich und den anderen zu beweisen, daß die Frau, auch wenn sie verschwunden sein sollte, in *ihm* zumindest noch weiterlebt. Auf der anderen Seite dient diese karikaturale Übersteigerung des "Ewig Weiblichen" auch dem Ziel, seine Männlichkeit zu beweisen. So wie die Hysterikerin um die Existenz der Frau kämpft, indem sie *vorgibt*, eine Extremform von Weiblichkeit zu sein — eine Extremform, mit der sie den Beweis ihrer "Männlichkeit" und ihrer psychischen Bisexualität erbringt —, so kämpft auch der männliche Hysteriker um seine Männlichkeit, gleichsam als Transvestit, wie David sagt (vgl. S. 192). Hinter der Karikatur des Frau-Seins und der "Unmännlichkeit" gibt er seine Männlichkeit zu erkennen.

Die männliche Hysterie und ihre Therapeuten

Auch die Impotenz — die "Unmännlichkeit" schlechthin — gehört zu den Symptomen der männlichen Hysterie. Sie ist das Gegenstück zur "hysterischen Frigidität", auf deren Verweigerungsfunktion ich schon eingegangen bin. So wie die Nosologen die Frigidität nicht auf ihren "Sinn" untersuchen, auf das, was sie auszudrücken versucht, werden auch die männlichen Potenzstörungen nicht nach ihrer symbolischen Bedeutung befragt, sondern als Erkrankung eines einzelnen betrachtet, den es zu heilen gilt. Auch hier, wie bei der weiblichen Hysterie, werden die soziokulturellen Zusammenhänge ausgeklammert — aus Gründen der Wissenschaftlichkeit. Man nimmt die Verweigerung nicht wahr, oder man betrachtet sie sogar als das "Krankhafte" selbst, als die Ursache, die einer Therapie bedarf.
Mentzos zitiert zum Beispiel den Fall eines Mannes, der sich wegen Potenzstörungen in seine Behandlung begab. Die Störungen hatten sich eingestellt, nachdem er zum ersten Mal über längere Zeit ein festes Liebesverhältnis aufrechtzuerhalten versuchte. Bis dahin hatte der Patient alle zwei bis drei Wochen die Partnerin gewechselt. Wie auch den Beruf: nach zunächst vielversprechenden Starts in neuen Arbeitsverhältnissen "verlor er rapide das Interesse an der Arbeit und wurde zunehmend nachlässig und unkonzentriert, bis ihm schließlich gekündigt wurde". Mentzos diagnostiziert den

häufigen Wechsel als Kompensation zur Aufrechterhaltung eines labilen Selbstwertgefühls. "Sein Verhalten war auch sonst darauf abgestellt, immer und überall den Eindruck des erfolgreichen Don Juan, des großen Eroberers und des beruflich sehr gesuchten Mannes hervorzurufen." (11)

Mentzos' Interpretation der hysterischen Symptome als Ausdruck von Ich-losigkeit und dem Bedürfnis, sich ein Pseudo-Ich zuzulegen, wird dem Sinn der Symptombildung nicht gerecht. Wenn man nämlich versucht, die Ursachen dieser Potenzstörungen zu erfassen, so wird offenbar, daß sich diese Symptome auch als das genaue Gegenteil von Ich-losigkeit begreifen lassen. Die Potenzstörungen können ihrerseits die Weigerung darstellen, sich auf die Geschlechterbeziehung mit der zur "Mutter" gewordenen Frau einzulassen. Dafür spricht die Tatsache, daß sie im Moment auftreten, wo der Patient zum ersten Mal über längere Zeit mit einer Frau zusammenlebt; wo für ihn das Bild der "Frau" mit dem der "Mutter" zu verschwimmen beginnt. Andererseits läßt sich sein Verhalten auch damit erklären, daß er den versagenden Don Juan spielt – gleichsam als *Parodie* auf das Männlichkeitsideal, auf die Vorstellung von männlicher Potenz oder männlicher Leistungsfähigkeit. Sein *Wunsch* – wenn auch nicht ausdrücklich bekundet – bestand vielleicht darin, das Männlichkeitsideal *scheitern* zu lassen. Genau das gelang ihm jedenfalls.

Ich behaupte natürlich nicht, daß diese Taktik für den Betroffenen sexuell oder beruflich sonderlich beglückend ist. Ich leugne auch nicht, daß er unter Leidensdruck steht, wie die weiblichen Hysteriker auch. Natürlich führt diese Taktik zu Komplikationen im Alltagsleben, die sich bei rein sozialfunktionaler Betrachtung als Zeichen von "Ich-Schwäche" interpretieren lassen. Und dennoch läßt sich seine Symptombildung auch als *Überlebenstaktik* verstehen: als Mittel, den Untergang des Sexualwesens in den Armen der Großen Mutter, wenn nicht zu verhindern, so zumindest zu verweigern. Insofern ist dieses Verhalten nicht Ausdruck von Ich-losigkeit oder Identitätslosigkeit, sondern von Überlebenswillen – Ausdruck eines Restbestandes von *ich*, das im Mann einen erbitterten Kampf gegen das ICH zu führen

DON JUAN SÉDUISANT CHARLOTTE

versucht. Zu solchen Folgerungen kann man freilich nur kommen, wenn man den soziokulturellen Kontext bewußt *nicht* ausklammert und die "Erkrankung" nicht als einen Einzelfall behandelt. Gerade die Figur des Don Juan bietet eigentlich das Material für eine solche Analyse, die ich hier nur skizzieren kann (12).

Der "Frauenheld" wird im 17. Jahrhundert in Spanien geboren. Er ist

ENLÈVEMENT DE DONE ELVIRE

LA STATUE DU COMMANDEUR

Landsmann und Zeitgenosse der "conquistadores", die aufbrechen, die "neue Welt" zu erobern. Don Juan bricht auf, die Frau zu erobern – und über sie den menschlichen Körper. Er fordert den Tod heraus, und ihm, dem Mann des neuen Zeitalters, gelingt es auch tatsächlich, einen Toten zum Leben zu erwecken. Der Don Juan entsteht in demselben Zeitalter, in dem auch die männliche "Hypochondrie" aufkommt. Er ist gleichsam die

CHÂTIMENT ET MORT DE DON JUAN

literarische Leitfigur (13) einer männlichen Rückbesinnung auf den Körper: seine Fleischeslust ist unersättlich. Die Frauen, die er "sammelt" (14), gleichen den Symptomen, die der Hypochonder akkumuliert. Mit dem Ende des 18. Jahrhunderts, der Aufklärung und dem aufbrechenden Industriezeitalter tritt jedoch ein entscheidender Wandel ein. In Mozarts und da Pontes "Don Giovanni" erreicht die Figur ihren sinnlichen Höhepunkt — und beginnt zugleich, sich zu entleiben (15). Die Don Juans der nachfolgenden Zeit werden zunehmend geistiger: sie sind Philosophen, Mathematiker, Asketen. Don Juan wird zum Esoteriker, zum Prototyp der vergeistigten Männlichkeit. Seine Geschlechtlichkeit selbst, seine "Triebe" werden durch unendliche Kataloge, die er zu führen hat, der Lächerlichkeit preisgegeben; sie werden durch psychologische, soziologische, literaturwissenschaftliche Studien auseinandergenommen. Don Juan wird zur Karikatur männlicher "Potenz", soweit jene als geschlechtlich betrachtet wird.

Der Wandel, der sich mit dem aufbrechenden Industriezeitalter vollzieht, ist zugleich Ausdruck für die "Vergeistigung" des männlichen Samens, der männlichen Potenz — wie auch deren Karikatur. Der neue Don Juan, der sich im Verlauf des 19. Jahrhunderts herausbildet, ist in jeder Beziehung ein Paradigma der männlichen Hysterie, mit deren Entstehung er auch die Bühne des abendländischen Dramas betritt. Die Figur ist literarisches Sinnbild für die Verlagerung von Hypochondrie zu Hysterie. Der männliche Hysteriker ist nicht nur auf der Suche nach dem Körper (den er durch die Eroberung der Frau zu finden hofft), sondern er ist nunmehr auf der Suche nach der Frau-im-Mann. Auf der Suche nach der "Idee des Weibes", wie Ernst Bloch es ausdrückt (16). Nicht die wirkliche Frau interessiert ihn, sondern seine psychische Bisexualität, sein *ich*, das eigene Sexualwesen, dessen Untergang er verspürt und durch die Wiederbelebung der "Idee des Weibes" aufzuhalten versucht.

Die Figur dieses Frauenhelden entspricht einer spezifisch weiblichen Phantasie, meint Lacan, denn Don Juan sei ungreifbar, unfaßbar wie das weibliche Geschlecht (17). Tatsächlich ist Don Juan aber Sinnbild eines zunehmenden *Verschwindens* des weiblichen Geschlechts. Die "Weiblichkeit" ist nicht an sich ungreifbar, unfaßbar, sie wurde vielmehr dazu. Die "Unfaßbarkeit" des weiblichen Geschlechts entsteht mit der Durchsetzung des ICHs. Erst nachdem der Logos die Frau, und mit ihr das Sexualwesen, hat verschwinden lassen, wird die weibliche Geschlechtlichkeit zum "Rätsel", zum "Dunklen Kontinent", als die sie Freud bezeichnet. Durch die Verdrängung der Frau wird die Männlichkeit ebenso "ungreifbar", "unfaßbar" wie die Weiblichkeit: sie verlagert sich in den immateriellen Phallus, diesen ewig Erigierten, mit dem sich keine Realität des männlichen Körpers zu messen vermag. "Phalloexzentrik" nennt Pontalis diese Unerreichbarkeit des Männlichkeitsideals (18). Die Potenzstörungen des männlichen Hysterikers — wie auch die Don Juans — stellen wiederum das Bekenntnis zu dieser Unerreichbarkeit dar. Im "Versagen" drückt sich die Weigerung aus, einer idealisierten und entleibten Männlichkeit zu entsprechen. Zu der "Potenz im Kopf" des Männlichkeitsideals gesellt sich die Impotenz durch den Kopf. Die starken Frauen, die Don Juan, wie etwa bei Bernard Shaw, an die Seite gestellt werden — gleichsam: die Donna Juan —, sind Ausdruck einer Sehnsucht danach, daß es die Frau noch gibt; und mit ihr das Geschlechtswesen Mann. So sieht sich der Logos, der zur Verlagerung der Männlichkeit "nach oben" ins Immaterielle drängt, im Kopf des Mannes mit seiner alten Gegenspielerin, der Hysterie, konfrontiert, die die Fahndung nach der "Idee des Weibes" leitet.

Die Symptome der männlichen Hysterie stellen das Leiden am Verlust der Frau, des Sexualwesens dar. Dabei bringen sie, ebenso wie die Symptome der weiblichen Hysterie, Unordnung in die Kategorien der Nosologen. Insbesondere in die Kategorien von "Männlichkeit" und "Weiblichkeit". Das gilt nicht nur für die "krankhaften" Symptome der männlichen Hysterie; es gilt auch schon für den sogenannten "hysterischen Charakter". Als "hysterisch" gelten, laut neueren wissenschaftlichen Definitionen, Männer,

> die passiv, weiblich, abhängig etc. sind, die also diese Bedürfnisse eher ausleben. Winter sieht sie von Wünschen nach oral-symbiotischer Verschmelzung beherrscht, — sie sind "verzweifelte Fusionisten". Ihnen stünden jene gegenüber, die diese Wünsche massiv abwehren: Männer, die aktiv, betont viril ("He-man"), potent, Amouren sammelnd etc. sind. (19)

Auch hier tauchen Begriffe wie "ausleben", "abwehren" auf, und es ist von "Rollen" die Rede, die der hysterische Mann "spielt": die Rolle des "passiven" oder des "betont virilen" Mannes. Spielen, ausleben, abwehren bedeutet aber alles andere als passives Verhalten. Die "Darstellung" ist per se Aktivität. Der Hysteriker bringt also gerade durch seine "Krankheit" den Beweis dafür, daß er nicht die "passive Frau" ist, die er darstellt. Indem er "die Frau" *spielt*, erweist er sich als "Mann". Damit geraten aber die Zuordnungen von weiblich-passiv und männlich-aktiv in Unordnung. Die Kategorien widersprechen sich selbst. Nicht anders als die weibliche Hysterie, erschwert die männliche Hysterie der Wissenschaft, der Logik die Bildung von klaren Kategorien, von eindeutigen Definitionen.

Das obige Zitat verdeutlicht aber auch einen anderen Aspekt, den ich schon an der weiblichen Hysterie dargestellt habe: das Krankheitsbild der Hysterie ist ein Spiegelbild der Wunschvorstellungen, die die Geburt des Logos initiiert hat. Die Krankheit dient als Projektionsfläche für die Verschmelzung der Geschlechter zu einem. So werden die männlichen Hysteriker als "Fusionisten" oder "Symbiotiker" bezeichnet — obgleich das "symbiotische Denken" (der Wunsch, mit der Mutter zu schlafen) eigentlich die "Normalität", das ödipale Dreieck auszeichnet, das die Hysteriker gerade verwei-

gern. Die Therapie besteht wiederum in der Aufzwingung der Projektion auf den Körper des Hysterikers und der "Austreibung" all dessen, was die Verwirklichung der Projektion zu verhindern vermag. Gerade die unterschiedliche Behandlung von männlicher und weiblicher Hysterie beweist unfreiwillig, daß sich in dieser Krankheit nicht Eingeschlechtlichkeit, sondern Unterscheidung ausdrückt. Während die weibliche Hysterie als Erkrankung am weiblichen Geschlecht diagnostiziert und behandelt wird, als Erkrankung an der "Gebärmutter" oder dem weiblichen Sexualtrieb — wird die männliche Hysterie "therapiert", als handle es sich um eine "Infizierung" mit dem Fremdgeschlechtlichen. Allein das Widerstreben der Therapeuten, ihre männlichen Patienten als "hysterisch" zu bezeichnen, ist ein Ausdruck dafür:

> "Sie sind hysterisch", heißt demnach: "Sie sind kein Mann". Kann aber ein Mann so etwas zu einem anderen sagen, dann kann ihm umgekehrt das gleiche passieren. Welcher Mann ist vor sich selbst schon männlich genug? (20)

Der Hysteriker gilt als "feminisiert", und dementsprechend gilt es, ihm die Weiblichkeit auszutreiben. Freuds Beschreibung der Hysterie als "kariös erkrankter Stelle" oder als "eitergefüllter Höhle", die der Arzt durch einen chirurgischen Eingriff entfernen soll, ist ein plastisches Abbild dieser Therapie (vgl. S. 66): es gilt, einen "Fremdkörper" aus dem Mann zu entfernen.

So läßt es sich auch nicht als Zufall begreifen, daß die "kathartische Methode" — die medizinische Reinigung der Seele — in dem Moment entdeckt wird, als auch die männliche Hysterie ihre Anerkennung erfährt, Ende des 19. Jahrhunderts. Mit der Psychoanalyse entsteht eine Behandlungsmethode, durch die die Frau, die sich in den Kopf des Mannes zurückgezogen hat, "ausgetrieben" werden kann. Ein solcher "chirurgischer Eingriff" war bis dahin am Körper der Frau vorgenommen worden. Nun aber, da die Frau als "Idee" im Kopf des Mannes spukt, gilt es, an das "Übel", das Sexualwesen, durch eine Therapie heranzukommen, die seiner Unkörperlichkeit entspricht. Die "kathartische Methode" liefert die Möglichkeit, den Fremdkörper Frau aus dem *Kopf* des Mannes zu entfernen. Gegen diese neue Form der "Austreibung" setzen sich die männlichen Hysteriker ihrerseits durch eine Symptombildung zur Wehr, die eine verstärkte Hinwendung zur Weiblichkeit — *ihrer* Weiblichkeit — signalisiert.

An dieser Stelle muß ich übrigens eine Parenthese einfügen: mir erscheinen alle, vor allem in "alternativen" Kreisen sehr verbreiteten Theorien über eine angeblich größere "Naturnähe" der Frau und ihrem weniger verfälschten Verhältnis zu den "Ursprüngen" reichlich naiv. Die "Natur" ist in der Frau über unendlich viel längere Zeit und erheblich brutaler, erbitterter bekämpft worden als im Mann. Es ist schon sehr merkwürdig, anzunehmen, daß ausgerechnet *sie* die "Natur" besser habe bewahren können als jener — gerade angesichts der Tatsache, daß die "Natur" und der "Körper" auf so künstliche Weise an die Frau delegiert wurden. Wenn ich dennoch fest davon überzeugt bin, daß die Widerstandsfähigkeit der Frau gegen den Logos und gegen die Entwicklung, die jener als "Subjekt der Geschichte" vorantreibt, heute größer ist als die des Mannes, so deshalb, weil sie sich auch eine bessere "Verweigerungstaktik" im Umgang mit dem Logos angeeignet hat. Diese "taktische" Überlegenheit bedeutet nicht, daß sie ein engeres Verhältnis zur Natur oder zur zyklischen Zeit gewahrt hätte, sondern ganz im Gegenteil: *weil* die Frau dem Kultur- und Zivilisationsprozeß des Logos gewaltsamer als der Mann unterworfen wurde, hat sie jenen auch schon früher als ihren "Feind" ausmachen können und verfügt heute über größere Möglichkeiten, ihn "mit seinen eigenen Waffen" zu schlagen — genauso wie die Hysterie es seit ihrem Anbeginn getan hat. Verweigerungsmechanismen wie die der Hysterie entstehen aus der Kultur, und nur als solche können sie auch wirksam sein. Mit "Natur" und "Ursprüngen" gegen eine Dynamik vorgehen zu wollen, die in der künstlichen "Reproduktion" der Natur und der Ursprünge besteht, ist ebenso sinn- wie wirkungslos. Auf die Dauer siegt immer das Duplikat, weil die (aus toter Materie hergestellte) Reproduktion länger lebt als das (lebendige und deshalb sterbliche) Original. Das Duplikat läßt sich nur durch eine *Kopie* seiner selbst, durch eine Reproduktion der Reproduktion bekämpfen, durch die es gleichsam in die "Inflation" getrieben wird.

Ödipus und die männliche Hysterie

Man kann das ödipale Deutungsmuster, das Ende des 19. Jahrhunderts auftaucht, als Mittel verstehen, den Mann in die Ehe mit der Mutter zu treiben, ihn als Sexualwesen auszulöschen. Man kann aber in der Entstehung dieses Deutungsmusters auch eine Verweigerung eben dieses Vorgangs sehen. Das ödipale Deutungsmuster setzt sich zur gleichen Zeit durch wie die männliche Hysterie — und es ist in der Tat bemerkenswert, wie schnell die Psychoanalyse, die ihre Entstehung der Hysterie verdankt, von dort zu ihrer zentralen Lehre, dem "Kernkomplex der Neurose", vorgedrungen ist. Der Zusammenhang zwischen den beiden ist unbestreitbar: während das ödipale Deutungsmuster der Verdrängung der Frau-im-Mann durch die Mutter-im-Kopf dient, kämpft die männliche Hysterie um das Überleben der männlichen Weiblichkeit. Es handelt sich um einen Antagonismus, aber nicht *nur* um einen Antagonismus. Es gibt auch eine männliche Hysterie, die auf dem Terrain des Ödipuskomplexes selbst agiert.

Mit der Verwandlung der Frau in eine "Mutter" wird der Vater zu einem "Sohn". Der Vater — und damit das sexuelle Vorbild des Sohnes — verliert die Merkmale, die ihn als Geschlechtswesen auszeichnen. Einerseits hat er sich in einen "geistigen Vater" mit entleibter Potenz verwandelt, und andererseits ist er zum "polymorph perversen" Kind (hier ist die Bezeichnung Freuds für die kindliche Sexualität sehr treffend (21)) der Großen Mutter geworden. Er ist alles Mögliche, nur nicht Sexualwesen.

So greift das männliche *ich* — des Sohnes — in seiner Verzweiflung zu einem Beweis ex negativo, um dennoch die Existenz des Sexualwesens Mann zu demonstrieren. Es erklärt den Vater zum "Schlächter" oder zum Kastrator. Wenn der Vater antreten würde, meinen Körper, mein Sexualorgan zu vernichten, so sagt der Sohn, dann wäre damit auch der Beweis erbracht, daß es diesen Körper, dieses Sexualorgan *gibt*. Daß ich *existiere*! Wenn der Vater mir schon nicht meine Existenz durch seine eigene beweisen kann, weil er sich nicht als Erzeuger und als Sexualwesen zu erkennen gibt, so soll er doch wenigstens durch die bösen Absichten, durch sein Trachten nach *meinem* Sexualorgan und *meinem* Körper, ein Zeugnis dafür liefern, daß *ich* über diese verfüge.

Das männliche Sexualwesen sucht seinen Existenzbeweis *innerhalb* des ödipalen Dreiecks, innerhalb des Territoriums, das der Logos zur Vernichtung des Sexualwesens abgesteckt hat. Bei diesem Versuch wird das ödipale Dreieck umfunktioniert. Der Sohn befindet sich weder auf der Suche nach der Mutter, noch versucht er sich der väterlichen Bestrafung zu entziehen — sondern der Ödipuskomplex wird zum Ausdruck seiner Sehnsucht nach dem Vater, den der Sohn in der Bestrafung zu finden hofft. Das ist es, worauf die hysterischen Söhne im ödipalen Dreieck erpicht sind: auf den Vater, der sie zum Sexualwesen macht.

Der Ödipuskomplex taucht um 1900 auf, als der Vater sich endgültig der Vaterschaft entledigt hat und zum "Sohn" geworden ist (22). Der Ödipuskomplex reiht sich ein in die Geschichte der männlichen Hysterie, in der es um die Wahrung des männlichen Körpers, die Erhaltung des männlichen *ichs* geht. (Auch die Erblindung von Ödipus stellt schließlich ein klassisches hysterisches Symptom dar.) Die Auflehnung gegen die Väter stellt eine Auflehnung gegen das Vakuum dar, das die Väter hinterließen, und gegen

POUR UNE CHANTEUSE

die Gewalt, die sie als Vertreter des abstrakten ICHs ausüben. Der Weg zur geschlechtlichen Identität bleibt dem Sohn verschlossen, weil auch der Vater Sohn ist und dasselbe "Liebesobjekt" beansprucht wie er. Die Identifizierung mit diesem Vater beläßt den Sohn in der Rolle des "ewigen Sohnes". Er kann mit Hilfe dieses Vaters nie zum Mann werden.

Aber er kann dennoch versuchen, durch *Abgrenzung* gegen den inexistenten

CRIMINEL

L'ARRESTATION

Vater Zugang zu seinem *ich* zu finden. Er kann den Vater zur persona non grata erklären und auf diese Weise verdeutlichen, daß jener nichts mit ihm gemeinsam hat. Ist es ein Zufall? Freud selber entdeckt den Ödipuskomplex, weil er sich des Hasses auf seinen Vater bewußt wird. Wo Liebe, Identifikationsmuster und Körper fehlen, können jene durch Haßgefühle ersetzt werden: "Es muß ihn ja geben, diesen Vater, denn sonst könnte ich

Film Pathé   LA DÉGRADATION   3675

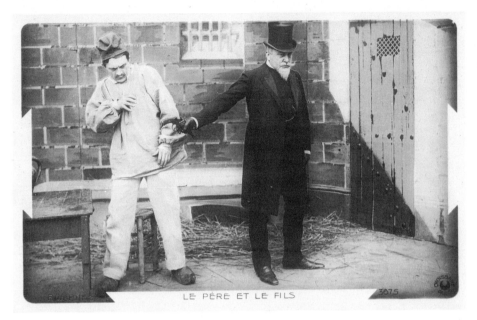
LE PÈRE ET LE FILS

ihn nicht hassen", sagt der Sohn. Die Auflehnung gegen die angeblich übermächtigen, in Wirklichkeit aber inexistenten Väter dient der *Konstruktion*, der *Fabrikation* des Vaters. Die Angst vor der Kastration durch den Vater dient dem Ziel, Geschlechtswesen zu werden:

> Der Jüngling war das erste personelle Eigentum des erwachsenen Mannes, bevor dieser die Frau in Privateigentum nahm. Um jemanden schlachten zu können, muß man ihn besitzen und über ihn verfügen können. Die Jünglinge waren in der Entstehungszeit des Patriarchats noch der Verfügungsgewalt aller Männer des Klans unterworfen. Die erwachsenen Männer planten und vollzogen die Tötungen ebenso gemeinschaftlich, wie sie den Acker zusammen bearbeiteten. (23)

Spricht aus solchen Beschreibungen nicht das lustvolle Schaudern des Mannes, daß er als Jüngling tatsächlich einmal das "personelle Eigentum" der Väter gewesen sein könnte? Und sogar noch *vor* den Frauen! Wenn er schon nicht von seinem Vater gezeugt wurde, so will der Sohn zumindest von ihm geschlachtet werden. Und zwar will er aus Gründen der Eifersucht auf seine "jüngere, vitalere Männlichkeit" geschlachtet werden. So erklärt Volker Elis Pilgrim, Autor der obigen Zeilen, der hier als Sohn spricht, das Töten der Söhne in dieser von ihm nach Wunschbild geformten Prähistorie. Pilgrim verlagert das ödipale Erklärungsmuster Freuds von der psychologischen Ebene auf die einer imaginierten physiologischen Realität — und gleichzeitig dreht er es um. Es sind bei ihm nicht die Söhne, die den Vater erschlugen, wie bei Freud, sondern die Väter, die die Söhne erschlugen. Aber eins ist beiden Modellen gemeinsam: die auf den anderen projizierte Eifersucht, die den Kern des Ödipussyndroms ausmacht, dient als Mittel, sich selber als Sexualwesen zu etablieren.

Auch deshalb (nicht nur weil die Frau den Phallus verkörpert) entsteht der Mythos von der "Unerschöpflichkeit" des weiblichen Sexualtriebs und der weiblichen Wollust (24). Er stellt eine Welt in Aussicht, in der Väter und Söhne sich gegenseitig als Sexualwesen, als physisch existent, "erkennen" können, *ohne* sich dafür schlachten zu müssen. "Da die Sexualität der Frau auf dem Sowohl-als-auch aufgebaut ist", schreibt Pilgrim, "hätte die Frau den Mann am Abend nach dem Jüngling empfangen können." (25) Der Mythos von der "Unerschöpflichkeit" der weiblichen Sexualität hat auch hier nichts mit der Frau zu tun. Sie ist vielmehr die Voraussetzung für eine Resexualisierung der "Söhne" — *trotz* gemeinsamem "Liebesobjekt". Vater und Sohn finden sich in einer sexuell entgrenzten Mutter wieder, und auf diese Weise wird aus dem Beweis ex negativo — dem Beweis von der Existenz des Mannes durch Töten — reines Leben, Lieben, Eros. Aus dem ödipalen Dreieck wird Dreieinigkeit. Dabei hat der "heilige Geist" sich in mütterliche "Materie" verwandelt.

Eben deshalb ist die Umfunktionierung des ödipalen Dreiecks aber auch eine Falle. Sie bietet keinen Ausweg aus der synthetischen, das Geschlechtswesen neutralisierenden Beziehung zur Mutter, sondern verstärkt sie noch. Freud schreibt, daß es den Knaben gelingt, an ihrer "intensiven Mutterbindung unangefochten festzuhalten" — dieser Mutterbindung, die ihm als Ideal aller Liebesbeziehungen gilt —, indem sie, soweit überhaupt eine Ambivalenz auftaucht, "all ihre feindseligen Gefühle beim Vater unterbringen." (26) Der Sohn wird erwachsen, zum Mann, indem er sich gegen sein eigenes Geschlecht *abgrenzt*: der "Untergang des Ödipuskomplexes" besteht in der endgültigen Einmündung im mütterlichen Hafen.

> Alle Welt weiß zudem, was die Psychoanalyse mit "den Ödipuskomplex lösen" meint: ihn interiorisieren, um ihn draußen in der sozialen Autorität besser wiederzufinden, und dadurch ihn auszustreuen, ihn den Kleinen zu vermitteln. (27)

Auch wenn er das Syndrom umfunktioniert zu einer Suche nach dem Vater, dem männlichen Sexualwesen, geht Ödipus dem Logos ins Netz. Er kann, so oder so, die Existenz des männlichen Sexualwesens nur ex negativo beweisen, durch die Vernichtung, durch die Kastration. Er kann bestenfalls Zeugnis dafür ablegen, daß es den Mann *gegeben hat*.

Die Bisexualität der Hysterie und die Zweigeschlechtlichkeit des Phallus

> Es gibt übrigens kein besseres Reagens auf die neurotische Psyche als die Frage nach der Wertung des anderen Geschlechts. Es wird sich herausstellen, daß jede stärkere Leugnung der Gleichberechtigung beider Geschlechter, die größere Entwertung oder Überschätzung des anderen Geschlechts unweigerlich mit neurotischen Bereitschaften und neurotischen Charakterzügen verbunden ist. [. . .] Hier nur so viel: wer die Frau gering schätzt, Mann oder Frau, wird mit der Neurose bestraft. (28)

Die Erhaltung der Frau ist die wichtigste "Triebkraft" der hysterischen

Verweigerung, egal, ob es sich dabei um die männliche oder die weibliche Hysterie handelt. So definiert, ist die Hysterie aber ein Mittel, das *ich* vor einer "Bestrafung mit der Neurose", wie Adler es ausdrückt, zu bewahren. Auch hier kommt wieder die Widersprüchlichkeit von Hysterie als Krankheitsbild und Hysterie als Verweigerungsform zum Ausdruck: als Krankheitsbild hat die Hysterie den Ruf, *die* klassische Form der Neurose zu sein; eine genauere Betrachtung ihrer Symptombildung zeigt jedoch, daß sie vielmehr ein Mittel darstellt, die Neurose zu bekämpfen, gegen das Leiden vorzugehen. Ich möchte sogar noch weiter gehen: die Hysterie stellt das Mittel dar, der Psychose zu entgehen: der psychotisierenden Wirkung, die für den Mann die Fixierung des Sexualinteresses auf die Frau als Mutter hat. Die männliche Hysterie dreht die Fixierung, die mit Freud zur Normalität erhoben wurde, um: statt die Mutter als Geschlechtspartner zu sehen, macht der Hysteriker die Mutter zum *Identifikationsmuster* für sein Frau-Sein. Auf diese Weise macht er in seinem Kopf die Neutralisierung der Frau durch die Mutter wieder rückgängig.

Die in der psychoanalytischen Literatur immer wieder auftauchende Diskussion um die Frage, ob nun das männliche oder das weibliche Geschlecht "bisexueller" sei, spiegelt die Verleugnung der Bisexualität wider. Für Freud war die Frau "bisexueller", weil ihr Lustorgan, die Klitoris, "männlich" sei, im Gegensatz zur "weiblichen" Vagina (29). Die französische

Psychoanalytikerin Michèle Montrelay sieht ebenfalls die Bisexualität mehr auf seiten der Frau, aber sie hat eine andere Begründung als Freud: wegen ihrer "homosexuellen" Mutterbindung habe die Frau eine stärkere Veranlagung zur Bisexualität als der Mann. Allerdings kommt sie zum gleichen Schluß wie Freud: für Montrelay führt dies bei der Frau zur Identitätsverunsicherung. Das zeige sich in der psychoanalytischen Behandlung daran, daß die Frau keine Kontrolle habe über das, was sie denkt und sagt (30).

Transvestit Marie-France

Für Robert Stoller hingegen ist die frühe Mutterbindung des Sohnes, die zu einer Identifizierung mit dem weiblichen Geschlecht führe, der Grund für die Behauptung, daß beim Mann eine stärkere bisexuelle Veranlagung zu finden sei als bei der Frau. Er betrachtet die Bisexualität allerdings nicht als identitätsverunsichernd, sondern ganz im Gegenteil: als Voraussetzung für eine besondere Kreativität und Produktivität (31).
Die Zweigeschlechtlichkeit, von der in diesen verschiedenen Theorien die

Transvestit Marie-France

Rede ist, stellt das Gegenteil von der Bisexualität dar, die die Hysterie meint: sie bedeutet Eingeschlechtlichkeit, Synthese. Gerade bei Freud wird das deutlich. Einerseits symbolisiert für ihn der zweigeschlechtliche Phallus die Libido schlechthin; andererseits ist aber wiederum das weibliche das bisexuellere der beiden Geschlechter. Mit der größeren Bisexualität der Frau erklärt Freud sogar die Tatsache, daß sie eine weniger entwickelte Libido habe (32). Der Widerspruch, daß die Frau zugleich zweigeschlechtlich sei wie der Phallus, aber über weniger Libido verfüge als der Mann, löst sich, wenn man sich vergegenwärtigt, daß hier die Frau als Verkörperung des Phallus betrachtet wird, als Verkörperung der Lust schlechthin, die ihrerseits keine "eigene Lust" empfinden kann (vgl. S. 186 ff). Aber eben diese Vorstellung, die Frau als Verkörperung der Lust schlechthin, bedeutet auch Leugnung der Existenz zweier Geschlechter.

Bisexualität kann per se nur auf beide Geschlechter gleichermaßen verteilt sein — oder es gibt sie nicht. Die Bisexualität des einen Geschlechts verleugnen oder für geringer erachten, heißt die des anderen ebenfalls verneinen. Die Bisexualität lebt von der Existenz zweier Geschlechter; und die wiederum existieren nur, wenn jedes von ihnen bisexuell ist.

Die Theorie von der Zweigeschlechtlichkeit des Phallus stellt das bedeutendste Instrument zur Verleugnung männlicher Bisexualität dar, damit aber auch der Verdrängung der Sexualität, der Libido selbst. Ausgerechnet der Phallus, dieses Symbol der Libido schlechthin, ist die eigentliche Kastrationsmaschine des Mannes, weil er der Frau-im-Mann das Existenzrecht verweigert. Die Frau im Kopf des Mannes kann nur überleben, wenn es auch die Frau als Identifikationsmuster gibt. Wenn die Frau als Sexualwesen mit dem Nichts gleichgesetzt wird (und eben das bedeutet die Feststellung, daß die "Zusammenstellung 'weibliche Libido' jede Rechtfertigung vermissen läßt" (33)), so hat auch die Frau-im-Mann keine Überlebenschance.

Die Theorie einer zweigeschlechtlichen Libido (34), deren Symbol der zweigeschlechtliche Phallus ist, vollzieht die Klitoridektomie im Kopf des Mannes. In vielen Kulturen wird die Beschneidung der Geschlechter damit begründet, daß jeder Mensch die Charakteristika des anderen Geschlechts in sich trage, die es zu entfernen gelte (35). Eben dies vollbringt der zweigeschlechtliche Phallus in der Psyche des Mannes: die Entfernung der Andersgeschlechtlichkeit, indem er sie durch eine synthetische Bisexualität, die des Phallus, ersetzt. Die Theorie von der Zweigeschlechtlichkeit des Phallus, so könnte man vielleicht sagen, zeichnet sich dadurch aus, daß sie zwar die Unendlichkeit zu denken, aber nicht bis zwei zu zählen erlaubt.

Diese Beschneidung der Bisexualität durch die synthetische Zweigeschlechtlichkeit des Phallus bedeutet nicht nur den Untergang der männlichen Libido — sie bedeutet auch die Vernichtung seiner Kreativität und Sprache, die nicht weniger als die Libido von der zweigeschlechtlichen Identifizierung lebt.

Männliche Hysterie und Sprache

"Es ist schon bemerkenswert", sagte der französische Psychoanalytiker André Green:

> wie viel auf einem psychoanalytischen Kongreß über die psychische Bisexualität von Poesie, Roman, Film oder Mythos die Rede ist. Warum? Sicherlich deshalb, weil wir das Gefühl haben, daß es etwas gibt, das uns entgeht: etwas, das sich weder im beschränkten Raum unserer psychoanalytischen Praxis noch durch die mit allen theoretischen Getrieben versehenen Erklärungssysteme, die unsere Fähigkeit des Erstaunens immer schnellstens herabsetzen, erfassen läßt — etwas, das mit den subversiven Kräften der Sexualität zu tun hat, mit der Macht der Erotik, Verwirrung zu schaffen, und mit dem Band, das die Sexualität mit dem Wahnsinn verknüpft. (36)

Poesie, Roman, Film, Mythos — kurz: künstlerische Schöpfung — wird hier also mit Wahnsinn, mit der "Macht der Erotik", mit Verwirrung und den "subversiven Kräften der Sexualität" gleichgesetzt. Eine Gleichsetzung, die sehr geläufig ist. Aber, so muß man dann weiter fragen: worin besteht eigentlich die Gemeinsamkeit von Wahnsinn, Sexualität und Kreativität? Sie läßt sich, so meine ich, als Auseinandersetzung mit der psychischen Bisexualität definieren, die auch Auseinandersetzung mit der Ambiguität, der Undefinierbarkeit, der Unentschiedenheit, dem Widerspruch darstellt.
Die psychische Bisexualität bedroht die Ordnung — nicht nur eine bestimmte Ordnung, sondern das Prinzip selbst der Ordnung, das aus dem Gesetz der *einen* Antwort, der klaren Entscheidung, des Entweder-Oder besteht. Im Gegensatz dazu erhebt die psychische Bisexualität den Anspruch auf Ambivalenz; sie vertritt die Vielfalt, die "mehrwertige Logik" (37), aber auch die Abwechslung, den Zufall, die mit diesen einhergehen.
Insofern bedroht die psychische Bisexualität die Ordnung, die Macht des Logos auch erheblich mehr als die Homosexualität, denn jene läßt sich auf eine, wenn auch andere Ordnung und Eindeutigkeit ein. Die Homosexualität reproduziert oft auf eingeschlechtlicher Ebene — und manchmal sogar karikatural — die Grundmuster der künstlichen Geschlechterrollen (38). Ebensowenig bedroht der Transsexuelle die Ordnung des Logos. Green weist auf die Ähnlichkeit von Transsexualismus und "Normalität" hin:

> Es ist bemerkenswert, daß die exklusive sexuelle Identität, d.h. das Gefühl, nur *einem* Geschlecht anzugehören, gleichermaßen der sozialen "Normalität" entspricht wie dem, was uns als Extremform der sexuellen Entfremdung erscheint: dem Transsexualismus. Die Normalität verdrängt das sexuelle "Auch-anders-sein" [l'altérité sexuelle] des Subjekts, die Mitwirkung des anderen Geschlechts in ihm. Auch der Transsexualismus zielt auf die Austreibung, die völlige Entfernung des falschen, wirklichen Geschlechts, um dem verborgenen, wahren, imaginären Geschlecht soviel Existenz wie möglich zu verleihen (wobei sich bemerkenswerterweise sowohl das "normale" Subjekt wie auch der Transsexuelle auf die Biologie berufen). [...] Die

> Bisexualität hingegen ist inklusiv. Sie hat, wenn nicht die doppelte Identität, so zumindest die doppelte Identifizierung zur Folge. (39)

Die psychische Bisexualität schafft nicht nur Unordnung; sie ist das Prinzip der Unordnung selbst. Das bedeutet nicht, daß sie eine Anti-Ordnung ist. Sie setzt keine andere Ordnung, keinen anderen Sinn der verweigerten Ordnung entgegen, sondern verweigert die Ordnung selbst. Diese Unordnung ist es nun, die die psychische Bisexualität zur Voraussetzung für schöpferische Arbeit werden läßt. Sie stellt gleichsam den "Ursprung" dar, das "Chaos", aus dem das Neue hervorgehen kann. Baudelaire schreibt von der Phantasie:

> Sie zersetzt die ganze Schöpfung — danach jedoch befolgt sie jene Gesetze, deren Ursprung man nur im tiefsten Inneren der Seele zu erfassen vermag; und nach ihnen häuft und ordnet sie die Materie, um eine neue Welt zu erschaffen, die Empfindung des Neuen zu erzeugen. (40)

Die psychische Bisexualität sucht und erlaubt diese Rückkehr zur ungeordneten Materie. Damit schafft sie die Voraussetzung dafür, daß Neues entstehen kann. Joyce McDougall sieht in der zweigeschlechtlichen Identifikation die Bedingung dafür, daß ein Mensch fähig ist, ein schöpferisches Leben zu führen:

> Eine unbewußte Identifikation mit dem Elternteil des anderen Geschlechts erlaubt Männern wie Frauen, schöpferische Werke — sozusagen durch Parthenogenese — zu "erzeugen". Wenn das in jedem schöpferischen Akt enthaltene homosexuelle Element

in der Analyse verkannt wird, können bei beiden Geschlechtern — und dafür gibt es mehr als ein Beispiel — hartnäckige Probleme, insbesondere im Bereich der Selbstverwirklichung, die Folge sein. (41)

Da die psychische Bisexualität die Voraussetzung für schöpferische Fähigkeiten ist und die Hysterie ihrerseits um die Wahrung der psychischen Bisexualität kämpft (vgl. S. 192ff), so kann man nicht umhin, die Hysterie als eine schöpferische Kraft zu bezeichnen. Indem sie die Geschlechtlichkeit zu erhalten sucht, bemüht sie sich auch die Kräfte der Phantasie vor dem Untergang zu bewahren.

Hier — spätestens — wird aber deutlich, daß die Hysterie gar nicht die "Krankheit der Ich-losigkeit" sein *kann*. Durch das, was als ihre "Verrücktheit" interpretiert wird, versucht sie, den Zustand der Unordnung, der Gesetzlosigkeit, des Unsinns herzustellen, aus dem heraus Neues entstehen kann. Eben dies macht die Hysterie auch zum größeren, weil widerstandsfähigeren Feind des Logos als die Schizophrenie. Die schizophrene Psychose kann nicht die "Normalität" des Logos bekämpfen, weil jene selbst eine gewissermaßen kolossale Form von Psychose darstellt: die Psychose des grenzenlos gewordenen "vollständigen" ICHs.

Durch künstliche Mauern — die Mauern der Klinik, des Gefängnisses zum Beispiel — versucht das ICH, diese seine zur "Norm" erklärte Psychose gegen die "krankhafte" abzugrenzen. Diese künstlichen Mauern halten seinen "entgrenzten Körper" in ebenso synthetischer Weise zusammen wie den des Psychotikers auf der anderen Seite. Je höher die Mauer, desto solider das ICH. Die Hysterie hingegen erkennt diese Mauer nicht an. Denn sie bewegt sich zugleich auf dem Territorium, das der "Krankheit" zugeordnet wird, wie auf dem, das der "Normalität" vorbehalten ist. Sie verhält sich nach den Gesetzen des Logos, und dennoch ist sie die "Verrücktheit" selbst. Die Hysterie tut so, als gäbe es die Mauer zwischen "normaler" und "kranker" Psychose nicht; sie offenbart deren Künstlichkeit und entreißt auf diese Weise dem ICH seine lebensnotwendigen Grenzen. Hierin liegt die Subversivität der Hysterie, ihre zersetzende und schöpferische Kraft.

Im Verlauf des 19. Jahrhunderts — als der Logos den Sieg über das Sexualwesen und die psychische Bisexualität davonzutragen begann — wurde die Hysterie allmählich zur einzigen Kraft, die noch von der Existenz der psychischen Bisexualität zu zeugen vermochte. Das wird der Hysterie eine ganz neue Bedeutung verleihen. Sie erklärt das gesteigerte Interesse des 19. Jahrhunderts — des großen Zeitalters der Hysterie — an den hysterischen Reaktionsformen. Die hysterischen Symptome und Erinnerung wurden zunehmend mit "Dichtung" und "Roman" verglichen. Meistens geschah das, um die Verlogenheit der Hysteriker zu unterstreichen. Aber unfreiwillig bewies dieser Vergleich auch die enge Verwandtschaft von hysterischer Phantasie und dichterischer Arbeit: "Der Mechanismus der

Dichtung ist derselbe wie der hysterischen Phantasien", schrieb Freud, als er begann, dem "Rätsel" der hysterischen Symptome und Erinnerungen auf die Spur zu kommen (42). Später sollte er die hysterische Phantasie als "kariös erkrankte Stelle" bezeichnen.

Deutlicher als im Krankheitsbild zeigte sich die neue Bedeutung der Hysterie an den Hysterikern selbst. Unter den Künstlern und Ästheten fand eine zunehmende Verschmelzung von hysterischer Symptombildung und kreativer Produktivität statt. Vor allem unter den Schriftstellern entstand ein neuer Persönlichkeitstyp, der sich mindestens ebenso durch seine Migränen, sein Asthma, seine konvulsivischen Anfälle auszeichnete wie durch seine schöpferische Tätigkeit. Sartre hat diesen Typ am Beispiel Flauberts bewundernswert beschrieben und analysiert. Der neue "hysterische" Schriftsteller flieht vor der Welt der Realität, oder vielmehr ist er unfähig, sie als Realität wahrzunehmen:

> Die Wörter bezeichnen in seinen Augen [...] niemals, was er empfindet, was er fühlt. Noch sein wahres transzendentes Verhältnis zur Welt. Die Gegenstände der Umgebung sind die Dinge der Anderen. (43)

Flaubert versucht, zu "seinem Sinn" der Wörter zurückzukommen, zu einer Sprache, die ihm Existenz verleiht, in der es ihn als Sexualwesen gibt. In der zur "Muttersprache" gewordenen "Vatersprache" gibt es ihn ebensowenig wie die Frau. Und er versucht zu seiner Sprache zurückzukommen, indem er sich der geschriebenen Sprache bedient, um die "Vatersprache" wieder zu entleiben. Sartre nennt diesen Prozeß die systematische "Derealisierung des Sprechens" (44).

Flaubert, der sich selber gerne als "dickes hysterisches Mädchen" oder als "alte hysterische Frau" (45) bezeichnete, ist, laut Sartre, in seinem Jahrhundert der erste Schriftsteller, der die Umwertung der Neurose systematisch betreibt (46). Die Romantiker hatten die Vorlage für diese Umwertung geliefert, ohne sie mit der Flaubertschen Konsequenz durchzuführen und ohne zum "Objektivismus" seiner Sprache und Dichtung zu gelangen — ein "Objektivismus", der freilich nur vordergründig als solcher erscheint: er tut so, als stelle er Realität dar. Sartre vergleicht den Stil Flauberts mit dem eines bildenden Künstlers, der versucht, mit Hilfe des Gegenständlichen das Unsagbare, ein Gefühl, einen Geschmack, ein Bild des Unbewußten darzustellen. Flaubert versucht, sich selbst zu vermitteln, sein Gefühl, seine "Anomalie", mit der er auch andere anstecken will:

> Es geht nicht darum, "Le Portier des Chartreux" [ein anonymes pornographisches Werk des 18. Jahrhunderts, Anm. d. Verf.] neu zu schreiben, sondern durch die unsagbare Einzigartigkeit des hervorgebrachten Satzes die Geister wie mit einem Gift zu pervertieren. (47)

Flaubert will eine Sprache finden, die "demoralisierend" ist, eine subversive Sprache, die die Ordnung, das herrschende Recht unterwandert. Er möchte, so drückt es Sartre aus, "vor allem seine 'nervösen Halluzinationen' dazu verwenden, jenem fortschreitenden Sieg des Irrealen über die Realität und des Nichts über das Sein einen lebendigen und konkreten Inhalt [zu] geben." (48) Was Flaubert erreichen will (um seinen "Fall" in den Kontext der vorliegenden Untersuchung zu stellen), ist die Schöpfung einer Anti-Materie, die sich der zunehmenden Materialisierung des Logos widersetzt. Flaubert möchte durch die Sprache etwas vermitteln, das Sein bedeutet, aber dem Sein, das er in seiner Umwelt erlebt, konträr ist.

Um das zu erreichen, "derealisiert" er nicht nur sein Sprechen, sondern auch sein Sein, seine leibliche Existenz. Die Entfernung seines Körpers von der umgebenden physischen Realität, seine Verwandlung in "imaginäre" Symptome — Symptome, die die Phantasie geschaffen hat — sind die Voraussetzung dafür, daß er schreiben kann und schreiben darf. Flaubert muß und wird sich von der umgebenden Realität distanzieren, um das "Realitätsprinzip", das von seinem Vater, dem Chirurgen, vertreten wird, zu überwinden, in sich abzutöten.

Das gelingt ihm durch die Entfaltung von Krankheitszuständen (49). Als Kind hat Flaubert Sprachstörungen; als Adoleszent entwickelt er epilepsieähnliche Anfälle, die ihrerseits ein klassisches Symptom der Hysterie darstellen und immer wieder dazu geführt haben, daß die beiden Krankheiten miteinander verglichen wurden. Dieses Symptom wird im Zeitalter der "klassischen Hysterie" sehr bedeutsam. Es spielt eine entscheidende Rolle bei den großen Anfällen der Hysterikerinnen in der Salpêtrière (vgl. S. 58). Daß Flaubert sich unter den vielen Möglichkeiten hysterischer Symptombildung ausgerechnet dieses ausgesucht hat, hängt auch mit der symbolischen Bedeutung des "Fallens" zusammen. Die Epilepsie wird bekanntlich auch "Fallsucht" genannt; und das Fallen spielt bei Flaubert eine wichtige Rolle: es bedeutet Absage ans Mann-Sein, das der Vater und der Bruder verkörpern, "sozialer Abstieg", Frau-Werdung, aber zugleich auch die Beanspruchung des *Rechts* zu diesem "Abstieg". Die Epilepsie, die oft auch als "Le grand mal", das große Übel oder Leiden, bezeichnet wurde, diente ihm als Mittel, le Grand Mâle, die große Männlichkeit, abzulehnen. Mit Hilfe dieser Anfälle, beziehungsweise ihrer Symptome — denn es war nur eine gespielte, eine "hysterische" Epilepsie, sozusagen: le petit mal (50) — erkämpfte Flaubert sich das Recht, *nicht* dem Realitätsprinzip zu folgen und nicht, wie sein Vater es erwartete, die Laufbahn eines Advokaten einzuschlagen, sondern stattdessen, wie er es wollte, in Klausur zu gehen und zu schreiben. So setzte er sich — bezeichnenderweise mit seiner Mutter (51) — ab von den anderen Männern seiner Familie, die das Realitätsprinzip verkörpern, um fortan als "hysterischer Eremit" (52) zu leben. "Hysterisch" deshalb, weil in seinem Eremitendasein nicht der wirkliche *Verzicht* auf den Körper steckt, sondern dessen *Anästhesierung*, die — ex negativo —

der beste Beweis für die Existenz des Körpers ist (so wie Lacan die Verdrängung als "die lebendigste Form der Erinnerung" bezeichnet). Für Flaubert gibt es den Körper, aber nur in seiner verdrängten Form. Die Verdrängung selbst verdeutlicht, *daß* er noch existiert — dem Körper der anderen, der künstlichen Realität *zum Trotz*. Flaubert ist "sein ganzes Leben lang darauf versessen [...], den Künstler und den Heiligen miteinander zu vermischen" (53), weil diese Verbindung ihm die Möglichkeit verschafft, *seine* Realität zu wahren. Und diese, seine Realität ist keine andere als die seiner psychischen Bisexualität, die ihn zum Künstler macht.

Was sich also mit der Entstehung dieses neuen Typs von Schriftsteller vollzieht, der zugleich Hysteriker und Eremit ist (Proust, Huysmans sollten den Typ später noch kultivieren), entspricht einerseits dem *Rückzug* von dem sich zunehmend "selbstverwirklichenden" synthetischen ICH, das die Existenz der Frau verleugnet; und andererseits dem *bewußten Bekenntnis* zu den weiblichen Anteilen im Mann (oder vielmehr: deren Beschwörung) durch die Entwicklung hysterischer Symptome. Deshalb spielen die Migräne, das physische Leiden (ja sogar die Tuberkulose, die den Mann in ein "schmächtiges", der Frau vergleichbares Wesen verwandelt (54)) eine solch erhebliche Rolle für die Künstler und Schriftsteller des 19. Jahrhunderts: die Symptome, die körperliche "Befindlichkeit" werden zum Beweis für künstlerische Befähigung. Der "Lebensstil" wird ebenso wichtig wie das Geschriebene, die Schöpfung selbst (und in vielen Fällen tritt er an deren Stelle). Der Künstler versucht, trotz des Verschwindens der Frau aus der Realität, seine schöpferischen Kräfte, seine psychische Bisexualität, das *ich* zu erhalten, indem er der "Frau im Kopf" physische Realität verleiht: in Form von Symptomen. Gleichzeitig zieht er sich von der Welt zurück, um diese Frau-im-Kopf nicht zu gefährden durch die Konfrontation mit der Inexistenz der Frau in der Welt draußen.

Nur: mit dem Einmarsch der Preußen (1870) in Frankreich, mit der Schlacht von Sedan, bricht das Prinzip Realität — das der Außenwelt — wieder über Flaubert herein. Die "Derealisierung", die Flucht in das Imaginäre, das Anti-Körperliche, die der Schriftsteller angetreten hatte, wird von dem eingeholt, wovor er geflohen war. Mit den Preußen — Sartre beschreibt diese Parallele sehr anschaulich — marschiert auch der Vater und das Prinzip des verhaßten "Realismus", den jener verkörpert, wieder im Leben von Flaubert ein. Er war also *nicht* tot; Flaubert hatte sich etwas vorgemacht, und sein ganzes Schaffen, das der Flucht vor dieser "Realität" und deren Bekämpfung gewidmet war, verlor seinen Sinn. Es war alles umsonst: "Die Literatur scheint mir eine müßige und nutzlose Sache", bekundet er in einem Brief. (55) Sartre schreibt dazu:

> Dieses unendliche Nicht-sein, diese funkelnde Leere, aus der er sich gemacht glaubte, war nur eine List des Seins, ein ganz reales Mittel, ihn sechsundzwanzig Jahre nach

seiner Bekehrung von Pont-l'Evêque [dem ersten seiner "Anfälle", Anm. d. Verf.] mit seiner Endlichkeit, mit seiner Faktizität zusammenfallen zu lassen. Nach dieser Entdeckung versteht man, daß er ständig kotzt: er kotzt natürlich auf die Niederlage und auf die Republik und auf Preußen. Vor allem aber kotzt er auf sich selbst, er versucht, auf diese Einnahme des Nichts durch das Sein zu kotzen, die ich — im Kontrast zu dieser Derealisierungsanstrengung eines halben Jahrhunderts — seine *Realisierung* nennen werde. (56)

Flaubert erkennt, daß es keine Frau mehr gibt. Es gibt sie nicht einmal in Croisset, in der Einöde. Von der schöpferischen Kraft des Künstlers sind nur noch die Symptome übriggeblieben: die Übelkeit. Diese Frau-im-Kopf, der er physische Realität verleihen wollte, diese Frau erbricht er nun. Er gibt sich geschlagen, sie ist nicht zu halten. Die männliche Hysterie, weit davon entfernt, den Untergang der Tragödie herbeizuführen, hatte nur ein Rückzugsgefecht geführt. Sie kam zu spät. Die Schlacht um die Existenz der Frau war schon längst verloren.

Gesprächsprotokoll: Heinrich W., neununddreißig Jahre alt, Lehrer:

Woran ich krank wurde, das weiß kein Mensch. Es war in den Ferien, ich lag neben einer Frau, mit der ich vorher zusammengelebt hatte. Sie lag in meinem rechten Arm, und ich wollte mit der linken Hand an ihren schönen Zöpfen zupfen. Und plötzlich hat sich der linke Arm nicht mehr bewegt. Und es hat ein bißchen gedauert, bis ich auf den Gedanken kam, ich wollte mich überhaupt mal bewegen. Da ging die ganze linke Seite nicht mehr zu bewegen. Wir haben beide zuerst einmal gedacht, das wäre hysterisch, also, das wäre eine Lähmung aus psychosomatischen Gründen. Ich habe erst viel später erfahren, daß es das gar nicht gibt. Ich hab mit einer Psychiaterin gesprochen, und zwar schon in der sehr frühen Krankheitsphase. Ich habe sehr viel Vertrauen zu ihr. Die hat mir gesagt, eine hysterische Lähmung ist das nicht. Danach hab ich nie wieder danach gefragt; ich fand es dann auch uninteressant, denn ich konnte ja nichts dran ändern.

Aber ich hab erst gedacht, es sei was Psychosomatisches, weil ich von Geburt an Asthma gehabt habe. Ich habe überhaupt sehr viele psychosomatisch bedingte Krankheiten gehabt. Also, Krankheiten, die zwar am Organ auftraten, aber nicht organisch bedingt waren. Das hat nahegelegen, zuerst einmal zu vermuten, daß das eine Krankheit war, die irgendwie seelische Ursachen hatte und möglicherweise mit einer Psychotherapie wieder zu heilen gewesen wäre. Ich weiß heute, daß es anders ist. Ich habe eine Lähmung gehabt. Ich habe lange danach zu der Schlaffheit der Lähmung noch Verkrampfungen bekommen, von denen ich aber heute annehme, daß sie durch eine gute Psychotherapie wieder zu heilen sind, weil ich spüre, daß sie dann besonders stark auftreten, wenn ich unter Streß bin, sowohl unter seelischem als auch unter körperlichem Streß. Danach habe ich mehrere Psychotherapien angefangen, weil mir klar war, daß mein Asthma, das ich auch immer noch hatte, daß das psychosomatisch bedingt war. Da hatte ich angefangen zu begreifen, daß das von meiner Mutter her kam, die mich mit einer Haßliebe geliebt hat, und mir deshalb schon sehr früh die Luft weggeblieben ist. Ich hab das Asthma immer wieder bekommen, wenn ich mich furchtbar verliebte, wenn ich mich also aus der Hand verlor, wenn ich einer Frau verfiel. Das waren unangenehme Zeiten. Ich hab dann so auf die Zähne gebissen, daß ich dann keine Luft mehr gekriegt habe.

An sich sollte ich ein Mädchen werden. Ich hieß schon Ursula. Ich hatte eine Mädchenfrisur die ersten drei Jahre, und die falsche Schleife war auch schon an meinem Korb an der Wiege. Ich bin also ein unerwünschtes Kind gewesen, ein unerwünschter Junge. Da damals Freud nicht nur unbekannt war, sondern auch verfemt, wird meine Mutter überhaupt nichts gewußt haben, oder sie wird einfach empfunden haben, das Kind mußt du liebhaben, das ist dein Kind. Aber dann wird sie mich mit einer Liebe geliebt haben, die, ohne daß sie es wußte, eine Haßliebe war. Das hat mir in den ersten Monaten meines Lebens schon die Luft weggenommen. Ich bin nie stark genug gewesen, mich dagegen zu wehren. Als ich achtzehn war, hat sie mir gesagt: "Dich liebt doch keiner!" Da hatte sie es so weit gebracht, daß sie sich rechtfertigen konnte. Dieses ungeliebte Kind konnte doch keiner lieben. Oder, anders rum, wenn keiner dieses Kind liebt, dann hab ich wenigstens recht gehabt, daß ich auch am Anfang skeptisch war. Das sind aber jetzt Spekulationen, die ich nachher mache, weil ich mir unbedingt erklären will, warum ich so schweres Asthma gehabt habe.

Es hat einen Vater gegeben, aber mein Vater spielte praktisch keine Rolle. Das heißt, daß er keine Rolle spielte, ist natürlich sehr wichtig. Ich habe ihn immer als einen Waschlappen empfunden. Wenn ich meinen Vater charakterisieren sollte, dann: "Nur nirgendwo anecken, nirgendwo anecken!" Weder bei der Kirche noch bei den Nazis. Aber da er es beiden recht zu machen versucht hatte, hat er es keinem recht gemacht. Er hat Sonntag morgens in der Kirche in der SA-Uniform vorgebetet, und keiner hat ihm gesagt: "Nun laß doch mal den Firlefanz!". Der Bürgermeister, der zugleich Ortsgruppenleiter war, hat ihm jeden Montag, *jeden* Montag einen blauen Brief geschickt: "Das verträgt sich nicht mit der Haltung eines nationalsozialistischen Lehrers!" Nie hat er oder meine Mutter mal gesagt, jetzt hören wir das mal auf! Meine Mutter hat das nur in sich geschluckt. Meine Mutter wurde daran seelisch krank, so daß ihr Professor mal gesagt hat: "Also, wenn Sie nicht bald in die Stadt kommen, dann sterben Sie". Wir lebten auf dem Land, fünfzig Kilometer vor Hannover. Sie konnte aber nicht nach Hannover, weil mein Vater noch nicht in der Partei war. Dann ging mein Vater in die Partei, da ist er sofort versetzt worden. Da war ich drei.

Bis zu drei Jahren habe ich kein Wort gesprochen, kein einziges Wort! Man hat mir immer erzählt: "Du warst eben schon immer eigensinnig!" Nur heute weiß ich, daß das meine erste Depression war. Die ersten drei Jahre meines Lebens, drei Jahre Depression, das ist zuviel. Mit drei Jahren bin ich in den ersten Nazi-Kindergarten gekommen, in der Stadt. Da wurde ich das erste Mal wie ein Junge erzogen, wie ein harter Junge! Das heißt, das ist eigentlich der Anfang vom Lebensdilemma. Da konnte ich plötzlich wieder sprechen. Ich war auf einmal wieder ich. Ich war akzeptiert als der, der ich war. Aber ich war nicht mehr geliebt, weil meine Mutter ja ein Mädchen wollte.

Ich hab in jeder Anamnese, auch in jeder Psychotherapie, bis vor fünf oder vier Jahren erzählt, ich hieße eigentlich "Ursula"; ich hab nie begriffen oder nie erzählt, ich sei ein unerwünschtes Kind gewesen. Aber vor einem Vierteljahr habe ich das erste Mal eine Psychotherapie angefangen, von der ich glaube, daß sie mich jetzt weiterbringt. Da hab ich das in den ersten zehn Minuten erzählt, und der Psychotherapeut hat dann nur ganz leicht gesagt: "Wollen Sie über das, was Sie da erzählt haben, gerade mal nachdenken". Ich hab nicht nachgedacht, ich bin umgefallen auf dem Sofa, und hab geschrien: "Ich will gar kein Mann sein!" Das war mein innerstes Ich...

Als ich vier war, hat meine Mutter mich in einem Kinderheim abgeliefert; das war ein Versuch, das Asthma durch Klimaveränderung zu heilen, wie die dachten. Mein Asthma ist immer durch Klimaveränderungen weggegangen. Aber kein Mensch hat daran gedacht, daß es eigentlich durch Entfernung von meiner Mutter besser würde. Jedesmal, wenn ich nach Hause kam und meine Mutter mich dann ins Bett nahm, hatte ich in der ersten Nacht wieder einen schweren Asthma-Anfall. Als ich achtzehn war, hat meine Mutter mir erzählt, vorgeworfen: "Du bist ja so undankbar! Als du fünf, sechs Jahre alt warst, habe ich immer mit dir spielen müssen. Keiner wollte mit dir spielen, und du hast mich nie gewinnen lassen. So undankbar bist du! Ich hab immer mit dir gespielt, und du denkst da heute überhaupt nicht mehr dran!"

Die Erinnerung an meine Mutter besteht nur aus solchen Gesprächen. Jetzt ist sie tot! Ich hab immer das Gefühl gehabt, es ist ein Glück, daß sie tot ist. Stell Dir vor, Du denkst von Deiner Mutter, es ist ein Glück, daß sie tot ist!

Sie hat mir auch später noch Asthma gemacht, nach ihrem Tod. Ich war grad in einem Hotel; da war ich als Student untergebracht, in einem sehr schönen weitläufigen Hotel in den Voralpen. Mir ging's phantastisch, aber es war wieder so 'ne Frauengeschichte: Ich hatte Asthma. Da starb meine Mutter und das Asthma ist im Nu weggewesen. Im Nu! Das ist das erste Mal, daß ich geahnt habe, daß das etwas mit meiner Mutter zu tun hat.

Meine Mutter hat mich immer nur so bestraft, daß sie mich eingesperrt hat und wochenlang nicht mit mir gesprochen hat. Dann reichte sie mir das Essen durch den Schlitz... Nicht in meinem eigenen Zimmer, in einem anderen. Ich wurde eingesperrt, es wurde abgeschlossen und der Schlüssel abgezogen. Wenn ich eins bedaure, dann daß ich nicht irgendwann mal zugeschlagen habe. Oder abgehauen bin, weil mich das gesund gemacht hätte. Aber ich kann mich nicht erinnern, daß ich wütend gewesen wäre.

Und mein Vater war nur ein Ableger meiner Mutter. Meine Mutter hat ihm abends auch manchmal erzählt, wie schlimm ich wieder gewesen wäre. Dann hat er seine Hosenträger genommen und mich geprügelt. Das ist die einzige körperliche Begegnung, die ich mit meinem Vater regelmäßig gehabt habe. Das einzige, was ich von ihm weiß. Da war er in Wut. Nicht das einzige; ich erinnere mich jetzt noch an andere Szenen. Da hat meine Mutter mal wochenlang nicht mit mir gesprochen. Ich bin abends immer zu meinem Vater gegangen, hab ihm die Hand gegeben, das war so bei uns, und habe gesagt: "Gute Nacht, Vater". Da hat meine Mutter meinem Vater vor mir verboten, weiter "Gute Nacht" zu sagen. Mein Vater war nur ein Ableger meiner Mutter.

Aber ich weiß, das ist mir immer wieder gepredigt worden, mein Vater sei ein außerordentlich beliebter Lehrer. Also, wenn ich zu ihm den richtigen Zugang gehabt hätte, wäre ich wahrscheinlich sehr stolz auf ihn gewesen. Aber da er seine Schulkinder weit mehr geliebt hat als mich, hab ich den richtigen Zugang nicht gehabt. Ich kann mich nicht erinnern, daß er mich mal auf den Arm genommen hätte als Kind. Von meiner Mutter weiß ich das.

Es hat eine Situation gegeben, da konnte ich das sozusagen herausfordern. Mir ist mal abends sauschlecht geworden, aber ich weiß noch, daß ich, bis ich vor dem Waschbecken war und kotzte, selber nicht dran geglaubt habe, daß mir schlecht war. Aber ich hab schon gerufen: "Mutter! Mir wird schlecht!" Nur, ich habe nicht dran geglaubt, mit dem Kopf. Sie hat's gesehen, daß ich ganz bleich war, hat mich schnell aus dem Bett gehoben und in die Küche zum Waschbecken getragen und da hab ich dann gekotzt. Aber ich hab's immer noch nicht geglaubt. Aber seitdem weiß ich, daß es eben in mir eine Ambivalenz gibt zwischen dem Körper, der krank sein will, damit er geliebt wird, und dem Kopf, der das selbst nicht mal wissen wollte.

Ich kenne einen alten Jesuiten, der war schon mal in der Schule, Religionslehrer, aber nicht meiner. Der hat auch meine Frau und mich später getraut. Der predigt jeden Sonntag, predigte damals schon und predigt auch heute noch, jeden Sonntag, mindestens einmal. Über ein Kind und über Mutterliebe und darüber, daß Gottesliebe der Inbegriff der Mutterliebe ist, weil sie schenkt und bedingungslos ist, weil sie schenkt, weil sie schenkt...

Ich habe mir die Frauen, die ich geliebt habe, ausgesucht nach dem Bild meiner Mutter. Es war sogar eine darunter, die ihr wie aus dem Gesicht geschnitten war. Das haben wir frühzeitig gemerkt, aber ich habe nichts begriffen, und ich habe auch daraus nicht die Konsequenzen gezogen. Das heißt, ich habe Frauen geliebt, zum Beispiel diese eine Frau, von der ich jetzt spreche, die nicht in der Lage waren, sich in kritischen Situationen zu äußern. Also schwiegen sie, manchmal tagelang. Ich hab das nicht als eine Unfähigkeit empfunden, sondern als eine Bestrafung. Weil Liebe mir nur in der Form von Belohnung oder Bestrafung bekannt war.

Ich wollte immer beliebt sein, da ich nicht geliebt sein konnte. Und da mir meine Mutter beigebracht hat, daß das am besten mit dem Kopf geht, hab ich also immer mit intellektuellen Leistungen geglänzt, vor allen Dingen bei Frauen. Ich konnte besser reden, sogar besser als meine Mutter! Das ist heute noch immer so. Ich habe eine sehr gewählte Sprache. Wenn ich einer Frau, ob ich sie nun gut oder schlecht kenne, wenn ich der sage "Gnädige Frau", dann weiß die, was es geschellt hat. Wenn ich in einer Auseinandersetzung "Gnädige Frau" sage, dann ist das eine tödliche Beleidigung. Meine Sprache gegenüber Frauen ist eigentlich eine ständige Vergewaltigung. Das habe ich nicht nur in Auseinandersetzungen gemerkt. Ich kann eine Frau um den Finger wickeln mit der Sprache! Ich kann ihr vier Verse Hölderlin zitieren, und dann ist sie hingerissen. Das geht auch mit fünfzig Zeilen Brecht. Ich glaube, ich bin mit Frauen sehr oft so umgegangen, wenn ich sie angemacht habe: daß sie nur das Mittel und nicht auch der Zweck der Ansprache waren.

Sie sind für mich auch ein Mittel, mich zu reintegrieren in eine Frauenwelt. Ich will mit aller Macht in die Frauenwelt zurückkommen. Wenn's sein muß, auch durch Schmeichelei. Das ist der andere Aspekt dieser Gewaltanwendung. Nicht, daß ich bewußt oder auch nur mit dem Gefühl Gewalt benötige oder Gewalt anwende, um wieder eine Frau zu werden. Ich möchte bei Frauen sein. Nicht mehr alleine. Ich bin immer das gewesen, was die Franzosen einen "homme à femmes" nennen. Immer. Und zwar, seit ich aufgehört habe, Theologie zu studieren, seitdem ich zweiundzwanzig Jahre alt bin. Als ich zweiundzwanzig Jahre alt war, starb meine Mutter. Ich war gerade in den Alpen, in jenem schönen Hotel zur Asthma-Kur. Und plötzlich war mein Asthma weg. Kurz danach habe ich auch mein Theologiestudium abgebrochen. In meiner Erinnerung bilden diese drei Ereignisse ein Ganzes: Meine Mutter stirbt, mein Asthma hört auf und ich höre auf, Theologie zu studieren.

Meine Mutter hat sich immer meiner Idee, Theologie zu studieren, widersetzt; mit dem alten Argument, das ich schon kannte, es wäre pure Heuchelei. Letztlich war es auch nicht mein Wunsch, aber ich habe mich damit von ihr befreit.

Ich habe einen schwulen Pallottiner* kennengelernt, ohne daß mir seine Homosexualität damals bewußt war. Pallottiner ist in dem Zusammenhang wichtig, weil die ein ganz komisches Ideal von ihrem Orden haben. Das ist eine Familie. Der hat mich, als er mich kennenlernte, zu seinem Sohn gemacht. Er war mein Vater, ich sein Sohn. Das berechtigte ihn dazu, mich zu erziehen. Ich hab nicht gemerkt, daß er schwul war. Später, als ich in seinem Kloster mal krank geworden bin, hat er sich an mein Bett gesetzt, mir über meine Oberschenkel gestreichelt und mir gesagt, eigentlich wäre ich ja kein richtiger Mann, ich hätte ja nicht genug Behaarung. Das hat mich ein bißchen getroffen, daß ich nicht ein richtiger Mann wäre. Also ich hab mich von meiner Mutter befreit und meinem Vater, indem ich mich von jemand anderem habe Sohn nennen lassen. Eines Tages ist ein Brief von dem zu Hause angekommen. Ich hab den gelesen, bei mir im Zimmer versteckt. Meine Mutter, die überall rumschnüffelte, hat ihn gefunden und hat mir am nächsten Tag 'ne unheimliche Tirade vorgespielt, wie ich jemand anders Vater nennen könnte. Ich weiß nicht, ob sie es meinem Vater gesagt hat.

Aber das Verhältnis war auch sofort vorbei, als ich aufhörte, Theologie zu studieren. Da hat der Pallottiner zu mir gesagt, ich sei jetzt von einem objektiv höheren Ideal zu einem objektiv niedrigeren Ideal abgestiegen. Das hätte so seine Konsequenzen. Ich habe damals angefangen, mich ganz manisch selbst zu befriedigen, und hab ihm das mal gebeichtet. Da sagte er mir, das wäre ganz verständlich, weil ich eben nicht mehr Priester werden, nur normaler Mensch bleiben wollte. Als ich ihm später mal geschrieben habe, mir käme das irgendwie verdächtig vor diese Vaterschaft, da hat er mir geantwortet: das wäre ihm so heilig, da möchte er nicht mit mir drüber reden. Das erinnerte mich an meine

---

* Mitglied einer katholischen Vereinigung zur Förderung des Laienapostolats und der Mission

Mutter. Die hat das auch immer über die Sexualität gesagt, das sei so heilig, da dürfe man nicht drüber reden!

Das erste Mal, als ich mit einer Frau geschlafen hab, war ich sechsundzwanzig; mit meiner Ehefrau, in der Hochzeitsnacht. Während ich Theologie studierte, habe ich keine Frau gehabt. — Halt, das stimmt ja gar nicht! Ich bin mal in Kur geschickt worden, weil ich wieder schweres Asthma hatte. Ich war im Schwarzwald, in einem von Nonnen geführten Heim, und ging abends, das war nach der Vorschrift, im Wald spazieren. Es traf sich, daß da ein junges Mädchen war, das auch da spazierte. Ich war einundzwanzig Jahre alt. Eines Abends, nachdem wir öfter miteinander geplaudert hatten, haben wir uns auf eine Bank gesetzt, und ich hab ihre Hand genommen. Ich hab sie auch mal gestreichelt, im Gesicht. Und dann war meine Hand auch auf ihrem Revers, und ob es nun Absicht war oder Sehnsucht oder Versehen, das weiß ich heute nicht mehr, war sie auch mal unter ihrem Revers und auf einmal habe ich auf dem seidenen Unterrock eine Brust gespürt. Es war ein unheimlich schönes Gefühl, die erste Brust, die ich in meinem Leben angefaßt habe, außer der Brust meiner Mutter, und davon weiß ich nichts mehr. Und es war wie ein Feuer in mir. Ich hab es nicht lange da ausgehalten, dann kam auch schon das schlechte Gewissen. Ich hab ihr dann auf dem Heimweg gesagt statt zu schweigen, ich müßte das Verhältnis abbrechen. So habe ich das später auch öfter gemacht: immer, wenn mit Frauen etwas schön war, mußte ich abbrechen.

Ich hab es fertiggebracht, acht Jahre lang eine sogenannte korrekte Ehe zu führen. Bis eine Frau mir mal nach einem Gespräch bis über Mitternacht gesagt hat: "Sie können auch hier bleiben." Da war ich bei ihr zu Hause. Ich bin direkt drauf reingefallen. Hab überhaupt nicht nachgedacht. Da waren alle meine Prinzipien und alle meine fanatischen Einstellungen zur korrekten, tadellosen Ehe völlig vergessen. Ich bin bei ihr geblieben und hab mit ihr geschlafen, ganz ganz leidenschaftlich. Das erste Mal spontan in meinem Leben. Unüberlegt! Ohne Vorbedacht. Das gab ein Verhältnis von ein paar Wochen. Währenddessen hab ich immer meine Frau belogen. Und dann bin ich durch eine Gruppentherapie auf die Idee gekommen, ich müßte es meiner Frau beichten, richtig beichten mit allem Scheiß, was dazu gehört. Ich habe ihr das aufgeladen. Sie war kaputt davon. Ich hab damals noch nicht begriffen, wie schwer das für sie hat sein müssen. Dann kam eine Depression von einem Vierteljahr bei mir. Ich glaube, das ist auch ganz erklärlich. Schlechtes Gewissen. Und dann kam eine furchtbar manische Phase, in der ich ein Heidengeld verdient habe, monatlich fünftausend Mark. Da hab ich mir einen neu gebrauchten Mercedes Diesel gekauft, für zehntausend Mark, ohne meine Frau zu fragen. Wir hatten keine Gütertrennung. Dann hat sie auf den Tisch gehauen. 'Ne neue Depression. Dann hat sie mir gesagt, sie will sich trennen . . .

Ich hab Frauen oft verletzt. Ich tue es heute noch in diesen manischen Anfällen. Aber spätestens nach zwei Minuten tut mir das unheimlich leid. Ich bin auch in der Lage, dies nach fünf Minuten herzlich zuzugeben. Um Verzeihung zu bitten. Meist sieht das wie Heuchelei aus. Aber das kostet mich eine ganz schöne Überwindung. Das bin nicht ich, das ist mein Ich. Das ist ein bißchen schizophren. Ich hab kein Bedürfnis gehabt, destruktiv zu sein, aber ich habe öfters destruktiv gehandelt.

Erst als ich so fünfunddreißig oder vierzig war, habe ich begriffen, daß alle meine Verhältnisse, die ich bis dahin gehabt habe, auf die gleiche Weise zu Ende gegangen waren. Daß ich irgend etwas kaputtgemacht habe. Wie, das ist mir damals, selbst da noch nicht klargeworden. Ich habe auch nicht gemerkt, daß ich da, wo ich nach so einer Art katholisch-theologischem Gentleman-Ideal gehandelt habe, destruktiv war. Mir hat gerade eine Frau, die heute fünfundzwanzig ist, eine eigentlich sehr decouvrierende Geschichte erzählt. Ich hab sie mal kennengelernt in einer Akademie für Oberprimaner. Wir haben dann eine "nuit blanche" gehabt. Ich hab mit ihr eine ganze Nacht in der Bibliothek gesessen. Wir haben uns unterhalten. Dann wurde das zu anziehend, dann habe ich sie auf ihr Zimmer begleitet. Jetzt gebe ich das wieder, was sie mir erzählt hat: Dann hab ich ihr einen Schubs gegeben und habe gesagt: "Gute Nacht, schlaf gut!" Dann hat sie sich auf ihr Bett geworfen und hat geheult, weil ich ihr nichts getan hab. Und ich bin weggegangen und war stolz auf mich. War stolz, weil ich mich überwunden habe. Und ich finde es immer noch richtig.

Ich finde es immer noch unbegreiflich, daß das Mädchen nur *den* Aspekt des Schmerzes gesehen hat und nicht auch die Noblesse, die da drum war. Daß ich als fünfunddreißigjähriger Mann gegenüber einem siebzehnjährigen Mädchen nicht einfach die Gelegenheit ergriffen habe, daß sie geöffnet war, sehnsüchtig. Für mich war Sexualität damals, trotz zehnjähriger Ehe, immer noch ein Inferno. Sexuelle Wünsche eines siebzehnjährigen Mädchens, die hätte ich als die tobende Hölle in diesem Mädchen empfunden. Außerdem hat vielleicht auch mitgespielt, daß ich mich von ihr verführt gefühlt habe. Oder, daß ich das Gefühl gehabt habe, ich weiß es nicht, sie könnte mich in dem Augenblick verführen.

Anmerkungen Kapitel VI

(1) Augustinus, Bekenntnisse, S. 236

(2) Ebda., S. 240

(3) Charcot führte die Hysterie beim Mann auf eine hereditäre Veranlagung zurück, die der Sohn von der Mutter geerbt habe. Vgl. Charcot, Neue Vorlesungen über die Krankheiten des Nervensystems, insbesondere über Hysterie, S. 93. In gewissem Sinne möchte ich ihm zustimmen: Wenn man nicht von einer physiologischen, sondern einer psychologischen Erbschaft ausgeht, gehen die hysterischen Verweigerungsformen beim Mann tatsächlich auf die omnipotente Mutter zurück.

(4) Beide zit. n. Hoffmann, Charakter und Neurose, S. 285f

(5) Der Franzose Charles Lepois gehörte zu den ersten, die die Möglichkeit einer männlichen Hysterie in Erwägung zogen. Das war Anfang des 17. Jahrhunderts. Ihm folgten gegen Ende des 17. Jahrhunderts die beiden Engländer Sydenham und Willis. Es sollte aber noch mehr als eineinhalb Jahrhunderte dauern, bevor sich das Konzept der männlichen Hysterie durchgesetzt hatte. "Legitimiert" wurde die männliche Hysterie durch Briquet, Traité clinique et thérapeutique, und durch die Tatsache, daß Charcot Ende des 19. Jahrhunderts die Salpêtrière für Männer öffnete. Zur Geschichte des ungleichen Paares "Hysterie und Hypochondrie" s. Foucault, Wahnsinn und Gesellschaft, S. 285-307

(6) Die ersten Beobachtungen von soldatischer "Verweigerung" gehen schon auf den amerikanischen Bürgerkrieg zurück (1861-1865). Sie wurden von dem amerikanischen (in Paris ausgebildeten) Neurologen Silas Weir Mitchell (1829-1914) angestellt. Vgl. Veith, Hysteria, S. 212ff

(7) Charcot wies schon, bevor das Phänomen des "Kriegszitterns" Anerkennung fand, darauf hin, daß der typische männliche Hysteriker von seiner Statur her keineswegs "verweibt" erscheine, sondern eher dem kräftigen, militärischen Mann gleiche. Vgl. Charcot, Neue Vorlesungen über die Krankheiten des Nervensystems, insbesondere über Hysterie, S. 94

(8) Fischer-Homberger, in: World History of Psychiatry. Hrsg. v. John G. Howell, New York 1975, S. 281f

(9) Vgl. Schaps, Hysterie und Weiblichkeit, S. 117ff. Auch andernorts, vor allem in Frankreich, wurde die Sozialgesetzgebung für die "traumatische Hysterie" verantwortlich gemacht. Vgl. Fontana, Alessandro, L'ultima scena, in: Bourneville e Régnard, Tre storie d'isteria, Venezia 1982, S. 41ff

In einem gewissen Sinne war diese Erklärung vielleicht gar nicht so falsch. Denn die Einführung des Kranken- und Rentenversicherungssystems symbolisierte ja auch die Entstehung der großen Kunst-Mutter Staat, die Beleibung des abstrakten "Vaters" als Institution der Fürsorglichkeit. Und diese Beleibung bzw. Verwandlung des Vaters in eine "bessere Mutter" war ein Symptom für den Untergang der Frau, des Sexualwesens, gegen den die männlichen Hysteriker sich auflehnten.

(10) Abse, Hysteria, S. 276

(11) Mentzos, Hysterie, S. 55f

(12) Vgl. von Braun, Christina, Von der Liebeskunst zur Kunst-Liebe, Don Juan und Carmen. Der Freibeuter Nr. 21, Berlin 29.9.1984

(13) Es gibt weit über tausend Fassungen des Don Juan, ohne die unzähligen analytischen, philosophischen und literaturwissenschaftlichen Schriften, die der Figur gewidmet wurden, mitzuzählen. Vgl. Wittmann, B., Don Juan, Darstellung und Deutung, S. IX

(14) Vgl. Almansi, Guido, La cucina di Don Giovanni, in: Cucina cultura società, Milano 1982, S. 15-18

(15) "Der musikalische Don Juan, der dämonisch durch die Tonwelt gestimmte, berauschte und verführte Verführer, der im Spiel der Violinen, in der Illusion des Zeitlichen, der ewig wechselnden Flut der Erscheinungen sich herumtreibende Betrüger, ist die ästhetisch vollkommenste, aber zugleich letzte Möglichkeit der ungestörten Sinnlichkeit. Wenn die Musik aufhört, setzt die Besinnung ein. Auf dem Wege von Mozart über die donjuanesken Figuren der Romantik geschieht diese Besinnung des Don Juan, der Übergang von der Musik zum Wort, die Verwandlung von der Unmittelbarkeit der Sinnlichkeit zur Mittelbarkeit der Reflexion. Brüggemann, Werner, Das abendländische Gestaltengeviert, in: Wittmann, Hrsg., Don Juan, S. 148f

(16) Vgl. Bloch, E., Don Giovanni, alle Frauen und die Hochzeit, in: Das Prinzip Hoffnung, Gesamtausgabe, Bd. V, Frankfurt 1959, S. 1187

(17) Zit. n. Safouan, Moustapha, Le Structuralisme en psychanalyse, Paris 1968, S. 62

(18) Pontalis, J.-B., L'insaisissable entre-deux, in: Nouvelle Revue de Psychanalyse No. 7, 1973, S. 13ff

(19) Zit. n. Hoffmann, Charakter und Neurose, S. 287

(20) Israel, Die unerhörte Botschaft der Hysterie, S. 67f

(21) Vgl. u. a. Freud, GW V, S. 91 f. Freud benutzt den Begriff aber auch an vielen anderen Stellen, nicht nur im Zusammenhang mit der infantilen Sexualität.

(22) Hierin liegt meines Erachtens auch die Erklärung dafür, daß es nie gelungen ist, das Deutungsmuster auf die Beziehung von Vater und Tochter zu übertragen.

(23) Pilgrim, Volker Elis, Der Untergang des Mannes. Selbstkritik als Gesellschaftskritik. Aufdeckung der Mechanismen der latent-homosexuellen Männergesellschaft, Frankfurt 1972, S. 138

(24) Ebda., S. 78. S. a. Borneman, Das Patriarchat, S. 535

(25) Pilgrim, Der Untergang des Mannes, S. 139

(26) Freud, GW XIV, S. 528f

(27) Deleuze, Guattari, Anti-Ödipus, S. 101

(28) Adler, Alfred, Über den nervösen Charakter, Frankfurt 1977, S. 177

(29) Freud, GW XIV, S. 520

(30) Montrelay, Michèle, Les problèmes de la féminité, in: Encycl. Universalis, T. VI, S. 990ff

(31) Stoller, Robert, zit. n. David, La bisexualité psychique, S. 789

(32) "An die Vorgeschichte anknüpfend, will ich hier nur hervorheben, daß die Entfaltung der Weiblichkeit der Störung durch die Resterscheinung der männlichen Vorzeit ausgesetzt bleibt. Regressionen zu den Fixierungen jener präödipalen Phasen ereignen sich sehr häufig; in manchen Lebensläufen kommt es zu einem wiederholten Alternieren von Zeiten, in denen die Männlichkeit oder die Weiblichkeit die Oberhand gewonnen hat. Ein Stück dessen, was wir Männer das "Rätsel des Weibes" heißen, leitet sich vielleicht von diesem Ausdruck der Bisexualität im weiblichen Leben ab." Freud, GW XV, S. 140

(33) Freud, GW XIV, S. 141

(34) Ebda., S. 140f

(35) Vgl. Brisset, Claire, Trente Millions de Mutilées, Le Monde v. 1.3.1979, S. 22. Bettelheim ist der Ansicht, daß die Riten der Beschneidung auf den Wunsch zurückzuführen seien, das andere Geschlecht zu sein (also nicht zu entfernen): die männliche Beschneidung als Form von männlicher "Menstruation". Vgl. Bettelheim, Die symbolischen Wunden. Die beiden Erklärungen schließen sich nicht unbedingt aus. Es kommt sehr oft vor, daß genau der gleiche Brauch mit genau der entgegengesetzten Motivation interpretiert wird. Dieser Vorgang entspricht dem Prozeß der "Umwertung" (Tod wird als Leben beschrieben etc.), auf den ich im 2. Kapitel eingegangen bin.

(36) Green, André, La sexualisation et son économie, Revue Franç. de Psychanalyse Nr. 5-6, Sept.-Dec. 1975, S. 908

(37) Zum Begriff der "mehrwertigen Logik" vgl. Bammé et al., Maschinen-Menschen, Mensch-Maschinen, S. 323f

(38) Das gilt etwa für die Fälle, wo Homosexuelle das Recht fordern – und bezeichnenderweise zunehmend durchsetzen – zu heiraten: deutlicher läßt sich die Anpassung an die Logos-geschaffene Ordnung kaum ausdrücken. Vgl. z.B. Der Spiegel Nr. 13/1983, S. 77f

(39) Green, La sexualisiation et son économie, S. 909

(40) Baudelaire, Charles, Salon de 1859, in: Oeuvres de Baudelaire, Texte établi et annoté par Y.-G. Le Dantec, Paris 1932, Bd. II, S. 226

(41) McDougall, Joyce, Über die weibliche Homosexualität, in: Chasseguet-Smirgel, Hrsg., Psychoanalyse d. weiblichen Sexualität, S. 237

(42) Freud, Aus den Anfängen der Psychoanalyse. Briefe an Wilhelm Fließ, S. 181

(43) Sartre, Jean-Paul, Der Idiot der Familie. Gustave Flaubert, 1821-1857. Deutsch von Traugott König, Reinbek b. Hamburg 1977, Bd. 1, S. 25

(44) Ebda., Bd. 4, S. 230

(45) Ebda., Bd. 3, S. 611
S. a. den Brief an George Sand v. 12.-13. Jan. 1867: "Ich habe Herzklopfen für nichts, verständlicherweise übrigens bei einem alten Hysteriker wie mir. Denn ich bestehe darauf, daß die Männer Hysteriker sind wie die Frauen und daß ich zu ihnen gehöre. Als ich "Salammbô" schrieb, habe ich darüber "die besten Autoren" gelesen, und ich habe alle Symptome an mir festgestellt: ich habe den Kloß, den stechenden Schmerz am Hinterkopf." In: Gustave Flaubert – George Sand, Correspondance. Texte édité, préface et annoté par Alphonse Jacob, Paris 1981. Vgl. auch den Brief an George Sand v. 1. Mai 1874, ebda., S. 467

(46) Ebda., Bd. 4, S. 236

(47) Ebda., Bd. 4, S. 234

(48) Ebda., Bd. 4, S. 240

(49) Sartre betont, wie der Körper oder die Symptome den Kampf oder die Verweigerung gleichsam stellvertretend für Flaubert ausführen: Flaubert delegiert die schwierige Auseinandersetzung mit dem Vater oder der "Realität" an die Krankheit. Vgl. Sartre, Der Idiot der Familie, Bd. 4, S. 157

(50) Mit "le petit mal" wird eine kleine Form der Epilepsie bezeichnet, zu der etwa Zustände geistiger Abwesenheit wie auch kleinere Anfälle, die nur einen Teil des Körpers betreffen, gehören. Charcot, der zunächst von einem gemeinsamen Ursprung von Hysterie und Epilepsie über-

zeugt war (er vertrat die Ansicht, daß die "Hysteroepilepsie", ein Ausdruck, den er prägte, eine Steigerung der Hysterie, bzw. der Übergang von Hysterie zu Epilepsie darstelle), benutzt an verschiedenen Stellen den Ausdruck des "petit mal", wenn er auf die Ähnlichkeit von Hysterie und Epilepsie hinweist. Vgl. z. B. Poliklinische Vorträge, Bd. I, S. 126 u. Oeuvres Complètes, Bd. I, S. 375. Zur "Hysteroepilepsie" s. Poliklinische Vorträge, Bd. I, S. 106, 371 u. Bd. II, S. 364. Später verzichtete er auf die Gleichsetzung, hielt aber weiterhin an einer organischen, bzw. hereditären Ätiologie der Hysterie fest. Vgl. Poliklinische Vorträge, Bd. I, S. 221 ff u. S. 372 Tatsächlich ist "le petit mal" oft sehr schwer von hysterischen Anfällen zu unterscheiden (vgl. Lewandowsky, Hysterie, S. 799), was Flaubert seinen Prozeß der "Derealisierung" ermöglichte. Ich bediene mich des Begriffs "le petit mal" hier im Sinne einer "unechten" Epilepsie, einer "kleinen Krankheit", die eine organische Krankheit vortäuscht, durch die hindurch die "Große Krankheit" des Mann-Seins verweigert wird.

(51) Bezeichnenderweise insofern, als seine Mutter, verglichen mit dem Vater, das Nichts, die Inexistenz, zu der auch Flaubert gelangen will, repräsentiert. Caroline Flaubert, geborene Fleuriot, geht ganz in der Beziehung zu ihrem Mann auf — eine Beziehung, in der sie der "Integration des Paares", der Einswerdung der beiden zuliebe, auf jeden eigenen Wunsch, eine eigene Meinung, ja sogar eine eigene Beziehung zu ihren Kindern verzichtet. Sartre beschreibt, daß sie ihren Mann als ihren "Vater" betrachtete. Aber die Symbiose, die sie mit ihrem Mann einging, die Art, die sie hat, ihn und seine Ansichten zu verinnern, "in ihren Bauch zu nehmen" (wie sie nach seinem Tod seinen Atheismus "verinnern" wird, damit er in ihr weiterlebt), all das gleicht in Wahrheit mehr der Beziehung zwischen Mutter und Kind. Die Ich-losigkeit, die sie an seiner Seite kultiviert, entspricht der "mütterlichen" Selbstvergessenheit, Selbstauflösung, die das 19. Jahrhundert zum Ideal erhebt, mit der aber in Wirklichkeit die Mutter des Mannes gemeint ist, die Verwandlung der Frau in eine Mutter. "Dieser Gattin", so schreibt Sartre, "fehlte der Anflug von einer Revolte, die aus ihr eine Mutter gemacht hätte." (Bd. I, S. 95). Genausogut hätte er aber auch schreiben können, es fehlte der "Anflug einer Revolte", die aus ihr eine Frau gemacht hätte. Und genau dies war das Problem, mit dem sich ihr Sohn herumschlug.

(52) Ebda., Bd. 5, S. 602

(53) Ebda., Bd. 3, S. 981

(54) "Viele der literarischen und erotischen Verhaltensweisen, die als "romantischer Schmerz" bekannt sind, stammen von der Tuberkulose und ihren Umformungen durch die Metapher. (...) Nach und nach wurde die tuberkulöse Erscheinung, die eine anziehende Verletzlichkeit, eine überlegene Sensibilität symbolisierte, in zunehmendem Maße zum idealen Aussehen der Frauen."
Sontag, Susan, Krankheit als Metapher. Aus dem Amerikanischen von Karin Kesten und Caroline Neubaur, München/Wien 1978, S. 32

(55) Brief an George Sand v. 30.10.1870. Vgl. Sartre, Der Idiot der Familie, Bd. 5, S. 508

(56) Ebda., Bd. 5, S. 595 f

Zwischenbilanz
Ahasver kommt zur Ruh

Der Prozeß des Logos macht Geschichte und er ist Geschichte; die Geschichte hat aber kein Ende. Auch nicht die Geschichte der Hysterie. Wir sind etwa im Jahr 1900 angekommen — diesem Wendepunkt, an dem die Frau zum "Thema" wird, weil sie keines mehr ist; an dem die Hysterikerinnen sich noch einmal austoben, bevor die Symptome der "klassischen Hysterie" allmählich zu verschwinden beginnen; und an dem die männliche Hysterie endgültig die bürgerlichen Rechte erwirbt. An diesem Punkt nimmt die Geschichte des Logos wie auch die der Hysterie einen neuen Verlauf, auf den ich im Folgenden eingehen werde.
Die Entstehung der männlichen Hysterie ist Ausdruck von zwei widersprüchlichen historischen Entwicklungen, die in ihr aufeinanderstoßen und von denen die eine die andere an diesem Wendepunkt ablöst. Die eine dieser Entwicklungen spiegelt sich im Rückzugsgefecht wider, das der männliche Hysteriker um die Frau-im-Mann führt. Davon war im letzten Kapitel die Rede. Die andere aber reflektiert einen Prozeß, den man als die "Hysterisierung" des Logos bezeichnen könnte.
Um die zweite dieser Entwicklungen zu beschreiben, werde ich noch einmal zurückgreifen müssen. Denn ihr Beginn liegt weit vor 1900. Auch er beginnt mit der Geburt des Logos, wird aber erst mit der Renaissance, mit der Verlagerung der parthenogenetischen Kräfte von Gott auf den Menschen deutlich sichtbar. Dieser zweite Prozeß umfaßt die Wiedererschaffung all dessen, was der erste Prozeß zerstörte: die Reproduktion von Natur, vom Sexualwesen und eines "Anderen", durch den das ICH "unvollständig" wird, also die Eigenschaften des *ichs* erwirbt. Es ist ein Prozeß, in dessen Verlauf die Bilder, die das "projektive" Denken schuf, physische, sinnlich wahrnehmbare, sichtbare Form annehmen. Das "projektive" Denken beginnt eine Wirklichkeit zu schaffen, die sein "Spiegelbild" ist. Aber so sehr diese Wirklichkeit auch der ungeschriebenen Wirklichkeit ähnelt, so sehr handelt es sich doch um eine "simulierte" Realität, eine künstliche Natur, eine "falsche" Frau, ein erfundenes Sexualwesen. Der Logos wird zunehmend die Gestalt seiner Gegnerin, der "großen Lügnerin" annehmen: er wird

"hysterisch" — und eben diese radikale Umwandlung spiegelt sich in der männlichen Hysterie wider, die zugleich Logos und "alte Hysterie" ist.

Ein Symptom für den Wandel, der sich zwischen dem Beginn der Neuzeit und dem 19. Jahrhundert vollzieht, ist die Tatsache, daß das französische Wort für Lüge — le mensonge — im 17. Jahrhundert das Geschlecht wechselt und männlich wird (1). Dieser Geschlechtswechsel der "Lüge" findet an der historischen Schwelle statt, an der die "Vatersprache" die Eigenschaften der "Muttersprache" anzunehmen, die männliche Potenz "nach oben" zu wandern und die männliche Hysterie, als Hypochondrie, allmählich ihren Einzug zu halten beginnt. Im Verlauf dieses Prozesses findet auch der Rollentausch von Logos und Hysterie statt. Die Travestie, die einst die Subversivität der Hysterie ausgemacht hatte, wird zum Machtinstrument des Logos.

Am Ende des Prozesses werden Worte wie "die Frau", "die Natur, "die Geschlechtlichkeit" eine vollkommen neue Bedeutung angenommen haben. Jeder dieser Begriffe wird zwei Bedeutungen haben, soweit nicht die eine der beiden völlig hinter der anderen verschwindet (2). Es entsteht eine "Kunst-Frau", eine "künstliche Natur", der "künstliche Andere", eine "Pseudo-Bisexualität", das synthetische ICH, ja sogar die Kunst-Hysterie. Ich bediene mich dieser Begriffe, um die eine Realität von der anderen zu unterscheiden. Aber sie sind zugegebenermaßen dürftige Hilfsmittel, wenn auch ohne meine Schuld: die Sprache selbst stellt das bedeutsamste Instrument dar, durch das die eine Wirklichkeit von der anderen verdrängt werden konnte. Sie hat die Begriffe und Symbole der ungeschriebenen Realität tradiert, aber ohne zu sagen, daß sie für eine andere Realität stehen. Für die Sprache sieht die "projektive" Realität der ungeschriebenen zum Verwechseln ähnlich — aber sie wurde ihr auch absichtlich nachgebildet, um unmerklich an ihre Stelle treten zu können. Das einzige, was die "projektive" Realität von der anderen unterscheidet — und eben das verrät sie als "imaginierte Realität" —, ist der Gigantismus und die Perfektion ihrer Ausführung: ihre Kolossalität, ihre Logik, ihr Gleichmaß, die alle den Produktionsbedingungen entsprechen, unter denen sie entsteht.

In den beiden folgenden Kapiteln, dem dritten Teil des Buches, "Paradise Now", geht es um die Entstehung dieser Kunstrealität. Da es sich um einen Prozeß der Reproduktion, der Fabrikation handelt, ist es naheliegend, daß es in diesem Teil mehr als bisher um "Schöpfungsprozesse" geht, um Zeugnisse und Erzeugnisse von Künstlern, die gleichsam zu den Agenten des Logos werden. Und es geht auch um den Wandel, der sich unter den neuen Bedingungen mit der Hysterie vollzieht.

Die Verwandlung des Logos in die "große Lügnerin" erklärt die Faszination, die die Hysterie im 19. Jahrhundert auf Wissenschaftler und Ärzte ausübt, und die wachsende Bereitschaft gerade von Künstlern und Schriftstellern, sich mit dem Etikett und den Symptomen der Hysterie zu schmücken. Das gilt vor allem für Schriftsteller und auch für einige "literarische" Maler wie etwa Gustave Moreau oder auch Salvador Dalí. Durch sie, die Produzenten von "geschriebenen Realitäten", treibt der Logos seine Hysterisierung voran. Neben Flaubert entdecken auch Baudelaire, Mallarmé, Proust oder Huysmans die schöpferische Kraft der Hysterie. Baudelaire schreibt: "Die Hysterie! Warum sollte dieses physiologische Rätsel nicht die Grundlage und den Tuffstein [auch: trügerischer Schein, Anm. d. Verf.] eines literarischen Werkes bilden." (3) Mallarmé teilt 1869 einem Freund mit, daß er die ersten Symptome einer hysterischen Erkrankung an sich feststellen könne, die "allein durch das Schreiben" ausgelöst werde (4). Huysmans billigt seinem Romanhelden Des Esseintes, der sich (wie später auch Huysmans) aus dem weltlichen Leben zurückzieht, um nur noch der gemalten und geschriebenen Wirklichkeit zu leben, "gelehrte Hysterien" zu (5). Die Symptome der Hysterie dienen der Erweiterung der schöpferischen Kraft des Mannes. Ihre Entwicklung begleitet die Verlagerung der männlichen Potenz "nach oben", in den Kopf, aber nicht nur als Verweigerungsform, sondern auch als deren Bestätigung. Die Hysterie wird männlich, damit der Logos seine künstliche Wirklichkeit schaffen kann — eine Wirklichkeit, zu der auch die Schöpfung eines neuen Sexualwesens gehört: eines Sexualwesens mit weiblichem Körper und männlichem Geist. Über "Madame Bovary" schreibt Baudelaire:

> Alles, was sie an großer Energie, Ehrgeiz oder Verträumtheit besitzt, [...] ist Mann geblieben. Wie die bewaffnete Phallas, die aus dem Gehirn von Zeus hervorgeht, hat dieses bizarre androgyne Wesen alle Anziehungskräfte einer männlichen Seele in einem bezaubernden weiblichen Körper bewahrt. (6)

Huysmans hat diese Phantasien einer Mann-gebildeten Frau, eines künstlichen Sexualwesens in seinem Roman "A Rebours" meisterlich beschrieben. Die Mann-geschaffene Lokomotive, "eine herrliche Blondine mit schriller Stimme, von hohem rankem Wuchs, in ein funkelndes Kupferkorsett gepreßt, mit geschmeidigen und nervösen Katzenbewegungen" ist für seinen Romanhelden Des Esseintes die eigentliche, die "bessere Frau" (7) — auch wenn der Geschlechtsverkehr mit einer solchen "Frau" besser der Phantasie vorbehalten bleibt.

Der Wandel, der sich im 19. Jahrhundert mit der Durchsetzung der männlichen Hysterie vollzieht, entziffert wie nichts anderes die Bedeutung der Metapher, die die Antike für die Hysterie entwickelt hatte: die Metapher von der wandernden Gebärmutter. Sie war nichts anderes als ein *Wunschbild* des "projektiven" Denkens: ein Wunschbild, in dem sich die Hoffnung ausdrückte, daß die Gebärmutter fähig sei zu wandern; die Utopie, daß es gelingen möge, sie herauszulösen aus dem Körper der Frau (und mit ihr das Sexualwesen, das *ich*). Der Uterus sollte wandern, damit er *auswandern* kann. Nicht nur, um das Sexualwesen untergehen zu lassen, die symbiotische Verschmelzung der *ichs* zum ICH zu bewirken, sondern auch, um dem ICH das ihm lebensnotwendige DU zu verschaffen, einen künstlichen Anderen, der ihm Grenzen verschafft und ihn zum "unvollständigen" Sexualwesen macht.

Deshalb wanderte der Uterus auch "nach oben"; deshalb konzentriert sich das Krankheitsbild der Hysterie zunehmend auf den Kopf der Frau. Denn dort kann der Uterus zu etwas umgeformt werden, das die Frau dem Mann weiterzugeben und der Mann von ihr aufzunehmen vermag, gleichsam als Umkehrung des Zeugungsaktes. Im Kopf der Frau kann der Uterus sich in Worte verwandeln, mit denen der Mann seinerseits "befruchtet" wird. Der Uterus verwandelt sich in eine "Sprechblase", die der Mann "auf der Zunge haben" kann. In seinem Kopf angekommen, verwandeln sich diese Worte wiederum in physische Symptome: der Uterus tritt seinen Weg "nach unten" an, in den Bauch des Mannes. Ein alter Aberglaube ist ein plastisches Abbild dieses Vorgangs: laut diesem Aberglauben ist der Adamsapfel des Mannes darauf zurückzuführen, daß Adam der Bissen vom Apfel, den Eva ihm reichte, im Hals steckenblieb. So wie der "globus hystericus" ein Abbild der Schwierigkeiten ist, denen die Gebärmutter bei ihrer Wanderung *nach oben* im Körper der Frau begegnet, so spiegelt sich in diesem alten Volksglauben auch der umgekehrte Vorgang wider: der zur Sprechblase gewordene Uterus verursacht beim Mann am Engpaß zwischen Kopf und Körper Schwierigkeiten, eben da, wo er sich aus Worten wieder in Symptome, in Körperlichkeit zurückverwandeln soll.

Im 19. Jahrhundert vollzieht sich die "Auswanderung der Gebärmutter" (und mit ihr des weiblichen Geschlechts) vom Kopf der Frau in den des Mannes. Deshalb legt Freud die Hysterikerinnen auf die Couch, als befänden sie sich im Kreißsaal: sie sollen von ihrem "Geheimnis", der Sprache gewordenen weiblichen Geschlechtlichkeit, entbunden werden. In diesem Sinne war der alte Dogmatiker, der Freuds Behauptung, er habe in der Salpêtrière männliche Hysteriker gesehen, empört ablehnte, völlig zeitgemäß und im Recht: "Aber Herr Kollege", so rief er Freud zu, "wie können Sie

solchen Unsinn reden! Hysteron [sic!] heißt doch Uterus. Wie kann denn ein Mann hysterisch sein?" (8) In einem übertragenen Sinne geschah genau das, was er — wegen des Wortursprungs der Hysterie — für undenkbar hielt: Die Gebärmutter und mit ihr das Sexualwesen, das einst per Krankheitsbild der Frau zugewiesen worden war, wechselten das Geschlecht. Und dieser Geschlechtswechsel schuf die Voraussetzungen dafür, daß die Sexualität "befreit", zur neuen Norm von "Gesundheit" erhoben werden konnte.

In den inszenierten "Körperdramen", dem arc de cercle der Hysterikerinnen, spiegelt sich die Entbindung der Frau wider — aber auch die Auflehnung gegen diese Beraubung ihres Seins. Der Verlauf der Anfälle von Augustine, einer der berühmtesten Patientinnen der Salpêtrière, die mit fünfzehn Jahren eingeliefert wurde und deren "Attacken" vom Arzt und vom Photographen Bourneville und Régnard in verschiedenen Bildbänden genauestens festgehalten wurden (Bildbände, die durch ganz Europa zirkulierten), dieser Verlauf ist eine metaphorische Darstellung der Weigerung, die (sich in Worte verwandelnde) Gebärmutter dem Leib entfliehen zu lassen. Zunächst ein stechender Schmerz im Unterleib, dann ein "Kloß", der vom Unterleib zum Hals aufsteigt und der das Herz und die Atemwege bedrängt; und schließlich, als "dritte Phase", ein Erstickungsanfall, bei dem es Augustine ist, als schnüre ihr jemand die Kehle zu. In dieser Phase verlangt sie selber nach einer Zwangsjacke, als müsse sie sich davor schützen, den Weg für den "Kloß" freizugeben. Sie kann nicht mehr sprechen. "Man sieht die Zunge tief hinten im Mund, im Halb-Kreis zurückgeschlagen, die Spitze ist nicht mehr zu sehen. Man möchte meinen, die Patientin wird ihre Zunge hinunterschlucken." (9) In einem solchen Zustand bieten die Kontraktionen ihres Körpers einen "beinahe unbesiegbaren Widerstand" (10).

Aber Augustine und die anderen Hysterikerinnen der Salpêtrière kämpften auf verlorenem Posten. Die Gebärmutter war schon "ausgewandert", das weibliche Sexualwesen schon verschwunden. Ahasver hatte seine rastlose Reise in ihrem Leib beendet und war endlich im "gelobten Land" angekommen: im Kopf des Mannes.

Von dort aus führt sein Weg freilich noch weiter: nach unten, in den Bauch des Mannes. So erklärt sich die Hinwendung zur "Subjektivität", zur "Irrationalität", zur Sinnlichkeit, die die Künstlerwelt um die Jahrhundertwende erfaßt. Mit der Hysterie ist auch das "Tier" im Körper des Mannes angekommen. Es ermächtigt ihn, sich zu all jenen Werten zu bekennen, die einst der "großen Lügnerin" vorbehalten waren. "Das Weib als die Sphinx!", schreibt Weininger, "Ein ärgerer Unsinn ist kaum je gesagt, ein ärgerer Schwindel nie aufgeführt worden. Der Mann ist unendlich rätselhafter, unvergleichlich komplizierter." (11) Die Surrealisten, die sich zur Wahrheit des Unbewußten, der Irrationalität bekennen, feiern die Hysterie als "die größte poetische Entdeckung vom Ende des 19. Jahrhunderts". Sie "lieben

HYSTERO-EPILEPSIE, Etat normal

ATTITUDES PASSIONNELLES, Menace

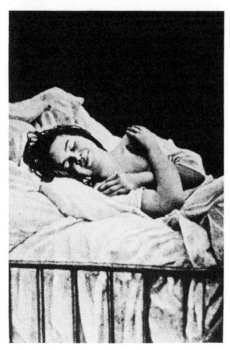
ATTITUDES PASSIONNELLES, Erotisme

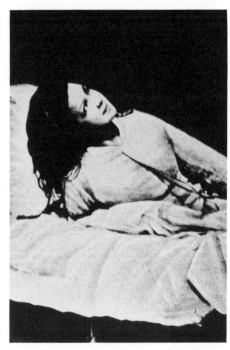
ATTITUDES PASSIONNELLES, Appel

ATTITUDES PASSIONNELLES, Extase (1878)

ATTITUDES PASSIONNELLES, Hallucinations de l'ouie

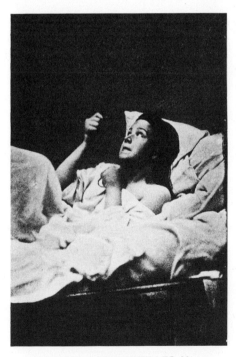
ATTITUDES PASSIONNELLES, Menace

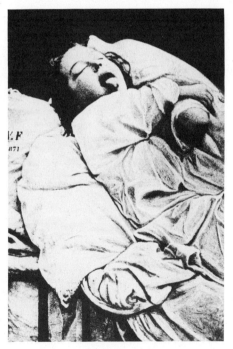
DEBUT D'UNE ATTAQUE, Cri

nichts so sehr wie diese jungen Hysterikerinnen", deren Idealtypus durch Augustine verkörpert wird (12). Sie erfinden die "hysterische", "automatische", "unbewußte" Kunst — aber diese Kunst wird zu einem rein männlichen Privileg. So bedeutend die Rolle der Frau als "Symbol" für die surrealistische Bewegung ist, so wenig sind Frauen als Künstlerinnen im "inneren Zirkel" akzeptiert (13). Mystik, Ekstase, Unvernunft, Leidenschaft — diese Begriffe werden an der Wende vom 19. zum 20. Jahrhundert zum Ausdruck *männlicher* Eigenschaften, kreativer "Potenz". André Breton erklärt Alberto Savinio und seinen Bruder Giorgio de Chirico zur Avantgarde des Surrealismus, weil sie, ihrer Zeit voraus, diesen neuen Typus männlicher "Leidenschaft" verkörpern. Den Bericht eines Musikkritikers von 1914 zitierend, sieht Breton in Savinio einen Vorläufer dieser großen Leidenschaft, dieses "noch im Entstehen begriffene[n] moderne[n] Mythos", der das vorausahnen lasse, was der Erste Weltkrieg an "Leidenschaft" und Aufhebung aller bisherigen Gesetzlichkeit bringen sollte:

> "Ja, es ist ein einzigartiges Schauspiel mitanzusehen, wie dieser junge Komponist, der Jacken verabscheut und hemdsärmelig vor seinem Instrument sitzt, sich gebärdet, wie er rast und brüllt, die Pedale traktiert, auf seinem Drehstuhl herumwirbelt und im Sturm der Leidenschaft der Verzweiflung und der entfesselten Freude mit Fäusten auf die Tastatur haut. [...] Nach jedem Stück muß man von den Tasten das Blut abwischen." — Zwei Monate später brach der Krieg aus. (14)

Im 20. Jahrhundert heißen die "Besessenen" nicht mehr Jeanne, und die Stigmatisierten nicht mehr Theresa, sondern sie tragen Namen wie Alberto,

André, Louis oder Salvador. Es sind die neuen "Heiligen", die freilich ihre "Besessenheit", ihren Wahnsinn perfekt inszenieren. "Der einzige Unterschied zwischen einem Verrückten und mir ist, daß ich nicht verrückt bin", sagt Dalí. Werner Spies schreibt über ihn: "Dalí verfügt frei über die Methode, er bleibt — auch wenn er sich als Objekt des Wahns schildert — das Subjekt." (15) Als "Junger Wilder" befreit sich der Künstler der Neuzeit von den "repressiven Zwängen des Intellekts" (16); er besteht auf seiner Geschichtslosigkeit, seiner "Ursprünglichkeit", "Triebhaftigkeit" und "Spontaneität" (17). Auf der Berliner Ausstellung "Zeitgeist" von 1982 war unter fünfundvierzig Künstlern nur eine Frau vertreten — aber die Begriffe, die die Kritiker zur Beschreibung der ausgestellten Kunst fanden, entsprechen denen, die über Jahrhunderte der Frau, der Hysterie zugeordnet wurden: "Wollust", "Ekstase", "Hexerei", "Höllengewalt" und sogar "Prähistorie" und "Meeresrauschen" (18). "Die Wiederkehr des Körpers" (19), die "Rückkehr des Imaginären" (20), die Neuentdeckung des "objektiven Faktors Subjektivität" (21) haben eben *nichts* mit Wiederkehr oder Rückkehr zu tun. Sie bedeuten nicht, daß die Frau wieder zum Leben zurückgeholt würde, daß der Körper, die Sexualität wiedererwacht seien. Sie bedeuten vielmehr, daß die Frau, der Mann, der Körper, das Imaginäre und die Sexualität als Kunstprodukte *neu* geschaffen wurden. Wo ICH war, soll ES werden. An der Stelle des mühselig trockengelegten Zuydersees wird ein Biotop angelegt (22).

(1) Den Hinweis auf diesen Geschlechtswandel der "Lüge" in der französischen Sprache verdanke ich Didi-Huberman, Invention de l'hystérie, S. 77

(2) Dieser Doppelbedeutung der Begriffe ist es auch zu verdanken, daß viele Diskussionen um "die Frau", "die Sexualität", das "Verhältnis der Geschlechter" usw. immer wieder in einem heillosen Durcheinander von Mißverständnissen versanden.

(3) Das Zitat geht weiter: "dieses Geheimnis, das die Akademie der Medizin noch nicht enträtselt hat, und das sich bei den Frauen durch die Empfindung eines aufsteigenden und erstickenden Kloßes ausdrückt, (...) zeigt sich bei den nervösen Männern in allen Formen von Impotenz, aber auch in der Anlage zu jeglicher Maßlosigkeit." Baudelaire, Charles, Madame Bovary, in: L'art romantique. Oeuvres. Texte établi et annoté par Y.-G. Le Dantec, Paris 1932, Bd. 2, S. 447

(4) Zit. n. Fontana, L'ultima scena, S. 35

(5) Huysmans, J.-K., Gegen den Strich. Aus dem Französischen übersetzt von Hans Jacob, Zürich 1965, S. 126

(6) Baudelaire, Madame Bovary, in: L'art romantique, Oeuvres Bd. 2, S. 445

(7) Huysmans, Gegen den Strich, S. 84f

(8) Freud, GW XIV, S. 39

(9) Bourneville, D.-M., Régnard, P., Iconographie photographique de la Salpêtrière, Bd. II, Paris 1878, S. 142

(10) Richer, P., Etudes cliniques sur la grande hystérie ou l'hystéro-épilepsie, Paris 1881/85, S. 22

(11) Weininger, Geschlecht und Charakter, S. 277

(12) Aragon, Louis, Breton, André, Le cinquantenaire de l'hystérie, in: Révolution surréaliste No. 11, 15.3.1928

(13) Vgl. Gauthier, Xavière, Surrealismus und Sexualität. Inszenierung der Weiblichkeit. Aus dem Französischen übertr. v. Heiner Nogler, Berlin 1980

(14) André Breton über Savinio, eine Kritik aus

den "Soirées de Paris" zitierend, in: Savinio, Alberto, Menschengemüse zum Nachtisch. Übers. v. Toni u. Bettina Kienlechner, Richard Anders, München 1980, S. 201 ff. Ich finde bemerkenswert, wie Breton hier die "Wildheit" des Künstlers mit der des Krieges gleichsetzt. Daß viele Intellektuelle bei Kriegsausbruch und vorher im Krieg die langersehnte Auflösung der bürgerlich-erstarrten Lebensform sahen, das zu verstehen fällt mir nicht schwer. Breton hält an diesem Vergleich aber auch noch nach dem Ersten Weltkrieg und zu einer Zeit fest, in der die Erstarrung, die der Faschismus brachte, schon deutlich zu erkennen war. Für mich erklärt sich dieses Denken jedoch, wenn man die Spontaneität, die Leidenschaft, von der er spricht, als die eines "Willensmenschen" betrachtet. Damit nähert sich das Menschenbild dieses deklarierten Antifaschisten aber sehr deutlich dem des "Maschinen-Menschen" eines Ernst Jünger. Es handelt sich bei Breton, nicht anders als bei seinen Zeitgenossen, die politisch auf der "anderen Seite" standen, letztlich um diese "bewußte Bewußtlosigkeit", von der im 5. Kapitel die Rede war.

(15) Spies, Werner, Steine aus dem Himmel unseres Kindes, in: Der Spiegel Nr. 22/1984, S. 236

(16) Rosenblum, Robert, Gedanken zur Ausstellung des Zeitgeistes, im Katalog zur Ausstellung "Zeitgeist". Hrsg. v. Christos M. Joachimides, Norman Rosenthal, Berlin 1982, S. 12
Die Forderung nach einer "Befreiung vom Intellekt" erhoben auch schon die Faschisten. Es war sogar eine ihrer Grundforderungen. Davon wird in den nächsten beiden Kapiteln die Rede sein.

(17) Bachauer, Walter, Der Dilettant als Genie. Über wilde Musik und Malerei in der fortgeschrittenen Demokratie, im Katalog zur Ausstellung "Zeitgeist", S. 20 ff

(18) Arndt, Andreas Christian, Die Kunst als Geisterbahn oder Geschwindigkeit ist Hexerei. Bonner Generalanzeiger v. 20.10.1982

(19) Kamper, D., Wulf, Chr., Hrsg., Die Wiederkehr des Körpers, Frankfurt 1982

(20) Die Rückkehr des Imaginären, Märchen, Magie, Mystik, Mythos, Anfänge einer anderen Politik, München 1981
In dieser Anthologie, in der es um nichts anderes als die uralt-vertraute Irrationalität (und ihre Vernunft) geht, die doch so lange die alleinige Domäne der Frau war, ist unter 23 Autoren nicht eine einzige Frau vertreten. Nach den Aufzeichnungen der Herausgeber, Christian Thurn und Herbert Röttgen, wurde auch keine aufgefordert. Den Herausgebern wurde dies auch nachträglich bewußt, und so beschlossen sie, "nach langen Überlegungen", den Frauen nicht "einen Winkel dieser Anthologie (zu)zuteilen". Statt dessen "bieten (sie) ihnen lieber mit dem nächsten Frühjahrsprogramm und diversen Projekten die Hälfte des Himmels, die ihnen gebührt." (S. 21) Die Hälfte des Himmels, und genau darauf will ich im Folgenden hinaus, die dem Mann gebührt, ist das Imaginäre, Mythos und Mystik — während die, die der Frau überlassen bleibt, nunmehr die Vernunft, Rationalität, Bewußtsein sein wird ...

(21) zur Lippe, Rudolf, Objektiver Faktor Subjektivität, in: ders., Bürgerliche Subjektivität: Autonomie als Selbstzerstörung, Frankfurt 1975, S. 219 ff

(22) Vgl. S. 307 und Anmerkung 105 im 5. Kapitel

Dritter Teil
Paradise Now

Kapitel VII
Die Wiedergeburt der Geschlechtlichkeit

Die Verwirklichung der Utopie

Das utopische Denken entsteht mit der Schrift. Es ist das Produkt eines Geistes, der sich von der sinnlich wahrnehmbaren Realität unabhängig gemacht hat und jener eine Idealität gegenüberstellt: eine "bessere" Wirklichkeit, die es zu schaffen gilt. Der Monotheismus, die große "Hypothese", wie Lacan ihn nennt (1), ist der erste konkrete Entwurf des utopischen Denkens — ein Entwurf, der freilich noch im Jenseits angesiedelt wird. Mit der griechischen Klassik, der Durchsetzung des abstrakten Alphabets, folgt die erste irdische Utopie: Platons "Staat".
Utopien sind Entwürfe, die aus dem Kopf geboren werden, wie Pallas Athene aus dem Kopf des Zeus. Vermeintlich dienen sie der "Verbesserung" der Welt und des Menschen — aber ihre eigentliche Funktion besteht darin, eine *andere* Welt, einen *anderen* Menschen zu schaffen. Deshalb sind auch fast alle Utopien auf Inseln, in Stadtstaaten, Festungen oder anderen geschlossenen und abgegrenzten Lebenssituationen angesiedelt: nur so, abgeschirmt gegen die feindlichen Widrigkeiten (ob nun jene in der "Natur", den "Trieben" oder dem Zufall ihren Ausdruck finden), kann die neu zu schaffende Realität, die Realität der Idealität gedacht und entworfen werden (2).
Es gibt viele Anzeichen dafür, daß wir heute in einem Zeitalter der *realisierten Utopie* leben. Eine ganze Reihe großer Utopien aus vergangenen Zeiten sind in den Realitäten des 20. Jahrhunderts wiederzuerkennen. Platons "Staat" zum Beispiel, seine Vorstellung von der Zucht der "Besten", wurde von den nationalsozialistischen Rassengesetzen und von Institutionen wie zum Beispiel der "Aktion Lebensborn" in die Wirklichkeit umgesetzt (vgl. S. 211). Durch die moderne Gentechnologie ist die Verwirklichung seiner Vorstellungen noch wesentlich näher gerückt. Auch eine andere Utopie Platons — die Utopie, daß das "gespaltene Wesen" Mensch seine "verlorene Hälfte" wiederfindet (3) — ist Wirklichkeit geworden: durch die symbiotische Vereinigung der Geschlechter in der Kleinfamilie und durch die Entstehung des synthetischen ICHs (4). Die Entstehung des totalitären

Staates im 20. Jahrhundert muß wiederum als materialisierter Ausdruck für die imaginären Inseln, Festungen und Stadtstaaten gesehen werden, die das utopische Denken einst entwarf. Auch die Wissenschaftsutopien eines Francis Bacon, die die Verbesserung der Ertragsfähigkeit der Natur, die Nachahmung des Vogelflugs durch den Menschen, die Schöpfung von künstlichen Wesen vorsahen, wurden von der Realität nicht nur eingeholt, sondern auch weit übertroffen. Wirklichkeit wurde ebenfalls die Augustinische Utopie einer Geschlechtlichkeit im "Gottesstaat", die dem Willen, der Vernunft, der Berechenbarkeit unterworfen ist (vgl. S. 28): die Organisation des modernen Sexuallebens mit Pornographie, Prostitution und Plastikphallus erfüllt alle Anforderungen an eine solche der Berechnung unterworfene Sexualität.*

Keine der oben genannten Verwirklichungen entspricht dem, was die jeweiligen Autoren sich unter ihrem "Nirgendwo" vorgestellt haben mögen. Es sind pervertierte Verwirklichungen (5). Aber diese Perversion selbst ist wiederum Ausdruck und Produkt des utopischen Denkens, dessen Funktion in der Umkehrung der bestehenden Wirklichkeit besteht. Wenn hier von der "Verwirklichung der Utopie" im 20. Jahrhundert die Rede ist, so bedeutet dies nicht, daß eine *bestimmte* Utopie realisiert wurde (wenn dies auch auf einzelne Fälle zutrifft); es bedeutet vielmehr, daß das *Prinzip der Utopie* sich verwirklicht hat, das in der Erhebung der Idealität zur schöpferischen Kraft besteht. Eben dies ist im 20. Jahrhundert evident geworden: es ist eine Materie "aus dem Kopf" entstanden, eine Kunst-Natur, ein synthetischer Körper. Diese Materie, diese Natur, dieser Körper sind mehr als nur unterworfene Natur, beherrschte Materie. Es handelt sich vielmehr um eine imaginäre Realität, die physische Gestalt angenommen hat. Eine Schöpfung aus dem Nichts.

Den entscheidenden Beitrag zur Schöpfung dieser künstlichen Materie lie-

---

* Das deutlichste Symptom für die Verwirklichung der Utopie ist aber vielleicht der Verlust des utopischen Denkens selbst. An die Stelle der Idealität, der utopischen Modelle, die bis zum Beginn des 19. Jahrhunderts noch die Literatur durchziehen, treten im Verlauf des 19. und 20. Jahrhunderts einerseits die Gesellschaftswissenschaften und andererseits Zukunftsprojektionen und Science-fiction. Auch die Gesellschaftswissenschaften und die Zukunftsprojektionen produzieren Modelle, aber es sind Modelle, die, im Gegensatz zu den utopischen Modellen, aus der bestehenden Wirklichkeit abgeleitet und keineswegs im "Nirgendwo" angesiedelt werden, höchstens in der Zukunft: einer Zukunft, die als Weiterentwicklung der Gegenwart verstanden wird. Der "wissenschaftliche Sozialismus", so erklären Marx und Engels, bedeutet das Ende der Utopie. (Vgl. Engels, Friedrich, Die Entwicklung des Sozialismus von der Utopie zur Wissenschaft, in: Marx und Engels, Ausgewählte Schriften in zwei Bänden, Berlin 1972, Bd. II. S. 80ff)

Auch die Modelle der Science-fiction werden aus der Gegenwart abgeleitet. Beispielhaft dafür Jules Vernes Phantasien, die alle auf denkbaren und bald erreichten technischen Errungenschaften beruhten. Schließlich sind auch die "utopischen Modelle" eines Huxley oder eines Orwell alles andere als im "Nirgendwo" angesiedelt: es sind Extrapolationen der Gegenwart, und sie üben Kritik an den bestehenden Verhältnissen. In keinem dieser Fälle handelt es sich um Idealvorstellungen, die von der Realität abstrahieren und jener eine andere Wirklichkeit gegenüberstellen. Insofern ist das Wort "Utopie", das noch nie so oft benutzt wurde wie heute, eine falsche Bezeichnung.

ferte die Kunst als Bindeglied zwischen Körper und Idee, zwischen Abstraktion und sinnlich Wahrnehmbarem. Immer wieder wird die politische Bedeutung der Kunst geleugnet, als gelte es, ihre Macht über die gesellschaftliche und politische Realität zu *verbergen*. Die Kunst hat schon längst zustande gebracht, was die Wissenschaft noch für die Zukunft verspricht: die Erschaffung des künstlichen Menschen. Im vorliegenden Kapitel geht es um die Entwicklung von Kunst zu Künstlichkeit. Es geht auch darum, aufzuzeigen, daß das Verhältnis der Geschlechter aus der Betrachtungsweise und der Analyse der politischen Entwicklung nicht ausgeschlossen werden kann, ebensowenig wie die Kunst. Ja, es geht eigentlich um noch mehr: es handelt sich darum, exemplarisch darzustellen, wie sehr sich die neuere Geschichte des Abendlandes — insbesondere die Deutschlands — als ein Produkt des Triumphs des Logos verstehen läßt. Als Detektor dient auch hier die Hysterie, deren Gesicht sich im Verlauf dieser Enwicklung entscheidend verändert. Der Wandel, der sich um die Jahrhundertwende mit der Hysterie vollzieht, ist vielleicht der deutlichste Ausdruck dafür, daß mit dem 20. Jahrhundert auch das Zeitalter der verwirklichten Utopie erreicht wurde. Mit der "Hysterisierung des Logos", für die die Entstehung der männlichen Hysterie ein Symptom ist, wurde ein Wunschbild, das so alt ist wie die große "Hypothese" des Monotheismus selbst, Wirklichkeit.

Das Frau-Essen

"Der Mensch ist, was er ißt" — dieser alte, in fast allen Kulturen erscheinende Glaube (6) erstreckt sich nicht nur auf die pflanzlichen und tierischen Nahrungsmittel. Er steht am Ursprung des Kannibalismus selbst. Vom Fleisch des Freundes oder Feindes essen, heißt, sich dessen Kräfte, Tapferkeit, Wissen aneignen. Auf den Feind bezogen, heißt es, ihn und seine Andersartigkeit gleichermaßen zu vernichten wie sie in sich aufnehmen. Durch den kannibalischen Akt erweitert sich das Ich: es hebt die äußere Gefahr und Begrenzung auf, und indem es sich den anderen einverleibt, verfügt es über seine Andersartigkeit. Daher auch die verbreitete Vorstellung, man könne durch das Essen von Menschenfleisch Unsterblichkeit erlangen. Im kannibalischen Akt eignet sich das Individuum parthenogenetische Kräfte an, durch die es sich selbst regenerieren kann.

Die Vorstellung, daß die Verspeisung des anderen Unsterblichkeit verschaffe, bildet die Grundlage der christlichen Eucharistie. Das Christentum ist die einzige Religion, in der die Gläubigen ihren Gott verspeisen; und sie können ihn deshalb verspeisen, weil er, ebenfalls als einziger unter allen Göttern der Erde, "von unten" geboren wurde: durch eine irdische Frau (7). Das Christentum stellt nicht nur die Utopie eines vergeistigten, überirdischen Körpers dar; es erbringt auch den Beweis dafür, daß die Idee sich beleiben,

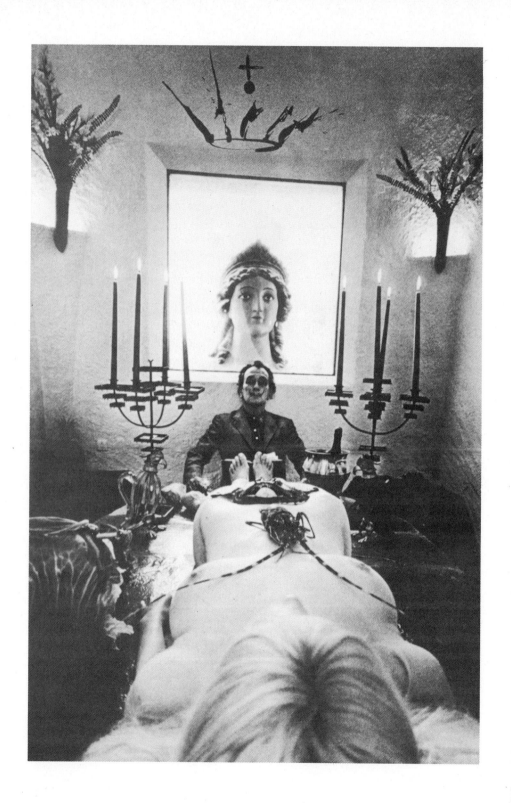

einen Körper annehmen kann — einen Körper, der sich verspeisen läßt und eben deshalb aus "Fleisch", Materie sein muß.

"Es besteht gar kein Zweifel darüber", so schreibt Groddeck, "daß essen und zeugen symbolisch das gleiche sind [...]. Nach der Bibel gibt das Essen Erkenntnis und Kinder." (8) Diese Gleichsetzung von Essen und Sexualität gilt für alle Kulturen. In manchen Sprachen gibt es nur ein Wort für essen, heiraten und Sexualverkehr (9). Das Abendland machte nun aber aus der Metapher für Sexualität einen *Ersatz* für Sexualität. Statt des Geschlechtsverkehrs mit der Frau führte es das Frau-Essen ein. Auf diese Weise drang nicht der Mann in die Frau, sondern die Frau in den Mann ein. Das Abendland brach mit einem Tabu, das allen kannibalistischen Kulturen gemeinsam ist: die weiblichen Geschlechtsorgane dürfen nicht verspeist werden (10). Im Abendland bildet die Verspeisung der Weiblichkeit die Vorbedingung dafür, daß der Mensch produktionsfähig wird: er ist erst, wenn er die Frau gegessen hat.

Dieser Vorgang geht einher, aber ist nicht identisch mit dem Prozeß, den ich bis hierher beschrieben habe: die Vernichtung des Weiblichen, der Andersartigkeit. Die Auslöschung der Frau bedeutet nicht nur Zerstörung des Sexualwesens; sie bedeutet auch Vereinnahmung der Frau, Aneignung ihrer Differenz: als männliches Frau-Sein, als Frau-Sein des Logos, als künstliche Bisexualität. Das ist es, was ich mit dem Frau-Essen meine: die verschlungene Frau gibt gleichsam das "Fleisch" ab für die Entstehung einer künstlichen Frau-im-Kopf des Mannes. Einer künstlichen Kreativität. Die Frau wird sprachlos, damit sie, gleich Pygmalion, zur Verkörperung männlicher Sprachgewandtheit, zur Materie einer erfundenen Weiblichkeit werden kann. Ich möchte das mit zwei Beispielen illustrieren.

Es gibt eine alte rumänische Legende, laut der es einem Maurer nicht gelingen will, sein Meisterwerk, eine byzantinische Kirche, zu vollenden. Die Mauern, die er am Tage baut, brechen über Nacht wieder zusammen. Schließlich sagt ihm eine Stimme, daß er sein Werk vollenden könne, wenn er bereit sei, seine Frau in das Gebäude einzumauern. Er folgt dem Rat — und von nun ab widersteht die Kirche der Zeit und dem Verfall (11). Sein Kunstwerk ist unsterblich geworden — und hat ihm Unsterblichkeit verliehen, weil er jenem seine Frau einverleibt hat.

Das andere Beispiel ist das eines Künstlers des 20. Jahrhunderts, auf den ich schon verschiedentlich im Rahmen dieser Arbeit eingegangen bin. Salvador Dalí wird "erlöst", zum "Genie", zum "Mann" und wahren Künstler, als Gala ihn bittet, sie zu töten. Er erfüllt ihren Wunsch, indem er sie ehelicht:

> Von diesem Augenblick an war ich geheilt von meinen Heimsuchungen, meinem Gelächter, meiner Hysterie. [...] Ich fühlte mich als Mann, befreit von meinem Grauen und von meiner Impotenz [...] Gala wurde das Salz meines Lebens, das Härtebad

meiner Persönlichkeit, mein Leuchtfeuer, meine Doppelgängerin — ICH. [...] Durch Gala habe ich nicht nur das Recht auf mein eigenes Leben gewonnen, sondern auch den männlichen und den weiblichen Teil meines Genies [...]. Mit Gala fand ich die Freude der frühen Kindheit wieder, das heterogene Paradies des Säuglings, meine totale orale Lust und den blendenden geistigen Imperialismus. Mein Appetit ist ungeheuer geworden, meine Intelligenz staunenswert. (12)

Beide Beispiele, Legende und surrealistische Wirklichkeit, zeigen, was die schöpferische Macht der abendländischen Kultur ausmacht: die einverleibte Frau. Die Frau-im-Kopf des Mannes bezieht ihre Existenzberechtigung nicht aus der Identifikation mit der realen Frau, sondern aus deren Konsumtion. Der zum Kannibalismus umfunktionierte Geschlechtsakt dient der Erzeugung männlicher Vollständigkeit, maskuliner Zweigeschlechtlichkeit.

Die Entstehung der männlichen Hysterie ist nicht nur Ausdruck einer Besinnung auf den Verlust des Sexualwesens, so wie ich es im letzten Kapitel darzustellen versuchte. Sie ist auch eine Metapher dafür, daß die künstliche Frau-im-Kopf, die aus der konsumierten Frau hervorging, ihrerseits sinnlich wahrnehmbare Gestalt annimmt. Mit diesem Krankheitsbild materialisiert sich die "imaginierte Weiblichkeit" (13), beleibt sich die Frau-im-Kopf des Mannes. Für viele Denker der Jahrhundertwende, so schreibt Fischer-Homberger, ist die Frau "überhaupt nur noch ein Geschöpf seiner Geistigkeit[...], eine Kreatur seiner krankmachenden Konzepte gewissermaßen, ein Symptom seiner Hysterie" (14). Die Inkarnation des eingeschlechtlichen Logos, der Mann, wird "Sexualwesen", indem er seinen eigenen Anderen, sein DU als imaginäre Gestalt erschafft, um jene dann wiederum in die Inkarnation zu drängen.

Ich werde im letzten Kapitel darstellen, wie dieser Prozeß, der aus der Verspeisung und Wiederbeleibung der Frau besteht, schließlich zur Entstehung der Magersucht führt.

Der künstliche Dualismus

Sans pas de deux pas de moi. Ohne Tanz zu zweit kein Ich. Ohne Intersubjektivität kein Subjekt. Diese Weisheit bleibt dem synthetischen Subjekt nicht verschlossen. So gebiert das gefräßige ICH, das sein du verschlungen hat, sein selbstgemachtes DU — gleichsam durch Kopfgeburt. Das große, synthetische ICH versucht, kleines, "unvollständiges" Sexualwesen zu werden, ein "Zwiegespräch" einzugehen, indem es seinen eigenen Anderen erzeugt.

Das ICH, das sich im Mann "inkarniert", gebiert Gott als den imaginären Anderen. Der "Namen des Vaters" ist der "symbolische Gegensatz des Subjektes", so sagt Lacan (15) — dieser Gegensatz, der ihn überhaupt zum Subjekt werden läßt. Der "Namen des Vaters" ist Gott, dem, wie Lacan weiter ausführt, deshalb auch in einigen Sprachen das Pronomen "Du" vor-

behalten bleibt (16). Der monotheistische Gott als Erfindung des utopischen Denkens dient nicht nur der Verschmelzung der Geschlechter zu einem — er dient auch der Projektion und Schöpfung eines künstlichen Anderen. Allein in der Beziehung zu diesem imaginären Anderen ist das ICH bereit, den "Dialog" aufzunehmen, das Gefühl der "Unvollständigkeit" hinzunehmen, das eigentlich das Verhältnis der Geschlechter kennzeichnet. Denn dieser imaginäre Andere, als dessen Schöpfung das ICH sich bezeichnet, ist seine Schöpfung. Die Ohnmacht, die er diesem Anderen gegenüber empfindet, ist zugleich das Moment seiner Macht. Lacan spricht auch vom Austausch zwischen dem Subjekt und einer von ihm vorprogrammierten Maschine, die durch immer bessere "Einspeisung" fähig wird, das programmierende Subjekt zu besiegen. Beim Schachspiel zum Beispiel, dem Prototyp des "logischen Dialogs" schlechthin (17).

Diese Dialektik, bei der die These ihre eigene Antithese hervorbringt, die wiederum in Form einer Synthese der Erweiterung der These dient, hat Hegel beschrieben. Aber sie ist unendlich viel älter als die Aufklärung. Sie ist das Prinzip des Monotheismus selbst mit seinem unsichtbaren, nur durch den Glauben erfaßbaren Gott. Die "aufgeklärte" Hegelsche Dialektik tritt die Nachfolge des monotheistischen Prinzips an. Im Monotheismus ist der Gott Ersatz und Synthese für die Geschlechtswesen. In der Dialektik Hegels vollzieht sich ein vergleichbarer Prozeß, in dem das eine sich selbst ein anderes "setzt", um es, zum Zweck seiner eigenen Erweiterung, in sich verschwinden zu lassen. In beiden Fällen ist das andere ein Produkt des Subjekts. Hélène Cixous schreibt:

> Hegel erfindet nichts Neues. Ich will damit sagen, daß die Dialektik, sein syllogistisches System, das Verschwinden im anderen, um zu sich zurückzukommen [...] in der täglichen Banalität am Werke ist. [...] Genau das bezeichne ich als die große männliche Hochstapelei: man könnte sich eigentlich vorstellen, daß eine Unterscheidung oder Ungleichheit — verstanden als Nicht-Koinzidenz oder Asymmetrie — ein Begehren ohne Negativität nach sich zieht, ohne, daß einer der beiden Partner dabei untergehen muß: Man könnte sich in einer Art von Austausch wiedererkennen, bei dem jeder *den anderen* in seiner Unterscheidung beläßt. Aber im Schema des Hegelschen Erkennens gibt es keinen Platz für den anderen, für einen gleichberechtigten anderen, für eine vollständige und lebendige Frau. Sie muß ihn anerkennen und die Vollendung ihrer Anerkennung besteht darin, daß sie verschwindet, indem sie ihm den Vorteil des Gewinns oder den eines imaginären Siegs überläßt.
> Eine gute Frau ist also die, die lange genug "widersteht", damit er an ihr seine Kraft und seinen Wunsch erproben kann [...], jedoch nicht zu sehr, damit er so den Genuß hat, ohne all zu viele Hindernisse, zu sich selbst zurückzukehren, gewachsen — und in seinen Augen versichert. (18)

Die "beste Frau" ist die, die als das (dialektisch) passende Selbst-Produkt (des Selbsts) erscheint; so wie auch der aus dem Selbst gesetzte Gott der "einzig wahre" ist. Die selbstproduzierte Frau ist sozusagen maßgeschneidert; das ICH fabriziert sie nach eigenen Vorstellungen. Sie ist zugleich Schöpfung des ICHs, wie auch dessen Gegensatz, als welcher sie dem ICH den Existenzbeweis liefert.

Im Bereich dieses künstlichen Dualismus aber ist die Frau als Sexualwesen, ist das Sexualwesen schlechthin längst untergegangen. Sie wurde vernichtet, um durch eine Kopf-geschaffene Reproduktion ihrer selbst ersetzt zu werden. An die Stelle der Geschlechter, die der Logos untergehen ließ, treten

zwei von ihm geschaffene Sexualwesen: das synthetische Produkt einer Synthese der Geschlechter.
Der künstliche Dualismus, der die Beziehung der "unvollständigen" Sexualwesen ersetzt, ist nicht nur dem Abendland eigen. Er gilt ohne Zweifel für alle Kulturen, in denen die Schrift von immanenter Bedeutung ist. Es würde zu weit führen, in dieser Untersuchung auf die parallelen (oder abweichenden) Entwicklungen in anderen Schriftkulturen einzugehen, aber ich möchte doch die Entstehungsgeschichte des Kabuki-Theaters erwähnen, weil sich an ihr besonders plastisch darstellen läßt, was mit dem Begriff des "künstlichen Dualismus" gemeint ist.
Kabuki ist das japanische Volkstheater. Es geht um Trivialstoffe und sehr oft um das Verhältnis der Geschlechter. Kabuki wurde im 17. Jahrhundert von Tempeltänzerinnen entwickelt und erfreute sich sehr schnell großer Beliebtheit — wegen seiner Anzüglichkeit, aber auch wegen des Witzes, mit dem Kritik an der bestehenden Gesellschaftsordnung geübt wurde. Schon kurz nach seiner Entstehung wurde es wegen "Unsittlichkeit" verboten — um bald darauf (keine zwanzig Jahre später) wieder zugelassen zu werden unter der Voraussetzung, daß alle Rollen, auch die der Frauen, von Männern gespielt werden.
So entwickelte sich das Kabuki zur Darstellung einer von Männern inszenierten Weiblichkeit. Die Onnagata, die männlichen Darsteller der Frauengestalten, gelten als große Künstler. Sie sind "professionelle Frauen" (19), die beruflich das Frau-Sein ausüben. Ein Frau-Sein, wie es nur in der Phantasie existiert: prototypisch und karikatural. Aber dieses Frau-Sein wird für "echter" gehalten als das der wirklichen Frauen. "Niemand kann das Wesen und die Schönheit der Frauen so erfassen wie wir, die Onnagata", sagt Nakamura Utaemon VI, der berühmteste der heute lebenden Frauendarsteller des Kabuki. Vor allem Frauen könnten es nicht, sagt er: "Niemals. Was wissen die denn schon davon." (20)

Die Frau ex machina

Mit Renaissance und Reformation übernimmt die Frau — eine imaginäre Frau — die Funktion Gottes (21). Sie wird zum symbolischen DU, dem imaginären Anderen, der dem ICH zur "Unvollständigkeit" verhilft. Im Gegensatz zu Gott ist dieser Andere, dieses DU aber sichtbar: es findet seinen plastischen Ausdruck in der Frauen-Darstellung der Renaissance-Maler. Die Malerei verlegt sich zunehmend auf weltliche — das heißt: sinnlich wahrnehmbare — Motive: Auf der einen Seite entsteht das neue "realistische" Bild des Mannes, in dem sich die Vorstellung des omnipotenten ICHs widerspiegelt; und auf der anderen Seite wird ein idealisiertes Bild der Frau erzeugt, eine auf die Leinwand projizierte Vorstellung von Frau-Sein, gleichsam die Utopie einer neuen Weiblichkeit.

Diese erfundene Weiblichkeit steht in völligem Gegensatz zu den realen Existenzbedingungen der Frau. Das läßt sich gerade am Beispiel der italienischen Renaissance-Malerei darstellen. Die Frauen der großen florentinischen Familien, in deren Auftrag einige der schönsten Frauenbilder und -portraits entstanden, waren — verglichen mit dem Mittelalter — völliger Rechtlosigkeit unterworfen. Sie unterstanden strengsten Keuschheits- und Treuegesetzen, mit deren Übertretung sie ihre soziale Existenz aufs Spiel setzten. Sie durften nur im Hause ihres Vaters, Mannes oder Schwiegervaters leben — unter keinen Umständen alleine, auch nicht als Witwen. Sie waren nicht erbberechtigt, und über ihre Mitgift verfügte allein ihr Mann. Wollte eine Frau sich von ihrem Mann trennen, so mußte sie ihm die Kinder überlassen. Insbesondere aber wurde allen Frauen der Zugang zum Heiligsten im Hause verwehrt, nämlich der Zugang zur Bibliothek, obgleich die meisten Frauen der großen florentinischen Familien des Lesens und Schreibens mächtig waren (22).

Man entzog den Frauen die Schrift, derer sie sich im Mittelalter mehr als der Mann bedient hatten (vgl. S. 173 ff), in dem Moment, da die Schrift — durch die Erfindung des Buchdrucks — zum Instrument säkularer Macht zu werden begann. Aus der Renaissance sind, im Gegensatz zum Mittelalter, so gut wie keine Schriften von Frauen, nicht einmal Tagebücher, überliefert. Auch die selbständig arbeitenden Künstlerinnen, denen bis ins späte Mittelalter ein Gutteil der Buchmalerei zu verdanken war, verschwanden zunehmend.* Nur noch als Modelle hatten Frauen freien Zugang zur künstlerischen Welt. Das bekannteste dieser Modelle war Simonetta Vespucci, die Botticelli in einigen seiner berühmtesten Bilder dargestellt hat. Nach dem frühen Tod von Simonetta Vespucci entstand in Florenz ein

---

* Es sind in den letzten Jahren eine ganze Reihe von Künstlerinnen-Anthologien erschienen, laut denen die Zahl weiblicher Künstler seit der Renaissance ständig zugenommen habe. Tatsächlich beweist aber ein näherer Blick auf die Namen und Arbeiten der Künstlerinnen, daß dieses Problem vielschichtiger ist und daß sich die Rolle der Frau in der Kunst nicht durch Quantität behandeln läßt. Die in diesen Anthologien angeführten Künstlerinnen sind immer Töchter von Künstlern, und diese Rolle als geistige und handwerkliche Epigonen spiegelt sich auch in ihren Arbeiten wider. An den Künstlerinnen ist oft die handwerkliche Perfektion zu bewundern, aber nicht die Originalität der Sichtweise oder des Pinselstrichs. Im allgemeinen beschränken sich ihre Arbeiten auch auf konventionelle Motive: Portraits etc. Während männliche Künstler oft unabhängig von der Familientradition zur Kunst kamen, fanden Frauen diesen Zugang nur durch eine Identifikation mit dem Vater. Sie mußten — einen anderen Weg gab es für sie nicht — gleichsam durch den Kopf des Mannes (des Vaters oder des Ehemannes) zu Künstlerinnen werden. Damit war ihnen aber schon ein Gutteil ihrer Ich-Werdung (und ihrer Kreativität) verwehrt. Mir scheint eine Untersuchung über die Frage, warum es keine großen Künstlerinnen gab, sehr wichtig, denn sie wäre aufschlußreich, was den abendländischen Zivilisationsprozeß betrifft. Aber um eine solche Untersuchung in Angriff zu nehmen, muß man sich zunächst eingestanden haben, daß die "große Künstlerin" in der Geschichte des Abendlandes nicht existiert und daß dies nicht allein an der Geschichtsschreibung liegt. Das bedeutet nicht, daß die Frau zu kreativer Arbeit nicht befähigt sei, sondern es bedeutet, daß weibliche Kreativität an sich einem Kulturverbot unterlag. Die Gründe dafür habe ich im 3. Kapitel — Sexualität und Sprache — dargelegt.

wahrer Simonetta-Kult, der wenig mit der realen Simonetta zu tun hatte, wohl aber mit dem Ideal, das sie verkörperte und das die Maler von ihr auf die Leinwand gebannt hatten (und noch nach ihrem Tod auf die Leinwand bannten).

Daß den Frauen die Instrumente schöpferischer Arbeit entzogen wurden, hatte nicht nur mit der Vernichtung des Sexualwesens Frau zu tun; es hing auch damit zusammen, daß die schöpferische Frau der Schöpfung der Frau im Wege stand. Daß die Künstlerin die Entstehung der Kunst-Frau verhinderte. Die Frau wurde als Kulturproduzentin eliminiert, damit sie zum Kulturprodukt werden konnte.

Theweleit spricht anläßlich des idealen Frauen-Bildes, das die Renaissance entwickelte, von einer "Erotisierung" der höheren Frau, die von einer gewaltsamen "Enterotisierung der Frauen des Volkes" begleitet werde. Er analysiert diese Gegenüberstellung als ein Herrschaftsinstrument, das die Mächtigen gegen die Ohnmächtigen einsetzen, die herrschende Klasse gegen das Volk (23). Tatsächlich aber handelt es sich weniger um einen Prozeß von klassenspezifischer Unterdrückung als vielmehr um einen Vorgang, in dessen Verlauf die Frau — und zunächst tatsächlich die Frau der höheren Schichten — durch eine Kunst-Frau ersetzt und die Erotik gegen eine Kunst-Erotik ausgetauscht wird. Die Frau wird ebenso wie die Erotik neu erfunden. Es geht bei diesem Prozeß nicht darum, daß die Frauen der oberen Schichten gegen die Männer der unteren Schichten ausgespielt werden, sondern es geht vielmehr darum, daß der Begriff "Frau" zwei Bedeutungen annimmt, von denen die eine der realen, die andere der imaginierten Weib-

lichkeit entspricht. Auf der einen Seite wird die reale Frau eliminiert und auf der anderen Seite Venus als die "bessere Frau" geboren.

Während die reale Frau desexualisiert wird — unter anderem durch das Verbot von kultureller Aktivität —, nimmt die imaginierte Weiblichkeit zunehmend sexuelle Formen an. Es entsteht, zunächst am Hofe des Renaissance-Fürsten François Ier, die Kurtisane, deren Bedeutung im Verlauf der folgenden Jahrhunderte ständig zunehmen wird, bis ihr Bild das der realen Frau überlagert, ja jene zwingt, sich nach ihrem Vorbild zu kleiden, zu verhalten, um eine "echte Frau" zu sein (24). Die Kurtisane, der bezeichnenderweise als einziger Frau die "Kulturfähigkeit" zugebilligt wird — das Bild der gebildeten, geschmackvollen Maitresse gehört zu den gängigen Clichés, die sowohl von den absolutistischen Höfen wie auch vom Bürgertum des 19. Jahrhunderts überliefert werden (25) —, diese Kurtisane ist gleichsam die Verkörperung der Kunst-Frau, die Inkarnation eines "vom Gefühl befreiten Sexus" (26). Nicht durch Zufall wird die Entstehung dieses Frauentypus in der Zeit der schlimmsten Hexenverfolgung angesiedelt, wie Silvia Bovenschen zu Recht bemerkt (27).

Heinrich VIII., die englische Version des Renaissance-Fürsten, unternimmt den für seine Zeit verfrühten Versuch, die beiden Frauenbilder miteinander zu vereinbaren; und er scheitert daran. Er ist ein Beispiel dafür, daß die zwei Frauen, die in der Renaissance einander gegenüberstehen, *auch* in den Köpfen der Herrschenden heillose Verwirrung stiften. Heinrich erhebt den Anspruch darauf, die Frau, die ihn sexuell anzieht, auch heiraten zu dürfen. Aber er begreift nicht, daß sich seine sexuelle Anziehung auf die Kunst-Frau bezieht. So verliebt er sich in das Gemälde, das sein Hofmaler von Anna von Cleve angefertigt hat, während die reale Anna ihn kaltläßt. Auf der anderen Seite läßt er aber ausgerechnet die beiden Ehefrauen, denen er erotisch verfallen war, hinrichten: Anne Boleyn und Katharina Howard. Als seine Ehefrauen sind sie, die als Sexualwesen in Erscheinung getreten waren, untragbar: Sie werden zu realen Frauen, als welche es ihre Sexualität zu verfolgen ist. Die Verwirrungen, die die widersprüchlichen Frauenbilder im Gefühlsleben von Heinrich VIII. auslösen, sind der Tatsache zu verdanken, daß die "Liebe" und die "Gefühle", die in der Renaissance neu entdeckt werden, eben nicht der realen Frau, sondern der Frau als "Kunst-Objekt", als Schöpfung des Mannes gelten. Da, wo die Frau als "ungeschriebenes" (oder "ungemaltes") Sexualwesen in Erscheinung tritt, wird sie nur geduldet, solange sie nicht mit der "echten Frau" identifiziert werden kann. Heinrich scheitert gewissermaßen daran, daß er der Kurtisane, der Verkörperung der Kunst-Frau, die Insignien der "echten Frau" zu verleihen sucht — eine Vorstellung, mit der er der Entwicklung um Jahrhunderte vorausgreift.

Im Verlauf der Jahrhunderte zwischen Renaissance und Aufklärung gewinnt die Kunst-Frau zunehmend an Bedeutung, während das "Original", die reale Frau, daneben zu verblassen oder sich ihr unterzuordnen beginnt (28). Mit der Aufklärung hat sich das Verhältnis endgültig zugunsten der Kunst-Frau verlagert. Von hier ab beginnt die reale Frau ihre schon beschriebenen "mütterlichen" Eigenschaften anzunehmen, während die imaginäre Frau als Sexualwesen an ihre Stelle tritt. Diese "Frau" ist, wie Goethe sagt, "das einzige Gefäß, was uns Neueren noch geblieben ist, um unsere Idealität hineinzugießen."(29) Als "Minna", "Iphigenie" oder "Margarethe" darf sie für alle Werte des "ewig Weiblichen" stehen, die die männliche Phantasie hervorgebracht hat — aber nur für diese. Als reale Frau hat sie nur das Recht auf Existenz (im Kopf der anderen), wenn sie sich dem Bild der Kunst-Frau unterwirft. Auf dem Grabstein von Friederike Brion, der ersten der "großen Lieben", die das Leben Goethes durchziehen, steht der Spruch: "Ein Strahl der Dichtersonne fiel auf sie / So reich, daß er Unsterblichkeit ihr lieh." Friederike Brion hat nie geheiratet und konnte sich ihr Leben lang nicht aus den Fesseln der Kunst-Frau befreien. Sie lebte ein Leben, das sich der imaginierten Weiblichkeit anpaßte, die Goethe aus ihr in "Dichtung und Wahrheit", zum Teil auch im Gretchen gemacht hat. Während auf der einen Seite die "Friederikenlieder" eine neue lyrische Sprache und ein neues Naturgefühl in der deutschen Dichtung einleiten, bleibt der realen Friederike eine eigene Sprache und eine eigene "Natur" verwehrt (30).

Zum "leeren Gefäß", in das der Mann seine "Idealität gießt", werden auf diese Weise aber auch die Gefühle selbst. Gerade Goethes "Leiden des jungen Werther" ist symptomatisch dafür. Durch ein übersteigertes Gefühl, eine Kunst-Liebe, die sich notwendigerweise erst im Tod beweisen kann, sollen Liebe und Gefühl ausgelöscht und zugleich ersetzt werden. Daher die ansteckende Faszination, die das Leiden des hoffnungslos Verliebten auf seine Zeitgenossen ausübte: Sie glaubten, wenigstens im Freitod die wahre Liebesfähigkeit wiederzufinden. Gerade dieses Überschwengliche beweist aber auch das Künstliche an diesem Leiden. Ironischerweise finden Werther und Charlotte auch den wahren Ausdruck für ihre Liebe in einer der größten (und gelungensten) literarischen Fälschungen des Abendlandes: James Macphersons angebliche "Fragmente" alter Poesie, die er dem sagenhaften schottisch-gälischen Barden und Helden Ossian zuschrieb, die aber in Wirklichkeit eine ureigene Schöpfung des romantischen Dichters waren.

Auch Frauen, die selber schreiben wollen, müssen ihr Frau-Sein der Kunst-Frau unterordnen. Silvia Bovenschen hat das anschaulich am Beispiel von Sophie von La Roche dargestellt. Sophie von La Roche schuf eine Romanheldin, Fräulein von Sternheim, die dem Abbild der Kunst-Frau entsprach (was den Erfolg ihres Romans wie auch die Tatsache erklärt, daß sie als Schriftstellerin anerkannt wurde). Sophie von La Roche wurde wiederum zur Sklavin ihrer Schöpfung. Zeitlebens sprach Wieland, ihr Freund und Herausgeber, sie nur mit dem Namen ihrer Romanheldin an und leistete auf diese Weise, so schreibt Bovenschen:

> der Identifikation von Autorin und Heldin, die Sophie von La Roche für einige Zeit zur Denkmalsfigur der Empfindsamkeit werden ließ, Vorschub. Diesen Erwartungen hatte die Autorin zu genügen, ihr Auftreten mußte sich der Bildvorlage anpassen. Es entstand der Eindruck von Authentizität, so als habe es sich bei dem Text nicht um den von einer Schriftstellerin verfaßten Roman gehandelt, sondern um ein Dokument der Erfahrungsseelenkunde [. . .] Die La Roche blieb, was immer sie später schreiben mochte, das "Fräulein von Sternheim", während sich zum Beispiel Goethe gegen die Identifikation mit der Werther-Figur erfolgreich wehren und von diesem Bild lösen konnte. (31)

Im Verlauf des 18. Jahrhunderts verschwindet allmählich das Kulturverbot für Frauen. Es gibt zunehmend gelehrte Frauen oder auch Schriftstellerinnen. Meistens sind es freilich Briefe oder Tagebücher, die sie verfassen; aber auch die literarischen Werke selbst haben oft die Qualität von "intimen Mitteilungen", die dem Stil von Tagebuch- und Briefnotizen eigen ist. Auch Malerinnen gibt es allmählich wieder: Angelika Kauffman, Marie Victoire Lemoine, Elizabeth Vigée-Lebrun. Aber auch deren Kunstwerke stellen nicht den Stil, das Denken der Zeit in Frage: vor allem nicht die herrschende Vorstellung vom Frau-Sein. Sie dienen eher deren Bestätigung, ob es sich nun um Portraits oder um mythische Darstellungen handelt. Diese Malerinnen genießen hohes Ansehen bei ihren Zeitgenossen, weil sie die Kunst-Frau darstellen und — als Künstlerinnen — zugleich eine Bestätigung dafür liefern, daß diese Kunst-Frau auch dem Bild entspricht, das die Frau von sich selbst und ihrem Geschlecht hat (32).

Die Wiederkehr der Frau als Kulturproduzentin geht einher mit dem allmählichen Erlöschen der Scheiterhaufen. Das Ende der Hexenverbrennungen bedeutet, daß die Jagd auf das Sexualwesen zu einem Ende gekommen ist — aber nicht etwa, weil die Aufklärung eine bessere Einsicht eingeläutet hätte, sondern vielmehr andersherum: die "Aufklärung" erfolgt, weil die Scheiterhaufen sich erübrigen. Das Sexualwesen ist besiegt; es beginnt nun das Zeitalter der "Mütter"; und mit der Verwandlung der realen Frau in eine Mutter geht der Sieg der Kunst-Frau über die reale Frau einher. Deshalb dürfen die Frauen wieder zur Feder greifen: was sie auch verfassen mögen, wie sie sich auch schöpferisch — und später politisch — betätigen mögen, immer wird ihr Sein und ihre Tätigkeit im Bann der Kunst-Frau, der imaginierten Weiblichkeit, stehen. Sie werden nur nach deren Gesetzen schöpferisch tätig sein dürfen. Wie die Frau das Korsett erst dann ablegen kann, wenn ihr Körper endgültig den fremden Normen angepaßt ist, so wird auch das Kulturverbot für Frauen erst dann aufgehoben, da das Sexualwesen Frau sich der Sprache der Kunst-Frau bedient. Auch sie wird zur "phallschen Frau": so wie der Frau erst die Erotik zugestanden wird, nachdem jene allein männlich geworden ist (vgl. S. 184ff), darf die Frau auch erst kulturell in Erscheinung treten, nachdem die "Kultur" *in ihr* Gestalt anzunehmen vermag. Die Frau hat nicht Kultur, sondern ist Kultur.

So erklärt sich auch die Tatsache, daß die Schriftstellerinnen des 19. Jahrhunderts immer wieder bezichtigt werden, nur das "Instrument" ihrer Männer und Liebhaber zu sein. In diesem Vorwurf drückt sich gleichsam der Anspruch des Mannes aus, die schreibende Frau als seine Schöpfung zu bezeichnen. George Sand versucht, diesen Anspruch zu unterwandern, indem sie sich als Mann verkleidet. Aber er bleibt ihr nicht erspart. "An ihrem Stil", so sagt der Schriftsteller Barbey d'Aurevilly über George Sand, "kann man den Mann erkennen". Er meint die verschiedenen Liebhaber der Schriftstellerin, "die mit ihren Persönlichkeiten ein Mosaik auf dem Berry-Gelände dieses Pseudo-Genies hinterlassen haben." In anderen Fällen sind es die Ehemänner/Liebhaber selbst, die sich die Feder ihrer schreibenden Frauen aneignen. Als Juliette Lambers "Idées antiproudhoniennes" in Frankreich auf gute Kritiken stoßen und neu gedruckt werden sollen, läßt ihr Ehemann, La Messine, die zweite Auflage unter seinem Namen erscheinen — mit der Bemerkung, daß die Frau kein Anrecht auf eine Eigenproduktion habe. "Das Gesetz erlaubt mir", so sagt er, "über das zu verfügen, was die Ehegemeinschaft hervorbringt. Jegliche Arbeit der Frau gehört dem Mann." (33) Ganz in diesem Sinne eignet sich auch Willy, der Ehemann von Colette, über viele Jahre ihre Autorenrechte an. Indem man weibliche kreative Tätigkeit zum Produkt des Mannes erklärt, wird auch die schöpferische Frau zu seiner Schöpfung. Keine dieser Frauen hat ihre Befähigung einem bestimmten Mann zu verdanken — aber die Tatsache, *daß* sie schreiben darf, daß sie verlegt und wahrgenommen wird, ist das Resultat eines Sieges über das Sexualwesen: die Frau darf schreiben und schöpferisch tätig werden, weil die Mann-geschaffene Frau den Triumph über die reale Frau davongetragen hat.*

---

* Diese Entwicklung macht die ganze Diskussion über eine "weibliche Ästhetik" letztlich sinnlos. Das Kulturverbot für Frauen diente der Vernichtung des Sexualwesens; und die Aufhebung des Kulturverbots ist ein Symptom dafür, daß das Sexualwesen keine Gefahr mehr darstellt. Jede "weib-

Ob kulturell oder erotisch, die Kunst-Frau wird zur "echten". Die große literarische Leitfigur dieser Entwicklung ist *die* Frauenschöpfung des 19. Jahrhunderts: Carmen.

Prosper Mérimées Novelle "Carmen" ist ein verspätetes Produkt der Aufklärung. Sie erscheint 1848 — etwa zur gleichen Zeit wie Michelets "Hexe", der großen Studie des Historikers, durch die das "Satansweib", das bis kurz zuvor noch verfolgt worden war, endgültig rehabilitiert wird: als Quelle der Naturheilkräfte. Mérimées Novelle ist geschrieben wie ein Tatsachenbericht, sachlich, beinahe wissenschaftlich. Auch hier bildet den Mittelpunkt der Erzählung eine "Hexe", wie sie leibt und lebt (34). Aber, wie bei Michelet, wird sie nicht aus dem Blickwinkel des Moralpredigers oder des Hexenrichters beurteilt, sondern mit den Augen eines Mannes betrachtet, der in ihr das "wahre Leben", die pulsierende Natur, die sinnlich wahrnehmbare, fühlbare Realität sieht. Wenngleich Mérimée seine Studien auch aus der sicheren Entfernung der "Wissenschaftlichkeit" betreibt, wie Theophil Spoerri schreibt:

> Im Grunde besteht die Kunst Mérimées darin, uns möglichst nahe an den Abgrund zu bringen, ohne je das Gefühl wirklicher Gefährdung aufkommen zu lassen. Man hat immer festen Boden unter den Füßen. Man schaut in den brodelnden Schlund des Vulkans hinein, man weiß aber, daß man sich auf das kunstvoll geschmiedete Geländer am Rande verlassen kann. (35)

Mit Bizets Oper Carmen, deren Vorlage die Novelle von Mérimée bildet und die 1875 uraufgeführt wird, verschwindet die sichere Distanz, mit der Wissenschaftler und Historiker noch die "Hexe" betrachteten. Bei Bizet — und durch seine Musik — ist unmittelbare Sinnlichkeit am Werke. Kein kunstvoll geschmiedetes Geländer, hinter dem der Zuschauer einen Blick in den Vulkan wagen kann. Nietzsche, der sich der Bizetschen Komposition bedient, um mit Wagner abzurechnen, umschreibt die Musik mit Begriffen wie "afrikanischer Heiterkeit", "lasziver Schwermut". Er verkündet:

> Endlich die Liebe, die in die *Natur* zurückübersetzte Liebe! *Nicht* die Liebe einer "höheren Jungfrau"! Keine Senta-Sentimentalität! Sondern die Liebe als Fatum, als *Fatalität*, zynisch, unschuldig, grausam — und eben darin *Natur*! Die Liebe, die in ihren Mitteln der Krieg, in ihrem Grunde der *Todhaß* der Geschlechter ist! (36)

Gewiß, Nietzsche lobt diese Oper vor allem, um seiner Kritik an Wagner — dem Vorwurf der Verlogenheit — Nachdruck zu verleihen (37). Aber dabei sitzt er selber einer Lüge auf: der Lüge, daß ausgerechnet Carmen, das Pro-

---

liche Ästhetik", wie auch immer sie sich ausdrücken mag, kann heute nur das Produkt eines neutralisierten Geschlechtswesens oder der "Kunst-Frau" (was kein Widerspruch ist) darstellen. Anders würde sie auch gar nicht anerkannt, vielleicht sogar nicht einmal wahrgenommen. Ich bin deshalb zur Ansicht gelangt, daß das, was vom Sexualwesen noch übriggeblieben ist — und wenn ich an diesen Rest nicht glaubte, hätte ich dieses Buch nicht geschrieben —, sich vielmehr auf dem Terrain niedergelassen hat, was einst dem Logos eigen war: das abstrakte Denken. Es ist einer der wenigen Bereiche, die noch nicht von der Kunst-Frau erobert wurden. Ich komme darauf im nächsten Kapitel zurück.

José à Carmen
Tu ne m'a pas compris... Carmen c'est la retraite...
Il faut que moi je rentre au quartier pour l'appel.

Carmen à Escamillo
Je m'appelle Carmencita
Ou Carmen comme tu voudras !

Escamillo à Carmen
Dis-moi ton nom et quand je frapperai le taureau
Ce sera ton nom que je prononcerai !

Carmen à José
Non tu ne m'aimes pas, non car si tu m'aimais,
Là bas, là bas, tu me suivrais !

dukt der Aufklärung, die Zeitgenossin der Dampfmaschine, Ausdruck der "wahren Natur", des "echten Gefühls" sei. Huysmans, dessen Roman "A Rebours" nur wenige Jahre vor Nietzsches "Fall Wagner" erscheint, hat den Zeitgeist seiner Epoche, die Künstlichkeit ihres Frauenbildes sehr viel genauer erfaßt, indem er die Dampfmaschine als die "bessere Frau", als das wahre Sexualwesen beschreibt (vgl. S. 369). Er sagt deutlich, was Bizet und Wagner, was die Oper des 19. Jahrhunderts ganz allgemein zu verbergen sucht: daß die reale Frau schon längst durch eine "verbesserte" Replik ihrer selbst, durch die Mann-geschaffene Kunst-Frau ersetzt worden ist. Nach einer Aufführung von "Carmen" — er hat die Oper inzwischen zwanzigmal gesehen — schreibt Nietzsche an seinen Freund Peter Gast: "Eros, wie die Alten ihn empfanden — verführerisch spielend boshaft dämonisch unbezwinglich. Zum Vortrag gehört eine wahre Hexe." (38) Ausgerechnet auf der Bühne, in der Oper, dem "Kraftwerk der Gefühle" (39), soll der "wahre Eros", die echte Leidenschaft ihren Einzug halten! In Wirklichkeit hatte Bizet eine ebenso große Lüge zustande gebracht wie Wagner: er hatte der Kunst-Frau, der imaginären Weiblichkeit einen Körper verliehen, der nichts mit dem der "realen Frau" zu tun hatte, sondern deren *Ersatz* bildete.

Bizets Oper zeigt auch deutlich, was aus der realen Frau geworden ist. Sie ist in der Figur der Micaëla zu finden, der "anderen" Frauengestalt der Oper: der "mütterlichen" Frau. Carmen ist Leidenschaft, Triebe, Natur — alles, nur nicht "Mutter". Micaëla empfindet Verantwortung für Don José, auch als er schon Carmen verfallen ist. Sie will ihn "nach Hause zur Mutter" führen, will ihn pflegen und von seiner "Krankheit" heilen. Micaëla stellt die reale Frau dar: die Frau, mit der der Mann lebt, die ihm im Alltag begegnet. Diese Frau ist zwar aus Fleisch und Blut, aber weniger "echt", weniger "Sexualwesen" als die Frau auf der Bühne, als Carmen. Als "Sexualwesen" ist die reale Frau der Kunst-Frau, der "aufgeklärten Hexe" hoffnungslos unterlegen. Das wird sich später ändern, wenn die Frau aus Fleisch und Blut zur *Verkörperung* der aufgeklärten Hexe, der Mann-geschaffenen Phantasie wird. Kurz: wo sie ihr Frau-Sein, ihre Sexualität dem Diktat der Kunst-Frau unterwirft, um überhaupt noch Anspruch darauf zu haben, als Sexualwesen in Erscheinung zu treten.

Mit der allmählichen Durchsetzung der Kunst-Frau beginnt aber die Logosgeschaffene Frau immer mehr der Hysterikerin zu ähneln. Die "Simulation" und "Verlogenheit" der hysterischen Symptombildung bildet nicht mehr einen Gegensatz, sondern ein Spiegelbild der "Normalität" des Logos. Die Hysterikerinnen sind keine Gefahr mehr für den Logos, im Gegenteil: sie liefern ihm gleichsam den Beweis für die "Echtheit" der Kunst-Frau. Die Hysterie, die um das Überleben der Andersartigkeit kämpft, indem sie die Vorstellung von Frau-Sein imitiert, liefert ihrerseits ein imitierbares Modell für die Entstehung der Kunst-Frau. "Ein Bild von Frauen in den Worten von Männern", nennen Chodoff und Lyons die hysterische Symptombildung (vgl. S. 71). Mit dieser Taktik liefert die Hysterie den Beweis, daß die *Vorstellung* von Frau-Sein, die "imaginierte Weiblichkeit" sich beleiben kann. Sie demonstriert, daß die Idealität physische Realität zu werden vermag. Damit erhält die hysterische *Verweigerungsstrategie* — die Simulation — geradezu vorbildlichen Charakter für den Logos. So erklärt es sich, daß nicht nur die Begriffe "Frau" und "Erotik", sondern auch die Hysterie selber eine neue und zweite Bedeutung annehmen wird, die sie geradezu zum Schönheitsideal der Frau erhebt.

Huysmans, der in "A Rebours" den Rückzug eines Welt- und Lebemannes aus dem städtischen Leben beschreibt, läßt seinen Romanhelden Des Esseintes, den keine lebendige Frau mehr an-, geschweige denn aufzuregen vermag, in Verzückung geraten vor einem Gemälde von Gustave Moreau.

> Zum Ergötzen seines Geistes und zur Augenweide hatte er sich nach suggestiven Werken gesehnt: sie sollten ihn in eine unbekannte Welt schleudern, ihm die Spuren neuer Ahnungen enthüllen, sein Nervensystem durch gelehrte Hysterien, komplizierte Alpträume und lässige und fürchterliche Visionen erschüttern.
> Unter allen gab es einen Künstler, dessen Talent ihn in andauernde Begeisterung versetzte: Gustave Moreau.
> Er hatte seine beiden Meisterwerke erworben, und nächtelang träumte er von dem einen, dem Bildnis der Salome. [...]
> Im Werke Gustave Moreaus, das außerhalb aller Gegebenheiten der Bibel konzipiert war, sah Des Esseintes endlich die Verwirklichung jener übermenschlichen und seltsamen Salome, von der er geträumt hatte. Sie war nicht nur die Possenreißerin, die durch eine verderbte Verrenkung ihrer Lenden einem Greis einen brünstigen Schrei der Begierde entreißt, die durch Bewegungen ihrer Brüste und ihres Leibes, durch das Zittern ihrer Schenkel die Energie des Königs bricht und seinen Willen schmilzt — sie wurde gleichsam die symbolische Gottheit der unzerstörbaren Wollust, die Göttin der unsterblichen Hysterie, die verruchte Schönheit, auserwählt unter allen anderen durch den Krampf, der ihr Fleisch starr und ihre Muskeln hart machte, das scheußliche, gleichgültige, unverantwortliche und gefühllose Tier, das gleich der antiken Helena alles vergiftet, was ihr nahe kommt, was sie sieht, was sie berührt. (40)

Der Kunsthistoriker Peter Hahlbrock hat Gustave Moreaus Werk treffend als "Das Unbehagen in der Natur" umschrieben (41). Moreau flieht vor der Welt des Realen in die klösterliche Abgeschiedenheit seines Ateliers (42), um dort, mit außerordentlich realistischer Präzision, den Bildern des Unbewußten, den imaginären Frauen und Männern, plastische Wirklichkeit zu verleihen. In der Beschreibung, die Huysmans von seinen Bildern gibt, zeichnet sich die Vereinnahmung der Hysterie durch die Kunst-Frau ab. Es wird offenbar, wie der Logos sich nunmehr die uralte Geschichte seiner großen Gegnerin, der Hysterie, der künstlichen Frau zu eigen macht. So erhält die "Große Lügnerin" zum ersten Mal das Anrecht darauf, die Wahrheit, die "echte Frau" zu verkörpern; andererseits ist dieses Zugeständnis selbst aber nichts anderes als ein Mittel, der Kunst-Frau die "Echtheit" der Hysterie zu verschaffen. Eine "Echtheit", die den Mann wiederum die "wahre" Liebe lehren wird. 1961 schreibt André Breton:

Gustave Moreau, Samson und Dalila

> Die Entdeckung des Gustave-Moreau-Museums im Alter von sechzehn Jahren hat für immer meine Art zu lieben geprägt. Die Schönheit, die Liebe — dort offenbarten sie sich mir in den Gesichtern, den Haltungen von einigen Frauen. Der "Typus" dieser Frauen hat in mir wahrscheinlich alle anderen verdeckt: es war die völlige Verzauberung. (43)

Im Museum lernt der Mann des 20. Jahrhunderts die Frauen lieben. Er lernt es an den Gemälden, die sich die Vergangenheit der "anderen" Frau, der Hysterikerin angeeignet haben und jene nunmehr ersetzen. Die Hysterie, deren "Strategie" darin bestanden hatte, den Logos durch eine — getreue aber karikaturale — Reproduktion seiner "Lüge" zu unterwandern, wird ihrerseits reproduziert.

Eros und Thanatos — ex machina

Mit der Kunst-Frau entsteht notwendigerweise die Kunst-Erotik: der Künstler tritt in Austausch mit seiner eigenen Schöpfung. Eros findet nicht mehr zwischen den Geschlechtern statt, sondern zwischen dem ICH und seinem selbstgeschaffenen Anderen. Die reale Frau wird in diesen "erotischen" Dialog nur einbezogen, soweit ihre Sinnlichkeit einer "Kunst-Frau" angemessen ist.

Eines verrät die Kunst-Erotik, wie auch die Kunst-Frau: die Tatsache, daß beide das Original, dem sie nachgebildet sind, übertreffen. Die Kunst-Erotik ist — hierin der Hysterie verwandt — übersteigerte Erotik, "bessere Sexualität", die von "mehr" Sinnlichkeit, Körperlichkeit zeugt. So wie die Kunst-Frau (noch) "weiblicher" ist als die reale, so ist auch die Kunst-Erotik (noch) exzessiver als die "ungeschriebene" Erotik. Nur so können beide das Original überbieten und zugleich den Anspruch erheben, das Original zu *sein*.

Wie aber wird die Reproduktion von Eros sinnlicher, körperlicher, "echter" als die Erotik selbst? Die Reproduktion kann eigentlich nur dort ansetzen, wo auch das Original, die Erotik selbst anhebt: in der Verwandtschaft von Eros und Thanatos, die die Auflösung des *ichs*, den "Untergang" in der Wollust, den "kleinen Tod" beschwört. Die Kunst-Erotik kann diese Verwandtschaft zum Tod nur dadurch übertreffen, daß sie den Eros durch Thanatos *ersetzt*. So entsteht eine Erotik "ex machina", bei der der Tod selbst zum letzten Ausdruck von Eros, von Wollust wird. Auch hierin sind die Schriften von Ernst Jünger beispielhaft. Sie liefern zahlreiche Kostproben einer solchen "besseren" Erotik:

> Das ist neben dem Grauen das zweite, was den Kämpfer mit einem Sturzflug roter Wellen überbrandet: der Rausch, der Durst nach Blut, wenn das zuckende Gewölk der Vernichtung über den Feldern des Zornes lastet. So seltsam es manchem klingen mag, der nie um Da-Sein gerungen: Der Anblick des Gegners bringt neben letztem Grauen auch Erlösung von schwerem, unerträglichem Druck. Das ist die Wollust des Blutes, die über dem Kriege hängt wie ein rotes Sturzsegel über schwarzer Galeere, an grenzenlosem Schwunge nur der Liebe verwandt. (44)

So wie Jünger kann nur schreiben, wer *nicht* empfindet, wer sich nie entfesselte, wer nie den "grenzenlosen Schwung der Liebe" gekannt hat und wen letztlich sogar der Krieg kaltläßt. Seine Schriften nehmen keineswegs eine Sonderstellung ein im 20. Jahrhundert. Sie sind vielmehr das Spiegelbild einer Normalität, die sich als Unfähigkeit zum Eros beschreiben ließe; oder auch als Gefühl von physischer Inexistenz (vgl. S. 304ff). So wie die zahlreichen Verwundungen dem Soldaten Jünger immer wieder als Beweis dienen, daß er einen Körper hat, daß er physisch existent ist, so dient auch dieses Schreiben der Produktion von Gefühlen, von Eros, von Leidenschaft. Es ist Kunst-Erotik im wahrsten Sinne des Wortes: eine Erotik, die durch die Kunst fabriziert wird (45).

Jüngers Schriften offenbaren eine entscheidende Wende, die sich mit der Jahrhundertwende vollzieht: die Kultur wird von hier ab immer weniger das Produkt von sublimierten Trieben oder sublimierter Erotik sein; statt dessen wird der Künstler schöpferisch tätig sein, um Erotik, Sinnlichkeit zu *fabrizieren*. Hierin liegt für mich auch der entscheidende Unterschied zwischen Jünger und Céline, die oft miteinander verglichen werden. Im Werk beider spielt der Tod, die Gewalt eine wichtige Rolle. Céline schrieb über den verhaßten Frieden:

> Noch im Kriege streute der trübe Frieden schon seine Saat aus. Man konnte diesen Hysteriker voraussahnen, wenn man ihn in der Olympia-Taverne herumwirtschaften sah. Unten in dem langen, aus hundert Spiegeln schielenden Saal des Keller-Dancing stampfte er in Staub und in völliger Trostlosigkeit zu negerisch-jüdisch-angelsächsischer Musik herum. Engländer und Schwarze durcheinander. Levantiner und Russen, rauchend, lärmend, melancholisch, martialisch, die purpurnen Sofas entlang. Diese Uniformen, an die man sich heute kaum mehr erinnert, waren der Keim des Heute, dieses Dinges, das noch immer wächst und erst später, mit der Zeit, gänzlich zu Jauche werden wird. (46)

Dennoch kann man sich bei Céline nicht des Eindrucks erwehren, daß er — der "sexuellen Ekel" vor der Frau empfand (47), aber als Pseudonym einen Frauennamen annahm — sich durch violente Abgrenzung gegen dieses "Ding" zu wehren versucht, gegen den Frieden und die "Unmännlichkeit" des Hysterikers. Das bedeutet aber, daß Céline seine Gefühle nicht fabriziert, sondern gegen sie anschreibt. Céline ist betroffen von diesem "Tod auf Raten", auf den der menschliche Körper zugeht. Er haßt diesen Tod, er ekelt sich vor dem Körper, der ihm den Tod beschert — und mit seinem Körper haßt er auch die Frau-im-Mann. Aber wenn er sich einer Erkenntnis nicht entziehen kann, so eben dieser: daß er physisch existiert und "unvollständig" ist. Daß in ihm Triebe und Gefühle am Werke sind, die er nicht beherrscht und nur bestenfalls, durch das Schreiben, austrocknen kann.

Jünger hingegen muß schreiben, um überhaupt seine Gefühlswelt herzustellen: künstlich als Künstler. Eben dies, die Künstlichkeit, verrät sich wiederum im Stil, in den übersteigerten erotischen Allegorien, im Thanatos ex machina. Wolfgang Kaempfer hat die Sprache und Ästhetik dieses Stils mit der von Operndekors verglichen. Indem das 19. Jahrhundert die Oper erfand, schuf es gleichsam auch die Vorlage für den Krieg als "Kraftwerk der Gefühle". Kaempfer schreibt:

> Alle Kriegserzählungen Jüngers sind aus Rückgriffen ins Arsenal einer Metaphorik zusammengesetzt, welche an die Märklin- und Steinbaukästen der Kindergeneration vor und zwischen den beiden Kriegen erinnert. Hervorstechendes Merkmal dieser frühen Fertigbauteile ist die Sauberkeit, die Handlichkeit, die Funktionalität. Kaum je greift der Kriegserzähler über die drei Metaphernbereiche der Naturanschauung, der Feuerwerkerei des homo faber und über die des sogenannten Lebenstriebs hinaus [...] Kein Einzelner, kein Leidender, kein "Subjekt" ist mehr im Spiel, vielmehr ist das Subjekt der versteckte Beobachter eines Schauspiels, dessen Schönheit er selbst veranstaltet hat. Jüngers Geschicklichkeit in der Komposition von Perlenschnüren, Vulkanausbrüchen, bunten Raketen und den farbigen Signalen des "Rangierbahnhofs" ist schwerlich zu bestreiten, ist jedoch allein die Frucht der Distanzierung und einer Schreibtischtäterschaft, welche die schwelgerische Identifikation mit der Vernichtungsmaschine nachträglich ins artifizielle Gegenüber von *Beobachter* und *Schauspiel* aufgelöst hat. (48)

Die Frau, Eros und Tod sind in Einzelbauteile zerlegt. Als solche können sie beliebig miteinander verbunden, maßgerecht zusammengesetzt werden: je nachdem, wie es die Situation des Künstlers oder des Zeitgeists verlangt.

Die künstliche Bisexualität

Was für die Frau, für Eros und Sexualität gilt, trifft nicht minder auf die psychische Bisexualität zu. Durch den Untergang des Sexualwesens hat der Künstler das Modell verloren, aus dem er seine Frau-im-Kopf beziehen kann. Das Kulturverbot für Frauen bedeutete zugleich auch die Verbannung seiner Frau-im-Kopf.
Das hat sich scheinbar mit der Durchsetzung der Kunst-Frau verändert. Aber in Wirklichkeit ist diese Kunst-Frau ihrerseits nichts anderes als ein Produkt imaginierter, männlich geschaffener Weiblichkeit. Sie ist das künstliche DU, das das ICH sich zugelegt hat: die Materialisierung der Frau-im-Kopf des Mannes. Das bedeutet, daß das "Modell", das dem Künstler als Vorlage für seine Frau-im-Kopf dient, zugleich auch deren Fabrikat ist. Das Frau-Essen des Kultur-Kannibalen, wenn man so will, besteht darin, daß er gleichsam seine eigenen Ausscheidungen verspeist. Das heißt, er kann eigentlich nichts Neues produzieren, nicht schöpferisch tätig sein, sondern nur das schon Erschaffene neu verarbeiten.
Der moderne Künstler versucht sich diesem Dilemma zu entziehen, indem er sich einerseits vom "Modell" löst, die reale Frau als Vorlage für seine Frau-im-Kopf ausschaltet; und indem er sich andererseits darum bemüht, seine Frau-im-Kopf ohne Vorlage zu fabrizieren: gleichsam aus dem Nichts. Die Fabrikation der Zweigeschlechtlichkeit, die Schöpfung der Frau-im-Kopf, die Erzeugung des Sexualwesens wird zum eigentlichen "Kunstwerk"

des Künstlers. Er macht sich gewissermaßen selbst — oder sein ICH — zu seiner Schöpfung, hierin vergleichbar der Hysterie.* "Es ist klar", so sagt Handke, "ich kann mir eine Heimat nicht zusammenfinden durch Sehen, Hören, Riechen, Erinnern — ich muß sie mir erschreiben, erfinden." (49) Aus künstlerischer Bisexualität wird kunstvoll fabrizierte Bisexualität; und die Künstlichkeit dieser Bisexualität offenbart sich einerseits darin, daß der Künstler nicht mehr in Berührung treten kann und will mit der realen Frau; und andererseits darin, daß das Bild des "Mannes" oder der "Frau", das dabei entsteht, völlig artifiziell ist.

Stern: Sie mißtrauen wohl grundsätzlich allen Frauen?
Handke: Ja, ich bin mißtrauisch. Wahrscheinlich gibt es doch viele Frauen, die ganz große Augen für die Kunst haben und sehr schöne Sachen darüber sagen. Trotzdem denke ich, daß auch diese nicht selbstlos dabei sind, sondern nur eine Gunst erweisen. Denn wenn sie dann im Leben mit einem zu tun haben, der mit diesem Engel kämpft, der für mich die Kunst ist, wenn sie dann die Qual und die Quälerei und vor allem die absolute Ausschließlichkeit kennenlernen, die dieser Kampf von dem Ausübenden erfordert, da werden die Frauen die großen Verräter. Da sind sie ganz und gar nichtswürdig, da sind sie zu nichts zu gebrauchen.
Sie sind nur auf Entfernung zu gebrauchen. Aber wenn sie den Sumpf, das zeitweilige Unwertgefühl und das tragische Bewußtsein des Künstlers miterleben, fürchten sie sich. Denn da sehen sie die Hölle. Es steht ja schon bei Aischylos: Trau keinem Ruhm, den die Frauen verkünden. Und daran halte ich mich.
Stern: Schrecklich!

* Insofern ist es völlig logisch, daß sich heute viele bildende Künstler selbst zum Kunstwerk, zum Ausstellungsobjekt einer "body art" machen.

Handke: Wenn ein Künstler — ich gebrauche mit Absicht das Wort — wirklich in seinem Kampf begriffen ist, kann er auch, wenn er es wollte, bei keinem menschlichen Wesen mehr Zuflucht finden. Im kritischen Moment ist er sozusagen unberührbar. Ein Werk, an dem er beschäftigt ist, ähnelt immer wieder dem Nichts, aus dem es gekommen ist, und strahlt auch das Grauen des Nichts aus. Derjenige, der sich darauf eingelassen hat, ist zwischendurch das schwächste Würmchen auf Erden. Da kann er auch mit einer Frau überhaupt nichts zu schaffen haben. [. . .] Wenn ich wirklich in dieser kritischen Situation des Arbeitens bin, kann ich nur von Kindern berührt werden, also auch mit der Hand berührt werden. Oder von der Thekenstange in einem Lokal zum Beispiel . . .
Stern: . . . aber auf keinen Fall von einer Frau?
Handke: Man haßt dann auch jede Frau, weil sie einen vom Problem ablenkt. Je schöner die Frau ist, desto machtloser und hilfloser kommt man sich vor. Während das mit der Natur etwas anderes ist. In die Natur kann man mit dem Problem, das man hat, gehen, ohne sich zu flüchten. Begäbe man sich aber zu einer Frau, so wäre das Flucht und wäre ein Versagen. Man könnte dann eine Sache streichen. Man würde zum Verräter an dem, was man sich vorgenommen hat.
Stern: Sie meinen, Ihr Werk würde einen anderen Sinn bekommen?
Handke: Es würde aufhören, es wäre nichts mehr. Man könnte es wegschmeißen. (50)

Auch Handke ist überzeugt von der Notwendigkeit einer psychischen Bisexualität des Künstlers, die ihn erst zu schöpferischer Arbeit befähigt, aber nicht nur sein Bedürfnis nach einer "Befreiung" von der Frau, auch das Bild, das er von dieser Bisexualität zeichnet, offenbart, daß es sich um eine künstliche handelt. Für die Künstlerin, so sagt er in dem oben zitierten Interview weiterhin, heißt "bisexuell" sein, das "Undurchdringliche, Unnahbare" oder das "Unbeholfene, Eckige, Schwere und Einzelgängerische von einem Mann" zu haben — während sich die Bisexualität des männlichen Künstlers darin ausdrücke, daß er etwas "Zickiges und eine Art Berührungsangst wie Frauen" habe (51). Diese Bilder von "Männlichkeit" und "Weiblichkeit" sind reine Kunstwerke. Sie entsprechen einer *abstrakten Vorstellung* von den beiden Geschlechtern, der von zwei Ersatz-Sexualwesen. Es sind übersteigerte Bilder, bei denen die "Frau" weiblicher als die Frau, der "Mann" männlicher als der Mann gesehen wird; karikaturale Ideen von Männlichkeit und Weiblichkeit, die, wie Green sagt, nur in der Vorstellung von "Normalität" und im Transsexualismus vorkommen. Die Hysterie bedient sich dieser Bilder, um die "Normalität" des Logos ad absurdum zu führen. Hier jedoch dienen sie der Fabrikation eines Logos-geschaffenen Sexualwesens oder Künstlers.
"Mein Haß ist eine Realität, die ich nicht verleugnen kann", schreibt Handke in der "Geschichte des Bleistifts", "ohne ihn kann ich zu keiner anderen Realität kommen." (52) Dieser Haß sei das Elementare, im Gegensatz zur Liebe, die durch die Kunst — und nur durch die Kunst — hergestellt werden könne. Mit Hilfe des Hasses grenzt sich der Künstler gegen die Außenwelt ab; die Liebe aber, das liebesfähige Sexualwesen, kann nur durch einen schöpferischen Akt des Künstlers entstehen. "Seine Liebe ist [. . .] eine Kunst-Anstrengung", so schreibt Urs Jenny über Handke, "deshalb will er, daß

alle Kunst eine Liebes-Anstrengung sei; und deshalb fällt ihm seine Kunst schwer." (53)

Handke dient hier als symptomatisches Beispiel für die schweren Arbeits- und Schöpfungsbedingungen des modernen Künstlers. Freud machte Anfang dieses Jahrhunderts noch den Unterschied zwischen dem "Gelehrten", der seiner Tätigkeit zuliebe auf Sexualität verzichten muß, und dem Künstler, der mit "abstinentem Lebenswandel" nicht recht vorstellbar sei. Bei ihm werde vielmehr "seine künstlerische Leistung durch sein sexuelles Erleben mächtig angeregt." Ganz allgemein, so führt Freud weiter aus, habe er nicht den Eindruck gewonnen, "daß die sexuelle Abstinenz energische, selbständige Männer der Tat oder originelle Denker, kühne Befreier und Reformer heranbilden helfe." (54) Es handelt sich um einen frühen Aufsatz Freuds; die Lehre vom Ödipus-Komplex, die er später entwickelte, sollte nicht gerade dazu führen, dem Sexualleben die Erfüllung zu ermöglichen, die kreative Energien freisetzt. Ganz abgesehen davon scheint mir aber das, was Freud beschreibt, im 20. Jahrhundert fast nur noch für den bildenden Künstler zuzutreffen, aus Gründen, auf die ich im nächsten Kapitel näher eingehen werde. Für den schreibenden Künstler — sei er Lyriker oder Romanschriftsteller —, für den originellen Denker und kühnen Reformer ist die kreative Aktivität zu harter, Enthaltsamkeit fordernder Arbeit geworden. Die Produktionsbedingungen des modernen Künstlers ähnen zunehmend denen des Gelehrten, auch was die sexuelle Abstinenz betrifft.

Die Libido, die einst die Triebkraft künstlerischer Produktion war, ist zu deren Hindernis geworden. Die künstliche Bisexualität kann nur unter Verzicht auf das "Modell", auf die reale Frau, auf das Sexualwesen überhaupt entstehen, weil jene ihrerseits "Kunstprodukte" sind. Sie muß ex nihilo geschaffen werden. Die enorme Flut von Büchern, Kunstwerken und philosophischen Gedankengebäuden, die das 20. Jahrhundert hervorgebracht hat, läßt sich einerseits als der Versuch verstehen, eine "bessere" Sexualität, eine "überlegene" Bisexualität und ein "veredeltes" Sexualwesen hervorzubringen; andererseits aber auch als Mittel, die Restbestände der ursprünglichen Libido und des "ungeschriebenen" Sexualwesens bis zur Vollnarkose zu anästhetisieren; die verbleibende Erinnerung an den "ungeschriebenen" Körper, die Triebe oder die untergegangene Frau-im-Kopf im völligen Vergessen zu ertränken: wo *ich* war, soll Ruhe werden.

Die Geburt der Triebe aus dem Geist der Musik

Die Entstehung des künstlichen Sexualwesens ist nicht nur für die Qualität der künstlerischen Erzeugnisse von Interesse, sie erklärt auch die fortschreitende Verschmelzung von Kunst und Politik, die für das 20. Jahrhundert kennzeichnend ist. Die Kunst, deren Anliegen zunehmend in der Fabrikation des künstlichen Menschen besteht, liefert der Politik des 20. Jahrhunderts die Vorlage, nach der der Mensch zum manipulierbaren Objekt der "Kunst" wird; einer Kunst, die auf breiterem Maßstab produziert, als es der Künstler gemeinhin tut; einer Kunst, die nicht das einzelne Sexualwesen, sondern das große ICH, die Nation oder das Volk als Sexualwesen hervorstellen will. Eine der Schlüsselfiguren in dieser Entwicklung der "Kunst" zum politischen Instrument ist Richard Wagner.

Der Wagner-Forscher Hartmut Zelinsky hat, wie kein anderer, auf die Bedeutung Richard Wagners für die politische Entwicklung in Deutschland hingewiesen (55). Er wurde heftig dafür angegriffen, so heftig, daß es beinahe den Anschein hat, als gehe es um mehr als Wagner: als gehe es überhaupt um die Wahrung einer angeblich unpolitischen Kunst, die es nie weniger als im Industriezeitalter gegeben hat. Wagner selbst hat immer darauf bestanden, daß sein Werk einem "höheren Ziel", der Schöpfung eines neuen Geistes, eines neuen Volkes, eines "starken und schönen Menschen" dient (56). Er hat nie einen Hehl daraus gemacht, daß die Musik, die Kunst überhaupt, keinen anderen Zweck zu verfolgen habe, als den "Verstandesinhalt" in einen "Gefühlsinhalt" aufzulösen (57). Sie habe keine Seinsberechtigung, wenn sie nicht eine "Absicht" vermittle, die "Verwirklichung des Gedanken in der Sinnlichkeit" sei (58). Er selbst erteilte der Kunst und dem "Kunstwerk der Zukunft" einen immanent politischen Auftrag: nämlich die "Erlösung" des Menschen "vom lähmenden Druck einer Zivilisation" (59), vom "unnatürlichen Wesen" des Staates (60), seine Befreiung vom "entehrenden Sklavenjoche des allgemeinen Handwerkertums mit seiner bleichen Geldseele" (61) und von der "industriellen Spekulation" (62). Ja, Wagner sah vor, daß der Künstler den Politiker ersetze:

> Wo nun der Staatsmann verzweifelt, der Politiker die Hände sinken läßt, der Sozialist mit fruchtlosen Systemen sich plagt, ja selbst der Philosoph nur noch deuten, nicht aber vorausverkünden kann, [. . .] da ist es der Künstler, der mit klarem Auge Gestalten erkennen kann, wie sie der Sehnsucht sich zeigen, die nach dem einzig Wahren – dem Menschen – verlangt. Der Künstler vermag es, eine noch ungestaltete

Welt im voraus gestaltet zu sehen, eine noch ungewordene aus der Kraft seines Werdeverlangens im voraus zu genießen. (63)

Der Großteil von Wagners theoretischem Werk entstand vor seinem künstlerischen, seine Dichtung ging der Komposition voraus, galt ihm auch als das "zeugende" Element des Kunstwerks (64). Nicht die Musik, sondern die theoretischen Schriften Wagners faszinierten den Philosophen Nietzsche. Kurz: Den politischen Gehalt, die "höhere Absicht" von Wagners Werk verleugnen, heißt, den Lebenszweck, das Schaffen des "Meisters" selbst in Frage stellen.

Mit Zelinskys These, daß Wagner in erster Linie als Politikum zu betrachten ist, stimme ich überein, aber Zelinsky, so meine ich, vernachlässigt (wie das ganz allgemein geschieht) die Bedeutung des Sexualwesens, der Geschlechtlichkeit für das politische Leben (65). So möchte ich seine Analyse erweitern. Wagner war Antisemit, daran gibt es keinen Zweifel. Aber der Einfluß, den er auf die Entwicklung des Antisemitismus in Deutschland ausgeübt hat, verlief über Bahnen, die sich auf sehr viel unbewußterer Ebene als der eines unverhohlenen Antisemitismus ansiedeln. Er bestand in dem Modell, das unter allen Künstlern des 19. Jahrhunderts vor allem Wagner vermittelte: dem Modell einer "materialisierten" Idee, einer sinnlich gewordenen Abstraktion, eines "Körper" und "Triebe" produzierenden Kunstwerks. Wagner hat den Nationalsozialismus nicht "erfunden", aber er hat eine Vorlage für die "Politik des Unbewußten" geschaffen, für die Manipulation der Masse, für die Schöpfung des großen synthetischen "Sexualwesens", das nicht nur das Wesen des Nationalsozialismus ausmacht, sondern im weiteren Sinne überhaupt zum Merkmal des politischen Lebens im 20. Jahrhundert geworden ist. Wagner hat, als Künstler, der zeitlebens Politiker sein wollte, dem Politiker, der Künstler werden wollte, das Vorbild dafür geliefert, wie der Mensch in ein künstliches Wesen zu verwandeln ist. Bei beiden, Hitler wie Wagner, bildete der Antisemitismus wiederum einen ausschlaggebenden Teil dieses "Schöpfungsvorgangs".

An Wagner lassen sich all die Prozesse aufzeigen, die ich in den vorhergehenden Abschnitten behandelt habe: das "Frau-Essen", die Entstehung des symbiotisch mit dem anderen verschmolzenen, ungeschlechtlichen ICHs; aber Wagner ist darüber hinaus auch symptomatisch für den Prozeß der "Hysterisierung des Logos": das ungeschlechtliche ICH wird Sexualwesen, eignet sich "Triebe" und eine neue "Natur" an.

Cosimas Tagebücher liefern zahlreiche Belege für ihre "Verspeisung" durch Wagner, für die Vernichtung ihres *ichs*, ihres "moralischen Muts", wie sie selber konstatiert (66). Die Frau Cosima wird in eine "Mutter" verwandelt: zwischen ihr und Wagner entsteht eine symbiotische Beziehung (die späteren Bewunderern wiederum als vorbildlich gilt (67)). Cosima, die sich ganz in Wagner "verlieren will" (68), schreibt: "Ich will [. . .]

von ihm ganz geschaffen werden, mein Ich zertrümmert, er nur in mir." (69) Symptomatisch ist auch der Konfessionswechsel, zu dem Wagner Cosima zwingt. Am Tag ihres Übertritts trägt sie in ihr Tagebuch ein:

> [. . .] dann in die Sakristei, wo ich mit R. das heilige Abendmahl einnehme; erschütternder Akt, meine ganze Seele bebt, [. . .] oh möchte ich in solcher Stimmung sterben, könnte man darin beharren bis an des Lebens Ende! Als wir uns umarmten, R. und ich, war es mir, als ob jetzt erst unser Bund geschlossen wäre [. . .]. Es ist mir fast bedeutender wohl gewesen, mit R. zum h. Abendmahl zu gehen als zum Trauungsaltar. (70)

Bei diesem Heiligen Abendmahl wird nicht mehr auf symbolische Weise Gott verzehrt, sondern die Frau aus Fleisch und Blut, die ihrerseits *in ein Symbol verwandelt* wird. Zelinsky interpretiert die Beziehung von Cosima und Wagner als eine sadomasochistische, bei der Cosimas "Schuldbewußtsein und selbstaufopferungswürdiges Unterwertgefühl und masochistischer Selbsthaß" auf ihre Lösung der Ehe mit Hans von Bülow zurückzuführen sei (71). Aber mir scheint diese Interpretation zu sehr an einer individuell psychologischen Situation festzuhalten. Viel ausschlaggebender für dieses Verhältnis ist die kollektive Phantasie einer Zeit, die Wagner in besonderer Weise repräsentiert: die Verwandlung der Frau in eine "Mutter" einerseits (eine Verwandlung, die gerade bei Cosima einige Mühen gekostet haben dürfte) und die Verspeisung des Frau-Seins durch das "Genie" andererseits. Cosima muß sich in eine "Idee" verwandeln, damit die imaginäre Weiblichkeit ihrerseits sinnliche Realität werden kann.

Auch die Selbstvernichtung des männlichen Sexualwesens läßt sich an diesem "Plenipotentarius des Untergangs", wie Wagner sich selbst nannte (72), aufzeigen. Wenn Wagner sich zum "herrlichen Buddha" hingezogen fühlt, so deshalb, weil jener den "vollkommen befreiten, aller Leidenschaften enthobenen Menschen" darstellt (73). Wenn er eine "herzliche und innige Sehnsucht nach dem Tod" entwickelt und die "volle Bewußtlosigkeit, gänzliches Nichtsein, Verschwinden aller Träume" als Erlösung sucht (74), so ist es der Untergang des Sexualwesens, des *ichs*, wonach er sich sehnt. Die Frau, Cosima, das Sexualwesen muß vernichtet werden, damit auch das männliche Sexualwesen untergehen kann. Wagner sagt es deutlich von einer seiner Figuren: Elsa ist "dieses Weib, das in ihrer Berührung gerade mit Lohengrin untergehen mußte, um auch diesen der Vernichtung preiszugeben." (75) Im "Erlösungswerk" Parsifal, in dem zuletzt auch die einzige Frau des ganzen Dramas untergeht, läßt Wagner schließlich "den Dämon Weib zur Ruhe kommen", wie Siegfried Placzek schreibt (76).

Dieses große Sterben, diese "Erlösung durch Selbstvernichtung" (77) ist die Voraussetzung dafür, daß das *ich* durch ein künstliches "Sexualwesen" ersetzt werden kann: daß das ICH seinerseits die Eigenschaften der "Unvollständigkeit" annimmt, die ihm den Anspruch auf Geschlechtlichkeit verschaffen. Wagners *ich* soll nur deshalb untergehen, damit ein "besseres" an seine Stelle treten kann: ein ICH, das noch "unvollständiger", damit aber auch noch sinnlicher, physischer, "realer" ist als das *ich*. Placek interpretiert das Werk Wagners als das Produkt eines unbeherrschbaren erotischen Verlangens: "Weil der Liebestrieb ihn, den Mann, unaufhörlich verfolgt, peinigt und jagt, erkennt er in ihm den Fluch und die höchste Entzückung des Lebens." (78) In Wahrheit wird Wagner aber nicht vom Liebestrieb gejagt, sondern ganz im Gegenteil: er ist besessen von der Idee, eine künstliche Erotik, ein künstliches Sexualwesen herzustellen. Mit Hilfe seiner eigenen "Partitur", hofft Wagner zur Neu-Schöpfung seines eigenen Sexualwesens zu kommen:

> Elsa, das Weib — diese notwendigste Wesensäußerung der reinsten, sinnlichen Unwillkür —, hat mich zum vollständigen Revolutionär gemacht. Sie war der Geist des Volkes, nach dem ich auch als künstlerischer Mensch zu meiner Erlösung verlangte. (79)

Während die reale Frau, Cosima, zum "Symbol" wird, nimmt die Kunst-Frau, Elsa, irdische, realitätserzeugende Kraft an.

Der Wandel, der sich an der Frau vollzieht — die Verdrängung der realen Frau durch die Kunst-Frau —, gilt auch für alle anderen Begriffe, die die "Realität" verkörpern. Das Unwillkürliche, die Natur, die Sinnlichkeit, das Unbewußte, die Triebe — diese ganzen Begriffe spielen bei Wagner eine wichtige Rolle (80). Sogar das "Es" taucht bei ihm auf (81) — ein Begriff, der später bei Groddeck und Freud eine entscheidende Rolle spielt: bei Wagner, nicht anders als bei ihnen, sind mit dem Es die vom Bewußtsein nicht beherrschten Triebe gemeint. Aber die "Triebe", das Unbewußte, die Unwillkürlichkeit, von denen Wagner spricht, sind alles andere als unbeherrscht und unbewußt. Sie sind konstruiert und ebenso künstlich wie die Musik, mit deren Hilfe er sie fabriziert. Von dieser Musik schreibt Nietzsche:

> Wagner war *nicht* Musiker von Instinkt. Dies bewies er damit, daß er alle Gesetzlichkeit, und, bestimmter geredet, allen Stil in der Musik preisgab, um aus ihr zu machen, was er nötig hatte, eine Theater-Rhetorik, ein Mittel des Ausdrucks, der Gebärden-Verstärkung, der Suggestion, des Psychologisch-Pittoresken. (82)

Die Zeugnisse, die Wagner selbst hinterlassen hat, widersprechen Nietzsche nicht. In einem Brief an Mathilde Wesendonk sagt er von seiner Musik:

> Nun denken Sie meine Musik, die mit ihren feinen, feinen, geheimnisvoll-flüssigen Säften durch die subtilsten Poren der Empfindung bis auf das Mark des Lebens eindringt, um dort Alles zu überwältigen, was irgend wie Klugheit und selbstbesorgte Erhaltungskraft sich ausnimmt, Alles hinwegschwemmt, was zum Wahn der Persönlichkeit gehört, und nur den wunderbar erhabenen Seufzer des Ohnmachtsbekenntnisses übrigläßt. (83)

Mit Wagner — und seinem Zeitalter — stirbt einerseits all das, was sich als Leben, Leidenschaft, Unwillkürlichkeit, Natur bezeichnen läßt — und andererseits werden eben sie neu erschaffen. Wagner erfindet eine Musik, die zugleich das "Bewußtsein" auslöscht, wie auch eine Ersatz-Sexualität, eine Ersatz-Sinnlichkeit erzeugt; und die werden ihrerseits für die "realen" gehalten. In diesem Vorgang liegt der Schlüssel zur Wirkungsgeschichte Wagners: nicht sein primärer Antisemitismus (auf den ich noch zu sprechen komme) hat den Boden für den Nationalsozialismus bereitet, sondern die Tatsache, daß er eine Phantasie in die Wirklichkeit umgesetzt hat: nämlich die Phantasie, daß es möglich sei, die "Natur", die "Triebe", das "Sexualwesen" durch einen Schöpfungsprozeß zu fabrizieren. Die Phantasie, daß jene mit dem "Kunstwerk" im wahrsten Sinne des Wortes identisch seien.

Deshalb lag Wagner auch daran, die Kunst, die Ratio, die sich hinter seinem Kunstwerk verbarg, unkenntlich zu machen. Liszt nannte Wagners Kompositionen "gelehrtes Machwerk", die "durchdachteste aller Inspirationen" (84). Und obgleich Wagner selbst sein Werk als "beabsichtigte Unwillkür" umschrieb (85) und in einem Brief an den Wiener Kritiker Eduard Hanslick verkündete, "das bewußtlos produzierte Kunstwerk gehört Perioden an, die von der unseren fern abliegen" (86), haßte Wagner, nicht anders als nach ihm die Nationalsozialisten, alles was mit "Intelligenz", Ratio, Bewußtsein zusammenhängt. Im "Künstlertum der Zukunft" schreibt er:

> Ihr irrt nun also, wenn ihr die revolutionäre Kraft im Bewußtsein sucht — und demnach durch die Intelligenz wirken wollt: eure Intelligenz ist falsch und willkürlich [...] Nicht ihr, sondern das Volk, — das — unbewußt — deshalb aber eben aus Naturtrieb handelt, — wird das Neue zustande bringen; die Kraft des Volkes ist aber eben noch so lange gelähmt, als es von einer veralteten Intelligenz, von einem hemmenden Bewußtsein sich fesseln und leiten läßt: erst wenn diese vollständig von und in ihm vernichtet sind, — erst wenn wir alle wissen und begreifen, daß wir nicht unsrer Intelligenz, sondern der Notwendigkeit der Natur uns überlassen müssen, wenn wir also kühn geworden sind, unsre Intelligenz zu verneinen, erhalten wir alle die Kraft aus natürlichem Unbewußtsein, aus der Not heraus das Neue zu produzieren, den Drang der Natur durch seine Befriedigung uns zum Bewußtsein zu bringen. (87)

Wagner unterstellte dem "Volk", dem "Unbewußten", was er eigentlich zu produzieren trachtete: den Menschen der Zukunft. Er wollte Intelligenz, Bewußtsein vernichtet sehen, damit die Kunst-Natur, das künstliche Sexualwesen unmerklich an die Stelle des "Originals" rücken konnten. Indem Wagner seine künstlichen Schöpfungen einem "Naturtrieb", dem "Unbewußten" oder dem "Volk" unterschob, verlieh er ihnen den Anschein von Ursprünglichkeit. Und dies sollte seine Wirkung nicht verfehlen: eben dafür wurden sie gehalten; und nur dadurch verrät sich deren Künstlichkeit, daß sie größer, überschwenglicher sind als alle Gefühle, die die Geschlechtlichkeit noch im Menschen auszulösen vermag. "Seligkeit des gänzlichen Aufhörens, der vollständigen Vernichtung einzig in den Tönen, in seinen Tönen möglich", trägt Cosima in ihr Tagebuch ein (88). Ludwig II. versetzt Wagners Werk in "wonnevolle Verklärung", in den "Rausch nie empfundener Beseligung", das "Hochgefühl nie empfundenen Glücks" (89). Charles Baudelaire, der selber sehr stark von der Musik Wagners angezogen war, verglich sie mit der Wirkung von Opium. Dabei erkannte er durchaus die Funktion einer Ersatzerotik, die sie ausübte:

> Bald, wie das bei Neuigkeiten so ist, ertönten symphonische Stücke von Wagner in den Casinos, die jeden Abend einer Menschenmenge auf der Suche nach trivialer Wollust geöffnet sind. Die überwältigende Majestät dieser Musik brach dort ein wie der Donner an einem verrufenen Ort. Das Gerücht ging schnell um, und wir sahen oft das sonderbare Schauspiel von ernsten und feinen Herren, die den Kontakt mit der schmutzigen Menge ertrugen, um sich — mangels Besserem — dem feierlichen *Marsch der Gäste der Warthburg* oder der erhabenen Hochzeit des *Lohengrin* hingeben zu können. (90)

Eben dies ist es auch, was Nietzsche der Kunst Wagners vorwirft: die Tatsache, daß diese "Musik hypnotisiert" (91), die "Massen bewegt" (92); daß "Wagners Genie der Wolkenbildung, sein Greifen, Schweifen und Streifen durch die Lüfte, sein Überall und Nirgendswo" die Geister verführt (93). Er fragt rhetorisch:

> Wie *kann* man seinen Geschmack an diesen décadent verlieren, wenn man nicht zufällig ein Musiker, wenn man nicht zufällig selbst ein décadent ist? — Umgekehrt! Wie kann man's *nicht*! Versuchen Sie's doch — Sie wissen nicht, wer Wagner ist: ein ganz großer Schauspieler! Gibt es überhaupt eine tiefere, eine *schwerere* Wirkung im Theater? Sehen Sie doch diese Jünglinge — erstarrt, blaß, atemlos! Das sind Wagnerianer: das versteht nichts von Musik [...] Wagner rechnet nie als Musiker, von irgend einem Musiker Gewissen aus: er will die Wirkung, er will nichts als die Wirkung. Und er kennt das, worauf er zu wirken hat! [...] Man ist Schauspieler damit, daß man eine Einsicht vor dem Rest der Menschen voraus hat: was als wahr wirken soll, darf nicht wahr sein. Der Satz ist von Talma formuliert: er enthält die ganze Psychologie des Schauspielers, er enthält — zweifeln wir nicht daran! — auch dessen Moral, Wagners Musik ist niemals wahr.
> — Aber *man hält sie dafür*: und so ist es in Ordnung. — (94)

Nietzsches Aufsatz erschien 1888, ein Jahr vor seinem Zusammenbruch in Turin. Es war nicht nur eine Abrechnung mit Wagner, sondern auch eine mit seiner eigenen Verfallenheit an Wagner, seiner "Krankheit", wie er es nennt: er gibt in diesem Aufsatz zu erkennen, daß der "Übermensch", an den er geglaubt hatte, sich ihm als "Schauspieler" und "Lügner" offenbart. Daß er das genaue Gegenteil von dem außerordentlichen Individuum darstellt, das er vorher in ihm gesehen hatte: er ist vielmehr ein synthetisches Amalgam, ein künstliches Ich, das aus der Verschmelzung von vielen Ichs hervorgegangen ist. Und Wagner war für ihn zugleich einer der Alchemisten dieser chemischen Verbindung wie auch deren Produkt.

> Es ist voll tiefer Bedeutung, daß die Heraufkunft Wagners zeitlich mit der Heraufkunft des "Reichs" zusammenfällt: beide Tatsachen beweisen ein und dasselbe — Gehorsam und lange Beine. — Nie ist besser gehorcht, nie besser befohlen worden. Die wagnerischen Kapellmeister insonderheit sind eines Zeitalters würdig, das die Nachwelt einmal mit scheuer Ehrfurcht *das klassische Zeitalter des Kriegs nennen wird*. (95)

Die Ahnungen, die Nietzsche gegen Ende seiner Schaffenszeit überkamen, wurden bekanntlich von der Wirklichkeit noch weit übertroffen. Der Fall Wagner läßt sich nicht mit "Wahnideen", auch nicht mit der Einordnung in die Psychiatrie abtun, wie manche Wagner-Kritiker es versuchen. Das würde ihn zur Ausnahme machen. In Wirklichkeit repräsentiert er die "Normalität" eines Zeitalters. Oder genauer: die Entstehung einer neuen "Normalität", die der alten "Anormalität" zum Verwechseln ähnlich sieht.

Das künstliche Sexualwesen und sein Anderer

Das künstliche Sexualwesen bedarf des Anderen, um überhaupt Anspruch darauf erheben zu können, "Sexualwesen" zu sein. Diese Andersartigkeit kann es in der Frau nicht finden: als "Mutter" ist die Frau symbiotisch mit ihm verbunden; und als "phallische Frau", als materialisierte Frau-im-Mann ist sie seine Schöpfung. In diesem ungestillten Bedürfnis nach einem Anderen ist der Schlüssel zur Entstehung des Antisemitismus zu suchen.
Es gibt, sagt der russisch-französische Philosoph Vladimir Jankelevitch, keinen *künstlicheren* Anderen als den Juden:

> Wenn der Nazi sie [die Juden, d.V.] haßt, so deshalb, weil sie ihm ähnlich sind, ihm nahestehen, weil sie *a priori* nichts auf sichtbare Weise von ihm unterscheidet: weder die Hautfarbe, noch die Größe, noch die Haare, nichts, oder *beinahe* nichts; und aus diesem *beinahe* wird der Nazi seinen unendlichen Haß schöpfen. Dieses *beinahe* wird die Ideologie bis ins Übermäßige steigern. Es muß Unterscheidung da hergestellt werden, wo zunächst und vor allem Ähnlichkeit besteht, das "Besondere-Merkmale-Keine" (signe-particulier-néant). Aus diesem zwanghaften Streben heraus, den Juden zum "Monstrum" zu machen — jenen, auf den man zeigt und den man erkennt —, werden alle Phantasmagorien des arischen Biologismus und natürlich das "Spezifische" der "Endlösung" hervorgehen. (96)

"Der Jude" wird zur Verkörperung des Dus, als Ersatz für das untergegangene Sexualwesen Frau. Er wird zum Anderen, der dem ICH den Anspruch darauf verschafft, "gespaltenes" Sexualwesen zu sein: als "kleines" ICH oder Pseudo-*ich* zu existieren. "Der Jude" ist das DU, das dem ICH als Beweis seiner selbst dient: er ist zugleich ein Spiegelbild dieses ICHs wie auch dessen Grenze.

> [. . .] es ist, vorläufig gesprochen, vielleicht die welthistorische Bedeutung und das ungeheure Verdienst des Judentums kein anderes, als den Arier immerfort zum Bewußtsein seines Selbst zu bringen, ihn an sich zu mahnen. Dies ist es, was der Arier dem Juden zu danken hat; durch ihn weiß er, wovor er sich hüte: vor dem Judentum als Möglichkeit in ihm selber. (97)

So schreibt Anfang dieses Jahrhunderts der Jude Otto Weininger. Der Nicht-Jude Richard Wagner wiederum erklärt, daß er "alle Juden von sich abfallenlassen [will] 'wie die Warzen', gegen welche kein Mittel hilft." (98) Ob für Wagner oder für Weininger, immer ist "der Jude" Teil des Ichs und dennoch "Fremdkörper". Er ist der abgespaltene Teil des Subjekts: das DU, das es dem Subjekt erlaubt, einen "Dialog" aufzunehmen — und dennoch allein zu bleiben (99). Daher die Gleichsetzung "des Juden" mit dem Weiblichen im Antisemitismus: er wird als "unmännlich", "feige" bezeichnet und mit allen Bildern des "Ewig Weiblichen" versehen — wie die Ver-

logenheit, die Falschheit, die Minderwertigkeit—, damit er die Eigenschaften des DU, des Anderen annimmt:

> Es bereitet jedem, der über beide, über das Weib und über den Juden nachgedacht hat, eine eigentümliche Überraschung, wenn er wahrnimmt, in welchem Maße gerade das Judentum durchtränkt scheint von jener Weiblichkeit, deren Wesen einstweilen nur im Gegensatz zu allem Männlichen ohne Unterschied zu erforschen getrachtet wurde. (100)

Eben weil es sich um eine künstliche Vorstellung, eine künstliche Fabrikation der Andersartigkeit handelt, wird der "Jude" mit allen Mitteln der Gewalt zum Feind gemacht. Der "Jude" wird nicht verfolgt, *weil* er der andere ist, sondern *damit* er zum Anderen, zum Feind wird. Seine Andersartigkeit wird durch die Verfolgung *hergestellt* — vergleichbar dem Schlagen der Frau, durch das die Unterscheidung zwischen den symbiotisch verschmolzenen Geschlechtern eingeführt werden soll (vgl. S. 292ff). Gleichzeitig bot sich der "Jude" deshalb für die Identifizierung mit dem künstlichen Anderen an, *weil* er dem ICH so ähnlich ist. Es ist kein Zufall, daß es, wie Klaus Theweleit schreibt, keine Untersuchung gibt, die "Züge im realen Verhalten 'der Juden'" nachweist, die sie zur geeigneten Projektionsfläche für das Feindbild machen (101). Der "Jude" wurde zur Projektionsfläche für das Feindbild, *weil* es keine Belege für seine Andersartigkeit gab. Er gab sozusagen das "ideale" DU ab. Gerade weil "der Jude" ein künstliches DU, ein künstlicher Anderer war, wurde er aber besonders erbittert verfolgt. In seiner Verfolgung erst erstellte sich die Realität seiner "Andersartigkeit". Und die physische Verfolgung war wiederum die Demonstration von der physischen Realität seiner Andersartigkeit. Seine Vernichtung sollte den sichtbaren, greifbaren Beleg dafür erbringen, daß er — der Andere — nicht nur eine "Idee", eine Vorstellung ist, sondern daß dieser Andere auch einen Körper hat, leibliche Realität besitzt, daß es ihn *gibt*. Das erklärt auch, weshalb die Nationalsozialisten "den Juden" mit "Würmern", "Ungeziefer", "Schmutz" verglichen haben. Dieser Vergleich sollte der Etablierung seiner *physischen* Existenz dienen: "der Jude" war "böse" Natur, was seine "Vertilgung" rechtfertigte, gleichzeitig lieferte er aber eben dadurch den Beweis dafür, daß das DU eine leibliche — weil zerstörbare — Existenz hat. Diese leibliche Existenz ist wiederum Beweis für die leibliche Existenz des ICHs. Im "Juden" schuf das ICH sich zugleich eine Abgrenzung, sein spiegelbildliches DU, wie auch ein Mittel der Selbstauflösung, zu der das ICH nicht fähig ist (vgl. S. 303 ff): Die "Erlösung durch Selbstvernichtung", die Wagner immer den Juden nahelegte (102), sollte ein Ersatz für den eigenen Untergang sein (103). Im "Juden", seinem Spiegelbild, wollte das ICH seine eigene Destruktion — als Voraussetzung für Restrukturierung und Existenz — vollziehen.

Es ist unbestritten, daß die Zunahme des Antisemitismus in Deutschland eng mit dem Aufkommen des deutschen Nationalsozialismus zusammenhing. Mit dem Aufkommen des Nationalgedankens überhaupt, der sich mit der französischen Revolution ausbreitet. Dieser Nationalgedanke hat in allen Ländern Europas etwas sehr Künstliches (104), aber in Deutschland, wo sich die "Nation" erst lange nach den anderen Nationen und gegen starke innere Widerstände bildete, besonders (105). In Deutschland, wo die "Nation" weniger als anderswo existierte, wurde die "Judenfrage" geradezu zu einem Teil der nationalen Definition — so als müßte sich dieses künstliche ICH, die synthetische Nation, durch die Abgrenzung gegen ein ebenso künstliches DU, "den Juden", überhaupt erst einen Selbstbeweis liefern. Daß dieses ICH sich auf die "Rasse" berief, hatte eine präzise Funktion: Rasse heißt Biologie, heißt "DU" aus Fleisch und Blut und liefert somit den Beweis, daß auch das ICH — diese imaginäre Nation — aus Fleisch und Blut besteht. Der Antisemitismus ist der "Zement" der nationalsozialistischen Bewegung, sagt Hitler. Deutlicher läßt sich die Funktion der antisemitischen Rassegesetze kaum ausdrücken: sie halten ein ICH zusammen, das ohne diesen "Zement" brüchig wäre und auseinanderfallen würde.

Meine These lautet in Zuammenfassung, daß die Frau als das "andere Sexualwesen" abgelöst wurde durch "den Juden"; daß der moderne Antisemitismus das Produkt des Untergangs der Frau als Sexualwesen war.

Im "Juden" erhielt ihr Ersatz, die "Kunst-Frau", die imaginierte und männlich-erschaffene Weiblichkeit, einen Körper; sie wurde physische Realität (106). Ich kann es nicht als Zufall betrachten, daß die systematische Verfolgung von Frauen (oder der Weiblichkeit) auf den Scheiterhaufen Europas beinahe nahtlos in die Zeit der systematischen Verfolgung "des Juden" überging. Anfang des 19. Jahrhunderts fanden die letzten Hexenverbrennungen statt. Mitte des 19. Jahrhunderts war die "Judenfrage" in aller Munde. Diese "Judenfrage", wie überhaupt der moderne Antisemitismus, den das 19. Jahrhundert hervorgebracht hat, unterschied sich grundlegend vom "Judenhaß" und den Pogromen der vorhergehenden Jahrhunderte, und zwar vor allem durch zwei eng miteinander verbundene Faktoren. Er wurde einerseits von einer zunehmenden Integration der Juden in die Gesellschaft begleitet: in der Reichsverfassung von 1871 wurde zum ersten Mal die volle rechtliche Gleichstellung der Juden verankert. Diese Gleichstellung hatte es *noch nie* gegeben. Und andererseits entstand zum ersten Mal der Rassegedanke. Bis hierher hatte es nur eine religiöse Verfolgung des Juden gegeben: der getaufte Jude unterstand im allgemeinen nicht dem Fremdgesetz und hatte dieselben Rechte wie die Christen. Das heißt, es fand einerseits eine zunehmende Assimilation von jüdischen Bürgern statt; es entstand die "Spiegelbildlichkeit" der Identitäten. Und andererseits materialisierte sich die Idee der "Andersartigkeit" im Rassegedanken. (107).

Warum aber hat der Antisemitismus gerade in Deutschland so schreckliche Formen und Ausmaße angenommen? Natürlich behaupte ich nicht, daß eine solche Frage durch eine monokausale Erklärung beantwortet werden kann. Aber es gibt vielleicht einen Blickwinkel, unter dem dieses Unfaßbare, an dem bisher jede Form von traditioneller Geschichtsschreibung gescheitert ist, sei sie ökonomischer, staatspolitischer, sozialer, ideologischer oder sonstiger Ausrichtung, analysiert werden muß. Zu diesem Blickwinkel hat mich die Beschäftigung mit der Hysterie geführt, die ein eng mit der Geschlechtlichkeit verwobenes Geschichtsbild nahelegt. Ich meine, daß die besondere Künstlichkeit der männlichen Identität in Deutschland eine Erklärung für die Ausmaße gibt, die der Antisemitismus in diesem Land angenommen hat; und daß diese Künstlichkeit wiederum dadurch zustandekam, daß in Deutschland das weibliche Sexualwesen besonders erbittert bekämpft wurde. Es ist schwer zu vergessen, daß der "Hexenhammer" zum traurigen "Kulturgut" Deutschlands gehört und daß er von Papst Innozenz VIII. in Auftrag gegeben wurde, weil

> in einigen Teilen Oberdeutschlands wie auch in den Mainzischen, Kölnischen, Trierischen, Salzburgischen Erzbistümern [...] sehr viele Personen beiderlei Geschlechts [...] mit Teufeln, die sich als Frauen mit ihnen verbinden, Mißbrauch treiben. (108)

Deutschland hat zweifellos die meisten Scheiterhaufen von allen Ländern Europas zu verbuchen, und dies, wie auch die Tatsache, daß die Reformation, diese besonders düstere Ausgabe der Renaissance — der Ablösung Gottes als DU durch die imaginierte Weiblichkeit —, von Deutschland ausging, deutet auf ein besonderes Erbe hin. Ein Erbe, das vielleicht darin bestand, daß das Christentum und die Gesetzmäßigkeit des geschriebenen Denkens in dem geographischen und kulturellen Bereich, aus dem später Deutschland hervorging, auf besonderen Widerstand stießen. Es ist unbestreitbar, daß der "Hexenhammer" verfaßt wurde, um die Überreste oder die Wiederbelebung der alten Naturreligionen zu bekämpfen — durch die Bekämpfung des Sexualwesens überhaupt. Aus dieser Verfolgung wurde in der Reformation wiederum der "Zement" des protestantischen Puritanismus. Die Verwandlung der Frau in eine "Mutter" sollte in Deutschland, durch die protestantische Kirche, besonders konsequent durchgeführt werden.

Um es noch anders auszudrücken: die "Idealität", die das Christentum durch die Schrift und die Schrift durch das Christentum vermittelten, stieß in dem bestehenden "Naturdenken" vielleicht auf so starke Ablehnung, daß diese Ablehnung wiederum eine besonders gewaltsame Unterwerfung der Realität durch die Idealität zur Folge hatte. "Natur" und "Kultur" sollten wieder zusammengeführt werden, indem die Natur der Kultur, der Idealität angepaßt wurde — und zwar mit allen Mitteln. Die Unerträglichkeit des Widerspruchs zwischen Geist und Materie wurde dadurch aufgehoben, daß der Geist sich mehr und brutaler als anderswo in der Materie verwirklichte. Eben dies machte ja auch die Anziehungskraft von Wagners "Kunstreligion" aus: daß der Körper wiedererstand als Ausgeburt der abstrakten "Idee". Daß Sinnlichkeit und Idealität wieder "eins" wurden (109). Dieses Bedürfnis nach Wiederzusammenführung von Geist und Körper wäre auch eine Erklärung dafür, daß die Musik — ebenso wie die Romantik — für das deutsche "Gemüt" und in den deutschen "Wohnstuben" so eine überragende Stellung eingenommen hat, mehr als in jeder anderen Kultur des Abendlandes: die Musik bietet, wie keine andere kulturelle Ausdrucksform, die Möglichkeit einer Vereinbarung von Vernunft und Sinnlichkeit, von Idealität und Materialität. Auch die Romantik suchte nach dieser Vereinbarung (wenn dort die Suche selbst auch teilweise durch die Ironie aufgefangen wurde). Auf dem Nährboden dieser Sehnsucht, die nur durch eine Geist- oder Vernunft-geschaffene Materie zu befriedigen war, entstand wiederum die Kunst-Natur, die im Nationalsozialismus quasi einen Zustand der Perfektion erreichte.

Allerdings bin ich nicht der Ansicht, daß sich der Faschismus als eine "Panne" im Prozeß der Zivilisation abhandeln läßt. Er ist vielmehr die extreme Ausdrucksform einer für das abendländische Denken bezeichnenden Geistesentwicklung. Auch anderswo sind das Ich, die Natur, der Körper zum "Kunstwerk" geworden, hat sich im politischen "Kräftespiel" ein künstliches "Sexualwesen" (110) durchgesetzt, das des künstlichen Anderen als Existenzbeweis bedarf. So zum Beispiel, wenn Samuel Cohen, der "Vater" der Neutronenbombe, die Notwendigkeit dieser Waffe damit erklärt: "Wir müssen die Bombe bauen, weil sie auch effektiv eingesetzt werden wird: von den Russen nämlich." (111) Im Zweiten Weltkrieg wurde die amerikanische Atombombe gebaut, weil man — irrtümlicherweise — glaubte, daß die Deutschen dabei seien, sie zu konstruieren. Effektiv eingesetzt wurde sie von den Vereinigten Staaten, die als einzige von allen kriegführenden Mächten über diese Waffe verfügten. Wie sehr der "Feind", der Andere auch im heutigen politischen Gefüge der Nationen eine künstliche Schöpfung des künstlichen "Sexualwesens" ist, hat der amerikanische Politologe Bernard Kiernan in seinem Essay "Der Mythos vom Frieden durch Stärke" treffend beschrieben:

> Der Glaube an Frieden durch Stärke hält einer rationalen Prüfung nicht stand. Unsere Stärke hat die Sowjets nicht abgeschreckt, unsere Hegemonie herauszufordern. Im Gegenteil, sie hat diese Herausforderung stark gefördert und ein verheerendes nukleares Wettrüsten ausgelöst [. . .] Wenn wir heute einer mächtigen aggressiven, feindseligen Sowjet-Union und einer militant antiamerikanischen Dritten Welt konfrontiert sind, so sind diese Frankenstein-Monster in größerem Maße unsere eigenen Geschöpfe, als wir zugeben, Produkte jener törichten Annahme, daß die Sowjet-Union und die Dritte Welt sich durch unsere Politik der Stärke einschüchtern, sich durch unsere Macht zu einem Ausgleich drängen ließen, während wir selbst stolz und trotzig jeden Ausgleich mit der sowjetischen Macht ablehnen. (112)

Das einzige, was man gegen diese Analyse einwenden könnte, ist Folgendes: daß es bei der "Politik der Stärke" auch gar nicht um den Frieden geht, sondern vielmehr um die Fabrikation des "Anderen". Gibt es einen besseren Beweis als die Sowjetunion für die "Leiblichkeit" und "Realität" des selbstproduzierten Anderen? Und ist diese Leiblichkeit nicht wiederum der beste Beweis für die physische Realität des ICHs? Nichts würde dieses ICH mehr beängstigen als die freiwillige Abrüstung (Entleibung) des Anderen. Diese "Derealisierung" würde die eigene "Realität" in Frage stellen, da der Andere doch die Schöpfung des ICHs, das verkörperte DU darstellt.

Die Simulation der Simulantin

Mit der Entstehung der Kunst-Frau, des künstlichen Sexualwesens und des künstlichen Anderen haben alle Begriffe, die Realitäten wie den Körper oder die Natur bezeichnen, eine doppelte Bedeutung angenommen: sie bedeuten sowohl die "ungeschriebene" Realität, den "ungeschriebenen" Körper wie deren künstliche Nachahmung. Die Doppelbedeutung der Begriffe wurde im Faschismus besonders spürbar. Die neue Bedeutung, die er Begriffen wie "Natur", "Mutter" oder "Leben" verliehen hat, führte dazu, daß eben diese Begriffe ohne einen gewissen Widerwillen kaum mehr auszusprechen sind. Indem er sich auf die "Natur", den "Körper", das "Leben" berief und die Sehnsucht nach ihnen beschwor, tötete der Faschismus endgültig jeden Rest von Glauben an die Natur, der noch bestanden haben mag.

Von dieser Umkehrung aller Sinngebung blieb auch die Hysterie nicht ausgeschlossen. Sie, die um die Wahrung der Frau, des *ichs*, des Sexualwesens gekämpft hatte, wurde abgelöst und ersetzt durch eine andere Realität, die ebenfalls den Namen Hysterie erhielt und dennoch das genaue Gegenteil der Hysterie ist: die Massenhysterie.

Die Massenhysterie entstand nicht erst im 20. Jahrhundert. Es gab Vorläufer, von denen einige eine Art von therapeutischer Funktion hatten. Diese stellten einen Ritus der Ich-Auflösung dar, vergleichbar dem haitianischen Wudu (vgl. S. 303f). Das bekannteste Beispiel dafür sind die Eleusinischen Mysterien. Daneben gab es Erscheinungen von Massenhysterie, die sich schwerlich als Ritus oder als Therapie einstufen lassen. Es waren Erscheinungen, die an den entscheidenden Bruchstellen der Geschichte des Abendlandes zutage traten und in denen sich einerseits ein Prozeß der "Akkulturation", andererseits aber auch der Triumphzug des Logos niederschlug. An diesen historischen Bruchstellen wurde die Therapie gleichsam zum unkontrollierbaren Zustand, wenn nicht gar zur Normalität (113). So tauchten im 14. Jahrhundert zum Beispiel in fast allen Ländern Europas, vor allem am Rhein, die "Johannis-Tänze" auf: große Menschenmengen gingen in hysterischer Agitation auf die Straße, geschüttelt von Epilepsie-ähnlichen Anfällen (114). Diese Tanz-Epidemien fanden im allgemeinen um die Sommersonnenwende, am Johannistag, statt – daher der Name "Johannis-Tänze" – und hingen zweifellos eng mit dem Untergang der zyklischen Zeitvorstellung zusammen und mit der Durchsetzung einer neuen linearen und gleichgeschalteten Auffassung vom Zeitverlauf: wurde Zeit bis hierher als Form von Wiederkehr empfunden, auch als abhängig von den Bedürfnissen und Lebensumständen des einzelnen, eng verknüpft mit der Länge des Tages in den verschiedenen Jahreszeiten, so verbreitete sich nunmehr die Vorstellung einer Zeit, die gleichbleibend ist, die sich aber – im Gegensatz zur zyklischen Zeit – nicht erneuert. Es setzte sich das durch, was Eliade den "Schrecken der Geschichte" nennt (115): die Erkenntnis, daß es kein Zurück gibt, keinen Neubeginn, sondern nur den ewigen Fortschritt (116).

Bei der Durchsetzung dieser neuen Zeitvorstellung spielte die Erfindung und Verbreitung der mechanischen Uhr – die ersten Modelle entstanden im 13. Jahrhundert – eine entscheidende Rolle. Lewis Mumford sieht in der mechanischen Uhr, mehr noch als in der Dampfmaschine (die ebenfalls erheblich zur Vereinheitlichung des Zeitbegriffs beitrug), die eigentliche Nahtstelle zum aufbrechenden Industriezeitalter. Der Ort, an dem die

Breughel, Johannes-Tänzer

Uhr, und damit das systematische, gleichgeschaltete Zeitdenken ihren Einzug hielt, waren die Klöster. Im 7. Jahrhundert erließ der Papst Sabinius eine Bulle, nach der in allen Klöstern die Glocken siebenmal in vierundzwanzig Stunden zu schlagen hatten. Mumford schreibt:

> Das Kloster war ein Ort der geregelten Lebensführung, und ein Instrument, durch das die Uhrzeit in bestimmten Abständen angezeigt werden konnte [. . .], war ein beinahe unvermeidbares Produkt dieses Lebens. Wenn auch die mechanische Uhr erst erfunden wurde, als die Städte des 13. Jahrhunderts eine geregelte Routine erforderlich machten, so war die Gewohnheit der Ordnung und der ernsthaften Regulierung von Zeitabläufen innerhalb der Klöster fast zur zweiten Natur geworden. [. . .] Man verzerrt nicht die Fakten, wenn man behauptet, daß die Klöster – zu einer bestimmten Zeit unterstanden Vierzigtausend dem Benediktinerorden – den Unternehmen der Menschen zu dem regelmäßigen kollektiven Takt und Rhythmus der Maschine verhalfen; denn die Uhr ist nicht nur ein Mittel, um über Stunden Buch zu führen, sondern auch um die Handlungen der Menschen zu synchronisieren. (117)

Die "Johannis-Tänzer" ahnten, was die Gleichschaltung ihrer Zeit, was die Normierung ihres Lebens durch die Uhr bedeutete: ihre eigene Verwandlung in eine Maschine, in ein mechanisch funktionierendes "Uhrwerk". Im 17. Jahrhundert formulierte Descartes es so:

> Und ebenso, wie eine aus Rädern und Gewichten zusammengesetzte Uhr nicht we-

> niger genau alle Gesetze der Natur beobachtet, wenn sie schlecht angefertigt ist und die Stunden nicht richtig anzeigt, als wenn sie in jeder Hinsicht dem Wunsche des Anfertigers genügt, so verhält sich auch der menschliche Körper, wenn ich ihn als eine Art Maschine betrachte [. . .] (118)

Für Descartes ist der gesunde Mensch eine gut gemachte Uhr. Die "Johannis-Tänzer" aber bringen etwas anderes zum Ausdruck. Die epileptischen Verrenkungen ihrer Körper scheinen zu besagen: wir sind keine Maschinen und wollen keine gut gemachten Uhren sein.

Mit dem allmählichen Sieg des Logos über die Materie, mit der Entstehung der Kunst-Materie und des künstlichen Menschen nimmt das Wort Hysterie zunehmend eine Bedeutung an, mit der Massenerscheinungen, Verführbarkeit ("Suggestibilität") von Menschenmengen und die Benebelung der Denkfähigkeiten bezeichnet werden. Auch das läßt sich exemplarisch am Beispiel Wagner aufzeigen. Nietzsche schreibt:

> Ich stelle diesen Gesichtspunkt voran: Wagners Kunst ist krank. Die Probleme, die er auf die Bühne bringt — lauter Hysteriker-Probleme —, das Konvulsivische seines Affekts, seine überreizte Sensibilität, sein Geschmack, der nach immer schärferen Würzen verlangte, seine Instabilität, die er zu Prinzipien verkleidete, nicht am wenigsten die Wahl seiner Helden und Heldinnen, diese als physiologische Typen betrachtet (— eine Kranken-Galerie! —), alles zusammen stellt ein Krankheitsbild dar, das keinen Zweifel läßt. *Wagner est une névrose.* (119)

In dieser Darstellung tritt eben jenes Krankheitsbild der Hysterie zum Vorschein, das eigentlich von Charcot und anderen Hysterie-Spezialisten des 19. Jahrhunderts auf die "Ausnahmefälle", auf die Kranken, die sich hinter Mauern befanden, angewandt wurde: das Bild des verführbaren, willenlosen Hysterikers, dessen Krankheit durch die Suggestion hervorgerufen werden konnte. Es wird deutlich, wie eng dieses *Krankheitsbild* mit den *Wunsch*bildern seines Zeitalters, mit der Sehnsucht nach einer "Fabrizierbarkeit" des Menschen, der synthetischen Herstellung des Körpers zusammenhängt. Nietzsche, der sich in seinem Aufsatz auch auf die Untersuchungen in Paris beruft (120), verdeutlicht dies, indem er das Krankheitsbild unterschiedslos auf die "Kranken" beiderseits der Anstaltsmauern anwendet. Er verdeutlicht, daß die Hysterie, die in der Klinik untersucht wird, draußen ebenso zu finden ist: im neuen Zeitalter, in der neuen Kunst, die für ihn die Krankheit selber ist. "Lüge", "Schauspielertum", "Simulation" — die klassischen Bezeichnungen für die Hysterie — das sind die Namen, mit denen er Wagners Werk umschreibt:

> Nichts ist vielleicht heute besser bekannt, nichts jedenfalls besser studiert als der Proteus-Charakter der Degenereszenz, der hier sich als Kunst und Künstler verpuppt. Unsere Ärzte und Physiologen haben in Wagner ihren interessantesten Fall, zum mindesten einen sehr vollständigen. Gerade weil nichts moderner ist als diese Gesamterkrankung, diese Spätheit und Überreiztheit der nervösen Maschinerie, ist Wagner der *moderne Künstler* par excellence, der Cagliostro der Modernität. (121)

Nietzsche bezeichnet seine Abrechnung mit Wagner als Heilungsversuch.

Das war sie ganz gewiß — und dennoch eine verfehlte. Denn Nietzsche versuchte, der "Krankheit" seines Zeitalters — der Grenzenlosigkeit und dem mangelnden Existenzbeweis, dem sich das ICH mit dem Untergang des Sexualwesens gegenübersah —, dieser "Krankheit" also versuchte er durch das zu begegnen, was die "Krankheit" hervorgerufen hatte. Er glaubte, durch eine *Erweiterung* des ICHs dem Dilemma des ICHs abhelfen zu können. Er kehrte den "Helden" heraus, um die Frau-im-Mann — die Frau überhaupt — zu bekämpfen (122). Andersherum läßt sich aber auch sagen: indem er den Helden herauskehrte, versuchte er zu beweisen, daß es die Frau noch gibt, daß sie noch bekämpft werden konnte. Er verleugnete gewissermaßen die Erkenntnis, daß das ICH an die Grenzen des Nichts gestoßen war. Das läßt ihn auf ein noch größeres, noch mächtigeres ICH setzen. Für Wagner hingegen — und das erklärt seinen Erfolg — ist das Sexualwesen schon ersetzbar, künstlich reproduzierbar geworden. Für ihn hat das ICH seine Bürgerrechte als Sexualwesen erworben.

So erklärt es sich auch, daß Nietzsche nicht den Unterschied zwischen der Hysterie in Bayreuth und der in der Salpêtrière erkennen konnte. Für ihn ging es in beiden Fällen um ein Sexualwesen, das sich zu behaupten versucht und das er eliminiert sehen möchte. Er nahm nicht wahr, daß es einen Unterschied geben mußte, der die einen Hysteriker diesseits und die anderen jenseits der Klinikmauern einquartierte. Und er nahm schon gar nicht wahr, daß die jenseits der Mauern auf diese Weise von der Epidemie verschont blieben, die diesseits ausgebrochen war und die er in Wagner bekämpfte: der Epidemie der Massenhysterie, des künstlichen *ichs*.

Der Unterschied zwischen den beiden Hysterien läßt sich vielleicht besonders deutlich am Begriff der "Entartung" festmachen. Der Begriff der "Entartung" wurde Ende des 19. Jahrhunderts von einem jüdischen Schriftsteller, Max Nordau, geprägt. Er setzte diesen Begriff als Synonym für Hysterie ein und bediente sich seiner, wie Nietzsche, zur Umschreibung des Wagner-Syndroms. Die spezifisch deutsche Form der Hysterie, so sagte er, "gibt sich im Antisemitismus kund" (123). Von Wagners Musik sagte Nordau, sie sei

> dazu angethan, Hysteriker zu entzücken. Ihre starken Orchester-Wirkungen brachten bei ihnen hypnotische Zustände hervor — in der Pariser Salpêtrière erzeugt man häufig die Hypnose durch plötzliches Anschlagen eines Gongs — und die Formlosigkeit der unendlichen Melodie entsprach ganz dem träumenden Schweifen ihres eigenen Denkens. Eine klare Melodie erweckt und fordert Aufmerksamkeit, widersetzt sich also der Gedankenflucht hirnschwacher Entarteter. Ein schwimmendes Rezitativ ohne Anfang und Ende dagegen stellt an den Geist keinerlei Anforderungen — denn um das Versteckspiel der Leitmotive kümmern sich die meisten Zuhörer ja doch entweder gar nicht oder nur sehr kurze Zeit —; man kann sich von ihm wiegen und treiben lassen und taucht beliebig aus ihm auf, ohne besondere Erinnerung, blos mit dem wollüstigen Gefühl, ein nervenerregendes heißes Tonbad genossen zu haben. (124)

Der Begriff der Entartung sollte aber wiederum von den Nationalsozialisten zur Umschreibung genau jener Kultur und jener geistigen Haltung benutzt werden, die *nicht* dem Wagnerschen Kunstideal der Bewußtseinsauslöschung und der Selbstvergessenheit entsprach: der Kunst des "Juden" natürlich und der des Pazifismus, des kritischen Denkens, der abstrakten Malerei etc.

Nordaus Text erschien in genau demselben Jahr wie Breuers und Freuds "Vorläufige Mitteilungen". Die beiden Texte verdeutlichen, wie widersprüchlich das Bild der Hysterie gegen Ende des 19. Jahrhunderts ist: auf der einen Seite die Vorstellung des Hysterikers, der nach seiner individuellen Geschichte, nach seinen Erinnerungen sucht — und auf der anderen das Bild des Hysterikers, der eben dies, die Erinnerung, die individuelle Geschichte, die Identität auszulöschen bemüht ist. Nordau bezeichnet als "hysterisch" die Lust an der Ich-Auflösung, der Selbstvergessenheit, die Sehnsucht nach Ohnmacht und Bewußtlosigkeit. Er umschreibt genau das, was Wagner als die "Gesundheit" eines künftigen Volkes bezeichnet hatte, das nicht mehr von einer "veralterten Intelligenz gelähmt" ist. Er benennt das, was alsbald Wirklichkeit, Normalität werden sollte.

Diese andere (Massen-)Hysterie, die sich im Verlauf des 19. Jahrhunderts durchsetzt — parallel zur Beleibung der "Kunst-Frau" und zur Durchsetzung der männlichen Hysterie —, diese Hysterie ist der Hysterie, die ich bisher beschrieben habe, diametral entgegengesetzt. Diese Hysterie symbolisiert den endgültigen Untergang des *ichs* und die Aneignung seiner Charakteristika durch das ICH.

Die Hysterie des ICHs, die Massenhysterie *ist* die "Krankheit der Ich-losigkeit", des "Pseudo-Ichs", die der anderen, der "alten" Hysterie immer unterstellt wurde (und noch wird). Der beste Beweis dafür ist der Gebrauch, den die Faschisten wiederum vom Wort "hysterisch" machten. Sie benutzten den Begriff zur Bezeichnung von all dem, was der Durchsetzung des künstlichen Sexualwesens und der Kunst-Natur im Wege stand: er hieß soviel wie Verweigerung, Krankhaftigkeit, Verweichlichung und bezog sich immer auf den *einzelnen*, der sich von der "Normalität", der Masse, vom künstlichen Sexualwesen abhob — kurz: der aus dem Gleichschritt fiel, aus der Reihe tanzte.

Was aber wurde aus dieser anderen Hysterie? Diese Frage, auf die ich im nächsten Kapitel eingehen werde, ist nicht schwer zu beantworten. Die Hysterie hat sich, ihrer alten Tradition entsprechend, den neuen Verhältnissen angepaßt; hier stehe ich, ich kann auch anders.

Anmerkungen Kapitel VII

(1) Lacan, L'amour et le signifiant, in: Le séminaire XX, S. 44

(2) Beispielhaft dafür ist Thomas Morus' Insel Utopia, die sogar künstlich, durch einen tiefen Menschen-geschaffenen Graben, vom Festland abgeschnitten wird.

(3) Im "Gastmahl" spekuliert Platon darüber, daß es ursprünglich ein Geschlecht gab, das Mann und Frau zugleich war und das auch ganz allgemein alle Glieder und Körperteile doppelt besessen habe. Dieses Geschlecht habe sich an den Göttern zu vergreifen versucht. So beschloß Zeus, es zu spalten, um ihm die Kraft zu nehmen. Seither irren die Nachkommen dieses Geschlechts durch die Welt und suchen nach ihrer verlorenen Hälfte. Aus dieser Suche aber sei Eros entstanden: "Damit er die Menschen zu ihrer alten Natur zurückbringe und aus zwei Wesen eines bilde und so die verletzte Natur wieder heile." Platon, Das Gastmahl. Deutsch v. Rudolf Kassner, Jena 1920, S. 31

(4) "Zum geschichtlichen Subjekt wird jetzt das Konstrukt einer Ideologie im jeweiligen modischen Gewand eines falschen 'Wir', ein Konstrukt wie Klasse, Nation, Korporation oder partnerschaftliches Paar." Illich, Genus, S. 127

(5) Vgl. v. Braun, Christina, Von Wunschtraum zu Alptraum. Utopie und Gesellschaft, Filmessay in BR III, 25.4.1984

(6) Vgl. Bächtold-Stäubli, Hrsg., Handwörterbuch d. Deutschen Aberglaubens, Bd. VI, S. 695

(7) Luce Irigaray: "Wenn der Vertreter des Einen Gottes, Gottvaters, die Worte der Eucharistie verkündet: 'Dies ist mein Leib, dies ist mein Blut', nach jenem kannibalischen Ritus, der säkularerweise der unsere ist, könnten wir ihm vielleicht in Erinnerung rufen, daß er nicht da wäre, wenn unser Leib und unser Blut ihm nicht das Leben geschenkt hätten." Irigaray, Luce, Le corps-à-corps avec la mère, Ottawa 1981, S S. 33

(8) Groddeck, Georg, Vom Menschenbauch und dessen Seele, in: ders., Psychoanalytische Schriften zur Psychosomatik. Ausgew. u. hrsg. v. Günter Clauser, Wiesbaden 1966, S. 356

(9) Das gilt z. B. für das Yoruba, eine Sprache Südwest-Nigerias, wie auch für die Tupis. Vgl. Fesquet, Henri, Cherchant qui dévorer, anthropophagie, sacrifices humains et immortalité, Le Monde, 21./22.6.1981

(10) Ebda.

(11) Eliade, Mircea, Meister Manole und das Kloster von Arges, in: Eliade, Mircea, Von Zalmoxis zu Dschingis-Khan, Religion und Volkskultur in Südosteuropa, Köln-Lövenich 1982, S. 171 - 200

(12) Dalí, So wird man Dalí, S. 107 u. 274f Das Beispiel von Dalí verdeutlicht auch, wie eng der Wunsch, die Frau zu verschlingen, um durch diesen Akt Vollständigkeit zu erlangen, mit der Sehnsucht zusammenhängt, wieder das Paradies der Kindheit, der Bewußtlosigkeit zu erreichen. Es zeigt, daß die "Symbiose" mit der Frau, die durch die Verwandlung der Frau in eine "Mutter" herbeigeführt wird, die Kehrseite der anderen "Symbiose" darstellt, die in der Einverleibung der Frau besteht. Vgl. v. Braun, Christina, Der phallosophische Kannibalismus, in: Cucina Cultura e Società, hrsg. v. Luciano Bonanni u. Giancarlo Ricci, Mailand 1982

(13) Der Begriff stammt von Bovenschen, Silvia, Die imaginierte Weiblichkeit. Exemplarische Untersuchungen zu kulturgeschichtlichen und literarischen Präsentationsformen des Weiblichen, Frankfurt 1979

(14) Fischer-Homberger, Krankheit Frau, S.103

(15) Lacan, Über eine Frage, die jeder möglichen Behandlung der Psychose vorausgeht, Schriften 2, S. 110

(16) Ebda., S. 109

(17) Lacan, Jacques, Grad oder Ungrad? Jenseits der Intersubjektivität (Kapitel XV), in: Das Seminar, Band II, Das Ich in der Theorie Freuds und in der Technik der Psychoanalyse. Hrsg. v. Norbert Haas, übers. v. Hans-Joachim Metzger, Olten u. Freiburg i. Br. 1980, S. 223 ff

(18) Cixous, Hélène, Clément, Catherine, La jeune née, Paris 1975, S. 144f

(19) Die Onnagata erhalten als Rat, auch im Alltag wie Frauen zu leben, damit sie – zur Perfektionierung ihres Spiels – lernen, "wie Frauen zu denken, zu handeln, zu fühlen". So Nakamura Utaemon VI. Vgl. den Bericht v. Erich Follath u. Tom Jacobi, Der Stern v. 23.9.1982, S. 58

(20) Ebda.

(21) Beide, Gott und die Frau, werden mit der Reformation "nach innen" genommen, wie Theweleit sagt. (Theweleit, Männerphantasien, Bd. 1, S. 397. Vgl. auch die Ausführungen hier im 4. Kapitel, S. 231 ff) Aber es entsteht gleichzeitig ein Bild der Frau, das Gott als das "DU" ablöst. Foucault hat dargestellt, daß zumindest die Ideologie dieses Paradoxes – einer gleichzeitigen Vereinnahmung und Aussiedlung der Frau – schon in den Texten der Antike angelegt ist: "Solcherart ist das Paradox dieser Thematisierung der Ehe in der Kultur des Ichs, wie sie von

einer ganzen Philosophie entwickelt wurde: die Frau-Gattin wird als der Andere par excellence valorisiert; aber der Ehemann muß sie auch als Teil seiner selbst erkennen. Im Vergleich zu den traditionellen Formen der ehelichen Beziehung war das eine erhebliche Veränderung." Foucault, Histoire de la sexualité, Bd. 3, Le souci de soi, S. 191

(22) Vgl. Herlihy, D., u. Klapisch-Zuber, C., Les Toscans et leurs familles, Une étude du Catasto florentin de 1427, Paris 1978. S. a. Klapisch-Zuber, C., Pauvres Florentines, Le Monde v. 24.10.1982

(23) Theweleit, Männerphantasien, Bd. I, S. 411

(24) So wenig man Werner Sombarts Analyse, daß der Kapitalismus das Produkt eines Sieges des "Weibchens" sei, folgen kann, scheint er mir doch in folgendem Punkt recht zu haben: daß die "Maitresse" – die Kunst-Frau, der natürlich Sombarts Sympathie gehört – der realen Frau ihre Werte aufzwang: "So muß nun aber auch die anständige Frau der Gesellschaft, will sie nicht völlig ausgeschaltet werden, sich dazu bequemen, wiederum mit der Maitresse in Konkurrenz zu treten. Diese schafft gewisse Mindestbedingungen der Kultur, die jede Dame der Gesellschaft, sei sie so anständig wie sie wolle, dann erfüllen muß." Sombart, Werner, Liebe, Luxus und Kapitalismus. Über die Entstehung der modernen Welt aus dem Geist der Verschwendung, Berlin 1983, S. 81

(25) Ebda., S. 76ff

(26) Vgl. das Zitat v. Giovanni Macchia, S. 163

(27) Bovenschen, Silvia, Werner Sombart, Über eine Wissenschaft, die aus der Mode kam, in: Sombart, Liebe, Luxus und Kapitalismus, S.9

(28) Das gilt auch auf kultureller Ebene. Ein symptomatisches Beispiel dafür sind die "Preziösen" Frankreichs, die in den Salons des 17. Jahrhunderts eine wichtige Rolle spielen. Das läßt sich damit erklären, daß sie durch die Künstlichkeit ihrer Sprache und ihrer Umgangsformen als die Verkörperung der Kunst-Frau selbst auftraten. In dieser literarischen Bewegung, die sich in derselben Epoche entwickelte, in der die Académie Française gegründet wurde – diese Einrichtung, die den Ausschluß der Frauen aus der Sprache gleichsam institutionalisierte (vgl. S.162 u. Anm. 22 im 3. Kap.), spiegelt sich die Ablösung der "Muttersprache" durch die "Vatersprache" wider: nicht nur als Symptom für den Untergang des Sexualwesens, sondern auch als Ausdruck für die Entstehung des neuen, künstlichen Sexualwesens.

(29) Gespräche mit Eckermann, 5. Juli 1827, in: Eckermann, Johann Peter, Gespräche mit Goethe. Hrsg. v. Ludwig Geiger, Leipzig o.J., S. 202

(30) Zur Lebensgeschichte von Friederike Brion vgl.: Bode, W., Schicksale der Friederike Brion, Berlin 1920, Ley, S., Goethe und Friederike. Versuch einer kritischen Schlußbetrachtung, Bonn 1947

(31) Bovenschen, Die imaginierte Weiblichkeit, S. 198f

(32) Vgl. Fußnote S. 388

(33) Beide Beispiele vgl. Slama, Béatrice, Femmes écrivains, in: Jean-Paul Aron, Hrsg., Misérable et glorieuse, la femme du 19ème siècle, Paris 1980, S. 220. Berry ist eine Region Mittelfrankreichs, aus der George Sand kam.

(34) Das Wort Carmen bedeutet ursprünglich: das Gedicht, der Gesang und in diesem Zusammenhang auch der Zauberspruch.

(35) Spoerri, Theophil, Nachwort, in: Mérimée, Prosper, Meisternovellen, Zürich 1974, S. 657

(36) Nietzsche, Friedrich, Der Fall Wagner. Mit einer Einführung von Walter Franke, Frankfurt 1946, S. 38

(37) Vgl. Nietzsche, Der Fall Wagner, S. 32ff In einem Brief an Carl Fuchs, den Thomas Mann zitiert, schreibt Nietzsche auch selber: "Das was ich über Bizet sage, dürfen Sie nicht ernst nehmen; so wie ich bin, kommt Bizet tausendmal für mich nicht in Betracht. Aber als ironische Antithese gegen Wagner wirkt es sehr stark." Mann, Thomas, Nietzsches Philosophie im Lichte unserer Erfahrung, Berlin 1948, S. 47

(38) Zit. n. Daffner, Hugo, Friedrich Nietzsches Randglossen zu Bizets Carmen, Regensburg 1938, S. 34

(39) Der Ausdruck stammt von Alexander Kluge.

(40) Huysmans, Gegen den Strich, S. 126ff

(41) Hahlbrock, Peter, Gustave Moreau oder Das Unbehagen in der Natur, Berlin 1976

(42) Fast alle Künstler, Denker oder Ästheten des 19. Jahrhunderts befinden sich auf der Flucht: die Impressionisten fliehen aufs Land, Flaubert nach Croisset, Proust in seine Krankheit, Nietzsche in die Alpen oder quer durch Europa, Huysmans ins Kloster, Moreau in seine Pariser Atelier-Festung, Ludwig II. in die Nacht. Alle fliehen vor der Realität, dem Alltag, der neuen Verlogenheit. Nur Wagner flieht nicht (außer vor seinen Gläubigern): er vertreibt die anderen.

(43) Breton, André, Le Surréalisme et la Peinture, Paris 1965, S. 363

(44) Jünger, Der Kampf als inneres Erlebnis, S. 17

(45) Zur Kunst-Erotik vgl. auch den sehr beeindruckenden Essay v. Friedländer, Saul, Kitsch und Tod. Der Widerschein des Nazismus, München/Wien 1984
Friedländer stellt die Verharmlosung und Ero-

tisierung der nationalsozialistischen Gewalt dar — und zwar auch an Werken, die heute im "Widerschein des Nazismus" die nazistische Gefühlswelt beschreiben oder gar beschwören. Die Erotisierung der Gewalt wird heute aber nicht nur in diesen Werken deutlich: Die Boulevard-Presse lebt von diesem Amalgam von Erotik und Gewalt. Das Potential an erotisierter Gewalt ist weiterhin da, auch wenn dieser Kunst-Eros nicht so wie im Nationalsozialismus freigesetzt und zu Antisemitismus umfunktioniert wird.

(46) Céline, Louis-Ferdinand, Tod auf Kredit. Übers. v. Werner Bökenkamp, Hamburg 1963, S. 62

(47) Vgl. Macciocchi, Jungfrauen, Mütter und ein Führer, S. 90ff

(48) Kaempfer, Wolfgang, Ernst Jünger, Stuttgart 1981, S. 70f

(49) Handke, Peter, Die Geschichte des Bleistifts, Wien 1982, S. 22

(50) Peter Handke im Interview mit Renate Poßarnig, "Ich möchte nicht verehrt werden", Der Stern Nr. 40/1982

(51) Ebda.

(52) Handke, Die Geschichte des Bleistifts, S. 29

(53) Jenny, Urs, in: Der Spiegel Nr. 45/1982, S. 249ff

(54) Freud, GW VII, S. 160

(55) Zelinsky, Hartmut, Richard Wagner — ein deutsches Thema. Eine Dokumentation zur Wirkungsgeschichte Richard Wagners 1876-1976, Berlin/Wien 1983

(56) Wagner, Richard, Die Kunst und die Revolution, in: Wagners gesammelte Schriften. Hrsg. v. Julius Kapp, Leipzig 1914, Bd. 10, S. 38

(57) Wagner, Richard, Oper und Drama, in: Wagners gesammelte Schriften, Bd. 11, S. 283

(58) Ebda., S. 290

(59) Wagner, Die Kunst und die Revolution, S. 36

(60) Wagner, Richard, Das Künstlertum der Zukunft, in: Wagners gesammelte Schriften, Bd. 10, S. 204

(61) Wagner, Die Kunst und die Revolution, S. 35

(62) Ebda., S. 44. Es gehört zur paradoxen Logik des Logos, oder zu seiner "Lüge", daß gerade Bayreuth zum Wallfahrtsort des Kapitals, des totalitären, "widernatürlichen Staates" und eines "lähmenden Zivilisationsdrucks" wurde.

(63) Wagner, Oper und Drama, S. 334f

(64) Ebda., S. 263ff

(65) Auch Friedländer, der sich doch mit Kunst-Eros beschäftigt, geht nicht darauf ein, daß dieser Kunst-Eros etwas mit dem Verhältnis der Geschlechter zu tun haben könnte. Vgl. Friedländer, Kitsch und Tod

(66) Als Cosima sich eines Tages darüber beklagt, "ihren moralischen Mut von ehemals ganz verloren" zu haben, sagt Wagner zu ihr: "So, ich habe dich also ganz zertrümmert, ganz umgeknetet". Cosima antwortet: "Ich hoffe es." Wagner, Cosima, Die Tagebücher. Ediert und kommentiert von Martin Gregor-Dellin u. Dietrich Mack, Bd. II, 1878-1883, München/Zürich 1977, S.161

(67) So Peter Wapnewski und Hans Mayer, die die Ehe von Wagner und Cosima als "Verwirklichung des Mythos vom Hohen Paar", beziehungsweise als "schlechterdings die glanzvolle Rechtfertigung der Ehe-Idee überhaupt" bezeichnen. Beide zit. n. Zelinsky, Hartmut, Der Plenipotentarius des Untergangs, in: Neohelicon IX, 1, Budapest/Amsterdam 1982, S. 169f

(68) Wagner, Cosima, Die Tagebücher, Bd. I, 1869-1877, München/Zürich 1976, S. 563

(69) Wagner, Cosima, Die Tagebücher, Bd. II, S. 144, s.a. S. 220

(70) Ebda., Bd. I, S. 587f

(71) Zelinsky, Plenipotentarius des Untergangs, S. 168

(72) Zit. n. Zelinsky, Plenipotentarius des Untergangs, S. 150

(73) Zit. n. Zelinsky, Richard Wagner — ein deutsches Thema, S. 12

(74) Brief an Ludwig II., zit. n. Zelinsky, Richard Wagner — ein deutsches Thema, S. 12

(75) Zit. n. Zelinsky, Richard Wagner — ein deutsches Thema, S. 12

(76) Placzek, Siegfried, Erotik und Schaffen, Berlin/Köln 1934, S, 167
Wagner selbst sagt zum "Vernichtungsklang der Pauke", mit dem Kundrys Taufe angekündigt wird: "Vernichtung des ganzen Wesens, jedes irdischen Wunsches." Er nennt diesen Paukenschlag das Schönste, das er je geschrieben hat. Vgl. Zelinsky, Plenipotentarius des Untergangs, S. 20, ders., Richard Wagners letzte Karte, in: Süddeutsche Zeitung v. 24./25.7.1982

(77) Vgl. Zelinsky, Richard Wagner — ein deutsches Thema, S. 12

(78) Placzek, Erotik und Schaffen, S. 163

(79) Zit. n. Zelinsky, Richard Wagner — ein deutsches Thema, S. 10

(80) Ebda., S. 19

(81) Richard Wagner an Mathilde Wesendonk, Tagebuchblätter und Briefe 1853-1871. Hrsg. v. Wolfgang Golther, Berlin 1906, S. 229

(82) Nietzsche, Der Fall Wagner, S. 58

(83) Richard Wagner an Mathilde Wesendonk, S. 170

(84) Zit. n. Zelinsky, Richard Wagner — ein deutsches Thema, S. 15f

(85) Ebda., S. 18

(86) Ebda., S. 18

(87) Wagner, Richard, Das Künstlertum der Zukunft, in: Wagners gesammelte Schriften, Bd. 10, S. 202

(88) Wagner, Cosima, Tagebücher, Bd. II, S. 412

(89) Brief von Ludwig II. an Richard Wagner, nachdem er der Generalprobe des Nibelungenzyklus in Bayreuth beigewohnt hat (1876). Ludwig II. von Bayern in Augenzeugenberichten. Hrsg. u. eingeleitet v. Rupert Hacker, München 1972, S. 166

(90) Baudelaire, Richard Wagner et Tannhauser, in: L'art romantique, Oeuvres, Bd. 2, S. 488

(91) Nietzsche, Der Fall Wagner, S. 56

(92) Ebda., S. 49

(93) Ebda., S. 67

(94) Ebda., S. 57 u. S. 59

(95) Ebda., S. 70

(96) Jankelevitch, Vladimir, La haine devant le miroir, in: Le Nouvel Observateur v. 19.2.1979, S. 34

(97) Weininger, Geschlecht und Charakter, S. 415

(98) Wagner, Cosima, Tagebücher, Bd. II, S.460. In "Das Judentum in der Musik" schreibt Wagner: "Der Jude, der bekanntlich einen Gott ganz für sich hat, fällt uns im gemeinen Leben zunächst durch seine äußere Erscheinung auf, die, gleichviel welcher europäischen Nationalität wir angehören, etwas dieser Nationalität unangenehm Fremdartiges hat: Wir wünschen unwillkürlich mit einem so aussehenden Menschen nichts gemein zu haben." in: Richard Wagners Gesammelte Schriften, Bd. 13, S. 11

(99) Daß dem Juden in der Omnipotenz-Phantasie die Funktion zuteil wird, das "weibliche" Spiegelbild des ICHs zu sein, wird auch an den "Denkwürdigkeiten" Schrebers deutlich: "Der ewige Jude (in dem angegebenen Sinne) mußte e n t m a n n t (in ein Weib verwandelt) werden, um Kinder gebären zu können. Die Entmannung ging in der Weise vor sich, daß die (äußeren) männlichen Geschlechtswerkzeuge (Hodensack und männliches Glied) in den Leib zurückgezogen wurden und unter gleichzeitiger Umgestaltung der inneren Geschlechtswerkzeuge in die entsprechenden weiblichen Geschlechtsorgane verwandelt wurden, sie geschah vielleicht in mehrhundertjährigem Schlaf (...)". Schreber, Denkwürdigkeiten, S. 108f

(100) Weininger, Geschlecht und Charakter, S. 415f

(101) Theweleit, Männerphantasien, Bd. 2, S. 20

(102) Vgl. Wagner, Das Judentum in der Musik, in: Wagners gesammelte Schriften, Bd. 13, S.29

(103) Hartmut Zelinsky hat diese Rolle des "Juden", der stellvertretend unterzugehen hat, sehr ausführlich beschrieben. Außer den schon zitierten Texten vgl. Zelinsky, H., Hermann Levi und Bayreuth, oder der Tod als Gralsgebiet, in: Beiheft 5 zum Jahrbuch des Instituts für Deutsche Geschichte der Universität Tel Aviv. Hrsg. v. Walter Grab, Tel Aviv 1984

(104) Die britische "Nation" zum Beispiel wurde erst geboren, nachdem Schottland, von dem man wohl sagen kann, daß es wirklich um seine nationale Identität gekämpft hatte, untergegangen war, nämlich nach der Schlacht von Culloden im Jahr 1746.

(105) Die deutsche Nation entstand durch einen einmaligen Akt in der abendländischen Geschichte, der ein plastisches Abbild für die Verwandlung des ichs in ein ICH darstellt. Das Ereignis bestand in der freiwilligen Selbstauflösung eines Staates, nämlich Preußen. Die "Proklamation an mein Volk und an die deutsche Nation" von Friedrich Wilhelm IV. vom 21.3.1848, mit der der preußische König sich an die Spitze der deutschen Nationalbewegung stellte, endete mit dem Schlußsatz: "Preußen geht fortan in Deutschland auf." An diesem Schlußsatz war lange herumkorrigiert worden. Der Außenminister Heinrich von Arnim erklärte die Formulierung später so: "Die Philosophie Hegels hat mir in Gedanken gelegen, wonach eine Sache an sich aufgehoben werden solle, um als Kern einer neuen größeren Sache fortzuleben. Deshalb hatte ich geschrieben: 'Preußen wird in Deutschland aufgehoben.' Aber die anderen Minister verstanden das nicht und sagten, vielleicht würden die Schüler Hegels das verstehen, das Volk jedenfalls nicht. So einigten wir uns auf die Formulierung: 'Preußen geht in Deutschland auf.'" Zit. n. Reinirkens, Leonhard, Stichtag heute: König Friedrich Wilhelm IV. von Preußen erläßt die Proklamation "An mein Volk", WDR 2, 21.3.1983
Vgl. dazu auch: Wolff, Adolf, Berliner Revolutionschronik. Darstellung der Berliner Bewegung im Jahre 1848, Berlin 1854, 3. Band, S. 568ff, u. Valentin, Veit, Geschichte der deutschen Revolution von 1848-49, Berlin 1930, Bd. 1, S. 450ff. Valentin zitiert den Brief, den Max von Gagern in der Nacht vom 21. zum 22. März 1848 schrieb: "Durch die ausgesprochene Selbstauflösung Preußens treten die acht Provinzen in die Parallele mit unsern Staaten, die Provinzialstädte mit unsern Kammern." Valentin, Geschichte der deutschen Revolution, Anm. 310. Vgl. auch Rothfels, Hans, 1848, Betrachtungen im Abstand von hundert Jahren, Darmstadt 1972, S. 47. Am 23. Juli 1848 erschien ein anonymer Artikel (der Autor war Karl Gustav Julius von Griesheim) über "Die deutsche Zentralgewalt und die Preußische Armee": "Preußen soll in Deutschland aufgehen! Es war ein großer

Gedanke, ausgesprochen in der Übereilung einer hochbewegten Zeit, ohne daß man sich wohl alle daraus möglichen Konsequenzen genügend klargemacht hätte. Einerseits aber war der zugleich damit ausgesprochene Gedanke, daß Preußen sich an die Spitze Deutschlands stelle, die von Süddeutschland verschmähte Bedingung, und andererseits hat das Volk Preußens jetzt jenen Gedanken, daß Preußen in Deutschland aufgehen, d.h. untergehen soll, feierlich verworfen". In: Quellen zum politischen Denken im 19. und 20. Jahrhundert. Freiherr vom Stein-Gedächtnisausgabe. Hrsg. v. Rudolf Buchner, Darmstadt 1967, Bd. IV, S. 323. Es ist nicht falsch von einem "Selbstmord" Preußens zu sprechen, auch wenn jener nicht 1848, sondern faktisch erst 1871 begangen wurde und der Totenschein nach dem Zweiten Weltkrieg durch die Alliierten ausgestellt werden sollte.

(106) Die Tatsache, daß "der Jude" den Ersatz für die Kunst-Frau darstellte, erklärt auch, weshalb im Nationalsozialismus von den beiden Frauenbildern — dem der Frau als künstlichem DU und dem der Frau als "Mutter" — vor allem letzteres eine Rolle spielte. Durch den "Juden" erübrigte sich das künstliche Sexualwesen Frau.

(107) Es hat wahrscheinlich wenig Zeiten gegeben, in denen der Antisemitismus geringer war in Deutschland als Ende des 18. und Anfang des 19. Jahrhunderts: einer Zeit verhältnismäßig großer Heterogenität Deutschlands, einer Zeit, in der die "nationalen" Grenzen nicht genau definiert waren, in der die deutsche "Identität" durchlässig, voller Widersprüche und eben deshalb vielfältig war. Es mag paradox erscheinen, daß im Verlauf des 19. Jahrhunderts einerseits der Antisemitismus zunimmt, andererseits aber auch die rechtliche Gleichstellung der Juden gesetzlich verankert wird. Aber dieses Paradox ist nur scheinbar, denn der Antisemitismus, der im Verlauf des 19. Jahrhunderts hervortritt — der rassistische Antisemitismus —, ist ein künstlicher (die Andersartigkeit "des Juden" ließe sich durch einiges definieren: Religion, kulturelle Traditionen etc., aber sie läßt sich eben nicht durch die Rasse definieren. Ein russischer Jude z.B. hat genetisch weniger mit einem arabischen Juden gemeinsam als mit den Russen christlich-orthodoxer Tradition, in deren Kulturgebiet er ansässig ist.). Dieser Antisemitismus — bzw. das Bild des "Juden", das er beschwor, war ebensosehr Kunstwerk wie die "Nation", die dabei war zu entstehen. Mit der Funktion "des Juden", dem künstlichen ICH (in diesem Fall der "Nation") zu einer Definition zu verhelfen, erklärt sich zweifellos auch der Antisemitismus im totalitären Staat überhaupt, diesem künstlichen ICH schlechthin.

(108) Bulle des Papstes Innozenz VIII. v. 5.12. 1484, wiedergegeben in: Becker, Bovenschen, Brackert et al., Aus der Zeit der Verzweiflung, S. 339

(109) "Erinnern wir uns, daß Wagner in der Zeit, wo Hegel und Schelling die Geister verführten, jung war; daß er erriet, daß er mit Händen griff, was allein der Deutsche ernst nimmt — die Idee, will sagen etwas, das dunkel, ungewiß, ahnungsvoll ist; (...) Es ist nicht die Musik, mit der Wagner sich die Jünglinge erobert hat, es ist die Idee (...) Sie hören mit Zittern, wie in seiner Kunst die großen Symbole aus vernebelter Ferne mit sanftem Donner laut werden..." Nietzsche, Der Fall Wagner, S. 66f

(110) Ich benutze hier ausdrücklich das Wort "Sexualwesen", denn eben dies — die Durchsetzung des politischen Lebens mit pseudo-erotischem Gehalt — scheint mir das Merkmal der Politik im 20. Jahrhundert zu sein. Das gilt nicht nur für den Faschismus, das trifft auch auf die Politik der Nachkriegszeit zu, die zunehmend von Faktoren wie Charisma, Fernsehwirksamkeit etc. bestimmt wird. Auch auf der Ebene des nationalen und internationalen Kräftespiels, der Konfrontation zwischen den beiden Supermächten, die sich gegenseitig als das "Böse" bezeichnen, ist diese pseudo-sexuelle Komponente deutlich spürbar. Die Erotisierung der Politik, die Saul Friedländer (Kitsch und Tod, S. 65ff) an den Widersprüchen des Nazismus darstellt, gilt überhaupt für die Politik des 20. Jahrhunderts. Allein der ökonomische Unsinn der Rüstungspolitik beweist, daß andere Faktoren als rationale am Werke sind. Mit materialistischen Analysen lassen sich diese Faktoren nicht begreifen.

(111) Le Quotidien de Paris v. 11.3.1980, S.7

(112) Kiernan, Bernard, Der Mythos vom Frieden durch Stärke, in: Der Spiegel Nr. 2/1982, S. 92

(113) Der Prozeß, der hier stattfindet, ähnelt dem, was Devereux als gewaltsame "Akkulturation", als Verlust des gewohnten sozio-kulturellen Milieus bezeichnet. Die Akkulturation, so sagt er, führt dazu, daß aus einem Zustand integrierter "Anormalität" Schizophrenie wird: "Die wirkliche ('nukleare') Schizophrenie (ist) niemals bei Völkern zu beobachten (...), die keiner brutalen Akkulturation ausgesetzt sind. Aufgrund meiner ursprünglichen Theorie kann ich heute vorhersagen, daß die Schizophrenie für einige Zeit eine der verbreitetsten funktionalen Störungen in solchen Gesellschaften sein wird, die, noch vor kurzem primitiv, gegenwärtig rapide kulturelle und soziale Veränderungen durchmachen." Devereux, Normal und Anormal, S. 188

(114) Der "Johannis-Tanz" wurde auch Veits-

tanz genannt. Vgl. Hecker, Justus-Friedrich-Karl, Die Tanzwuth, eine Volkskrankheit im Mittelalter, Berlin 1832, ders., Die großen Volkskrankheiten des Mittelalters, Berlin, 1865, Haese, H., Geschichte der Epidemischen Krankheiten, Jena 1865, Wicke, Versuch einer Monographie des großen Veitstanzes im Mittelalter, Leipzig 1844. Charcot hat sich auch mit dem Phänomen beschäftigt. Vgl. Charcot, Oeuvres Complètes, Bd. I, S. 459-462

(115) Eliade, Kosmos und Geschichte, S. 153 ff

(116) Es fragt sich, ob die Figur des "Ahasver", den Jesus laut der Legende vor seiner Kreuzigung zur ewigen, rastlosen Wanderung verdammt hat, nicht auch in Zusammenhang mit der Durchsetzung des linearen Zeitdenkens steht, das dem Monotheismus, vor allem aber dem Christentum, eigen ist. Der ewig wandernde Jude wäre gleichsam ein höhnisches Abbild der zyklischen Zeitvorstellung, die sich ewig im Kreise bewegt, ohne je zur Ruhe zu kommen, ohne je ein Ziel zu erreichen, nämlich das Paradies. Erst durch die Taufe (durch den Glauben ans Jüngste Gericht, an ein "Ende" der Zeit) kann "Ahasver" Erlösung finden. Dafür spricht, daß die Figur des "Ewigen Juden" im 15. und 16. Jahrhundert, und zwar vor allem in Deutschland, erheblich an Bedeutung gewinnt, also in einer Zeit, in der auch das lineare Zeitdenken sich durchsetzt. Der "Ahasver" hat seine Vorläufer im alten Testament, wo er aber natürlich nicht der "Ewige Jude", sondern der Feind Jahwes, bzw. des jüdischen Volkes ist. Prototyp der Figur ist Kain, der sowohl in jüdischen wie in christlichen Darstellungen (in letzteren wiederum als "Jude") zum Paradigma des Ungläubigen und Widergöttlichen wurde und der laut dem Alten Testament von Jahwe zur Ewigen Wanderung verurteilt wird. Der Name Ahasver wird auf den König Achaschwerosch zurückgeführt, einen persischen König, dessen Reich die ganze Welt umfaßte und unter dem die Juden eine Zeitlang bedroht wurden (Vgl. Esther, I, 1-22). Das Bild, das die Geschichtsschreibung von diesem Achaschwerosch hinterlassen hat, erinnert auf merkwürdige Weise an das Bild des Hysterikers: "Achaschwerosch wird im allgemeinen geschildert als schwankend, von mangelndem Charakter, und leicht zu beeinflussen." Encyclopaedia Judaica, Jerusalem 1972, Bd. 2, S. 453

(117) Mumford, Lewis, Technics and Civilization, New York 1961, S. 13f. Vgl. auch ders., Mythos der Maschine, Kultur, Technik und Macht. Übers. v. Liesl Nürenberger u. Arpad Hälbig, 2 Bde., Wien 1974

(118) Descartes, Meditationen über die Grundlagen der Philosophie, S. 62

(119) Nietzsche, Der Fall Wagner, S. 47

(120) "Ja, ins Große gerechnet, scheint Wagner sich für keine anderen Probleme interessiert zu haben, als die, welche heute die kleinen Pariser décadents interessieren." Nietzsche, Der Fall Wagner, S. 64

(121) Ebda., S. 48

(122) Vgl. Schulte, Günter, "Ich impfe euch mit dem Wahnsinn", Nietzsches Philosophie der verdrängten Weiblichkeit des Mannes, Frankfurt/ Paris 1982. "Ich bin dein Labyrinth! das sagte er als Dionysos sich als Frau. So scheint er sich selbst seine Höhle öffnen zu wollen, vor die er die schreckliche Sphinx postierte, die ins Heldentum verkehrte Mutterangst. Das ist nämlich seine Angst: feminin zu sein. Und das ist zugleich sein Wunsch, den er sich nicht zugesteht. (...) Hier zeigt sich, daß der starke Mann, den er herauskehrt, nur der von seinem eigenen Feminismus ersehnte Partner ist! Seine Selbstvergewaltigung zum reinen Mann wiederholt die masochistische Vergewaltigung, die er sich als Selbstbefriedigung wünscht, als Sexuallust der Frau in ihm". Ebda., S. 171

Das 19. Jahrhundert ist auf zwei verschiedene Weisen mit dem Verlust der Frau-im-Mann und der damit einhergehenden Auslieferung an die übermächtige Mutter umgegangen. Künstler wie Proust, Flaubert oder Moreau zogen sich mit ihrer Mutter zurück und bedienten sich ihrer als Identifikationsmuster für die Frau-im-Mann (bei gleichzeitigem Verzicht auf die reale Frau); Nietzsche und Schopenhauer hingegen diente der Mutterhaß als Mittel, die Frau-im-Mann zu bekämpfen.

(123) Nordau, Max, Entartung, Berlin 1896, S. 372

(124) Ebda., S. 375f

Kapitel VIII
Inkarnation und Desinkarnation

Der Kunst-Körper

Es gibt viele Anzeichen dafür, daß der "Kunst-Körper" die große Hinterlassenschaft des Faschismus ist. Jener hatte ihn in bislang nicht dagewesener Form perfektioniert, hatte eine Pseudo-Erotik, eine Kunst-Natur geschaffen, ein künstliches Sexualwesen erzeugt — und unbemerkt ist seither all dies in die Alltagsrealität übergegangen. Hatte der Faschismus den Kunst-Körper noch durch Gewalt etabliert, so ist nach ihm die Verwechslung des Sexualwesens mit seinem Ersatz, der Pornographie mit Erotik zur Gewohnheit geworden. Der synthetische Körper ist die Regel, und das neue Zeitalter versorgt ihn mit der Nahrung, die ihm gebührt: mit tiefgefrorenem vorgegartem Essen aus vollautomatischen, computergesteuerten Fast-food-Küchen. Jean Baudrillard hat die Symbolik dieser künstlichen Nahrung mit der des Hollywood-Kinos verglichen:

> Die Würze wird zunächst isoliert [. . .] anschließend wieder eingezogen, hinzugefügt in Form von "flavour" oder burlesken und künstlichen Soßen [. . .]. "Flavour" — das hat etwas vom "Glamour" der Belle Epoque des Kinos: Beseitigung jeder Spur von Charakter, von Einzigartigkeit oder persönlicher Verfügungskraft zugunsten eines Glanzeffekts, einer Studio-Aura, die auf der Faszination der Modelle beruht. (1)

Der Erfolg der Fast-food-Ketten, insbesondere bei Jugendlichen, wird von manchen als "Kulturverweige-

rung" der Jugend interpretiert (2), als das "vollständige Gegenmodell zu den Merkmalen der traditionellen Eßgewohnheiten" der bürgerlichen Gesellschaften (3). Aber, abgesehen davon, daß das Fast-food sich vor allem da durchsetzt, wo es kaum mehr bürgerliche Tradition zu verweigern gibt, bedeutet sein Erfolg auch alles andere als eine Form von Verweigerung. Es handelt sich vielmehr um angepaßtes Verhalten – um die Fortführung einer alten Tradition: der Tradition des Logos. Nur daß dessen Diktat sich nicht mehr als Abstraktion und Zerstörung des sinnlich Wahrnehmbaren darstellt, sondern als Fabrikation einer Kunst-Materie, als Nachvollziehung des Schöpfungs-Prozesses.
Die Durchsetzung des Kunst-Körpers in nachfaschistischer Zeit drückt sich nicht nur in der Herstellung von synthetischer Nahrung und Nahrungsaufnahme aus – dies sind nur die evidenten Symptome; sie offenbart sich auch in dem, was als "Wiederkehr des Körpers" oder als "Rückkehr zur Erotik" gefeiert wird (4): Jogging, Fitness Training, Bio-Kost... Auch hier handelt es sich nicht um eine *Wiederkehr* des Körpers, sondern vielmehr um die Herstellung eines künstlichen, durch den Kopf geschaffenen Leibes – so "biodynamisch" dessen Fabrikation auch sein mag. Dieser Körper ist nicht "ausgeliefert", der Natur unterworfen; er entspricht nicht dem Körper, der einst als Gegensatz zum Geist betrachtet wurde; er gleicht nicht der Materie, von der die Schrift abstrahierte. Gleichwohl weisen die Instrumente, mit denen heute der Leib trainiert und perfektioniert wird, eine bemerkenswerte Ähnlichkeit zu jenen auf, mit denen einst der Logos den Körper gefoltert hat. Es ist, als habe der Große Exorzist die Werkzeuge, die ihm einst zur Vernichtung des Körpers dienten, einfach beibehalten, um sie nun zur Herstellung des Kunst-Körpers zu benutzen. Die Foltermaschinen bleiben, aber statt der Hinrichtung vollstrecken sie nun das "Bodybuilding".
Deshalb bin ich auch gar nicht davon überzeugt, daß das Abendland kurz vor seiner Selbstzerstörung steht, denn jene hat (was die Industrieländer betrifft) schon stattgefunden. Gewiß, es bleiben noch Gewässer, die weiter verschmutzt, Wälder, die weiter vergiftet werden können – aber andererseits hat der Logos auch schon den Beweis erbracht, daß er die Natur, und mit ihr den menschlichen Körper, nicht nur beherrscht, sondern auch nach seinen Gesetzen agieren lassen kann. So können Pazifismus und Ökologismus geradezu zum Ausdruck seiner Vernunft werden (5). Je mehr der Logos die große "Weltschöpfung" synthetisch nachzuvollziehen vermag – und eben das stand am Ursprung seiner Geburt und der des utopischen Denkens –, desto geringer wird die Wahrscheinlichkeit, daß er, als Subjekt der Geschichte, zu ihrem Untergang treibt. Die Materie ist immer weniger sein Feind und zunehmend seine Verkörperung – warum sollte der Logos seine eigene Inkarnation vernichten?
Mit anderen Worten: Der Tag des Jüngsten Gerichts ist angebrochen. Die

Menschheit ist im Jenseits angekommen, und entgegen allen Erwartungen, wenn auch nicht Hoffnungen, befindet es sich auf Erden. Niemand wird bei diesem Jüngsten Gericht begnadigt. Alle müssen auferstehen – mit ihrem Leibe. Alle, auch die Frauen. Denn in der Frau soll die imaginierte Weiblichkeit, das künstliche DU, das eine Schöpfung des ICHs ist, einen "echt weiblichen" Leib annehmen, sichtbare Wirklichkeit werden. Ihr Körper darf nicht nur sein, er soll sein, sich zeigen und Kräfte entwickeln: auf den Jogging-Pfaden und mit Hilfe von Folterinstrumenten: "Ein bißchen verrückt ist es schon", schreibt Ingrid Kolb über das Ende des ätherischen Frauenideals, "da hat der Mensch Maschinen erfunden, die ihm die körperliche Arbeit abnehmen, und jetzt stellt er sich neue Maschinen hin, um wieder in den Genuß der körperlichen Arbeit zu kommen." (6) Ein bißchen verrückt vielleicht, aber durchaus logisch. Die Geräte im Fitness Center erfüllen die eigentliche Funktion der Maschine: die Fabrikation von Körperteilen. Mit ihnen hat die mechanische Maschine des 19. Jahrhunderts ihren wahren "Sinn" erreicht, die Produktion eines Kunst-Körpers, der aus Fleisch und Blut besteht. Dies befriedigt die Erwartungen, die mit der Gen-Technologie verknüpft sind, die Fabrikation des fehlerlosen und einheitlichen Körpers, schon hier und heute, gleichsam in ungeduldiger Vorausnahme künftiger Errungenschaften der Wissenschaft.

Anfang dieses Jahrhunderts verkündete der Feminismus-feindliche (und antisemitische) Nationalökonom Werner Sombart, daß der Untergang einer "Kulturnation" sich immer daran zeige, daß ihre "Frauen Menschen werden" (7). In einem gewissen Sinn hatte er gar nicht unrecht: die Tatsache, daß Frauen in diesem Jahrhundert wieder zunehmend ihre Rechte, ihre Existenz geltend machen konnten, ist tatsächlich Symptom für ein Verständnis von "Kultur", die nicht als Gegensatz zur ungeschriebenen Natur, zur Materie, zur Frau begriffen wird, sondern als deren Abbild. Aber dieses neue Verständnis von "Kultur" ist seinerseits das Ergebnis einer neuen – kulturellen – Schöpfung der Materie, der Natur. Die Tatsache, daß Frauen in diesem Jahrhundert das Wahlrecht erhielten, daß ihnen im Beruf und im wissenschaftlichen Leben ein eigener schöpferischer Raum zugestanden wurde, ist ein Ausdruck dafür, daß die uralte Verdrängung des Weiblichen, die Jahrtausende alte Frauenfeindlichkeit sich zu *erübrigen* beginnt. Der Kunst-Mensch – mit synthetisch nachgebildeter Geschlechtszugehörigkeit – ist entstanden. Es sind nicht die Rechte der Frau, sondern die der Kunst-Frau, die anerkannt werden. Und das gleiche gilt für den Mann. Weil er ein Kunst-Mensch ist, weil sein Leib und seine Sinnlichkeit die "Realität" des Logos darstellen, darf auch er wieder leiblicher "Vater" sein, Gefühle empfinden und sich zu seiner "Weiblichkeit", zu seiner Geschlechtlichkeit bekennen: all dies ist Logos-geschaffen. Auch die Freiheit der Meinungsvielfalt verdankt ihre Durchsetzung eben dieser Entwicklung: "Eines Tages werden wir denken dürfen, was wir wollen", sagt Andy Warhol, "und dann werden alle Menschen das gleiche denken." (8)

Der Untergang des Körpers zeigt sich gerade daran, daß die Antagonie von Geist und Materie verschwindet, daß das Symbolisierte zum "Spiegelbild" des Symbols wird, daß die Utopie in der Wirklichkeit festzumachen ist. Die Natur- und Geisteswissenschaften nähern sich einander; es wird immer schwieriger, die Grenze zwischen Physik und Philosophie auszumachen (9). Und nicht zuletzt verliert auch Gott — die "Hypothese" — seine Unsichtbarkeit. Gott fordert nicht mehr "blinden Glauben", sondern er offenbart sich als sinnlich wahrnehmbare soziale Wohlfahrtseinrichtung, als ordnende Kraft des Diesseits; seine Kirche ist eine Institution der "Solidarität", der "Menschlichkeit". "Gott ist", so rief der Geistliche John McKelly während einer Friedensdiskussion beim Evangelischen Kirchentag von 1983, "hier in Hamburg endlich mal Mensch geworden." (10)

Der Körper, die Materie, deren sich die Religion annimmt, ist nicht der Feind, sondern die Inkarnation des Geistes. So kann es nicht verwundern, daß die Kirche sich zunehmend des leiblichen Wohlergehens ihrer Kinder annimmt; daß sie sich für die Wahrung des Friedens, die Erhaltung der Natur einsetzt. Sie braucht das "falsche" Leben der ungeschriebenen Materie nicht mehr als Lüge oder Schmutz zu bekämpfen — es ist zum "wahren Leben" geworden: ein Leben, das nicht nach dem Tod, sondern nur nach dem Untergang des Sexualwesens stattfindet.

All dies bedeutet, daß das Abendland, im Gegensatz zu einer weitverbreiteten Ansicht, sich nicht in einer Epoche des Umbruchs, des Übergangs befindet, sondern vielmehr in einer Zeit der Vollendung. Die "Übergangszeit" war die Epoche des Patriarchats selbst: diese Epoche, in der Geist und Körper, Kultur und Natur als Gegensätze betrachtet wurden. Das Patriarchat stellt gleichsam einen Umweg dar, den der Logos aus strategischen Gründen eingeschlagen hat: der Umweg erlaubte, die Realität der Idealität zu unterwerfen, indem eine künstliche Feindschaft zwischen den beiden geschaffen wurde. Nun, da die neue, die ideale Realität entstanden ist, erübrigt sich diese Feindschaft: der Patriarch hat seine Schuldigkeit getan, der Patriarch kann gehen. Die Tatsache, daß seine Epoche nur eine Zeit des Übergangs war, erklärt auch die historisch verhältnismäßig geringe Dauer des Patriarchats. Mit dem 20. Jahrhundert hat sich der Kreis geschlossen: die Schöpfung ist wieder da angekommen, von wo der Abstraktionsprozeß ausgegangen war: bei der Materie, beim Zyklus von Werden und Untergang. Aber es handelt sich nunmehr um eine "geschriebene" Materie; und die zyklische Zeit untersteht den Gesetzen des Logos.*

---

* Vgl. auch Eliade: "Erst in unserem Jahrhundert lassen sich wieder gewisse Reaktionen gegen den historischen Linearismus bemerken; gleichfalls wird eine Rückkehr des Interesses an der Zyklentheorie sichtbar: So erleben wir in der Nationalökonomie die Rehabilitierung der Begriffe Zyklus,

Der Kunst-Körper, der durch das Wort erschaffen wurde, hat jedoch einen entscheidenden Fehler. Er verfügt nicht über das Wort. Er ist kein "sprechendes Subjekt". Statt des Menschen, der "ist, weil er spricht", ist ein Mensch entstanden, der gesprochen wird. Dieser Mensch besitzt keine symbolischen Grenzen mehr, die das Wort, der Name vermittelt. Baudrillard sieht ein Symptom dieses "entgrenzten" Körpers in einer gewissen Form von Dickleibigkeit, die ausschließlich dem 20. Jahrhundert vorbehalten bleibt:

> Diese befremdliche Dickleibigkeit ist weder die einer schützenden Fettschicht noch die neurotische und psychosomatische der Depression. Das ist weder die kompensatorische Dickleibigkeit des Unterentwickelten noch die, einzig durch Ernährung verursachte, des Überernährten. Sie zeigt etwas vom System, von seiner leeren Aufblähung. Paradoxerweise reflektiert sie, ja *ist* sie eine Art des Verschwindens. Sie ist dessen nihilistischer Ausdruck: der Körper hat keinen Sinn mehr. Die *Szene* des Körpers – die geheime Regel, die einen Körper begrenzt, ihm seinen Spielraum, seine Ausdehnung, seine gestischen und morphologischen Grenzen gibt – ist verschwunden. Die verborgene Form des Spiegels, durch den der Körper über sich und sein Bild wacht, ist gleichsam abgeschafft und hat der ungebremsten Redundanz eines der reinen Immanenz überlassenen Körpers Platz gemacht. Ohne Begrenzung, ohne Transzendenz: als ob der Körper sich nicht mehr von der Außenwelt abgrenzte, sondern versuchte, sie zu verschlingen, einzuverleiben und in der eigenen Hülle den Raum zu verdauen. [...] Primale, fötale, plazentäre Fettleibigkeit: es ist als gingen sie mit ihrem eigenen Körper schwanger und könnten ihn nicht entbinden. (11)

Der "uferlos" gewordene Körper ist ein Symptom für die Bedingungen, die die Vollendung der Schöpfung des Logos geschaffen hat. Er ist Ausdruck für eine geistige und seelische Entwicklung. Mit der Materialisierung der Idee, der Verwirklichung der Utopie sind genau die Bedingungen eingetreten, die Lacan als die Voraussetzung für die Entstehung der Psychose beschreibt. Diese Voraussetzungen, so sagt er, sind da geschaffen, wo das Symbol nicht mehr wahrgenommen werden kann. Eben dies geschieht, wenn das Symbolisierte zur Inkarnation des Symbols wird. Das Symbol verschwindet. Es wird überflüssig, ja sogar zum Feind der Idee, die sich beleibt hat. Der Weg zurück soll abgeschnitten werden. Ohne dieses Symbol verliert aber der einzelne jede Möglichkeit, zwischen sich und dem anderen zu unterscheiden. Das heißt, er ist der Psychose ausgeliefert: der Unfähig-

---

Fluktuation, periodische Oszillation (...)" Eliade, M., Kosmos und Geschichte, a.a.O., S.157f. Tatsächlich könnte man bei einer Anhörung des modernen Industrie- und Wirtschaftsvokabulars manchmal glauben, es handle sich um die Beschreibung eines alternativen Bio-Bauernhofes: da ist nicht nur von Zyklen die Rede, sondern auch von "Blüte", "Wachstum", "Erneuerung", alles Metaphern, die der Natur entnommen sind. Auch die "Materie" erlebte eine Rehabilitierung: im Materialismus, ob er nun kapitalistischer oder sozialistischer Prägung ist. Tatsächlich hat das, was als Materie bezeichnet wird, nämlich das Kapital, aber nichts mit Materie zu tun: es handelt sich vielmehr um das berühmte "Geld aus dem Nichts" (vgl. S. 234f), das seinerseits dazu beitrug, die Materie – die der Natur – untergehen zu lassen.
Ein plastisches Beispiel für die Einführung eines künstlichen Zyklus sind die dioxinverzehrenden Organismen, die zur Zeit in amerikanischen Labors erprobt werden. Synthetisch hergestellte Gifte werden durch synthetische "Lebewesen" (sie werden im Fachjargon "bugs", Käfer, genannt) beseitigt: So erhält auch die Kunst-Natur einen Kreislauf.

keit, zwischen dem Ich und dem Du, zwischen Wirklichkeit und Irrealität zu unterscheiden.

Die Entstehung des Kunst-Körpers, der künstlichen Sexualwesen, so "unvollständig" sie sich auch gebärden mögen, bedeutet nicht, daß das ICH seine Grenzen gefunden hätte. Denn für diese Grenzen bedarf es der Unterscheidung nicht nur durch die Geschlechtlichkeit, sondern auch durch die Sprache. Das ICH ist jedoch ein Erzeugnis der Sprache, mehr: es ist ein "beleibtes Symbol". So kann es das Symbol nicht als von ihm selbst verschieden begreifen. Eben dies drückt sich im "uferlos" gewordenen Körper aus. Das ICH muß sich einen Anderen schaffen, der ihm nicht nur als physische Erscheinung (als Frau oder als "Jude") entgegentritt, sondern auch als abstraktes Symbol. Der Kunst-Körper bedarf des Kunst-Geistes.

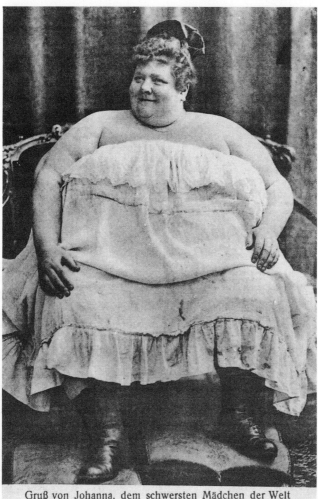

Gruß von Johanna, dem schwersten Mädchen der Welt

Der Kunst-Geist

Auch wenn der Logos kein Interesse daran haben kann, seine Inkarnation — die Kunst-Natur, den Kunst-Körper — zu vernichten, so haben dennoch die Aufrüstung und Überrüstung, zu denen er treibt, einen "Sinn": nicht nur den, die verbleibenden Reste von "ungeschriebener" Natur oder "ungeschriebenem" Körper zu vernichten (dazu reichen die konventionellen Waffen); und nicht nur den Sinn, den künstlichen Anderen zu fabrizieren. Ihr Zweck erschöpft sich auch nicht in den verstärkten Kontrollmechanismen, die "Mutter Staat" durch die ökonomischen Zwänge auf ihre "Kinder" ausüben kann. Jenseits von all dem steuert die Überrüstung auch auf die Unfaßbarkeit der existentiellen Gefährdung hin. Sie führt zur Unfähigkeit, den Tod als Möglichkeit wahrzunehmen; und mit dieser Unfähigkeit erlischt auch das Denken, das Empfindungsvermögen, das Bewußtsein. Dies ist die eigentliche Funktion des "Overkill": das Imaginäre und die Fähigkeit zur Imagination untergehen zu lassen. Das Overkill-Arsenal ist ein Waffenlager nicht so sehr physischer wie geistiger Vernichtungsmittel: es führt über alle Grenzen hinaus, innerhalb derer Bewußtsein sich noch ansiedeln kann.

Es gibt einen guten Grund dafür, weshalb diese Einrichtung "totaler" Bewußtseinsauslöschung an jener historischen Schwelle entsteht, da der Logos sich im Kunst-Körper inkarniert: Nunmehr, da der Körper die realisierte Utopie, die materialisierte Idee darstellt, ist der Kopf, der körperlose Geist, die Ratio zum eigentlichen Feind des Logos, zum Störenfried geworden. Er nimmt nunmehr die Rolle des Feindes ein, der — wie einst "Natur" und "Materie" — vernichtet werden muß. Da sich die Idee in den Leib verlagert hat, wird die reine Vernunft zur großen Widersacherin einer endgültigen Vereinigung von Natur und Kultur.

An die Stelle der untergegangenen Vernunft soll ein "Überbau" treten, der das Produkt der "Basis", ein "Spiegelbild" des materialisierten Logos ist. Bei dieser Entwicklung handelt es sich um die genaue Umkehrung dessen, was vorher die Dynamik des Logos auszeichnete: nicht der Geist bestimmt mehr die Realität, sondern nun befiehlt eine (vom Geist oder dem "projektiven" Denken erschaffene) Materie über die Gedankengebäude, Ideen und Phantasien, die zum symbolischen Anderen des Kunst-Körpers werden sollen. Gott, das entleibte Du, das sich im Materialisierungsprozeß des Logos beleibt hat, wird also gleichsam neu geboren. Freilich in anderer Gestalt: dem Maschinen-Körper gebührt ein Maschinen-Geist.

Weizenbaum hat anschaulich den Einfluß beschrieben, den der Computer auf das Denken und die Handlung des Menschen ausübt (12). Er vergleicht diesen Einfluß mit dem der Uhr, die die Menschen dazu brachte, ihren Rhythmus und ihre Bedürfnisse von dieser Maschine abhängig zu machen, statt sie in ihren eigenen Erfahrungen zu suchen.

Man verwarf das Hungergefühl als Anreiz zum Essen, statt dessen nahm man seine Mahlzeiten ein, wenn ein abstraktes Modell einen bestimmten Zustand erreicht hatte, d.h., wenn die Zeiger einer Uhr auf bestimmte Marken auf dem Zifferblatt wiesen [...] und dasselbe gilt für die Signale zum Schlafengehen, Aufstehen usw. (13)

So wie die Uhr das subjektive Empfinden des Menschen "objektiven", von außen gesteuerten und vereinheitlichenden Regeln unterworfen hat — Regeln, die sich durch ihre Berechenbarkeit, Voraussehbarkeit auszeichnen und denen alsbald auch das *reale* Empfinden des Menschen zu entsprechen begann —, ist der Computer nunmehr dabei, die geistige Produktion, das Denken und die Sprache des Menschen neu zu gestalten, zu vereinheitlichen, berechenbar zu machen. Es wiederholt sich auf geistiger Ebene ein Prozeß, der schon auf der physischen stattgefunden hat: die menschgeschaffene Maschine dient der Erschaffung des Maschinen-Menschen. Das Denken die geistige Tätigkeit wird den Gesetzen einer neuen Funktionsweise un-

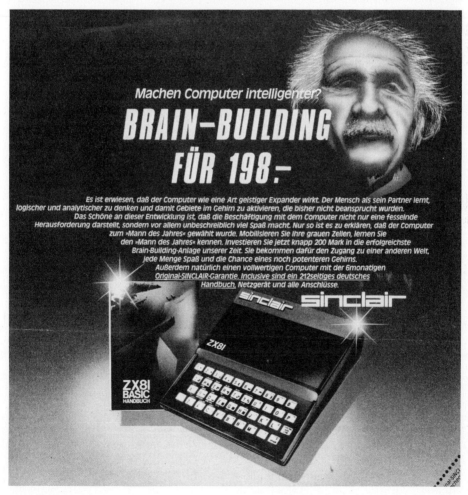

terworfen. Es entsteht ein Kunst-Geist, eine Kunst-Sprache. Die Logik dieser Kunst-Sprache und dieses Kunst-Geistes besagt, daß es nur *eine*, objektiv erfaßbare und von der subjektiven Betrachtung unabhängige Wahrheit gibt.

> Diese Logik kennt nur zwei Werte: wahr oder falsch. Ein Drittes würde das logische System sprengen. Die Eindeutigkeit, die mit dieser Denkweise verbunden ist, ist in natürlicher Sprache nicht vorhanden und konnte erst mit der Schaffung künstlicher, sog. formaler Sprachen erreicht werden. Der Computer verkörpert diese formalen Sprachen materiell. (14)

Die Geist-Maschine hat die mechanische Maschine abgelöst, indem sie, anders als jene, nicht mehr aus einem "in Stahl geronnenen und erstarrten Algorithmus" besteht, sondern vielmehr "die materielle Umsetzung eines formalen Systems" darstellt (15). Sie ist also letztlich schematischer Entwurf, Denkmuster und besteht weitgehend "aus Software, das heißt aus abstrakten Maschinen, also sprachlichen Strukturen." (16) Die Geist-Maschine ist Logik, Geist, Berechenbarkeit und erfüllt insofern all die Anforderungen, die ein Kunst-Körper an den Kunst-Geist stellt.

Die Geist-Maschine denkt anders als das menschliche Hirn. Während die mechanische Maschine schon weit fortgeschritten ist in ihren Bemühungen, den Körper in eine Maschine zu verwandeln, ihrer Mechanik und ihren Funktionsgesetzen anzupassen, muß die Geist-Maschine sich noch mit einem Denken auseinandersetzen, das nicht ihrer Funktionsweise entspricht. Aber das ist dabei sich zu ändern: durch den wachsenden Einfluß, den der Computer auf das Alltagsleben der Menschen ausübt, gelingt es ihm auch allmählich, ihr Denken, ihre Sprache, ja sogar ihre Empfindung nach seinem Muster zu gestalten (17). Das, mehr als ihre Anwendungsmöglichkeiten (18), ist die eigentliche Funktion der Maschinen, mit denen die "zweite industrielle Revolution" anbricht (19).

Durch die Entstehung der Geist-Maschine wird ein Automat zum Dialogpartner des Menschen. Dieser Faktor ersetzt den verschwundenen, "symbolischen Gegensatz" des Subjektes: am Arbeitsplatz, im Privatleben, in Kultur und Freizeit. Um jedoch mit diesem "Partner" ins Zwiegespräch treten zu können, muß das Subjekt bereit sein, in der Sprache der Geist-Maschine zu reden. Anders kann sie nicht mit ihm kommunizieren:

> Dem Sprechen zwischen Mensch und Maschine (hier von Computern) liegt als ein gemeinsames Drittes eine *formale* Sprache zugrunde. Das Charakteristische an dieser Sprache ist, daß alle emotionalen, individuellen, spontanen usw. Momente ausgeschaltet sind.
> Indem wir diese Sprache benutzen, grenzen wir unsere Ausdrucksmöglichkeiten zunehmend ein. Wenn wir mit einem Computer oder einer Waschmaschine "sprechen", müssen wir nicht nur eine bestimmte Grammatik einhalten, sondern auch eine genau festgelegte Reihenfolge. Damit realisieren wir praktisch einen Algorithmus, eine abstrakte Maschine. Von daher läßt sich sagen: insofern Menschen *diese* Art Sprache verinnerlicht haben, haben sie Maschinen verinnerlicht und erzeugen sie tagtäglich in ihrem Sprechen aufs neue. (20)

Nun wird diese verinnerlichte Kunst-Sprache der Maschine aber wiederum zunehmend zur Alltagssprache, zur Sprache der Menschen untereinander, denn je mehr ihr "Dialog" sich vom anderen Menschen auf den Computer verlagert — das geschieht vorläufig insbesondere am Arbeitsplatz —, desto mehr wird diese ambivalenzfreie, unemotionale, vereinheitlichte Sprache auch zu ihrer *eigenen* Ausdrucksform. Und je mehr der Computer und seine Sprache die allgemeinen Lebensbedingungen reglementiert — das gilt insbesondere für die Verwaltung —, desto mehr muß die soziale Interaktion auch in seiner Sprache, und damit in seinen Denkmechanismen, stattfinden (21).

Die Tatsache, daß die Geist-Maschine die Stelle des verschwundenen symbolischen Dus einnimmt, ist andererseits aber auch der Grund dafür, daß das Subjekt nicht anders *kann*, als seine Sprache und sein Denken der Maschine anzupassen. Erst diese Anpassung erlaubt ihm die "Integration in die symbolische Kette", bewahrt ihn vor der Entgrenzung des ICHs, der "Uferlosigkeit" des Körpers, der Psychose. Das Subjekt muß, um Subjekt zu sein, sein Denken und seine Sprache "programmierbar" machen, vereinheitlichen, quantifizierbar gestalten. Nur in dieser Form kann es der Geist-Maschine eingespeist werden, deren das Subjekt als des symbolischen Anderen bedarf. Das Subjekt unterstützt also die Maschinisierung seines Geistes, damit es mit der Maschine kommunizieren kann; und es kommuniziert mit der Maschine, weil ihm kein anderer symbolischer Gegensatz zur Verfügung steht.

Die Geist-Maschine ist der Andere und dennoch ein genaues Spiegelbild des ICHs, weil sie vom ICH "gefüttert" wird und ihn ihrerseits "programmiert". Sie ißt, was das ICH ist, und umgekehrt. Der Computer erfüllt die Rolle des künstlichen DUs, das ein Spiegelbild des ICHs sein soll. Er entspricht gleichsam der Funktion, die dem "Juden" auf physischer Ebene zugewiesen wurde. Hierin, meine ich, liegt auch der Grund dafür, daß das Subjekt des elektronischen Zeitalters, dessen ICH nicht minder synthetisch ist als das des faschistischen Subjekts, auf die Gewalt verzichten kann, mit der der Faschist sich seinen Anderen zu fabrizieren versuchte. Das Subjekt des neuen Zeitalters hat seinen *symbolischen* Anderen gefunden — einen Anderen, der, wie der "Jude", zugleich ein Spiegelbild seines ICHs ist:

> In der Maschine liebt der Techniker sich selbst. In der Maschine sieht er sich im Spiegel. Sie ist Gegenstand gewordener Narzißmus. Also erklärt sie ihrerseits den Techniker. Er ist einer, der außer seiner Maschine, seinem Problem, nichts braucht. Das ist der Punkt wo Narzißmus in Autismus umschlägt. (22)

In der lebenswichtigen Funktion der Geist-Maschine, dem Maschinen-Körper einen Maschinen-Geist, dem ICH einen symbolischen Gegensatz zu verschaffen, liegt auch der Grund für die Faszination, ja die Sucht, die die elektronische Maschine auf alle ausübt, die länger mit ihr zu tun haben (23).

Es gelingt ihnen nicht, sich von ihrer Macht zu befreien. Auch dann, wenn sie "auszusteigen" versuchen, werden sie wieder in ihren Bann geschlagen (24). Denn die Maschine erlaubt es dem ICH, auf die Beziehung zum physischen Anderen – der "phallschen Frau" oder dem "Juden" – zu verzichten. Der Dialog mit dem symbolischen Anderen macht den Geschlechtsverkehr überflüssig. Mehr noch: er bietet einen besseren, einen "reineren" Verkehr. "Reiner" deshalb, weil diese Beziehung nicht körperlicher Art ist und weil das DU, um das es hier geht, dem ICH noch ähnlicher ist als der "Jude" oder die "phallsche Frau". Dieses DU ist ein Abbild des ICHs, von ihm selber programmiert – und vermittelt dennoch das Gefühl von "Unvollständigkeit" und Ohnmacht. So fordert die Beziehung zu diesem DU, wie einst die zu Gott, auch den Rückzug aus dem weltlichen Leben. Auch die Geist-Maschine hat ihre Klöster und ihre Mönche (25).

Mit dieser Entwicklung tritt die widersprüchliche Situation auf, daß die Sache, für die die Hysterie gekämpft hatte – die Erhaltung des anderen –, einerseits gewährleistet ist, andererseits die Hysterie aber auch ihren Kampf gegen den Logos endgültig verloren hat. Denn ebensowenig wie der Kunst-Körper ein Ergebnis ihrer Bemühungen um die Wahrung der Einheit von Geist und Materie darstellt, entspricht auch das neue symbolische DU dem anderen, für dessen Überleben sie gekämpft hatte. Vielmehr handelt es sich um pervertierte Abbilder ihrer eigenen Perversionen, um Karikaturen ihrer Karikaturen – wobei die neu entstandenen Bilder freilich alles andere als Subversion oder Verweigerung darstellen. Sie sind "Normalität". Der Logos hat die Sprache des "Wahnsinns" – die eine Sprache der "anderen Wahrheit" war – übernommen und zu seiner Sprache gemacht. Aus Wahnsinn ist Methode geworden.

Unter diesen Umständen blieb der Krankheit des "Gegenwillens", wie Freud zu Anfang die Hysterie nannte (26), gar keine andere Wahl, als ihre Taktik zu ändern. Um den Wandel, der sich mit ihr vollzog, zu beschreiben, muß ich noch einmal ausholen. Denn auch für den Logos haben sich die Voraussetzungen geändert. Er, der nunmehr antritt, den Geist zur Materialisierung zu führen, kann sich schwerlich auf eine Komplizenschaft berufen, die einst die *Trennung* von Geist und Materie ermöglichte, nämlich die Komplizenschaft der Schrift. Hierin ist die Erklärung für eine Machtablösung zu suchen, die sich parallel zur Verwandlung des Logos in die "Lüge" vollzog: die Ablösung der Macht der Schrift durch die des Bildes.

Schrift und Bild

Die Macht der Schrift über die Realität hatte in ihrer Unsichtbarkeit bestanden, in ihrer Körperlosigkeit, die die Vorstellung von Zeitlosigkeit der Idee oder von Unsterblichkeit des Geistes und damit des vergeistigten Menschen vermittelte. Sie hatte das utopische Denken eingeführt, die Vorstellung, daß es eine "andere" Wahrheit gibt, neben der die sichtbare, sinnlich erfaßbare Realität falsch, ja die Lüge selbst ist. Sie ermöglichte und schuf die für das Abendland bezeichnende Spaltung zwischen Kopf und Körper, Kultur und Natur, die zur allmählichen Unterwerfung von Natur und Körper führen sollte: zur Entstehung des geschriebenen Körpers, der geschriebenen Natur.

Die Durchdringung des Körpers, der Natur mit der Schrift bedeutet aber, daß die Schrift ihre Macht verliert. Da die geistige Wahrheit, die sie verkündete, sinnlich wahrnehmbar, geschriebene Materie wird, werden Schrift und abstraktes Denken nicht nur überflüssig, sondern sogar Logos-feindlich. An ihre Stelle tritt das Bild, das, anders als die Schrift, nicht die Vorstellung einer anderen, imaginären Wirklichkeit vermittelt, sondern als Spiegelbild der Realität begriffen werden will.

Für den Niedergang der Macht der Schrift gibt es viele Symptome: die lawinenartige Vermehrung des Geschriebenen und die damit einhergehende Wertminderung von Schriftzeugnissen. Die Schrift verliert ihre Sakralität; sie wird allen zugänglich, und alles kann mit ihr gesagt werden. Das Geheimnis, das sie einst umgab, diese Aura von "Initiation", verschwindet.

Auf der einen Seite verliert die Schrift ihre Macht über den Glauben, der im Glauben an einen namenlosen, unsichtbaren Gott bestand. Aber auf der anderen Seite wird sie "glaubwürdiger", weil sie zunehmend das beschreibt, was sinnlich wahrnehmbar, was sichtbar oder nachempfindbar ist. Die Schrift wird "sinnlich"; und diese Sinnlichkeit drückt sich unter anderem darin aus, daß das Geschriebene zunehmend subjektiviert wird. Das ist der große Wandel, der sich in der Literatur um die Jahrhundertwende vollzieht: die Worte werden nach ihrer Fähigkeit befragt, Empfindungen zu vermitteln – nicht Kenntnisse oder Erkenntnisse, "objektives Wissen". Der Erzähler verfügt nicht mehr über ein Marionettentheater. Er kann seine Figuren nicht mehr an langen Fäden bewegen, nachdem er schon lange zuvor über ihr Schicksal verfügt hat. Er versetzt sich vielmehr in ihr Erleben, erzählt – mit allen Gebrochenheiten – aus ihrer Empfindung heraus und agiert oder geht mit ihnen unter. Die Schrift wird im Verlauf dieser Entwicklung zu einem Instrument subjektiver Mitteilung und sinnlicher Wahrnehmung.

Dieser Prozeß der "Versinnlichung" der Schrift ist aber seinerseits nur eine Nebenerscheinung, die die wachsende Bedeutung des Bildes begleitet. In dem Maße, in dem das Bild fähig wird, die Welt "realistisch" wiederzugeben, gewinnt es an Einfluß. Oder, so müßte man präziser sagen: die zunehmende Gestaltung der Materie nach den imaginären Modellen der Schrift verlangt nach einem Instrument, mit dem der sichtbare Beweis für die "Wirklichkeit" und Existenz dieser Materie erbracht werden kann. Diesen Beweis kann die Schrift gar nicht oder nur sehr unzulänglich liefern. Als Medium des Sichtbaren ist sie dem Bild hoffnungslos unterlegen. Hatte die Schrift einst den Gottesbeweis erbracht, weil sie die Wirklichkeit des Geistes verkündet, so wird sie nun von einem Medium verdrängt, das den sichtbar und irdisch gewordenen Gott darzustellen vermag.

Die Entwicklung realistischer Bildtechniken zieht sich über einige Jahrhunderte hin. Sie beginnt in der Renaissance mit der Entdeckung der Zentralperspektive. Ihr folgen die Camera obscura und später weitere Techniken, die es zunehmend erlauben, die Umwelt, den Menschen "wahrheitsgetreu" abzubilden. Mit dem Ende des Säkularisierungsprozesses geht einerseits die geschriebene Natur ihrer Vollendung entgegen – symptomatisch dafür die Gärten des 18. Jahrhunderts, wie etwa Stourhead Gardens in Südengland, die angelegt wurden, um dem Bild einer idealisierten Natur zu entsprechen –, und andererseits erreicht die realistische Darstellung eine beinahe photographische Präzision. So hat man heute eine ziemlich genaue Vorstellung vom Aussehen der Führer der Französischen Revolution von 1789. Diese Entwicklung führte schließlich Anfang des 19. Jahrhunderts zur Erfindung der Photographie.

Baudelaire, vor dessen Augen sich Mitte des 19. Jahrhunderts, mit der Photographie, endgültig das Bekenntnis zum "Realismus" durchsetzt, nennt Daguerre den "Messias" eines neuen Glaubensbekenntnisses:

> Auf dem Gebiet der Malerei und Skulptur lautet heute das *Credo* der Leute von Welt: [...] "Ich glaube an die Natur und glaube einzig an die Natur (und das hat seine guten Gründe). Ich glaube, daß die Kunst nichts anderes ist und sein kann, als die genaue Wiedergabe der Natur (eine furchtsame und abtrünnige Sekte will die Dinge widerwärtiger Natur, so einen Nachttopf oder ein Skelett nicht zugelassen wissen). Und so wäre denn die Industrie, die uns ein mit der Natur identisches Resultat geben würde, die absolute Kunst." Ein rächerischer Gott hat die Stimmen dieser Menge erhört. Daguerre ward sein Messias. Und nunmehr sagt sie sich: "Da uns also die Photographie alle wünschenswerten Garantien für Genauigkeit gibt (das glauben sie, die Unsinnigen!), ist die Photographie die Kunst." (27)

Baudelaire macht die Photographie und deren Einfluß auf die Betrachtungsweise verantwortlich für die Unterwerfung der Kunst unter das Prinzip des "Realismus" und damit die Vernichtung der künstlerischen Phantasie, oder wie er es ausdrückt, des "Glücks zu träumen", das die Distanzierung von der Realität voraussetzt. Die Vorläufer zu dieser Entwicklung reichen bis zur Renaissance zurück, bis zur Entstehung des künstlichen DUs, der imaginierten Weiblichkeit, der utopischen Modelle, die alle allmählich physische Wirklichkeit produzieren sollten. Der "Realismus", den die Photographie verkündet, ist der letzte Beweis von der Beleibung der imaginären Vorstellungen. Mit der Entstehung der Photographie erwirbt der Logos ein Instrument, durch das die von ihm geformte Realität verewigt werden kann. In ihrem Buch "Über Fotografie" schreibt Susan Sontag:

> Kameras begannen die Welt in dem Augenblick abzubilden, als die menschliche Landschaft sich rapide zu verändern begann: Während unzählige Formen biologischen und gesellschaftlichen Lebens in einer kurzen Zeitspanne vernichtet wurden, ermöglichte eine Erfindung die Aufzeichnung dessen, was dahinschwand. (28)

Was die Photographie ermöglichte, war die Verwandlung der alten, dem Untergang geweihten Natur in ein Kunstwerk. Sie diente nicht so sehr der Wahrung des Untergehenden; auf ihre Art trieb sie diesen Untergang auch voran. Auf der Bildplatte verewigt, wurde jeder Restbestand von "ungeschriebener" Natur zu einem Gemälde und somit zu einem toten Objekt, einem Stilleben, das die Franzosen so treffend als "nature morte" bezeichnen. Auch der Mensch wurde diesem Gesetz unterworfen. Photographiert werden, so sagt Roland Barthes, heißt "eine Mikro-Erfahrung des Todes machen" (29).

Die Photographie ist ein Instrument der Vernichtung einerseits; und andererseits ist sie das Werkzeug, durch das sich die neue, sichtbare Wirklichkeit, die eine "geschriebene" Wirklichkeit ist, offenbart — so wie sich einst die unsichtbare Wirklichkeit des Geistes durch die Schrift zu erkennen gab.

Schriftsteller versuchten auf sehr unterschiedliche Weise, mit dieser Konkurrenz durch das Bild umzugehen. Besonders Flaubert bemühte sich darum, den neuen Anspruch an "Naturalismus" und "Realismus", den er für abscheulich befand (30), nach bewährter hysterischer Technik zu unterwandern, nämlich durch Naturalismus und Realismus. "Welche Form muß man benutzen, um manchmal seine Meinung über diese Welt auszudrücken [...]? Mir scheint, es ist das Beste, die Dinge, die einen zur Verzweiflung bringen, einfach zu malen." (31) In einem anderen Brief an George Sand schreibt er: "Ist es nicht an der Zeit, die Gerechtigkeit in die Kunst einzuführen? Die Unparteilichkeit der Malerei würde somit die Erhabenheit des Gesetzes und die Präzision der Wissenschaft einholen" (32). Vom Künstler fordert er, daß er "nicht mehr in seinem Kunstwerk zu erscheinen habe als Gott in der Natur." (33) Flaubert schuf einen Stil, den Proust als impressionistisch bezeichnete und den Flauberts Zeitgenosse Edmond Scherer sogar ausdrücklich mit der Photographie verglich: "Rundbilder, eine Sammlung von Photographien, wahrhaft bewunderungswürdige Abzüge, aus der Wirklichkeit treffend zurechtgeschnitten, bei vollem Licht" (34). Später sollte auch Eisenstein in Flauberts Stil einen Vorläufer filmischer Ausdrucksformen sehen (35). Flaubert war schreibender Photograph, aber eben indem er sich des "visuellen" Stils bediente, gelang es ihm auch, sich über die Realität hinwegzusetzen, mit der er nichts zu tun haben wollte, weil sie seine imaginären "Kartenhäuser" in Gefahr brachte (36). Er wollte das "Schöne" darstellen: "Ich betrachte das technische Detail, die örtliche

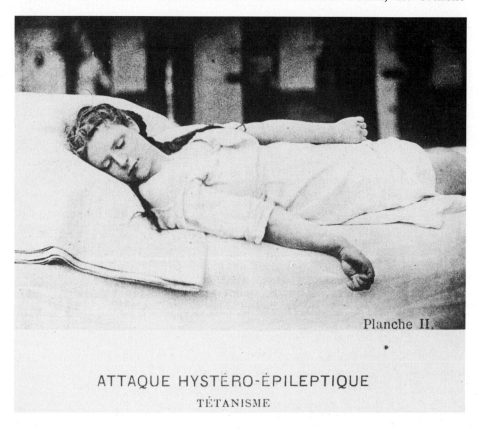

Planche II.

ATTAQUE HYSTÉRO-ÉPILEPTIQUE
TÉTANISME

Auskunft, die historische und exakte Beschreibung der Dinge als sehr nebensächlich. Was ich vor allem suche, ist das Schöne, nach dem meine Kollegen nur halbherzig forschen." (37) Was er mit diesem "Schönen" meinte, war die Annäherung an eine Wahrheit, an eine Realität, die jenseits des sinnlich Wahrnehmbaren lag:

> Ich erinnere mich, daß ich beim Anblick einer Mauer der Akropolis, einer völlig nackten Mauer (links, wenn man zu den Propyläen hinaufsteigt) Herzklopfen bekam, von einer gewaltigen Freude ergriffen wurde. Nun, ich frage mich, ob ein Buch, unabhängig von seinem Inhalt, nicht den gleichen Effekt bewirken kann. Gibt es nicht eine wahre Tugend, eine Art von göttlicher Kraft, etwas Ewiges, wie eine Art von Prinzip in der Präzision der Anordnung, der Seltenheit der Elemente, der Formvollendung der Oberfläche, der Harmonie des Ganzen? (Ich spreche als Platoniker) (38)

Während seine Zeitgenossen der sichtbaren Realität hinterherjagten, versuchte Flaubert in Gebiete vorzudringen, die für das Auge nicht mehr zu erfassen waren. Und eben dies wurde ihm verübelt. Bekanntlich mußte sich der realitätsscheue Schriftsteller wegen seines Romans "Madame Bovary" vor Gericht verantworten: der Roman sollte wegen Unsittlichkeit verboten werden. Aber an der Stelle, auf die sich der Hauptpunkt der Anklage bezog, geschieht etwas, das für den Leser *unsichtbar* bleibt. Flaubert beschreibt nicht die Liebesszene selbst, sondern nur das, was man von außen sehen konnte: eine verschlossene Kutsche, die durch Rouen irrt, und einen zunehmend müder werdenden Kutscher.

Für bildende Künstler war der Umgang mit der Photographie — und der realistischen Darstellung überhaupt — noch sehr viel schwieriger. Sie nahm ihnen gewissermaßen die Möglichkeit, eine "andere" Wirklichkeit, imaginäre Wahrheiten zu zeigen. Indem sie den Blick des Betrachters veränderte, schränkte die Photographie auch den Freiraum der Imagination ein (39). Die Romantiker suchten im Idealismus einen Ausweg aus dem Realismus. Gegen Ende des 19. Jahrhunderts suchten andere Künstler ihn in der Abstraktion. Wieder andere, wie die Symbolisten und später die Surrealisten, bemühten sich darum, den imaginären "Realitäten", den Wahrheiten des Unbewußten, den Symbolen der Sprache bildlichen Ausdruck zu verleihen. Dann hat sich, insbesondere seit Duchamps, unter bildenden Künstlern zunehmend das Bedürfnis durchgesetzt, Kunst in Denken zu verwandeln, das "Atelier" in den Kopf oder an den Schreibtisch zu verlagern.

Aber alle Versuche, die der Photographie eigene Macht einzudämmen, haben nichts daran geändert, daß diese Macht ständig zugenommen hat. Indem die Bildtechnik zunehmend präziser wurde, "realitätsnäher", begann sie ihrerseits Einfluß auf das Auge, die optische Wahrnehmung des einzelnen auszuüben. Die Phototechnik glich sich immer mehr dem menschlichen Auge an — es entstand die Polychromie; die Objektive, das Filmmaterial wurden sensibler, die Belichtungszeiten kürzer; und eben diese Angleichung führte dazu, daß das Auge selbst seine Sichtweise zunehmend der des Kunst-Auges, der Kamera, anpaßte (40). Auch die Bemühungen von einigen Pop-Künstlern des 20. Jahrhunderts, wie Warhol oder Lichtenstein, die synthetische Sehweise durch die Wiedergabe ihrer selbst zu unterwandern, hat nur dazu geführt, daß die Grenze zwischen Kunst und Künstlichkeit, zwischen der Imagination und der industriellen Produktion endgültig verwischte. So schreibt Marianne Kesting:

> In diesen Grenzverwischungen aber manifestiert sich wohl weniger die Überwältigung der die Kunst extrem negierenden industriellen Wirklichkeit durch die Kunst [...] als umgekehrt: die Überwältigung der Kunst durch die industrielle Wirklichkeit. (41)

Der Film kam der realistischen Darstellung noch näher: das, was einst unter allen kulturellen Ausdrucksformen nur die Musik vermochte — die flüchtige Zeit, die Vergänglichkeit darzustellen und eben dadurch, wie Kierkegaard sagt, auch Eros zu vermitteln (42) —, diese Fähigkeiten erwirbt das Bild mit der Geburt des Films und mehr noch durch die Entstehung des Tonfilms. Waren die Stummfilme noch stark von den Gesetzen der Schrift und ihrer abstrakten Symbolik geprägt, so wird ab hier die Diktatur des Bildes kaum mehr eine Distanzierung vom Gesehenen zulassen. In einem Gespräch mit Gustav Janouch sagt Kafka (der sich natürlich auf den Stummfilm bezieht) über das Kino:

> Es ist zwar ein großartiges Spielzeug. Ich vertrage es aber nicht, weil ich vielleicht zu "optisch" veranlagt bin. Ich bin ein Augenmensch. Das Kino stört aber das Schauen. Die Raschheit der Bewegungen und der schnelle Wechsel der Bilder zwingen den Menschen zu einem ständigen Überschauen. Der Blick bemächtigt sich nicht der Bilder, sondern diese bemächtigen sich des Blickes. Sie überschwemmen das Bewußtsein. Das Kino bedeutet eine Uniformierung des Auges, das bis jetzt unbekleidet war. (43)

Eben deshalb wurde der Film auch zu einem bedeutenden Machtinstrument des Faschismus, der in ihm das ideale Instrument einer totalen Besitzergreifung des einzelnen fand. Die Bilder des Kinos bieten einen "Ersatz für die Träume", sagt Hofmannsthal (44): die imaginäre Welt, die der einzelne in seinem Kopf mit sich herumträgt, wird ausgetauscht gegen die standardisierten, "normierten" Bilder einer Gruppe, einer Ideologie. Was Marianne Kesting von der Photographie schreibt, gilt in gesteigertem Maße für die Ersatz-Träume des Kinos:

> Das Bild überwältigt nicht nur den Erfahrungsmodus des einzelnen, sondern schiebt sich als vorgetäuschte Realität vor die Realität, wird zu ihrem Ersatz durch den Realitätsanspruch der Photographie, gerade weil Photographie als Beweis (sogar als gerichtlicher Beweis) gilt, obgleich in ihr jegliche Manipulierung der Sicht und jegliche Fälschung möglich sind. (45)

Weil die Nationalsozialisten die Möglichkeiten des Films genutzt haben, einer Ersatz-Wirklichkeit — etwa dem Bild des "Juden" — zum Durchbruch zu verhelfen, brauchte der Film, auch vor allem in Deutschland, Jahrzehnte, bevor er wieder zum Instrument des abstrakten Denkens werden konnte.

Der Nationalsozialismus hatte ihm jegliche — für den Film ohnehin nur geringe — Möglichkeit ausgetrieben, Distanz zum Sichtbaren zu vermitteln (46). So hatten es auch die Betrachter verlernt.

Die Schrift hingegen verbrannten die Faschisten auf dem Scheiterhaufen. Bei den nationalsozialistischen Bücherverbrennungen ging es nicht nur um einzelne Autoren, deren Werke im übrigen zigtausendfach gedruckt vorlagen. Seit der Entstehung des Buchdrucks und der ständigen Verbesserung der Reproduktionsmöglichkeiten konnten auch die größten Scheiterhaufen geschriebenes Gedankengut nicht mehr aus der Welt schaffen. Diese Bücherverbrennungen bezweckten mehr noch die symbolische Vernichtung der Schrift selbst: dieses Instruments des körperlosen Intellekts, der immateriellen Vernunft, des Unsichtbaren und der "projektiven" Vorstellungswelt. Bei der großen Bücherverbrennung auf dem Berliner Opernplatz vom 10.5.1933 verkündete Goebbels (in einer Ansprache "Wider den undeutschen Geist", die gefilmt und unendlich oft reproduziert wurde):

> Der kommende deutsche Mensch wird nicht ein Mensch des Buchs, sondern ein Mensch des Charakters sein. Und deshalb tut ihr gut daran, zu dieser mitternächtlichen Stunde den Ungeist der Vergangenheit den Flammen anzuvertrauen. Das ist eine große, starke und symbolische Handlung ... (47)

Die Scheiterhaufen der Nationalsozialisten symbolisierten die Feindschaft, die zwischen der Schrift und der von ihr geformten Realität entstanden ist. War es einst die Materie, die Natur — symbolisiert durch die Hexe —, die auf dem Scheiterhaufen vernichtet wurde, so ist es nunmehr das Werkzeug der Abstraktion, der körperlose Geist, der verfolgt wird. Roland Barthes schreibt im Vorwort zu Michelets "Hexe":

> Die Menschen verstoßen die Hexe ja deshalb, weil sie sie anerkennen, weil sie einen legitimen, aber unduldbaren Teil ihrer Selbst in sie hineinprojizieren. [...] Was in unserer gegenwärtigen Gesellschaft diese komplementäre Rolle der Micheletschen Hexe am besten fortsetzt, ist vielleicht die mythische Figur des Intellektuellen, dessen, der auch Verräter genannt wurde, der sich von der Gesellschaft weit genug gelöst hat, um sie in ihrer Selbstentfremdung sehen zu können, und der auf eine Veränderung der Wirklichkeit drängt und doch ohnmächtig ist, sie zu bewerkstelligen. (48)

Auf der anderen Seite — und das widerspricht nicht ihrer Funktion einer Verfolgung des Geistes — lassen sich die Scheiterhaufen auch als der Versuch verstehen, der Schrift, entgegen ihrer "Natur", dennoch einen Körper zu verleihen: einen Körper, der, da er sich vernichten läßt, beweist, daß auch die Schrift einer physischen Wirklichkeit entspricht. Es ist der Versuch, der Schrift ihre Abstraktion und die Abstraktionsfähigkeit, die sie vermittelt, abzusprechen. Seither gibt es andere Mittel, die erheblich effizienter sind als die Scheiterhaufen: Mittel, die die Schrift nicht vernichten, sondern schlicht verdrängen. Das gilt vor allem für die Elektronik, die das geschriebene Wort in seiner wichtigsten Funktion ablöst: der Speicherung von Wissen.

Der Niedergang der Schrift qua "heiliger Schrift" ist das Resultat ihres eigenen Erfolges: Resultat der Materialisierung des "projektiven" Denkens, der Utopie. So "sinnlich" die Schrift auch werden mag, so sehr sie sich auch den neuen Bedingungen anzupassen versucht, um ihrerseits zum Spiegelbild der Wirklichkeit zu werden — bleibt sie dennoch ein Instrument der Entkörperung, die Aufforderung, in imaginären, unsichtbaren Vorstellungen zu denken. Sie besteht als Vermittlerin einer übersinnlichen Wirklichkeit — und eben deshalb wird sie auch als Feindin der Realität betrachtet, die durch sie geformt wurde und die sich, eben weil sie künstliche Wirklichkeit ist, ihrer physischen "Wahrhaftigkeit" mehr als eine ungeschriebene Wirklichkeit vergewissern muß.

Warum dieser kurze Exkurs über die Machtablösung der Schrift durch das Bild? Diese Machtablösung ist von immanenter Bedeutung für den Wandel, der sich mit der "Krankheit des Gegenwillens" vollzieht. Denn durch die ihr eigene Realitätsfeindlichkeit wird die Schrift zum ersten Mal zu einem brauchbaren Instrument der Verweigerung: der Verweigerung des Logos, dessen Bevollmächtigte sie bisher war. Die Schrift, einst Mittel der Realitätsvernichtung, wird nunmehr zur potentiellen Waffe beim Kampf *gegen* die Kunstrealität, die sie selber erschaffen hat; *gegen* den Fortschritt, der sich als Materialisierung des Geistes darstellt (49). Sie, deren Macht über die Realität in der Körperlosigkeit bestanden hatte, wird zum Hauptgegner der Körper gewordenen Idee. "Meine Geschichten", so sagt Kafka, "sind eine Art von Augen schließen." (50)

Eben dies macht die Schrift aber auch zur "objektiven Komplizin" ihrer alten Feindin, der Hysterie. Indem die Schrift zum potentiellen Instrument der Verweigerung wird, zum Gegner der Belebung des Logos, kann sie auch zur Waffe einer "Krankheit des Gegenwillens" werden. Jene wiederum hat zwar nicht die Front gewechselt — sie ist immer noch die Feindin des Logos —, aber ihre Taktik hat sich geändert. Die Ablösung der Macht der Schrift durch die des "realistischen" Bildes, in der sich die Ablösung der ungeschriebenen Realität durch eine Logos-geschaffene Wirklichkeit widerspiegelt, entspricht dem Wandel, der sich um die Jahrhundertwende mit der "Krankheit des Gegenwillens" vollzieht.

Die Krankheit im Zeitalter ihrer technischen Reproduzierbarkeit

Im Jahrzehnt zwischen 1870 und 1880 läßt Charcot in der Salpêtrière regelrechte Photolabors einrichten. Die Photos der Hysterikerinnen, die dort entstehen, zirkulieren durch ganz Europa und erregen großes Aufsehen. Sie werden als "Abbildungen" der Realität betrachtet, als Dokumente eines "echten" Symptoms, des "wahren Körpers". Diese Photos tragen dazu bei, die Hysterie zu "rehabilitieren", sie von ihrem Ruf der Simulation und

"Lüge" zu befreien. Es gibt zwar keine organische Ursache für die Hysterie, so sagt Charcot, aber dennoch handelt es sich um ein "echtes" Symptom. Die "Echtheit" wird durch die realistische Bildtechnik der soeben erfundenen Photographie belegt. Die Photographie, so sagt Londe, Charcots Hofphotograph, ermöglicht die "exakte und wahre" Erinnerung (51). Sie liefert "vorurteilsfreie Dokumente" (52). In Wirklichkeit sind aber ein Gutteil der Photos, die in der Salpetriere entstehen, gestellt. Zum Teil aus technischen Gründen: der Aufbau ist noch zu umständlich, die Belichtungszeit noch zu lang, als daß man "Schnappschüsse" anfertigen könnte. Zum Teil aber auch aus ideologischen Gründen: photographiert wird nur, was den Lehren des Meisters entspricht. Was von diesen Lehren abweicht, wird nicht verewigt, kann mithin auch nicht sinnlich erfaßbare "Realität" werden (53). Ich bin "nur der Photograph", sagt Charcot (54). Aber was "echte" Symptome sind, bestimmt er.
In der Salpetriere wird gegen Ende des 19. Jahrhunderts die Krankheit — und mit ihr der Körper — ebenso technisch reproduzierbar wie die Realität. Nicht nur als Abbildung der Realität, sondern auch als physische Wirklichkeit selbst. Charcot schreibt über hysterische Paralysen:

> Unter bestimmten Bedingungen können wir sie künstlich reproduzieren. Das ist das Erhabenste der Art und das Ideal der physiologischen Pathologie. Einen pathologischen Zustand reproduzieren zu können, ist die Perfektion selbst, denn man hält die Theorie in den Händen, wenn man über die Mittel verfügt, die Krankheitssymptome zu reproduzieren.(55)

Unter dem Einfluß von Charcot wird die Hysterie gegen Ende des 19. Jahrhunderts zum Beweis selbst, daß der menschliche Körper nur aus Automatik, Reflexen besteht und eine Maschine ist. Daher die Bedeutung, die Hypnotismus und Magnetismus einzunehmen beginnen. Daher die Einführung des Elektroschocks in die Hysterie-Therapie: die Hysterikerinnen gehörten zu den ersten Patienten, die in deren Genuß kamen. Charcot führt die gesamte Palette dieser "Behandlungsmethoden" in der Salpetriere ein. Um 1885, als er bei einer seiner berühmten Vorlesungen eine Patientin in kataleptischem Zustand (56) "vorführt", ruft er aus:"Das, was Sie hier vor Augen haben, ist wahrhaftig und in seiner ganzen Eindeutigkeit der Maschinenmensch, von dem La Mettrie geträumt hat."(57) Die Hysterie dient als Modell für die Maschinenähnlichkeit des Menschen; und die Salpetriere war, wie Fontana meint, gewissermaßen das Labor, in dem die Funktionsfähigkeit der Körpermaschine erprobt wurde (58). Hier wurden nicht Therapien, sondern Versuche mit der Berechenbarkeit, Planbarkeit, Voraussehbarkeit des Menschen durchgeführt: Versuche, die nur wenige Jahrzehnte später ihre praktische Anwendung fanden: in der faschistischen Masse, in der der einzelne als Versatzstück eines großen Automaten fungierte (59). Man sieht deutlich, weshalb Nietzsche und andere Wagner-Kritiker immer wieder die Experimente aus der Salpêtrière als Vergleich für die Wagner-Anhänger heranzogen. Aber es gab einen grundlegenden Unterschied zwischen den Hysterikern von Bayreuth und denen der Salpêtrière: während erstere freiwillig (wenn auch "getrieben") nach Walhalla pilgerten, saßen die anderen Hysteriker unfreiwillig hinter hohen Mauern. Sie bildeten die "Ausnahme", denen die Normalität ihre Wunschbilder gewaltsam aufdrängte, während die Hysteriker von Bayreuth sich freiwillig den Wunschbildern ihres Zeitalters unterwarfen. Dieser Unterschied erklärt, weshalb die beiden Hysteriker-Typen sehr unterschiedliche Entwicklungen einschlagen sollten.

In der Salpêtrière wird die Reproduzierbarkeit des Körpers – des Symptoms – mit Hilfe des reproduzierbaren Bildes erreicht. Sobald der Photograph mit seinem Apparat bereitsteht, werden die Anfälle der Hysterikerinnen – durch Suggestion – ausgelöst. Aber nach einigen Sitzungen genügt auch oft schon das Anschalten des Lichts, um den gewünschten Effekt zu erreichen (60). Charcot betrachtet sich selbst als den "Künstler": als den Schöpfer dieser "lebendigen Kunstwerke", wie Didi-Huberman sagt (61): Statuen, deren Lähmungen wiederum ein plastischer Ausdruck ihrer Erstarrung zum "Kunstwerk" sind. Auf der anderen Seite erklärt Charcot

Planche XXI

CATALEPSIE

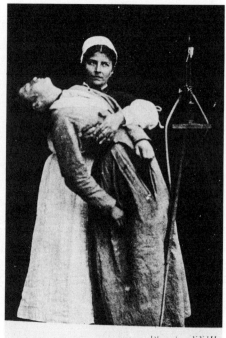

Planche XXIII.

LÉTHARGIE

dieses Kunstwerk aber zum Abbild der "Natur", des "wahren Körpers". In einem Buch, das er mit Paul Richer, einem Zeichner der Salpêtrière, herausgibt (die Salpêtrière wurde zum Tummelplatz für Künstler) über die "Mißgebildeten und Kranken in der Kunst", heißt es von einer Maske an der venezianischen Kirche Santa Maria di Formosa:

> Unserer Ansicht nach ist diese Mißbildung der Züge, die der Maske ein so groteskes und abstoßendes Aussehen verleiht, keineswegs das Resultat einer schlichten künstlerischen Phantasie. Die Natur mit ihrer bis ins kleinste gehenden Vielfalt der Form ist eine Quelle unerschöpflichen Reichtums, wo sich das Schöne und das Häßliche, das Harmonische und die Mißbildung, mit allen Zwischenschattierungen, vermischen. Uns scheint, daß der Künstler von Santa Maria Formosa, der auf der Suche nach einem grotesken Typ war, ihm auf dem Weg begegnet ist, ihn mit eigenen Augen gesehen, im Vorbeigehen erfaßt und mit einer Genauigkeit wiedergegeben hat, die uns heute erlaubt, darin die Züge einer pathologischen Mißbildung wiederzufinden, einer genau definierten nervösen Erkrankung, die wir kürzlich in der Salpêtrière mit eigenen Augen an sehr interessanten Beispielen beobachten konnten (62).

Charcot, der in seiner Jugend selber mit dem Gedanken gespielt hatte, Künstler zu werden (63), zieht Künstler an und umgibt sich mit Kunstwerken: den Hysterikern. "Er war kein Grübler, kein Denker", schreibt Freud 1893 in seinem Nachruf über Charcot, "sondern eine künstlerisch begabte Natur, wie er es selbst nannte, ein 'visuel', ein Seher." (64) Charcot diagnostiziert und therapiert durch den Blick. Er "betrachtet" seine Patienten "immer von neuem, Tag für Tag" (65) und behandelt sie mit Hilfe

MASCARON GROTESQUE
DE L'ÉGLISE SANTA MARIA FORMOSA A VENISE

FIG. 97. — JEUNE HYSTÉRIQUE ATTEINTE DE SPASME FACIAL A DROITE.

FIG. 38. — Diable des tours de Notre-Dame de Paris.   HÉMISPASME GLOSSO-LABIÉ HYSTÉRIQUE

der Hypnose. "Charcot war ein großer Künstler der Medizin", so schrieb Pierre Marie über Charcot (66). Unter ihm verwandelte sich die Salpêtrière nach Charcots eigenen Worten in "ein lebendiges Museum der Pathologie" (67).

In den Experimenten der Salpêtrière spiegelt sich die Faszination wider, die die Hysterie Ende des 19. Jahrhunderts ausübt. Ich habe davon schon gesprochen, muß hier aber noch einmal darauf zurückkommen, um den Wandel zu erklären, der sich in der Nachfolge vollzieht. Diese Faszination besagt, daß der alte Wunsch, der Körper und mit ihm die Frau möge zum "Kunstwerk" des Mannes werden, hier greifbare Wirklichkeit wird. Sie geht einher mit der Entstehung der männlichen Hysterie: Charcot ist der erste, der die Anstalt auch für männliche Hysteriker öffnet. Sie betreten das Gelände der Salpêtrière beinahe gleichzeitig mit der Photographie, nämlich um 1881. Photographie — das realistische Bild — und männliche Hysterie ergänzen einander: beide sind Ausdruck für die "Schöpfung" der Frau. Bei der männlichen Hysterie ist es die Schöpfung der Frau-im-Kopf. In der Salpêtrière hingegen ist es die Frau aus Fleisch und Blut, die "reproduzierbar" gemacht wird.* Das weibliche Geschlecht wird zum "Symptom"

---

* Obgleich auch viele männliche Hysteriker in der Salpêtrière aufgenommen und von Charcot in seinen öffentlichen Vorlesungen und Seminaren vorgeführt und behandelt wurden, gibt es fast nur Photos von weiblichen Hysterikern.

männlicher Hysterie (vgl. S. 38), zum petit mal du Grand Mâle — zum kleinen Übel des großen ICHs.
So erklärt sich auch das auffallend widersprüchliche Bild der Hysterikerin im 19. Jahrhundert: während im einen Fall die Frau, das weibliche Geschlecht gemeint ist, betrifft es im anderen Fall das "Kunstwerk", die männlich erschaffene "phallische Frau". Auf der einen Seite wird die hysterische Frigidität und Ich-losigkeit für den Ausdruck der "Krankheit Frau" gehalten, während auf der anderen Seite das Bild der Hysterikerin als "Venus", als Verkörperung der wahren vollblütigen Geschlechtlichkeit (68), als das der "echten Frau" (69) dem Wunschbild entspricht, das der Mann von "seinem"

Geschöpf hat. Deshalb wird der Hysterikerin, die doch als "verlogen" galt, im Verlauf des 19. Jahrhunderts zunehmend auch "feinfühliger intellektueller Takt", "lebhafte Phantasie" und "tiefes Mitgefühl" nachgesagt (70). Ja, sogar die Intelligenz wird ihr zugestanden. "Die Hysteriker", so schreibt Briquet,

> sind imstande, durch die Aufregung des Anfalls ein Maximum an intellektueller Leistungsfähigkeit zu erreichen, so wie sie in den Krämpfen auch ein Maximum an Muskelkraft erlangen. (71)

Auch die "Eierstockkompression", die Charcot propagiert (vgl. S. 56), stellt eine Rückkehr der Hysterie-Therapie zum Unterleib der Frau dar — aber zu einem Unterleib, der nichts mit ursprünglichen Trieben zu tun hat, eher mit einem Triebwerk, einer Maschine. Charcot läßt für seine Kompressionen eigens einen Apparat konstruieren. Das Sexualwesen, die Geschlechtlichkeit, die sich in dieser Hysterie-Therapie widerspiegeln, gleichen Industrieprodukten.
Da treten die Hysterikerinnen in Streik. Der "echte", der ungeschriebene Körper, für den sie gekämpft haben, entspricht nicht dem, der nun mit ihrer Hilfe und nach ihrem Muster entstehen soll. Das *ich* weigert sich, Modell zu stehen für ein Sexualwesen, das vom ICH erschaffen wurde. Und die "Krankheit des Gegenwillens" weigert sich, indem sie den Körper *verschwinden* läßt. In demselben Jahrzehnt, in dem Charcot die Photogra-

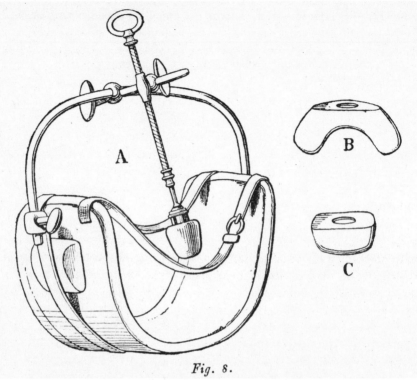

Fig. 8.
Eierstockkompressor, der unter Charcot in der Salpêtrière entwickelt wurde

phie in der Salpêtrière einführt, erscheinen, beinahe gleichzeitig in London und Paris, die ersten großen Anorexie-Studien (72). Nur kurze Zeit danach wird die Psychoanalyse geboren: diese von Hysterikerinnen erfundene Behandlungsmethode, bei der Symptome – der Körper – in Worte verwandelt werden.

Desinkarnation: von der Hysterie zur Anorexie

Man hat sich heute damit abgefunden, daß die klassische Hysterie mit ihren epilepsie-ähnlichen Anfällen aus dem psychiatrischen Repertoire so gut wie verschwunden ist. Aber die Erklärungen für diesen Untergang sind ebenso vielfältig und widersprüchlich wie die Definition der Krankheit selbst. Die meist genannte besagt, daß die Hysterie verschwunden sei, weil die allgemeinen Kenntnisse über die Funktionsweise des Unbewußten seit etwa 1900 derartig zugenommen haben, daß niemand mehr auf ihre Schauspielkunst hereinfällt. Auf der anderen Seite gibt es auch die (mit der obigen Erklärung keineswegs unvereinbare) Ansicht, daß die Hysterie nicht verschwunden sei, sondern nur ein anderes Gesicht angenommen habe.

Aber über die Frage, *welches* Gesicht, divergieren wiederum die Meinungen. Devereux zum Beispiel ist der Ansicht, daß die Hysterie von der Schizophrenie abgelöst worden ist (73). Maleval vertritt die Meinung, daß sie durch eine Art von kollektiver Fehldiagnose der Therapeuten heute fälschlicherweise unter dem Etikett der Psychose auftaucht (74). Green wiederum ist der Auffassung, daß die Hysterie weiterhin als Neurose existiert, aber ihr Erscheinungsbild gewandelt habe. "Weit davon entfernt, aus unserem Dasein verschwunden zu sein, hat sich die Hysterie unserer Zeit angepaßt, so daß sie in travestierter Form nach wie vor unter uns lebt." (75)
Mit dem Wort "Travestie" führt Green einen Begriff ein, der vornehmlich für die Verkleidung im Geschlechtsrollentausch benutzt wird. Und dieses Bild bietet für uns auch tatsächlich den Schlüssel zur Erklärung des Verschwindens der klassischen hysterischen Symptome. Die Hysterika "entkleidet" sich, sie streift den Körper ab, den sie sich im Kampf gegen den Logos zugelegt hatte, so wie man sich einer Verkleidung, einer zweiten Haut entledigt. Sie verzichtet auf das Symptom, mit der sie der Entleibung des Geistes und der Sprache zu begegnen suchte. Bei Charcot finden die letzten großen "Dramen" der weiblichen hysterischen Körpersprache statt — und auch die sind schon Inszenierungen am Kunst-Körper; und gleichzeitig beginnt dort auch der Prozeß, bei dem die hysterische Symptombildung ihre neuen Ausdrucksformen findet. Diese neue Ausdrucksform findet ihre ironische Darstellung in der Tatsache, daß es Augustine, der berühmtesten und meistphotographierten Patientin der Salpêtrière, gelingt, als Mann verkleidet, der Anstalt zu entkommen (76). Von nun an erscheint die Hysterie in "travestierter Form": der Körper, die Materie, die einst dem Frau-Sein vorbehalten waren, sind "männlich" geworden. Die "Krankheit des Gegenwillens" hingegen hat sich der einstigen Eigenschaften der "Männlichkeit" bemächtigt: Immaterialität, Geistigkeit, der "reinen Vernunft".

Die Symptome dieser Flucht vor dem Körper, den die "neue Hysterie" antritt, sind vielfältig. Sie drücken sich unter anderem als Verweigerung der Macht des Bildes aus. Augustine zum Beispiel, das "Meisterwerk" Charcots (77), kann plötzlich nur noch schwarz-weiß sehen.

Transvestit "Der Floh"

BLÉPHAROSPASME HYSTÉRIQUE

Während die Phototechnik ihrerseits die Polychromie einführt und sich durch immer höher entwickelte Instrumente um eine Annäherung an das menschliche Auge bemüht, verliert eine Hysterikerin schlicht die Fähigkeit, Farben zu sehen. Andere Hysterikerinnen der Salpêtrière entwickelten eine Asymmetrie des Blicks, wodurch die Perspektive und damit die realistische Wahrnehmung schlechthin verlorengehen.

Der partielle Verlust des Sehvermögens drückt sich in vielen Fällen darin aus, daß die Patientin das eine Auge nicht mehr öffnen kann: auf den Photos wirkt es, als zwinkere sie dem Betrachter zu. Bei wieder anderen wird der Blick "unscharf", oder es kommt zu einer vorübergehenden völligen Erblindung (78).

In der Salpêtrière wird der hysterische Körper geopfert. Die Hysterikerinnen, so schreibt Didi-Huberman, "spenden" ihre Verkrampfungen und Anfälle dem "großen Pariser Museum der Pathologie" (79), dem neuen Kult des Sichtbaren. Aber indem sie ihren Körper vermachen, befreien sie sich auch von ihm. Ihre Komplizenschaft bei den großen Inszenierungen Charcots läßt sich auch dahingehend interpretieren, daß das hysterische *ich* sich vom Körper *fort*entwickelt. Die Hysterikerinnen geben "Vorstellungen", wie es von ihnen verlangt wird, aber damit verwandeln sie auch ihren Körper in eine "Vorstellung", eine Idee. Sie machen aus ihrem Leib eine Fiktion. Mit ihrer Hilfe wird aus dem "Tempel" der Salpêtrière, in dem die neue Religion des "Realismus" gefeiert wird, ein *Theater*, auf dem das "Bühnenweihfestspiel" der Simulation stattfindet. Charcot, der die Hysterie von ihrem Ruf der Simulation befreit, wird zum Regisseur von Simulantinnen.

Auf ihre Weise führen die Hysterikerinnen genau das ein, was nur wenige Jahrzehnte später von Artaud als "Theater der Grausamkeit" erfunden werden sollte: sie verwandeln die Bühne in einen Ort der Aktion, auf dem nicht rezitiert wird, sondern Gefühle, Betroffenheit, Reaktionen erlebt und ausgelöst werden. Aber während Artaud eben das überwinden wollte, was das "Theater" ausmacht — die Möglichkeit der Distanzierung vom Geschehen auf der Bühne —, weisen die Hysterikerinnen diese "echten" Symptome und Anfälle, die sie "vorführen" sollen und mit dramatischer Geste darbieten, als inszenierte Bühnenaufführungen aus.

Durch die Komplizenschaft der Hysterikerinnen werden die Seminare Charcots zu genau den "Bühnen", die sie nicht sein sollen: auf der einen Seite der intellektuell interessierte, distanzierte Zuschauer; und auf der anderen Seite die Komödianten. Charcot, der mit der Hysterie das "wahre Leben", das "echte Symptom", den "realen Körper" vorführen will, liefert dank der Hysterikerinnen den Beweis dafür, daß die Simulantin Simulantin, die Lügnerin Lügnerin, die Wirklichkeit des Symptoms nur großes Theater ist. Im faschistischen "Schauspiel" des 20. Jahrhunderts findet die "Wirklichkeit", die er inszeniert, später ihre Entsprechung. Vielleicht ist in der Tatsache, daß die Realität des Faschismus alles übertraf, was sich Artaud mit seinem "Theater der Grausamkeit" vorgestellt hatte, auch der Grund dafür zu suchen, daß sich seine Bühnenkonzepte nie wirklich durchgesetzt haben: die Wirklichkeit der Bühne wurde von der Realität auf der Straße weit überholt.

Die Entstehung der Psychoanalyse stellt eine andere Form des Abstreifens der falschen Wirklichkeit dar. Lacan schreibt, daß

> eine der Wirkungen der Aufklärung, mit der, wenn auch verspätet, die Entstehung der Psychoanalyse zusammenhängt, darin besteht, daß die Hysterie auf den Luxus des körperlichen Symptoms verzichtet [...] Aber dies muß als Zeichen dafür verstanden werden, daß sie bald Besseres als klinische Symptome leisten wird. (80)

Lacan führt den Untergang der klassischen Hysterie auf die Entstehung der Psychoanalyse als verspätetem Ausdruck der Aufklärung zurück, die die Krankheit gleichsam "durchschaubar" gemacht und ihres mythischen Gehaltes beraubt habe. Er geht davon aus, daß die Hysterie sich anders als durch klinische, also körperliche Symptome äußern wird. Aber kann man sagen, daß die Hysterie auf die Psychoanalyse *reagiert* hat? Immerhin haben die Hysterikerinnen doch selbst den Zugang zum Unbewußten eröffnet. Nicht Freud, sondern Anna O., Emmy v. N. und die anderen Patientinnen der Früh- und Entdeckerzeit der Psychoanalyse haben die "talking cure" erfunden, das "chimney sweeping", die freie Assoziation praktiziert, die ihrerseits Freud zu seiner Entdeckung des unbewußten Gehalts der Sprache und der entsprechenden Therapie führten. Die Hysterie hat also weniger auf Aufklärung und Psychoanalyse reagiert als jene *vorangetrieben*. Ihre Krankheit wurde nicht dank der Psychoanalyse "durchschaubar", sondern andersherum: sie *erfanden* die Psychoanalyse.

Warum aber das Bedürfnis danach? Die Psychoanalyse bezeichnet einen Vorgang, bei dem der Körper (die Symptome) in Sprache verwandelt wird und Bilder in Worte. In einer seiner frühen Schriften beschrieb Freud den psychoanalytischen Prozeß folgendermaßen: die Hysterischen, so sagte er, sind zumeist "Visuelle"; im psychotherapeutischen Prozeß tauchen bei

ihnen zumeist "Bilder" auf. Aber diese Bilder "zerbröckeln" und "werden undeutlich" in dem Maße, in dem der Kranke in seiner Schilderung derselben und damit seiner Heilung fortschreitet. "Der Kranke trägt es [das Bild, d.V.] gleichsam ab, indem er es in Worte umsetzt." (81)
Die Hysteriker lassen Bilder verschwinden. Und mit ihnen verschwinden auch ihre Symptome. Das heißt aber, daß die Hysteriker, die die psychoanalytische Umsetzung des Symptoms in Worte erfunden haben, an dieser historischen Stelle eine Kehrtwendung machen. Sie verwandeln nicht mehr das Symbol in ein Symptom oder die Sprache in einen Körper, sondern umgekehrt: sie geben ihrem Bedürfnis Ausdruck, den Körper in Sprache zu verwandeln, zum Symbol *zurückzukehren*. Das heißt, der Moment, in dem Freud entdeckt, daß Hysteriker Sprache und Phantasmen mit ihrem *Körper* ausdrücken, ist eigentlich der, an dem sie selbst den Körper in Sprache oder ein Phantasma verwandeln.
Das Verschwinden der großen hysterischen Anfälle ist mindestens ebenso die *Ursache* für die Geburt der Psychoanalyse wie deren Folge. Nicht die Entdeckung, daß die hysterischen Symptome eng mit der Sprache zusammenhängen, hat die Heilung der Krankheit ermöglicht, sondern umgekehrt: weil das *ich* sich auf die Sprache zurückzieht, um dem Kunstkörper und der falschen Wirklichkeit des Logos zu entkommen, erfindet es die Psychoanalyse. Jene stellt gewissermaßen das Medium dar, mit dem das *ich* Bilder in Worte verwandeln und sich entkörpern kann. Allerdings sollte die Erfindung der Hysteriker schon sehr bald umfunktioniert werden: aus dem Mittel, durch das die Hysteriker den Körper in Worte verwandelten, wurde in vielen Fällen ein Mittel, dem Körper und dem Unbewußten der Analysanden "fremde Wörter", psychoanalytische Lehrmeinungen, ideologische Gebäude aufzuzwingen. Was sich mit der Entstehung der Psychoanalyse vollzieht, ist ein doppelter Vorgang: auf der einen Seite macht die Hysterie ihr "Geheimnis", ihr Krankheitsbild "durchschaubar", um sich des Körpers zu entledigen, die Symptome in Symbole zu verwandeln. Und auf der anderen Seite dient die Durchschaubarkeit des Krankheitsbildes dazu, den Körper, das Unbewußte reproduzierbar zu machen.
Bei diesem Vorgang vollzieht sich ein weiterer entscheidender Wandel: während der Logos die Körpersprache der Hysterie annimmt, bekennt sich die "Krankheit des Gegenwillens", die sich auf die Sprache besinnt, zur Entkörperung und mit ihr auch zur Schrift: "Die Worte verschwinden, das Geschriebene bleibt", murmelt Augustine während eines ihrer Anfälle (82). Laut Protokoll "öffnet sie den Mund und führt die Hand ein, als wolle sie etwas herausholen." (83) Meine Körperlichkeit könnt ihr haben, so scheint sie zu sagen (mein als "wandernder Uterus" symbolisiertes Frau-Sein), aber es bleibt die Erinnerung an ihn. Die könnt ihr mir nicht nehmen. Die geschriebenen Worte bleiben und erlauben es, ihn zumindest als Utopie zu wahren (84).

Die Veränderung, die sich hier vollzieht, wird deutlich, wenn man sich ein analoges Geschehen vor Augen führt, das schon einige hundert Jahre zurückliegt, nämlich die Entstehung der imaginierten Weiblichkeit im großen Zeitalter der Utopie. Damals hatte Descartes verkündet, daß auf die Denkfähigkeit mehr Verlaß sei als auf die Materie, das Sichtbare, und daß alles, was sich durch die Sinne erfassen lasse, nicht so gewiß sei wie die Erkenntnisse des "reinen", vom Körper unterschiedenen Geistes (85). Er hatte auf diese Weise die Neugestaltung der Materie, die Verwandlung des Körpers in ein "Uhrwerk" begründet (vgl. S. 418 f). Nunmehr verkündet die hysterische Symptombildung eben diese cartesianische Maxime: der Geist ist der Wahrheit näher als die Materie. Ich verlasse mich, so sagt das hysterische *ich*, lieber auf den Geist als auf den Kunst-Körper, den der Geist fabriziert hat. Die Hysterie führt gleichsam zurück an die Ursprünge des Körpers, der aus dem Geist des utopischen Denkens geschaffen wurde.

Der Untergang der klassischen hysterischen Symptombildung hängt also eng mit dem endgültigen Sieg der Schrift, der Etablierung des geschriebenen Körpers zusammen. Das "projektive" Denken, das aus der Schrift hervorgegangen war, forderte die "Derealisierung", die Abstraktion vom Sichtbaren, die Entleibung des Geistes. Dagegen kämpfte die Hysterie in ihrer "klassischen" Form. Mit der Beleibung des Logos, der Verwirklichung der utopischen Vorstellungen, der Materialisierung der Idealität sieht sich die Hysterie aber einer gänzlich gewandelten Situation gegenüber. So nimmt der hysterische "Gegenwillen" zunehmend die Form des "projektiven" Denkens an.

Das zeigt sich am deutlichsten an der Geburt der Magersucht. Warum? Die Verwirklichung der Utopie haben wir um das Jahr 1900 angesiedelt. Dieses Datum bezeichnet gewissermaßen den vollen Durchbruch des Prozesses der Beleibung des Geistes — ein Prozeß, der damit den vollendeten Prozeß der Abstraktion ablöst. Gleichwohl muß gesagt werden, daß die Verwirklichung der Utopie ihre Anfänge schon sehr viel früher hat: ansatzweise schon in der griechischen Klassik, vor allem aber in der Renaissance. Die beiden Prozesse — hier Abstraktion, da utopische Verwirklichung — überschneiden sich über viele Jahrhunderte, bis um 1900 die Beleibung der Idee zur treibenden Kraft der Geschichte wird.

Dem Prozeß der Abstraktion ist die "klassische" Hysterie zuzuordnen; dem der Beleibung aber die Anorexie. In der Magersucht sehe ich die eigentliche Erbin der "Krankheit des Gegenwillens". Ihre Entstehung und ihr allmählicher Bedeutungszuwachs entspricht dem Prozeß der Verwirklichung der Utopie. Die Anorexie, von der in den Schriften der Antike keine Erwähnung getan wird*, taucht zum ersten Mal um 1500 auf, in einer me-

---

* Daß in der Antike und bis zur Renaissance die Anorexie nicht erwähnt wird, läßt sich auch damit erklären, daß das Fasten als eine Form von Therapie und als Bemühung um Läuterung betrachtet

Štyrský, Der schöne Schinken

dizinischen Abhandlung des Genueser Arztes Porta a Portio. Sie tritt also in Erscheinung mit der "Geburt der Venus", der imaginierten Weiblichkeit. Mit deren "Materialisierung" gewinnt sie zunehmend an Bedeutung — parallel, das sei hier angemerkt, zur allmählichen Durchsetzung des Konzeptes der männlichen Hysterie. Ende des 19. Jahrhunderts (als die männliche Hysterie vollends die Bürgerrechte erworben hat) wird die Anorexie endgültig zum Objekt der Nosologie und Therapie (86). Seither hat ihre Bedeutung ständig zugenommen, während die der Hysterie zurückging.

Meine These lautet also, daß sich auf der einen Seite der Untergang der Hysterie als Sieg des Logos über den Körper und als das Ende des Desinkarnationsprozesses interpretieren läßt, und daß auf der anderen Seite eine "Krankheit des Gegenwillens" entstanden ist, in der sich die Verweigerung des *ichs* ausdrückt, den Körper für die Inkarnation des Logos herzugeben. Hatte die "große Lügnerin" einst *für* den Körper und seine Erhaltung gekämpft, so betrachtet ihre Erbin nunmehr den Körper selbst als Ausdruck der Verlogenheit.

Der Mensch ist, wenn er nicht ißt

Die Magersucht ist immer in enger Verbindung mit der Hysterie gesehen worden. Sowohl Lasègue wie Gull, die ersten, die sich gegen Ende des 19. Jahrhunderts ausführlicher mit der Magersucht beschäftigten, sprachen von "hysterischer Anorexie" (87). Aber man ließ den Begriff bald wieder fallen, weil die Symptome der beiden Krankheiten einander zu wenig ähneln. Tatsächlich sind es auch nicht die *Symptome*, sondern vielmehr die "Kranken" selbst, die die Ähnlichkeit von Hysterie und Anorexie ausmachen (88). Das gilt natürlich vor allem für die Tatsache, daß es weitgehend

---

wurde. Ein solches Ringen um den "verklärten Leib" konnte schwerlich unter die Krankheiten eingeordnet oder auch nur der Zuständigkeit der Mediziner überwiesen werden. Erst mit der Neuzeit und dem allmählichen Säkularisierungsprozeß schwand das Askese-Ideal. Eine solche Erklärung für die Nicht-Erwähnung der Magersucht widerspricht nicht den hier entwickelten Thesen; sie ist mehr als vereinbar mit ihnen.

nur weibliche Fälle von Anorexie gibt. So wie die Hysterie über Jahrhunderte allein Frauen vorbehalten blieb, ist heute auch die Magersucht zur Frauenkrankheit par excellence geworden. Die sehr wenigen Fälle von männlicher Anorexie werden meistens als keine "echten Magersuchtsfälle" bezeichnet (89). Aber die Ähnlichkeit der beiden Krankheitsbilder erstreckt sich nicht nur auf das Geschlecht. Den anorektischen Patientinnen wird oft, wie einst den Hysterikerinnen, "böser Wille" nachgesagt, oder sie werden als Verleugner betrachtet: "Es ist eine wohlbekannte Tatsache, daß Magersüchtige selten, wenn überhaupt, die ganze Wahrheit sagen." (90) Wie die Hysteriker stiften die Anorektiker Verwirrung unter ihren Therapeuten, zwingen Ärzte, aus "falschen Erklärungen" Schlußfolgerungen zu ziehen (91). Daher sind die Ergebnisse der Untersuchungen über Anorexie ähnlich widersprüchlich und verwirrend, wie es über Jahrhunderte hinweg die über die Hysterie waren (92). Auch den Anorektikern wird nachgesagt, ihre Umwelt zu "manipulieren" (93).

Die Ähnlichkeit erstreckt sich auch auf das Verhältnis der Patienten zu ihrer Krankheit. "La belle indifférence", die Gleichgültigkeit der eigenen Erkrankung gegenüber, die Janet den Hysterikerinnen nachsagte, frappiert ebenfalls viele Anorexie-Therapeuten: "Die Patientinnen behaupten, daß sie sich nie besser gefühlt hätten; sie klagen über nichts, erkennen nicht, daß sie krank sind, und wünschen keine Heilung." (94) Wie viele Hysteriker besitzen auch Magersüchtige eine "fakirhafte Unempfindlichkeit gegen Schmerzsituationen" (95). Die Ähnlichkeit der beiden Patiententypen bezieht sich nicht zuletzt auch auf die soziale Herkunft — die Hysterie war bis etwa Mitte des 19. Jahrhunderts vor allem eine Krankheit der höheren Schichten (oder der Frauen, die mit den höheren Schichten in Berührung kamen, wie Dienstmädchen (96)). Ebenso kommen auch die Magersüchtigen heute meist aus bürgerlichen, wohlhabenden Familien oder solchen, die dabei sind, es zu werden (97). Dem widerspricht auch nicht die Tatsache, daß sich die Krankheit allmählich auf alle sozialen Schichten ausbreitet, denn diese Ausbreitung erklärt sich einerseits mit der allgemeinen Verbesserung des Lebensstandards in den Industrieländern (98); sie erklärt sich andererseits aber auch mit der — durch die Massenmedien vorangetriebenen — "Standardisierung" der beiden Frauenbilder: dem der "phallschen Frau" und dem der "Mutter" des Mannes. Die Anorexie lehnt sich gegen beide gleichermaßen auf.

Mara Selvini Palazzoli, die sich seit langem mit Anorexie beschäftigt, sagt den Anorektikern eine besondere Willensstärke, Energie, Leistungsfähigkeit, Intelligenz, geistige Regheit und Aufnahmefähigkeit nach (99). Andere haben die Anorektiker als Menschen von "starker, explosiver, untergründiger Vitalität" (100) umschrieben. Es wird ihnen eine "leidenschaftliche, wenn auch unterdrückte Liebe zum Leben" nachgesagt (101). So scheint es schwer einzusehen, warum es ausgerechnet bei ihnen zu dem "Selbstzerstörungstrieb" oder der "Weigerung, erwachsen zu werden" kommen soll, mit der die Magersucht so oft erklärt wird. Der Eindruck, daß es sich vielmehr um eine Form der *Selbsterhaltung* handelt, verdichtet sich, wenn man die Krankheit genauer betrachtet — auch hierin vergleichbar mit der Hysterie, die für mich nicht Ausdruck von "Ich-losigkeit", sondern von *ich*-Stärke ist.

Bei den anorektischen Patientinnen, so schreibt Selvini Palazzoli, handelt es sich nicht um die "Unfähigkeit, Nahrung aufzunehmen", sondern um einen "aktiven Kampf gegen ihre normalen biologischen Bedürfnisse" (102); nicht um eine "Perversion des Appetits", sondern um den "bewußten Wunsch abzumagern" (103). Es geht um die "Beherrschung der Triebe", die "Unterwerfung des Körpers". Aber, so führt Selvini Palazzoli weiter aus,

> *diese Form der Unfleischlichkeit ist kein Todeswunsch* — ganz im Gegenteil. Sie ist im wesentlichen eine irreale Spannung und eine Ablehnung der Existenz *qua* Leben und Sterben im Körperlichen. (104)

Wenn die Anorektikerin sich gegen ihren Körper wehrt, so nicht weil sie sich selbst ablehnt, sondern andersherum: "Der schlechte Körper, der vom Selbst ferngehalten wird, behütet die Existenz eines guten, idealisierten, gestärkten, annehmbaren und respektierten Ichs." (105) Die "Desinkarnation", wie Kestemberg, Kestemberg und Decobert die Magersucht nennen (106), dient also der Befreiung von einem Körper, der als schlecht und verlogen betrachtet wird. Der dicke Körper wird mit der "Lüge" gleichgesetzt, während der magere Körper als Beweis von "Echtheit" und "Offenheit" betrachtet wird (107).

Aber handelt es sich hier nicht um die genaue Umkehrung des alten Verhältnisses von Logos und Lüge, von Vernunft und Hysterie? Eine Umkehrung, die dem Wandel des Logos selbst entspricht? Hatte die Hysterie um die Wahrung des Körpers gekämpft und war deshalb der Lüge bezichtigt worden, so bezeichnet nunmehr die Magersucht als ihre Nachfolgerin selber den Körper als "Lüge". Und genau dies ist er ja auch: er ist materialisierte Vernunft, Wirklichkeit gewordene Schrift, ein Kunst-Körper, dessen Künstlichkeit in der "Entgrenzung", der "Fettleibigkeit", der "Uferlosigkeit" ihren

Sinn und ihre Sinnlosigkeit offenbart. Die Magersucht hat die Hysterie abgelöst, weil der Kampf der Hysterie um die Synthesis von Kopf und Körper nicht nur verloren, sondern sogar zum Anliegen des Logos geworden ist. So gilt es nunmehr, die Materialisierung des Logos zu verweigern. Die Magersucht kämpft gegen die Auferstehung des Fleisches, zu der jeder — aber insbesondere die Frau — gezwungen werden soll. Sie wehrt sich dagegen, den "Phallus" oder die Kunst-Frau zu verkörpern. Statt dem Ruf nach Inkarnation des Symbols zu folgen, vollzieht die Magersüchtige eine Rückverwandlung von Materie in reine, körperlose "Idee". "Ich esse nicht", sagt sie, "aber ich denke unentwegt daran." Essen, Materie werden in Gedanken, Geist verwandelt. Das *ich* abstrahiert sich selbst vom Körper, um nicht mit ihm zum Kunstprodukt zu werden.

In der Anorexie spiegelt sich einerseits auf sehr deutliche Weise das Verschwinden der Frau, der Untergang des Sexualwesens wider. Und andererseits reflektiert die Krankheit auch die Weigerung, diesen Untergang hinzunehmen. Die Anorektikerin weigert sich, den Ersatz, der ihr für das Sexualwesen angeboten wird, anzunehmen. "Wenn ich nur die Kunst-Frau verkörpern darf", so sagt sie, "dann ziehe ich es vor, gar nicht Frau zu sein." Selvini Palazzoli fragt sich, "ob die Magersucht nicht insofern als eine soziale Krankheit anzusehen ist, als sie spezifisch an bestimmten soziokulturelle Situationen gebunden ist." (108) Die soziokulturellen Situationen, die sie nennt, sind vor allem folgende: die bürgerliche Kleinfamilie, eine besonders rigide Vorstellung von "Familienharmonie" und ein überdurchschnittlich hoher Prozentsatz von Müttern, die zu Beginn ihrer Ehe ihre Berufstätigkeit aufgaben — meistens unter dem Druck des Ehemannes oder der Familie und immer mit der Begründung einer Wahrung der "Familienharmonie" (109). Palazzoli hat zwölf repräsentative Familien von Magersüchtigen auf ihre intrafamiliäre Dynamik untersucht. Unter diesen zwölf Familien kam nur eine aus bäuerlichen Verhältnissen, eine entstammte der Arbeiterschicht "mit kleinbürgerlichen Ambitionen", während alle anderen der Mittelschicht angehörten. Zehn der Ehefrauen beziehungsweise Mütter hatten sich mit der Eheschließung von allen außerhäuslichen Aktivitäten zurückgezogen (trotz beruflicher Ausbildung und zum Teil sogar abgeschlossenem Hochschulstudium). Zwei von ihnen arbeiteten weiterhin, was ihnen die Kritik des Ehegatten oder des weiteren Familienkreises eintrug: "Als Folge davon überschlugen sich beide förmlich, um für die 'Sünde', nicht ausschließlich Ehefrau zu sein, zu büßen ... Alle Väter erklärten ausdrücklich, daß nach ihrer Meinung eine 'echte' Frau ihre ganze Zeit dem Gatten, den Kindern und dem Wohlbefinden der Familie zu widmen habe." (110) Kestemberg, Kestemberg und Decobert, die ähnliche Beobachtungen bei den Familien von Magersüchtigen machten, schreiben, daß die Ehefrauen (also die Mütter der Patientinnen) auf diese Anforderungen mit "Selbstverwirklichung durch Verblassen" reagieren (111). Selvini Palazzolis Beobachtungen gehen noch weiter. Die Frauen/Mütter "verblassen" zwar, so sagt sie, aber dieses "Verblassen" nimmt immer eine von drei bestimmten Formen an: "widerwillige Anpassung", "märtyrerhafte Anpassung" oder "totale Hingabe, die sich in Intoleranz, Perfektionismus und Ritualen ausdrückt." (112) Bei allen drei Reaktionsweisen ist der *Widerwillen*, mit dem sie ihre Rolle *spielen*, deutlich spürbar — sei es durch offen zur Schau gestellte Abneigung oder durch die Künstlichkeit, mit der den Forderungen Genüge geleistet wird. Dieser Zusatz des Widerwillens erscheint mir sehr wichtig. Ich komme etwas später darauf zurück.

Die von Selvini Palazzoli und anderen konstatierte Familienstruktur bei Anorektikern, vor allem die Rolle der Frau, erklärt, weshalb die Magersucht beinahe ausschließlich bei Mädchen auftritt. Es handelt sich um eine Ablehnung der Kunst-Mutter, die von der eigenen Mutter verkörpert wird. Was die Magersüchtige bekämpft, ist die Verwandlung der Frau als Sexualwesen in eine Mutter. Sie verweigert die Neutralisierung des Geschlechtswesens Frau durch die Mutter in ihr. Es handelt sich also um alles andere als die Weigerung, Frau zu werden. Vielmehr geht es darum, die Frau als Sexualwesen zu *wahren*, wenn nicht physisch, so zumindest als "Idee". Die Anorektikerin hat nicht "Angst, erwachsen zu werden" (113). Sie lehnt nur *diese* Art des Erwachsenseins ab. Auch so läßt sich die Tatsache interpretieren, daß die Anorexie im allgemeinen mit der Pubertät auftaucht und — bei unverändertem Hormonspiegel — das Ausbleiben der Menstruation und das Schrumpfen der Eierstöcke bewirkt (114). Es ist eine metaphorische Form, die Mutterwerdung der Frau zu verneinen.

Die Anorektikerin, so schreibt Selvini Palazzoli, setzt ihren Körper

> mit dem einverleibten Objekt, nämlich der Mutter, in seinen negativen überwältigenden Aspekten gleich [...], um ihm besser Widerstand leisten und ihn vom Ich trennen zu können. (115)

Sie macht ihren Körper zum "Symbol" für die Mutter, deren Künstlichkeit, "Lüge", sie zu bekämpfen sucht, indem sie ihr die Nahrung entzieht, sie aushungert. In einer direkten Auseinandersetzung kommt sie nicht gegen die Macht der Mutter an — eben weil jene eine Kunst-Mutter, "materialisierter Logos" ist, aber durch den Hungerstreik kann sie passiven Widerstand leisten. "Das Ich wird zum Rächer, das seinen Meister in einen Sklaven verwandelt", so schreibt Selvini Palazzoli (116).

Aber — und das erscheint mir ein ganz wichtiger Aspekt — dieser "Meister" wird zwar von der Mutter "verkörpert", aber es ist nicht die Mutter, die von der Magersüchtigen bekämpft wird, sondern deren *Künstlichkeit*. Der eigentliche Gegner der Anorektikerin ist der "Meister" Logos, der das Vorbild für ihre Geschlechtlichkeit in eine "Mutter" verwandelt hat. Die Mutter ist nicht der wahre Feind. In gewisser Weise führt die Tochter den Kampf

sogar *für* die Mutter, für deren Existenz als Sexualwesen. Und es ist auch oft ein erfolgreicher Kampf, denn wenige Krankheiten können so wie die Magersucht in den Familien die Bereitschaft zu Änderungen wecken — Änderungen, die nicht nur ihr Verhältnis zur Kranken, sondern auch die ganze Familienkonstellation betreffen. Selvini Palazzoli führt das darauf zurück, daß "ein Symptom, welches zum Tode führen kann, starke Schuldgefühle zu wekken vermag." (117)
Andererseits bezieht die Magersüchtige aber die Kräfte, einen solchen Kampf zu führen, auch *von* der Mutter. Es gehört eine Menge Ich-Stärke, Willenskraft dazu, um einen Widerstand wie den der Anorexie durchzuhalten. Und diese Willenskraft bezieht die Magersüchtige aus dem "Widerwillen" ihrer Mutter gegen die ihr aufgezwungene "mütterliche" Frauenrolle. Dieser "Widerwillen" macht, nicht anders als bei hysterischen Müttern und Töchtern, die Erbschaft der besitzlosen Mütter an ihre Töchter aus. Ob die Mutter ihre Ablehnung als widerwillige Anpassung, als märtyrerhafte Unterwerfung oder als perfektionistische "totale Hingabe" vermittelt, hier findet die Tochter ein Vorbild, aus dem sie ihre eigene Widerstandskraft zu "nähren" vermag. Die Magersucht

— und darüber habe ich in den bisherigen Anorexie-Studien noch nichts gefunden — ist nicht nur eine Abgrenzung gegen die Mutter, sondern auch ein gemeinsamer Kampf *mit* ihr: um die Wahrung der Frau, wenn nicht als Körper, als Realität, so zumindest als Vorstellung, Utopie.
Die Familie, gegen die die Magersüchtige kämpft, entspricht einem Realität gewordenen Prinzip. Sie ist die materialisierte, Körper gewordene Idee von

der Rolle der Geschlechter — eine Idee, in der die Ambiguität, das Sexualwesen, die psychische Bisexualität keinen Platz haben. Diese Familie ist die Verwirklichung der Idee von "'Normalität' und Banalität", wie Kestemberg, Kestemberg und Decobert schreiben (118), nicht unähnlich der "Normalität" und Eindeutigkeit, die sich im transsexuellen Klischee der Geschlechterrollen wiederfinden: das Individuum ist *nur* Mann oder *nur* Frau; seine Eigenschaften entsprechen einer karikaturalen Vorstellung von Mann- oder Frau-Sein.

Die Künstlichkeit dieser Rollen erklärt wiederum die Tatsache, daß sich diese Familien durch besondere Rigidität, durch besonders enge Bindung der einzelnen Mitglieder an die Gesamtfamilie (eine Bindung, die keine Ambivalenz der Gefühle zuläßt) und durch einen besondes hartnäckigen Widerstand gegen Veränderungen auszeichnen — egal, ob die Gefahr der Veränderung von außen oder von innen droht (119). Jeder Eindringling, jede Gefühlsäußerung eines Mitglieds, in der sich nicht das Ideal der Familienharmonie widerspiegelt, wird als Bedrohung der Gesamtkonstruktion empfunden. Die Familien leben als "verwirklichte Utopien": auf Inseln, in Festungen. Nur durch die gewaltsame Unterwerfung des einzelnen *ichs*, durch die strikte Abgrenzung nach außen läßt sich das ICH dieser Familie zusammenhalten.

Die einzige Möglichkeit des *ichs*, sich der gewaltsamen Eingliederung zu entziehen, besteht in der Abstraktion vom Körper: er ist Teil der verwirklichten Utopie. In ihm materialisiert sich das Ideal der Familienzusammengehörigkeit. So ist die Magersucht das wirksamste Mittel, die Konstruktion insgesamt in Frage zu stellen, einen Riß in die Mauern der Festung zu bringen. Sie beweist, daß die Konstruktion nicht so "sicher", so allesumfassend und "total" ist, wie man geglaubt hatte. Indem sie zeigt, daß es eine Fluchtmöglichkeit gibt — und zwar eine Fluchtmöglichkeit, die die Realität, den Körper selbst verneint —, bestreitet sie den Anspruch der Familie, verwirklichte Utopie zu sein. "Wie kann etwas so Wundervolles und Normales wie die Familieneinheit einen so anormal hohen Preis wie die Magersucht fordern?", so drückt Selvini Palazzoli das Erstaunen der Familien aus, deren anorektische Töchter sie behandelt (120).

Der Kampf, den die Anorexie führt, hängt eng mit allgemeinen gesellschaftlichen Bedingungen zusammen, wird jedoch auf strikt individueller Ebene geführt. Auch hierin ähnelt dieses Krankheitsbild dem der Hysterie. Wie bei jener reagiert hier ein Individuum, ein *ich*, auf eine soziokulturelle Dynamik, durch die es verleugnet wird und die es seinerseits verweigert. Das *ich* kann diese Dynamik nicht verhindern, aber es kann sich ihr ein Stück entziehen, seine Ablehnung verdeutlichen. Und obwohl es sich um eine individuelle Verweigerungsform handelt, stellt es auf diese Weise auch die Dynamik selbst in Frage. Das beweist nicht zuletzt die Wirksamkeit von

modernen Widerstandsformen, die der Magersucht sehr ähnlich sind: der Hungerstreik, passiver Widerstand. Beides sind Formen politischer Auflehnung, die in früheren Zeiten sinnlos erschienen wären, weil es der Körper, die Materie selbst waren, die als Feind betrachtet wurden. Formen von Widerstand wie der Hungerstreik oder Passivität wurden erst denkbar und sinnvoll in einem Moment, da sie eine tatsächliche Bedrohung darstellen – nämlich für eine Gesellschaft, die die Beleibung zum Dogma erhoben hat.*
In den Überflußgesellschaften mit ihrer synthetischen Produktion von Nahrung und von Nahrungsüberschüssen wird der Hunger, die Weigerung zu essen, zu einer effizienten politischen Waffe – und das gilt sowohl für den Kampf gegen die Künstlichkeit der Kleinfamilie oder der Geschlechterrollen wie auch für den Kampf gegen die große Kunst-Mutter Staat, deren "Sicherheit" sichere Kontrolle bedeutet. Was Selvini Palazzoli über die Anorexie sagt, gilt genauso für die neuen Formen politischen Widerstands:

> In ihrer extremsten Form – dem Hungerstreik – wird die Weigerung zu essen zu einem idealistischen Schlag für die Freiheit: zur totalen Zurückweisung der Zwänge des Stärksten durch den Schwächsten. (121)

Die "Schwäche" selbst – die Weigerung, sich *physisch* zu wehren –, wird zum Mittel, sich dem Zwang und der Gewalt zu widersetzen. Das *ich* entzieht sich durch "Entmaterialisierung" (122) der Zwangsernährung durch die Kunst-Mutter – ob sich jene nun in der Mutter der Kleinfamilie oder im Staat "verkörpert". Es sucht sich durch Hunger, Schwäche, Passivität von einem Leib zu erlösen, der als "Klon", als Erzeugnis der "Mutter" Logos empfunden wird.

Da es sich bei der Magersucht um eine Form von Verweigerung handelt, vergleichbar den neuen Formen des politischen Widerstands, kann ich aber auch kaum der häufig vorgetragenen Interpretation folgen, laut der die Magersucht ein Produkt des modernen Schlankheitsideals sei. Tatsächlich stellt die Magersucht vielmehr die karikaturale Übersteigerung dieser "Mode" dar (die ihrerseits ganz gewiß als Produkt der Überflußgesellschaften zu verstehen ist). Auch hierin läßt sich die Magersucht mit der Hysterie vergleichen, die zugleich das Bild weiblicher "Normalität" offeriert wie auch dessen Parodie. Die Anorektikerin erscheint als das Ideal der "schlanken" Frau – und führt dieses Ideal ad absurdum. Sie erfüllt die Bedingungen, die an die "phallsche Frau" gestellt werden – und demonstriert zugleich

---

* Ein anschauliches Bild dieser Form von politischer Auseinandersetzung stellten die Kämpfe der englischen Suffragetten Anfang dieses Jahrhunderts dar. Es gibt vereinzelte Beispiele für Hungerstreiks vor der Suffragettenbewegung (vgl. Ostendorf, Heribert, Das Recht zum Hungerstreik, Verfassungsmäßige Absicherung und strafrechtliche Konsequenzen, Frankfurt/Main, 1983, S. 27ff), aber mit der englischen Frauenbewegung wurden Hungerstreik und passiver Widerstand zum ersten Mal zu einer Protestform, die auf breiter öffentlicher Ebene eingesetzt wurde. Hier wurde auch zum ersten Mal die Zwangsernährung praktiziert. Dafür gibt es in der gesamten Geschichte des Abendlandes keine Vorläufer. Vgl. Ostendorf, H., Das Recht zum Hungerstreik, a.a.O., S. 34 – Auf die Parallele von Frauenbewegung und Anorexie braucht kaum verwiesen zu werden.

den Untergang der Frau, das Verschwinden des Sexualwesens. Ihre Symptome, die doch scheinbar dem neuen Sexualitätsideal entsprechen, drücken die Verweigerung der Sexualität selbst aus. Die Anorektikerin lehnt es ab, den Phallus zu verkörpern: ihn, der in ihr sinnlich wahrnehmbare Gestalt annehmen will, hungert sie aus und beläßt ihn somit in seiner unsichtbaren, unfaßbaren Gestalt.

In einer Nachuntersuchung von ehemals wegen Anorexie behandelten Patientinnen stellten H.-Ch. Steinhausen und K. Glanville fest, daß der günstige oder ungünstige Verlauf der Krankheit eng mit dem Verhältnis der Patientin zur Sexualität zusammenhing. Kein Merkmal unterschied die Patientinnen so deutlich wie dieses: während die Anorektikerinnen, die die Sexualität ablehnten oder zu vermeiden suchten, im allgemeinen keine oder nur eine geringe Besserung ihres Zustands erfuhren, zeigten die anderen Patientinnen eine merkliche Besserung (123). Die Untersuchung beweist (zum ersten Mal auf statistische Weise), was bisher immer nur Vermutung war: wie präsent in der anorektischen Symptombildung der Zusammenhang zwischen Essen und Sexualität ist. Ich möchte noch weitergehen: die Anorektiker stellen nicht nur den engen Zusammenhang her, sondern die Nahrungsverweigerung *ist* zugleich die Sexualitätsverweigerung. *Hinter* dem Essen verbirgt sich das eigentliche Anliegen, nämlich die Geschlechtlichkeit. Die Anorektiker setzen also das Essen an die Stelle der Geschlechtlichkeit — nicht anders als der Logos, der das Frau-Essen inszeniert: die Verspeisung des anderen, die die Geburt des künstlichen Anderen ermöglicht. Aber bei den Anorektikern geschieht es unter umgekehrten Vorzeichen. Während dem Logos die Sexualität zum Kannibalismus gereicht, bedienen sich die Magersüchtigen der Nahrungsverweigerung, um dem gefräßigen Logos das *ich*, das Sexualwesen zu entziehen. Sie schlagen den Logos mit seinen eigenen Waffen. Die Anorektikerin weigert sich, als Nahrung für das kannibalische ICH zu dienen. Indem sie es ablehnt zu essen, läßt sie sich auch als "Nahrung" verschwinden. Anstelle des Sexualwesens, das der Erweiterung des ICHs dienen soll, tritt ein Vakuum, das "Nichts". Die Anorexie ist also Gegnerin des Logos auf mehreren Ebenen: einerseits liefert sie das unersättliche ICH dem Hunger aus, und andererseits weigert sie sich auch, die "phallsche Frau", die aus der konsumierten Frau hervorgehen soll, zu verkörpern.

Es würde den Rahmen der vorliegenden Untersuchung sprengen, auf all die Geheimnisse einzugehen, die die Anorexie zweifellos noch birgt und die bisher noch von keiner Untersuchung erfaßt wurden (124). Aber ich möchte doch einige Vermutungen über das äußern, was die Krankheit vielleicht noch offenbaren wird — Vermutungen, für die ich in der reichhaltigen Anorexie-Literatur bisher noch keine Belege gefunden habe. Die Vermutung wäre etwa folgendermaßen zu umschreiben: Sowohl die Hysteriker wie die Anorektiker gelten als große Verstellungskünstler — aber ihre Täuschungsmanöver selbst sind fundamental verschieden. Während die Hysteriker Sichtbares zu schaffen versuchen, besteht die anorektische Verstellungskunst im Unsichtbar-Machen. Das gilt nicht nur für den Körper, den der Anorektiker abstreift wie eine Verkleidung; auch das Symptom selbst wird oft im Verborgenen entwickelt. In vielen Fällen wird die Umgebung gar nicht gewahr, daß ein Individuum anorektisch ist. Das gilt insbesondere für die zunehmenden Fälle von Anorexie, die nicht mit Gewichtsverlust einhergehen. Nahrungsverweigerung, Heißhunger, Erbrechen oder der Mißbrauch von Laxativa lösen einander ab und halten ein "normales" Durchschnittsgewicht. Dennoch wird in allen Phasen das Essen abgelehnt: auch im Verschlingen, im Heißhunger, der Bulimie, drückt sich die Verachtung für das Essen aus (125). In vielen Fällen läßt sich der anorektische Zustand nur an der ausbleibenden Menstruation organisch festmachen. Diese Verstellungskunst des Anorektikers, der seine Krankheit, seine Symptombildung *verbirgt*, deutet darauf hin, daß das subversive Moment der Anorexie nicht nur in der Ablehnung der Körperlichkeit zu suchen ist, sondern darüber hinaus auch in einer Art von Unterwanderung des Denkens.

Meine Vermutung besteht darin, daß die Anorexie eine Art von "geistiger Travestie" praktiziert oder praktizieren wird, so wie die Hysterie eine "körperliche Travestie" betrieb. Der Hysteriker kleidete sich ins Gewand des Logos-Körpers, der Logos-Weiblichkeit und bewies somit seine Andersartigkeit, seine Distanz zu diesem "Kostüm". So mag auch die "Vergeistigung" des Anorektikers dazu dienen, das Zeitalter der Geist-Maschine, die maschinelle Gleichschaltung des Denkens zu unterwandern. Selvini Palazzoli sieht in der Magersucht den Versuch, das Ich vor der "schizophrenen Katastrophe" zu bewahren (126). Diese Katastrophe kann der Autismus sein, dem das Individuum im Zeitalter der Geist-Maschine mit seinem maschinellen "Anderen" ausgesetzt ist. Die "geistige Travestie" der Anorexie würde den Versuch darstellen, diesem Autismus zu entgehen, indem eine "symbolische Kette" geschaffen wird, auf die die Maschine keinen Einfluß zu nehmen vermag. Sie wird nicht mit Hilfe des "Anderen", sondern durch den Rückzug vor dem "Anderen" gebildet. Das "Symbol" (oder Ideal) gewordene *ich* übernimmt gleichsam selber die Funktion, der "Andere" zu sein: Das *ich* abstrahiert vom Körper, um einen "Dialog" mit dem Körper zu ermöglichen — einem Körper, dem auf diese Weise die "Entgrenzung" des Psychotikers erspart bleiben soll. In diesen geschlossenen Kreis des *ichs* mit dem Körper kann die Geist-Maschine nicht eindringen. Sie wird als der symbolische Andere nicht gebraucht.

Es findet eine Spaltung des Subjekts statt, aber dieser Vorgang ist etwas ganz anderes als der "künstliche Dualismus", die Fabrikation des Anderen durch das ICH. Das anorektische Subjekt macht nicht ein Spiegelbild seiner selbst zum Anderen, sondern es spaltet sich entzwei in Geist und Körper.

Es schafft "echte" Unvollständigkeit: einen Geist, der auf den Körper, und einen Körper, der auf den Geist angewiesen ist. Thomä beschreibt die Anorexie als einen Konflikt zwischen "Ichideal" und "Körperich" (127). Ich möchte diese Definition auf etwas veränderte Weise aufgreifen: der Anorektiker idealisiert das Ich, *damit er es vom Körper abzuspalten vermag*, gleichsam als immateriellen Geist. Auf diese Weise entsteht eine Art von *ich*, dessen Du der Körper ist. Die Anorexie schafft so etwas wie ein "geistiges Sexualwesen", das die Nachfolge des untergegangenen physischen Sexualwesens antritt. Dem künstlichen Sexualwesen, das zur Beleibung drängt, wird hier ein Sexualwesen gegenübergestellt, das durch Entkörperung seine "Unvollständigkeit" zu wahren versucht — und eben deshalb, wenn auch immaterielles, Sexualwesen bleibt. Durch diesen Kunstgriff schirmt sich das anorektische *ich* dagegen ab, in Dialog mit der vom Logos vorprogrammierten und den Geist programmierenden Maschine treten zu müssen.

Anorexie und Schrift: der Kunst-Körper im Giftschrank

Der Hungerstreik, der passive Widerstand dienen als Mittel, das *ich* in eine ungreifbare Utopie zu verwandeln, *eine echte, weil nicht realisierte und nicht realisierbare Utopie*. Sie dienen der Derealisierung, der Wahrung des Wunsches, der Projektion. So erklären sich die stets gefüllten Speisekam-

mern der Anorektiker: die Nahrung, die Materie wird rückverwandelt in Wünsche, in Utopien.
Diese Entwicklung bedeutet aber, daß das utopische Denken – trotz Materialisierung der Ideale, trotz Beleibung des Logos – *nicht untergegangen ist*. Es hat nur seine Funktion geändert: das utopische Denken dient nicht mehr der Schöpfung und Verwirklichung imaginärer Modelle, sondern der Ablehnung der bestehenden Wirklichkeit: eben der Modelle, die das utopische Denken gezeitigt hat. Damit schlägt sich das utopische Denken aber auf die Seite der "Krankheit": es sucht, wie die Magersucht, die "Derealisierung" herbeizuführen. Mit dieser Entwicklung sind auch die alten Gegensätze von "Projektion" und "Lüge" aufgehoben: die alten Feinde, die gegensätzliche Wahrheiten verkündeten, verfolgen nun beide das gleiche Ziel, die Entkörperung. Wie die Schrift, wird auch das utopische Denken, das sie gezeitigt hat und dessen Werkzeug sie ist, zum Gegner der verwirklichten Utopie.
Die Schrift, die die Vernichtung des *ichs* – durch die Trennung von Geist und Körper – ermöglicht hatte, wird nunmehr zum Verteidiger eines *ichs*, das sich zur reinen Geistigkeit bekennt, um seiner Verwandlung in einen Kunstkörper zu entgehen. Das heißt aber nicht, daß die Schrift die Rückkehr zum ursprünglichen, zum "ungeschriebenen" Körper, zur anti-logischen Natur erlaubt, sie ermöglicht nur die *Erinnerung* daran. Sie gestattet es, das Wissen um den ungeschriebenen Körper zu bewahren – denn in den Dokumenten der Schrift, mit deren Hilfe über Jahrtausende der Körper bekämpft wurde, ist besser als irgendwo sonst die Weisheit begraben, daß

es den ungeschriebenen Körper einmal *gab* und daß er anders war als der geschriebene, technisch reproduzierbare Körper, der seine Nachfolge angetreten hat. Allein die Erbitterung, mit der der Körper, die Natur in vielen christlichen Schriften verfolgt werden, zeugen von deren einstiger Macht. Hierin ähneln sich Anorexie und Schrift: beide wahren die Erinnerung an die ungeschriebene Materie. Die Magersucht tut es, indem sie die Materie in eine "Idee", in die letzte wahre Utopie verwandelt; die Schrift erhält die Zeugnisse dafür, daß die Wirklichkeit gewordenen Modelle einst in Utopia, im Nirgendwo angesiedelt waren.

Nicht auf den biologisch produzierenden Bauernhöfen sitzen heute die wahren Aussteiger, sondern in den Bibliotheken. Diese Orte, die einst das Zentrum des "Fortschritts", der wachsenden Beherrschung der Materie waren, sind nunmehr zu den Stätten der gesellschaftlichen Desinkarnation geworden. Unmerklich mischen sich die Anorektiker unter die Intellektuellen, die einst die Feinde der hysterischen Körperlichkeit waren. Sie verstecken sich gleichsam als gelehrte hinter den entleerten Körpern. Sie nehmen die Tarnfarbe der Logik und der Abstraktion an, die ihrerseits das Kostüm der Sinnlichkeit übergestreift haben.

Die Bibliothek ist *der* symbolische Ort der Magersucht, aus mehr als einem Grunde. So wie die Anorexie den Kunst-Körper verweigert, widersetzt sich die Erinnerung, die in den Bibliotheken bewahrt bleibt, auch der Durchsetzung des Kunst-Geistes. Jener versucht, die Bibliothek und das Buch durch andere Formen der Speicherung von Erinnerung zu verdrängen: durch die Informatik, die in ihrem Gedächtnis nur die Daten zu speichern vermag, die nicht durch das Raster ihrer maschinellen Sprache und berechenbaren Denkmuster fallen. Die Erinnerungen, die bei der Übertragung vom Buch in die elektronische Datenspeicherung verlorengehen, sind das Wissen, das "zwischen den Zeilen" steht, wie auch die Ambivalenz und Vieldeutigkeit, die der Sprache eigen sind. Es sind Eigenschaften, die die geschriebene Sprache schon unter großem Verlust von der gesprochenen übernommen hat, die aber mit der Übertragung auf die elektronische Datenspeicherung endgültig untergehen müssen. Denn die Geist-Maschine entzieht sich der Ambivalenz.

Ein Detail, an dem sich die verwandelte Rolle der Bibliotheken offenbart, sind die Remota-Abteilungen, die immer schon mindestens ebensoviel über ein Zeitalter ausgesagt haben wie die meistverbreitetsten Schriften. Einst enthielten die Giftschränke Werke, die als schädliches Geistesgut galten. Heute gibt es in einer der größten wissenschaftlichen Bibliotheken Deutschlands, der Bayerischen Staatsbibliothek (und es ist anzunehmen, daß sie hierin keine Ausnahme bildet), zwei Kategorien von Büchern: die, die auf Wunsch des Staates removiert wurden, und die, die Bibliothekare unter Verschluß halten. Unter den staatlich removierten Büchern befinden sich

vornehmlich Texte der Roten-Armee-Fraktion und etwa auch ein Bericht über Schülersuizid in Bayern. Die Bibliothekare haben hingegen Kochbücher, Erotica und ähnliches in Gewahrsam genommen. So unterschiedlich sie auch sind, eines ist diesen beiden Kategorien von removiertem Schriftgut gemeinsam: sie handeln vom Körper. Der entscheidende Unterschied zwischen den staatlich und den bibliothekarisch removierten Büchern besteht jedoch in Folgendem: Die Bibliothekare, die Wahrer der Schrift, erschweren den Zugang zu Büchern, die der Aneignung des Kunstkörpers dienen können. (Die Schwemme von Kochbüchern und "erotischer" Literatur der Neuzeit, vor allem die mit Abbildungen, ist untrennbar mit der Inkarnations-Ideologie ihres Zeitalters verbunden.) Sie werden nur herausgegeben, wenn es sich nachweislich um streng wissenschaftliche Nutzung handelt (128). Im Gegensatz dazu verbietet der Staat die Herausgabe von all den Werken, in denen sich etwas über die Verweigerung des Kunstkörpers mitteilt (auch hier wird die Maßnahme natürlich nicht so begründet, wie ich sie interpretiere): im Suizid kommt die Verweigerung der eigenen physischen Realität zum Ausdruck (was, wie bei der Magersucht, nicht heißt: Verweigerung des *ichs*); und im Terrorismus drückt sich, vielleicht besonders deutlich, die Verweigerung der Kunst-Mutter Staat mit ihren Zwangsernährungssystemen und ihren Kontrollmechanismen aus. Der Suizid läßt sich nicht bestrafen, er läßt sich nur verheimlichen, was durch die Removierung geschieht. Ebenso läßt sich auch das Schriftgut des Terrorismus vorenthalten. Aber der Terrorismus läßt sich außerdem auch bestrafen: und zwar durch den Entzug von jeglicher Sinneswahrnehmung in den Hochsicherheitstrakten, wo das Hören, das Sehen, die Berührung, das Bewußtsein von Zeit (und damit von Sterblichkeit und Körperlichkeit) aufgehoben sind. Im Terrorismus der Überflußgesellschaften drückt sich der verzweifelte Versuch einer Rückkehr zum Körper aus, der Versuch, die Kunst-Mutter zu zerstören, um den ungeschriebenen Körper wiederzufinden. Daher die Bestrafung durch Entzug von Körper. Daher aber auch das Scheitern des Terrorismus als Verweigerungsform. Die Gewalt, mit der er gegen die gewalttätige Beleibung vorgeht, enthält letztlich die Bestätigung des Kunstkörpers: einen Körper, den man gewaltsam zerstören kann, den muß es auch geben. Die Gewalt, die gegen die Kunst-Mutter geübt wurde, hat deshalb konsequenterweise auch zur Verbesserung der Kontrollmechanismen geführt. Zum Einsatz gegen den gewaltlosen Widerstand hingegen sind diese Kontrollmechanismen untauglich.
Eine Rückkehr zum ungeschriebenen Körper ist nicht möglich. Möglich ist nur die Verweigerung des Kunst-Körpers durch die Verweigerung der physischen Realität überhaupt, wie sie sich im Hungerstreik besonders deutlich ausdrückt und wie sie die Schrift ermöglicht. Die Schrift ist heute gewiß das wirksamste Mittel einer gesellschaftlichen Desinkarnation. Sie erlaubt

die Distanzierung von der physischen Realität, ihre Entlarvung als Pseudo-Realität — eben weil diese Pseudo-Realität eine geschriebene Realität darstellt. Sie kann den Körper, die Sexualität, das *ich* nicht wieder zurückbringen, aber sie kann zumindest die Erinnerung an sie wachhalten, sie als "Möglichkeit" im Bewußtsein wahren — wie die Anorektiker das Essen als "Möglichkeit" aufrechterhalten. Das bedeutet freilich, daß sich Schreiben und Sexualität tatsächlich ausschließen und daß keine Rückkehr zu einer Kreativität möglich ist, in der künstlerische Aktivität sublimierten "Trieb" darstellt (vgl. S. 401 ff). Denn die Triebe selbst sind Teil des Kunst-Körpers, von dem das Schreiben zu abstrahieren sucht. Die Schrift erlaubt nur die Distanzierung vom Kunst-Körper; sie erlaubt nicht die Rückkehr zur ungeschriebenen Natur. Tatsächlich ist es schwer, die Schrift mit etwas anderem als einem Bekenntnis zum "utopischen Körper" zu vereinbaren. Im Gegensatz zu den bildenden Künsten, in denen sich die Verweigerung der künstlichen Realität letztlich nur als Verweigerung der Kunst selbst — der Kunst, Sichtbares zu schaffen — ausdrücken kann (129), ist die Schrift das Medium der Realitätsverweigerung par excellence — auch dann, wenn die Werke, die in diesem Medium entstehen, "sinnlich", subjektiv und realitätsnah sind. Was geschrieben wird, der Inhalt des Schriftwerks, scheint sogar weniger wichtig als dies: in der Schrift und mit Hilfe der Schrift den körperlosen, euphorischen Zustand des Anorektikers, der sein *ich* durch Entkörperung rettet, zu finden und zu vermitteln. Schreiben und Geschriebenes gleichsam als Therapeutikum. Eben das ist es, was der Schrift ihre Subversivität verleiht.
Im 19. Jahrhundert, als die große "Rückkehr" zur Natur und zum Körper stattfand, gab der Neurologe Babinski der Magersucht den Namen der "Parthenoanorexie" (130). Selvini Palazzoli spricht vom Wunsch der Anorektiker, den Tod, die Sterblichkeit — durch das Verschwinden des Körpers — aufzuheben (131). Kestemberg, Kestemberg und Decobert schreiben, daß ihre magersüchtigen Patienten "sich als unsterblich erleben" (132). Genau dies sind die Phantasien, die die abstrakte Schrift des Abendlandes eingeführt hat: die Vorstellung von Unsterblichkeit und Zeitlosigkeit eines körperlosen "vergeistigten" Menschen, der sich aus den Gesetzen der zyklischen Zeit herausgelöst und von der Natur befreit hat, um sich, dank parthenogenetischer Fähigkeiten, selbst zu gebären.

Utopie als Erinnerung

Die Verdrängung ist eine der lebendigsten Formen der Erinnerung. Im Giftschrank der Bibliotheken, dem Hort verdrängter Erinnerungen, liegt das Wissen begraben, das das Gedächtnis selbst am Leben erhält. Die Bibliotheken insgesamt sind heute zum Giftschrank geworden: in ihnen bleibt die Erinnerung an den ungeschriebenen Körper bewahrt. Die Schrift hütet das "Gift" eines Gedächtnisses, das zersetzend auf das a-historische Denken eines neuen Zeitalters wirkt.

Die in den Bibliotheken enthaltenen Schriften können die neue, durch sie geschaffene Realität nicht aufheben, aber sie können durch die Erinnerung an den ungeschriebenen Körper, die ungeschriebene Materie, die von ihnen geschaffene Realität Lügen strafen, soweit jene den Anspruch erhebt, die "Ursprünge" darzustellen. Diese geschriebenen Werke, die das Wissen um eine andere, unsichtbare Realität verkündeten, können nun, da diese Realität sichtbar und scheinbar absolut geworden ist, als Zeugnis dafür dienen, daß es eine andere, unsichtbar gewordene Materie *gab* — eine Materie, die sich verflüchtigt hat, immateriell geworden ist und nurmehr als Idee existiert: als Utopie eines Körpers, als unerreichbares Wunschbild einer Sexualität, die zwar nicht mehr möglich ist, aber als "denkbare" Möglichkeit existiert, als geistige Realität. So wie die Schriften einst die ungeschriebene Materie und deren Verfechterin, die Hysterie, Lügen straften, indem sie die Möglichkeit einer anderen, unsichtbaren Realität verkündeten, können die Schriften nun die sichtbare Realität widerlegen, weil in ihnen das Geheimnis des anderen Körpers bewahrt bleibt.

Aus eben diesem Grund hat sich aber auch das a-historische Denken der Schrift und der Vergangenheit bemächtigt: Die Geschichte, die das Wissen um eine andere Wirklichkeit vermittelt, soll zum Instrument einer Auslöschung dieses Wissens werden. "Auch der Faschismus", so schreibt Ernst Bloch, "bedarf des Totenkults einer frisierten Urzeit, um die Zukunft zu verstellen, die Barbarei zu begründen, die Revolution zu blockieren." (133) Diese Aussage gilt nicht nur für den Faschismus. Sie gilt auch für die Projektion geschriebener Gesetze auf Gesellschaften ohne Schrift, wie sie etwa ein Teil der strukturalistischen Ethnologie betreibt. Ja, man muß sich sogar fragen, ob nicht die Ethnologie ihre Entstehung und die Bedeutung, die ihr heute beigemessen wird, eben diesem Zweck verdankt: dem Zweck, die Erinnerung der anderen zu "frisieren". Ob sich nun die Ethnologie des Denkens anderer Kulturen annimmt oder die Geschichte des Denkens anderer Zeiten — immer werden die Gegebenheiten nach dem Raster, der Sprache des eigenen Denkens interpretiert und dem "universellen Gesetz" des Logos unterworfen. In "Genus" hat Illich treffend beschrieben, wie diese Disziplinen zum Mittel geworden sind, dem künstlichen Geschlechtswesen ("Sexus") eine Geschichte zu verschaffen: die Geschichte des ungeschriebenen Sexualwesens ("Genus").

> Gesellschaft braucht Vergangenheit. Um die Gegenwart zu spüren, bedürfen die Lebenden einer Vergangenheit, die zu ihnen gehört. [...] Auch die Industriegesellschaft braucht einen Mythos, der ihren Ursprung legitimiert und ohne den sie nicht existieren kann. [...]
> Das Rezept, nach dem die industrielle Gesellschaft ihre Vergangenheit zusammen-

braut, wurde Geschichte genannt. Ein Jahrhundert lang wurde eine Kontinuität zwischen der geschlechtslosen Gegenwart und der genusgebundenen Vergangenheit hergestellt, um die Abkunft von "Sexus" aus Genus zu legitimieren. Mit einer in steigendem Maße verfeinerten Methodologie hat die Geschichtswissenschaft diese Geschichte in sexistischen Kategorien interpretiert, um unserer ökonomischen Welt eine Vergangenheit zu geben. (134)

Um 1900, mit der Materialisierung des Logos, der Verwirklichung der Utopie hört im Abendland die Geschichte auf. Ein historischer Prozeß, der über die Verfolgung des Sexualwesens zu seiner Neuschöpfung geführt hat, kommt zu seinem Abschluß. Hier beginnt einerseits das a-historische Denken, das in dem "universellen Gesetz" die Rechtfertigung für dieses neue, Logos-erschaffene Sexualwesen findet. Es hebt aber auch die Suche nach dem untergegangenen Sexualwesen an.

Die Psychoanalyse verdankt ihre Geburt zwei entgegengesetzten Strömungen, die auf dem Territorium des Unbewußten einen ähnlichen Kampf gegeneinander führen wie die verschiedenen Erinnerungen auf dem Feld der Geschichte: es geht um das "frisierte" Sexualwesen einerseits, das besonders in den Lehren des Ödipus-Komplexes seinen Niederschlag findet; und andererseits um die Rückbesinnung auf das verlorene *ich*.

Das neue Deutungsmuster der hysterischen Erkrankung, das sich um 1900 mit der Psychoanalyse durchsetzt, ist das eines "Leidens an Reminiszenzen", wie Freud und Breuer es umschrieben haben (135). Sie erklären die Symptome der Hysterie für einen Ausdruck verdrängter Erinnerungen. Aus diesen Erkenntnissen geht später die Psychotherapie hervor, die Heilung durch Aufdeckung verdrängter Erinnerungen. Aber handelt es sich bei diesem Heilungsvorgang wirklich um das *Aufdecken* verdrängter Erinnerungen? Im psychoanalytischen Prozeß läßt sich das Verschwinden des Symptoms, die Verflüchtigung eines Leidens nur selten an einer bestimmten Erkenntnis festmachen. Weder Therapeut noch Analysand wissen später zu sagen, welcher Schritt, welches Wort zu einer Veränderung geführt hat. Sie können konstatieren, daß ein Prozeß stattgefunden hat; sie können auch beschreiben, welchen Weg das Bewußtsein zurückgelegt hat und daß alles eine Wirkung gezeitigt hat. Aber die Stellen, an denen diese ganzen Vorgänge aufeinander einwirken, vermögen sie nicht zu bezeichnen. Sie bleiben im Dunkeln des Unbewußten, wo Worte — aber welche? — an Erinnerungen — aber welchen? — rühren und Symptome zeitigen oder verschwinden lassen. Heißt das nicht, daß der Analysand nicht die Erinnerungen aufdeckt, sondern vielmehr eine Inventur seiner verdrängten Erinnerungen vornimmt? Daß er sich gleichsam seiner Bestände vergewissern will — ohne jene zur Lektüre freizugeben. Bei seiner Behandlung von Anna O. mußte Breuer mit Erstaunen feststellen, daß Ereignisse, die sie halluzinierte, auf den Tag genau ein Jahr vorher eingetreten waren. Nur weil ihre Mutter ein Tagebuch geführt hatte, ließ sich das rekonstruieren (136). Anna O.s Krankheit, ihre

Symptombildung erscheint wie ein einziges Training des Erinnerungsvermögens; wie ein Bekenntnis zum Gedächtnis selbst. Eben hierin liegt das Befreiende und Heilende dieser Therapieform (soweit sie nicht zum Mittel wird, dem Unbewußten "phallsche Erinnerungen" einzugravieren): daß sie dem einzelnen die Gewißheit liefert, über unermeßliche Schätze von *verdrängten Erinnerungen* zu verfügen.

Die Hysterikerinnen, die um 1900 die Psychoanalyse erfinden, nehmen ihren Körper in Gewahrsam: das Symptom verwandeln sie in Erinnerungen. Es verschwindet, aber die Worte, die an den Körper erinnern, werden im Gedächtnis gespeichert. Sie richten in ihrem Kopf eine Remota-Abteilung ein, mit dem Zweck, eine "besonders lebendige *Form der Erinnerung*" zu schaffen. Gerade die partiellen Amnesien der Hysterie wie auch die hysterischen Deckerinnerungen beweisen den gezielten Einsatz des Erinnerungsvermögens: bei den Deckerinnerungen werden wichtige Ereignisse verdrängt, indem sie durch die Erinnerung an nebensächliche ersetzt werden, so als gelte es, die wichtigsten Ereignisse, die bedeutendsten "Schriften" in tarnenden Schutzhüllen unterzubringen.

Der Wandel, der sich mit der "Krankheit des Gegenwillens" vollzieht, besteht eben nicht in der Offenlegung des hysterischen "Geheimnisses", sondern in der Verschließung des Wissens um das Sexualwesen, um die Verwahrung der Frau im Panzerschrank der Verdrängung. Das Sexualwesen wird in Gewahrsam genommen an einem Ort, zu dem kein Bibliotheksbenutzer, der die Vergangenheit "frisieren" könnte, Zugang hat. Die Erinnerungen werden an einer Stätte verborgen, wo keiner, nicht die Geschichtsforschung, nicht die Ethnologie, nicht die psychoanalytischen Lehrmeinungen mehr an sie herankommen. Durch die Verdrängung wird das Wissen unfaßbar. Es wird zu einer im Nirgendwo angesiedelten Utopie, die der Logos mit seinem ganzen Instrumentarium nicht zu packen vermag. Die Utopien des 20. Jahrhunderts nehmen in den verdrängten, removierten Erinnerungen der Hysteriker Form an; und noch deutlicher in der verdrängten Sexualität, dem verdrängten Körper des Anorektikers. Die Remota-Abteilung des Anorektikers ist der Kühlschrank, in dem er das Sexualwesen — als Ideal, als Utopie — bewahrt, wie die Speise, die er nicht verzehrt.

Die Erinnerung, die auf diese Weise bewahrt bleibt, ist nicht die an ein verlorenes Paradies, an eine "heile Welt", sondern eine ganz andere: es ist das Wissen um die "Unvollständigkeit" des menschlichen *ichs*; es ist die Erinnerung an zwei gespaltene Sexualwesen, an Sexualität und Sterblichkeit selbst. Kurz, es ist eine Utopie des Bewußtseins. Die Tatsache, daß es vor der Entstehung der Schrift Kulturen gab, die das Bewußtsein menschlicher "Unvollständigkeit" bewahrten, bedeutet eben nicht, daß diese Kulturen das "Paradies" waren, in das sie so oft verwandelt werden. Die "spiegelbildliche" Vorstellungswelt vermittelt nicht die Geborgenheit, die das abendländische Denken so gerne auf dieses "Goldene Zeitalter" projiziert. Aus unserer Sicht erscheint sie vielmehr als Ausdruck eines Denkens, in dem die menschliche Unvollständigkeit gegenwärtig ist. Nicht mehr, aber auch nicht weniger. Die Tatsache, daß es solche Kulturen gab, bedeutet aber nicht, daß eine Rückkehr dorthin möglich wäre. Denn immerhin haben diese Kulturen selbst das Instrumentarium entwickelt, mit dessen Hilfe der Mensch sich aus seinem Bewußtsein der Unvollständigkeit herauszulösen vermochte: die Schrift.

Hinter dem "pathogenen Geheimnis" der Hysterie und ihrer Tochter, der Anorexie, verbirgt sich ein Hort von verdrängten — und damit gewahrten — Erinnerungen, die hieroglyphenartig im großen Schriftwerk des Logos aufscheinen. Sie legen sichtbares Zeugnis dafür ab, daß, auch wenn das Sexualwesen sich nicht immer so deutlich zu erkennen gibt wie in den Symptomen der Hysterie und Anorexie, es noch nicht ganz zum Verschwinden gebracht werden konnte.

Anmerkungen Kapitel VIII

(1) Baudrillard, Jean, Vom zeremoniellen zum geklonten Körper. Der Einbruch des Obszönen, in: Die Wiederkehr des Körpers, Kamper u. Wulf, Hrsg., S. 352

(2) Fritz, Helmut, Die besetzten Bäuche, in: Frankfurter Rundschau v. 20.11.1982

(3) Baumann, Kimbel, Knies, zit. n. Fritz, Die besetzten Bäuche

(4) S. z. B. Der Spiegel v. 12.9.1983, Titelgeschichte

(5) Auch so läßt sich das Aufkommen des Pazifismus im 19. und des Ökologismus im 20. Jahrhundert verstehen: der Logos bedarf gewissermaßen dieser politischen Bewegungen, um das Überleben seiner Schöpfung zu sichern. Das friedliche und ökologische Bewußtsein ließ er erst aufkommen, als er der Natur einen "geschriebenen Körper" verliehen hatte.

(6) Kolb, Ingrid, Das neue weibliche Schönheitsideal — Stark, Stramm, Fit und Frei, Der Stern v. 18.11.1982, S. 72

(7) "Ja, ich möchte sagen, schon jedes Nachdenken über diese Dinge ist eine Dekadenzerscheinung. Das Beweismaterial für die Richtigkeit dieser Auffassung entnehmen wir dem Schicksal aller bisherigen Kulturnationen, die gerade daran zugrunde gegangen sind, weil ihre Frauen Menschen wurden..." Sombart, Werner, zit. n. Janssen-Jurreit, Sexismus, S. 641
Sombart hat auch schlagende Beweise für den Zusammenhang zwischen Weiberherrschaft und Niedergang der Kultur: "Nur in einem Punkt scheint mir schon heute Klarheit zu herrschen: das ist der Zusammenhang zwischen Süßigkeitskonsum und Weiberherrschaft. Wir können deutlich die Linie wahrnehmen, die heute noch die Zone des Weibchens abgrenzt: es ist dieselbe Linie, die die Länder mit guten und die mit schlechten Küchen und Mehlspeisen voneinander trennt: in Italien, in Österreich, in Frankreich, in Polen die vortrefflichen Süßigkeiten, in Norddeutschland der Flammeri, in England der Albert-Cake." Sombart, Liebe, Luxus und Kapitalismus, S. 122

(8) Ich kann die Quelle für diesen Aphorismus, den ich irgendwo gelesen habe, leider nicht mehr auffinden.

(9) "Heute besteht ein großes Maß an Übereinstimmung, (...) daß der Strom unserer Erkenntnisse sich in Richtung einer nicht-mechanischen Wirklichkeit bewegt; das Universum beginnt mehr wie ein großer Gedanke denn wie eine große Maschine auszusehen." Jeans, James, Der Weltraum und seine Rätsel, zit. n. Capra, Wendezeit, S. 90

(10) Der Spiegel Nr. 22/1983, S. 52

(11) Baudrillard, Vom zeremoniellen zum geklonten Körper, S. 351f

(12) Weizenbaum, Joseph, Die Macht der Computer und die Ohnmacht der Vernunft. Übers. v. Udo Rennert, Frankfurt 1982

(13) Ebda., S. 45

(14) Bammé et al., Maschinen-Menschen, Mensch-Maschinen, S. 43

(15) Ebda., S. 149

(16) Ebda., S. 266: Im Sinne eines Denkens, in dem die Frau mit der Materie und der Mann mit dem Geist gleichgesetzt wird, könnte man auch sagen, daß die mechanische Maschine des 19. Jahrhunderts die Phantasie erfüllte, die Frau zu ersetzen, während die "Geistmaschine" des 20. Jahrhunderts nunmehr die Funktion des Mannes übernimmt. Der "Kunst-Mensch" wird vollständig.

(17) Weizenbaum beschreibt das enge emotionale Verhältnis, das Mitarbeiter seines Instituts zum Programm "Eliza" entwickelten. "Eliza" war ein der Maschine eingespeicherter "Psychoanalytiker", dessen banale Fragen und Repliken (meistens Wiederholungen der Fragen des Patienten) der Technik des Erstinterviews entnommen waren. Weizenbaum hatte dieses Programm eigentlich als eine Form von Parodie des Erstinterviews gedacht. Tatsächlich griffen aber eine Reihe von Psychiatern freudig die Idee dieses Computerprogramms auf als "therapeutisches Werkzeug, das man all den Nervenkliniken und psychiatrischen Zentren an die Hand geben könnte, die über zu wenig Therapeuten verfügen." Vgl. Weizenbaum, Die Macht der Computer, S. 15ff

(18) Zur angeblichen Notwendigkeit des Computers zur Lösung der riesigen Anforderungen, die die moderne Wirtschaft, Logistik und das Management stellen, vgl. Weizenbaum, Die Macht der Computer, S. 48ff. "'Ja, der Computer kam gerade noch rechtzeitig.' Aber rechtzeitig wofür? Er kam gerade noch rechtzeitig, um gesellschaftliche und politische Strukturen intakt zu erhalten — sie sogar noch abzuschotten und zu stabilisieren —, die andernfalls entweder radikal erneuert worden oder unter den Forderungen ins Wanken geraten wären, die man unweigerlich an sie gestellt hätte." Ebda., S. 54

(19) Vgl. Weizenbaum, Die Macht der Computer, S. 48ff

(20) Bammé et al., Maschinen-Menschen, Mensch-Maschinen, S. 257

(21) Bammé et al. führen einige anschauliche Beispiele dafür an. Vgl. Maschinen-Menschen, Mensch-Maschinen, S. 185ff

(22) Ebda., S. 195

(23) Vgl. dazu Fromm, Erich, Anatomie der menschlichen Destruktivität, Reinbek b. Hamburg 1977, Brügge, Peter, Sagen wir lieber nicht Humanität, Der Spiegel Nr. 36 und 37/1982, Süchtig nach Elektronikhirn, Der Spiegel Nr. 15/1983, S. 281

(24) Vgl. das Interview mit dem Elektronikwissenschaftler Ludger Cramer in: Ästhetik und Kommunikation Nr. 48/1982, S. 35-40

(25) 1984 veröffentlichte die englische Wissenschaftlerin Margaret Shotton von der Universität Loughborough eine Untersuchung über die "Computer-Witwe". Sie berichtet von einsamen Frauen, deren Männer von ihrem Arbeitsplatz nach Hause eilen, um dort anschließend endlos am Heimcomputer zu sitzen. "Die Frauen wissen nicht, wie sie mit diesen Geräten um die Zuneigung ihres Mannes konkurrieren sollen." Frankfurter Rundschau v. 10.9.1984

(26) Freud, GW I, S. 10

(27) Baudelaire, Charles, Le public moderne et la photographie, Salon de 1859, in: Baudelaire, Oeuvres, Bd. 2, S. 222f

(28) Sontag, Susan, Über Fotografie, München 1978, S. 21

(29) Barthes, Roland, La chambre claire, Note sur la photographie, Cahiers du cinéma, Paris 1980, S. 30

(30) Brief an George Sand v. 6.2.1876: "Nehmen Sie bitte zur Kenntnis, daß ich das, was man gemeinhin als Realismus bezeichnet, verabscheue, obgleich man mich für einen seiner Päpste hält." in: Gustav Flaubert – George Sand, Correspondance. Texte édité, préfacé et annoté par Alphonse Jacobs, Paris 1981, S. 521

(31) Brief an George Sand v. 18.-19. Dez. 1867, S. 163

(32) Brief v. 10.8.1868, S. 190

(33) Brief an George Sand v. 31.12.1875, S. 513

(34) Beide zit. n. Kesting, Marianne, Die Diktatur der Photographie. Von der Nachahmung der Kunst bis zu ihrer Überwältigung, München/Zürich 1980, S. 26

(35) Zit. n. Kesting, Die Diktatur der Photographie, S. 25

(36) An George Sand schreibt Flaubert, der zum wiederholten Mal seine Reise nach Nohant verschiebt:
"Wenn ich zu Ihnen nach Nohant führe, würde ich anschließend einen Monat lang von meiner Reise träumen. Die wirklichen Bilder würden in meinem armen Gehirn die fiktiven Bilder, die ich mit großer Mühe komponiere, verdrängen, mein ganzes Kartenhaus würde einstürzen." Brief vom 24.11.1868, S. 203

(37) Brief an George Sand v. 31.12.1875, S. 51

(38) Brief an George Sand v. 3.4.1876, S. 530

(39) Zum Verhältnis von Photographie und Malerei vgl. u. a. Stelzer, Otto, Kunst und Photographie, München 1966, Billeter, Erika, Malerei und Photographie im Dialog von 1840 bis heute, Kunsthaus Zürich 1977

(40) Vgl. v. Braun, Christina, Kunst und Künstlichkeit. Ein Versuch über Gustave Moreau und Claude Monet, WDR/NDR/HR III, 28.7.1984

(41) Vgl. Kesting, Die Diktatur der Photographie, S. 62f

(42) Kierkegaard, Sören, Entweder-Oder. Übersetzt v. Christoph Schrempf, Wiesbaden o.J., S. 45f

(43) Janouch, Gustav, Gespräche mit Kafka, Frankfurt 1968, S. 215f. Ähnlich auch Bruno Bettelheim über das Fernsehen: "Das Fernsehen", so sagt er, "fesselt die Phantasie, aber setzt sie nicht frei." Le Monde, 3.4.1983

(44) Hofmannsthal, Hugo v., zit. n. Kesting, Die Diktatur der Photographie, S. 17

(45) Kesting, Die Diktatur der Photographie, S. 16

(46) "Meine Herren, in hundert Jahren wird man einen schönen Farbfilm über die schrecklichen Tage zeigen, die wir durchleben. Möchten Sie nicht in diesem Film eine Rolle spielen? Halten Sie jetzt durch, damit die Zuschauer in hundert Jahren nicht johlen und pfeifen, wenn Sie auf der Leinwand erscheinen." Josef Goebbels im April 1945 zu dem Film Kolberg, zit. n. Friedländer, Kitsch und Tod, S. 7
Das Zitat verdeutlicht, in welchem Maße der Nazismus die Grenze zwischen Leben und Kunstwerk – gerade im Film – verwischte.

(47) Vgl. Heiber, Helmut, Hrsg., Goebbels-Reden, Bd. 1, Düsseldorf 1971, S. 109f

(48) Barthes, Roland, Vorwort, in: Michelet, Die Hexe, S. 13f

(49) "Ich verstehe unter Fortschritt die fortschreitende Verkleinerung der Seele und die fortschreitende Herrschaft der Materie." Charles Baudelaire, Salon de 1859, in: Oeuvres, Bd. 2, S. 221 u. Anmerkung 8, S. 752

(50) Janouch, Gespräche mit Kafka, S. 54

(51) Londe, A., La photographie dans les arts, les sciences et l'industrie, Paris 1888, S. 9

(52) Londe, A., La photographie médicale. Application aux sciences médicales et physiologiques, Paris 1893, S. 64

(53) Vgl. Didi-Huberman, Invention de l'hystérie, S. 118f

(54) Charcot, Leçons du mardi à la Salpêtrière, Policlinique 1887/1888, Bd. 1, S. 178. Vgl. Anmerkung 67 im 1. Kapitel

(55) Ebda., Bd. I, S. 136
Über die "Macht" des Arztes, das Symptom zu reproduzieren, vgl. auch: Charcot, Neue Vorlesungen über die Krankheiten des Nervensystems, insbesondere über Hysterie, S. 286. "Ich brauche Ihnen nicht zu sagen, unter welchen Bedingungen man die hysterischen Traumata, die wir als psychisch bezeichnen, reproduzieren kann, denn man ruft sie hervor, indem man auf die Phantasie des Subjekts Einfluß nimmt." Charcot, Leçons du mardi à la Salpêtrière, Bd. I, S. 136

(56) Katalepsie: Erstarrung einzelner Glieder oder des ganzen Körpers, die insbesondere unter Hypnose hervorgerufen werden kann und die Charcot als eines der typischen Symptome der Hysterie bezeichnete.

(57) Charcot, Oeuvres Complètes, Bd. III, S. 337
Julien Offray de La Mettrie (1709-1751) war ein französischer Philosoph, der, wegen seiner materialistischen Ansichten verfolgt, Asyl bei Friedrich II. von Preußen in Berlin fand. 1748 erschien sein Buch "L'homme machine", in dem er den menschlichen Körper als eine Art von Automaten mit Seele beschreibt. Dabei betrachtete er aber auch die Seele selbst nur als einen materiellen, wenn auch sensiblen, Teil des Gehirns.

(58) Fontana, L'ultima scena, in: Bourneville e Régnard, Tre storie d'isteria, S. 51 ff

(59) "Dieser Alltagsbegriff der Maschine ist abstrakter als der wissenschaftlich formulierte klassisch-mechanische Begriff. Er orientiert sich weniger an der Zweckbestimmung als an den Kriterien des Funktionierens. Eine Maschine ist dann nichts anderes als eine spezifische Form der Organisation von Dingen, Menschen, Handlungszusammenhängen. Eigentlich existiert diese Maschine gar nicht materiell, zumindest ist es unerheblich. Wichtiger ist vielmehr die Form der Beziehungen zwischen ihren einzelnen Komponenten und der Außenwelt. Durch die Systematik der Integration zu einem Ganzen werden die Teile zu Teilen einer Maschine, die in ihrem Kern immateriell ist, unsichtbar bleibt, aber in erkennbarer und abzugrenzender Weise sich zu ihrer Umwelt verhält. Das kann im Einzelnen ein flexibel angreifender Fliegerverband sein oder eine straff organisierte Sklavenmasse beim Pyramidenbau." Bammé et al., Maschinen-Menschen, Mensch-Maschinen, S. 151. Dieselbe Definition gilt aber auch für die scheinbar unorganisierte Masse, die sich unter dem Banner einer Idee oder eines "Gefühls" zur großen Maschine zusammenschließt.

(60) Charcot geht an verschiedenen Stellen in seinen Vorlesungen darauf ein. Vgl. u. a. Oeuvres Complètes, Bd. IX, S. 304

(61) Didi-Huberman, Invention de l'hystérie, S. 121

(62) Charcot, J.-M., et Richer, P., Les difformes et les malades dans l'art, Paris 1889, S. 1f

(63) Alle Biographen Charcots betonen die Tatsache, daß er sich zur Kunst berufen fühlte und ihr sein Leben lang seine besondere Aufmerksamkeit widmete. Vgl. Souques, A., Charcot Intime, in: La Presse Médicale 42 v. 27.5.1925, S. 696f. Guinon, Charcot Intime, in: La Presse Médicale, S. VIIf. Guillain, G., J.-M. Charcot (1825-1893). Sa vie. Son oeuvre, Paris 1955. Meige, Henry, Charcot artiste, Apollon 17/1929, S. 41-53

(64) Freud, GW I, S. 22

(65) Ebda.

(66) Pierre-Marie, Eloge de J.-M. Charcot, in: La Presse Médicale 42 v. 27.5.1925, S. 691

(67) Charcot, J.-M., Leçons sur les maladies du système nerveux, in: Oeuvres Complètes, Bd. III, S. 4

(68) "Die Frauen von lebhafter Empfindsamkeit, von nervösem Temperament; jene mit dunklem und leuchtendem Teint, schwarzen, lebhaften Augen, großem Mund, weißen Zähnen, leuchtend roten Lippen, kräftigem Haarwuchs und einer dichten Behaarung in der Farbe eines Eichelhähers; deren Geschlechtsmerkmale deutlich hervortreten und bei denen die Regeln reichlich fließen, genießen den zweifelhaften Vorteil (...), [für die Hysterie] empfänglich zu sein."
Louyer-Villermay, Traité des maladies nerveuses ou vapeurs, Paris 1816, zit. n. Wajeman, Gérard, Le Maître et l'Hystérique, Paris 1982, S. 133

(69) Huchard, H., Caractères, moeurs, état mental des hystériques, in: Archives de Neurologie, Paris 1882, zit. n. Wajeman, Le Maître et l'Hystérique, S. 131

(70) Briquet, Traité clinique et thérapeutique de l'hystérie, S. 47

(71) Ebda., S. 411. Vgl. auch Richet, Ch., Les démoniaques d'aujourdhui, étude de psychologie pathologique et les démoniaques d'autrefois, Revue des deux mondes, Paris 15.1.1880

(72) Gull, W. W., Anorexia hysterica, in: Brit. Med. Journal 2/1873, S. 527ff
Lasègue, E. C., De l'anorexie hystérique, in: Arch. gén. méd. 21/1873, S. 385ff

(73) "Zur Zeit Charcots stellte man üblicherweise die Diagnose "Hysterie", denn dies war die typische ethnische Neurose der Epoche, die Mode-Neurose, d.h. die "schickliche" Art, anormal zu sein." Im 20. Jahrhundert hingegen:

"Kurz, der Patient, der sich mit der Maske der Schizophrenie aufputzt, statt sich damit zu begnügen, ein kulturell "exzentrischer" Hysteriker oder Manisch-Depressiver zu sein, erweist sich als Konformist, denn schizophren sein ist in unserer Gesellschaft die "schickliche" Art verrückt zu sein." Devereux, Normal und Anormal, S. 234f und 240

(74) Vgl. Maleval, Folies hystériques et psychoses dissociatives

(75) Green, André, Die Hysterie, in: Psychologie des 20. Jahrhunderts, Bd. 2, Freud und die Folgen, Zürich 1976, S. 649

(76) Vgl. Didi-Huberman, Invention de l'hystérie, S. 269

(77) Ebda., S. 119

(78) Zu den Sehstörungen vgl. Charcot, Neue Vorlesungen über die Krankheiten des Nervensystems, S. 67-69

(79) Didi-Huberman, Invention de l'hystérie, S. 124

(80) Lacan, J., D'un discours qui ne serait pas du semblant, Séminaire inédit du 8 juin, 1971, zit. n. Maleval, Folies hystériques et psychoses dissociatives, S. 307

(81) Freud, GW I, S. 282f

(82) Bourneville et Régnard, Iconographie photographique de la Salpêtrière, Bd. II, S. 148

(83) Ebda., S. 147

(84) Auch Dora, Freuds Patientin, verschlägt es die Sprache, aber sie schreibt flüssig. Vgl. Freud, GW V, S. 198f

(85) Descartes, Meditationen über die Grundlagen der Philosophie, 6. Meditation

(86) Für eine Geschichte der Anorexie vgl. Kestemberg, E., Kestemberg, J., Decobert, S., La faim et le corps, Paris 1972, S. 14ff u. Selvini Palazzoli, Mara, Magersucht. Übers. v. Hilde Weller, Stuttgart 1982, S. 17-26, u. Thomä, Helmut, Anorexia Nervosa. Geschichte, Klinik und Theorien der Pubertätsmagersucht, Bern/Stuttgart 1961, S. 11-30

(87) Vgl. Anmerkung 72. Auch Charcot spricht von hysterischer Anorexie, vgl. Poliklinische Vorträge, Bd. I, S. 262

(88) Gerade der Fall Anna O. ist bezeichnend dafür. Einerseits entwickelte sie hysterische Symptome, andererseits verweigerte sie auch die Nahrungsaufnahme. Vgl. J. Breuer, in Breuer, Freud, Studien über Hysterie, S. 24. Später sollte sie rückblickend über ihr Leben sagen, daß ihr in ihrer Jugend die "geistige Nahrung gefehlt" habe. Zit. n. Hunter, Dianne, in: Feminist Studies, S. 470

(89) Selvini Palazzoli, Magersucht, S. 111

(90) Ebda., S. 26

(91) Ebda., S. 37

(92) Ebda., S. 17 u. S. 20

(93) Ebda., S. 44

(94) Ebda., S. 20, s. a. S. 18, 27 u. 33

(95) Ebda., S. 35

(96) Zum sogenannten "Dienstmädchenkoller" vgl. Kraepelin, E., Über Hysterie, in: Zeitschrift für die gesamte Neurologie und Psychiatrie 18/1913, S. 273ff, Lewandowsky, Max, Die Hysterie, in: ders., Hrsg., Handbuch der Neurologie, Bd. 5, Berlin 1914, S. 778. S. a. Schaps, Hysterie und Weiblichkeit, S. 116
Viele Autoren führen die hysterischen Symptombildung der Dienstmädchen auf den Nachahmungstrieb zurück: das Dienstmädchen passe sich den Normen des bürgerlichen Frauenbildes an, mit dem es täglich in Berührung kommt. Lewandowsky (zum Teil auch Kraepelin) betont hingegen, zu Recht, wie ich meine, daß es sich um eine Reaktionsform auf die Abhängigkeitssituation handle. Er vergleicht sie mit der des Soldaten, der sich in ähnlicher Abhängigkeit befinde und ebenfalls in verstärktem Maße zu hysterischer Symptombildung neige.

(97) Selvini Palazzoli, Magersucht, S. 43

(98) Vgl. Dally, Peter, Anorexia Nervosa, London 1969, S. 88

(99) Selvini Palazzoli, Magersucht, S. 48, S. 92

(100) Hiltmann, H., u. Clauser, G., Psychodiagnostik und aktiv-analytische Psychotherapie Jugendlicher, dargestellt an der Pubertätsmagersucht, in: Praxis der Psychotherapie, München 1961, S. 173

(101) Selvini Palazzoli, Magersucht, S. 87

(102) Ebda., S. 42

(103) Ebda., S. 40

(104) Ebda., S. 102

(105) Ebda., S. 116

(106) Kestemberg et al., La faim et le corps, S. 156ff

(107) Selvini Palazzoli, Magersucht, S. 94

(108) Ebda., S. 286

(109) Laut der Untersuchung von P. Dally waren sogar nur zwanzig Prozent der Mütter von Anorektikerinnen berufstätig, was weit unter dem Durchschnitt der Berufstätigkeit von Müttern mit Kindern liegt. Ein kleiner Teil dieser Mütter, so führt er weiter aus, haben ausdrücklich bedauert, keine höhere Ausbildung gemacht, die Universität nicht besucht zu haben. Vgl. Dally, Anorexia Nervosa, S. 88f

(110) Selvini Palazzoli, Magersucht, S. 279

(111) Kestemberg et al., La faim et le corps, S. 126f

(112) Selvini Palazzoli, Magersucht, S. 279f

(113) Vgl. u. a. Janet, P., Les obsessions et la psychasthénie, Paris 1908, Leibbrand, W., Der göttliche Stab des Aeskulap, Salzburg/Leipzig 1939. Vgl. auch Dane, Eva, Von der Angst, erwachsen zu werden. Überlegungen zum Thema Magersucht, Frankfurter Rundschau v. 23.4. 1983, S. V

(114) Selvini Palazzoli, Magersucht, S. 27ff

(115) Ebda., S. 108

(116) Ebda., S. 114

(117) Ebda., S. 287

(118) Kestemberg et al., La faim et le corps, S. 121

(119) Selvini Palazzoli, Magersucht, S. 285

(120) Ebda., S. 270

(121) Selvini Palazzoli, Magersucht, S. 94

(122) Sommer, B., Die Pubertätsmagersucht als leib-seelische Störung einer Reifungskrise, in: Psyche 9, Stuttgart 1955/56, S. 307ff

(123) Steinhausen, H.-Ch., u. Glanville, K., Der langfristige Verlauf der Anorexia nervosa, in: Der Nervenarzt 5, Mai 1984, S. 236ff

(124) Steinhausen u. Glanville: "Zusammengefaßt ergab dieser Abschnitt der retrospektiv durchgeführten Untersuchungen sowohl hinsichtlich der stationären als auch der ambulanten Therapieform keine Hinweise für eine spezifische Effizienz unterschiedlicher Therapiekonzepte. Vielmehr müssen sogar in der mangelnden positiven Beeinflussung durch therapeutische Maßnahmen Hinweise dafür gesehen werden, daß der Langzeitverlauf der A.n. nur unwesentlich von therapeutischen Maßnahmen beeinflußt wird und noch unerkannte Faktoren im Sinne einer Eigendynamik bedeutsamer sind." Steinhausen, Glanville, Der langfristige Verlauf der Anorexia nervosa, S. 248

(125) A. Stunkard hat darüber hinaus dargestellt, daß die Hungerunempfindlichkeit nicht nur für die Anorexie, sondern genausogut auch für die Obesität gilt. Auch beim Heißhunger des dickleibigen Menschen handelt es sich um Ablehnung des Körpers, der Materie. Vgl. Stunkard, S., Obesity and the Denial of Hunger, in: Psychosom. Med. 21/1959, S. 281-290. In einem ähnlichen Sinn hat auch Hilde Bruch die Obesität als eine Variante der Anorexie bezeichnet. Bruch, Hilde, Hunger and Instinct, in: Journal Nerv. and Ment. Dis. 149/1969, Nr.2, S. 91-114

(126) Selvini Palazzoli, Magersucht, S. 115

(127) Thomä, Anorexia Nervosa, S. 270

(128) Ich unterstelle natürlich nicht, daß die Bibliothekare ihre Vorsichtsmaßnahmen ebenso begründen, wie ich es hier tue: Sie begründen sie im allgemeinen damit, daß solche Bücher auch besonders geeignet seien für "nicht-wissenschaftliche Zwecke".

(129) Das haben besonders deutlich Filmemacher wie Jean-Luc Godard gezeigt, der immer wieder um einen Bruch im optischen Eindruck, einen Verfremdungseffekt bemüht ist, und vielleicht noch mehr als er Marguerite Duras, die zunehmend gänzlich auf das Bild verzichtete, bzw. sich des Bildes bediente, um die Eigenmacht der Sprache zu verstärken.

Im Dokumentarfilm "Duras filme", den Jérôme Beaujour und Jean Mascolo über Marguerite Duras gedreht haben, sagt sie "Ich zeige im Kino den Widerspruch, etwas Unsichtbares darzustellen. Ich zeige, was nicht gezeigt werden kann. Das, was man darstellen kann oder gemeinhin für darstellbar hält (...), ist nicht wert gezeigt zu werden, weil es offensichtlich ist (...). Es gibt zum Beispiel nichts, das weniger darstellbar wäre als das Glück. Warum? (...) Weil es das Glück nicht gibt. [Die amerikanischen Filme] versuchen etwas zu zeigen, das es nicht gibt. Ich hingegen versuche etwas zu zeigen, das es gibt. (...) Mit anderen Worten, das Glück existiert nicht. Aber in der Inexistenz des Glücks gibt es das Glück. (...) Man beschreibt die Dinge über den Mangel: über das Fehlen von Leben, das Fehlen von Sichtbarem. Man zeigt das Licht über das Fehlen von Licht, das Begehren über den Mangel an Begehren, die Liebe über das Fehlen von Liebe. Ich glaube, das ist eine absolute Regel. Ich glaube, daß die Erfüllung des Begehrens, der Liebe, der Wärme, der Lebenslust in sich keinen Seinsmangel enthält und deshalb nicht dargestellt werden kann. (...) Erst hier erreicht man einen essentiellen Widerspruch, ein essentielles Paradoxon des Kinos. Ich betrachte das Kino als einen Träger des Geschriebenen, das heißt statt auf Weiß zu schreiben, schreibt man auf das Bild. Man setzt das Geschriebene auf die Bilder (...). Ich mag nur das intellektuelle Kino. Ich kann mir nur das intelligente Kino ansehen. Das andere Kino verstehe ich nicht. Ich begreife nicht, was mir darin gezeigt wird. Das kann man, wenn Sie so wollen, als eine Art von analphabetischer Situation bezeichnen."

(130) Zit. n. Kestemberg et al., La faim et le corps, S. 14. Vgl. auch S. 36

(131) Selvini Palazzoli, Magersucht, S. 102

(132) Kestemberg et al., La faim et le corps, S. 102

(133) Bloch, Das Prinzip Hoffnung, Gesamtausgabe Bd. I, S. 70

(134) Illich, Genus, S. 123f

(135) Freud, Breuer, Über den psychischen Mechanismus hysterischer Phänomene, in: Studien über Hysterie, S. 10

(136) Vgl. J. Breuer, in: Studien über Hysterie, S. 29

ICH nicht

Dieses Buch mag für eine Verherrlichung der Hysterie gehalten werden — aber es wäre ein Irrtum zu glauben, daß ich die Hysterie oder ihre Nachfolgerin, die Magersucht, für fähig hielte, die Phänomene und Prozesse der Destruktion — insbesondere der Destruktion der Frau, aber auch der des Mannes — aufzuheben oder gar rückgängig zu machen. *Das* kann die "Krankheit des Gegenwillens" nicht. Ebensowenig wie der Hungerstreik die Überflußgesellschaft abzuschaffen vermag, hat sie die Vormacht des Logos brechen oder die Entstehung des Kunst-Körpers, der Kunst-Natur verhindern können.
Und dennoch halte ich die Hysterie — oder Instrumente, die ihr zur Verfügung stehen, wie die Schrift in ihrer neuen Funktion — für die einzigen Energien und Werkzeuge, die überhaupt etwas gegen die Übermacht des "Fortschritts" auszurichten vermögen, ob sich jener nun als "Derealisierung" oder als "Verwirklichung" darstellt. Man wird mir entgegnen, daß die Kräfte des Chaos, des Nonsens, der Irrationalität und vor allem die Kräfte des individuellen Kampfes nicht über die notwendige Stärke verfügen, der es zur Bekämpfung der Eigendynamik des Logos bedarf. Man wird mir sagen, daß Hysteriker und Anorektiker hilflos sind gegen das, was sie verweigern, und daß nur Vernunft und der organisierte Widerstand den unheilvollen Prozeß aufzuhalten vermögen, der in der Vernichtung des *ichs* besteht. Dem möchte ich erstens entgegenhalten, daß die großen Vorkämpfer und Neuerer der letzten Jahrhunderte immer von dieser Annahme ausgegangen sind und immer — ob freiwillig oder unfreiwillig — zu einer Verstärkung der Macht des Logos beigetragen haben, das heißt einer Verstärkung der organisierten *ich*-losigkeit, der "epidemisch gewordenen Vernunft". Und weiter möchte ich dieser Kritik auch entgegenhalten, daß hierzulande einer der wirkungsvollsten Boykotts der letzten Jahre gegen den Logos eben nicht durch organisierten Widerstand zustande kam, sondern durch eine kollektive, individuelle Verweigerung: der Volkszählungsboykott in der Bundesrepublik 1983. Während alle Sit-ins, Massendemonstrationen, Menschenketten und Unterschriftensammlungen der Friedensbewegung nichts daran ändern

konnten, daß die Pershing-Raketen dennoch stationiert und die Rüstungsarsenale dennoch erweitert wurden, erreichte dieser "unorganisierte" Widerstand sein Ziel. "Eine Volksbewegung wurde daraus", so schreibt Joachim Hirsch, "weil linke Systemkritiker, standfeste Liberale, Anti-Impis, Grünalternative, aber auch kleine Steuerhinterzieher und Versicherungsschwindler plötzlich ein unvermutet gemeinsames Interesse entdeckten."
"Die Boykottbewegung", so schreibt er weiter, "verweist auf einen Widerspruch in der Orwellschen Vision, nämlich den, daß "je mehr die Herrschaft sich zentralisiert [...] und je enger sich die Kontrollnetze ziehen, desto verzweigter, vielfältiger und unkalkulierbarer scheinen die Formen des Widerstandes und der Verweigerung." Was den "großen Bruder" schwach und verwundbar macht, sind nicht mehr die "traditionellen Formen bürokratischer ‚Gegenmacht'", sondern daß er es mit "schweifendem Widerstand, punktuellen Konflikten, Phantasie, List und auch mal ein bißchen Sabotage" zu tun hat (1). Die Volkszählung (deren Boykott ich hier nicht überbewerten, sondern als Beispiel anführen will) wurde vom Bundesverfassungsgericht abgesagt, weil es wahrscheinlich erschien, daß eine große Zahl von Falschaussagen die Fragebögen unbrauchbar machen würde. Die Falschaussage – die Lüge – ist aber *die* traditionelle Form der hysterischen Verweigerung.
"Wenn es eine Hoffnung gab", so heißt es in Orwells *Neunzehnhundertvierundachtzig*, "dann lag sie bei den Proles" (2). Es spricht vieles dafür, den Begriff der "Proles" neu zu definieren: die "Proles" nicht als "Klasse" oder soziale Schicht zu sehen, sondern als die Kräfte der Unberechenbarkeit, der Simulation und "Lüge", die in jedem einzelnen stecken – im einen mehr, im anderen weniger – und eben dort dem Logos einen Strich durch die Rechnung machen, der Verdrängung des *ichs* durch das ICH Widerstand leisten. Wirkungsvolleren Widerstand leisten, als der organisierte, "vernünftige" Widerstand das zu tun vermag.
Daß sich die epidemisch gewordene Vernunft nicht durch die Vernunft bekämpfen läßt, geht auch aus der Sache selbst hervor: der Prozeß der zunehmenden Rationalisierung läßt sich nicht durch ein Denken neutralisieren, das nach den gleichen Gesetzen funktioniert. Das rationale Denken ist dem Prozeß der Rationalisierung gegenüber machtlos; oder aber es bekämpft diesen Prozeß durch ein Mehr an Vernunft, bekämpft ihn also gerade nicht.
Das gleiche gilt für den organisierten Widerstand. Durch den organisierten Widerstand konnte immer wieder die Macht bestimmter Gruppen oder Individuen gebrochen werden, aber was er nie zustande gebracht hat und auch nicht zustande bringen kann, ist die Aufhebung des *Prinzips* der Organisation, auf der die Macht des Logos beruht: mit Hilfe dieses Prinzips kann er die "organische Schöpfung" durch eine "organisierte Schöpfung" ersetzen.

Dem organisierten Widerstand gelang es immer nur dann, eine Gruppe oder einen Diktator zu überwinden, wenn er über ein Mehr an Organisationsfähigkeiten oder -instrumenten verfügte. Er brachte also nie eine Aufhebung der Organisatoren, sondern nur eine Ablösung der Organisatoren, von denen jeder seinen Vorgänger als ordnungsschaffende Kraft übertraf. So entstand ein Mehr an Organisiertheit, ein Fortschritt in der "organisierten Schöpfung" des Logos. Was die Prozesse betrifft, die in der vorliegenden Untersuchung beschrieben wurden, ist der organisierte Widerstand nicht nur wirkungslos, sondern sogar konterproduktiv. Eben deshalb verwahrt sich dieses Buch auch dagegen, "Anleitungen", in welcher Form auch immer, für einen "besseren Widerstand" zu geben: die einzige Chance dieses Widerstands besteht in seiner hysterischen Unbewußtheit und, mehr noch, in seiner Unberechenbarkeit.

Daß Vernunft und organisierter Widerstand nichts gegen den Logos als Subjekt der Geschichte auszurichten vermögen, liegt daran, daß der historische Prozeß, den der Logos vorantreibt, nicht ein "geplanter" Prozeß ist. Als der erste Mensch zu Zwecken der Herdenzählung Steine durchlöcherte und auf eine Schnur fädelte (womit die Buchhaltung entstanden war), plante er nicht die Konsequenzen, die die Einführung der Schrift bringen würde. Er konnte sie nicht einmal voraussehen. Die Schrift entwickelte ihre eigene Dynamik, die außerhalb des Wissens und der Voraussicht ihrer "Erfinder" stand und gegen die sich deshalb auch kein Widerstand entwickeln konnte. Widerstand setzt Erkenntnis voraus — aber diese Erkenntnis konnte erst entstehen, als es auch schon zu spät war, als der Logos schon seine eigenen Realitäten geschaffen hatte.

Die historische Entwicklung, deren Subjekt der Logos ist, war nicht geplant — aber es läßt sich rückblickend feststellen, daß die Dynamik, die die Erfindung der Schrift in Gang setzte, die der Planung war: die progressive Gestaltung der Natur und mit ihr auch des Menschen nach berechenbarem, planbarem Muster. Dank dieser Neu-Gestaltung konnten die künstliche Natur, das ICH, der geschriebene Körper und das fabrizierte Unbewußte, ja die geplante Unordnung entstehen. Als Tribut dieser Neu-Schöpfung wurde das Sexualwesen gefordert: das *ich* des geschlechtszugehörigen, sterblichen und "unvollständigen" Menschen. Aber genau das ist es, was die Hysterie verweigert: diesen Tribut zu zahlen. "Ich lege keinen Wert auf das große ICH", teilt der Hysteriker mit, "als ‚unvollständiges', sterbliches Sexualwesen weiß ich zumindest, daß es mich gibt." Die Hysterie ist deshalb die wirkungsvollste Gegenkraft des Logos, weil sie auf ebenso ungeplanter, "unbewußter" Ebene funktioniert wie der historische Prozeß, gegen den sie sich auflehnt. Die ihr eigene Funktionsweise ermöglicht es, aus dem Paradoxon auszusteigen, daß die (nicht geplante) Planifizierung des Menschen und der Natur nur durch ein Mehr an Planung bekämpft werden könnte, also nicht bekämpft werden *kann*. Der hysterische Verweigerungsmechanismus ist nur deshalb wirksam, *weil* er nicht vorbedacht ist und weil er *nicht* den Gesetzen der zunehmenden Rationalisierung des Menschen entspricht. Sein Gesetz (soweit man es als solches bezeichnen kann) besteht in der Unberechenbarkeit, und nicht einmal darin ist er kalkulierbar, denn zu seiner Verweigerungstaktik gehört ja auch der "Dienst nach Vorschrift", mit dem das Ordnungsgesetz ad absurdum geführt wird. Die Hysterie — und hierin ist das ganze Paradoxon ihres Mechanismus enthalten — ist das unbewußte Streben nach Bewußtsein, während die Dynamik des Logos einem bewußten Willen zur Bewußtlosigkeit entspricht. Sie kann nicht den Prozeß der Maschinenwerdung des Menschen verhindern, aber sie kann zumindest Sand ins Getriebe einiger Automaten bringen. Damit schwächt sie auch die Funktionsfähigkeit der "großen Maschine". Das griechische Wort "hystereo" heißt "ich komme zu spät", "ich säume", "ich erreiche nicht", "ich lasse vorbei" (3). Damit ist der Mechanismus der hysterischen Verweigerung plastisch umschrieben wie auch ihre Funktion. Die Hysterie hat dazu beigetragen, Zeit zu gewinnen, den Prozeß der Rationalisierung aufzuhalten, Unzulänglichkeiten zu schaffen — und wenn es sie nicht gegeben hätte, so wäre das Leben auf diesem Planeten vielleicht schon versiegt. "Hysterologos" bedeutet "das letzte Wort habend"; es wird insbesondere verwandt für den Schauspieler, der die letzte Rolle eines Bühnenstückes innehat (4). Es bleibt zu wünschen, daß der Hysterie noch einige letzte Worte einfallen. Solange es dieser großen Schauspielerin die Sprache nicht verschlagen hat, bleibt Hoffnung.

Die Hysterie ist ein Leiden, wird man mir entgegenhalten. Es ist unredlich, Leiden als Widerstandsform darzustellen. Gewiß, die Hysterie ist ein Leiden, aber nicht so sehr an den Symptomen wie an den Ursachen dieser Symptome und an den "Therapeuten", die die Symptome zu beheben suchen. Wenn man von der "Behandlung" der Hysterie absieht, so gehört sie zu den wenigen Krankheiten, an denen die anderen mindestens ebenso leiden wie der oder die Betroffene selbst. In vielen Fällen leiden die anderen mehr. Und allein das zeigt, daß es sich um eine recht wirksame Form von Widerstand handelt. Den Schmerz, das Leiden, die zu den wirksamsten Schutzmitteln des Lebens gehören, gibt sie auch an die anderen weiter — ob diese es wollen oder nicht.

Die Hysterie kann nicht den (ungeplanten) Prozeß der Planbar-Machung des Menschen und der Natur verhindern — sie kann ihn nur (ein wenig) aufhalten, indem sie hier und da einzelnen *ichs* dazu verhilft, dem Logos ihr "ICH (n)*ich*(t)" entgegenzuhalten. Und auf diese Weise erhält sie Fragmente von diesem kleinen *ich* — wie utopische Erinnerungsfetzen, die die Phantasie zur "Lüge" beflügeln.

Anmerkungen

(1) Hirsch, Joachim, Volkszählungsboykott: Acht Richter kippen eine "Volksbewegung", in: Links, Juni 1983, S. 5

(2) Orwell, George, Neunzehnhundertvierundachtzig. Übers. v. Michael Walter, Berlin/Wien 1984, S. 221

(3) Das Wort ist keine Ableitung von "hystera" (Gebärmutter), sondern von "hysteresis" (Zurückbleiben) bzw. "hysteron" (das Spätere). Hystera ist aber seinerseits wortverwandt mit hysteron, denn das Wort bedeutet ursprünglich "das letzte oder unterste Eingeweide im Leib der Frau" (vgl. Passow, Franz, Handwörterbuch der griechischen Sprache, Leipzig 1857, Bd. 2, 2. Abt., S. 2179 f). Andere Autoren führen die Wortbildung wiederum auf das altindische "uttara" zurück, das sowohl "oberer, höherer" als auch "hinterer, späterer" bedeutet. Von diesem Wortstamm wird wiederum "empor, hinauf, hinaus" abgeleitet, eine Bedeutung, in der die Metapher der Wanderung der Gebärmutter vorweggenommen zu sein scheint. Vgl. Frisk, Hjalmar, Griechisches etymologisches Wörterbuch, Heidelberg 1961, S. 975f

(4) Vgl. Passow, Handwörterbuch der griechischen Sprache, S. 2181

Das Buch und das ich

Etwa sieben Jahre sind vergangen, seitdem ich begonnen habe, an diesem Buch zu arbeiten. Ich wußte damals nicht, was mich trieb, spürte aber, daß das Thema, abgesehen von den theoretischen Interessen, auch viel mit mir zu tun hatte. Es schien mir, daß sich hinter dem Diskurs der Hysterie eine Realität verbirgt, die meinen eigenen Erfahrungen entspricht. Wenn ich jetzt rückblickend beschreiben soll, was die Arbeit an diesem Buch mir gebracht hat, so würde ich sagen: eine gewisse Narrenfreiheit. Wenn es mich ohnehin nicht gibt, kann ich eigentlich auch denken, was ich will. Mir vorzuwerfen, daß ich spekuliere, daß ich "unwissenschaftlich" oder "falsch" denke oder gar "lüge", heißt meine Existenz bestätigen. Aber es gibt mich ja nicht.

Register

Die dünn gesetzten Seitenzahlen beziehen sich auf die Anmerkungen

Abraham, Karl 72, 82
Abse, Wilfred 78, **332**, 364
Ackerknecht, Erwin 79
Adler, Alfred **347**, 365
Adorno, Theodor W. 145
Agton 207
Aischylos 107, **211**, **402**
Allen, Judy 145
Almansi, Guido 364
André-Leickman, Béatrice 144
Anna von Cleve **390**
"Anna O." siehe Pappenheim, Bertha
Aquin, Thomas von 144
Aragon, Louis **375**
Arendt, Dieter **322**
Ariès, Philippe **212, 213**, 266
Arndt, Andreas Christian 376
Arnim, Heinrich von 425
Aristoteles **46, 86, 103, 105, 107, 108, 130,** 144, 145, **211**, 266
Aron, Jean-Paul 423
Artaud, Antonin **454, 455**
Aubin, B. et al. 79
"Augustine" **371, 374, 453, 456**
Augustinus **37, 38, 39,** 79, **85, 143, 173, 175,** 213, 266, **275, 276, 284,** 318, **324, 326, 328,** 364, **380**

Babinski, Joseph **60,** 80, **472**
Bachauer, Walter 376
Bachofen, Johann Jakob **90,** 143, **281, 282,** 319
Badinter, Elisabeth **213, 214,** 266
Bächtold-Stäubli, Hans **87, 119,** 143, 145, 272, **296,** 321, 422
Bacon, Francis **40, 42, 43, 45,** 79, **380**
Balint, Michael 319
Bammé, Arno et al. 271, 365, 477, 478, 479
Barbey de Aurevilly, Jules **393**
Barth, Karl 269
Barthes, Roland 79, **441, 445,** 478
Bataille, Georges 79, **124, 146,** 322, 323
Bateson, Gregory 321
Baudelaire, Charles **352,** 365, **369, 375, 409,** 425, **440, 441,** 478
Baudrillard, Jean **428, 432,** 477
Baumann et al. 477
Baumeyer, F. **329**
Beaujour, Jérôme 481
Bebel, August **228**
Becker, Bovenschen, Brackert 206, 318, 426
Beller, F. K. **270, 271**
Belotti, Elena G. 204

Benard, Cheryl **320**
Benjamin, Walter **281,** 318, 319
Bergler, Edmund **286,** 319
Bernard, Claude **88**
Bernheim, Hippolyte **59,** 80
Bettelheim, Bruno 206, 268, 365, 478
Bhagwan Shree Rayneesh **308,** 323
Billeter, Erika 478
Bird, Brian 204
Bismarck, Otto Fürst von **331**
Bizet, Georges **394, 396,** 423
Blannbekin, Agnes **195, 196, 197,** 209
Bleuler, Eugen **33,** 79
Bloch, Ernst **338,** 364, **473,** 481
Bode, W. 423
Böckle, F. **246**
Boleyn, Anna **390**
Borneman, Ernest **284, 285,** 319, 365
Botticelli, Sandro **388**
Bourneville et Régnard 364, 371, 375, 479, 480
Bovenschen, Silvia 206, 318, **390, 391, 392,** 422, 423, 426
Brecht, Bert **12**
Breton, André **369, 374,** 375, 376, **397,** 423
Breuer, Joseph **31, 32, 62, 63, 64, 65, 66, 67,** 78, 81, **97, 128, 130,** 147, **192, 421, 474,** 480, 481
Brion, Friederike **391,** 423
Briquet, Paul **55, 56, 68,** 78, 80, **220, 267,** 364, **451,** 479
Brisset, Claire 206, 207, 365
Brown, Louise **244, 245**
Bruch, Hilde 481
Brückner, Margrit 320, 321
Brügge, Peter 478
Brüggemann, Werner 364
Buch, Alois J. 269
Bülow, Andreas von 271
Bülow, Hans von **407**

Cagliostro **419**
"Cäcilie M." **128, 192**
Camus, Albert **12, 139**
Capra, Fritjof **146,** 318, 477
Cardenal, Ernesto **233,** 269
Ceausescu, Nicolas 268
Céline, Louis-Ferdinand **400,** 424
Chasseguet-Smirgel, Janine 209, 365
Chirico, Giorgio de **374**
Charcot, Jean-Martin **49, 55, 56, 57, 58, 59, 60, 61, 62, 68,** 78, 80, 81, **129, 147, 196,** 364, 365, **419, 427, 446, 447, 448, 449, 450, 451,**

491

452, 453, 454, 455, 479, 480
Chodoff, P. u. Lyons, H. 71, 78, 82, 397
Cicero 144
Cixious, Hélène 386, 422
Clairborne, Robert 143
Clauser, G. 380
Clément, Catherine 422
Cocteau, Jean 101
Cohen, Samuel 416
Colette 393
Comte, Auguste 239, 240, 269, 279, 318
Coppen, A. 267

Daffner, Hugo 423
Daguerre, Louis Jacques 440, 441
Dalí, Gala 383, 384
Dalı, Salvador 74, 75, 82, 375, 383, 422
Dally, Peter 480
Dane, Eva 481
Dante 318
Da Ponte, Lorenzo 338
Darwin, Charles 146, 179, 205, 207, 232, 233, 268
David, Christian 192, 193, 194, 209, 334
David, Georges 270
David, Jacques Louis 238
Debay, A. 320
Deleuze, Gilles 79, 92, 143, 205, 288, 319, 321, 322, 365
Derrida, Jacques 93, 171, 206
Descartes, René 13, 125, 164, 170, 205, 418, 419, 427, 457, 480
Devereux, Georges 78, 159, 204, 426, 453, 480
Dhuoda 173, 174, 175
Dide, Maurice 78
Diderot, Denis 50, 51, 80, 125, 146
Didi-Huberman, Georges 81, 375, 448, 454, 478, 479, 480
Doerner, Klaus 321
Dohm, Hedwig 207, 279, 318
"Dora" 66, 193, 194, 480
Dover, Kenneth J. 320
Duby, Georges 143
Duchamps 443
Duerr, Hans Peter 323
Dugas 204
Duplay, Eleonore 279
Duras, Marguerite 481
Durkheim, Emile 321
Dworkin, Andrea 321

Eaubonne, Françoise de 143
Eccles, John 205
Eckermann, Johann Peter 423
Eberhard, Ehrhard 146, 322
Ebner, Margarete 129, 147
Edinger, Dora 81
Edwards, Robert 270
Egli, Hans 145

Ehrenreich, Barbara 79
Einstein, Albert 273
Eisenstein, Sergej 442
Eliade, Mircea 143, 144, 145, 204, 417, 422, 427, 431, 432
"Elisabeth von R." 66
Ellenberger, Henry 81
Ellis, Havelock 146, 184, 186, 187, 206, 207, 208, 235, 269, 321
Elwood, Ann 209
"Emmy von N." 63, 66, 455
Engels, Friedrich 282, 380
English, Deirdre 79
Ennen, Edith 207
Epimenides 22, 131
Eulenburg, Albert 184, 208

Falret, Jules 80
Fehling 207
Ferenczi, Sandor 283, 319
Ferrero, G. 208
Fesquet, Henri 422
Feuchtersleben, Ernst Freiherr von 80
Feuerstein, Günter 271
Fichte, Johann Gottlieb 146, 164, 205
Finley, Moses J. 105, 145
Fischer-Homberger, Esther 79, 143, 145, 146, 234, 235, 269, 272, 364, 384, 422
Flaubert, Caroline 366
Flaubert, Gustave 354, 355, 356, 357, 365, 366, 369, 423, 427, 441, 442, 443, 478
Fließ, Wilhelm 44, 79, 81, 243, 270, 365
Földes-Papp, Károly 143
Follath, Erich 422
Foucault, Michel 48, 79, 81, 144, 172, 206, 318, 364, 422, 423
Fontana, Alessandro 364, 375, 447, 479
François I. 390
Franck, Barbara 267
Frazer, James George 95, 144
Freud, Sigmund 21, 30, 39, 44, 45, 59, 60, 61, 62, 63, 64, 65, 66, 68, 70, 77, 78, 79, 80, 81, 98, 108, 125, 126, 128, 129, 130, 144, 146, 147, 154, 156, 179, 181, 183, 187, 188, 190, 191, 193, 194, 204, 208, 209, 231, 240, 243, 267, 269, 270, 283, 284, 287, 295, 297, 307, 319, 321, 323, 338, 340, 342, 344, 345, 346, 347, 348, 350, 354, 365, 370, 375, 404, 408, 421, 422, 424, 438, 449, 455, 456, 474, 478, 479, 480
Friedan, Betty 146
Friedländer, Saul 423, 424, 426, 478
Friedreich, N. 53
Friedrich II. von Preußen 479
Friedrich Wilhelm IV. 425
Fries, Heinrich 269
Frisk, Hjalmar 487
Fritz, Helmut 477
Fröbel, Friedrich 216, 228, 229, 266
Fromm, Erich 478

Frydman, René 247
Fthenakis, Wassilios 270
Fustel de Coulanges, N.D. 266

Gagern, Max von 425
Galen von Pergamon 36, 86, **172**, 206
Gambaroff, Marina **153**, **157**, 204
Gast, Peter **396**
Gauthier, Xavière 375
Gebser, Jean 144
Giesen, Dieter 271
Genth, Renate 271
Gilibert 266, 267
Giraud, Pierre 109, 145
Glanville, K. **466**, 481
Glucksmann, André **222**, 267
Godard, Jean-Luc 481
Goebbels, Josef **445**, 478
Goethe, Johann Wolfgang von **391**, **392**, 423
Goldberg, Steven **296**, 321
Gonin 297
Grasset, Joseph 78, 80
Green, André **351**, 365, **403**, **453**, 480
Griesheim, Karl Gustav Julius von 425
Griffiths, Jeanne 145
Groddeck, Georg **383**, **408**, 422
Gründel, J. **246**
Grunberger, Bela 208
Guattari, Félix 79, **92**, 143, 205, **288**, 319, 321, 322, 365
Guinon, Georges **60**, 81, 479
Guillain, G. 479
Gull, W. W. **458**, 479

Haese, H. **427**
Hagemann-White, Carol 145, 267, 268, 321
Hahlbrock, Peter **397**, 423
Hale, Nathan 78
Haley, Jay 321
Handke, Peter **402**, **403**, **404**, 424
Hanslick, Eduard **409**
Harlow, Harry F. u. Margaret 266
Harrer, Heinrich **302**
Hartung, M. 208
Heath **289**
Heberer, Gerhard 268
Hecker, Justus Friedrich Karl **427**
Hegar, Alfred **53**
Hegel, Friedrich **232**, **240**, 268, **299**, **386**, 425, 426
Heigl-Evers, Anneliese 73, 82, **129**, 147
Heinrich VIII. **390**
Heinrichs, Hans-Jürgen 143
Heinsohn, Gunnar 266, 268
Henry, Clarissa 208
Heraklit 102
Herder, Johann Gottfried **164**, 205, 268
Herlihy, D. 423
Herodot 103
Hieronymus **175**

Hillel, Marc 208
Hiltmann, H. 480
Hippel, Theodor Gottfried von **228**
Hippokrates 28, 35, 36, 79
Hirsch, Joachim **484**, 487
Hitler, Adolf **406**, 413
Hoffmann, Sven Otto **72**, 78, 81, 82, 147, 364
Hofmannsthal, Hugo von **444**, 478
Holling, Eggert 271
Homer 102
Hoppe **250**
Horney, Karen **231**, 268
Howard, Katharina **390**
Huchard, H. 479
Hunter, Dianne 67, 81, **192**, 209, 480
Huxley, Aldous **380**
Huysmans, Joris-Karl **356**, **369**, 375, **396**, **397**, 423

Illich, Ivan 144, 145, 146, 147, 205, 207, 209, 319, 422, **473**, 481
Illmensee **250**
Innozenz VIII. **414**, 426
Institoris, Heinrich 206
Irigaray, Luce 206, 422
Israel, Lucien 67, **74**, 78, 81, 82, 272, **309**, 323, 364

"J" 209
Jackson, Donald 143
Jacobi, Hermann 207
Jacobi, Tom 422
Jacquard, Albert **72**, 82
James I. 40
Janet, Pierre **56**, 60, 63, 80, **459**, 481
Jankelevitch, Vladimir **411**, 425
Janouch, Gustav **444**, 478
Janssen-Jurreit, Marielouise 204, 321, 477
Jaspers, Karl 70, 82
Jeans, James 477
Jekels, Ludwig **286**, 319
Jenny, Urs **403**, 424
Johannes Paul I. 268
Jones, Ernest 78, 79, 81
Jorden, Edward **47**, 79
Jünger, Ernst **121**, 145, **273**, **299**, **304**, **305**, **306**, 318, 322, 323, **333**, 376, **399**, **400**, **401**, 423, 424
Jurczyk, Karin 208, 267, 268
Juvenal **172**, 206

Kaempfer, Wolfgang 322, **401**, 424
Kafka, Franz 109, 145, **444**, **446**, 478
Kahle, Renate 271
Kamper, Dieter 376
Kant, Immanuel **51**, 80, **240**, 268
Kardiner, Abram 81
Kauffmann, Angelika **392**
Kempin, Peter 271
Kent, Saul **248**, **249**, **271**, **273**, 318

Kepler, Johannes 40
Kestemberg, E., Kestemberg, J., Decobert, S. 460, 461, 464, 472, 480, 481
Kesting, Marianne 444, 478
Kierkegaard, Sören 478
Kiernan, Bernard 416, 426
Klapisch-Zuber, C. 423
Kluge, Alexander 423
Knieper, R. 268
Knußmann, Rainer 321
Kofman, Sarah 240, 269
Kolb, Ingrid 430, 477
Kraepelin, E. 480
Krafft-Ebing, Richard von 207
Kretschmer, Ernst 73, 82
Kristeva, Julia 143, 144, 165, 204, 205
Kuczynski, Jürgen 267
Küng, Hans 269

Lacan, Jacques 29, 72, 78, 143, 166, 167, 168, 169, 170, 171, 188, 190, 191, 205, 206, 207, 208, 209, 222, 223, 267, 283, 287, 319, 323, 338, 356, 379, 384, 385, 422, 455, 480
Laing, Ronald D. 71, 82
Lamber, Juliette 393
La Messine 393
Lasègue, Charles Ernest 28, 458, 479
La Roche, Sophie von 391, 392
Legué, Gabriel 147, 209
Leibbrand, Werner 481
Lemoine, Marie Victoire 392
Lenoir 214
Lepois, Charles 48, 50, 364
Lessing, Theodor 146
Levi, Hermann 425
Lévi-Strauss, Claude 126, 143, 147, 152, 163, 204, 205, 287
Lewandowsky, Max 120, 366, 480
Ley, S. 423
Lichtenstein, Roy 444
Lippe, Rudolf zur 144, 376
Lioba-Lechner, Maria 143
Liszt, Franz 409
Louyer-Villermay 479
Löwenfeld, L. 207
Lombroso, Cesare 179, 180, 208
Londe, A. 447, 478
Ludwig II. von Bayern 409, 423, 424, 425
Luther, Martin 40, 161, 279

Macchia, Giovanni 163, 205, 422
Macciocchi, Maria-Antonietta 208, 267, 268, 270, 424
MacPherson, James 391
McDougall, Joyce 352, 365
McKelly, John 431
Magris, Claudio 322
Maimonides 121
Maleval, Jean-Claude 33, 79, 129, 147, 158, 204, 205, 303, 322, 323, 453, 480
Mallarmé, Stéphane 369
Mann, Thomas 423
Mannoni, Maud 159, 204
Mantegazza, P. 184, 208
Marie-Antoinette 118
Marie, Pierre 450, 479
Markale, Jean 11, 143
Marmor, J. 71, 82
Marx, Karl 125, 146, 282, 380
Mascolo, Jean 481
Masson, Jeffrey Moussaieff 61
Mattheus, Bernd 323
Mauz, Gerhard 320, 321
Mayer, Hans 424
Meige, Henry 479
Mentzos, Stavros 70, 72, 73, 82, 334, 335, 364
Menzies, Isabel 267
Merchant, Carolyn 79
Mérimée, Prosper 320, 394, 423
Messner, Reinhold 300, 301, 302, 303
Métraux, A. 303, 322
Mettrie, Julien Offray de La 447, 479
Michelet, Jules 43, 50, 79, 80, 146, 238, 269, 279, 280, 318, 393, 445, 478
Mill, Harriet Taylor und John Stuart 106, 145
Miller, Alice 61
Minckwitz, Johannes 144
"Miss Beauchamp" 32, 33, 78
Mitchell, Silas Weir 364
Möbius, P. 179, 180, 181, 208
Möller, Gunnar 291, 320
Moeller, Michael Lukas 267
Monet, Claude 478
Monroe, Marilyn 273
Montgolfier, J.E. und J.M. 44
Montrelay, Michèle 348, 365
Moreau, Gustave 369, 397, 398, 423, 427, 478
Morgan, Marabel 198, 199, 209
Morus, Thomas 422
Mozart, Wolfgang Amadeus 338
Müller, Josef 318
Muldworf, Bernard 86, 143
Mumford, Lewis 417, 418, 427
Musonius Rufus 318
Mussolini, B. 269

Näcke, P. 207
Nakamura, Utaemon VI. 387, 422
Nathusius 278, 279
Neumann, Erich 143, 236, 269, 320
Neyraut, M. 193, 209
Nietzsche, Friedrich 110, 145, 304, 322, 394, 395, 406, 408, 410, 419, 420, 423, 424, 425, 426, 427, 447
Nordau, Max 420, 421, 427

Olds 289
Origines 103
Orwell, George 380, 484, 487

Ostendorf, Heribert 465

Panizza, Oskar 195, 196, 207, 209, 307, 323
Pankow, Gisela 205
Pappenheim, Bertha ("Anna O.") 29, 66, 67, 78, 81, 130, 192, 455, 474, 480
Paracelsus 46, 47, 79, 88, 121, 145, 211
Passow, Fritz 487
Paulus 173, 175, 319, 322
Pauly-Wissowa 103, 144
Pernoud, Régine 175, 176, 207
Pfister, Oskar 147, 207, 209
Philon 103
Pilgrim, Volker Elis 345, 346, 365
Pinel, Philippe 51, 80
Pius XII. 318
Pizzey, Erin 292, 320
Placzek, Siegfried 407, 408, 424
Platon 13, 34, 43, 46, 50, 79, 86, 103, 104, 143, 160, 211, 212, 221, 252, 266, 272, 379, 422
Pohier, Jacques 143
Pontalis, Jean-Baptiste 338, 364
Popper, Karl 205
Porot, Antoine 28
Porta a Portio 458
Poßarnig, Renate 424
Primatesta, Kardinal 96
Prince, Morton 32, 78
Pross, Helge 158, 159, 204, 267
Proust, Marcel 356, 369, 423, 427, **442**

Rabelais, François 46, 47, 79
Racine, Jean 279
Ramey, Estelle 124
Rapaport, David 82
Raulin 266
Reich, Wilhelm 70, 82, 92, 307, 323
Reinirkens, Leonhard 425
Rembrandt 273
Richilieu, Armand Jean Herzog von 162
Richer, Paul 375, **449**, 479
Richet, Charles 479
Rideout, John 292
Riesenhuber, Heinz 271
Robespierre, Maximilien de 237, 238, 279, 280, 281
Röttgen, Herbert 376
Rorvik, David 244, 245, 270
Rosenblum, Robert 376
Rothfels, Hans 425
Rousseau, Jean-Jacques 26, 50, 53, 55, 80, 178, 207, 214, 217, 266, 277, 278, 279, 318

Sabinius, Papst 418
Sade, Donatien Marquis de 163
Safouan, Moustapha 208, 209, 319, 364
Salter, James 302
Sand, George 365, 366, 393, 423, **442**, 478
Sartre, Jean-Paul 109, 145, 354, 355, 356, 365, 366

Savinio, Alberto 374, 375, 376
Scaliger, Julius Cäsar 161, 204
Segall, Paul 271
Selvini Palazzoli, Mara 459, 460, 461, 462, 463, 464, 465, 467, 472, 480, 481
Sfrolz, Walter 269
Shaw, Bernard 339
Shorter, Edward 213, 214, 266, 267
Shotton, Margaret 478
Shuttle, Penelope 120, 145
Segall, Paul 271
Simmel, Monika 216, 218, 228, 235, 266, 267, 268, 269, **281**, 319
Simpson, Jacqueline 145
Slama, Béatrice 423
Slater, E. 17
Sombart, Werner 423, **430**, 477
Sommer, B. 481
Sontag, Susan 366, **441**, 478
Sophokles 160, 204
Soriano, Marc 241, 269
Souques, A. 479
Spengler, Oswald 141
Spies, Werner 375, 376
Spoerri, Theophil 394, 423
Spranger, Eduard 319
Sprenger, Jacobus 206
Sydenham, John 48, 80, 89, 364

Schaps, Regina 78, 80, 147, 208, 364, 480
Schelling, Friedrich 426
Schlaffer, Edit 320
Scherer, Edmond **442**
Schleich 272
Schloot, Werner 270, 271, 272
Schmandt-Besserat, Denise 92, 143
Scholtz-Klinck, Gertrud 268
Schopenhauer, Arthur 108, 122, 143, 145, 146, **228**, 427
Schrader-Breymann, Henriette 228, 268
Schreber, Daniel Paul 240, 269, 425
Schulte, Günter 427
Schultz-Hencke, H. 147
Schwidder, W. 329

Stein, Karl Freiherr vom und zum 426
Steinhausen, Hans-Christian 466, 481
Stekel, Wilhelm 56, 80, **185**, 208
Stelzer, Otto 478
Stephens, W.N. 121, **122**, 145, 321
Stoll, Peter 270
Stoller, Robert 289, 320, 349, 365
Stopczyk, Annegret 131, 146, 147
Stone, Merlin 144
Stunkard, A. 481
Stuart, Mary 40

Testart, Jacques 247
Theweleit, Klaus 276, 295, 299, 318, 321, 322, **389**, 412, 422, 423, 425

495

Thomä, Helmut 468, 481
Thomas von Aquin 105, 144
Thomas, Louis-Vincent 297, 321
Tornieporth, Gerda 216, 266, 267
Torok, Maria 231, 268
Tourette, Gilles de la 147, 209

Vadier 280, 281
Valentin, Veit 425
Vandermonde, Alexandre 266
Veith, Ilza 21, 78, 79, 80, 81, 364
Verdier-Heurtin 266
Verne, Jules 241, 380
Vespucci, Simonetta 388, 389
Vigée-Lebrun, Elizabeth 392
Vinci, Leonardo da 44
Vives 213, 214, 266

Wagner, Cosima 406, 407, 408, 409, 424, 425
Wagner, Richard 394, 396, 405, 406, 407, 408, 409, 410, 411, 413, 419, 420, 421, 423, 424, 425, 426, 427, 447, 448,
Wajeman, Gérard 479

Wapnewski, Peter 424
Ward, Lester 145
Warhol, Andy 431, 444
Weakland, Don 321
Weininger, Otto 11, 128, 146, 147, 171, 187, 208, 267, 371, 375, 411, 425
Weiß, Knut 302
Weizenbaum, Joseph 434, 477
Wesendonk, Mathilde 408, 424
Wieland, Christoph Martin 392
Willi, Jürg 71, 82, 309, 323
Willis, Thomas 48, 364
Winnicott, Donald W. 217, 218, 220, 222, 223, 266, 267
Wittmann, B. 364
Wittels 70, 82
Wolff, Adolf 425

Yourcenar, Marguerite 205

Zahan, Dominique 204
Zelinsky, Hartmut 405, 406, 407, 424, 425
Zilboorg, Gregory 145, 221, 231, 267, 268